杜詩鏡銓

3

問津

두 보(杜甫, 712-770)

시성(詩聖)이라 불리며, 이백과 함께 중국 최고의 시인으로 손꼽힌다. 공부원외랑을 지냈기에 두공부라 불리기도 한다.

양 륜(楊倫, 1747-1803)

자는 서화(西禾)로 강소성 출신이다. 많은 책을 읽어 어려서부터 명성이 났다. 건륭 4년(1781)에 과거에 합격하여 진사가 되었으며 광서성 여포현의 현령을 역임하였다. 만년에 강한서원(江漢書院)의 주강이 되었는데 따르는 문하생이 많았다. 특히 그는 두보시에 침잠하여 깊은 조예를 보였다. 저서로 『구백산방집(九柏山房集)』과 『두시경전(杜詩鏡銓』을 남겼다.

이 관 성

고려대학교 국문과 박사 수료
번역 『유연고 - 달빛아래 연경에서 노닐며』, 『전당시화』, 『두시경전』 1, 2
공역 『해동사부』, 『조선간본 승암시화』, 『좌계부담』, 『옥오재집』, 『기려수필』

杜詩鏡銓 3

초판 1쇄 인쇄 | 2015년 4월 13일
초판 1쇄 발행 | 2015년 4월 19일

저 | 두 보 **편주** | 양 륜 **역** | 이관성

발행처. 도서출판 문진 / **주소**. 대전광역시 유성구 대학로 31 한진오피스텔 2004호 /
등록. 제 2006-000011호 / **대표전화**. 042-933-6510 / **팩시밀리**. 042-367-5510 / 값. 30,000원 /
ISBN 978-89-92229-80-7 04820
978-89-92229-46-3 (전 5권)

• 잘못된 책은 구입처에서 교환해 드립니다.

杜詩鏡銓 3

杜甫 著
楊倫 編注
李官聖 譯

일러두기

1. 이 책은 두보시 전집을 편차하고 주석한 양륜의 『두시경전』을 번역하였다.

2. 대만 화정서국(華正書局)에서 1975년도에 간행한 『두시경전』을 저본으로 삼았다.

3. 이 책의 주에 보이는 주석가는 다음과 같다.

고주(顧注)	청 고수원(顧修遠)
구주(仇注)	청 구조오(仇兆鰲)
조주(趙注)	송 조언재(趙彦材)
주주(朱注)	청 주학령(朱鶴齡)
채주(蔡注)	송 채몽필(蔡夢弼)
포주(浦注)	청 포기룡(浦起龍)
학주(鶴注)	송 황학(黃鶴)

4. 주를 번역할 때 『두시경전』의 원문이 많은 생략되었을 경우, 번역자가 주 전체의 이해를 돕기 위해 생략된 부분도 보충하여 번역하였다.

5. ㊀ ㊁ ㊂은 원문의 두주(頭注)를 번역한 것이고 1, 2, 3은 원문의 주(註)를 번역한 것이다.

권구 卷九

권십 卷十

권십일 卷十一

권십이 卷十二

杜詩鏡銓卷九

보응 연간에 두보는 성도에 거주하였으며, 재주(梓州)를 떠돌았다. 이 때 지은 작품을 모은 것이다.

1. 강가에서 읊조리다
江頭五詠

정향나무(라일락)[1]
丁香

丁香體柔弱	정향나무 몸체는 여리고 약해도
亂結枝猶墊	어지럽게 얽은 가지 오히려 늘어져 있네.[2]
細葉帶浮毛	부드러운 잎에는 솜털이 나 있고
疏花披素豔	성근 꽃에는 하얀 봉오리 피었네.
深栽小齋後	별채 뒤 깊숙한 곳에 자라
庶使幽人占	은자가 즐기길 바라네.
晩墮蘭麝中	저물녘 난초, 사향 향기 속에 떨어져도
休懷粉身念	몸을 꾸밀 생각은 하지 말아야지.[3] ⊟

시평 : 장상약(張上若)이 이르기를, "이 시는 두보가 먼 곳으로 버림받아도 현재의 처지를 편안하게 여기며 세상에서 물러나 숨어 지내는 자신을 비유한 것으로, 늘그막에 영광을 다시 바래 재앙을 자초하지 않으려함을 말하고 있다."라 하였다.

여춘초[4]
麗春

百草競春華	온갖 꽃이 봄날 화려함 다투는데
麗春應最勝	여춘이 응당 가장 아름답네.
少須顏色好	여춘은 적어도 꽃은 아름다운데
多漫枝條賸	도리는 많아도 부질없이 가지만 무성할 뿐.[5]

紛紛桃李姿	어지러운 도리의 자태
處處總能移	곳곳에 모두 옮겨 심을 수 있나니.[6]
如何[7]此貴重	어찌하랴, 이 귀중한 것을
卻怕有人知	사람들이 알까 두렵구나.[8]

시평 : 장상약이 이르기를, "이 작품은 앞다퉈 세상에 나아가는 사람은 많은데, 나는 홀로 오롯이 나의 본성을 변하지 않고 지키고 있기 때문에 나를 알아주는 사람이 적은 것을 비유하고 있다."라 하였다.

치자나무[9]

梔子

梔子比衆木	치자는 여러 나무에 비해
人間誠未多	세상에 정말로 많지 않네.
於身色有用	나무의 색은 염색할 수 있으나
與道氣傷和	그 기운은 온화함을 해친다네.[10]
紅取風霜實	바람과 서리 속에 열매는 붉고
青看雨露柯	비와 이슬 맞아 가지는 푸르네.
無情移得汝	너를 옮겨 심을 생각 없으니
貴在映江波	강 물결에 비추는 모습 아름다워라.[11]

시평 : 장상약이 이르기를, "이 작품은 세상에 쓸 만한 재주를 갖췄는데도 시대에 부합하지 않고 외롭게 지내고 있음을 탄식한 것으로, 강호에서 늙어감을 달갑게 여기고 있다."라 하였다.

뜸부기[12]

鸂鶒

故使籠寬織	일부러 조롱을 널찍하게 짜니
須知動損毛	날갯짓에 깃털 상할 것을 알아서이지.
看雲莫悵望	구름 보고서 서글프게 바라보지 마라
失水任呼號	물가 잃고 서럽게 울부짖는구나.
六翮曾經剪	여섯 깃촉이 일찍이 잘렸으니
孤飛卒未高	홀로 날아도 끝내 높이 오르지 못하리.
且無鷹隼慮	송골매 걱정은 하지 않겠구나
留滯莫辭勞	갇혀 있으니, 그 위로는 사양치 마라.㉢

시평 : 장상약이 이르기를, "이 작품은 지방에서 벼슬을 잃은 뒤에 더 이상 벼슬에 나아가려는 생각이 없음을 비유한 것이다. 그러므로 '세장에 갇힌[留滯] 탄식'을 자아냈으며, 다만 운명을 달게 받아들이려는 생각을 그려낸 것이다."라 하였다.

비오리

花鴨

花鴨無泥滓	비오리는 먼지도 묻지 않고
階前每緩行	계단 앞을 늘 천천히 지나가네.
羽毛知獨立	깃털을 오롯이 세우고
黑白太分明	흑백은 너무나 분명하구나.[13]
不覺羣心妬	여러 새들의 시기 알지 못하고
休牽衆眼驚	뭇 시선을 놀래키지 마라.
稻粱霑汝在	모이가 넉넉하게 주어지니
作意莫先鳴	먼저 울 생각일랑 하지 마라.

시평 : 장상약이 이르기를, "이 작품은 직언하여 재상 방관(房琯)을 구하려고 하다가 외직으로 쫓겨난 것을 비유하였다. 즉 세상 사람들의 시기를 불러들일까 두려우니 조용히 자신의 생각을 감추고 지내려는 것을 읊어내고 있다."라 하였다. ○ 고수원(顧修遠)이 이르기를, "다섯 작품은 하루에 강가에서 바라본 것을 근거하여 읊은 것이다. 정향은 만년의 인생길을 견지하려는 것이며, 여춘은 굳은 지조를 지키려고 하는 것이며, 치자는 세상에 숨으려는 본성을 이루려는 것이며, 계칙은 새장에 갇힌 것을 편안하게 받아들이는 것이며, 화압은 말이 많은 것을 경계한 것이다. 비록 사물을 읊조렸지만 실상은 자신을 읊어낸 것이다. 앞의 두 작품은 고체(古體)로 지었으니, 두보는 매번 이처럼 격식에 얽매이지 않았다."라 하였다.

㊀ 포이전(浦二田)이 이르기를, "「강두오영」의 다섯 작품은 자신과 세상의 사물을 관조하여 읊은 것으로, 자신과 세상의 일에 깨달음이 있지 않으면 이렇게 시를 지을 수 없다."라 하였다.

㊁ 장약육(蔣弱六)이 이르기를, "이 구절은 자신의 처지와 비슷한 새장에 갇힌 뜸부기를 읊은 것으로, 시어가 더욱 격절(激切)하다."라 하였다.

1 『도경본초(圖經本草)』에서, "정향나무는 계수나무와 비슷한데, 높이는 한 길 남짓이다. 잎은 상수리나무〔櫟〕와 비슷한데 한겨울에도 시들지 않는다. 꽃은 둥글고 가늘며 노란색을 띤다."라 하였다. 『쇄록(碎錄)』에서, "정향은 달리 백결(百結)이라고도 불린다. 씨는 익으면 가지와 잎 위에서 터져 퍼지는데, 압정 같이 생겼으며 길이는 3-4푼(分)이다."라 하였다. 『제민요술(濟民要術)』에서, "계설향(雞舌香)은 세상에서 못〔丁子〕과 비슷하다고 여겨 달리 정자향(丁子香)이라고 불렀으니, 지금의 정향(丁香)이 바로 그것이다."라 하였다. 『일화자(日華子)』에서, "정향은 입 냄새를 없애주므로 황제를 모시는 낭관이 입에 머금고 있었다."라 하였다.

2 의산 이상은의 시에서, "본래 정향나무는, 봄날 가지 얽어야 비로소 자라네.(本是丁香樹 春條結始生)"라 하였으니, 대개 그 가지는 항상 서로 얽어져 있다. 『설문해자』에서, "'점(墊)'은 아래로 늘

어트린다는 의미이다. 물건이 아래로 늘어트려져 있는 것을 모두 '점(墊)'이라 이른다."라 하였다.

3 주주(朱注)에서, "정향은 궁벽진 곳과 어울린다. 그러므로 저물녘 난초와 사향의 강렬한 향기에 떨어지는 것은 어울리지 않는다. 비록 그것으로 몸을 꾸민다고 하여도 어찌 아까우랴."라 하였다.

4 『도경본초』에서, "여춘초는 달리 선녀호(仙女蒿)라고 불린다."라 하였다. 『군방보(羣芳譜)』에서, "여춘은 앵속(罌粟)의 별종(別種)이다. 한 뿌리에 여러 색의 꽃이 핀다. 지금은 우미인화(虞美人花)라고 부른다."라 하였다.

5 이 구는 다음과 같은 내용을 말하고 있다. 즉 여춘은 비록 얼마 되지 않지만 꽃이 예쁘며, 저 도리(桃李)는 많기는 하지만 부질없이 가지만 무성할 뿐이니 여춘보다 예쁘지 않다. 그런데 도리는 옮겨 심을 수 있는데, 여춘은 옮겨 심을 수 없으니 어쩌란 말인가.

6 고주(顧注)에서, "도리(桃李)는 어디로 옮겨도 살아나는데, 반대로 여춘이 속하는 앵속(罌粟)은 다른 곳으로 옮겨 심으면 메말라 죽는다."라 하였다.

7 '여하(如何)'는 '희여(稀如)'로 된 본도 있다.

8 이 구는 옮겨 심어서는 안 됨을 표현하고 있다.

9 『도경본초』에서, "치자는 남방과 서촉 지역의 주군(州郡)에서 자란다. 나무의 높이는 7-8척이며, 2-3월에 흰 꽃이 핀다. 꽃잎은 모두 여섯 개로 향기가 매우 짙다. 세속에서는 그것을 서역의 담복(薝蔔)이라고 부른다. 여름과 가을에 가자(訶子 : 가려륵 열매) 모양과 비슷한 열매를 맺는데, 푸르게 자라 노랗게 익는다. 가운데 씨는 짙은 홍색(紅色)이다."라 하였다.

10 조언재(趙彦材)가 말하기를, "촉지방 사람들이 치자나무의 색을 취하여 비단과 종이를 물들인다. 그러므로 '쓰임이 있다.〔有用〕'라 하였다. 치자의 자질은 매우 차가워 먹으면 기운을 손상시킨다. 그러므로 '온화함을 해친다.〔傷和〕'라 하였다."라 하였다. 포주(浦注)에서, "온화함을 손상시키기 때문에 쓰임이 있어도 꺼리게 된다. 그러므로 다만 궁벽한 곳에서 편안할 수 있다. 두보는 자신의 본성이 외롭고 곧은 것〔孤直〕을 후회한 듯하다."라 하였다.

11 사조(謝朓)의 「치자수(梔子樹)」에서, "계단 앞에 아름다운 나무, 서리와 이슬에도 옮기지 않네. 도리어 푸른 물에 비추길 바라는데, 그대 집은 굽이진 연못이 없구나.(有美當階樹 霜露未能移 還思照綠水 君家無曲池)"라 하였는데, 이 부분은 사조의 시상을 번용(飜用)한 것이다. 말하자면 다만 강의 물결에 비추는 것을 바라볼

뿐, 나무를 정원에 옮겨 심으려는 생각이 없다는 것이다.

12 진장기(陳藏器)의 『본초습유(本草拾遺)』에서, "'계칙(鸂鶒)'은 물에 사는 새로 기러기처럼 크기가 작으며 털에 다섯 가지 색이 있다."라 하였다.

13 두 구에서 한 구는 드날리고〔揚〕 한 구는 억눌렀다〔抑〕.

2. 사람이 두려워[1]

畏人

早花隨處發	이른 꽃은 곳곳마다 피었고
春鳥異方啼	봄 새는 타향에서 우는구나.
萬里淸江上	만리 맑은 강 위로
三年落日低	삼년 동안 해가 낮게 지네.[2]
畏人成小築	사람이 두려워 작은 집을 짓고
褊性合幽棲	편협한 성격은 숨어 사는 게 어울리지.
門徑從榛草	문 앞 좁은 길에 잡풀 무성하고
無心待馬蹄	말발굽 기다리는 마음 없어라.

1 조식(曹植)의 시에서, "나그네는 항상 사람을 두려워하네.(客子常畏人)"라 하였다.

2 하루 하루가 지나가는 것을 말한다.

3. 숨어 지내며

屛跡三首

衰顔[1]甘屛跡	늙은 얼굴은 숨어 지내기 좋으며
幽事供高臥	그윽한 경치는 은거에 어울리네.
鳥下竹根行	새는 대 뿌리로 내려와 가고
龜開萍葉過	거북이는 부평초 잎 헤치고 지나가네.
年荒酒價乏	흉년에 술 살 돈도 떨어지니
日併園蔬課	날마다 채마밭의 채소를 가꾸네.[2]
獨酌甘泉歌	홀로 감천 마시고 노래하는데
歌長擊樽破	노래 길어 술동이 두드리다 깨트리네.[3][一]
用拙存吾道	졸열함으로 나의 도를 지키는데
幽居近物情	숨어 지내니 자연 변화 가깝구나.
桑麻深雨露	뽕과 삼은 비와 이슬에 무젖고
燕雀半生成	제비와 참새는 반은 낳고 자라네.[4]
村鼓時時急	마을의 북소리 때때로 급히 울리고
漁舟箇箇輕	어부의 배는 제각기 빠르네.
杖藜從白首	흰머리에 명아주 지팡이 짚으니
心跡喜雙淸	마음과 경치가 둘 다 맑으니 좋구나.[5][二]
晩起家何事	느지막이 일어나도 할 일 없고
無營地轉幽	일 없으니 더욱 고요하다.
竹光團[6]野色	대 빛은 들에 어려 떠놀고
舍影漾江流	집 그림자는 강물 위로 흐르네.[三]

失學從兒懶	배움 놓쳐 제멋대로인 아이는 게으르고
長貧任婦愁	오랜 가난에 살림 맡은 아내는 근심하네.
百年渾得醉	인생 백년 온통 취해
一月不梳頭	한 달도 머리를 빗지 않는구나.[7]

㊀ 측성(仄聲)의 운율을 사용하였다.

㊁ 시절이 만물을 길러내는 것을 마주하니, 묘사의 의장(意匠)이 심후하다.

㊂ 장약육(蔣弱六)이 이르기를, "모름지기 이른 아침이나 저물녘 해에 이내가 덮여 천지가 아득할 때, 이 두 구에서 말하는 오묘함을 상상할 수 있다."라 하였다.

1 '顏'은 달리 '年'으로 된 본도 있다.

2 채소를 팔아 술값을 마련한다는 의미이다.

3 조언재(趙彦材)가 말하기를, "감천을 마시는 것은 술이 없기 때문이다. 마지막 구는 진(晉)의 대장군인 왕돈(王敦)이 술에 취하면, '열사는 늙어도 씩씩한 마음은 다하지 않노라.'라 하며 타호(唾壺)를 두드리다 부셔버린 고사를 암용(暗用)하고 있다."라 하였다.

4 반은 바야흐로 태어나고, 나머지 반은 자라서 성체가 됨을 이른다.

5 사령운의 시에서, "마음과 경치가 모두 적막하구나.(心跡雙寂寞)"라 하였다.

6 '團'은 달리 '圍'로 된 본도 있다.

7 혜강(嵇康)의 「절교서(絶交書)」에서, "머리와 얼굴을 항상 한 달이면 보름은 씻지 않는다."라 하였다.

4. 소년행[1] ⊟
少年行

莫笑田家老瓦盆	농가의 낡은 질동이 비웃지 마라
自從盛酒長兒孫	거기에 술 거르며 아이 손자 길렀으니.
傾銀注玉驚人眼	은과 옥 그릇에 술 따르면 남들 부러워하지만
共醉終同臥竹根	취한 뒤 대뿌리에 자빠지기는 마찬가지라네.[2]
巢燕養[3]雛渾去盡	둥지의 제비가 새끼 길러 모두 떠나고
江花結子已無多	강가의 꽃은 열매 맺어 이미 많지 않네.
黃衫年少來宜數	황삼 입은 소년이여 자주 놀러 오시라[4]
不見堂前東逝波	보지 못하였나, 당 앞의 동으로 흘러가는 물결을.

⊟ 이자덕(李子德)이 이르기를, "고악부의 정취가 있다."라 하였다.

1 두 작품은 모두 젊었을 때 인생을 즐기자는 의미이다. 두 번째 작품에 '년소(年少)'라는 말이 있어서 그것으로 제목을 삼았다. 이 제목을 빌려 '늙어가는 홍〔衰興〕'을 고취하였으니 일반적인 여타의 「소년행」과 다르다.

2 은과 옥은 모두 부귀한 집의 그릇이다. 말하자면 질동이가 비록 금이나 옥과는 다르지만 거기에 술을 따라 마시면 또한 취하여 대뿌리 곁에 쓰러져 자빠지는 것은 같다는 것이다. 이 구는 앞의 「병적(屛跡)」에서 '새는 대 뿌리로 내려와 가고(鳥下竹根行)'라는 말을 염두에 두고 쓴 것으로 달리 어떤 고사가 있는 것이 아니다.

3 '養'은 달리 '引'으로 된 본도 있다.

4 『북사(北史)』「맥철장전(麥鐵杖傳)」에서 말하였다. "맥철장이 장차 요(遼)를 지날 때 자신의 세 아들을 불러 '아들들은 마땅히 연한 색의 황삼을 준비하라. 나는 여기서 죽더라도 너희들은 부귀하게 되리라.'라 하였다." 즉 황삼은 귀한 집 자제를 말한다.

5. 소년행[1]

少年行

馬上誰家白面郎	말 탄 이 뉘 집 백면서생인가
臨軒[2]下馬坐人牀	처마에 내려 사람 둘러싼 걸상에 앉네.
不通姓氏麤豪甚	이름도 나누지 않고 너무도 무례하게
指點銀瓶索酒嘗	은 술병 가리키며 술 맛 보는구나.㊀

㊀ 대략 이태백의 작품과 비슷하다.

1 이 작품은 실제로 소년을 가리킨다.

2 '軒'은 달리 '階'로 된 본도 있다.

6. 절구

絶句

江邊踏青罷	강가에서 푸른 풀 밟은 뒤
回首見旌旗	고개 돌려 깃발을 바라보네.
風起春城暮	바람 이는 봄날 성은 저물고
高樓鼓角悲	높은 누대에는 뿔피리 서글프네.

7. 즉흥적으로[1]

卽事

百寶裝腰帶	온갖 보배로 허리띠를 장식하고
眞珠絡臂韝	진주로 팔 토시를 얽었네.[2]
笑時花近眼	웃을 때 꽃이 눈에 다가오더니
舞罷錦纏頭	춤을 마치자 금전두를 주는구나.[3] ⊟

⊟ 두보 시집 가운데 염체(豔體)는 다만 이 작품뿐이다.

1 노주(盧注)에서, "이 작품은 춤추는 기녀를 위하여 지은 것이다."라 하였다.

2 '구(韝)'는 '구(韝)'와 같다. 『한서』「마후전(馬后傳)」에서, "노비들이 푸른 토시를 걸쳤다."라 하였는데, 주에서 "팔에 걸쳐서 양손을 감싸는 것으로 일 하기에 편리하다."라 하였다.

3 『통감』의 주에서, "옛날 풍속에 기녀의 가무를 감상하는 사람은 비단을 기녀의 머리 위에 얹어주는데 그것을 금전두(錦纏頭)라고 부른다."라 하였다.

8. 들판 정자를 읊어 보낸 엄무 공의 시에 화답하다
奉酬嚴公寄題野亭之作

拾遺曾奏數行書	좌습유로 일찍이 몇 줄 글을 올렸는데
懶性從來水竹居	게으른 본성에 물가 대숲에 사네.[1]
奉引濫騎沙苑馬	인도하느라 사원의 천자의 말 외람되이 탔고
幽棲眞釣錦江魚	숨어 지내느라 금강의 물고기 낚시하네.[2]
謝安不倦登臨賞	사안은 높은 곳에 올라 구경 마지않고[3]
阮籍焉知禮法疏	완적이 어찌 예법의 소홀한 것을 따지랴.[4]
枉沐[5]旌麾出城府	행차를 왕림하여 성곽을 나섰는데
草茅無徑欲敎鋤	풀이 얽어 길 뒤덮으니 호미질 시켜야지.㊀

시평 : 구창주가 말하였다. "이 시는 엄무의 원래 시와 구절마다 서로 호응한다. 이것이 바로 고인의 수창하는 방식이다. 엄무가 '어찌 벼슬아치 금계관을 쓰지 않으랴.(何須不著鵔鸃冠)'라 한 것은 두보에게 벼슬하기를 권한 것이다. 그러므로 두보가 '좌습유로 일찍이 아뢰었고(拾遺曾奏)' '인도하느라 말을 탔었다(奉引騎馬)'라고 읊어 벼슬에서 쫓겨난 뒤에 다시 벼슬에 나아갈 생각이 없음을 나타내었다. 엄무가 '하릴없이 낚싯대를 드리우고(漫把釣竿)' '모래밭 풀에서 한가롭게 조는구나(懶眠沙草)'라 한 것은 마땅히 세상에서 숨어서는 안 되는 것을 말한 것이다. 그러므로 두보가 '게으른 본성에(懶性從來)' '숨어 지내느라 낚시하네(幽棲眞釣)'라 하였으니, 이 정자에 빗대어 자신의 처지가 이제는 익숙하여 편안하다는 것을 드러내고 있다. 엄무가 7-8구에서 '흥이 일자(興發)'라 말하자, 두보가 '높은 곳에 올라 구경 마지않고(登臨不倦)'라 하였다. 엄무가 '곧바로 내달리네(直到)'라 하자, 두보가 '행차를 왕림하니(枉沐旌麾)' '얽은 길의 풀을 뽑아내려 한다.(茅徑欲鋤)'라 한 것은, 그가 오는 것을 급하게 맞이하려 한 것이다. 두보가 완적을 인용한 구는 먼저 겸사(謙詞)를 사용한 것으로, 엄무가 '도움 없이 글을 잘 짓네(莫倚善題鸚鵡賦)'라 하였기 때문이다. 즉 서로 풍간(諷諫)하는 의미가 있으며, 은밀하게 이 말을 사용하여 조롱한 것을 해소하고 있다."

금강의 들판 정자를 읊어 두보에게 보내다. - 엄무
附) 寄題杜二錦江野亭 - 嚴武

漫向江頭把釣竿	하릴없이 강가에서 낚싯대 드리우며
懶眠沙草愛風湍	모래밭 풀위에서 조는데 여울 바람은 사랑스러워라.
莫倚善題鸚鵡賦	홀로도 「앵무부」처럼 문장을 잘 지으니[6]
何須不著鵔鸃[7]冠	어찌 벼슬아치 금계관을 쓰지 않으랴.[8]
腹中書籍幽時曬	배 안의 서적은 조용할 때 볕에 쬐고[9]
肘後醫方靜處看	『주후급요방』은 고요한 곳에서 펼쳐보네.[10]
興發會能騎駿馬	흥이 일어나면 준마에 올라타
終須直到使君灘	곧바로 사군탄까지 내달리는구나.[11] ㉰

시평 : 주학령이 말하였다. "당나라의 소설가들이 엄무의 시 가운데 '홀로도 「앵무부」처럼 문장을 잘 지으니(莫倚善題)'의 구절을 들어 「앵무부」를 지은 예형을 황조가 죽인 것처럼 마침내 엄무가 두보를 주렴에 목을 매달아 죽이려고 한다는 없는 말을 만들었다. 지금 살펴보니, '홀로도 「앵무부」처럼 문장을 잘 지으니(莫倚善題鸚鵡賦)'라는 말은 두보가 재주를 믿고 세상을 경시할까봐 걱정하여 그를 사랑하는 마음에서 경계시킨 것이다. '어찌 벼슬아치 금계관을 쓰지 않으랴(何須不著鵔鸃冠)'라 한 것은 두보에게 세상에 나아가 벼슬할 것을 권한 것이다. 두 시구에서 엄무와 두보의 사귀는 깊은 정을 볼 수 있다." ○ 홍용재(洪容齋)가 말하였다. "두보의 시집 가운데 엄무를 위하여 지은 시가 거의 30편이다. 「송환조(送還朝)」에서, '강촌으로 홀로 돌아가, 쓸쓸하게 남은 생애 마치려네.(江村獨歸處 寂寞養殘生)'와 「희재진(喜再鎭)」에서, '초가로 돌아가려 성도로 가는데, 참으로 문옹이 다시 지방관으로 온다네.(得歸茅屋赴成都 眞爲文翁再剖符)'라 한 것은 엄무가 살아 있을 때 읊은 것이다. 「곡귀츤(哭歸櫬)」에서, '한번 우니 삼협은 저물고, 남은 것은 그대의 정이네.(一哀三峽暮 遺後見君情)'와 「팔애시(八哀詩)」에서, '부질없이 늙은 빈객만 남아, 몸에 걸친 비녀와 갓이 부끄럽구나.(空餘老賓客 身上愧簪纓)'라 하였으니, 과연 엄무가 두보를 죽이려고 했다면 두보가 이처럼 자신의 충정을 다하였을까. 더구나 엄무가 기꺼이 예형을 죽인 황조로 자신을 비견하였을까."

㊀ 이 작품은 풍격〔風度〕이 뛰어나다.

㊁ 엄무의 시는 항상 영기(英氣)가 있다.

1 두 구는 촉 지역에 떠돌게 된 연유를 서술하고 있다.

2 『한관의(漢官儀)』에서, "천자의 수레는 공경이 이끈다〔奉引〕." 라 하였는데, 주에서 "'봉인(奉引)'은 인도하는 것을 이른다."라 하였다. 사원은 천자의 말을 기르는 곳이다.

3 '賞'은 달리 '費'로 된 본도 있다. 『진서』「사안전(謝安傳)」에서, "사안은 동산(東山)에 별장을 지었는데 누대가 많고 숲과 대밭이 울창하였다. 자제들이 이곳에 모여 놀았는데, 안주와 음식들을 마련하느라 자주 많은 돈을 쓰곤 하였다."라 하였다.

4 『진서』「완적전」에서, "완적의 성품은 거칠고 게을러서, 예법을 중시하는 선비들이 마치 원수처럼 미워하였다."라 하였다.

5 '枉沐'은 달리 '何日'로 된 본도 있다.

6 『후한서』에서, "예형(禰衡)이 황조(黃祖)가 연 잔치에서 「앵무부(鸚鵡賦)」를 지었는데, 붓이 멈추지 않았고 문장을 고치지 않았다."라 하였다. 예형은 조조에게 무례하게 굴다가 미움을 받아 황조에게 보내진 인물로, 황조가 결국 그를 죽였다.

7 '鵔鸃'의 음은 '峻儀'이다.

8 『한서』에서, "효제(孝帝) 때에 낭(郎)과 시중(侍中)은 모두 준의(鵔鸃 : 금계) 관을 썼다."라 하였는데, 주에서 "준의(鵔鸃)는 새 이름으로 그 깃털로 관을 장식하였다."라 하였다.

9 『세설신어』에서 말하였다. "학륭(郝隆)은 7월 7일이 되면 햇볕을 쬐며 드러누웠다. 어떤 사람이 그 까닭을 묻자, '나는 책을 햇볕에 쬐고 있다.'라 하였다."

10 갈홍이 『주후급요방(肘後急要方)』 4권을 지었다. 5-6구는 두보가 학문을 좋아하는데 병이 많은 것을 안타깝게 여긴 것이다.

11 성굉지(盛宏之)의 『형주기(荊州記)』에서, "어복현(魚復縣)의 경계에 양장호비탄(羊腸虎臂灘)이 있다. 양량(楊良)이 익주자사가 되어 부임하다가 이곳에서 배가 전복되었다. 그래서 지금은 그곳을 사군탄(使君灘)이라고 부른다."라 하였다. 『구역지(九域志)』에서, "사군탄은 만주(萬州)에 있다."라 하였는데, 정자가 강가에 있기 때문에 사군탄을 인용한 것이다.

9. 중승 엄무가 왕림하여 찾아오다[1]
嚴中丞枉駕見過

元戎小隊出郊坰	대장의 작은 부대가 교외로 나와[2]
問柳尋花到野亭	버들과 꽃을 찾다가 들판 정자에 이르렀네.㊀
川合東西瞻使節	그대는 동서, 양천의 절도사가 되었는데[3]
地分南北任流萍	나는 남북으로 떠도는 부평초로구나.[4]
扁舟不獨如張翰	조각배 신세는 장한보다 더하고[5]
皁帽應兼似管寧	검은 모자 쓴 관녕처럼 세상에서 숨었네.[6]
寂寞江天雲霧裏	운무 속의 적막한 강가에서
何人道有少微星	누가 소미성을 이야기할까.[7] ㊁

시평 : 이자덕(李子德)이 이르기를, "시의 기개(氣槪)가 웅방(雄放)하니, 조금도 높은 벼슬아치를 존숭하며 아부하는 비루함이 없다."라 하였다.

㊀ 왕완정(王阮亭)이 이르기를, "기구(起句)는 장중(莊重)하면서도 소쇄(瀟灑)하다."라 하였다.

㊁ 엄무가 서로의 신분을 떠나 자신보다 지위가 낮은 사람과 사귀는 것을 묘사한 부분으로, 일반적인 교유의 경우보다 더욱 우의가 깊다.

1 원주(原注)에서, "엄무가 동천(東川)에서 서천(西川)으로 임명되었다. 칙령을 내려 양천(兩川) 도절제로 삼았다."라 하였다. 『구당서』「엄무전」에서, "엄무가 처음에는 어사중승의 벼슬에 있으면서 외직으로 나가 면주(綿州) 자사가 되었다가 동천의 절도사로 자리를 옮겼다. 다시 성도윤(成都尹)겸어사대부(御史大夫)로 임명되었다가 검남(劍南) 절도사로 보임되었다."라 하였다. 주주(朱

注)에서, "엄무가 처음에 검남절도사가 되었는데, 『신당서』와 『구당서』에서 모두 어사대부를 겸하였다고 하였다. 지금 두보의 시에서 다만 '중승(中丞)'이라고 하였으니 사서(史書)에 아마도 오류가 있는 듯하다."라 하였다.

2 황생(黃生)이 이르기를, "'작은 부대〔小隊〕'라는 의미는 기마병 가운데 몇몇을 간추려 따라오게 한 것으로, 이런 행동에서 엄무의 풍취(風趣)를 볼 수 있다."라 하였다.

3 지덕 2년(757)에 비로소 검남을 동천과 서천으로 나누고 각각 절도사를 두었다. 상원 2년(761) 12월에 엄무는 최광원(崔光遠)을 대신하여 촉(蜀)의 절도사가 되었다. 이 당시 그는 동천과 서천, 즉 양천을 겸하여 다스렸다. 동천 절도사는 광덕 2년에 비로소 폐지되었다.

4 두보는 장안에서 촉으로 갔으니, 바로 북에서 남으로 간 것이다. 정현(鄭玄)의 「계자서(戒子書)」에서, "황건(黃巾)이 해를 끼쳐 남북으로 부평초처럼 떠돌았다."라 하였다.

5 『진서』에서, "장한(張翰)이 낙양에 있을 때, 가을바람이 불 때가 되면 고향인 오(吳) 지방의 줄풀과 순채국, 그리고 농어가 그리워졌다. '인생은 마음이 흡족하게 사는 것이 좋다. 어찌 수천 리 떨어진 타향에서 벼슬살이 하며 명예와 벼슬을 구할 것인가.'라 하고, 마침내 수레를 타고 고향으로 돌아갔다."고 하였다.

6 『위지(魏志)』에서, "관녕(管寧)은 바닷가에 거주하였는데, 항상 검은 모자를 쓰고 베로 된 저고리와 바지, 치마를 계절에 따라 홑으로 또는 겹옷으로 입었다."라 하였다. 『두억(杜臆)』에서, "장한은 벼슬을 버리고 관녕은 세상에서 숨어 지냈다. 그러므로 '不獨'과 '應兼'의 구별이 있는 것이다."라 하였다.

7 『수서(隋書)』「천문지」에서, "네 개의 별로 이루어진 소미성은 태미(太微)의 서쪽에 있다. 달리 처사성(處士星)이라고도 한다."라 하였다. 마지막 구는 표현한 말 너머에 그 의미가 있으니, 바로 '나를 알아주는 사람은 오직 엄공(嚴公)뿐이다.'라는 말이다.

10. 엄 중승을 칭송하는 어떤 농부가 억지로 술을 권하다[1]

遭田父泥飮美嚴中丞

步屧隨春風　봄바람 따라 거니노니
村村自花柳　마을마다 꽃과 버들이 한창이네.
田翁逼社日　농부는 사일이 다가오자
邀我嘗新酒　나를 불러 새 술을 권하네.
酒酣誇新尹　술이 얼큰하자 새 자사를 칭송하는데
畜眼未見有　"내 평생 이런 관리 보지 못하였네요."
廻頭指大男　머리 돌려 대장부를 가리키며
渠是弓弩手　"저 사람은 궁노수인데,
名在飛騎籍　비기의 군적에 올라서
長番歲時久　오랜 세월을 근무했지요.[2]
前日放營農　전날 풀려 농사 지으며[3]
辛苦救衰朽　고생스럽지만 늙고 병든 몸 꾸려간다오.
差科死則已　여러 세금은 죽어야 그만 내지만
誓不擧家走　맹세코, 다른 곳으로 가지 않으리.[4]
今年大作社　금년 사일은 시끌벅적할 테니
拾遺能住否　습유께서는 이곳에 머무르실 건가요?" ⊟
叫婦開大瓶　아내를 불러 큰 술병 열고
盆中爲吾取　잔을 들어 나에게 술을 따라 주네.
感此氣揚揚　의기양양한 농부 모습에서
須知風化首　애민으로 교화함을 알았네.[5]
語多雖雜亂　말이 많아 비록 두서없지만

說尹終在口　　결국은 자사를 칭송하는 말이라네.
朝來偶然出　　아침에 우연히 나와
自卯將及酉　　묘시부터 유시가 되었는데,
久客惜人情　　오랜 나그네 인정이 그리우니
如何拒鄰叟　　어찌 이웃 노인을 거절하랴.
高聲索果栗　　안주를 내오라고 큰 소리 치며
欲起時被肘　　일어나려하면 팔을 잡아당기네.[6]
指揮過無禮　　너무 왁자하게 식구 부리지만
未覺村野醜　　촌야의 비루함을 알지 못하겠네.
月出遮我留　　달이 나오자 나를 잡아끌며
仍嗔問升斗　　아직 취했는지 물어보네.[7] [三]

시평 : 소자상(邵子湘)이 이르기를, “촌 노인의 진솔함을 그려냈으니, 이러한 작품은 장적(張籍), 왕건(王建) 등의 악부파를 탄생시켰다.”라 하였다. ○ 한편으로는 서사(敍事)하고 한편으로는 대화를 기술하면서 자세한 상황과 세세한 목소리를 낱낱이 묘사하여 입신의 경지에 올랐으니, 참으로 반고와 사마천으로 하여금 서술하게 하여도 이처럼 절실하게 묘사하지 못할 것이다. 천년 뒤의 독자들을 탄복하게 만든다.

[二] 농부의 입을 빌려 중승 엄무를 찬미하고 있으니, 이 부분에서 그를 잘 기리고 있다.

[三] 유수계(劉須溪)가 이르기를, “시어에 천취(天趣)가 있으니, 참으로 힘들게 시어를 찾는다고 해서 도달할 수 있는 경지가 아니다.”라 하였다.

1 ‘니음(泥飮)’은 농부가 억지로 권하여 마시게 한 것이다. 중승 엄무를 칭송한 것은 농부의 말이며, 두보가 칭송한 것이 아니다.

2 『당서』「병지(兵志)」에서, “재주와 용기를 갖춘 자를 선발하여

번(番)의 대장을 삼고 쇠노〔弩〕 쏘기를 익힌다. 또한 우림군비기(羽林軍飛騎)가 있는데, 그들도 쇠노를 익힌다."라 하였다. 장원(張遠)의 주에서, "옛날 군대에서 만 오천 명을 나눠 6개의 번(番)을 만들어 차례대로 교대를 한다. 그런데 시에서 '장번(長番)'이라 하였으니, 이는 오랫동안 군적에 있으면서 교대할 사람이 없는 것을 말한다. 그러므로 더욱 군에서 돌려보낸 것으로 감사하게 여긴 것이다."라 하였다.

3 군대에서 풀려나 농사에 전념한다는 의미이다.

4 구주(仇注)에서, "여러 종류의 세금은 '장번(長番)' 이외의 사람들이 내는 것이다."라 하였다.

5 백성을 사랑하는 것이 교화의 으뜸인 것을 말한다.

6 『사기』에서, "위환자(衛桓子)가 수레 위에서 한강자(韓康子)에게 팔꿈치로 치며 신호를 보냈다."라 하였다.

7 '승두(升斗)'는 주량을 말한다.

11. 중승 엄무의 「서성만조」에 화답하다
奉和嚴中丞西城晩眺十韻

汲黯匡君切	급암이 간절히 임금을 바로잡았고[1]
廉頗出將頻	염파는 자주 장군으로 나갔네.[2]
直詞才不世	곧은 언사는 세상에 없고
雄略動如神	뛰어난 지략은 귀신과 같네.
政簡移風速	다스림은 간략하니 빠르게 교화되고
詩淸立意新	시는 맑아 입의가 새롭네.[3]
層城臨暇景	층층의 성에서 한가로운 경치 마주하고
絶域望餘春	변경에서 남은 봄을 바라보네.
旗尾蛟龍會	깃발에는 교룡이 얽혀 있고
樓頭燕雀馴	누대에는 제비, 참새 줄지었네.[4]
地平江動蜀	대지는 평평하여 강은 촉으로 흐르고
天闊樹浮秦	하늘은 드넓어 나무는 진에 아득하네.[5] ⊟
帝念深分閫	황제는 변방을 깊이 염려하니
軍須遠[6]算緡	군대 비용에 세금을 멀리하네.[7]
花羅封蛺蝶	나비 수놓인 꽃능라 담고
瑞錦送麒麟	기린 그려진 비단 보내네.[8]
辭第輸高義	집을 사양하여 높은 의리 다하였고[9]
觀圖憶古人	지도 보며 옛사람을 생각하네.[10]
征南多興緒	정남대장군으로 흥취가 많았으니[11]
事業闇相親	사업이 은근히 서로 비슷하구나.[12] ⊟

㈡ 이 부분은 경치를 읊어낸 것이 웅활(雄闊)하니, 첩첩한 성의 규모를 드러내고 있다. ○ 하의문(何義門)이 이르기를, "'나무는 진에 아득하네(樹浮秦)'구는 은밀하게 장안을 바라본다는 의미를 담지하고 있는데, 아래의 황제가 염려한다〔帝念〕는 구를 일으키고 있다."라 하였다.

㈢ 두보 자신 집안의 먼 조상이 이뤘던 사업으로 엄공에게 기대하고 있는데, 엄공의 시에 화답하는 의미를 드러내놓지 않아 그렇게 말한 자취를 볼 수 없다.

1 『한서』「급암전」에서, "급암을 무제가 불러 대중대부(大中大夫)로 삼았다. 급암이 자주 간절하게 간하였다."라 하였다. 이 구는 엄무가 예전에 어사중승으로 있었던 것을 말한다.

2 이 구는 엄무가 두 번째로 절도사가 된 것을 말한다.

3 『여씨동몽훈(呂氏童蒙訓)』에서, "'시는 맑아 입의가 새롭네(詩淸立意新)'라는 말은 시를 지을 때 힘을 쓸 곳을 말한다. 대개 이전에 썼던 시어를 답습하여 예전 작품을 그대로 본 떠 지어서는 안된다."라 하였다.

4 두 구는 성 위에서 바라보는 가까운 경치로, 기상이 엄숙하고 교화가 잘 시행된 것을 나타낸다.

5 두 구는 성 위에서 바라보는 먼 경치를 말한다. 황생(黃生)의 주에서, "'동(動)'자는 강물이 세차게 흐르는 모습을 그려내었고, '부(浮)'자는 숲이 아득하게 펼쳐진 모습을 그려낸 것이다."라 하였다.

6 '遠'은 거성이다.

7 『한서』에서, "무제(武帝) 원수(元狩) 4년(125)에 처음으로 민전(緡錢)을 사용하였다."라 하였다. 이배(李裴)가 말하기를, "'민(緡)'은 실〔絲〕이다. 실로 돈을 꿰는 것이다. 한 꾸러미는 천전(千錢)으로, 천전이 되면 세금으로 20전을 낸다."라 하였다. 장원(張遠)의 주에서, "'遠算緡'은 세금을 거두지 않는다는 의미이다."라 하였다. 살펴보건대 역사서에서 엄무가 촉에 있을 때 비용을 절제하지 않아 세금을 심하게 거두었다고 하니, 이 구는 대개 이것을 풍자한 것이다.

8 구주(舊注)에서, "나비와 기린은 능라와 비단에 수놓인 그림을 말한다. 말하자면 엄공이 이것으로 공물을 바쳐 조정을 잊지 않는다는 의미이다."라 하였다. 이상 4구는 백성에게 세금을 거두지 않고도 황제를 받드는 것을 말한다.

9 『한서』「곽거병전(郭去病傳)」에서 말하였다. "임금이 그에게 집을 하사하니, 곽거병이 대답하기를 '흉노를 아직 섬멸하지 못하였는데 어찌 집을 돌보겠습니까.'라 하였다."

10 주주(朱注)에서, "촉의 지도를 보면서 문득 옛사람처럼 될 것을 기약한 것이다. 두보는 「동엄공영촉도화도(同嚴公詠蜀道畫圖)」란 작품을 지었다."라 하였다. 고인은 바로 아래 구의 두예를 가리킨다.

11 「두예전(杜預傳)」에서, "두예가 마침내 정남대장군이 되었다."라 하였는데, 그는 두보의 13대 조상이다. '흥취가 많다(多興緒)'는 말은 두예가 현산(峴山)에 비석을 세운 일을 말한다.

12 '친(親)'은 가깝다라는 의미이다. 「두예전」에서 그의 박학다식과 지략에 밝은 것을 칭송하였는데, 이 구는 엄무도 또한 문인으로서 절도사가 된 것을 비교하고 있다.

12. 중승 엄공이 빗속에 보고 싶다는 절구 한 수를 보내오자, 절구 두 수로 화답하다

中丞嚴公雨中垂寄見憶一絶 奉答二絶

雨映行宮辱贈詩	비가 행궁에 내리는데 외람되이 시를 보내주니[1]
元戎肯赴野人期	대장은 기꺼이 들사람과의 약속을 지키시려나.[2]
江邊老病雖無力	강가에 병든 늙은이 비록 기운 없지만
强擬晴天理釣絲	억지로라도 비 개면 낚싯줄 손봐야지.
何日雨晴雲出溪	언제나 비가 개어 흰구름 시내에 나올까
白沙青石洗無泥	흰 모래, 푸른 돌은 씻겨 진흙이 없네.
只須伐竹開荒徑	다만 넘어진 대 베어 막힌 길 열어 놓고
倚[3]杖穿花聽馬嘶	지팡이 짚고 꽃 헤치며 말 울음 들어야지.[4]

1 『통감』에서, "현종이 촉을 떠날 때, 거처하던 행궁으로 도사관(道士觀)을 삼았다."라 하였다.

2 엄무가 보낸 시 가운데 두보를 보고 싶다는 말이 있었던 것 같다.

3 '倚'는 달리 '拄'로 된 본도 있다.

4 '꽃 헤치고〔穿花〕'는 나가서 엄무를 맞이한다는 의미이다.

13. 중승 엄무가 청성산 도사의 유주 한 병을 보내준 것에 감사하다

謝嚴中丞送青城山道士乳酒一瓶

山瓶乳酒下青雲	유주 담은 산의 병이 푸른 구름에서 내려오니
氣味濃香幸見分	맛과 짙은 향을 다행히 나눠 주네.
鳴鞭走送憐漁父	채찍을 때려 가여운 어부에게 보내주니[1]
洗盞開嘗對馬軍	잔을 씻어 마군을 마주하여 술을 맛보네.[2]

1 어부는 두보 자신을 가리킨다.

2 구주(舊注)에서, "군주(軍州 : 군사의 요충지)에서는 기마병 부리는 것을 마군(馬軍)이라고 한다. 곧 말을 타고 심부름을 한 자를 가리킨다."라 하였다. 이 구는 유주를 빨리 마시려 한 것을 말하고 있다. 아울러 사혁(謝奕)이 노병을 이끌어 함께 술을 마시려고 했던 고사를 암용(暗用)하고 있다. 옛날에는 양호(羊祜)가 육항(陸抗)에게 술을 마시게 한 고사를 인용하였는데, 대단히 잘못되었다.

14. 절구 세 수
三絶句

楸樹馨香倚釣磯　　개오동 꽃향기 낚시터에 맴도니
斬新花蘂未應飛　　방금 핀 꽃술은 응당 날리지 않으리.[1]
不如醉裏風吹盡　　취할 때 바람에 다 지는 것이 좋으리니
可忍醒時雨打稀　　술이 깨어 비 맞아 지는 것을 견딜 수 있으랴.⊟

門外鸕鶿去[2]不來　　문밖 가마우지는 떠나 오지 않는데
沙頭忽見眼相猜　　모래톱에서 문득 보고 서로 눈 흘기네.[3]
自今已後知人意　　지금부터는 사람 마음 알았으니
一日須來一百廻　　하루에 와서 백 번 맴돌아야지.[4]

無數春笋滿林生　　셀 수 없는 봄 죽순은 숲에 가득 자라는데
柴門密掩斷人行　　사립문 굳게 걸고 아무도 들이지 않네.
會須上番[5]看成竹　　첫 번째 죽순이 대가 됨을 반드시 볼 것이니[6]
客至從嗔不出迎　　손님 찾아와 소리 질러도 나가보지 않으리.

시평 : 세 작품은 조금은 무뢰(無賴)한 의사를 담지하고 있는데, 어떤 사물에 의탁하여 말을 하기 때문에 글자마다 사람으로 하여금 심취하게 만든다. ○ 이 시는 송원시파(宋元時派)를 열었다.

⊟ 소자상이 이르기를, "노인의 정감이 담긴 말이다."라 하였다.

1 『이아(爾雅)』에 보이는 의재(椅梓)에 대해, 곽박은 주에서 "그것은 개오동나무〔楸〕이다."라 하였다. 『도경본초(圖經本草)』에서, "'재목(梓木)'은 오동나무와 비슷한데 잎은 작고 꽃이 자줏빛이다."라 하였다.

2 '去'는 달리 '久'로 된 본도 있다.

3 서로 낯설기 때문에 흘겨본다는 의미이다.

4 쓸쓸한 모습을 지극하게 그려내었다.

5 모황(毛晃)의 『증운(增韻)』에서, "'番'의 음은 '甫'와 '患'의 반절법이다."라 하였다.

6 주주(朱注)에서, "참신(斬新)과 상번(上番)은 당나라의 방언이다."라 하였다. 원진의 시에서, "날며 춤추는 이른 봄날 눈이, 처음 나온 매화에 달라붙네.(飛舞先春雪 因依上番梅)"라 하였으며, 독고급(獨孤及)의 시에서, "옛날에 흰털이 처음으로 나올 때(舊日霜毛一番新)"라 하였으니, 모두 '번(番)'은 거성으로 읽어야 한다. 『두억』에서, "대가 첫 번째로 나온 것은 장대(壯大)하며, 그 뒤에 나온 것은 점점 작아진다."라 하였다. '간(看)'은 지켜본다〔看守〕는 의미이다.

15. 장난 삼아 절구 여섯 수를 짓다[1]

戱爲六絶句

庾信文章老更成　유신의 문장은 늙어서 더욱 무르익어[2]
凌雲健筆意縱橫　구름을 오르내리는 건필에 의사는 종횡무진하네.[3]
今人嗤點流傳賦　지금 사람은 전해지는 작품을 비웃지만[4]
不覺前賢畏後生　유신이 후생을 두려워나 하겠는가.[一]

王楊盧駱當時體　왕발, 양형, 노조린, 낙빈왕의 시체(詩體)를[5]
輕薄爲文哂未休　경박한 시인들이 조롱 마지 않네.[6]
爾曹身與名俱滅　너희들 몸과 이름은 전부 사라져도
不廢江河萬古流　사걸은 강하와 더불어 만고를 흐르리라.[7] [二]

縱使盧王操翰墨　비록 노조린, 왕발이 시를 지어도
劣於漢魏近風騷　『시경』과 『이소』에 가까운 한위보다 못하네.[8]
龍文虎脊皆君馭　용문과 호척은 임금이 부리는 명마라[9]
歷塊過都見爾曹　재빠르게 내달리며 너희들을 바라보리라.[10]

才力應難跨數公　재력이 몇몇 전현을 넘지 못하니[11]
凡今誰是出羣雄　지금 누가 이들보다 뛰어나다 하는가.
或看翡翠蘭苕上　이따금 아름다워 볼만은 하지만[12]
未掣鯨魚碧海中　푸른 바다 뛰노는 고래는 없다네.[13]

不薄今人愛古人　지금 사람을 비웃지는 않지만 옛 사람을 더 좋아해[14]
淸詞麗句必爲鄰　맑고 아름다운 시어는 반드시 모범에 가까우리.[15]

竊攀屈宋宜方駕　굴원과 송옥을 잡아당겨 나란히 내달린다 하지만
恐與齊梁作後塵　제량의 시인과 더불어 뒤나 좇을까 두렵구나.㊂

未及前賢更勿疑　전현에 미치지 못함을 다시 의심하지 말지니
遞相祖述復先誰　저마다 서로 베끼니 누가 앞선다 하랴.[16]
別裁僞體親風雅　거짓된 체재를 가려 없애야 『시경』에 가까워지니[17]
轉益多師是汝師　더욱 많은 스승을 너는 배워야 하네.[18]

시평 : 창려 한유의 다음과 같은 시가 있다. '이백과 두보의 문장은, 그 빛이 만 길이나 뻗는다.(李杜文章在 光焰萬丈長) 어리석은 아이들 그것도 모르니, 어찌 비방하는고(不知群兒愚 那用故謗傷) 왕개미가 큰 나무 흔드는 격이니, 가소롭구나 자신의 힘도 모르다니(蚍蜉撼大樹 可笑不自量)' 두보의 시대에 두보를 비방하는 사람이 적지 않았다. 그러므로 유신과 사걸을 빌려 자신의 뜻을 드러내었으니, 여섯 작품에 모두 자신의 뜻을 우의(寓意)하였다. 이는 유산(遺山) 원호문(元好問)이 「논시절구(論詩絶句)」에서 고금의 시인을 통틀어 논한 것과 다르다. 그러나 두보가 제시한 '위체(僞體)를 가려내는 것'과 '더욱 더 많은 스승'을 보면, 시를 배우는 방법이 실제로 이에서 벗어나지 않는다.

㊀ 장상약이 이르기를, "여섯 작품은 곧 시학의 지남(指南)이 된다. 현재의 관점에서 과거를 의논하는 것은 어느 시대나 같지만, 다만 대가는 의론이 지극히 공평하며 기준〔着眼〕이 대단히 바르다."라 하였다.

㊁ 사걸을 지나치게 칭송하였지만 또한 격앙(激仰)시키는 어조가 있다. 아래 작품은 약간 폄억(貶抑)하고 있지만 또한 공정함을 잃지 않았다.

㊂ 세속에서 대부분 자신의 작품이 매우 뛰어나다고 하지만, 두보는 그것을 통렬하게 비판하였다. ○ 이자덕이 이르기를, "건안 칠자들이 서로 뛰어나다고 치켜 주었으니, 병은 참으로 이에 있었다."라 하였다.

1 여섯 수는 작품이 진행됨에 따라 그 내용을 이어받거나 변화를 기하였으나 본래 한 가지 주제를 읊어내었다. 구주(舊注)는 잘못된 설명이 많아 지금 모두 바로잡는다. ○ 유신(庾信)과 사걸(四傑)을 특별히 이끌어와 소재로 삼았지만 이들이 시도(詩道)의 지극함이 된다는 것을 의미하지 않는다. 세 번째 부터 네 작품은 모두 이 소재를 바탕으로 이야기를 전개해 나간 것이다. 옛날의 해석은 뒤의 네 편의 내용이 처음 두 편의 내용을 덧붙여 이야기한 것으로 파악하였다. 이에 설명할수록 더욱 적합하지 않은 해석이 많게 되었다.

2 장약육(蔣弱六)이 이르기를, "두보는 항상 자신을 유신에 비교하였으니, 아마도 그들이 만난 시대를 겸하여 말한 것일 것이다."라 하였다.

3 아마도 「애강남부(哀江南賦)」를 가리켜 말하는 것 같다.

4 간보(干寶)의 「진기론(晉紀論)」에서, "대개 함께 비웃으며〔嗤點〕 쓸모없는 것으로 여기고 그것을 꾸짖었다."라 하였다. 「유신전(庾信傳)」의 찬(贊)에서, "양자운(揚子雲 : 양웅)이 말을 남겼으니, '시인의 부(賦)는 아름다우면서 법칙이 있고, 사인(詞人)의 부는 아름다우면서 방탕하다.'라 하였는데, 만약 유신을 양웅이 평가하였다면 그는 사부(詞賦)의 죄인이라고 하였을 것이다."라 하였다.

5 왕발(王勃), 양형(楊炯), 노조린(盧照隣), 낙빈왕(駱賓王) 등은 당나라 초기 사걸로 불린다.

6 『옥천자(玉泉子)』에서 말하였다. "왕발, 양형, 노조린, 낙빈왕 등은 문장으로 이름이 났다. 사람들이 그들의 허물을 찾아, '양형은 옛날 사람의 이름을 쓰기 좋아한다.'라 하여 그것을 '점귀부(點鬼簿)'라 불렀고, '낙빈왕은 수대(數對)를 좋아한다.'라 하여 그것을 '산박사(算博士)'라 하였다."

7 포주(浦注)에서, "첫 수의 3-4구에서는 반어〔反言〕를 사용하여 경계시켰고, 이 작품의 3-4구에서는 바르게 말하여〔正言〕 그들의 비웃음을 물리쳤다."라 하였다.

8 『시경』, 『이소』와 가까운 시대인 한과 위보다는 못하다는 의미이다.

9 『한서』 「서역전」의 찬(贊)에서, "포초(蒲梢), 용문(龍文), 어목(魚目), 한혈(汗血) 등의 말들이 황문(黃門)에 가득하다."라 하였다. 「천마가(天馬歌)」에서, "호척(虎脊)이 두 마리, 화약(化若)은

귀신처럼 내달리네."라 하였다. 이 구는 즉 초당사걸이 세속의 작자보다 월등하게 뛰어나니, 다만 사람의 선택여하에 달렸다는 것을 말하고 있다. '임금〔君〕'은 특정하지 않고 일반적인 임금을 가리키며, 아래의 '너희들〔爾曹〕'은 '후생(後生)'을 특정하여 가리킨다.

10 왕포(王褒)가 지은 「성주득현신송(聖主得賢臣頌)」에서, "도읍을 지나고 국경을 지나는데 마치 흙덩이를 지난 듯.(過都越國 蹶如歷塊)"라 하였다. 주주(朱注)에서, "명마인 용문과 호척이 비록 부림을 당하지만 그러나 반드시 내달리는 재주를 평가받았을 것인데, 너희들은 스스로를 돌아보아야한다는 의미로, 전현(前賢)들을 함부로 폄훼해서는 안 되는 것을 말한 것이다."라 하였다. 살펴보건대, 이 두 구는 '과연 힘써 한과 위의 시풍을 따를 수 있으면 노조린, 왕발 등 사걸을 뛰어넘음을 능력을 지니게 되지만, 그렇지 않고 부질없이 비웃는다면 끝내 경박한 부류에 빠지게 될 것이다.'는 의미이다. 어떤 이는 왕발과 양형을 칭송하는 의미라고 보았으니, 그것은 잘못된 것이다.

11 이 작품은 위 세 작품의 내용을 총결하여 품평한 것이다.

12 곽박(郭璞)의 시에서, "비취새가 난의 꽃봉오리 희롱하니, 그 모습 더욱 곱도다.(翡翠戱蘭苕 容色更相鮮)"라 하였는데, 주에서 "'난초(蘭苕)'는 난초의 꽃봉오리를 말한다."라 하였다. 이 구는 아름다운 새와 활짝 핀 꽃이 매우 아름다워 즐길만하다는 것을 말한다.

13 '바다에서 뛰노는 고래' 같은 전현을 뛰어넘기 어려우므로 가볍게 평가해서는 안 된다는 의미이다. 『십주기(十州記)』에서, "부상(扶桑)의 동쪽 만리에 벽해(碧海)가 있는데, 짠 소금물이 아니며 물빛은 푸른색이다."라 하였다. 구주(舊注)에서, "'비취(翡翠)'와 '난초(蘭苕)'의 3구는 시율(詩律)을 단련하고 장구(章句)를 따다 쓰기에 바쁜 당시의 무리들을 가리키며, '경어(鯨魚)'와 '벽해(碧海)'의 4구는 아득하게 드넓어 온갖 사물들을 담아 낼 수 있는 기상에 고금(古今)의 정수를 아울러 갖추고 있는 것을 말한다.

14 이 편의 '금인(今人)'과 아래 편의 '전현(前賢)'은 모두 첫 번째 작품을 이어 받은 것으로, 세 번째 작품의 '범금(凡今)'을 뒤 이어 나왔다.

15 이 구는 '나는 감히 지금 사람을 비웃지 않으나 전적으로 옛 사람을 좋아한다. 다만 유신과 사걸은 체격(體格)이 비록 낮은 것 같지만 그들의 맑고 아름다운 시어는 끝내 반드시 『시경』과 「이소」에 가까울 것이다. 그러므로 오랜 시간이 지나도 사람들에게 읊조려질 것이다. 지금 사람은 자신이 높다고 자랑하길 좋아하지

만 과연 세상에 전할 만큼 뛰어난 것이 있단 말인가.'를 말하고 있다.

16 『안씨가훈』에서, "서로 전하여 전해 내려왔기 때문에 찾아 물어 보아도 언제 시작되었는지 알 수 없다."라 하였다. 이 구는 즉 시배(時輩)들이 전현들과 학문이 비슷하다고 생각하지만 조금도 뛰어나지 않다는 것을 말하고 있다.

17 별재(別裁)는 구별하여 취사선택한다는 의미이다.

18 『시경』과 「이소」는 『시경』과 「이소」의 진면목이 있고, 한위에는 한위의 진면목이 있다. 시대를 내려와 제량과 초당에 이르러서도 각각의 진면목이 있다. 흐름을 따라 거슬러 올라가서 『시경』의 종지(宗旨)를 찾으면 그 사이의 모든 것들이 다 나의 스승이다. 만약 한갓 '나의 수준이 높다.'고 내뱉고, 마음을 비워 겸손한 자세로 여러 장점을 찾지 못하면 끝내 위체(僞體)에서 벗어나지 못한다. 이것이 바로 두보가 시체를 집대성한 것인가.

16. 시골 사람이 붉은 앵두를 보내오다
野人送朱櫻

西蜀櫻桃也自紅　　서촉의 앵두 절로 붉게 익어
野人相贈滿筠籠　　시골 사람 광주리에 가득 보내오네.
數回細寫愁仍破　　몇 차례 조심스레 옮기며 으깨질까 걱정되나[1]
萬顆勻圓訝許同　　알알이 고루 동그래 어찌 그리 같은고.
憶昨賜霑門下省　　예전 생각하노니 문하성에서 앵두 받아
早朝擎出大明宮　　이른 아침에 받들고 대명궁을 나왔었지.[2]
金盤玉筯無消息　　금반과 옥저의 좋은 소식 들리지 않고
此日嘗新任轉蓬　　이 날 햇앵두 맛보며 정처 없이 떠도는구나.

시평 : 흥(興)을 의탁한 것이 심원하며 격력(格力)이 굳세고 강건하니, 이것이 높은 수준의 영물시가 된 까닭이다. ○ 시를 시작하면서 이것을 읊조리고 있으나 뜻은 다른 곳에 있다. 한 기운으로 곧바로 시상을 전개하며 아무 구속 없이 자유자재로 읊조리고 있으니, 짧은 작품이지만 이와 같은 필력을 지니고 있다.

1 『예기』에서, "씻을 수 있는 그릇은 쏟아서 옮기지 않고 그 나머지는 모두 쏟아낸다."라 하였는데, 그 주에서, "사(寫)는 다른 그릇에 쏟아 옮기는 것을 말한다."라 하였다.

2 당(唐) 이작(李綽)의 「세시기」에서, "4월 1일 내원(內園)에서 침묘(寢廟)에 앵두를 올리고 나면 직급에 차등을 두어 앵두를 나누어 주었다."라 하였다.

17. 엄공이 술과 안주를 가지고 한 여름에 초당을 찾아주다

嚴公仲夏枉駕草堂兼攜酒饌 得寒字

竹裏行廚洗玉盤	대숲 속의 부엌에서 옥반을 씻으며[1]
花邊立馬簇金鞍	꽃 옆에 말 세우고 사람들 모여드네.㊀
非關使者徵求急	사자 시켜 급히 불러오지 않으니[2]
自識將軍禮數寬	장군의 예의가 너그러움을 알겠구나.[3]
百年地僻柴門逈	평생 외진 곳 살아 사립문 멀리 떨어졌으니
五月江深草閣寒	오월의 강은 깊고 초가는 쓸쓸하네.
看弄漁舟移白日	고깃배 띄워놓고 시간 흘러가노라니
老農何有罄交歡	늙은 농부가 사귀는 기쁨을 누릴 수 있을까.

㊀ 장약육(蔣弱六)이 이르기를, "부귀의 기상을 읊은 것이 대단히 풍치가 있고 우아〔風雅〕하다."라 하였다.

1 『신선전(神仙傳)』에서, "마고(麻姑)가 채경(蔡經)의 집에 하강하여 자리를 정하고 앉자 각자 임시 부엌에 나아갔다. 부엌에는 금접시와 옥으로 된 잔이 가득했다."라 하였다.

2 『장자』에서, "노나라 임금이 안합(顔闔)이 도를 깨우친 선비라는 소식을 들었다. 이에 사신을 보내 먼저 찾아보게 하였다. 사신이 그를 찾아가자, 안합은 '아마도 잘못된 소식을 듣고 찾아오게 됐는데, 잘못 찾으면 결국 사자의 죄가 될 것이니 분명하게 알아보는 게 좋을 거요.'라 하였다. 사신이 돌아가 자세히 알아보고 나서 다시 그를 찾았는데, 그는 이미 사라지고 없었다."라 하였다. 이 당시 엄무는 아마도 두보가 자신의 군막으로 들어오길 바랐으나,

두보가 아직까지 허락하지 않았다. 그러므로 이 시구를 지었으니, 억지로 강요하지 않는다는 의미이다.

3 「염파전(廉頗傳)」에서, "장군의 너그러움이 이 정도일 줄 몰랐습니다."라 하였다. 황생(黃生)의 주에서, "이 구는 또한 『한서』의 내용 가운데 대장군 위청(衛青)이 빈객인 급암(汲黯)에게 읍(揖)을 한 일을 암용(暗用)하고 있다."라 하였다.

18. 엄공의 청사 잔치에서 촉도의 지도를 같이 읊다
嚴公廳宴同詠蜀道地圖 得空字

日臨公館靜	해가 비치는 공관은 고요하고
畫滿地圖雄	그림 가득한 지도는 웅장하네.
劍閣星橋北	검각은 성교의 북쪽에 있고[1]
松州雪嶺東	송주는 설령의 남쪽에 있네.[2]
華夷山不斷	중원과 오랑캐엔 산이 끊어지지 않고
吳蜀水相通	오와 촉은 물이 서로 통하네.[曰]
興與烟霞會	흥취가 노을과 어울리니
淸樽幸不空	맑은 술동이 다행히 비지 않았네.

시평 : 구창주(仇滄柱)가 이르기를, "검각은 성교의 북쪽에 있고 송주는 설령의 남쪽에 있다. 산세는 서남쪽으로부터 내려오고 물은 동쪽을 따라 흘러간다. 다만 이 네 구로 촉의 지형을 다 그려내어 마치 손바닥에서 가리키는 것 같다."라 하였다.

曰 유수계(劉須溪)가 이르기를, "고금을 열고 닫아 아득함이 시어 너머에 있으니 지도에 대해 자세히 말할 필요가 없다."라 하였다.

1 『화양국지(華陽國志)』에서 말하였다. "이빙(李冰)이 물가를 따라 다리를 놓았는데, 하늘의 칠수(七宿)와 대응하게 만들었다. 세조(世祖)가 오한(吳漢)에게 '군대를 안정시키려면 마땅히 칠성(七星)의 연교(連橋) 사이에 있어야 한다.'라 하였다."

2 『당서』에서, "송주 교천군(交川郡)은 검남도에 속한다. 그 지역 안에 있는 감송령(甘松嶺)에서 이름을 따왔다."라 하였다.

19. 장난 삼아 벗에게 주다
戲贈友二首

元年建巳月	원년 6월[1]
郎有焦校書	낭관에 초 교서가 있지.[2]
自誇足膂力	자랑하기를, 힘이 세어
能騎生馬駒	거친 말을 탈 수 있다 하네.[3]
一朝被馬踏	하루아침에 말굽에 밟혀
脣裂板齒無	입술 찢어지고 앞니가 빠졌지만,
壯心不肯已	장쾌한 마음 그치지 않고
欲得東擒胡	동으로 오랑캐 잡으려 하네.

元年肺巳月	원년 6월
官有王司直	법관에 왕 사직이 있지.[4]
馬驚折左臂	말이 놀라 왼팔을 부러뜨리니
骨折面如墨	뼈가 부러져 얼굴이 먹빛이었네.
駑駘漫深泥	노둔한 말로 깊은 진창에 빠지니
何不避雨色	어찌 비 오는 날 피하지 않았나.
勸君休歎恨	그대여, 탄식하지 마시게
未必不爲福	복이 될 수도 있으리니.[5] 曰

㊂ 비속한 시어로 일을 기술하였으니, 이 또한 하나의 시체(詩體)이다. ○ 이자덕(李子德)이 이르기를, "또한 두 작품을 빌려 간지(干支)로 달을 다르게 사용하는 것을 보였다."라 하였다.

1 주주(朱注)에서, "이 당시 숙종(肅宗)이 황태자를 봉한 뒤 상원(上元)이란 연호를 버리고 다만 원년(元年)으로 불렀다. 그리고 건자월(建子月, 즉 11월)로 한 해의 첫머리를 삼았으니, 북두칠성의 자루가 십이지(十二支)의 가리키는 방향으로 그 달의 이름을 삼았다. 건사월〔6월〕이 되자 숙종은 병이 위중하게 되자 황태자를 불러 나라를 지휘하게 하고 원년을 보응(寶應) 원년으로 고쳤으며 다시 정월로 한 해의 첫머리를 삼았다. 이 작품은 원년을 고치기 이전에 시작하였으므로 건사월이라 불렀다."라 하였다.

2 『당서』에서, "숭문관(崇文館)에는 교서랑 두 사람을 두었다."라 하였다.

3 길들이지 않은 말을 가리킨다.

4 『당서』에서, "동궁관(東宮官)에 사직을 한 사람 두었고, 또한 대리시(大理寺)에 사직 여섯 사람을 두었다."라 하였다.

5 '복(福)'의 협음(叶音)은 '핍(偪)'이다. 말하자면, 이처럼 어리석으니 이러한 주의(注意)가 없을 수 없다. 『회남자』에서, "변방 노인의 말이 도망가서 오랑캐로 들어가니 사람들이 모두 위로하였다. 그가 '어찌 복이 되지 않는다고 확신하나'라 하였다. 두어 달이 지난 뒤에 그 말이 오랑캐의 준마를 거느리고 돌아오니 사람들이 모두 축하하였다. 그는 '어찌 화가 되지 않는다고 확신하리'라 하였다. 집안에 좋은 말이 많았는데, 그 아들은 말 타기를 좋아하였다. 그러다가 말에서 떨어져 다리가 부러지자 사람들이 또 위로하였다. 그는 '어찌 복이 되지 않는다고 확신하랴.'라 하였다. 일 년이 지나자 오랑캐가 크게 쳐들어왔다. 젊은이 중 열에 아홉은 죽었지만 그 아들은 다리가 부러진 까닭에 부자(父子)가 살 수 있었다."라 하였다.

20. 큰 비[1]

大雨

西蜀冬不雪	서촉은 겨울에 눈이 오지 않아
春農尙嗷嗷	봄에 농부들이 더욱 한숨 쉬었네.
上天回哀眷	하늘이 불쌍히 여겨 돌아봐 주니
朱夏雲鬱陶	여름에 구름이 짙게도 일었네.[2]
執熱乃沸鼎	뜨거운 물건은 끓는 솥 같고
纖絺成縕袍	가는 삼베가 솜옷이 되는구나.
風雷颯萬里	우레 소리 만리를 울리고
霈澤施蓬蒿	넘친 연못에 쑥대가 떠다니네.
敢辭茅葦漏	초가가 새는 것을 피할 수 있으랴
已喜黍豆高	기장과 콩이 높게 자라 기쁘구나.
三日無行人	삼일 동안 행인도 없으며
二江聲怒號	두 강물 울부짖으며 흐르네.[3] [二]
流惡邑里淸	오물 씻겨 내려가 고을이 깨끗한데[4]
矧玆遠江皐	더구나 이제 강물도 멀리 물러났구나.
荒庭步鸛鶴	황폐한 뜰엔 황새가 걸어다니는데
隱几望波濤	안석에 기대어 마당의 물결을 바라보네.[5] [三]
沈痾聚藥餌	깊은 병에 약물을 모아 두었으나
頓忘所進勞	문득 약탕 끓일 생각 잊어버렸네.[6]
則知潤物功	이에 알겠네, 만물을 적시는 조물주의 공이
可以貸[7]不毛	불모지에도 베풀어진다는 것을.
陰色靜隴畝	밭이랑에 그늘이 드리웠으니
勸耕自官曹	관청에서 밭갈이 권하네.

四鄰有耒耜	사방 이웃이 쟁기 들고 나서니
何必吾家操	구태여 우리 집까지 잡으랴.㊂

㊀ 앞 부분은 오랫동안 가물었다가 비가 내리는 경치를 읊고 있다.

㊁ 다음은 비가 내린 뒤의 풍경을 읊고 있다.

㊂ 마지막은 비가 내린 것을 기뻐하는 마음을 기술하였다.

1 학주(鶴注)에서 말하였다. "보응 원년(762)에 두보는 엄무에게 「설한(說旱)」을 올렸는데, '지금 촉은 10월부터 비가 오지 않아 건묘월(建卯月, 2월) 기우제를 지내지 않는 때까지 이르렀다. 얼마나 오래 가물었단 말인가.'라 하였다. 이 시는 참으로 그 당시에 지은 것으로 아마도 초여름이 되어서야 비로소 비가 왔다."

2 조언재(趙彦材)가 말하기를, "'울도(鬱陶)'는 『상서(尙書)』에서 나왔다. 대개 도자기의 기운이 단단하게 뭉쳐진 것과 같으니, 여름 구름을 형용한 것이다."라 하였다.

3 『수경주』에서, "성도에는 두 강이 두 줄기로 고을 아래로 흘러간다."라 하였다. 『송사(宋史)』에서, "초기에 이빙(李冰)이 두 도랑을 열었는데, 하나는 영강(永康)에서 신번(新繁)을 지나 성도로 들어가니 이것을 외강(外江)이라 부른다. 하나는 영강에서 비(陴)를 지나 성도로 들어가니 내강이라 부른다."라 하였다.

4 『좌전』에서, "분(汾)과 회(澮)가 넘쳐서 더러운 것들이 씻겨 내려갔다."라 하였는데, 주에서 "'오(惡)'는 오물이다."라 하였다.

5 물이 넘쳐 집에 들어온 것을 말한다.

6 비가 내려 날이 시원하니 마음이 상쾌하여 번거롭게 약을 먹지 않아도 된다는 것을 말한다.

7 '대(貸)'는 베풀어진다는 의미이다.

21. 시내가 넘치다[1]

溪漲

當時浣花橋	예전에 완화교는[2]
溪水纔尺餘	시냇물이 겨우 한 자 남짓이었지.
白石明可把	흰 돌은 밝아 잡을 듯하였고
水中有行車	물이 얕아 수레 다녔었지.[3] ⊟
秋夏忽泛溢	여름 가을 어느 날 문득 물이 범람하니
豈惟入吾廬	어찌 다만 우리 집에만 넘쳤으랴.
蛟龍亦狼狽	교룡도 또한 낭패를 당했는데
況是鼈與魚	더구나 자라와 물고기는 말해 뭐하리.
茲晨已半落	이 새벽도 이미 밝아오는데
歸路跬步踈	돌아가는 길에 사람도 없네.[4]
馬嘶未敢動	말은 울면서 나아가지 않으니
前有深塡淤	앞에 깊은 진창이 있어서라네.
青青屋東麻	푸르고 푸른 집 동쪽의 삼
散亂牀上書	어지러운 책상 위의 책.
不意[5]遠山雨	알 수 없구나, 먼 산의 비가
夜來復何如	밤이 오면 다시 어쩔지.[6]
我遊都市間	내가 도회지에서 노닐다가도
晚憩必村墟	저물면 반드시 시골에서 쉬려하니,[7]
乃知久行客	이에 알겠네, 오래 떠도는 나그네가
終日思其居	하루 종일 거처를 그리워하는 것을.[8]

㊀ 소자상이 이르기를, "방옹 육유가 이런 종류의 시풍을 대단히 열심히 배웠다."라 하였다.

1 이 작품은 시냇물에 막혀 초당으로 돌아가지 못할 때 지은 것이다.

2 완화교는 만리교(萬里橋)를 말한다.

3 『화양풍속록』에서, "완화정(浣花亭)은 고을의 서남쪽에 있다. 강물이 대단히 맑으며, 걸어다닐 만큼 얕다."라 하였다.

4 인적이 드문 것을 말한다.

5 '의(意)'는 달리 '지(知)'로 된 본도 있다.

6 구주(仇注)에서, "만약 먼 산에 내리는 비가 밤에 다시 이곳까지 내린다면 돌아가는 길이 막히리라는 의미이다."라 하였다.

7 곧 초당을 가리킨다.

8 『두억』에서, "마지막 네 구는 다만 '평소에 집으로 돌아갔는데 비에 막혀 가지 못하자, 돌아갈 것을 그리워함'을 말하고 있다. 말 너머의 뜻이 절로 나타나는데 더욱 함축함〔蘊藉〕이 많다."라 하였다.

22. 보리의 노래[1]

大麥行

大麥乾枯小麥黃	보리는 여물고 밀은 익어 가는데
婦女行泣夫走藏	아낙은 울며 도망가고 사내는 달아나 숨었네.
東至集壁西梁洋	동쪽으로 집주, 벽주에 서쪽으로 두 양주에 이르는데[2]
問誰腰鎌胡與羌	낫으로 보리 베어가는 이 누군가, 호와 강이라 하네.[3]
豈無蜀兵三千人	어찌 삼천의 촉의 병사 없겠냐마는[4]
部領辛苦江山長	서류는 넘치고 거리는 멀어서라네.[5]
安得如鳥有羽翅	어찌하면 새처럼 날개가 돋아
託身白雲歸故鄉	흰 구름 타고 고향으로 돌아갈까.

1 구주(仇注)에서, "변방의 침입을 걱정하여 지은 것이다. 그러므로 동쪽으로 돌아가 오랑캐의 침입을 피할 것을 생각하였다."라 하였다.

2 『구당서』에서, "양주(梁州) 도독은 양주(梁州), 양주(洋州), 집주(集州), 벽주(壁州) 등 네 개의 주를 감독하는데, 이들은 산남서도(山南西道)에 속한다."라 하였다. 『일통지』에서, "산남서도는 지금의 보령(保寧)과 한중(漢中)의 두 부(府)의 지역이다."라 하였다.

3 『당서』「당항전(党項傳)」에서, "상원 2년에 당항강(党項羌)이 혼노자(渾奴剌)와 연합하여 봉주(鳳州)에 쳐들어왔다. 그 다음 해에 또다시 양주(梁州)를 공격하여 봉천(奉天)까지 진격하였다."라 하였다. 『당서』「대종기(代宗紀)」에서, "보응 원년에 토번이 진주(秦州), 성주(成州), 위주(渭州) 등을 함락하여 집주, 벽주 등 네

개 주와 접경을 이루었다."라 하였다. 채몽필이 말하였다. "후한의 환제(桓帝) 때에 다음과 같은 동요가 있었다. '소맥은 푸르고 푸르며 대맥은 말라 비틀어져(小麥青青大麥枯), 누가 수확하는가 며느리와 시모라네(誰當穫者婦與姑), 남편은 어디 있는가 서쪽으로 오랑캐 친다네(丈夫何在西擊胡)' 두보의 시구는 대개 이 동요에서 나왔다."

4 촉병을 징병하여 산남 지역에 대응함을 말한다.

5 전투의 제반 사항이 오랑캐와 상대가 되지 않음을 말하고 있다.

23. 엄공이 조정에 들어가는 것을 전송하다

奉送嚴公入朝十韻

鼎湖瞻望遠	정호는 멀리 바라보이는데[1]
象闕憲章新	궁궐의 법이 새로워졌네.[2] [一]
四海猶多難	천하가 아직도 어지러우니
中原憶舊臣	중원에서 옛 신하를 그리워하네.[3]
與時安反側	시대의 어지러운 상황을 안정시키니
自昔有經綸	예전부터 경륜이 있었네.[4]
感激張天步	감격스럽구나, 황제의 행보 넓히고[5]
從容靜塞塵	차분하게 변방의 전쟁 진정시켰네.[6] [二]
南圖迴羽翮	남으로 갔다가 조정으로 깃을 되돌리고[7]
北極捧星辰	장안에서 북극성을 받드네.
漏鼓還思晝	한 밤 물시계 소리에 한낮을 그리워하는데[8]
宮鶯罷囀春	궁궐의 꾀꼬리 봄날 지저귐 그만두었네.[9]
空留玉帳術	부질없이 옥장술을 남겨두었으나[10]
愁殺錦城人	금성 사람을 근심에 빠트렸네.
閣道通丹地	검각도는 궁궐로 통하는데[11]
江潭隱白蘋	강가에는 흰마름이 숨어 있네.
此身那老蜀	이 몸 어찌 촉에서 늙어갈까
不死會歸秦	죽지 않는다면 장안으로 돌아가리.
公若登台輔	공이 만약 정승에 오르거든
臨危莫愛身	위태로움 닥쳐도 몸을 아끼지 마시라.[三]

㊀ 장상약이 이르기를, “단정하고 엄정하며 간략하게 단속하니〔端嚴簡括〕 배율의 정체(正體)이다.”라 하였다.

㊁ 다만 이상 네 구는 앞의 내용을 이어서 응당 재략(才略)과 충성을 갖춘 엄무에 대해 서술하고 있다.

㊂ 훌륭한 말로 충고하여 사람으로 하여금 엄숙하게 하니, 서로 깊이 아는 사이가 아니면 감히 이런 말을 지을 수 없다.

1 『한서』「교사지(郊祀志)」에서, “황제(黃帝)가 수산(首山)의 동을 채굴하여 형산(荊山) 아래에서 솥을 주조하였다. 솥이 이윽고 만들어지자 용이 갈기를 드리우고 내려와 황제를 데리고 올라갔다. 후대에 그곳을 정호라고 불렀다.”라 하였다. 즉 상황(上皇, 현종)과 숙종이 모두 4월에 죽은 것을 말한다.

2 대종(代宗)이 즉위한 것을 말한다.

3 이 당시에 엄무(嚴武)를 소환하여 경조윤으로 배수하고 이성산릉교도사(二聖山陵橋道使)를 삼았다.

4 영무(靈武)에서 숙종을 호종하던 때를 가리킨다.

5 장안을 수복한 것을 말한다. 「엄무전」에서, “지덕(至德) 초기에 숙종의 행재소에 따라갔다가 이윽고 장안을 수복하고 경조소윤(京兆少尹)에 임명되었다.”라 하였다.

6 촉 지역을 안정시킨 것을 말한다.

7 촉은 장안의 남쪽에 있다. 『장자』에서, “대붕은 구만리를 날아 남쪽으로 간다.”라 하였다.

8 촉 지역 사람들이 옛 장관을 그리워함을 가리킨다.

9 여름에 조정에 들어간 것을 말한다.

10 『포박자』「외편」에서, “병사가 태일옥장(太一玉帳)의 안에 있으면 공격할 수 없다.”라 하였다. 『당서』「예문지」에서, “병가(兵家)에 옥장경(玉帳經)이 있다.”라 하였다. 『운곡잡기(雲谷雜記)』에서, “옥장은 병가(兵家)에서 주술하는 방법이다. 주장(主將)이 그 방향으로 군장(軍帳)을 설치하면 군대가 견고하여 침범할 수 없다. 그 법은 『황제둔갑(黃帝遁甲)』에서 나왔다. 옥장(玉帳)은 달이 앞의 세 방위에 섰을 때를 취한다. 즉 월건인(月建寅)이면 사(巳) 방향이 옥장이 된다.”라 하였다.

11 각도는 곧 검각도(劍閣道)를 말한다. 『한관의(漢官儀)』에서, “성(省) 안은 모두 호분(胡粉)으로 벽을 칠하고 단사로 땅을 칠하였기에 단지(丹墀)라고 부른다.”라 하였다. 장정견(張正見)의 시에, ‘창을 잡고 단지를 달리네.(執戟趨丹地)’라는 말이 있다.

24. 엄 시랑을 전송하다가 면주에 이르러 함께 두 사군의 강가 누대의 잔치에 오르다[1]

送嚴侍郎到綿州 同登杜使君江樓宴 得心字

野興每難盡	들녘의 홍취는 매번 다하기 어려워
江樓延賞心	강가 누대에서 자연을 즐기네.
歸朝送使節	조정으로 돌아가는 사절을 보내는데
落景惜登臨	지는 해에 올라 구경하기 부족하구나.
稍稍烟集渚	조금씩 물가에 이내 피어오르고
微微風動襟	가늘게 옷깃에 바람이 불어오네.
重船依淺瀨	무거운 배는 얕은 여울에 걸터 있고
輕鳥度層陰	가벼운 새는 충층의 구름 너머 가네.
檻峻背幽谷	높은 난간은 깊은 골짜기 등져 있고
牕虛交茂林	빈 창은 울창한 숲 마주하네.
燈光散遠近	등불은 원근으로 퍼져나가고
月彩靜高深	달빛은 온 천지에 고요하네.[2]
城擁朝來客	성은 아침에 온 손님 맞이하고⊟
天橫醉後參	하늘은 취한 뒤 삼수가 비껴 있네.[3]
窮途衰謝意	막다른 인생길 늙어가노니
苦調短長吟	괴로이 시를 지어보네.
此會共能幾	이런 만남 앞으로 몇 번 될까
諸孫賢至今	여러 손자들은 어질기도 하네.[4]
不勞朱戶閉	붉은 문 닫으려 하지 않고
自待白河沈	은하수 넘어가기를 기다리는구나.[5]

두보와 이별하며 수창하다[6] – 엄무
酬別杜二 嚴武

獨逢堯典日	오직 즉위식을 만나[7]
再覩漢官儀	거듭 조회의 의식을 보네.[8]
未效風霜勁	지방관의 굳센 위엄 보이지 못하는데
空慚雨露私	황제의 사사로운 은혜에 부끄럽구나.
夜鍾清萬戶	밤 종소리 만 호 고을에 맑게 울리고
曙漏拂千旗	새벽 파루는 천 깃발을 흔드네.
並向殊庭謁	다른 집 마당까지 찾아주고
俱承別館追	먼 여관까지 따라왔네.
斗城憐舊路	작은 성에서 장안 옛 길 그리워하고
渦水惜歸期	부수에서 돌아갈 시간 아까워하네.[9]
峯樹還相引	봉우리 나무는 아직도 나를 끌어당기는데
江雲更對誰	강가 구름은 다시 누굴 마주할까.
試回滄海棹	창해로 갈 배를 돌려 보시고
莫妒敬亭詩	「경정산」 시를 미워하지 마시게.[10]
秪是書應寄	편지는 반드시 부치리니
無忘酒共持	함께 술 마실 날 잊지 말며,
但令心事在	마음에 그대 부탁 잊지 않으리니
未肯鬢毛衰	수염이 세지 마시게.
最悵巴山裏	가장 마음 아프기는, 파산의
清猿惱夢思	맑은 원숭이 울음 꿈속에 그리워할까.

㊂ 황백산(黃白山)이 이르기를, "'등불은 원근으로 퍼져나가고(燈光散遠近)'와 '성은 아침에 온 손님 맞이하고(城擁朝來客)'는 엄무가 이곳에 머무르니 온 성안이 분주하게 그를 받드는 것을 나타내었다."라 하였다.

1 살펴보건대, 『구당서』와 『신당서』 모두 엄무가 황문시랑(黃門侍郎)으로 옮겨간 것은 조정의 부름을 받고 올라간 뒤의 일이라고 하였으니, 두보 시의 내용과 부합되지 않는다. 아마도 역사서에 오류가 있었던 것 같다. 『일통지』에서, "면주(綿州)는 성도부의 동북 방향으로 삼백 여리 떨어져 있다. 당 천보 초기에 파서군(巴西郡)으로 고쳤다가 건원 초기에 다시 면주로 되돌렸다."라 하였다.

2 구주(仇注)에서, "4-8구는 해질녘 경치이고 9-12구는 밤이 되었을 때의 경치이다."라 하였다.

3 『춘추』「원명포(元命苞)」에서, "삼수와 벌성(伐星)은 익주(益州)에 해당한다."라 하였으니, 즉 삼수의 자리는 본래 촉 지역에 해당한다. 또한 『고악부』에서, "달 지고 삼성도 비껴 있으며, 북두도 넘어가려는데.(月沒參橫 北斗欄干)"라 하였다. 이 시간에 보면 밤이 새벽으로 향한다. 또한 강가 누대에 서서 하늘을 바라본 경치를 절실하게 읊은 것이다.

4 두 사군은 아마도 두보에게 손자 항렬이 되는 것 같다.

5 백하(白河)는 은하수를 가리킨다. 잔치가 마치고 하늘이 장차 밝은 것을 말한 것으로, 이별하기 어려운 것을 우의하였다.

6 구주(仇注)에서, "이 작품은 아마도 면주로 가는 도중에 지은 것이다. 두보가 엄무를 전송하면서 면주에 이르니 엄무가 두보의 시에 수창하여 답한 것이다."라 하였다.

7 죽은 임금의 자리를 물려받은 날을 가리킨다.

8 이 또한 대종(代宗)이 즉위함을 말한다.

9 '와(渦)'는 마땅히 '부(涪)'로 지어야 한다. 주주(朱注)에서, "와수(渦水)는 초현(譙縣)의 서쪽에 있으니, 두보와 엄무가 이별하던 곳이 아니다."라 하였다. 살펴보건대, 『원화군국지』에서, "면주성(綿州城)은 한부현(漢涪縣)을 다스리는데, 한부현은 산이 많은 고을이다. 동쪽으로 천지(天池)가 있고 서쪽으로 부수(涪水)가 흐른다. 그 모양이 북두와 같아 와룡(臥龍)이 숨어 있다."라 하였다. 이를 보면 와수(渦水)는 결단코 부수를 잘못 쓴 것으로 보인다.

10 두보에게 끝내 숨어버리지 말라고 권한 것이다. 『도경(圖經)』에서, "경정산은 선성현(宣城縣)의 북쪽 10리에 있다."라 하였다. 사조(謝脁)는 「경정산」이란 시를 지었다.

25. 봉제역에서 거듭 엄무 공을 보내다[1]

奉濟驛重送嚴公四韻

遠送從此別	먼 길 전송을 여기서 헤어지려니
青山空復情	청산은 부질없이 다시 슬픔 일으키네.㊀
幾時杯重把	언제나 술 잔 다시 잡을까
昨夜月同行	어젯밤 달빛 아래 함께 걸었지.
列郡謳歌惜	파촉의 백성은 안타까움 노래하지만
三朝出入榮	삼대에 조정 안팎에서 영화를 누리리라.[2]
江村獨歸處	강촌으로 나 홀로 돌아가
寂寞養殘生	쓸쓸하게 남은 생에 보내려네.

㊀ 이른바 '시선이 끊기는 곳에 혼도 녹아내린다.'는 것으로, 자신도 모르게 그렇게 가련하게 된다는 의미이다. 엄무와 두보의 사귀는 정이 이에 이르렀다.

1 봉제역은 면주에서 30리 떨어져 있다.

2 '열군(列郡)'은 동천(東川)과 서천(西川) 지역을 말한다. '삼조(三朝)'는 현종, 숙종, 대종을 말한다.

26. 재주 이 사군의 부임을 전송하다[1]

送梓州李使君之任

籍甚黃丞相	공적이 컸던 황 승상처럼
能名自潁川	영천에서 이름 날리리.[2]
近看除刺史	근래 자사 임명을 보니
還喜得吾賢	우리 어진 이라 더욱 기쁘네.[一]
五馬何時到	자사는 언제나 오시려나
雙魚會早傳	편지는 일찍 전해졌었네.
老思筇杖拄	늙어가매 짚고 다닐 죽장이 그립고[3]
冬要錦衾眠	겨울에는 잘 때 비단 이불 필요하네.[4]
不作臨歧別	갈림길에서 이별의 한 짓지 마시고
惟聽擧最先	우선 뛰어난 이를 천거하시라.[二]
火雲揮汗日	불 구름에 땀을 흩뿌리던 날
山驛醒心泉	산의 역에 가슴까지 시원하던 샘물.
遇害陳公殞	모함으로 진자앙이 죽었으니
于今蜀道憐	지금까지도 촉의 길이 가엾구나.
君行射洪縣	그대 사홍현에 가시거든
爲我一潸然	나 대신 한번 울어 주시게.[5]

㊁ 이 시는 수창하는 시에 가깝다. 시의 주제는 온전히 처음부터 4구에 있다.

㊂ 벼슬하는 사람을 보내면서 부탁하는 것이 이와 같으니, 옛사람이 꺼림〔忌諱〕이 없는 것을 볼 수 있다.

1 원주(原州)에서, "고(故) 습유 진자앙은 사홍(射洪) 사람이다. 작품 말미에 이에 대한 언급이 있다."라 하였다. 『당서』에서, "재주 재동군(梓潼郡)은 검남도(劍南道)에 속한다. 건원 이후로 촉을 동천(東川)과 서천으로 나누었는데, 재주는 항상 동천절도사의 치소가 되었다. 두보가 뒤에 「배이재주사군등혜의사(陪李梓州使君登惠義寺)」와 「배이재주범강(陪李梓州泛江)」 등의 시를 지었는데, 이 작품은 면주(綿州)에서 그의 부임을 전송한 것이다.

2 『한서』에서, "황패(黃霸)가 영천태수로 제수되자 모두들 신명(神明)하다고 칭송하였다. 뒤에 조정에 불려 들어가 승상이 되었다."라 하였다.

3 '공장(筇杖)'은 달리 '죽장(竹杖)'으로 되어 있다. 「촉도부」에서, "지팡이 짚고 대하의 읍에 부신을 전하며.(筇杖傳節於大夏之邑)"라 하였다.

4 두 물건은 모두 촉에서 생산된다. 이 사군이 이 물건으로 자신에게 부쳐주기를 바라는 것이다.

5 『당서』에서, "사홍현은 재주에 속한다."라 하였다. 『구당서』에서, "진자앙(陳子昂)의 아버지가 시골에 있을 때 현령인 단간(段簡)에게 모욕을 당하였다. 진자앙이 그 소식을 듣고 급히 향리로 돌아왔는데, 단간이 어떤 일을 핑계로 옥에 가둬버렸다. 이에 울분으로 죽었다."라 하였다.

27. 물고기 잡는 것을 구경하다

觀打魚歌

綿州江水之東津　　면주 강물의 동쪽 나루터에
魴魚鱍[1]鱍色勝銀　　방어가 뛰노니 은색으로 빛나네.[2]
漁人漾舟沈大網　　어부가 배를 띄워 큰 그물 드리우는데
截江一擁數百鱗　　강을 헤집으면 한 번에 수 백 물고기 건져오네.
衆魚常才盡卻棄　　보통의 잡어는 모두 버리고
赤鯉騰出如有神　　붉은 잉어는 귀신처럼 뛰어오르네.[3]
潛龍無聲老蛟怒　　잠룡은 소리 없고 늙은 이무기는 성을 내며
廻風颯颯吹沙塵　　회오리바람은 모래먼지 일으키네.[4]
饔子左右揮霜刀　　요리사 좌우로 은빛 칼을 휘두르니
鱠飛金盤白雪高　　회가 금 쟁반으로 날아 흰 고기 쌓이네.
徐州禿尾不足憶　　서주의 독미는 생각나지도 않고[5]
漢陰槎頭遠遁逃　　한음의 사두는 비교가 되질 않네.[6]
魴魚肥美知第一　　방어는 맛이 좋기로 으뜸이나
既飽驩娛亦蕭瑟　　이미 배부르니 즐거움도 쓸쓸해지네.[一]
君不見朝來割素鬐　　그대는 보지 못하였나, 아침에 흰 지느러미 잘리면
咫尺波濤永相失　　지척의 물결도 영영 돌아가지 못하는 것을.

시평 : 이 작품과 다음 작품은 사물을 정밀하게 관찰하여 그려내었으며 우의(寓意)가 심원하다. '한 번 배부르니 다시 쓸쓸하게 되었다.'는 말은 '죽이는 것을 경계해야 한다.'는 이 작품의 주재에 해당한다.

㉡ 심확사(沈確士)가 이르기를, “부귀와 공명도 또한 그렇지 않으리오.”라 하였다.

1 ‘발(鱍)’은 음이 ‘발(撥)’이다.

2 『이아』의 주에서, “강동(江東)은 방어를 ‘편(鯿)’이라고 한다.”라 하였다. 『시경』에서, “전어와 상어가 팔딱거리며.(鱣鮪發發)”라 하였다. 한유의 시에서는 ‘발(鱍)’로 되어 있다.

3 도홍경의 『본초경』에서, “잉어는 물고기 가운데 왕으로, 신묘하게 변하여 산과 호수를 날아 넘기까지 한다.”라 하였다.

4 주주(朱注)에서, “사물은 동류(同類)를 해치는 것을 싫어한다. 그러므로 이무기와 용도 또한 자신의 기거를 불안하게 여기는 것이다. 이에 생물을 해치는 두려움이 이와 같음을 알 수 있다.”라 하였다.

5 『시의소(詩義疏)』에서, “연어〔鱮〕는 방어〔魴〕와 비슷한데 머리가 크며 못생겼다. 서주에서는 그것을 연어〔鰱〕라고 부르는데, 독미(禿尾)는 아마도 이것을 가리키는 것 같다.”라 하였다.

6 『양양기구전(襄陽耆舊傳)』에서, “현산(峴山) 아래로 흐르는 한수(漢水)에서 나오는 방어〔鯿〕는 맛이 좋다. 항상 사람들이 잡는 것을 금지하니 나무를 잘라 강물을 가로질러 세워 잡았다. 그것을 ‘나뭇가지에 목을 오그리고 있는 방어〔槎頭縮項鯿〕’라고 부른다.”라 하였다.

28. 또 물고기 잡는 것을 보다

又觀打魚

蒼江漁子淸晨集	푸른 강의 어부가 신선한 새벽에 모여
設網提綱萬魚急	그물 설치해 잡아당기니 수많은 물고기 펄떡거리네.
能者操舟疾若風	사공은 바람처럼 빠르게 배를 부리며[1]
撑突波濤挺叉入	작살 잡고 파도로 뛰어드네.[2]
小魚脫漏不可記	새어나가는 작은 물고기 셀 수도 없는데
半死半生猶戢戢	기절한 놈으로 배가 가득하네.
大魚傷損皆垂頭	큰 놈은 상처 입어 모두 대가리 숙이고
屈[3]强泥沙有時立	진흙탕에서 뻗대며 때때로 서기도 하네.㊀
東津觀魚已再來	동쪽 나루에서 그물질 보고 다시 오니
主人罷鱠還傾杯	주인은 회질 그치고 다시 술잔 비우네.
日暮蛟龍改窟穴	날이 저물자 교룡이 자기 굴을 떠나고
山根鱣鮪隨雲雷	산자락의 전어, 상어는 구름 우레 따라가네.[4] ㊁
干戈格鬪尙未已	창과 방패의 전쟁 아직도 끝나지 않았으니
鳳凰麒麟安在哉	봉황과 기린이 어찌 나타나랴.[5]
吾徒胡爲縱此樂	우리들이 어찌 이런 즐거움을 누리랴
暴殄天物聖所哀	하늘의 사물을 죽이는 것은 성왕이 슬퍼하는 것이니.

㈡ 어떤 한 상황을 묘사할 때는 반드시 그 정상(情狀)을 다 드러내었다.

㈢ 소자상이 이르기를, "시를 지을 때는 서로 연결되는 구체적인 양상〔關係〕이 반드시 있어야 하니, 이것이 대가의 수법이다."라 하였다.

1 『열자』에서, "뱃사공이 배를 귀신처럼 부린다."라 하였다.

2 「서정부(西征賦)」에서, "드리운 낚싯밥이 물에 오르락거리며, 작살 잡고 물속에 들락날락.(垂餌出入 挺叉來往)"이라 하였다.

3 '굴(屈)'은 '굴(倔)'과 통용한다.

4 물고기가 모두 교룡이 따라 떠나는 것을 말하고 있으니, 또한 두 번에 걸쳐 고기를 잡기 때문이다. 「동경부(東京賦)」에서, "커다란 상어는 산굴에 산다.(王鮪岫居)"라 하였는데, 주에서 "산에 있는 굴을 '수(岫)'라 한다."라 하였다. 산굴에 사는 상어는 변화할 능력이 있으므로 '산자락〔山根〕'과 '구름 우레〔雲雷〕'의 시어가 있다.

5 주주(朱注)에서, "두 구는 『공자가어』에 보이는 내용, 즉 새집을 뒤엎어 알을 깨면 봉황이 날지 않고 새끼 밴 배를 가르면 기린이 오지 않는다는 것을 차용하였다."라 하였다.

29. 월왕 누대를 노래하다[1]

越王樓歌

綿州州府何磊落　　면주의 관청은 어찌 그리 웅장한가
顯慶年中越王作　　현경 연간에 월왕이 지었네.
孤城西北起高樓　　외론 성의 서북쪽에 높은 누대를 세웠으니
碧瓦朱甍照城郭　　푸른 기와 붉은 용마루는 성곽에 비추네.
樓下長江百丈淸　　누대 아래 긴 강은 길게도 맑고
樓頭落日半輪明　　누대 머리에 지는 해는 반쯤 잠겼네.
君王舊跡今人賞　　군왕의 옛 자취를 지금 사람이 감상하노니
轉見千秋萬古情　　더욱 천추만고의 정을 보는구나.㊀[2]

㊀ 심확사가 이르기를, "왕자안(王子安)의 「등왕각」과 흡사하니, 노성한 두보가 갖추지 않은 시체(詩體)가 없음을 알 수 있다."라 하였다.

1 『면주도경(綿州圖經)』에서, "주(州)의 성 밖 서북쪽에 백여 척 높이의 누대가 있는데, 위쪽에 누각이 있고 아래로는 주의 성을 굽어본다. 당(唐) 고종 현경(顯慶) 연간에 태종의 아들인 월왕 이정(李貞)이 면주자사를 맡았을 때 지었다."라 하였다.

2 주주(朱注)에서 말하였다. "역사를 살펴보건대, 월왕이 채주자사가 되었다가 측천무후 시기에 병사를 일으켜 왕조를 회복하려 하였는데 성공하지 못하고 죽었다. 이를 보면 아마도 그는 어진 왕이었을 것이다. 그러므로 시의 마지막 부분에서 '어찌 다만 지금 사람만 감상하리오. 즉 후대 사람들이 어찌 천추만고의 역사에 대한 생각이 없겠는가.'라 하였다."

30. 해종의 노래[1]
海椶行

左綿公館淸江濆	면주의 공관으로 맑은 강이 흐르고[2]
海椶一株高入雲	해종 한 그루 높이 구름에 들었네.
龍鱗犀甲相錯落	용 비늘과 무소 가죽이 서로 뒤섞인 듯
蒼稜白皮十抱文	푸른 줄기와 흰 껍질, 열 아름의 나뭇결.
自是衆木亂紛紛	절로 여러 나무와 어지러이 뒤섞이니
海椶焉知身出羣	뛰어난 해종을 어찌 알아볼까.
移栽北辰不可得	임금 정원에 옮겨 심지 못하는데[3]
時有西域胡僧識	때로 서역의 호승이 알아보는구나.[4]

시평 : 황백산(黃白山)이 이르기를, "두보는 세상을 운영할 능력을 가진 큰 인재인데, 세상에 쓰임이 되지 못하였다. 그러므로 해종을 빌려 읊으면서 자부심을 드러냈는데 한편으로 자신의 처지를 탄식하고 있다."라 하였다.

1 송기(宋祁)의 『익부방물찬(益部方物贊)』에서, "해종은 대개 종려나무 종류이다. 나뭇결이 치밀하고 줄기가 견고하여 풍우에 쓰러지지 않는다."라 하였다. 유순(劉恂)의 『영표록(嶺表錄)』에서, "광중(廣中) 지역에 페르샤의 대추나무가 있는데 곁가지가 없으며 곧게 3-4길 자란다. 꼭대기에 사방으로 10여개의 가지가 자라며 잎은 종려나무 같다. 지방 사람들이 그것을 해종이라 부른다."라 하였다.

2 포주(浦注)에서 말하였다. "「촉도부」에서 '동쪽에는 좌면(左綿)과 파동(巴東)이 있다.'고 하였는데, 시에서 좌면(左綿)이라 한 것은, 면주가 촉도(蜀都)의 왼쪽에 있기 때문이다."

3 '북신(北辰)'은 황제의 정원〔禁苑〕을 말한다.

4 해종의 종자가 페르샤에서 왔다. 그러므로 이렇게 말한 것이다.

31. 강초공이 그린 각응을 노래하다[1]

姜楚公畫角鷹歌

楚公畫鷹鷹戴角　　초국공이 그린 매는 머리에 각진 털이 있는데
殺氣森森到幽朔　　차가운 살기가 유주, 삭주에 뻗치네.[2]
觀者徒驚[3]掣臂飛　　구경꾼은 팔뚝을 채고 날아갈까 부질없이 놀라는데
畫師不是無心學　　화가가 무심코 배울 만한 것이 아니라네.[4]
此鷹寫眞在左綿　　이 매 그린 그림이 면주에 있으니[5]
卻嗟眞骨遂虛傳　　아! 산 매가 드디어 그림보다 못하게 되었네.
梁間燕雀休驚怕　　들보의 제비와 참새여 놀라 두려워 마라
亦未摶空上九天　　허공을 차고 높은 하늘로 날아오르지 못하리니.

시평 : 이 시는 기롱하거나 비웃는 것 같으니 용의(用意)가 남다르다. ○ 두보의 시집 가운데 매와 말을 읊은 시가 대단히 많은데, 한 작품이라도 같은 곳이 있음을 볼 수 없다.

1 『명화기(名畫記)』에서, "강교(姜皎)는 상규(上邽) 사람으로, 매와 새 그림을 잘 그렸다. 현종이 즉위하자 여러 차례 승진하여 태상경(太常卿)에 오르고 초국공(楚國公)에 봉해졌다."라 하였다. 『비아(埤雅)』에서, "응요(鷹鷂)의 정수리에는 각진 털이 조금 자란다. 지금 통틀어 그것을 각응이라고 부른다."라 하였다.

2 매는 대북(代北)에서 생산된다. 그러므로 시에서 이렇게 말한 것이다.

3 '徒驚'은 달리 '貪愁'로 된 본도 있다.

4 장약육이 이르기를, "강공의 뛰어난 재주와 커다란 뜻을 이곳에 드러내었으니, 그것을 상상하여 볼 수 있다."라 하였다.

5 육유가 말하기를, "매를 그린 것이 녹사참군청(錄事參軍廳)에 있다."라 하였다.

32. 파서역의 정자에서 강물이 불어나는 것을 보고 시를 지어 두 사군에게 드리다[1]

巴西驛亭觀江漲 呈竇十五使君

宿雨南江漲	오랜 비에 남쪽 강이 넘치니[2]
波濤亂遠峯	물결은 먼 봉우리까지 어지럽다.
孤亭凌噴薄	외론 정자는 넘실거리는 물에 잠기고[3]
萬井逼春容	수많은 우물엔 물결이 철석거리네.
霄漢愁高鳥	하늘에는 높이 나는 새가 근심스럽고[4]
泥沙困老龍	진창에는 늙은 용이 곤욕스럽다.[5]
天邊同舍客	하늘가에 똑같이 나그네 신세[6]
攜我豁心胸	나를 이끌어 가슴을 활짝 열게 해 주소.

1 면주와 낭주(閬州)는 모두 파서(巴西)라고 불린다. 이 시의 파서역은 면주를 가리킨다.

2 구주(舊注)에서, "남쪽 강은 곧 면강(綿江)이다."라 하였다.

3 「오도부(吳都賦)」에서, "물이 솟구쳐 오르고.(噴薄沸騰)"라 하였다.

4 수세(水勢)가 하늘에 닿을 것 같다는 의미이다.

5 물에 의해 떠받쳐진 것을 이른다.

6 구주(仇注)에서, "다음 시의 마지막 구에 보이는 '부평초'와 같은 의미로 두 사군 또한 떠돌아다니는 사람인 것을 알 수 있다."라 하였다.

33. 또다시 두 사군에게 드리다[1]

又呈竇使君

向晚波微綠　　저물녘에 물결도 조금 맑아 푸르러지고
連空岸脚[2]青　　하늘에 잇닿은 강기슭도 푸르구나.
日兼春有暮　　해는 지고 봄도 또한 지려 하니
愁與醉無醒　　근심에 젖어 취해 깨어나질 않네.
漂泊猶杯酒　　떠돌아다녀도 오히려 술잔 드노니
踟躕此驛亭　　이 역의 정자에서 서성거리네.
相看萬里外　　만리 외진 곳에서 만나보니
同是一浮萍　　둘 다 부평초 신세로구나.⊟

⊟ 이 시는 구법이 용회(用晦) 허혼(許渾)과 비슷하다.

1 두보 시집에 실리지 않은 작품으로, 곽지달(郭知達)과 황학(黃鶴) 본에 보인다.

2 '脚'은 달리 '卻'으로 된 본도 있다.

34. 동진에서 낭주녹사 대리로 부임하는 위풍을 전송하다[1]

東津送韋諷攝閬州錄事

聞說江山好　　강산이 좋다고 들었는데[2]
憐君吏隱兼　　은거와 벼슬을 겸하는 그대가 부럽네.
寵行舟遠泛　　이제 벼슬하러 배를 멀리 띄우는데
惜別酒頻添　　안타까운 이별에 술잔만 더하는구나.
推薦非承乏　　그대 추천이 자리가 비어서가 아니니[3]
操持必去嫌　　청렴하여 반드시 혐의를 멀리하시라.
他時如按縣　　훗날 만일 고을을 다스린다면
不得慢陶潛　　도잠을 무시하지 마시게.[4]

1 두보 시집에 실리지 않은 작품으로, 곽지달(郭知達)과 황학(黃鶴) 본에 보인다. 동진(東津)은 면주와 낭주에 있으니, 지금의 보령부(保寧府)이다. 당나라 제도에 모든 주에는 녹사참군(錄事參軍)을 두었다. 뒤에 「위풍댁관조장군화마(韋諷宅觀曹將軍畵馬)」라는 작품이 있다.

2 두보는 후에 「낭산가(閬山歌)」와 「낭수가(閬水歌)」를 지었다.

3 능력이 있어서 벼슬에 나아간다는 의미이다.

4 주주(朱注)에서, "『백첩(白帖)』에서 '녹사참군은 곧 옛날 군(郡)의 독우(督郵)에 해당한다.'라 하였으니, 그러므로 도잠을 무시하지 말라고 경계한 것이다."라 하였다.

35. 광록판의 노래[1]

光祿坂行

山行落日下絶壁	지는 해에 산길 가며 절벽을 내려오다가
南望千山萬山赤	남쪽을 바라보니 온갖 산들이 붉구나.
樹枝有鳥亂鳴時	나뭇가지의 새가 어지러이 지저귈 때
暝色無人獨歸客	어두컴컴하여 사람 없는데 홀로 돌아가는 나그네.㊀
馬驚不憂深谷墜	말이 놀라도 깊은 계곡으로 떨어질까 걱정하지 않지만
草動只怕長弓射	풀이 흔들리면 화살 날아들까 두렵구나.[2]
安得更似開元中	어찌하면 다시 개원 시절과 같을까[3]
道路卽今多擁隔	도로는 지금 많이도 막혔으니.

㊀ 4구까지는 또한 그림 속의 풍경 같다.

1 재주(梓州)로 들어와서 지은 작품이다. 채몽필이 말하기를, "광록판은 재주의 동산현(銅山縣)에 있다."라 하였다. 재주는 지금의 동천주(潼川州)이다.

2 이 당시 촉에는 서지도(徐知道)의 난리가 있었다. 산에 도적들이 험준한 산세를 타고 기습하였다.

3 「현종본기(玄宗本紀)」에서, "개원 연간에 해내(海內)가 부유하고 안정되었다. 나그네는 비록 만리의 먼 길을 가더라도 칼을 잡지 않았다."라 하였다.

36. 힘든 싸움의 노래[1]

苦戰行

苦戰身死馬將軍	힘들게 싸우다 죽은 마 장군이여
自云伏波之子孫	복파의 후손이라 자부하였지.[2]
干戈未定失壯士	전쟁 마치기도 전에 장사를 잃었으니
使我歎恨傷精魂	탄식에 젖어 넋이 나가 버렸네.
去年江南[3]討狂賊	지난 해 강남으로 거센 도적을 토벌할 때[4]
臨江把臂難再得	강가에서 손 맞잡고 다시 못 볼 듯했지.
別時孤雲今不飛	떠날 때 외로운 구름 지금도 날지 않으니
時獨看雲淚橫臆	때로 홀로 구름 보며 눈물 흘리네.

1 전사한 장수를 애달파 하여 지은 작품이다. 학주(鶴州)에서, "상원 2년 단자장(段子璋)이 반란을 일으켜 수주(遂州)와 면주를 함락하였다. 이에 마장군(馬將軍)이란 사람이 병사를 모아 공격하였으나 실패한 뒤 수주에서 죽었다."라 하였다. 구주(仇注)에서, "역사를 살펴보면 단자장은 5월에 죽음을 당하였는데, 다음 시에서 '나뭇잎이 떨어질 때'라 한 것과 맞지 않으니, 아마도 역사의 기록이 잘못된 것 같다."라 하였다.

2 『후한서』에서, "마원(馬援)이 복파장군에 임명되었다."라 하였다.

3 '江南'은 달리 '南行'으로 된 본도 있다.

4 수주(遂州)는 부강(涪江)의 남쪽에 있다.

37. 지난 가을의 노래[1]

去秋行

去秋涪[2]江木落時	지난 가을 부강의 나뭇잎이 질 때[3]
臂槍走馬誰家兒	창 꼬나쥐고 말 달리던 이 뉘 집 자식인가.
到今不知白骨處	지금도 백골이 묻힌 곳 알지 못하고
部曲有去皆無歸	마을은 모두 떠나 돌아오지 않는구나.
遂州城中漢節在	수주의 성 안에 조정의 부절이 있는데[4]
遂州城外巴人稀	수주의 성 밖에 파촉 사람 드무네.[5]
戰場寃魂每夜哭	전쟁터의 원혼이 밤마다 울어대니
空令野營猛士悲	부질없이 야영하는 전사를 슬프게 하네.

1 전쟁에서 패배한 전사를 마음 아파하여 지은 것이다.

2 '涪'의 음은 '扶'와 '鳩'의 반절법이다.

3 『환우기』에서, "부강은 부성현(涪城縣)의 동남쪽에서 시작하여 중강(中江)과 합쳐진 다음 동쪽으로 흘러 사홍현(射洪縣)으로 들어간다. 다시 20리를 굴곡져 흐른 다음 북쪽으로 수주를 통과한다."라 하였다.

4 수주는 지금의 수녕현(遂寧縣)으로 동천주(潼川州)에 속한다. '조정의 부절이 있다.(漢節在)'는 말에 대해서 포흠지(鮑欽止)는 '괵왕(虢王) 이거(李巨)가 피살된 것을 가리킨다.'라 하였다. 지금 살펴보니 마땅히 황학의 의견을 따라야 하니, 즉 앞의 작품에서 말한 마장군(馬將軍)을 가리킨다. 그는 부강의 병사를 거느리고 수주를 회복하려다가 수주성 밖의 전투에서 죽었다. 이렇게 보면 앞의 작품에서 말한 '지난해에 강남에서 거센 도적을 토벌하였다.'는 내용과 호응한다. 즉 이 구는 죽은 마 장군을 가리킨다.

5 '파촉 사람'은 즉 부강을 건너서 수주를 구하러 왔던 사람들을 말한다.

38. 둘째 아들 종무의 생일[1]

宗武生日

小子何時見	작은 아들 언제나 보려나
高秋此日生	높은 가을 오늘에 태어났네.
自從都邑語	장안 말 배울 때부터
已伴老夫名	이미 늙은 아비와 이름 나란하였네.[2]
詩是吾家事	시는 우리 집안의 가업이지만
人傳世上情	사람들은 보통의 부자간이라 말하지.[3]
熟精文選理	『문선』의 이치를 깊이 정련하고[日]
休覓彩衣輕	얼룩옷처럼 가볍게 여기지 마라.[4]
彫瘵筵初秩	늙고 병든 이 몸 너의 잔치를 여니
攲斜坐不成	몸이 기울어 앉지도 못하는구나.
流霞分片片	유하주 조금씩 나누어[5]
涓滴就徐傾	방울방울 천천히 기울이네.[6]

시평 : 살펴보건대, 두보의 조부인 두심언(杜審言)은 다섯 수로 된 「화위승경과의양공주산지(和韋承慶過義陽公主山池)」를 지었는데, 이것은 두보에게는 연장(連章)으로 된 배율의 시조가 된다. 두심언의 「화이대부사진봉사존무하동사십운(和李大夫嗣眞奉使存撫河東四十韻)」은 두보에게는 장편 배율의 시조가 된다. 이것이 이른바 '시는 우리 집안의 가업(詩是吾家事)'이라는 것이다.

㊂ 소자상이 이르기를, "두보는 『문선』에서 실제로 깊은 공력을 얻었다."라 하였다.

1 주주(朱注)에서, "두보가 당시에 서지도(徐知道)의 난리를 피해 재주(梓州)에 들어와 있었다. 두종무는 성도(成都)에 있었으므로 그리워한 것이다."라 하였다.

2 두보를 아는 사람은 종무를 알지 못하는 사람이 없다는 것을 말한다.

3 장진(張溍)의 주에서, "가업을 시로써 전하여 주니 얼마나 깊은 마음이것만, 사람들은 다만 세상의 보통 부자 사이의 정이라고 알고 있다는 말이다."라 하였다.

4 노래자의 고사를 빌려 깊은 충고로 받아들일 것이며 가볍게 여기는 생각을 가지지 말라는 의미이다.

5 『포박자』에서 말하였다. "항만도(項曼都)가 '천상에 올라가 자부(紫府)의 신선을 만났는데, 그가 유하주 한 잔을 주어 마시니 문득 기갈(飢渴)이 사라졌다.'라 하였다."

6 9-12구는 병든 몸으로 종무의 생일을 맞이하여 잔치를 여니, 애오라지 조금이라도 술을 마셔 상황에 맞추려고 한 것을 말한다.

39. 고적에게 부치다[1]

寄高適

楚隔乾坤遠	초나라는 하늘과 땅이 멀리 떨어지니[2]
難招病客魂	병든 나그네 부르기 어렵겠지.
詩名惟我共	시의 명성은 나와 같은데
世事與誰論	세상 일은 누구와 의논할까.
北闕更新主	북쪽 대궐에 주인이 바뀌니[3]
南星落故園	남극성은 고향으로 돌아가네.[4]
定知相見日	정말로 서로 만날 날 있으리니
爛漫倒芳樽	즐거움에 향기로운 술 가득 따르리라.

1 두보 시집에 실리지 않은 작품이다. 육조의 송(宋)나라 봉대부(奉大夫) 원안우(員安宇)가 수집한 것이다. 엄무는 조정으로 불려 들어간 뒤 고적이 성도를 대신 다스렸다. 두보가 이 시를 보낸 것은 그에게 돌아가 의지하려는 것인데, 다만 난리로 인해 그렇게 하지 못하였다.

2 구주(仇注)에서, “춘추전국의 칠국(七國) 시기에 촉은 본래 초에 속하였다. 이 당시에 고적과 두보의 집안 식솔들은 모두 성도에 있었다. 그러므로 이렇게 말한 것이다.”라 하였다.

3 이 해 4월에 대종이 즉위하였다.

4 ‘남성(南星)’은 남극의 노인성(老人星)을 말한다. 포주(浦注)에서, “남성은 고적을 가리킨다. 서천(西川)은 본래 남군(南郡)이다. 촉주(蜀州)는 또한 성도의 남쪽에 있다. 두보는 뒤에 두홍점(杜鴻漸)을 일컬어 또한 남극일성(南極一星)이라고 하였다. ‘고원(故園)’은 아마도 성도를 가리키는 것으로 보인다. 두보는 뒤에 「장부초당기엄정공(將赴草堂寄嚴鄭公)」이란 시를 지었는데 그 시에서 ‘옛 정원에서 아직도 남은 봄을 보네.(故園猶得見殘春)’라 하였으니, 이로 증명할 수 있다. 이 구는 고적이 촉주자사로써 성도윤(成都尹)이 된 것을 말하고 있다.

40. 현무선사 사당의 벽에 쓰다[1]

題玄武禪師屋壁

何年顧虎頭	언제였던가, 고개지가
滿壁畫滄洲	벽에 가득 아름다운 경치 그렸던 것이.[2]
赤日石林氣	붉은 해 비친 돌 숲에 기운이 일고
青天江水[3]流	푸른 하늘 비친 강물은 흘러가네.[4]
錫飛常近鶴	석장 날리니 항상 학이 뒤따르고[5]
杯渡不驚鷗	잔을 타고 건너도 학을 놀래키지 않는구나.[6]
似得廬山路	여산으로 가는 길을 얻어
眞隨惠遠遊	참으로 혜원과 노니는 듯하네.[7]㊀㊁

㊀ 그림 안에 아름다운 풍경과 그림 밖까지 울리는 소리가 있다. 시어가 이태백의 시와 대단히 비슷하다. ○ 5-6구는 고사를 인용한 것이 절묘한 경지〔入化〕에 올라 천의무봉(天衣無縫) 같다.

㊁ 장척암(張惕菴)이 이르기를, "그림을 찬미하면서 겸하여 현무선사를 찬미하고 있다. 그러면서 필묵에 전혀 그러한 흔적이 없다."라 하였다.

1 벽화를 이른다. 『당서』에서, "현무현(玄武縣)은 재주(梓州)에 속한다."라 하였다. 『화양국지』에서, "현무산은 달리 삼우산(三隅山)이라고도 한다. 현무현 동쪽 2리 부근에 있다."라 하였다.

2 고주(顧注)에서, "아름다운 그림은 훌륭한 화가가 아니면 그릴 수 없음을 말한다. 이 그림이 반드시 고개지가 그린 것을 말하는 것은 아니다."라 하였다.

3 '水'는 달리 '海'로 된 본도 있다.

4 그림 속에 돌이 섞인 숲이 있는데, 붉은 해가 내리 비치니 문득 기운이 일어나는 것 같다. 그림 속에 강물이 있는데 푸른 하늘이 비치니 문득 내달려 흘러가는 것 같다.

5 「천태부(天台賦)에서, "응진(도를 깨우친 사람)이 석장을 날려 허공을 밟고 다니네.(應眞飛錫以躡虛)"라 하였다. 『고승전』에서, "서주(舒州)의 잠산(潛山)이 가장 경치가 좋으니, 산록(山麓)이 더욱 아름답다. 지공(誌公)이 백학도인(白鶴道人)과 함께 가고 싶었다. 두 사람이 무제(武帝)에게 아뢰니, 무제가 각자 자신의 물건으로 그 땅을 표시하라고 하여 먼저 도착한 사람이 거처하라고 하였다. 백학도인은 학으로, 지공은 석장으로 표시하기로 하였다. 이윽고 학이 먼저 날아가 산록에 이르러 멈추려고 하니, 갑자기 공중에서 석장이 날아가는 소리가 들렸다. 지공의 석장이 산록에 우뚝하였다."라 하였다.

6 『고승전』에서, "유송(劉宋) 시기에 배도(杯渡)라는 사람이 있었는데, 그의 성과 이름을 알지 못한다. 항상 커다란 잔을 타고 강물을 건너는데, 바람과 노가 없어도 마치 나는 것처럼 빨랐다."라 하였다. 구주(仇注)에서, "'갈매기를 놀래키지 않는다(不驚鶴)'는 시어는 『열자』의 인간의 기심(機心)에 대해 얘기한 갈매기의 고사를 인용하였다."라 하였다.

7 『고승전』에서, "혜원(惠遠)이 여산(廬山)에 거주하였다. 팽성(彭城)의 유일민(劉逸民)과 예장(豫章)의 뇌차종(雷次宗) 등이 세상의 영광을 버리고 혜원에게 의지하여 그곳에 머물렀다."라 하였다.

41. 슬픈 가을

悲秋

涼風動萬里	서늘한 바람 만리에 불어오고
羣盜尙縱橫	도적 무리는 아직도 휩쓸고 다니네.
家遠傳書日	먼 곳 집에서 편지 온 날
秋來爲客情	가을에 떠돌이 나그네 마음.
愁窺高鳥過	가을에 높이 날아가는 새를 보며[1]
老逐衆人行	늙은이 사람들 따라 떠나네.
始欲投三峽	이제 삼협으로 떠나려니
何由見兩京	어떻게 장안, 낙양을 보리오.[2] ⊟

⊟ 소자상이 이르기를, "1-4구와 5-8구가 서로 내용이 연결이 되지 않는데 그것이 오묘하다."라 하였다.

1 곧 떨쳐 올라 날아갈 수 없는 것을 말하고 있다.

2 포주(浦注)에 이르기를, "두보가 이전 면주(綿州)에 있을 때 촉이 어지럽다는 소리를 들었기에 집으로 돌아가지 않고 동쪽인 재주(梓州)로 들어갔다. 그 의도는 삼협을 벗어나려는 생각이었는데 중원이 아직도 안정되지 않았기에 시에서 이렇게 말한 것이다."라 하였다.

42. 나그네의 밤[1]

客夜

客睡何曾著	나그네 어찌 일찍 잠 들겠나
秋天不肯明	가을은 날 밝기도 어렵네.㊀
入簾殘月影	발 사이로 드는 새벽 달빛
高枕遠江聲	높은 베개에 멀리로 강물 소리.[2]
計拙無衣食	처세에 서툴러 의식이 곤궁하니
途窮仗友生	막다른 인생길 벗에게 빌붙어 사네.[3]
老妻書數紙	아내에게 부치는 두어 장의 편지
應悉未歸情	돌아가지 못하는 사정 이해하겠지.

㊀ '불긍(不肯)' 두 글자가 절묘하다. 진경(眞景)은 말로 표현하기 어려운 것이다.

1 이 작품은 아마도 집에서 온 편지를 받은 뒤에 감회가 일어 잠을 자지 못하다가 지은 것 같다. 편지 가운데 분명히 집으로 어서 돌아오라는 말이 있었을 것이다. 그러므로 마지막 구에서 그렇게 말한 것이다.

2 조방(趙汸)의 주에서, "다만 밤이 길어서 새벽 달만 보이고, 다만 밤이 고요하여 멀리 강물소리가 들린다."라 하였다.

3 두 구는 나그네가 되어 고향으로 돌아가지 못하는 까닭을 기술하고 있다.

43. 객정에서
客亭

秋牕猶曙色	가을 창가는 아직 새벽인데
落木更天[1]風	민둥나무에 다시 높은 바람 부네.
日出寒山外	해는 차가운 산 밖으로 나오고
江流宿霧中	강은 짙은 안개 가운데로 흐른다.
聖朝無棄物	성스런 시대엔 버릴 인재 없지만㊀
衰[2]病已成翁	마르고 병들은 이 몸은 벌써 늙었구나.
多少殘生事	남은 생은 얼마인가
飄零任轉蓬	나부끼는 쑥대처럼 이리저리 떠도는구나.[3]

㊀ 심확사가 이르기를, "맹호연의 '재주가 없어 밝은 임금이 버리고.(不才明主棄)'와 비교하여 시어의 온화함이 어떠한가."라 하였다.

1 '天'은 달리 '高'로 된 본도 있다.

2 '衰'는 달리 '老'로 된 본도 있다.

3 이 당시 집안 식솔을 맞이하러 재주(梓州)에 이르렀다.

44. 중양절에 재주성에 오르다

九日登梓州城

伊昔黃花酒	술은 옛날의 국화주이건만
如今白髮翁	나는 지금 백발의 늙은이.
追歡筋力異	즐겁고자 하여도 근력이 부치는데
望遠歲時同	멀리 바라보니 경치는 변함없네.
弟妹悲歌裏	아우들은 슬픈 노래에 떠오르고
乾坤[1]醉眼中	천지는 취한 눈으로 바라보네.
兵戈與關塞	전쟁과 변방살이에[2]
此日意無窮	오늘도 근심은 끝이 없구나.

1 '乾坤'은 달리 '朝廷'으로 된 본도 있다.

2 이 구는 난리를 만났기 때문에 멀리 떠돌아다니는 것을 겸하여 말하고 있다.

45. 중양절에 대부 엄무에게 보내다[1]

九日奉寄嚴大夫

九日應愁思	중양절에 응당 수심 젖으리니
經時冒險難	험난함을 겪으셨으리라.
不眠持漢節	잠 못 이루며 부절 쥐고 있는데[一]
何路出巴山	어떤 길로 파산을 나갈까.
小驛香醪嫩	작은 역에 향기로운 술이 맛있고
重巖細菊斑	첩첩 바위에는 여린 국화가 피었으리.
遙知簇鞍馬	멀리서도 알겠네, 많은 말 멈춰 세우고
回首白雲間	흰 구름 사이에서 고개 돌려 보겠지.[2]

파령에 있는 두보에게 답하다 - 엄무

巴嶺答杜二見憶 嚴武

臥向巴山落月時	달이 질 때라야 파산을 향해 누우니
兩鄉千里夢相思	두 고을 천리라 꿈이라야 볼 수 있구나.
可但步兵偏愛酒	다만 보병 완적만 술을 즐기랴
也知光祿最能詩	광록 안연지의 시가 으뜸임을 알겠네.[3] [三]
江頭赤葉楓愁客	강가 붉은 단풍은 길손을 근심 젖게 만드는데[4]
籬外黃花菊對誰	울타리의 노란 국화는 누굴 마주하나.[5]
跂馬望君非一度	한 번 말을 내달리면 그대를 볼 텐데
冷猿愁雁不勝悲	차가운 원숭이 근심스런 기러기에 슬픔 이길 수 없네.

㈡ 장약육이 이르기를, "3구는 엄무의 근심과 그의 경략(經略)을 그려내고 있다."라 하였다.

㈢ 엄무 또한 자못 시로 자부하였다.

1 조언재가 말하기를, "엄무가 조정으로 돌아갈 때 어사중승에 임명되어 대부의 반열에 올랐다. 이 당시 서지도(徐知道)의 반란으로 인해 엄무는 길이 막혀 9월에도 파촉을 벗어나지 못하고 있었다."라 하였다.

2 『두억』에서, "내가 엄무를 그리워하는 것을 미뤄 엄무가 나를 그리워하리라는 것을 말하고 있다. 마치 얼굴을 마주하고 말하는 것 같으니, 다만 그리움을 그려낸 것 보다 그 정이 깊다."라 하였다.

3 『송서(宋書)』「안연지전(顔延之傳)」에서, "세조가 즉위한 뒤 안연지를 금자광록대부(金紫光祿大夫)로 삼아 상동왕(湘東王)의 군사를 거느리게 하였다."라 하였다.

4 엄무가 자신을 가리키는 말이다.

5 엄무가 두보를 그리워한 말이다.

46. 장난삼아 지어 한중왕에게 보내드리다[1]

戲題寄上漢中王三首

西漢親王子	그대는 당의 친왕의 아들이요[2]
成都老客星	나는 성도의 떠돌이 늙은이라.[一]
百年雙白鬢	둘 다 많은 나이에 백발인데[3]
一別五秋螢	헤어진 지 오년이 지났구나.[4]
忍斷杯中物	차마 술을 끊고[5]
秖看座右銘	다만 좌우명을 본다 하네.[6]
不能隨皁蓋	검은 덮개 마차 따르지 못하고[7]
自醉逐流萍	스스로 취해 떠도는 부평초 좇누나.

시평 : 이자덕이 이르기를, "세 작품에 장마가 다하여 물이 맑고 낙엽이 져서 하늘이 공활한 운치가 있다. 이별을 아파하고 옛날 일을 회상하니 슬픈 감정이 사람을 감동시킨다."라 하였다.

策杖時能出	지팡이 짚고 이따금 나가는데
王門異昔遊	왕문은 옛날 노닐 때와 다르구나.[8]
已知嗟不起	이 몸 일어나지 않음을 탄식하셨다는데[二]
未許醉相留	취하여 같이 노니는 것을 허락하지 않으시다니.[9]
蜀酒濃無敵	촉의 술은 더할 수 없이 진하며
江魚美可求	강가 물고기는 맛있는 놈으로 잡을 수 있네.
終思一酩酊	한 번 취하기를 끝내 그리우니[10]
淨掃雁池頭	안지 주변을 깨끗이 쓸지 않으렵니까.[11]

羣盜無歸路	여러 도적으로 돌아갈 길 없고
衰顔會遠方	늙은 얼굴로 먼 타향에서 만났네.
尙憐詩警策	지금도 나의 좋은 시구 좋아하고[12]
猶記[13]酒顚狂	아직도 술에 미친 것을 기억하네.
魯衛彌尊重	노와 위는 더욱 존중하리니[14]
徐陳略喪亡	서간과 진림은 죽고 없구나.[15]
空餘枚叟在	부질없이 매승만 남았으니[16]
應念早升堂	응당 예전 일찍 당에 오른 일 생각하리.[17]

㈠ 소자상이 이르기를, "시어가 천근하지만 절로 아름답다."라 하였다.

㈡ 앞의 작품은 반어를 사용하였고 여기서는 정어(正語)를 사용하였다.

1 원주(原注)에서, "한중왕은 당시에 재주(梓州)에 있었다. 처음 왔을 때 술을 끊고 마시지 않았기에 작품 안에서 장난삼아 한 말이 있다."라 하였다. 살펴보건대, 세 작품에 모두 술을 찾는 말이 있다. 아마도 서로 만나기 전에 먼저 이 시를 지어 보낸 것 같다.

2 한중왕은 바로 양황제(讓皇帝, 예종의 장남으로 현종의 형)의 아들이다.

3 둘 다 응당 기운 빠진 노인이란 의미이다.

4 주주(朱注)에서 말하였다. "『당서』에서, '숙종이 조서를 내려 신하들의 말을 거둬들여 전쟁을 도우라고 하였다. 한중왕 이우(李瑀)가 위소유(魏少游)와 전투를 벌였으나 패배하였다. 이에 황제가 노하여 이우를 봉주(蓬州)장사로 좌천시켰다.'라 하였으니, 이 일은 건원 2년(759)에 있었다. 두보는 이 해에 화주(華州)를 나와 한중왕과 이별하였으니, 현재 보응 원년까지는 5년이 된다." 포주(浦注)에서, "봉주는 지금 순경부(順慶府)에 속한다. 재주의 동쪽에 있다."라 하였다.

5 도잠의 시에서, "차라리 술이나 마실 수밖에.(且進杯中物)"라 하였다.

6 『후한서』에서, "최원(崔瑗)이 급(汲)의 수령이 되어 좌우명을 지었다."라 하였다.

7 학주(鶴注)에서, "역사에서 한중왕 이우가 봉주 장사(長史)로 좌천된 사실을 기록하고 있는데, 여기서 '조개(皁蓋)'라고 말한 것과 「봉수찰(奉手札)」에서 '부부(剖符)'라는 말을 근거해보면 좌천된 관직이 아마도 자사(刺史)로 보이며 장사라고 한 것은 역사 기록이 잘못된 것 같다."라 하였다.

8 두보 자신도 이미 벼슬을 잃었는데 왕도 또한 좌천된 것을 말한다.

9 『두시박의(杜詩博義)』에서, "'일어나지 않음을 탄식하네(嗟不起)'라는 말을 옛날 주에서는 술 병이 들어 일어나지 못한다고 하였으니 대단히 가소로운 해석이다."라 하였다. 살펴보건대, 『진서』「은호전(殷浩傳)」에서, "이 때에 은호는 관중과 제갈량에 비교해졌다. 왕몽(王濛)과 사상(謝尙)이 그의 출처를 엿보고 강좌(江左)의 흥망을 점쳤다. 둘이 서로 '심원(沈源, 은호의 자)이 일어나지 않으면〔不起〕 마땅히 백성은 어찌한단 말인가.'라 말하였다."라 하였으니, 대개 시는 이 말을 사용한 것이다. 즉 내가 일어나지 않음을 왕이 탄식한 것에 대해 이미 알겠지만, 다만 서로 만나 한번 취하여 날 머물게 하는 것을 허락하지 않는단 말인가란 의미이다.

10 「산간전(山簡傳)」에서, "낮과 밤으로 거꾸로 수레에 실려 돌아오는데, 술에 취하여 아무 것도 모르네.(日夕倒載歸 茗艼無所知)"라 하였다. 『집운(集韻)』에서, "'명정(茗艼)'은 '명정(酩酊)'과 통한다."라 하였다.

11 『서경잡기』에서, "양나라 효왕(孝王)의 토원(兎園)에 안지(雁池)가 있다."라 하였다.

12 「문부(文賦)」에서, "짧은 말로 요점을 세우니, 한 편의 경책이 된다.(立片言以居要 爲一篇之警策)"라 하였다.

13 '記'는 달리 '憶'으로 된 본도 있다.

14 명황(明皇, 현종)의 「행영왕헌댁(幸寧王憲宅)」에서, "노와 위는 정이 남보다 중하네.(魯衛情先重)"라 하였다. 살펴보건대, 대종(代宗)이 즉위하였으니 한중왕은 마땅히 왕숙(王叔)이 된다. 그러므로 '더욱 존중하리(彌尊重)'라 한 것이다.

15 위문제(魏文帝)의 「여오질(與吳質)」에서, "지난 해 역질이 들었을 때, 친한 이들이 그 병에 많이 걸렸다. 서간(徐幹), 진림(陳

琳), 응창(應暢), 유정(劉楨) 등이 한 때 모두 죽었다."라 하였다. 즉 왕의 빈객이 노쇠한 것을 비유한 것이다.

16 「설부(雪賦)」에서, "추생(鄒生)을 부르고 매수(枚叟)를 맞이하네."라 하였다. 『한서』에서, "매승(枚乘)이 홍농도위가 되었다가 벼슬을 버리고 양(梁)을 유람하였다. 양왕의 빈객들이 모두 사부를 잘 지었는데 매승이 더욱 뛰어났다."라 하였다. 매승은 두보 자신을 비유한 것이다.

17 옛날 같이 노닐던 일 추억하니, 더욱 술을 마시지 않을 수 없음을 나타내었다.

47. 달을 감상하여 한중왕에게 올리다
翫月呈漢中王

夜深露氣淸	밤이 깊어 이슬 맑으며
江月滿江城	강에 뜬 달은 강가 성에 가득하네.
浮客轉危坐	떠돌이 길손은 더욱 꼿꼿이 앉고[1]
歸舟應獨行	돌아가는 배는 응당 홀로 가리.[2] ㉰
關山同一照	달은 관산도 똑같이 비추리니
烏鵲自多驚	오작이 스스로 많이 놀라네.[3]
欲得淮王術	회왕의 술수를 써보고자 하니
風吹暈已生	바람 불고 달무리 이미 생겼으니까.[4]

㉰ 이자덕이 이르기를, "담담한 시어에 깊은 운치가 있다. 씹을수록 맛이 무궁하다."라 하였다. ○ 3-4구는 달빛이 밝으니 떠돌이 나그네가 회포를 이길 수 없으며 또한 돌아가는 배를 해에 비교하고 있다. 아래 두 구절은 이런 의미를 거듭 펼친 것이다.

1 사혜련(謝惠連)의 시에서, "돌아보고 돌아보는 떠돌이 나그네 마음.(眷眷浮客心)"이라 하였다.

2 주주(朱注)에서, "'귀주(歸舟)'는 한중왕을 이른다. 이 당시 아마도 재주(梓州)로부터 봉주(蓬州)로 돌아간 것 같다."라 하였다.

3 위무(魏武)의 시에서, "달이 밝고 별은 희미한데, 오작은 남쪽으로 날아가네. 나무를 세 바퀴 도니, 어떤 가지에 앉으려나.(月明星稀 烏鵲南飛 繞樹三匝 何枝可依)"라 하였다. 황생(黃生)의 주에서, "두 구는 곧 만물이 다 봄 기운인데 외로운 배만 절로 객성(客星)처럼 떠돈다는 의미이다."라 하였다.

4 『회남자』에서, "갈대 재로 둥근 모양을 만들어 한쪽을 터트리면 달무리를 터지게 할 수 있다."라 하였는데, 허신의 주에서, "군사가 포위하여 지키면 달무리가 달을 감싸며, 한쪽 면을 터트리면 달무리 또한 똑 같은 방향으로 터진다."라 하였다. 『광운(廣韻)』에서, "'훈(暈)'은 해와 달의 옆에 생기는 기운으로 달무리가 생기면 바람이 많이 분다."라 하였다. 두 구는 도치한 문장으로, 말하자면 바람이 불고 달무리가 생기면 회왕의 술수를 시험해보고 싶다는 것이다. 즉 회왕의 술수를 빌려 서지도의 난을 깨트리고 싶다는 의미이다.

48. 별가 엄이에게 주는 상종행
相從行贈嚴二別駕

我行入東川	나의 행차 동천으로 들어가는데
十步一廻首	열 걸음에 한 번 고개 돌려보네.
成都亂罷氣蕭索	난리 겪은 성도는 참담한데
浣花草堂亦何有	완화 초당에 또 무엇이 남았으리.[1]
梓中豪俊大者誰	재주의 호걸 가운데 으뜸은 누구인가
本州從事知名久	이 고을 종사로 오래전에 이름이 알려졌네.[2]
把臂開樽飮我酒	팔을 이끌어 술동이 열고 나에게 술을 따르며
酒酣擊劍蛟龍吼	술이 오르면 칼을 휘두르며 교룡의 울음 내네.
烏帽拂塵青騾[3]粟	오각건에 먼지 털며 청노새에 조를 주고[4]
紫衣將炙緋衣走	자주 옷은 고기 굽고 붉은 옷은 심부름하네.[5]
銅盤燒蠟光照日	구리 쟁반에 초를 태우니 해처럼 밝은데
夜如何其初促膝	밤 깊지 않을 때 무릎을 맞대었네.
黃昏始叩主人門	황혼에 처음 주인의 문을 두드렸는데
誰謂俄頃膠在漆	잠깐 사이에 이리 친할 줄 뉘 알았으랴.[6]
萬事盡付形骸外	세상만사 모두 세속 너머에 부쳐두며
百年未見歡娛畢	인생백년에 기쁜 일이 다하지 않겠지.
神傾意豁眞佳士	툭 트인 마음을 나에게 기울이니 참된 가사라
久客多憂今愈疾	근심 많은 오랜 나그네 이제 병이 나은 듯.
高視乾坤又可愁	높이 천지를 바라보니 또한 근심스러운데
一軀交態同悠悠	사람의 사귀는 행태는 모두 아득하구나.[7]
垂老遇君未恨晩	늙어가며 그대 만나 늦었다 한스럽지 않으니
似君須向古人求	그대 마치 옛사람 풍모가 있어서이지.

시평 : 두보가 험난한 떠돌이 중에 엄이가 정성을 다해 대접하니, 자신도 모르는 사이에 이처럼 감격한 것이다. 앞의 「객야(客夜)」에서 보이는 '막다른 인생길 벗에게 빌붙어 사네.(途窮仗友生)'라는 말의 대상이 아마도 이 사람인가.

1 『통감』에서, "보응 원년 가을 7월에 검남(劍南) 병마사 서지도가 반란을 일으켰다. 8월에 서지도는 그의 부하 장수인 이충후(李忠厚)에게 죽음을 당하였다. 이에 검남이 안정되었다."라 하였다.

2 구주(舊注)에서, "별가는 옛날에는 종사(從事)라고 불렀다. 자사별승(刺史別乘)과 동급이다. 엄이는 재주 사람이니, 즉 본 고을 출신의 별가가 된다."라 하였다.

3 '驟'는 달리 '螺'로 된 본도 있는데, 그것은 잘못된 것이다.

4 주주(朱注)에서, "'청노새에게 조를 주네(青驟粟)'라는 말은 두보의 「입진행증서산검찰사두시랑(入秦行贈西山檢察使竇侍郎)」에 보이는 '종에게는 흰밥을 주고 말에게는 푸른 꼴을 주네.(與奴白飯馬青芻)'라는 뜻과 같다."라 하였다. 즉 주인이 손님을 이와 같이 후대함을 말한다.

5 자의(紫衣)와 비의(緋衣)는 아마도 심부름하는 그의 자제를 가리키는 것 같다.

6 『후한서』에서 말하였다. "진중(陳重)이 뇌의(雷義)와 벗이 되었다. 향리에서 말하기를, '아교와 옻칠이 단단하다 하여도 뇌의와 진중의 사귐만 못하다.'라 하였다."

7 마음을 알아주는 사람이 적다는 것을 말한다.

49. 가을이 저물다
秋盡

秋盡東行且未廻	가을 지건만 동쪽으로 가서 돌아가지 못하는데[1]
茅齋寄在少城隈	초가집은 소성 모퉁이에 기대 있겠지.[2]
籬邊老卻陶潛菊	울타리에는 도잠의 국화가 시들어갈 텐데
江上徒逢袁紹杯	강가에서 하릴없이 원소의 술잔 만났구나.[3]
雪嶺獨看西日落	설령에 저무는 해 홀로 보는데
劍門猶阻北人來	검문은 아직도 북쪽 사람 오는 것을 막네.[4]
不辭萬里長爲客	만리 타향의 오랜 나그네 벗어나지 못하니
懷抱何時得好開	포부는 언제나 제대로 펼칠 수 있을까.㊀

㊀ 방허곡(方虛谷)이 이르기를, "문기(文氣)가 모두 비장(悲壯)하다."라 하였다.

1 재주(梓州)는 동쪽에 있다. 그러므로 '동행(東行)'이라 한 것이다.

2 「촉도부(蜀都賦)」에서, "소성이 우뚝 서 있으니, 그 서쪽으로 이어졌네.(亞以少城 接乎其西)"라 하였는데, 그 주에서 "소성(少城)은 작은 성이다. 옛 성의 서쪽에 있는데 저자는 그 안에 있다."라 하였다. 『원화군국지』에서, "성도현(成都縣)의 서남쪽 1리에 있다."라 하였다.

3 양신(楊愼)이 말하였다. "「정현전(鄭玄傳)」에서, '원소(袁紹)가 기주(冀州)의 총병이 되자 사신을 보내 정현을 오라고 하였다. 빈객을 모아 크게 잔치를 열었는데 정현이 가장 늦게 도착하였다. 원소는 정현을 상좌로 이끌어 맞이하여 술 한 말을 마시게 하였는

데, 용모가 온위(溫偉)하였다.'라 하였다. 두보가 정현으로 자신을 비교하여, 선비로서 어지러운 세상을 만난 상황을 읊었다." '원소배(袁紹杯)'에 대해, 구주(仇注)는 재주자사(梓州刺史) 이모(李某)를 가리킨다고 하였는데, 지금 살펴보니 다만 나그네를 가리키는 것이 옳은 것으로 보인다. 두보의 시에 '나는 제후의 늙은 빈객이네.(甫也諸侯老賓客)'라는 말이 있다.

4 이 당시 서지도는 그 부하에게 죽음을 당하였다. 그러나 그 병사는 아직도 검문을 장악하고 있기 때문에 이렇게 말하였다.

50. 들에서 바라보며
野望

金華山北涪水西	금화산의 북쪽 부수의 서쪽은[1]
仲冬風日始淒淒	한겨울 바람과 햇살이 차디차네.
山連越巂[2]蟠三蜀	산은 월수로 이어졌다가 삼촉에 서려 있고[3]
水散巴渝下五溪	강물은 파수와 투수로 흩어졌다가 오계로 내려가네.[4]
獨鶴不知何事舞	외로운 학은 무슨 일로 춤을 추는가
饑烏似欲向人啼	굶주린 까마귀는 사람 향해 우는 듯.
射洪春酒寒仍綠	사홍의 봄 술은 추워도 푸른데[5]
目極傷神誰爲攜	멀리 바라보며 상심하는 날 위해 누가 가져다줄까.㊀

시평 : 포이전(浦二田)이 이르기를, "이 시 또한 떠돌며 지내는 탄식을 읊고 있다. 1-2구는 이 지역 풍토가 다른 것을, 3-4구는 고향에서 멀리 떨어진 것을 읊고 있다. 그러므로 무슨 기쁜 마음이 있어서 이 고을에서 머물러 살려 하겠는가. 다만 슬픈 울음뿐이다. 5-6구는 부(賦)이면서 비(比)이다. 봄 술을 주는 이 없다고 한 것은 의지할 데 없는 괴로운 상황을 결론지어 맺은 것이다."라 하였다. ○ 촉의 서남쪽은 산줄기가 끊어지지 않으며, 동남쪽은 강물이 모이는 곳인데, 3-4구에서 그것을 다 표현하였다.

㊀ 장상약이 이르기를, "절로 장려(壯麗)하다. 칠언율시의 시조라 할 만하다."라 하였다.

1 『방여승람(方輿勝覽)』에서, "금화산은 재주(梓州) 사홍현(射洪縣)에 있다."라 하였다. 『원화군국지』에서, "부강(涪江)의 강물은 서쪽 처현(郪縣)에서 흘러들어와 사홍현 치소의 동쪽 일백 보를

흐른다. 현에서 재동수(梓潼水)와 부강(涪江)이 합쳐서 흐른다." 라 하였다.

2 '嶲'의 음은 '髓'이다.

3 『한서』에서, "월수군(越嶲郡)은 본래 익주(益州)의 서남쪽에 있던 오랑캐 지역이었다. 무제(武帝)가 처음 차지하여 관청을 두었다."라 하였다. 당서』에서, "수주(嶲州) 월수군은 검남도(劍南道)에 속한다."라 하였다. 『어람영창군전(御覽永昌郡傳)』에서, "월수군은 건녕(建寧)의 서북쪽 1,700리에 있다. 건녕에서부터 높은 산이 연결되어 천중(川中)에 이르러 동서남북 8천 여리의 평지가 된다."라 하였다. 상거(常璩)의 『촉지(蜀志)』에서, "진(秦)이 촉군을 설치하였고, 한 고조가 광한군(廣漢郡)을 설치하였고, 무제가 또한 그 땅을 나눠 건위군(犍爲郡)을 설치하였다. 후대 사람이 그것을 삼촉(三蜀)이라 부른다."라 하였다.

4 『환우기』에서, "파주(巴州)의 북쪽으로 흐르는 강물 가운데 하나는 파령수(巴嶺水)라 불리며, 다른 하나는 투주수(渝州水)라 불리며, 또 하나는 탕거수(宕渠水)라 불린다."라 하였다. 『수경주』에서, "무릉(武陵)에 오계(五溪)가 있는데, 그것은 웅계(雄溪), 만계(樠溪), 역계(力溪), 무계(潕溪), 유계(酉溪) 등이다. 진계(辰溪)를 그 중 하나라고 치기도 한다. 시내를 끼고 좌우로 온통 오랑캐가 살기 때문에 오계만(五溪蠻)이라 부른다."라 하였다. 주주(朱注)에서 말하였다. "살펴보건대, 『환우기』에서, '검주(黔州) 부릉수(涪陵水)가 서북쪽으로 흐르다 부주로 들어갔다가 촉강으로 흘러들어간다.'라 하였다. 검주는 지금의 진주(辰州) 지역이니, 곧 오계수(五溪水)이다. 부수(涪水)는 투주(渝州)에 이르러 민강(岷江)과 합해진다. 충수(忠水)와 부수(涪水) 아래로는 오계수가 흘러들어간다. 이 시에서 '오계로 흘러내려간다.'는 말은 그 대략적인 형세를 말한 것이다."

5 『원화군국지』에서, "재동수(梓潼水)는 부강(涪江)과 합쳐져 흐른다. 급하기가 마치 살을 쏜 것 같은데, 부강의 입구에 이르면 말을 내달리며 활을 쏘는 것 같다. 촉 지역 사람들은 강의 입구를 '홍(洪)'이라고 한다. 그러므로 지역 이름이 사홍(射洪)이다."라 하였다. 고주(顧注)에서, "술이 따뜻하면 푸른 빛을 띠는데 사홍은 추위가 매섭지 않다. 그러므로 봄에 술이 푸르다."라 하였다.

51. 겨울에 금화산의 도관에 이르렀다가 고 습유 진자앙의 학당 유적을 보다[1]

冬到金華山觀 因得故拾遺陳公學堂遺跡

涪右衆山內	부강의 오른쪽 여러 산의 안에[2]
金華紫崔嵬	자줏빛 금화산이 제일 높네.
上有蔚藍天	꼭대기에는 푸른 하늘이 있나니[3]
垂光抱瓊臺	빛이 드리워 구슬 누대를 안았네.[4] ㊀
繫舟接絶壑	배를 묶어 절벽에 대고
杖策窮縈回	지팡이 짚고 빙빙 돌아 끝까지 가네.
四顧俯層巖	사방을 돌아보아도 층층 바위만 굽어보이고
淡然川谷開	호젓하게 계곡이 열렸네. ㊁
雪嶺日色死	설령의 햇빛은 희미하고[5]
霜鴻有餘哀	서리 맞은 기러기는 구슬프게 우네.
焚香玉女跪	향을 사르며 옥녀는 무릎을 꿇고[6]
霧裏仙人來	안개 속에서 신선이 오네.[7]
陳公讀書堂	진공의 독서당에
石柱仄青苔	푸른 이끼 먹은 돌기둥은 기울어 있네.
悲風爲我起	슬픈 바람은 나를 위해 불어오는데
激烈傷雄才	위대한 인물에 너무 마음 아프구나.

시평 : 1-4구는 산의 도관을 기술하였고, 중간 여덟 구는 산에 올라서 바라보는 경치를 서술하였으며, 마지막 4구는 학당의 유적을 기술하였다. ○ 두보는 불가의 책이나 도가의 서적에 통하니 그에 맞는 시상이 떠오를 때마다 그것들이 구사된다. 그러므로 대단히 핍진하고 정련되어 묘사된다. 이것이 이른바 만 권의 책을 읽어 붓을 대는 곳마다 오묘함이 깃들인다는 것이니, 참으로 이 말이 빈말이 아니다.

㈡ 도관을 그려낸 것이 광괴(光怪)하여 남다르다.

㈢ 장약육이 이르기를, "'담연(淡然)' 두 글자를 놓은 것이 절묘하다. 위로 '울람(蔚藍)'과 조응하면서 또한 아래 두 구절을 일으킨다."라 하였다.

1 구주(仇注)에서 말하였다. "『지지(地志)』에서 '금화산 정상은 하늘에 닿을 정도로 높으며, 아래로 부강(涪江)을 굽어본다. 옥경관(玉京觀)이 산꼭대기에 있다. 동진의 진훈(陳勳)이 산 속에서 도를 배우다가 대낮에 신선이 되어 떠났다. 양(梁)나라 천감(天監) 연간에 도관을 건립하였다.'라 하였다." 『당서』에서 이르기를, "진자앙의 자는 백옥(伯玉)으로 재주 사홍 사람이다. 젊어서 금화산에 책을 읽었다. 무후 연간에 발탁되어 인대정자(麟臺正字)가 되었다가 우습유로 올랐다."라 하였다. 『여지기승(輿地紀勝)』에서, "습유 진자앙의 서당은 사홍현 북쪽 금화산 옥경관의 뒤편에 있다. 사홍은 재주에 속한 현(縣)으로 재주의 남쪽에 있다."라 하였다.

2 재주(梓州)는 부강(涪江)의 오른쪽에 있다. 그러므로 '부우(涪右)'라고 한 것이다.

3 두전(杜田)이 말하였다. "『도인경(度人經)』에서, '서른 세 개의 하늘에 서른 두 명의 천제(天帝)가 있는데, 모든 하늘에는 각각의 은명(隱名, 본래 이름 대신 달리 부르는 이름)이 있다. 첫 번째는 대황황증천(大黃皇曾天) 울람옥명(鬱䫺玉明)이다.'라 하였다. '䫺'의 음은 '藍'으로, '蔚藍'은 곧 '鬱䫺'이다." 살펴보건대, 이 말은 도관(道觀)을 나타낸 것이기도 하지만 그 자체로 도교의 책에 나오는 내용을 인용한 것이며 또한 이를 빌려 푸른 하늘을 나타낸 것이다.

4 『태평경(太平經)』에서, "아득히 높은 하늘에 경대(瓊臺)가 있고 동문에는 여러 신선들이 조회하는 궁궐이 있다. 금화(金華)의 안에는 천제의 시녀와 여러 신선들이 머무는 곳이 있다."라 하였다. 「천태부(天台賦)」에서, "하늘에 있는 경대는 매달려 있네.(瓊臺中天而懸居)"라 하였다. 오주(吳注)에서, "이 구는 말하자면, 산빛이 위로 비치는 것이 마치 하늘빛이 위로 드리워 단대(丹臺)를 감싸는 것과 같다. 경(瓊)은 붉은 옥이다. 윗구의 자(紫)와 호응한다."라 하였다.

5 『환우기』에서, "거꾸로 매달린 바위는 사홍현 남쪽 15리에 있다. 멀리서 바라보면 거꾸로 매달려 있는데 백설처럼 하얗다."라 하였다.

6 조식(曹植)의 시에서, "선인은 산기슭에서 날아오르고, 옥녀는 산언덕에서 노네.(仙人翔其隅 玉女戲其阿)"라 하였다.

7 채몽필이 말하기를, "두 구는 도관 안의 풍경을 말한다."라 하였다.

52. 습유 진자앙의 고택[1]

陳拾遺故宅

拾遺平昔居　습유가 평소 살던 곳으로
大屋尙脩椽　커다란 집에 아직도 서까래는 기다랗네.[2]
悠揚荒山日　황폐한 산에 은은하게 비추는 해
慘澹故園烟　오래된 정원에 짙게 낀 이내.
位下曷足傷　지위 낮다고 어찌 공부하지 못하랴
所貴者聖賢　귀하게 여긴 것은 성현이로다.[一]
有才繼騷雅　『이소』와 『시경』 이을 재주 지녔으니
哲匠不比肩　대가도 어깨 나란히 하지 못하네.[3]
公生揚馬後　공은 양웅과 사마상여 뒤에 태어나[4]
名與日月懸　이름은 해와 달처럼 높게 걸렸네.[5]
同遊英俊人　같이 어울리던 뛰어난 사람들은
多秉輔佐權　황제 보좌하는 권력을 많이 잡았네.
彦昭超玉價　조언소는 옥의 값보다 비싸고[6]
郭振起通泉　곽원진은 통천현위에서 일어났네.[7]
到今素壁滑　지금 흰 벽은 매끄러워
灑翰銀鉤連　흩뿌린 글씨는 은고리가 연결된 듯.[8]
盛事會一時　성대한 일 한 때에 모였는데
此堂豈千年　이 집이 어찌 천년만 가리오.[9]
終古立忠義　영원히 충의를 세웠으니
感遇有遺篇　「감우」는 길이 전해지리.[10][二][三]

㊀ 장약육이 이르기를, "'성현(聖賢)'이란 글자를 써서 진자앙의 재주가 높음을 드러내었으니, 아래 보이는 '충의(忠義)'를 여기서 담지하고 있다."라 하였다.

㊁ 이자덕이 이르기를, "비장한 작품으로 진자앙을 위하여 기운을 쏟아낸 것이다."라 하였다.

㊂ 매우 중요한 것을 거론하였는데, 또한 그것에서 진자앙을 존모하는 은미한 마음을 알 수 있다.

1 『일통지』에서, "진자앙의 집은 사홍현 동쪽 7리 동무산(東武山) 아래에 있다."라 하였다. 구주(仇注)에서 말하였다. "『비목(碑目)』에서 '진습유의 고택에는 조언소(趙彦昭)와 곽원진(郭元振)이 벽에 그린 그림이 있다.'라 하였다."

2 『구당서』「진자앙전」에서, "자앙의 집은 대대로 부호였는데, 그는 변하지 않고 굳게 책을 읽었다."라 하였다.

3 조언재가 말하기를, "강좌(江左)의 시는 진자앙의 시기에 이르러 처음 변하였다. 대개 그의 시는 『이소』와 『시경』에 근본하였다."라 하였다.

4 양웅과 사마상여는 모두 촉 출신이다. 그러므로 그들로 비교한 것이다.

5 노장용(盧藏用)의 「자앙별전(子昻別傳)」에서, "경사백가(經史百家)를 두루 읽지 않음이 없었으며, 또한 더욱 글을 잘 지었다. 본래부터 사마상여와 양웅의 풍골(風骨)을 지녔다."라 하였다.

6 호진형(胡震亨)이 말하기를, "조(趙)나라에는 아름다운 옥이 나기 때문에 조언소를 비교한 것이다."라 하였다.

7 『구당서』에서, "조언소는 감주(甘州) 사람이다. 어려서 문장으로 이름이 났다. 중종 때 거듭 승진하여 3품인 중서시랑동중서문하가 되었다."라 하였다. 곽원진(郭元振)의 일은 뒤에 보인다. 일찍이 재주(梓州)의 통천현위(通泉縣尉)가 되었다.

8 색정(索靖)의 『초서장(草書狀)』에서, "부드러워 은고리 같으며, 솟구쳐 오르는 것이 놀란 기러기 같다.(婉若銀鉤 飄若驚鴻)"라 하였다.

9 마땅히 이 집은 진자앙으로 인해 중시될 것이라는 의미이다.

10 『구당서』「진자앙전」에서 말하였다. "진자앙이 30편의 「감우」를 지었는데, 왕적(王適)이 보고서 놀라 말하기를, '이 사람은 반드시 천하의 문종(文宗)이 될 것이다.'라 하였다." 주주(朱注)에

서, "「감우」는 무후 시기 혁명의 일을 감탄하여 지은 것이다. 시의 내용을 신선에 우의(寓意)하였기에 두보가 충의로 칭송한 것이다."라 하였다.

53. 문공의 절을 배알하다
謁文公上方

野寺隱喬木	들판 절은 높은 나무에 숨어 있고
山僧高下居	산승은 이쪽저쪽에 거주하네.
石門日色異	석문은 햇빛이 다르고
絳氣橫扶疏	저녁노을 짙게 퍼져 있네.[1]
窈窕入風磴	살랑거리며 바람이 잔도(棧道)에 불고
長蘿紛卷舒	기다란 여라는 어지러이 흔들리네.
庭前猛虎臥	뜰 앞에 사나운 호랑이 누워있으니[2] [一]
遂得文公廬	마침내 문공의 사원에 왔구나.[二]
俯視萬家邑	수많은 가옥의 고을 굽어보며
烟塵對階除	섬돌 앞에는 이내와 먼지 이네.
吾師雨花外	우리 선사는 강론 이외에[3]
不下十年餘	십 년 넘게 산을 내려가지 않았네.
長者自布金	장자는 스스로 금을 깔았으며[4]
禪龕只宴如	선방과 감실에서 안온하게 지내네.[5]
大珠脫玷翳	커다란 구슬에도 점이 없으며
白月當空虛	흰 달이 허공에 걸려 있는 듯.[6] [三]
甫也南北人	이 몸은 남북으로 떠도는 사람
蕪蔓少耘鋤	본성 거친데 조금만 다듬었네.[7]
久遭詩酒汙	오랫동안 시와 술로 더럽혔는데
何事忝簪裾	어인일로 선비 모습 하고 있나.
王侯與螻蟻	왕후와 벌레들도
同盡隨邱墟	모두 다 땅으로 돌아가는데,

願聞第一義	원컨대 궁극의 진리를 들어[8]
廻向心地初	처음의 마음으로 돌아가고 싶네.[9]
金篦刮眼膜	금비로 눈의 꺼풀 긁어내니[10]
價重百車渠	값이 거거 보석의 백배보다 비싸네.[11]
無生有汲引	무생법으로 본성을 깨쳐 연다니[12]
玆理儻吹噓	이 이치를 혹 찾아볼까.[四]

시평 : 장약육이 이르기를, "손에 맡겨 그대로 써내려 가는 내용이 모두 옳다. 그러나 5천 4십 8권의 불경을 독파하지 않으면 이처럼 읊어낼 수 없다."라 하였다. ○ 포이전이 이르기를, "이 작품에는 게(揭)와 같은 곳이 있으니, 소동파의 불문(佛門) 문자의 시조가 된다."라 하였다.

[一] 장약육이 이르기를, "비록 고사를 인용하였으나 귀신이 도운 것 같다."라 하였다.

[二] 머리 부분에서 사원의 경물(景物)을 기술하였다.

[三] 이 단락은 문공의 계행(戒行)이 높음을 말하고 있다.

[四] 마지막 단락에서는 자신의 깨우침을 기술하면서 문공이 자신을 이끌어 주기를 구하고 있다.

1 강엄(江淹)의 시에서, "붉은 기운이 내려와 짙게 다가오네.(絳氣下縈薄)"라 하였는데, 주에서 "'강기(絳氣)'는 붉은 노을이다."라 하였다. 이 구는 햇빛이 노을에 비춘다는 의미이다.

2 『고승전』에서, "혜빙(惠氷)은 여산(廬山)의 서림사(西林寺)에서 거주하였다. 사원에는 호랑이 한 마리가 있었는데 사람들이 두려워하면 문득 내몰아서 산으로 올라가게 하였다. 사람들이 떠나면 다시 돌아와 공손하게 엎드려 있었다."라 하였다. 또한 "담주(潭州)의 선각선사(善覺禪師)는 두 마리의 호랑이를 시종으로 삼았다."라 하였다.

3 『속고승전』에서, "법운(法雲)이 『법화경』을 강론하니 갑자기 하늘이 감동하여 꽃비가 내렸다. 마치 눈이 날리는 것 같았는데, 허

공에 가득히 내렸다."라 하였다. 또 "승광사(勝光寺)의 도종(道宗)이 『대론(大論)』을 강론하니 하늘에서 여러 꽃이 내려 강당을 감싸 돌았으며 문밖에 흩날리었다."라 하였다.

4 『서역기(西域記)』에서, "옛날 선시장자(善施長者)가 가난한 사람들을 구제하고 고아와 노인을 불쌍하게 여겨 보살폈다. 당시에 그를 급고독(給孤獨)이라 불렀다. 그가 정사를 지어서 부처를 모시기를 청하였는데 태자인 서다(逝多)가 들어주지 않았다. 서다의 정원이 높고 넓었는데, 그 땅을 금으로 다 덮으면 판다고 장난삼아 말하였다. 선시장자는 곧바로 보관하였던 금을 다 꺼내 그 말대로 정원에 깔았다. 마침내 정사를 세울 수 있었다."라 하였다.

5 『광운(廣韻)』에서, "'감(龕)'은 탑 아래 있는 방이다."라 하였다.

6 『법원주림(法苑珠林)』에서, "서방에서는 한 달을 흑백(黑白)으로 나눈다. 1일부터 15일까지는 백월(白月)이라고 부르고 16일부터 달이 질 때까지는 흑월(黑月)이라고 부른다."라 하였다. 왕수(王洙)의 주(注)에서, "불서에 모니주(牟尼珠)와 수월(水月)에 대한 말이 있으니, 즉 그 본성이 원명(圓明)함을 말한 것이다."라 하였다.

7 본성이 거칠다는 말이다.

8 『열반경』에서, "세상 사람들이 아는 것에 벗어나는 것을 제일의체(第一義諦)라고 하고, 세상 사람들이 아는 것을 세체(世諦)라고 한다."라 하였다.

9 『화엄경』에서, "보살마하살에 열 가지의 회향(廻向)이 있다."라 하였다. 『화엄론』에서, "심지법문(心地法門)이 있다."라 하였다. 살펴보건대, 마음의 처음은 본래 공허하여 어떤 물건도 없다. '회향(廻向)'이라는 것은 공허함으로 돌아가는 것을 말한다. 옛 설명은 지리한 것 같다.

10 『열반경』에서, "맹인이 눈을 치료하려면 양의(良醫)에게 찾아가야 한다. 양의는 금비로 그 눈의 꺼풀을 긁어낸다."라 하였다.

11 『법화경』에서, "어떤 사람이 금은, 산호, 진주, 거거(車璖), 마노 등을 시주하는 사람이 있다."라 하였다. 『광지(廣志)』에서, "거거(車渠)는 대진(大秦)과 서역의 여러 나라에서 생산된다. 이것은 돌 가운데 옥이 들어있는 것이다."라 하였다.

12 『능엄경』에서, "이 사람이 무생법인(無生法忍)을 얻었다."라 하였는데, 소(疏)에서, "있는 그대로의 실상을 무생법(無生法)이라 부른다. 무루지(無漏知) 진지(眞知)를 위인(爲忍)이라 한다."라 하였다.

54. 사홍의 이씨 어른에게 올리다
奉贈射洪李四丈

丈人屋上烏	어른 댁 지붕의 까마귀
人好烏亦好	사람이 좋으니 까마귀도 좋구나.[1]
人生意氣豁	인생에 의기투합은
不在相逢早	일찍 만난 것에 있지 않네.
南京亂初定	남경의 난리가 이제 안정되니[2]
所向色枯槁	보이는 경치가 삭막하구나.
遊子無根株	떠돌이는 머무를 곳이 없으니
茅齋付秋草	초가집에 가을 풀 얹는구나.
東征下月峽	동으로 가 명월협을 내려오다가[3]
掛席窮海島	궁벽진 해도에서 자리를 깔았네.[4]
萬里須十金	만리 길에 열 냥 금이 필요하지만[5]
妻孥未相保	처자식을 데려와 지키지 못하는구나.[6]
蒼茫風塵際	아득히 바람 먼지 일 제
蹭蹬騏驎老	비틀거리는 늙은 기린이여.
志士懷感傷	지사가 나를 애처로이 여겨
心胸已傾倒	마음을 다 터놓고 마주하네.[7]

1 『상서대전(尙書大傳)』에서, "그 사람을 사랑하면 그 집 위의 까마귀도 사랑한다. 그 사람을 미워하면 그 집 종도 미워한다."라 하였다.

2 남경은 성도(成都)를 말한다.

3 명월협(明月峽)은 삼협이 시작되는 곳이다.

4 두보는 평소에 동쪽으로 유람하려는 흥기(興氣)가 있었다.

5 「양웅전」에서, "집 재산이 10금을 넘지 않는다."라 하였다. 구주(舊注)에서, "옛날 한 냥의 금은 만 전에 해당한다. 여기서 말한 '십금(十金)'은 십만 전에 해당한다."라 하였다.

6 8구는 촉이 어지러워 이미 살기 어렵다. 이에 삼협을 벗어나고자 하나 돈이 없어 괴롭다는 것을 말하고 있다.

7 구주(仇注)에서, "기린은 두보 자신을 비유한 것이며, 지사(志士)는 이씨를 가리킨다. 이씨가 두보 자신을 알아준다고 하였을 것이므로 이 시를 지어 준 것이다."라 하였다.

55. 아침에 사홍현을 떠나 남쪽으로 가는 길에 짓다
早發射洪縣南途中作

將老憂貧窶	늙어가매 가난함이 걱정인데
筋力豈能及	기운이 어찌 생각에 미치리오.
征途乃侵星	길을 새벽에 다니니[1]
得使諸病入	여러 병들을 얻었구나.
鄙人寡道氣	비루한 사람은 도가 낮으니
在困無獨立	곤궁에 처하여 홀로 서지 못하네.[2] ⊟
俶裝逐徒旅	행장 꾸려 무리를 뒤따르다가[3]
達曙凌險澀	아침이 되면 험난한 길 지나네.
寒日出霧遲	추운 날은 안개가 서서히 깔리고
淸江轉山急	맑은 강물은 산굽이에 빨라지네.[4]
僕夫行不進	마부는 앞으로 나아가지 않고
駑馬若維縶	노둔한 말은 얽어맨 것 같네.
汀洲稍疎散	모래섬은 이리저리 흩어졌는데
風景開怏悒	풍경은 마음 울적하게 만드네.
空慰所尙懷	부질없이 좋아했던 것 떠올려보지만[5]
終非曩遊集	끝내 예전 노닐던 홍취가 아니네.
衰顔偶一破	고달픈 얼굴에 우연히 한번 웃어보지만
勝事難屢挹	좋은 경치는 자주 만나기 어렵네.
茫然阮籍途	아득한 완적의 길이여
更灑楊朱泣	다시 양주의 눈물 흩뿌리네.[6]

⊟ 신부맹(申鳧盟)이 이르기를, "젊었을 때 삶을 도모하는 것은 자못 쉽다. 그러나 정말로 기운을 자부하기 때문에 어찌 달갑게 이런 일을 하겠는가. 늙게 되면 바야흐로 이미 어쩔 수 없게 된 것을 걱정하게 된다. 시를 시작하는 말이 서글프다. '비인(鄙人)' 두 구는 다른 사람은 기꺼이 스스로 이렇게 말하지 않는다. 그러나 이것이 바로 고처(高處)다."라 하였다.

1 포조의 시에서, "새벽에 이른 길 떠나.(侵星赴早路)"라 하였다.

2 구주(仇注)에서, "곤궁하여 자립하지 못하고 관리 무리를 따라 다니며 타인에 의지하며 사니, 이것이 이른 아침 떠도는 까닭이다."라 하였다.

3 장형(張衡)의 「사원부(思元賦)」에서, "좋은 때를 골라 비로소 여장 꾸민다.(簡元辰而俶裝)"라 하였는데, 주에서 "'숙(俶)'은 시작이다."라 하였다.

4 강물이 산세에 물결이 부딪혀 흐르는 것을 말한다.

5 좋아했던 것을 생각해본다는 의미이다.

6 『회남자』에서, "양주(楊朱)는 갈래 길이 나오면 울었으니, 남쪽으로도 갈 수 있고 북쪽으로도 갈 수 있기 때문이다."라 하였다.

56. 통천역 남쪽으로 통천현에서 시오리 떨어진 곳의 산수를 보고 짓다[1]

通泉驛南去通泉縣十五里山水作

溪行衣自濕	시내 옆으로 가니 옷이 절로 젖더니
亭午氣始散	정오에 안개가 비로소 흩어지네.
冬溫蚊蚋集	겨울에도 따뜻해 모기 파리 모여들고
人遠鳧鴨亂	인가 멀어 물오리 어지럽네.[2]
登頓生曾陰	산에 오르니 층층의 그늘이 생기고[3]
欹傾出高岸	비탈길 내려오니 높은 절벽이 나오네.[4]
驛樓衰柳側	역의 누대는 메마른 버들 옆에 있고
縣郭輕烟畔	현의 성곽은 가벼운 이내에 둘러 있네.[5] ⊟
一川何綺麗	한 시내가 어찌 그리 아름다운가
盡日窮壯觀	날이 지도록 장관을 구경하였네.
山色遠寂寞	산색은 멀리서 고요하고
江光夕滋漫	강빛은 저녁에 늘어나네.[6]
傷時愧孔父	시절 아파하나 공자에 부끄럽고
去國同王粲	서울 떠난 것은 왕찬과 같네.[7]
我生苦飄蓬	나의 생은 떠돌이로 괴로우니
所歷有嗟嘆	지나는 곳마다 탄식만 이네.

㉡ 도입구부터 눈앞에 펼쳐지는 경치를 그려내는 것이 운치가 있다.

1 이 작품은 사홍에서 출발하여 통천에 도착하여 지은 것이다. 『구당서』에서, "통천현은 재주에 속한다."라 하였다. 『구역지(九域志)』에서, "통천현은 재주의 동남쪽 130리에 있다."라 하였다. 노은(魯訔)이 말하기를, "현에서 15리 떨어진 곳에 아름다운 산수가 있는데, 심가갱(沈家坑)이라고 부른다."라 하였다.

2 장약육이 이르기를, "두 구는 습하고 그늘 진 곳의 풍경으로, 또한 안개가 흩어진 뒤에 본 것이다."라 하였다.

3 시냇가로부터 산에 오른 것을 말한다. 사령운의 시에서, "산행에 정상까지 올라야 잠시 쉬고.(山行窮登頓)"라 하였다.

4 산에서 시냇가로 내려온 것을 말한다.

5 윗구는 통천역의 남쪽을 말하였고, 아래 구는 바야흐로 통천의 산수에 도착한 것을 말하였다.

6 『환우기』에서, "통천산은 현의 서북쪽 20리에 있는데, 동으로 부강(涪江)을 마주하고 있다. 절벽이 이백 여 길이다. 물이 산 정상에서 솟아나와 아래로 부강으로 흘러들어간다."라 하였다.

7 한 헌제가 도읍을 옮기자 왕찬은 형주로 가서 유표(劉表)에게 의지하였다.

57. 곽대공의 옛집을 지나며[1]

過郭代公故宅

豪雋初未遇	호걸이 처음에 지우 받지 못해
其迹或脫略	그 자취 혹 묻혀버릴 것 같더라.
代公尉通泉	대공이 통천의 현위를 지낼 때
放意何自若	방달하면서 어찌 그리 태연하던고.[2]
及夫登袞冕	조정에 올라서서는[3]
直氣森噴薄	곧은 기상 삼엄하게 쏟아내었네.[4]
磊落見異人	큰 도량에서 남보다 뛰어남을 보니
豈伊常情度	어찌 보통 마음으로 헤아리랴.
定策神龍後	신룡 연간 이후 조정을 안정시키니
宮中翕清廓	궁중이 매우 맑아졌네.
俄頃辨尊親	잠깐 사이에 황실 존친을 분별하고
指揮存顧託	선황(先皇)의 고명을 이끌었네.[5]
羣公有慚色	여러 공들이 그에게 부끄러워하였으나
王室無削弱	왕실은 깎여 약하게 되지 않았네.
迥出名臣上	명신 중에서도 아주 뛰어나
丹青照臺閣	초상이 종묘에 빛나네.[6] [二]
我行得遺址[7]	나의 행차가 공의 유적에 이르렀는데
池館皆疏鑿	못과 집이 모두 정돈되었네.
壯公臨事斷	장하도다! 공은 일에 과단하니[三]
顧步涕橫落	걸음 돌아보며 눈물이 솟네.
精魄凜如在	혼백은 늠름하여 마치 있는 듯하나
所歷終蕭索	지나는 곳마다 끝내 쓸쓸하구나.[8]

高詠寶劍篇　　높이 「보검편」을 낭송하니[9]
神交付冥漠　　정신 사귐을 지하에 부치노라.

[二] 포이전이 이르기를, "1-8구는 곽공의 생애를 총괄하여 기술하였고, 중간의 9-16구는 다만 그의 공훈을 드러내었다."라 하였다.

[三] 곽공의 충정지용(忠貞智勇)이 모두 '임사단(臨事斷)' 세 글자에 들어 있다. 두보가 숭상하는 논의에는 이와 같은 지식이 들어 있다.

1 주주(朱注)에서, "역사를 살펴보건대 곽원진(郭元振)은 위주(魏州) 귀향(貴鄉) 사람이다."라 하였다. 『장안지』에서, "곽원진의 집은 선양리(宣陽里)에 있다."라 하였으나, 이 시에서 '고택(古宅)'이라 한 것은 아마도 통천의 현위 시절에 거처하던 집으로 보인다.

2 『당서』「곽원진전」에서, "곽진(郭震)의 자는 원진(元振)인데, 자로 알려졌다. 진사가 되어 통천현위에 임명되었다. 협기(俠氣)가 넘쳐 작은 예절에 구애되지 않았다."라 하였다.

3 『당서』에서, "선천 2년에 곽원진이 병부상서 동중서문하삼품이 되었다."라 하였다.

4 장열(張說)이 지은 「행장(行狀)」에서, "태평공주와 두회정(竇懷貞)이 몰래 흉당을 결탁하여 현종을 폐하기로 도모하였다. 예종이 머뭇거리고 결정하지 못하였는데, 오직 곽공이 조정에서 간쟁하여 그들이 승낙을 받아내지 못하였다."라 하였다.

5 『당서』에서, "현종이 태평공주를 죽였다. 예종이 승천문(承天門)에 이르자 모든 재상이 달려와 외성(外省)에 엎드렸다. 오직 곽원진만이 병사를 거느리고 호종하였고, 일이 안정되자 중서성에서 잤다. 24일 공훈으로 대국공(代國公)에 봉해졌다."라 하였다. 조차공(趙次公)이 말하기를, "살펴보건대 대공(代公)이 조정을 안정시킨 것은 예종 선천 2년에 있었던 일이니, 중종이 즉위하고 신룡으로 연호를 바꾼 기간부터 헤아리면 모두 8년 동안이다. 이 시에서 '신룡 이후 조정을 안정시키고(定策神龍後)'란 말은, 대개 태평공주가 중종의 총애를 믿고 권력을 마음대로 휘둘렀으니, 재앙이 잉태된 것은 신룡 연간으로부터이다. '아경(俄頃)'의 두 구는 태평

공주가 이미 죽음을 당하여 황제의 자리가 걸맞은 사람에게 돌아가 적통에게 자리를 전하게 되었으니, 이것이 바로 예종이 부탁한 것을 이룬 것이다."라 하였다.

6 단청은 화상(畵像)을 말한다. 『당회요』에서, "곽원진은 현종의 사당에 배향되었다."라 하였다.

7 '址'는 달리 '跡'으로 된 본도 있다.

8 두 구는 초당본(草堂本)을 따른 것으로, 어떤 본에는 이 두 구가 없으니 더욱 노성한 것 같다.

9 『당서』에서, "무후(武后)가 곽원진을 불러 대화를 나눈 뒤 그를 뛰어나다고 여겼다. 그에게 문장을 요구하니 「보검편」을 올렸다. 무후가 보고서 감탄하여 마침내 그를 발탁하였다."라 하였다.

58. 태자소보 설직의 글씨와 벽화를 보다[1]

觀薛稷少保書畫壁

少保有古風	소보는 옛스런 풍취가 있으니
得之陝郊篇	「협교편」을 지었네.[2]
惜哉功名忤	애석하다! 공명은 저버렸으니[3]
但見書畫傳	다만 전해지는 글씨와 그림을 보네.
我遊梓州東	내가 재주의 동에서 노닐 때
遺跡涪水邊	부강가에서 유적을 보았네.
畫藏青蓮界	그림은 사원에 보관되었고[4]
書入金牓懸	글씨는 금패에 적혀 매달렸네.
仰看垂露姿	우러러 수로의 자체 바라보니[5]
不崩亦不騫	무너지지도 이지러지지도 않았네.[6]
鬱鬱三大字	기운 어린 세 개의 큰 글자
蛟龍岌相纏	교룡이 위태롭게 서로 얽혀 있는 듯.[7]
又揮西方變	또한 서방 부처의 모습을 그렸는데[8]
發地扶屋椽	땅에서 서서 지붕 서까래 붙잡고 있네.[9]
慘澹壁飛動	깊은 의장(意匠)은 벽에서 날아 생동하는데[10]
到今色未塡	지금까지도 색을 덧칠하지 않았네.
此行疊壯觀	이번 여행 장관이 이어지는데
郭薛俱才賢	곽공과 설직은 모두 재주가 훌륭하네.㊀
不知百載後	알지 못하겠네, 백년 뒤에
誰復來通泉	누가 다시 통천에 올 지.[11] ㊁

㊁ 곽공을 같이 언급하는 것은 사마천의 합전체(合傳體)에 해당한다.

㊂ 이자덕이 이르기를, "고고(高古)함이 대단히 뛰어나다. 좌구명과 사마천의 필법을 구사하였다."라 하였다.

1 『당서』「설직전(薛稷傳)」에서, "설직의 자는 사통(嗣通)으로 옛것을 좋아하고 널리 학문을 익혔으며 행동이 우아한 학자였다. 외조는 위징(魏徵)으로 집안에 우저(虞褚)의 예술 작품을 많이 보관하고 있었다. 설직은 그것을 정밀하게 임사(臨寫)하여 마침내 글씨로 천하에 이름을 날렸으며 그림 또한 뛰어났다. 예종이 즉위하자 황문시랑(黃門侍郎)으로 진급하였다가 태자소보(太子少保)를 역임하였다."라 하였다.

2 설직은 「추일환경협서십리작(秋日還京陜西十里作)」에서, "수레 몰아 협의 교외 지나, 북으로 보니 큰 강을 임하였네.(驅車越陜郊北顧臨大河)"라 하였다.

3 「설직전」에서, "두회정(竇懷貞)이 태평공주와 결탁하였다가 죽음을 당하였다. 설직은 그에게 지모를 제공한 연좌로 만년(萬年)의 옥에서 죽음을 당하였다."라 하였다.

4 '청련계(青蓮界)'는 절을 말한다.

5 왕음(王愔)의 『문장지(文章志)』에서, "현침(懸針)은 소전체(小篆體)다. 수로(垂露)는 글씨가 현침과 같지만 기세가 굳세지 않으며, 아리따운 모습이 마치 짙은 이슬이 드리운 것 같다. 그러므로 수로라 이름 지은 것이다."라 하였다. 『법서요록(法書要錄)』에서, "한나라 조희(曹喜)는 전서와 예서를 잘 썼다. 현침과 수로의 법을 잘 하였다."라 하였다.

6 『시경』의 주에서, "'건(騫)'은 이지러짐이다."라 하였다.

7 『여지기승(輿地起勝)』에서, "설직이 혜보사(慧普寺) 세 글자를 썼는데, 지름이 세 자 정도이다. 통천현 경선사(慶善寺) 취고당(聚古堂)에 있다."라 하였다. 조언재가 말하기를, "설직이 혜보사 세 글자를 썼는데, 해서이며 곁에 비희(贔屓)가 서로 얽혀 있다."라 하였다.

8 즉 그린 것이 서방 여러 부처의 변상(變相)이라는 말이다. 『유양잡조』에서, "당나라 사람이 그림을 일러 '변(變)'이라고 하였다."라 하였다.

9 장원(張遠)의 주에서, "서방 부처의 상(像)이 지면에서부터 지붕의 서까래에 닿는 크기라는 의미이다."라 하였다.

10 장약육이 이르기를, "'참담(慘憺)'은 어떤 일을 주관할 때 여러 가지 상황을 고려함을 말한다. 이 말은 용약(踊躍)에 비해 한 층 더 나아간 말이다."라 하였다.

11 즉 '아직도 곽공이나 설직처럼 사람을 감동시키며 존모를 일으킬 만한 사람이 있을까'란 의미이다. 시어가 감개함을 띠고 있다.

59. 통천역 관청의 벽 뒤에 그려진 소보 설직의 학 그림[1]

通泉縣署屋壁後薛少保畫鶴

薛公十一鶴	설공이 그린 열한 마리 학
皆寫青田眞	모두 청전의 학을 그린 것이네.[2]
畫色久欲盡	색은 오래되어 바랬지만
蒼然猶出塵	고색창연함은 오히려 세속의 티를 벗었네.
低昂各有意	고개를 숙이기도 들기도 각각 뜻이 있는데
磊落如長人	우뚝한 모습은 마치 큰 사람 같네.
佳此志氣遠	아름답구나! 기상의 원대함이여
豈惟粉墨新	어찌 다만 새 그림에서만 보일까.
萬里不以力	만리의 기상 힘으로만 나타나는 게 아니니
羣遊森會神	무리 노님에 삼연히 정신이 모였네.[3]
威遲白鳳態	여유로운 흰 봉황의 자태요[4]
非是倉鶊鄰	꾀꼬리의 이웃이 아니로다.
高堂未傾覆	고당은 아직 기울어지지 않아
常得會嘉賓	항상 아름다운 손님을 맞이하네.
暴露牆壁外	이슬이 장벽에 쏟아지고[二]
終嗟風雨頻	끝내 비바람이 자주 불어오네.
赤霄有眞骨	붉은 하늘에 살아 있는 학은
恥飮洿池津	낮은 못 물 마시기 부끄러워하네.[5]
冥冥任所往	아득한 하늘에 마음대로 날아가리니[6]
脫略誰能馴	자유로움을 누가 구속하리오.[7] [三]

㈡ 장약육이 이르기를, "'고당은 아직 기울어지지 않아.(高堂未傾覆)'라는 말은 관청의 중인들이 꺼려함을 고려하지 않은 것인가. 분명히 이슬에 노출됨을 싫어하니 감분(感憤)을 견딜 수 없다."라 하였다.

㈢ 이자덕이 이르기를, "말을 읊을 때는 그 신준(神駿)함을 드러내고 학을 읊을 때는 그 고일(高逸)함을 드러내니 모두 대단히 뛰어나게 구성한 것이다."라 하였다.

1 『명화기(名畵記)』에서, "설직은 꽃과 새, 인물 등의 잡화(雜畵)를 매우 잘 그렸다. 학을 잘 그린 것으로 이름이 났는데 여섯 폭 병풍의 학 그림은 설직에게서 시작되었다."라 하였다. 『명화록』에서, "지금의 비서성에 설직이 그린 학 그림이 있다."라 하였다. 또한 "촉군에도 설직의 학 그림이 있으니, 불상보살과 함께 신품(神品)으로 병칭된다."라 하였다.

2 『영가군기(永嘉郡記)』에서, "목계야(沐溪野)에서 9리쯤 가면 청전(靑田)이 있는데, 그곳에는 쌍백학(雙白鶴)이 있다. 해마다 새끼를 낳는데 크면 문득 떠나고 다만 부모 한 쌍만 남는다. 대단히 털이 희어 사랑할 만하니 많은 사람들이 신선이 기른 것이라고들 한다."라 하였다.

3 구주(仇注)에서, "기세가 만리를 갈 수 있는 것처럼 보이는 것은 바로 지기(志氣)가 원대한 곳이다. 삼연히 정신이 모인 것은 그림 물감의 새로운 것에 달려 있지 않다."라 하였다.

4 『금경(禽經)』에서, "백봉(白鳳)을 숙(鸘)이라 부른다."라 하였다.

5 살아 있는 학으로 그림의 학을 비유한 것이다.

6 『법언(法言)』에서, "기러기가 아득한 하늘을 날아가니 사냥꾼이 어떻게 잡겠는가."라 하였다. 즉 드넓은 하늘에 새가 마음대로 날아간다는 의미이다.

7 즉 이 땅에는 이미 이 그림을 감상할 줄 아는 사람이 없으며 학도 또한 장차 벽이 무너져 사라질 것을 말하였다. 겸하여 자신의 처지를 우의(寓意)하였다. 이상 네 구에 대한 옛날의 해석은 대부분 옳지 않다.

60. 왕 시어를 모시고 통천의 동산 야정에서 잔치하다
陪王侍御宴通泉東山野亭

江水東流去	강물은 동으로 흘러가고
淸樽日復斜	맑은 술에 해는 다시 기우네.
異方同宴賞	타향에서 함께 잔치하고 감상하는데
何處是京華	어느 곳이 서울인가
亭景[1]臨山水	정자 그림자는 산수를 마주하고
村烟對浦沙	마을 연기는 포구 모래밭 마주하였네.
狂歌遇形勝	미치게 노래하다 좋은 경치 만나니
得醉卽爲家	취하면 바로 내 집이라네.[曰]

[曰] 경솔하게 써내려간 솔필(率筆)에 가깝다. 또한 '수(水)'자가 중복된다.

1 '景'은 마땅히 '影'으로 읽어야 한다.

61. 왕 시어를 모시고 동산의 최고봉의 잔치에 참석한 뒤, 통천 요 현령이 저물녘 술을 가져와 강에 배를 띄우다[1]

陪王侍御同登東山最高頂宴 姚通泉晚攜酒泛江

姚公美政誰與儔	요공의 선정은 그 누가 짝할까
不減昔時陳太邱	옛날 진 태구에게 뒤지지 않네.[2]
邑中上客有杜史	고을 상객 중에 주사가 있으니[3]
多暇日陪驄馬游	많이 한가할 때 서로 짝해 총마 타고 노니네.[4]
東山高頂羅珍羞	동산의 높은 봉우리에 진수성찬 늘여놓고
下顧城郭銷我憂	성곽을 굽어보며 이 몸 근심을 녹여 보네.
清江白日落欲盡	맑은 강에 밝은 해가 다 지려는데
復攜美人登綵舟	다시 미인을 거느리고 비단 배에 오르네.[5]
笛聲憤怨哀中流	원한 가득한 피리 소리는 강 한가운데 애닯고
妙舞逶迤夜未休	한들한들 아리따운 춤사위 한밤에도 그치지 않네.
燈前往往大魚出	등불 앞에는 이따금 큰 물고기 뛰어올라
聽曲低昂如有求	노래 듣고 머리를 들었다 내렸다하며 뭔가를 구하는 듯.[6]
三更風起寒浪湧	삼경에 바람 일어 차가운 물결 솟구치니
取樂喧呼覺船重	악기 들고 소리치는데 배가 무거워 가라앉네.[7]
滿空星河光破碎	하늘 가득한 은하수에 빛이 부서지는데
四座賓客色不動	사방 자리의 손님들 얼굴빛은 변함 없네.㊀
請公臨深莫相違	청컨대 공들은 깊은 곳에 임하라는 경계를 어기지 말고[8]
廻船罷酒上馬歸	배를 돌려 술자리 파하고 말을 타고 돌아가소서.

人生歡會豈有極　　인생의 즐거운 모임이 어찌 다할까

無使霜露霑人衣　　서리와 이슬이 옷에 젖지 말게 하시라.[9] ㊂

㊁ 장약육이 이르기를, "이 시의 뛰어난 곳은 '얼굴빛은 변함 없네.(色不動)'에 있다. 만약 '안색이 변한다.'고 한다면 이것은 취하였다는 의미와 되돌릴 줄 모른다는 의미가 된다. 그러나 이 세 글자를 통하여 그렇지 않다는 의미를 가볍게 드러내고 있다."라 하였다.

㊂ 심확사가 이르기를, "맺는 곳에서 음악을 즐기나 절제하여 도를 넘지 않는다는 의미를 나타내고 있다. 시어를 놓는 것이 함축적이어서 사람들로 하여금 깊이 음미하도록 한다."라 하였다.

1 『일통지(一統志)』에서, "동산(東山)은 동천주(潼川州)의 동쪽 4리에 있다. 부강을 마주하고 있는데, 층층의 바위가 높은 언덕을 이뤄 형세가 장성(長城) 같다. 두보가 이곳에서 시를 지었다."라 하였다.

2 『후한서』에서, "진식(陳寔)이 태구의 현령으로 임명되었는데, 덕을 닦아 맑고 깨끗하게 정치를 하였기에 백성들이 편안하였다."라 하였다.

3 『사기』에서, "노자가 주하사(柱下史)가 되었다."라 하였다. 여기서는 왕 시어를 가리킨다.

4 구주(仇注)에서, "동산의 연회는 시어가 주인이며 요 현령이 모시며 노니는 사람이다. 대개 이전에 서로 교대로 빈주(賓主)가 되었다."라 하였다.

5 미인(美人)은 관기(官妓)이다.

6 『순자』에서, "옛날에 호파(瓠巴)가 비파를 연주하는데 헤엄치던 물고기가 수면 위로 나와 들었다."라 하였다.

7 풍랑이 솟구쳐 다니지 못하는 것을 말한다.

8 몸가짐 조심하기를 깊은 연못을 임하는 듯하라는 경계를 어기지 말라는 의미이다.

9 밤을 새서 놀지 말라는 말이다.

62. 어양[1]

漁陽

漁陽突騎猶精銳	어양의 돌기병은 너무도 정예병인데[2]
赫赫雍王都節制	혁혁하신 옹왕이 도절제를 맡았네.[3]
猛將翻然恐後時	맹장들도 항복하니 뒷날이 두려워서이니[4]
本朝不入非高計	조정에 들어오지 않는 것은 좋은 계책이 아니네.[5]
祿山北築雄武城	안록산이 북으로 웅무성을 쌓으니[6]
舊防敗走歸其營	옛날에도 패주를 방비하여 그 진영으로 돌아갔네.
繫書請問燕耆舊	편지를 활에 묶어 북방의 노장들에게 묻노니[7]
今日何須十萬兵	오늘 어찌 십만의 병사가 필요하랴.[8]

1 주주(朱注)에서, "두보가 옹왕(雍王)이 명령권의 의미를 지닌 도끼를 주었다는 소식을 듣고 이 시를 지어 하북(河北)의 여러 장수들을 풍자한 것이다. 즉 마땅히 급히 본조(本朝)로 돌아가, 안록산의 전철을 밟지 말라는 말이다."라 하였다.

2 『후한서』에서 말하였다. "오한(吳漢)이 팽총(彭寵)에게 말하기를, '어양의 돌기병은 천하에 유명하다.'라 하였다."

3 『당서』에서, "보응 원년 9월 노왕(魯王) 이괄(李适)을 옹왕(雍王)으로 고쳐 봉하였다. 겨울 10월에 천하병마원수로 삼아 하북과 삭방(朔方)의 여러 도의 행영(行營)과 회흘 등의 10만 병사를 거느리고 진격하여 사조의(史朝義)를 토벌하고 협주에서 다른 군과 합하였다."라 하였다. 옹왕이 바로 덕종(德宗)이다.

4 구주(仇注)에서, "당시 하북의 장군인 설숭(薛嵩)과 장충지(張忠志) 등은 각각 자신이 장악하였던 주를 들어 항복하였다."라 하였다.

5 두 구는 귀순한 장수를 들어 다른 장수들을 움직이려 한 것이다.

6 『구당서』에서, "안록산이 반란할 때 범양의 북쪽에 진지를 쌓고 웅무성이라 불렀다. 그곳에 병사를 주둔하고 식량을 저장하였다."라 하였다.

7 편지를 묶는다는 것은 노중련의 고사를 인용한 것이다.

8 즉 안록산이 창궐할 때도 오히려 방비하여 물러나 진지를 쌓아 지켰는데, 하물며 지금은 안록산의 시기와 비교할 수도 없는 때랴! 마지막은 의미를 한층 더 발전시킨 격문에 해당한다.

63. 관군이 하남과 하북을 수복하였다는 소식을 듣고[1]
聞官軍收河南河北

劍外忽傳收薊北	검외에 문득 계북 수복의 소식 전해지니
初聞涕淚滿衣裳	처음 들었을 때 눈물 흘러 옷을 적셨네.[2]
卻看妻子[3]愁何在	문득 처자 보노라니 근심이 어디 있으랴!
漫卷詩書喜欲狂	대충 시서를 챙기는데 기뻐 미칠 것 같네.[4]
白日[5]放歌須縱酒	대낮에 노래 부르며 마음껏 술 마시는데
青春作伴好還鄉	푸른 봄이 동행이 되니 고향 가기 좋구나.[6]
卽從巴峽穿巫峽	곧바로 파협을 떠나 무협을 지나
便下襄陽向洛陽	다시 양양으로 내려가 낙양으로 향해야지.[7] ⊟⊟

시평 : 심확사가 이르기를, "한 기운으로 쏟아부으면서도 여러 곡절을 다 토로하였으니, 편법의 오묘함을 생각할 수 없다."라 하였다. ○ 황백산(黃白山)이 이르기를, "두보의 시는 거의 반 이상이 근심을 말하고 있으며 기쁨을 말한 것은 다만 아우에게 보내는 몇 편과 이 작품뿐이다. 근심을 말한 것은 독자로 하여금 또한 큰 한숨을 일어나게 하며 기쁨을 말한 것은 독자로 하여금 또한 마음을 고무시키며 즐겁게 만든다. 대개 그 성정(性情)이 지면 위로 전해지는데 성정을 갖춘 후인(後人)도 그로 인해 감동을 일으킨 것이다. 이런 것을 제쳐두고 한갓 시의 격조를 토론하며 자구(字句)를 표의(剽擬)한다면 다만 본질과 거리가 멀 것이다."라 하였다.

㈡ 소자상이 이르기를, "한 덩어리의 진기(眞氣)가 유행하니 귀신의 도움으로 지어진 작품이다."라 하였다.

㈢ 모기령이 이르기를, "실제 고향으로 돌아가는 길로부터 곧바로 상쾌한 마음을 읊어 결말을 맺고 있으니 대단히 뛰어나다. 또한 양협과 양양(兩陽)을 써서 질탕한 구를 지었으니 율법(律法)이 또 변하였다."라 하였다.

1 『당서』에서, "보응 원년 10월에 복고회은(僕固懷恩) 등이 여러 차례 사조의의 군대를 깨트리고 동경을 수복하였다. 그의 장수인 설숭(薛嵩)은 상주(相州)와 위주(衛州) 등을 들어 항복하였고 장충지(張忠志)는 항주(恒州)와 조주(趙州) 등을 들어 항복하였다. 그 다음해 봄 정월에 사조의는 달아나 광양(廣陽)에서 자살하였다. 그의 장수인 전승사(田承嗣)는 막주(莫州)를 들어 항복하였고 이회선(李懷仙)은 유주(幽州)를 들어 항복하였다."라 하였다.

2 너무나 기뻐 눈물이 떨어졌다는 말이다.

3 네 글자를 한번에 읽어야 한다.

4 장약육이 이르기를, "도적의 난리가 그쳐 화평해지니 근심이 갑자기 사라졌다. 그러나 그것을 말할 상대가 없으니 다만 눈으로 처자를 바라볼 뿐이다. 또한 책을 무심히 바라보다가 말아서 챙겨둔 것이다."라 하였다. 두 구는 분명히 그날의 상황을 묘사한 것이다.

5 '日'은 달리 '首'로 된 본도 있다.

6 황생(黃生)의 주에서, "이 구는 더욱 뛰어나다. 즉 길 가득 꽃이 환하게 피고 버들이 하늘거려 쓸쓸하지 않는다는 의미이다."라 하였다.

7 원주(原注)에서, "나의 전원은 동경(東京)에 있다."라 하였다.

64. 멀리서 노닐며

遠遊

賤子何人記	미천한 사람을 누가 기억할까
迷方著處家	갈 방향 모르니 머무는 곳이 집이네.[1]
竹風連野色	대숲 바람은 들 풍경으로 이어지고
江沫擁春沙	강물의 포말은 봄날 모래톱을 감싸네.[2]
種藥扶衰病	약초 심어 늙고 병든 몸 부지하고
吟詩解歎嗟	시를 읊어 탄식 풀어내네.
似聞胡騎走	오랑캐 기병 달아났다고 들은 것 같으니[3]
失喜問京華	실성한 듯 기뻐하며 서울을 묻네.[4]

1 포조의 시에서, "남쪽 나라 유생이 있었으니, 갈 방향 몰라 홀로 잘못되었네.(南國有儒生 迷方獨淪誤)"라 하였다.

2 구주(仇注)에서, "대숲의 바람과 강가 모래밭은 또한 세상을 떠돌며 유랑하는 자신의 처지를 비유하고 있다. 풍경에 나아가 감정을 노래하고 있다."라 하였다.

3 감히 확신하지 못한다는 말이다.

4 '실희(失喜)'는 '실성실소(失聲失笑, 자신도 모르게 소리를 내고 웃음을 내는 것)'와 같은 말이다. 고주(顧注)에서, "'실(失)'자를 쓴 것은, 이전의 나라에 대한 근심과 그 타개를 생각한 것과 지금의 뛸 듯 좋은 소식을 놀라며 의심하는 것에 대하여 두 가지를 모두 그림처럼 눈에 보이게 표현한 것이다."라 하였다.

杜詩鏡銓卷十

권10에 실린 작품은 광덕(廣德) 연간에 두보가 재주(梓州)와 낭주(閬州)를 왕래하면서 지은 것이다.

1. 봄날 재주의 누대에 오르다
春日梓州登樓二首

行路難如此	세상살이 이처럼 힘들어
登樓望欲迷	누대에 올라 바라보니 아득해지네.[1]
身無卻少壯	몸은 더욱 젊은 기운 없고[2]
跡有但羈棲	행적은 다만 떠돌며 살 뿐.
江水流城郭	강물은 성곽 따라 흐르고
春風入鼓鼙	봄바람은 북소리에 실려 오네.
雙雙新燕子	쌍쌍의 새로 온 제비는
依舊已銜泥	예전처럼 이미 진흙 물고 있네.[3]

시평 : 구창주(仇滄柱)가 이르기를, "두보 율시의 첫구는 앞의 내용을 이어받는 듯하여 내용이 돌기(突起)한 것이 있다. 이 시와 및 「숙찬공방(宿贊公房)」의 '석장 짚고 어째서 이곳 오셨나, 가을바람은 이미 서늘하구나.(杖錫何來此 秋風已颯然)'와 「송배오부동천(送裴五赴東川)」의 '친우도 또한 떠돌이지만, 높은 의기는 천지를 진동한다네.(故人亦流落 高義動乾坤)'라는 종류가 바로 그것이다. 이미 표홀(飄忽)하면서 또 두건(陡健)하여, 시어가 모두 입신의 경지에 들었다."라 하였다.

天畔登樓眼	하늘가 누대에 올라 바라보니
隨春入故園	봄을 따라 고향으로 눈이 가네.
戰場今始定	전쟁터 이제 막 안정되었으니[4]
移柳更能[5]存	옮긴 버들이 다시 살 수 있을까.[6]
厭蜀交游冷	촉의 사귐은 냉정하여 싫으며
思吳勝事繁	오의 좋은 일 많음을 그리워하네.[7]

應須理舟楫	응당 배를 수리하여
長嘯下荊門	길게 읊조리며 형문으로 내려가리라.

1 어디로 돌아가야 할지 모른다는 것을 말한다.

2 고주(顧注)에서, "각(卻)은 중(重)자의 의미와 같다."라 하였다.

3 사물을 보면서 집이 없는 자신과 비교됨을 탄식하고 있다.

4 이 당시 동경(東京)이 새로 수복되었다.

5 '能'이 달리 '豈'로 된 본도 있다.

6 「애강남부(哀江南賦)」에서, "조대에 버들을 옮김은 옥문관 사람이 바랄 일이 아니오.(釣臺移柳 非玉關之可望)"라 하였다. 이 구는 난리가 비록 평정되었지만 집이 반드시 남아 있는 것은 아니기 때문에 아래에서 다시 다른 곳으로 갈 것을 생각한다는 말이다.

7 두보가 젊어서 오와 월 지역에서 노닐었다.

2. 봄날 장난삼아 시를 지어 학 사군 형을 곤혹스럽게 하다[1]

春日戲題惱郝使君兄

使君意氣凌青霄　사군의 의기는 푸르른 하늘에 솟구치는데⊟
憶昨歡娛常見招　지난 번 즐거운 자리에 늘 초대받던 일 생각나네.
細馬時鳴金騕褭　준마가 때때로 우니 금빛 요뇨이며[2]
佳人屢出董嬌饒　아름다운 여인이 자주 나오니 동교요구나.[3]
東流江水西飛燕　동으로 흐르는 강물과 서로 나는 제비여
可惜春光不相見　봄날에 서로 만나지 못하니 애석하구나.[4]
願攜王趙兩紅顏　원컨대 홍안의 왕씨와 조씨를 이끌어
再騁肌膚如素練　흰 비단 같은 살결의 두 기생을 태우고 오소서.
通泉百里近梓州　통천이 재주에서 백리 떨어져 가까우니
請公一來開我愁　청컨대 공은 한번 와서 나의 근심 풀어주소서.
舞處重看花滿面　춤추는 곳에서 꽃이 얼굴 가득한 것 거듭 보며[5]
樽前還有錦纏頭　술잔 앞에는 아직도 금전두가 있으리니.[6]

㊂ 사군은 호걸의 선비이다. 그러므로 당돌(唐突)한 것을 싫어하지 않는다.

1 시 안에 보이는 왕(王)과 조(趙)는 아마도 학 사군 집안의 기녀일 것이다. 지난해 겨울에 통천(通泉)에 지내면서 출타했을 때 술로 권하였다. 그러므로 이 작품을 지어 장난한 것이다.

2 『당서』에서, "모든 말은 좌우감(左右監)을 두어 거친지 좋은 말인지 구별한다. 좋은 말은 좌(左)라 칭하고 거친 말은 우(右)라 칭한다."라 하였다. 노조린의 시에서, "한나라에 금빛 요뇨가 있네.(漢家金騕褭)"라 하였다. 황희(黃希)가 말하기를, "준마를 가리켜 금빛 요뇨라고 한다. 한나라 무제(武帝)가 금을 주조하여 기린의 발굽과 요뇨의 발굽을 만들었다."라 하였다.

3 『옥대신영』에서, "송자후(宋子侯)는 「동교요(董嬌饒)」를 지었다."라 하였다.

4 『고악부』에서, "동쪽으로 나는 때까치와 서쪽으로 나는 제비여, 황고(黃姑, 견우)와 직녀는 때때로 만나는구나.(東飛伯勞西飛燕黃姑織女時相見)"라 하였다.

5 『유양잡조』에서, "지금 사람은 얼굴 꾸미개로 화자(花子)를 사용한다. 소용상관(昭容上官)씨가 만들어 사용한 것이 기원이며, 그것으로 얼굴의 점을 가린다."라 하였다.

6 『통감』의 주에서, "옛날 풍속에 기녀의 가무를 감상하는 사람은 비단을 기녀의 머리 위에 얹어주는데 그것을 금전두(錦纏頭)라고 부른다."라 하였다.

3. 꽃 밑에서[1]

花底

紫萼扶千蘂	자줏빛 꽃받침이 천개의 꽃술 지탱하고[2]
黃鬚照萬花	노란 꽃술이 만송이 꽃에 비치네.
忽疑行暮雨	문득 저녁 비 지나가나 의심하고
何事入朝霞	어인 일로 아침노을에 들어 있나.[3]
恐是潘安縣	아마도 반악의 고을인가[4]
堪留衛玠車	위개의 수레 멈출 만하네.[5]
深知好顔色	좋은 빛깔임을 깊이 알겠으니
莫作委泥沙	진창에 몸을 버리지 마라.

1 이 작품 아래로 네 작품은 집외(集外)의 시로, 곽지달(郭知達)과 황학(黃鶴) 본에 보인다.

2 고주(顧注)에서, "악(萼)은 꽃받침이다."라 하였다.

3 읊는 대상이 아마도 붉은 매화일 것이다. 아래 작품에서 그것을 지명하여 드러내었다. 주굉정(周宏正)의 시에서, "떨리는 소리는 저녁 비가 내리는 듯, 미소를 머금으니 아침노을이 비추는 듯.(帶啼疑暮雨 含笑似朝霞)"이라 하였다.

4 『백첩(白帖)』에서, "반악이 하양(河陽)의 현령이 되어 복사와 오얏을 많이 심으니, 그 고을을 화현(花縣)이라 불렀다."라 하였다.

5 『진서』에서, "위개(衛玠)는 풍채가 빼어나고 남달랐다. 양거(羊車)를 타고 도시에 들어가면 보는 사람이 그를 옥인(玉人)이라 여겼다."라 하였다. 포주(浦注)에서, "반악의 고을과 위개의 수레는 또한 낙양을 그리는 생각을 우의한 것이다."라 하였다.

4. 버드나무 옆에서㊀

柳邊

只道梅花發	다만 매화꽃 피었다 말하였나니
誰知柳亦新	누가 버들이 푸르름을 알리오.
枝枝總到地	가지가지 땅까지 늘어지고
葉葉自開春	잎잎마다 절로 봄을 열었네.
紫燕時翻翼	검은 제비는 때로 날개 뒤집고
黃鸝不露身	노란 꾀꼬리는 몸을 숨기는구나.[1]
漢南應老盡	한남의 버들은 응당 늙어 없어졌으며[2]
霸上遠愁人	패상의 버들은 멀리서 사람 근심스럽게 하네.[3]

㊀ 앞의 작품인 「화저(花底)」는 평둔(平鈍)하니 자못 두보의 작품과 비슷하지 않다. 이 작품은 비교적 낫다.

1 구주(仇注)에서, "가지가 흔들리기 때문에 제비가 뒤집히며 버들잎이 무성하기 때문에 꾀꼬리가 숨는 것이다. 두 구는 각각 앞의 3, 4구를 나눠 이어받았다."라 하였다.

2 「고수부(枯樹賦)」에서, "옛날 양류가 한남에 하늘거리더니, 지금 보니 다 쓰러져 강담이 처참하구나.(昔年楊柳 依依漢南 今看搖落 悽愴江潭)"라 하였다.

3 『삼보황도(三輔黃圖)』에서, "패교(霸橋)는 장안의 동쪽에 있다. 한나라 사람들이 객을 보낼 때 이곳까지 따라와 버들을 잘라주고 이별의 증표로 삼았으니, '소혼교(銷魂橋)'라 불렀다."라 하였다. 윗구는 이곳에 머물 것을 스스로 비유한 것이며, 아래 구는 멀리 장안을 생각한 것이다.

5. 처현 곽 명부의 초가집 벽에 쓰다[1]

題郪縣郭三十二明府茅屋壁

江頭且繫船	강가에 잠시 배를 매어두고
爲爾獨相憐	그대 위해 홀로 그리워하네.
雲散灌壇雨	구름은 관단의 비를 흩어내고[2]
春青彭澤田	봄은 팽택의 밭을 푸르게 하네.[3]
頻驚適小國	자주 작은 고을로 떠도는 것에 놀라니[4]
一擬問高天	줄곧 높은 하늘에 이유 묻고 싶었네.
別後巴東路	이별 후에 파동의 길에서[5]
逢人問幾賢	사람 만나면 어진 사람 몇인지 물어봐야지.[6]

1 『당지(唐志)』에서, "재주(梓州)는 처현(郪縣)을 다스린다."라 하였다.

2 『수신기』에서, "문왕(文王)이 태공을 관단의 수령으로 삼았다. 일년이 지나도록 바람이 드세게 불지 않았다. 문왕이 꿈을 꾸는데 한 부인이 길에서 곡을 하고 있었다. 그 이유를 물으니, '나는 태산(泰山)의 딸인데 서해의 신에게 시집가기로 되어 있다. 지금 시집가려면 거센 비바람이 불어야 하는데, 관단의 수령이 도를 지녀 선정을 베풀고 있으니 비바람이 거세게 불지 않아 내가 길을 떠날 수 없다.'라 하였다. 문왕이 꿈에서 깨어 태공을 소환하여 물으니, 과연 태공이 고을을 떠나게 되자 거센 비바람이 고을 밖에서 불어와 지나갔다고 한다."라 하였다.

3 「도잠전(陶潛傳)」에서, "도잠이 팽택의 현령이 되었다. 도잠은 50묘의 밭에 차조를 심었고 다른 50묘에는 메벼를 심었다."라 하였다.

4 『좌전』에서, "초나라 문왕(文王)이 신후(申侯)에게 작은 나라로

가지 말라고 경계하였다."라 하였다. 즉 이 구는 곽 명부가 뛰어난 재주로 작은 고을에서 자주 곤핍을 당한 것을 말한다.

5 고주(顧注)에서, "재주(梓州)에서 낭주(閬州)로 가서 지은 작품이다."라 하였다. 살펴보건대, 두안간(杜安簡)의 『지지(地志)』에서, '파동의 기주(夔州)와 충주(忠州), 파서의 면주(綿州)와 낭주(閬州)'라고 하였으니, 즉 낭주는 파동에 속하지 않는다. 아마도 이 당시 남쪽으로 내려갈 생각이 있었던 것인가.

6 즉 '곽 명부 같이 어진 사람이 몇 사람이나 있는가.'란 의미이다.

6. 도수감사 최옹이 협을 내려가는 것을 전송하다[1]

奉送崔都水翁下峽

無數涪江筏	셀 수 없는 부강의 뗏목이
鳴橈總發時	노를 울리며 모두 떠날 때.[2]
別離終不久	이별은 끝내 오래지 않으리니
宗族忍相遺	친척을 차마 버리겠는가.[3]
白狗黃牛峽	백구협과 황우협[4]
朝雲暮雨祠	아침 구름과 저녁 비의 사당.[5]
所過憑問訊	지나는 곳마다 안부 물어봐 주시오
到日自題詩	도착하면 내가 시를 지어줄 테니.[6]

1 『당서』에서, "도수감사(都水監使)는 두 사람으로 정5품이다. 강과 호수, 모든 나루터를 감독한다."라 하였다. 최옹은 두보의 외삼촌이다. 그러므로 '옹(翁)'이라 칭하였다.

2 소주(邵注)에서, "대와 나무를 엮어 뗏목을 만드는데, 큰 것을 '벌(筏)'이라고 한다. '요(橈)'는 짧은 노이다."라 하였다.

3 구주(仇注)에서, "협을 내려가는 것은 생각하건대 응당 북으로 돌아가려는 것이다. 그러므로 경계하는 마음으로 배를 출발한 것이다. 이어서 말하자면, 나 또한 장차 협을 떠날 것이니 장안에 있는 친척을 차마 버리지 못하기 때문이다."라 하였다.

4 『십도지(十道志)』에서, "백구협은 귀주(歸州)에 있고 황우협은 이릉주(夷陵州)에 있다."라 하였다.

5 「고당부(高堂賦)」에서, "아침에는 구름 되어 지나가고, 저녁에는 비가 되어 지나가네.(朝爲行雲 暮爲行雨)"라 하였다.

6 노주(盧注)에서 말하였다. "장적(張籍)의 시에서 '원컨대 그대 가는 곳마다 이름을 적어놓게나, 다음에 그대가 어디로 갔는지 알게.(願君到處自題名 他日知君從此去)'라 하였으니, 마지막 구는 바로 이런 뜻이다."

7. 처성의 서쪽 들판에서 형인 이 판관과 아우인 무 판관이 성도부로 가는 것을 전송하다

郪城西原送李判官兄武判官弟赴成都府

憑高送所親	높은 곳에 올라 친한 이를 보내는데
久坐惜芳辰	오래 앉아 좋은 시절 아쉬워하네.
遠水非無浪	멀리 강물은 물결이 일지만
他山自有春	다른 산은 절로 봄이로구나.[1]
野花隨處發	들꽃은 곳곳마다 피어있고
官柳著行新	큰 길 버들은 줄지어 푸르네.
天際傷愁別	하늘가에서 슬픈 이별 안타까우니
離筵何太頻	전별연이 어찌 번거로우랴.

1 즉 가는 길에 풍랑이 일어 걱정이 되지만 봄 풍경을 또한 감상할 만하다는 말이다.

8. 부강에 배를 띄우고 위반이 서울로 가는 것을 전송하다

涪江泛舟送韋班歸京得山字

追餞同舟日	전별에 참여하여 함께 배를 타니
傷春一水間	한줄기 강에서 봄을 애상하네.
飄零爲客久	떠돌이 나그네 된 지 이미 오래
衰老羨君還	노쇠한 이 몸은 돌아가는 그대 부럽구나.
花遠重重樹	꽃은 겹겹의 나무에 멀리서 피고
雲輕處處山	구름은 곳곳의 산에 가볍네.
天涯故人少	하늘가에 친구 적은데
更益鬢毛斑	다시 흰머리 느는구나.

시평 : 장약육이 이르기를, "5-6구는 다만 경치를 묘사하고 있는데, 문득 봄날 나그네의 정신[神魂]이 날아가게 만든다."라 하였다. ○ 송목중(宋牧中)이 이르기를, "3-4구는 왕마힐이 그림을 그려 남겼으니 두보의 시는 당시에 이미 이처럼 소중하게 여겨졌다."라 하였다. 살펴보건대, 왕마힐이 그린 그림은 동원재(董元宰)의 『화선실발어(畵禪室跋語)』에 보인다.

9. 배를 띄우고 위 창조가 서울로 돌아가는 것을 전송하며, 중윤 잠삼과 낭중 범계명에게 아울러 보내다[1]

泛舟送魏十八倉曹還京 因寄岑中允參范郎中季明

遲日深江水　　깊은 강물에 해는 더디 지는데
輕舟送別筵　　송별 잔치에 배는 가볍네.
帝鄉愁緒外　　임금 계신 곳은 근심이 깊어
春色淚痕邊　　봄빛에 눈물이 흐르네.
見酒須相憶　　술을 보면 반드시 나를 생각하며
將詩莫浪傳　　시를 함부로 퍼트리지 마시라.[2]
若逢岑所范　　만약 잠삼과 범계명을 만나시거든
爲報各衰年　　늙은 나의 처지를 말씀해 주시게.

1 『당서』에서, "모든 위부(衛府)에는 각각 창조참군(倉曹參軍)을 둔다."라 하였다. 「잠삼집(岑參集)」의 서문에서, "잠삼이 지방으로 나가 괵주장사(虢州長史)가 되었다가 태자중윤(太子中允)으로 옮겼다."라 하였다.

2 구주(仇注)에서, "두보의 시는 시절에 저촉되는 시어가 많다. 그러므로 함부로 전하여 기휘(忌諱)를 취하지 말라고 부탁한 것이다."라 하였다.

10. 조정에 들어가는 노 시어를 전송하다

送路六侍御入朝

童稚情親四十年　　어릴 때부터 친한 사십 년 세월
中間消息兩茫然　　중간에 소식이 아득해졌네.
更爲後會知何地　　후에 다시 만날 곳이 어디일까
忽漫相逢是別筵　　문득 서로 만났지만 곧바로 이별인데.[1]
不分[2]桃花紅似錦　　복사꽃 비단처럼 붉어 마음에 들지 않고[3]
生憎柳絮白於綿　　면화보다 흰 버들솜에 미움이 이네.[4]
劍南春色還無賴　　검남의 봄빛은 더욱 제 마음대로여서
觸忤愁人到酒邊　　시름 젖은 사람 거스르며 술자리로 찾아오네.[一]

시평 : 왕원미(王元美)가 말하기를, "7언 율시의 편법은 일어남이 있으면 묶음이 있어야 하며, 놓음이 있으면 거둠이 있어야 하며, 부름이 있으며 응답함이 있어야 한다. 대개 한 번 열면 한 번 닫아야 하며, 한 번 드날리면 한 번 눌러야 하며, 한 번 경물을 읊으면 한 번 뜻을 읊어서 한 가지만 사용해서는 안 된다. 구법에는 곧바로 써내려 간 것[直下]이 있으며, 내용을 거꾸로 읊은 것[倒插]이 있는데, 거꾸로 읊은 것이 가장 어려우니 노성한 두보가 아니면 짓기 어렵다. 편법의 뛰어남은 구법이 드러나지 않음에 있으며, 구법의 뛰어남은 자법이 드러나지 않음에 있다. 이러한 법은 지극히 그 흔적이 없더라도 사람이 오히려 구사할 수 있지만, 경(境)과 천(天)이 만나는 것은 쉽게 구할 수 없다. 모두 물상을 읊으면서 뛰어난 작품이 있으며, 모두 뜻을 읊으며 뛰어난 작품이 있으며, 모두 고조(高調)가 되면서 뛰어난 작품이 있으며, 곧바로 써내리고 대우를 맞추지 않으면서 뛰어난 작품이 있다. 모두 흥(興)이 이르러 신(神)이 합하고 기(氣)가 완전하여 그렇게 된 것이다."라 하였다.

⊟ 이자덕이 이르기를, "한 기운으로 쏟아내었으니, 다만 상대방에게 말하는 것 같으나 혼연(渾然)함을 미칠 수 없다."라 하였다.

1 바야흐로 지금 만났지만 곧바로 이별이라는 의미이다.

2 '分'은 음이 '問'이다.

3 '불분(不分)'은 '불합(不合)'이라 말한 것과 같다.

4 서리(徐摛)의 시에서, "항상 능라 소매를 떨치니, 가을바람 불어 흡족치 않네.(恒教羅袖拂 不分秋風吹)"라 하였다. 노조린의 시에서, "휘장에 외론 난새 수놓은 것에 미움이 이네.(生憎帳額繡孤鸞)"라 하였다. 꽃과 버들은 본래 아름다운 경치인데 이별자리에서 바라보기 때문에 모두 슬픈 정회를 일으킨다. 즉 이른바 '제 마음대로인 봄빛(無賴春色)'이다.

11. 부성현 향적사의 관청 누각에서[1]

涪城縣香積寺官閣

寺下春江深不流	절 아래 봄 강은 깊어 흐르지 않고
山腰官閣迥添愁	산 허리의 관청 누각은 멀어 근심 더하네.
含風翠壁孤雲細	바람 머금은 푸른 절벽에 외론 구름은 엷어지고
背日丹楓萬木稠	해를 등진 단풍나무는 만 그루가 붉구나.[2]
小院廻廊春寂寂	작은 사원 회랑에는 봄이 고요하며
浴鳧飛鷺晩悠悠	자맥질 오리와 날아가는 해오라기는 저물녘 여유롭네.
諸天合在藤蘿外	제천의 부처는 모두 등나무 너머에 있으리니
昏黑應須到上頭	날이 어두워지면 응당 꼭대기에 도달하겠지.

시평 : 진구산(陳勾山)이 이르기를, "앞의 작품은 감정을 완곡하게 말하였고, 이 작품은 경치를 그려내는데 경치 안에서 말하는 이유[曲折]을 찾을 수 있다. 모두 이와 같은 작법으로 율시를 지을 수 있다."라 하였다.

1 『당서』에서, "부성현은 재주에 속한다."라 하였다. 『환우기』에서, "향적산은 부성현(涪城縣)의 동남쪽 3리에 있다. 북으로 부강을 베고 있다."라 하였다.

2 봄에는 단풍이 없는데, 햇빛이 비추기 때문에 붉게 보인다. 구주(仇注)에서, "가벼운 바람이 구름을 흩어내면 구름은 점점 가늘어지고, 지는 해가 단풍에 비추면 전부 더욱 붉게 보인다. 이것이 한 번 옅게 하면 한 번 짙게 하여 대(對)를 이루며 말하는 법이다."라 하였다.

12. 강에서 배를 띄워 길손을 보내다
泛江送客

二月頻送客	2월에 자주 길손을 보내노니
東津江欲平	동진 앞의 강물은 둑과 평평할 듯.[1]
烟花山際重	이내 속의 꽃은 산자락에 무겁고
舟楫浪前輕	배의 노는 물결 앞에 가볍네.
淚逐勸杯下	눈물은 권주 따라 떨어지고
愁連吹笛生	근심은 부는 피리에 일어나네.
離筵不隔日	이별 잔치는 하루도 쉬지 않는데
那得易爲情	어찌 쉽게 마음을 잡으랴.

1 「타어가(打魚歌)」에서, "금주(錦州)의 강물은 동진으로 흐른다."라 하였다. 『여지기승(輿地紀勝)』에서, "동진은 처현(郪縣)의 동쪽 4리에 있다. 부강(涪江)을 이곳에서 건넌다."라 하였다.

13. 우두사에 올라서[1]

上牛頭寺

青山意不盡	청산은 끊어지지 않고 이어져[2]
袞袞上牛頭	한 걸음 한 걸음 우두사에 올랐네.
無復能拘礙	다시 눈에 막히는 게 없으니
眞成浪出遊	참으로 거리낌 없는 나들이로구나.[3]
花濃春寺靜	꽃은 한창인데 봄날 절은 고요하고
竹細野池幽	대는 여린데 들판 연못은 그윽하네.
何處啼鶯切	어디에서 꾀꼬리 애잔하게 울어대나
移時獨未休	한참을 홀로 그치지 않는구나.㊀

㊀ 방허곡(方虛谷)이 이르기를, "뒤 네 구는 공려청완(工麗淸婉)하다."라 하였다.

1 『환우기』에서, "우두산은 재주(梓州)의 처현(郪縣) 서남쪽 2리에 있다. 모양이 소머리 같고 사방이 깎아지르며 주의 성곽을 굽어본다. 아래에 장락사(長樂寺)가 있는데, 누각과 이내와 꽃은 지역의 명승이 된다."라 하였다.

2 산봉우리가 중첩된다는 의미이다.

3 '낭(浪)'은 자유롭게 노니는 것을 말한다. 눈과 마음이 이곳에 이르러 크게 열리게 되었다는 의미이다. 두 구는 선(禪)에 우의(寓意)도 겸하고 있다.

14. 우두사를 바라보며

望牛頭寺

牛頭見鶴林	우두산을 보면 학림이 보이고[1]
梯徑繞幽深	잔도(棧道)로 유심한 곳을 돌아드네.
春色浮山外	봄빛은 우두산 밖에 떠 있고
天河宿[2]殿陰	은하수는 절 그늘에 머무네.[3]
傳燈無白日	불당의 등불은 늘 켜져 있고[4]
布地有黃金	절 안에는 황금을 펼쳐 놓았네.[5]
休作狂歌老	미친 노래 부르는 늙은이 되지 말고
廻看不住心	집착 없는 마음을 돌아보리라.[6]

1 『열반후분(涅槃後分)』에서, "부처가 열반에 든 뒤에 동서 두 쌍의 나무가 합쳐져 한 그루가 되었고 남북 두 쌍이 또한 합쳐져 한 그루가 되었다. 모두 가지가 늘어져 부처를 덮었는데, 모두 말라 하얗게 변하였다."라 하였다. 불경에서, "나무색이 학처럼 희게 되었다. 그러므로 학림이라 불렀다."라 하였다. 이 구는 산을 바라보다가 절이 보이게 된 것을 말한다.

2 '宿'은 달리 '沒'로 된 본도 있다.

3 절 건물이 높음을 말한다.

4 불가의 책에 『전등록』이 있는데, 등으로 법을 비유하였으니 능히 어둠을 물리칠 수 있다는 의미이다. 조언재가 말하기를, "이것은 장명등(長明燈)을 말한 것이다. '무백일(無白日)'은 등불이 항상 켜져 있다는 말이다."라 하였다.

5 『서역기(西域記)』에서, "옛날 선시장자(善施長者)가 가난한 사람들을 구제하고 고아와 노인을 불쌍하게 여겨 보살폈다. 당시에

그를 급고독(給孤獨)이라 불렀다. 그가 정사를 지어서 부처를 모시기를 청하였는데 태자인 서다(逝多)가 들어주지 않았다. 서다의 정원이 높고 넓었는데, 그 땅을 금으로 다 덮으면 판다고 장난삼아 말하였다. 선시장자는 곧바로 보관하였던 금을 다 꺼내 그 말대로 정원에 깔았다. 마침내 정사를 세울 수 있었다."라 하였다. 『미타경(彌陀經)』에서, "극락국의 땅에는 칠보(七寶)의 연꽃이 피는 연못이 있는데, 연못 바닥에는 완전히 금모래가 깔려 있다."라 하였다.

6 「중향게(衆香偈)」에서, "앞으로 가도 마음을 머무르지 않으며, 물러나도 인과가 없다.(轉不住心 退無因果)"라 하였다. 부주(不住)는 집착이 없다는 말과 같다. 『두억』에서, "두보가 나그네로 떠돌며 곤궁하게 되자 참으로 불교를 배우려는 마음을 가졌다. 그러므로 뒤의 시에서 여러 차례 언급하고 있다."라 하였다.

15. 도솔사에 올라서[1]

上兜率[2]寺

兜率知名寺	도솔사는 이름 난 절로
眞如會法堂	진여의 법을 깨우치는 법당이네.[3]
江山有巴蜀	강과 산은 파촉의 승경이요[4]
棟宇自齊梁	절간은 제량부터 내려왔네.
庾信哀雖久	유신의 객지 슬픔은 비록 오래지만[5]
周[6]顒好不忘	주옹의 불학 좋아함은 잊지 않으리.[7]
白牛車遠近	흰 소의 수레 원근에 두루 있으나[8]
且欲上慈航	또한 자비로운 배에 오르고 싶어라.[9]

시평 : 섭석림(葉石林)이 말하기를, "시인은 한 글자가 잘된 것으로 공교로움을 삼는 것은 세상이 진실로 아는 바이다. 오직 노성한 두보는 개합(開闔)을 변화하여 기이함을 무궁하게 뱉어내니 겉으로 드러난 형적으로 포착할 수 없다. 이 시의 3-4구는 원근 수천 리와 상하 수백 년이 다만 '유(有)'와 '자(自)' 두 글자에 있는데, 산천의 기운을 쏟아내며 고금 역사의 살펴보는 감회가 모두 시어 너머에 있다. 지금 사람은 이미 사용한 글자를 취하여 모방하지만, 절룩거리며[偃蹇] 협소하고 비루하여 모두 사법(死法)이 될 뿐이다. 의(意)와 경(境)이 만나면 말이 그 절차에 들어맞게 되어 모든 글자를 다 사용할 수 있게 되는 이치가 있는데, 그것은 쉽게 알지 못한다."라 하였다.

1 「석가성도기(釋迦成道記)」의 주에서, "범어로 '도솔타(兜率陀)'는 '지족(知足)'을 말하는데, 즉 욕계제사천(欲界第四天)이다."라 하였다. 후규(候圭)의 「관음사기(觀音寺記)」에서, "재주의 부도(浮圖, 절)는 크고 작은 것이 12개이다. 혜의(慧義)는 북쪽에 있고

도솔은 남쪽에 있으며 우두는 서쪽에 자리 잡았으며 관음은 동쪽에 있다."라 하였다. 『환우기』에서, "도솔사는 앞으로 군(郡)의 성(城)을 굽어보는데, 성이 손을 맞잡고 읍을 하는 것 같은 모습이 그림 같다."라 하였다.

2 '率'의 음은 '律'이다.

3 『원각경략소(圓覺經略疏)』에서, "원각자성은 본래 거짓과 망령됨이 없으니 변하면 곧 이것이 진여(眞如)이다."라 하였다. '진(眞)'은 진실하여 허망함이 없는 것을 이르며 '여(如)'는 '여상(如常)'으로 변함이 없는 것을 말한다. 즉 이곳이 바로 법을 깨우치는 법당인 것을 말하여 선종(禪宗)임을 나타낸 것이다.

4 아름다운 경치를 한번 눈을 둘러보면 볼 수 있다는 말이다.

5 『북사(北史)』에서, "유신의 지위와 명망이 높아졌으나 항상 고향을 그리는 마음이 있었다. 이에 「애강남부(哀江南賦)」를 지었다."라 하였다.

6 '周'는 옛날에는 '何'로 되었는데, 이는 잘못된 것이다.

7 『남사(南史)』에서, "주옹의 시어는 변려(辨麗)하며 불가의 이치에 뛰어나다. 종산(鍾山)의 서쪽에 정사를 세우고 청빈하고 욕심을 적게 하며 종일 채소만 먹고 살았다. 비록 처자식이 있었으나 홀로 산사에 거처하였다."라 하였다.

8 왕발(王勃)의 「석가성도기(釋迦成道記)」에서, "양과 말, 소가 끄는 세 가지 수레로 집에서 벗어났다."라 하였는데, 주에서 "『법화경』의 세 수레는 비유를 말한 것이다. 양거(羊車)는 성문승(聲聞乘)을 비유한 것이며 녹거(鹿車)는 연각승(緣覺乘)을 비유한 것이며 우거(牛車)는 보살승(菩薩乘)을 비유한 것으로, 모두 실어 운반하는 것으로 뜻을 삼은 것이다. 앞의 두 수레는 비유의 방편으로 만든 대승이요, 오직 대백우거(大白牛車)는 실제의 대승으로 무거운 것을 실어 멀리까지 이르며 한 가지 물건도 빠트리지 않는다."라 하였다.

9 청량선사(淸凉禪師)의 『반야경』 서에서, "반야는 고해(苦海)의 자비로운 배와 같고 어두운 세상의 커다란 등불 같은 것이다."라 하였다. 즉 '자비의 대법에 오히려 원근도 알지 못하는데 어찌하란 말인가. 애오라지 부처의 힘을 빌어 고해에서 벗어나고 싶다.'란 의미이다.

16. 도솔사를 바라보며

望兜率寺

樹密當山逕	울창한 숲이 산길을 막아서고
江深隔寺門	깊은 강이 절 문 앞을 흐르네.
霏霏雲氣重	뭉개뭉개 구름 기운 무거우며
閃閃浪花翻	번쩍번쩍 물보라가 번득이네.
不復知天大	다시 하늘 높음을 알지 못하겠고
空餘見佛尊	다만 부처가 존귀함만 보았네.[1]
時應淸盥罷	때로 응당 맑은 물에 손 씻고
隨喜給孤園	기꺼이 급고원을 찾아보리라.[2]

1 주주(朱注)에서, "두 구는 즉 부처가 하늘보다 높음을 말한다." 라 하였다. 감택(闞澤)이 이르기를, "공자와 노자의 가르침은 하늘을 본받아 활용하는 것으로 감히 하늘을 어기지 않는다. 불교의 설법은 제천(諸天)을 받들어 행하여 감히 부처를 어기지 않는다. 그러므로 부처를 사람과 하늘의 스승〔人天師〕라고 부른다."라 하였으니, 이 말이 곧 두 구의 의미를 증명한다. 다른 설명은 모두 지리하다.

2 『금강경(金剛經)』의 주에서, "수달장자(須達長者)가 시원기타(施園祇陀) 태자의 정원을 사들여 부처에게 기증하고 시원기타 태자도 나무를 기증하여, 그곳에서 설법하였다. 그러므로 후대 사람들이 그곳을 기원(祇園)이라 불렀다. 달리 급고원(給孤園)이라고도 한다."라 하였다.

17. 우두산의 정자에 올라
登牛頭山亭子

路出雙林外	길은 쌍림 밖으로 나 있고[1]
亭窺萬井中	정자는 많은 우물 안을 들여다보네.
江城孤照日	강가의 성에 외롭게 비치는 해
山谷遠含風	산의 골짜기에 멀리서 불어오는 바람.㈠
兵革身將老	전쟁에 이 몸 늙어 가는데
關河信不通	관하에 막혀 편지도 전하지 못하네.
猶殘數行淚	몇 줄기 눈물만 남았는데
忍對百花叢	차마 온갖 꽃떨기를 마주하네.

㈠ 포이전이 이르기를, "'고(孤)'자를 통하여 '신(身)'자를 은밀하게 드러내고, '원(遠)'자를 통하여 '신(信)'자를 은밀하게 드러내고 있으니, 정경(情景)이 교융하고 있다."라 하였다.

1 「부대사전(傅大士傳)」에서, "부대사는 소나무 아래에 있는 자기 집을 희사하여 절을 세웠으니, 그러므로 쌍림이라 불렀다."라 하였다.

18. 밀감 농원에서[1]

甘園

春日淸江岸　　봄날 맑은 강 언덕
千甘二頃園　　밀감 천 그루 두 경의 정원.
靑雲羞葉密　　푸른 구름은 빽빽한 잎을 부끄러워하고
白雪避花繁　　흰 눈은 활짝 핀 꽃을 피하네.
結子隨邊使　　열매 맺으면 변방 사신 따라가서
開筒近至尊　　상자 열어 임금에게 바쳐지리.[2]
後於桃李熟　　복숭과 오얏보다 늦게 익지만
終得獻金門　　마침내는 금문에 바쳐진다네.[3]

1 '甘'은 '柑'과 통한다. 이실(李實)이 말하기를, "감원은 재주성(梓州城)의 남쪽에 있다. 지금까지도 감자포(柑子鋪)라고 부르는데, 정원은 황폐해졌다."라 하였다.

2 『당서』에서, "재주의 공물로 밀감이 있다."라 하였다.

3 자신의 처지는 그렇지 못하다는 것을 비유하여 말하고 있다.

19. 재주 이 사군, 낭주 왕 사군, 소주 소 사군, 과주 이 사군 등을 모시고 혜의사에 오르다[1]

陪李梓州王閬州蘇遂州李果州四使君登惠義寺

春日無人境	봄날 사람 없는 곳
虛空不住天	허공에 끝없는 하늘.
鶯花隨世界	꾀꼬리와 꽃은 시절 변화 따르고
樓閣寄[2]山巓	누각은 산꼭대기에 기대 있네.[3]
遲暮身何得	더딘 저녁에 이 몸은 무얼 찾고자 하나
登臨意惘然	높은 곳에 오르니 생각 아득하여라.
誰能解金印	누가 벼슬에서 물러나
瀟灑共安禪	맑고 깨끗하게 함께 선정에 들려나.

1 『당서』에서, "낭주는 산남서도(山南西道)에 속하고 수주는 검남도(劍南道)에 속하고, 과주는 산남서도에 속한다."라 하였다. 채몽필이 말하였다. "「지지(地志)」에서 '혜의사는 재주 처현(郪縣)의 북쪽 장평산(長平山)에 있다.'라 하였다."

2 '寄'는 달리 '倚'로 된 본도 있다.

3 시절 변화를 따른다(隨世界)는 말은 그렇게 되기는 하지만 실제로는 없는 것이며, 산꼭대기에 기대 있다(寄山巓)는 말은 실제로 존재하지만 모두 공(空)을 말한다. 즉 아래 4구의 의미를 일으킨다.

20. 자주 재주 이 사군을 모시고 강에 배를 띄우고 놀았는데, 여러 배에 기생들이 있기에 장난삼아 염곡 두 수를 지어 이 사군에게 드리다

數陪李梓州泛江 有女樂在諸舫 戲爲艷曲二首贈李

上客廻空騎　　상객은 빈 말을 돌려보내고
佳人滿近船　　미녀는 가까운 배에 가득하네.
江清歌扇底　　강은 가기(歌妓)의 부채 밑에서 맑고
野曠舞衣前　　들은 무희의 옷 앞에서 드넓네.
玉袖臨風並　　옥 소매는 바람 앞에 나란하고[1]
金壺隱浪偏　　금 항아리는 물 뜨느라 기울어지네.
競將明媚色　　다투어 화려하고 아름답게 꾸며
偸眼豔陽天　　볕이 고운 봄 경치 훔쳐본다네.

白日移歌褏　　밝은 해가 가기(歌妓)의 옷에서 옮겨가고[2]
青霄近笛牀　　푸른 하늘은 피리 부는 평상에서 가깝네.[3]
翠眉縈度曲　　눈 화장한 여인의 노래 소리 휘감으며 다음 곡으로 넘어가고[4]
雲鬢儼成行　　구름 같은 머리는 반듯하게 줄을 이루네.
立馬千山暮　　말을 세우니 많은 산이 저녁 빛이고⊟
廻舟一水香　　배를 돌리니 온 강이 향기롭네.
使君自有婦　　사군은 부인이 있을 터이니[5]
莫學野鴛鴦　　들판의 원앙을 배우지 마시라.[6]

⊟ 장상약이 이르기를, "앞 작품에서 맨 처음 배를 타기 때문에 말을 돌려보낸 것이며, 이 작품에서 배를 돌려 다시 말을 타려 하기 때문에 말을 세워놓고 기다린 것이다. 두 작품이 다만 한 작품 같으니, 정경(情景)이 마치 그림 같다."라 하였다.

1 양나라 간문제의 시에서, "바람은 옥 소매의 향기를 불어오고.(風吹玉袖香)"라 하였다.

2 긴 시간 동안 놀았다는 것을 알 수 있다.

3 피리 소리가 구름은 뚫는다는 것을 의미이다.

4 『한서』「원제기(元帝紀)」의 주에서, "도곡(度曲)은 곡이 마치면 그 다음으로 바꾸는 것을 말한다."라 하였다.

5 「나부행(羅敷行)」에서, "사군은 부인이 있고, 이 몸 나부도 남편이 있습니다.(使君自有婦 羅敷自有夫)"라 하였다.

6 노주(盧注)에서, "원앙은 정해진 짝이 있다. 그러나 들판의 원앙은 무리와 뒤섞이며 지내며 어지러이 짝짓기를 한다. 재주 이 사군이 가기(歌妓)를 탐하므로 장난삼아 이 시를 지어 경계시킨 것이다."라 하였다.

21. 조정으로 돌아가는 하 시어를 전송하다[1]

送何侍御歸朝

舟楫諸侯餞	배에서 제후가 전별하니[2]
車輿使者歸	수레를 몰아 사자는 돌아가리.[3]
山花相映發	산꽃은 서로 비추며 피었는데
水鳥自孤飛	물새는 홀로 외로이 나는구나.㊀
春日垂霜鬢	봄날 서리 내린 머리 드리우고
天隅把繡衣	하늘가에서 귀한 이 손 잡아보네.
故人從此去	친우가 이곳에서 떠나가니
寥落寸心違	쓸쓸함에 이 마음 어그러지네.

㊀ 3-4구는 한 번 시끄럽고 한 번은 적막하다. 경치 가운데서 서로 비교가 되는 것을 이끌어오니, 두보 시는 이런 기법을 잘 사용한다.

1 원주(原注)에서, "재주 이 자사가 배를 띄워놓고 잔치하는 자리에서 지은 것이다."라 하였다.

2 이 자사를 가리킨다.

3 하 시어를 가리킨다.

22. 강가 정자에서 미주별가인 신승지를 전송하다[1]

江亭送眉州辛別駕昇之 得蕪字

柳影含雲幕	버들 그늘이 구름 같은 장막을 머금고
江波近酒壺	강 물결은 술병에 가깝네.
異方驚會面	다른 지역에서 얼굴 마주하니 놀라운데
終宴惜征途	잔치 마치면 길 떠난다니 안타깝네.
沙晚低風蝶	백사장 저물녘 바람에 낮게 나는 나비
天晴喜浴鳧	날씨 맑아 떠들썩 목욕하는 오리.
別離傷老大	이별에 아파하는 늙은이의
意緒日荒蕪	마음은 날로 거칠어질 뿐.

1 미주는 촉주의 남쪽에 있다.

23. 여행길에 염정현에 머물러 애오라지 율시 한 수를 지어 엄 수주와 봉주 두 자사와 자의참군의 여러 형제에게 편지삼아 올리다[1]

行次鹽亭縣 聊題四韻 奉簡嚴遂州蓬州兩使君咨議諸昆季

馬首見鹽亭	말머리에서 염정현을 보니
高山擁縣青	높은 산이 고을을 안고 푸르구나.[2] ⊟
雲溪花淡淡	구름 머문 계곡엔 꽃빛이 묽고
春郭水泠泠	봄 성곽을 흐르는 강물은 맑네.[3]
全蜀多名士	촉 어디에도 명사가 많지만
嚴家聚德星	엄씨 집안은 덕성이 모인 듯.[4]
長歌意無極	긴 노래에도 마음 다 풀지 못하니
好爲老夫聽	늙은 나를 위해 잘 들어보시게.

⊟ 소자상이 이르기를, "시를 일으키는 기법이 헌활(軒豁)하다."라 하였다.

1 『당서』에서, "염정현은 재주에 속한다."라 하였다. 『구역지(九域志)』에서, "염정현은 재주의 동쪽 90리에 있다."라 하였다. 『당서』에서, "봉주 봉산군(蓬山郡)은 산남서도(山南西道)에 속한다."라 하였다. 주주(朱注)에서, "두 자사가 누구인지 고찰할 수 없다. 자의참군은 아마도 엄진(嚴震)을 이르는 것 같다."라 하였다. 『구당서』에서, "엄진의 자는 하문(遐聞)으로 재주 염정 사람이다. 지덕 건원 연간에 여러 차례 집안 재산을 내어 군대를 도왔다. 그로 인해 재주의 장사(長史)와 왕부(王府)의 자의참군이 되었다. 엄무

가 서천(西川)으로 옮겨가자 압아(押衙)로 삼았다."라 하였다. 엄진의 종제(從弟)인 엄려(嚴礪)의 자는 원명(元明)으로 벼슬이 상서좌복야(尙書左僕射)에 이르렀다.

2 구주(仇注)에서, "1-2구는 멀리서 바라보는 경치를 읊었고, 다음 3-4구는 가까이서 바라보는 경치를 읊었다."라 하였다.

3 『환우기』에서, "염정현은 우물 때문에 그렇게 이름 지은 것이다. 부대산(負戴山)이 고을의 서쪽에 있는데, 용이 똬리를 틀고 호랑이가 웅크린 것 같은 산세가 4백 여리에 걸쳐 솟았다가 낮았다 한다. 산에는 비룡천(飛龍泉)이 있는데, 분출하여 남쪽으로 흘러 내려가 재동강(梓潼江)으로 들어간다. 강물은 맑고 깨끗하며 맛은 달다."라 하였다.

4 『이원(異苑)』에서, "진중궁(陳仲弓)이 여러 아들, 조카와 함께 순계화(荀季和) 부자를 방문하였다. 이때에 덕성(德星)이 모여들었다. 태사가 오백 리 안에 어진 사람들이 모여 있다고 아뢰었다."라 하였다.

24. 지팡이를 짚고[1]

倚杖

看花雖郭內	비록 성곽 안에서 꽃을 보지만
倚杖卽溪邊	지팡이 짚고 시냇가까지 나왔네.[2]
山縣早休市	산골 고을이라 일찍 장이 파하고
江橋春聚[3]船	강의 다리엔 봄날 배가 모여드네.㊀
狎鷗輕白浪	겁 없는 갈매기는 흰 물결 가볍게 차고
歸雁喜靑天	돌아가는 기러기는 푸른 하늘이 기쁘네.
物色兼生意	자연 사물은 생기를 머금었는데
淒涼憶去年	처량하게 지난 해 생각하네.[4]

㊀ 장상약이 이르기를, "산골 고을의 조용하고 외진 풍경을 그려내었다."라 하였다.

1 원주(原注)에서, "염정현에서 지은 것이다."라 하였다.

2 풍경이 한결같이 교외(郊外)와 같은 것을 말한다.

3 '聚'는 달리 '近'으로 된 본도 있다.

4 지난해에 이곳에서 난리를 피한 것을 말한다.

25. 혜의사에서 성도로 가는 왕 소윤을 전송하다[1]

惠義寺送王少尹赴成都 得峯字

苒苒谷中寺	숲 무성한 골짜기 안의 절[2]
娟娟林表峯	뾰쪽뾰쪽한 숲 위의 봉우리.[3]
闌干上處遠	난간 부여잡고 멀리 오르다가
結搆坐來重	모퉁이에 거듭 앉아 쉬었네.[4]
騎馬行春徑	그대 말 타고 봄 길 떠나면
衣冠起暮[5]鍾	의관 갖춘 승려들 저녁 종에 일어나네.[6]
雲門靑寂寂	산문(山門)은 푸르고 고요한데
此別惜相從	같이 가지 못한 이번 이별 안타깝구나.[7]

1 이하 세 작품은 모두 본집(本集)에 실리지 않은 시로, 이 작품은 곽지달(郭知達)과 황학(黃鶴) 본에 보인다.

2 『집운(集韻)』에서, "'염(苒)'은 풀이 무성한 모양이다."라 하였다.

3 『두억』에서, "염염(苒苒)은 숲 깊숙한 곳에 자리한 절을 형용한 것이며 연연(娟娟)은 높고도 빼어난 산의 모습을 형용한 것이다."라 하였다.

4 구주(仇注)에서, "양형(楊炯)의 「혜의사명(惠義寺銘)」에서 '장평산에 중각을 세우니, 산은 깊숙하고 아래는 아득하네.(長平山兮建重閣 山穹窿兮下磅礴)'라 하였으니, 이에서 절이 높은 곳에 있고 길이 먼 것을 알 수 있다."라 하였다.

5 '暮'는 달리 '晩'으로 된 본도 있다.

6 즉 저녁 종이 울리면 의관 갖춘 승려들이 왕 소윤을 전송하기 위해 모두 일어난다는 말이다.

7 함께 동행하지 못한 것이 안타깝다는 말이다.

26. 혜의사에서 신 원외랑을 전송하다[1]

惠義寺園家辛員外

朱櫻此日垂朱實	붉은 앵두가 오늘 붉은 열매를 드리우는데
郭外誰家負郭田	성곽 밖의 누구 집이 성곽 밭을 이고 있나.
萬里相逢貪握手	만리 이역에서 만나 자주 손을 잡으니
高才仰望足離筵	그대 그리는 마음 이별 자리에서 다 하기를.[曰]

曰 급하게 써내려간 작품이다.

1 이하 두 작품은 모두 변환(卞圜)과 오약(吳若), 황학(黃鶴) 본에 보인다.

27. 다시 신 원외랑을 전송하며[1]
又送

雙峯寂寂對春臺	두 봉우리 쓸쓸하게 봄날 누대를 마주하고
萬竹青青照客杯	수많은 대는 푸르게 나그네 잔을 비추네.
細草留連侵坐軟	앉은 자리에 솟아나는 가는 풀은 사람 붙잡는데
殘花悵望近人開	사람 가까이 핀 시든 꽃 서글피 바라보네.
同舟昨日何由得	어제 같이 배 탄 것은 어떻게 가능하였는가?
並馬今朝未擬回	오늘 아침 나란히 말 탔지만 같이 돌아가지 못하겠지.
直到綿州始分首[2]	면주에 도달하면 곧바로 이별해야 하는데
江邊樹裏共誰來	강가 숲속을 뉘와 함께 돌아와 거닐까.[3]

시평 : 전반부는 경치 가운데에 정(情)을 그려내었고 후반부는 이별의 정서를 읊어내었으니, 더욱 간절한 마음을 치밀하게 엮은 것을 알 수 있다.

1 노은(魯訔)의 『연보(年譜)』에서 두보가 신 원외랑을 전송하면서 잠시 면주에 간 적이 있다고 하였다. 주학령은 '이 당시 지어진 시를 보았는데 모두 기록되지 않은 작품이다.'라 하였는데, 깊이 믿을 수가 없다.

2 '首'는 달리 '手'로 된 본도 있다.

3 즉 홀로 돌아갈 것을 말한다. 두 구는 미리 석별을 말한 것이다.

28. 왕 한주자사가 두 면주자사를 머물게 하여 방공이 만든 서호에서 배를 띄우고 논 것을 모시다[1]

陪王漢州留杜綿州泛房公西湖

舊相恩追後	옛 방관 재상이 은혜 받고 떠난 뒤에도
春池賞不稀	봄날 호수를 자주 감상하러 왔었네.
闕庭分[2]未到	대궐에는 아직 도착하지 못하였겠지만[3]
舟楫有光輝	배에서는 광채가 나는구나.
豉化蓴絲熟	된장으로 버무린 순채국이 익고[4]
刀鳴鱠縷飛	칼로 잘게 쓴 회는 날리네.
使君雙皁蓋	두 대의 검은 덮개 자사 수레
灘淺正相依	얕은 여울가에 서로 마주하고 있네.㊀

㊀ 이자덕이 이르기를, "뱃놀이를 통해 감개한 마음이 이니, 응당 시어 너머의 깊은 뜻을 담고 있다."라 하였다.

1 한주(漢州)는 지금 성도부(成都府)에 속한다. 면주의 서남쪽에 있다. 『구당서』「방관전(房琯傳)」에서, "상원 원년 4월에 예부상서로 있다가 지방으로 나가 진주(晉州) 자사가 되었다. 8월에는 한주 자사로 옮겼다. 보응 2년 4월에 특진형부상서에 임명되었다."라 하였다. 구주(仇注)에서, "보응 2년은 곧 광덕 원년이다. 「방관전」에서 여름 4월에 조정에서 불렀다는 말은 잘못된 기록으로, 시를 보면 봄에 이미 조정에서 불러 올렸다."라 하였다. 살펴보건대, 왕 한주자사는 아마도 방관을 이어 임명된 사람일 것이다. 두 면주자사는 권9의 「송엄시랑도면주동등두사군강루연(送嚴侍郎到綿州同登杜使君江樓宴)」에 보인다. 『방여승람』에서, "방공호(房公湖)는 또한 서호라고 불린다."라 하였다. 「벽기(壁記)」에서,

"방관이 이 지역을 다스릴 때 이 호수를 팠는데, 그때 지은 시가 남아 있다."라 하였다.

2 '分'은 음이 '問'이다.

3 주주(朱注)에서, "이 당시 방관이 바야흐로 조정의 부름을 받고 가는 도중에 있었다. 그러므로 '이르지 않았을 것이다.(分未到)'라 한 것이다."라 하였다.

4 『설문해자』에서, "'고(豉)'는 콩을 소금으로 절여 묵힌 것이다." 라 하였다. 『세설신어』에서 말하였다. "육기(陸機)가 왕무자(王武子)의 집을 찾아가자 양타락죽을 내왔다. 왕무자가 '그대의 고향인 오중(吳中)에서는 무엇이 이와 상대할 만 하오.'라 묻자, 육기는 '천리호(千里湖)의 순채국과 말하(末下)의 된장이 있을 뿐입니다.'라 대답하였다."

29. 방관 공의 호수에서 노니는 거위를 기르다

得房公池鵝

房相西池鵞一羣	재상 방공의 서호에 거위 한 무리
眠沙泛浦白於[1]雲	모래밭에 졸거나 나루에 헤엄치는데 구름보다 희네.
鳳凰池上應廻首	봉황지에서 방공은 응당 고개 돌려 바라보리니[2]
爲報籠隨王右軍	바구니에 담겨 왕우군을 따라갔다 말해주시오.[3]

1 '於'는 달리 '如'로 된 본도 있다.

2 방관이 지난번에 봉황지가 있는 중서성에 근무하였는데, 이번에 다시 조정에서 불러들였다.

3 『법서요록(法書要錄)』에서, "왕희지는 본성이 거위를 좋아하였다. 산음(山陰)의 담양촌에 사는 도사가 거위 10여 마리를 잘 기르고 있었는데, 왕희지가 찾아가 팔 것을 요청하였다. 도사는 '그대가 만약 『도덕경』 한 권을 베껴 준다면 거위 무리를 다 주겠다.'고 하였다. 이에 왕희지는 글씨를 써주고 거위를 바구니에 담아 돌아왔다."라 하였다. 이 구는 두보가 자신을 왕희지에 비유한 것이다.

30. 양 재주자사에게 답하다[1]

答楊梓州

悶到房公池水頭	고민에 젖어 방공의 호숫가에 이르니
坐逢楊子鎭東州	동쪽 고을 다스리는 양 자사를 만났네.
卻向青溪不相見	문득 푸른 물가에서 만나지 못한다면[2]
廻船應載阿戎遊	배를 돌려 응당 자제분과 노닐겠소.[3]

1 구주(仇注)에서, "앞에서 이(李) 재주자사라고 하였고 뒤에는 장(章) 재주자사라고 하였으며 여기서는 양(楊) 재주자사라고 하였으니, 한 해에 세 번 바뀐 것이다. 어찌 그리 빠르게 바뀐단 말인가."라 하였다.

2 양 자사는 아마도 이곳 한주(漢州)에 오면 함께 노닐겠다는 약속을 한 것으로 보인다.

3 『진서』에서, "완적이 왕혼(王渾)에게 말하기를, '그대와 이야기를 나누는 것이 아융(阿戎)과 대화를 나눔만 못하다.'라 하였는데, 아융은 왕혼의 아들 왕융(王戎)을 말한다."라 하였다.

31. 배 앞의 작은 거위 새끼[1]

舟前小鵝兒

鵞兒黃似酒　　거위 새끼 노래 술빛과 같으니⊟
對酒愛新鵞　　술 마주하며 새 거위 사랑하네.[2]
引頸嗔船逼　　목을 빼고 다가오는 배에 꽥꽥대는데
無行亂眼多　　줄이 없으니 눈이 많이 어지럽다.
翅開遭宿雨　　지난밤부터 내린 비에 날갯짓 하고
力小困滄波　　힘이 없어 파도에 고생하네.
客散層城暮　　저물녘 층층 성에 손님이 흩어지면
狐狸奈若何　　여우와 이리에 너를 어찌하랴.[3]

⊟ 우연히 시에서 꺼리는 것을 범하였지만(아(兒)는 속어), 그 자잘함을 혐의하지 않는다.

1 원주(原注)에서, "한주성(漢州城) 서북쪽 관청의 연못에서 지었다."라 하였다. 살펴보건대, 관청의 연못은 곧 방공호(房公湖)를 말한다.

2 『방여승람』에서, "아황(鵞黃)은 한주에서 생산되는 술 이름으로, 촉 지역에서 이보다 좋은 술은 없다."라 하였다.

3 마지막 두 구는 또한 『상서(尙書)』에 보이는 '그 사람을 사랑하면 그 집 위의 까마귀도 사랑한다.'라는 의미이다.

32. 관청 연못의 봄 기러기
官池春雁二首

自古稻粱多不足　　옛부터 벼이삭은 많이 부족하였으니
至今鸂鶒亂爲羣　　지금 뜸부기는 어지러이 짝을 짓네.
且休悵望看春水　　서글프게 봄 물을 바라보지 마라
更恐歸飛隔暮雲　　돌아가는 기러기 저물녘 구름 따르지 못할까 두렵네.[1]

青春欲盡急還鄉　　푸른 봄 지려하니 급히 고향으로 돌아가려는데
紫塞寧論尙有霜　　자새에 아직도 서리 내림을 논할 필요 있는가.[2]
翅在雲天終不遠　　구름 하늘에서 날갯짓하면 끝내 멀지 않으리니[3]
力微矰繳絶須防　　힘이 떨어져도 주살을 절대로 방비해야 하네.[4]

시평 : 두 작품을 옛날 해석에는 두보 자신을 비유하는 것으로 여겼다. 그러나 그 시어를 자세히 살펴보면 이것은 방관을 위하여 지은 것 같다. 즉 빨리 벼슬에서 물러나는 것으로 몸을 잘 보전하는 계책을 삼을 것이니, 대개 상황이 급박해지면 자신을 구하려고 해도 다시 참소를 당할까 두려워한 것이다.

1 봄에는 기러기가 장차 돌아간다.
2 세상이 아직 평정되지 않음을 반영한다.
3 힘써서 돌아가야 함을 말한다.
4 위태로움을 경계시킨 것이다.

33. 재주막부와 아울러 위 낭관에게 보내다
投簡梓州幕府兼簡韋十郎官

幕下郎官安穩[1]無	막하의 낭관은 안녕하신가?[2]
從來不奉一行書	이전에 한 줄 편지도 받들지 못했네.
固知貧病人須棄	가난하고 병든 이는 사람들이 멀리하나니
能使韋郎跡也疎	위랑도 또한 나를 멀리하는가.

1 '穩'은 달리 '隱'으로 된 본도 있다.

2 주주(朱注)에서 말하였다. "『설문해자』에서, "은(隱)'은 편안함이다. 뜻은 '온(穩)'과 통한다.'라 하였다." 『통감』에서 말하였다. "현종이 보낸 내시가 범양(范陽)에 이르렀다. 안록산이 평상에 걸터앉아 절도 올리지 않으면서, '성인은 안온하신가'라 하였다."

34. 한천의 왕 녹사 집에서 짓다[1]

漢川王大錄事宅作

南溪老病客	남계의 늙고 병든 나그네가[2]
相見下肩輿	그대 만나려고 수레에서 내렸네.
近髮看烏帽	검은 두건 안의 흰머리 가까이서 살펴보며[3]
催蓴煮白魚	순채와 뱅어 요리 재촉하네.
宅中平岸水	집안에서 언덕과 나란한 물 보이고
身外滿牀書	이 몸 저쪽 책상에 책이 가득하네.
憶爾才名叔	재주와 명성 뛰어난 그대 숙부 기억하노니
含淒意有餘	처량한 마음 가득 이는구나.[4]

1 본집에 실리지 않은 작품으로, 곽지달본에 보인다. 주주(朱注)에서, "두보는 「힐왕녹사허수초당자부도(詰王錄事許修草堂貲不到)」라는 작품을 지었는데, 아마도 이 시에 보이는 사람으로 보인다."라 하였다.

2 남계는 바로 완화계(浣花溪)이다. 두보는 「송위사직귀성도(送韋郎司直歸成都)」라는 작품을 지었는데, 그 시에서 '나를 위해 남계의 대를 찾아봐주시게.(爲問南溪竹)'라 하였다. 이 시의 남계가 바로 완화계이다.

3 '간오모(看烏帽)'라는 말에 '흰 머리'가 숨어 있다. 즉 녹사가 두보의 늙음을 안타까워한다는 말이다.

4 왕 녹사는 아마도 죽은 숙부가 있었을 것이다.

35. 위 찬선과 이별하며 주다[1]

贈韋贊善別

扶病送君發	병든 몸 이끌고 떠나는 그대 보내니
自憐猶不歸	스스로 아직도 돌아가지 못함이 가련하다.
祗應盡客淚	다만 응당 나그네 눈물 다 흘린 뒤에
復作掩荊扉	다시 가시나무 사립문을 닫으리.
江漢故人少	강한에는 친구가 적으니
音書從此稀	편지도 이제부터 드물리라.
往還二十載	이십 년을 사귀었는데
歲晚寸心違	만년에 바람이 어그러지는구나.[2] ⊟

⊟ 소자상이 이르기를, "청공(淸空)한 한 기운으로 말하는 것처럼 읊조렸다."라 하였다.

1 『당지(唐志)』에서, "동궁의 관리로 좌찬선대부 다섯 사람이 있는데, 명령을 전달하고 잘못을 풍간하며 의식(儀式)에서의 행동을 돕는다."라 하였다.

2 늙어서 도리어 이별하는 것을 말한다.

36. 단가행을 지어 합주로 돌아가는 기 녹사를 보내며 아울러 소 사군에게 보내다[1]

短歌行送祁錄事歸合州因寄蘇使君

前者途中一相見	이전에 길 위에서 만났었는데
人事經年記君面	세상 일로 여러 해 보냈지만 그대 얼굴 기억하네.㉠
後生相勸何寂寥	후배에게 권하노니 어찌 쓸쓸하게 지내랴
君有長才不貧賤	그대는 좋은 재주 지녔으니 빈천하지 않으리.
君今起柂春江流	그대 지금 배를 타고 봄 강물로 내려가니
余亦沙邊具小舟	나 또한 모래밭에서 작은 배로 전송하네.
幸爲達書賢府主	어진 자사에게 편지를 전달해 주시게
江花未盡會江樓	강가 꽃이 지기 전에 강가 누대에서 만나자고.[2]

㉠ 두보가 인재를 이처럼 기억하고 있으니, 다만 열은 잊어버리고 하나만 기억하는 그런 정도에 그치는 것이 아니다.

1 『당서』에서, "합주(合州) 부릉군(涪陵郡)은 검남동도에 속한다."라 하였다.

2 이 당시 두보도 또한 삼협을 내려가려는 생각이 있었다. 『방여승람』에서, "강가 누대는 합주의 관청 앞에 있으며, 조어산(釣魚山)과 학사산(學士山) 그리고 무산(巫山) 등이 그 앞을 가로지르며 아래로 한수(漢水)를 임하고 있다."라 하였다.

37. 성도로 돌아가는 사직 위랑을 보내다

送韋郎司直歸成都

竄身來蜀地	몸을 도망쳐 촉 땅에 와서
同病得韋郎	같은 처지인 위랑을 만났네.
天下兵戈滿	천하는 온통 전쟁터라
江邊日月長	강가에서 오랜 세월 보냈네.
別筵花欲暮	이별 잔치에 꽃은 지려하고
春日鬢俱蒼	봄날 머리는 둘 다 하얗구나.
爲問南溪竹	내 대신 완화계 대밭을 살펴봐주시게
抽梢合過牆	쭉쭉 자란 줄기가 담장보다 높으리니.[1]

1 원주(原注)에서, "나의 초당은 성도의 서쪽 성곽에 있다."라 하였다.

38. 강외의 초당에 대해 지어 부치다[1]

寄題江外草堂

我生性放誕	나의 본성은 방탄하여
雅欲逃自然	평소 절로 그렇게 되는대로 맡겼네.[2]
嗜酒愛風竹	술을 즐기고 바람 부는 대를 좋아하여
卜居必林泉	사는 곳은 반드시 숲과 시내가 있었지.㊀
遭亂到蜀江	난리 만나 촉강에 왔는데
臥痾遣所便	병으로 누워 편한 대로 보내네.[3]
誅茅初一畝	처음 한 묘의 땅에 잡풀 베니
廣地方連延	너른 대지가 바야흐로 펼쳐졌네.
經營上元始	상원 연간에 집을 짓기 시작하여
斷手寶應年	보응 연간에 완성되었네.[4]
敢謀土木麗	감히 흙과 나무가 좋은 것을 썼으니
自覺面勢堅	초당이 견고하게 지어졌구나.
臺亭隨高下	누대와 정자는 땅의 높낮이에 맞춰 지으니
敞豁當淸川	확 트여 맑은 시내를 마주하였네.㊁
惟有會心侶	오직 마음을 알아주는 벗
數能同釣船	두어 명이 함께 배에서 낚시하였네.
干戈未偃息	전쟁이 아직 그치지 않았으니
安得酣歌眠	어떻게 달게 노래하거나 졸겠는가.[5]
蛟龍無定窟	교룡은 일정한 굴이 없으며
黃鵠摩蒼天	노란 고니는 푸른 하늘을 나네.
古來賢達士[6]	옛부터 어질고 통달한 선비가
寧受外物牽	어찌 외물에게 구속을 당하랴.

顧惟魯鈍姿	돌아보건대 다만 노둔한 자질이라
豈識悔吝先	어찌 후회할 줄 먼저 알았으리.[7]
偶攜老妻去	나란히 늙은 아내 손잡고 떠나며
慘澹凌風烟	참담하게 바람과 이내를 지나네.[三]
事跡無固必	일은 확신하거나 기필할 수 없으나
幽貞愧[8]雙全	몸과 이름 온전함이 숨어 지조 지킴에 부끄럽네.[9]
尙念四小松	아직도 생각하노니 네 그루 작은 소나무에
蔓草易拘纏	넝쿨이 쉽게 얽어졌으리.
霜骨不堪[10]長	서리 견디는 솔이 자라지 못하니
永爲鄰里憐	길이 이웃들이여 불쌍히 여겨 주시게.

시평 : 홍용재(洪容齋)가 말하기를, "고금의 시인들이 옛 집을 회상하며 그것을 형상화시켜 작품으로 읊조릴 때, 반드시 초목으로 비흥(比興)을 삼았다. 두보의 「기제초당(寄題草堂)」에서 '아직도 생각하노니 네 그루 작은 소나무에, 넝쿨이 쉽게 얽어졌으리. 서리 견디는 솔이 자라지 못하니, 길이 이웃들이여 불쌍히 여겨 주시게.(尙念四小松 蔓草易拘纏 霜骨不堪長 永爲鄰里憐)'라는 표현이 바로 그것인데, 읽으면 독자를 처연하게 만든다. 「귀초당(歸草堂)」에서, '네 그루 소나무 처음 옮겨왔을 때는, 아마도 삼척이 조금 넘었지. 떠난 뒤에 삼년이 지나니, 나란히 사람 키만큼 자랐네.(四松初移時 大抵三尺强 別來忽三歲 離立如人長)'라 하였으니, 한 때의 회포를 더욱 볼 수 있다."라 하였다.

㈡ 신부맹(申鳧盟)이 이르기를, "명사(名士)의 풍류를 상상할 수 있다."라 하였다.

㈢ 장상약이 이르기를, "이 두 구는 시어를 자못 함부로 엮지 않았으니, 포치(布置)에 뛰어나다."라 하였다.

㈢ 교룡부터 여기까지 8구는 한 번은 드날리고 한 번은 억누르고 있다. 이곳에서 두보의 흉금이 광달(曠達)한 것을 알 수 있다. 이 단락을 마지막 두 구로 묶어 위의 내용을 총결하며 또한 내용을 다른 방향으로 돌리고 있다. 고우린(高于鱗)이 '두보의 도(道)가 창려 한유보다 뛰어남을 알 수 있다.'고 하였는데, 이곳에서 더욱 확신할 수 있다.

1 원주(原注)에서, "재주에서 지은 것으로, 성도의 옛 집에 부쳤다."라 하였다.

2 계획에 맞춰 조절하려는 것이 없음을 이룬다.

3 안정〔靜便〕되어야 바야흐로 병을 치료할 수 있다는 말이다.

4 『순화첩(淳化帖)』에서 말하였다. "당 고종의 조칙에서, '사신이 이르러 원당(元堂)이 이미 지어진 것은 알았는데, 다른 건물도 모두 완성〔斷手〕된 것은 알지 못하였다.'라 하였다."

5 두보가 서지도(徐知道)의 난을 피하여 재주에 들어왔는데, 마침내 식솔을 거느리고 머물러 살았다.

6 '賢達士'는 달리 '達士志'로 된 본도 있다.

7 능히 먼저 조짐을 알아 세상에서 멀리 떠나지 못한 것을 말한다.

8 '愧'는 달리 '貴'로 된 본도 있다.

9 세상에서 멀리 숨어 지내 이리저리 떠도는 삶에서 벗어나지 못함을 말한다.

10 '堪'은 '甚'으로 된 본도 있다.

39. 비를 기뻐하며

喜雨

春旱天地昏	봄 가뭄에 천지가 암울하고
日色赤如血	햇빛은 피처럼 붉게 타네.
農事都已休	농사는 모두 이미 끝장났는데
兵戎況騷屑	전쟁은 더욱 소란스럽다.
巴人困軍須	파촉 사람은 군수품으로 고통스러운데[1]
慟哭厚土熱	타는 듯한 대지에서 통곡하네.⊟
滄江夜來雨	푸른 강에 밤 사이 비가 내리니
眞宰罪一雪	조물주가 죄를 깨끗이 쓸어버렸네.
穀根小蘇息	곡식 뿌리 조금 살아나지만
沴[2]氣終不滅	나쁜 기운 끝내 사라지지 않았네.
何由見寧歲	어찌하면 태평성대 만나
解我憂思結	맺힌 나의 근심을 풀어볼까.
崢嶸羣山雲	높다란 뭇 산 위의 구름은
交會未斷絶	서로 뒤엉켜 아직 흩어지지 않았네.
安得鞭雷公	어찌하면 뇌공을 닦달하여
滂沱洗吳越	장대비 내려 오월 땅을 씻어낼 수 있을까.[3]

㊀ 오랜 가뭄의 참담한 광경을 그려내고 있는데, 또한 이로 인해 전쟁이 일어난 것을 반영하고 있다.

1 아마도 토번과의 전쟁을 가리키는 것 같다.

2 '沴'의 음은 '戾'이다.

3 원주(原注)에서, "이 당시에 절우(浙右) 지역에 도적이 많았다고 들었다."라 하였다. 『구당서』에서, "보응 원년 8월에 태주(台州) 사람 원조(袁晁)가 반란을 일으켜서 절동(浙東)의 여러 고을을 함락하였다. 광덕 원년 4월에 이광필(李光弼)이 그를 토벌하였다."라 하였다.

40. 옛날 일을 기술하며
述古三首

赤驥頓長纓	적기를 긴 끈으로 얽어매나[1]
非無萬里姿	만리를 달릴 자태는 변함없도다.
悲鳴淚至地	슬프게 울며 눈물이 땅으로 흐르니
爲問馭者誰	말 부리는 자가 누구인가?[2]
鳳凰從東[3]來	봉황은 동쪽에서 날아왔는데
何意復高飛	무슨 뜻으로 다시 높이 날아가는가.
竹花不結實	대나무 꽃이 열매를 맺지 못하니
念子忍朝饑	새끼들이 차마 아침 굶을까 걱정해서지.[4]
古時君臣合	옛날에 임금과 신하 화합하니
可以物理推	세상을 이치로 다스릴 수 있었지.
賢人識定分	어진 사람은 정해진 분수 아니
進退固其宜	진실로 출처(出處)가 마땅하였네.[5] ⊟

시평 : 이자덕이 말하기를, "비부(比賦)를 겸하였으니, 세상에 사라지지 않을 이름난 논의이다."라 하였다. ○ 주학령이 말하기를, "제목을 「술고(述古)」라 하였으니, 바로 옛날 일을 기술하여 지금을 풍자한 것이다. 숙종이 처음 등극할 때 이필(李泌), 방관(房琯), 장호(張鎬) 등의 어진 인물을 등용하였다. 그 뒤에 혹은 그만두고 혹은 배척당하고 혹은 고향으로 돌아가 숨었으니, 군신간에 지켜야 할 분수를 끝내 마치지 못하였다. 그러므로 시를 통해 말하기를, 천리마는 훌륭한 마부가 아니면 뱃대끈에 얽매여 있고 봉황은 대나무 열매가 없으면 날아가 버리니, 군신이 서로 만나 화합하기는 이처럼 어렵다. 어진 이는 진퇴출처(進退出處)에 밝지 않을 수 있겠는가."라 하였다.

市人日中集　　시장 상인들 날마다 모여들어
於利競錐刀　　작은 이익을 다투네.
置膏烈火上　　기름 부으니 뜨거운 불이 솟구쳐
哀哀自煎熬　　지글거리며 스스로를 태우네.[6]
農人望歲稔　　농부는 풍년을 바라며
相率除蓬蒿　　논밭에서 잡초를 뽑아내네.
所務穀爲本　　힘쓸 일은 농사가 근본인데
邪贏無乃勞　　속여 얻은 이익은 수고로움이 없구나.[7]
舜擧十六相　　순 임금은 열여섯 재상을 등용하였는데
身尊道何高　　자신도 높아지고 도도 어찌 그리 높아졌는가.[8]
秦時任商鞅　　진나라 천하에 상앙을 등용하니
法令如牛毛　　법령이 소털처럼 엄격하더라.[9] ㉢

시평 : 주학령이 말하기를, "이 당시 제오기(第五琦)와 유안(劉晏)은 모두 재상에 있으면서 탁지염철사를 거느렸는데 사방에서 세금을 거둬들였으며 아주 작은 이익까지도 모두 취하였다. 그러므로 시를 지어 말하기를, 다스리는 도는 근본을 두텁게 하고 끝[商業]을 억누르며 어진 재상을 등용하여 정치를 맡기는데 있다. 마땅히 이익만을 취하려는 신하를 등용하여 백성들이 서로 속이는 행위를 본받게 해서는 안 된다."라 하였다. 또한 노원창(盧元昌)이 말하기를, "보응 연간에 원재(元載)가 유안을 대신하여 재무를 주관하였다. 장부를 살펴보니 8년 동안 조세를 내지 못하고 도망한 자가 엄청난 숫자로, 그들을 문서로 정리하고 그것을 백착(토착민과 구별되는 유민의 호적이란 의미)이라 불렀다. 그러므로 상앙으로 비유한 것이다."라 하였다.

漢光得天下　　후한 광무제가 천하를 얻었는데
祚永固有開　　국가 열었으니 왕조 오래가리라.
豈惟高祖聖　　어찌 다만 고조만 성스러우랴
功自蕭曹來　　공은 소하와 조참에서 일어났네.[10]

經綸中興業	중흥의 위업을 이뤘으니
何代無長才	어느 시댄들 인재 없으랴.
吾慕寇鄧勳	나는 구순과 등우의 공훈을 존모하니
濟時信良哉	세상을 다스림이 참으로 어질었구나.
耿賈亦宗臣	경엄과 가복도 또한 종신으로
羽翼共徘徊	임금 도와 함께 옆에서 모셨네.[11]
休運終四百	아름다운 운수가 사백 년을 가니
圖畫在雲臺	초상이 운대에 모셔져 있네.[12]

시평 : 구창주가 이르기를, "광무의 중흥을 논하면서 고조 시대의 인재에까지 미뤄 언급하였으며, 나아가 태종의 창업 명신을 생각하였다. 시에서 인용한 구순과 등우, 경엄과 가복은 현종 시기 국토를 회복한 여러 장수에 비견한 것이다. 다만 옛날에는 운대에 초상을 모셨으니 살아서는 작록을 누리고 죽어서는 아름다운 이름을 드리웠다. 지금은 공신은 의심과 시기를 받고 있으니, 이광필과 곽자의 같은 충신도 오히려 근심과 두려움을 품고 있다. 그러므로 한나라 일을 빌어 당나라의 현실을 풍자한 것이다."라 하였다.

㈡ 시사(時事)를 절실하게 풍자하니, 모두 다스리는 핵심과 관계된다. 천지간에 유용한 문장이다.

㈢ 포이전이 이르기를, "도입구에서 시장 상인을 비루하게 여겼으며, 이어서 '스스로 태운다'는 말로 경계시켰다. 또한 '자신이 높아졌다'는 말로 권면하였으며, 마지막에 진나라 법으로 비의(比擬)하였으니, 국가를 경영하는 자는 그 의미를 깨달을 수 있다."라 하였다.

1 『목천자전(穆天子傳)』에서, "오른쪽은 적기를 결말로 삼고 왼쪽은 백의(白義)를 결말로 삼는다."고 하였다. 긴 끈은 말의 뱃대끈을 말한다.

2 『전국책』에서, "천리마가 소금수레를 끌며 태항산을 넘어가는데

땀이 비 오듯 흘러 땅을 적셨다. 오르막길이 이어졌는데 수레 끌채를 끌었으나 힘이 들어 오를 수 없었다. 백락(伯樂)이 이를 보고 수레에서 내려 어루만지며 눈물을 흘렸다. 천리마는 이에 고개를 숙이며 숨을 몰아쉬다가 고개를 들고 슬피 울었다. 어째서 그런 것인가? 바로 백락이 자신을 알아주었기 때문이다."라 하였다.

3 '東'은 달리 '天'으로 된 본도 있다.

4 『시경』에서, "허전하여 거듭 굶주린 듯하네.(惄如調饑)"라 하였다. 한유의 시에서는 '조기(朝饑)'로 되어 있다. 설군(薛君)의 「장구(章句)」에서, "아침 굶주림이 가장 참기 어렵네.(朝饑最難忍)"라 하였다.

5 마지막 네 구는 바르게 되어야 할 상황을 이야기하였다. 윗사람을 책망하지 않고 자신의 분수를 편안히 여기는 것은 충후(忠厚)한 도이다.

6 『장자』에서, "기름불이 스스로를 태운다."라 하였다.

7 「서경부」에서, "어찌 멍청하게 노동을 하나, 속여 얻은 이익이 훨씬 낫고 믿을 만하다.(何必昬於作勞 邪贏優而足恃)"라 하였다.

8 『좌전』에서, "천하가 한 마음으로 순을 모셔 천자로 삼았으니, 그가 열여섯 재상을 등용하였기 때문이다."라 하였다.

9 『사기』에서, "상앙의 천성은 각박하고 은혜가 적었다. 진나라 법을 개정하니 소털처럼 엄격하였다."라 하였다.

10 『한서』에서, "소하(蕭何)와 조참(曹參)은 도필리(刀筆吏)에서 일어나 한 시대의 종신이 되었다."라 하였다.

11 구등(寇鄧)은 구순(寇恂)과 등우(鄧禹)를 말하고 경가(耿賈)는 경엄(耿弇)과 가복(賈復)을 말한다.

12 『동관한기(東觀漢記)』에서, "영평 연간에 현종(顯宗)이 전 시대의 공신을 추모하여 28명의 초상을 그려 남궁(南宮)의 운대에 안치하였다."라 하였다. 한나라 왕조의 오랜 연대를 거론하였으니, 또한 당나라 임금의 마음을 격동시킨 것이다.

41. 어머니를 모시고 검중으로 돌아가는 왕 판관을 전송하다[1]

送王十五判官扶侍還黔中得開字

大家[2]東征逐子回	대고께서 동으로 왔다가 아들 따라 돌아가는데[3]
風生洲渚錦帆開	바람 이는 물가에서 비단 돛을 펼치네.[4]
青青竹笋迎船出	푸릇푸릇 죽순이 배를 맞으러 나오고[5]
白白江魚入饌來	하얗게 번득이는 강 물고기는 반찬으로 나오네.[6] ⊟
離別不堪無限意	이별에 끝없는 상심 견딜 수 없으니
艱危深仗濟時才	위태로운 세상 구제할 인재라고 깊이 믿었기에.
黔陽信使應稀少	검양은 소식 전할 이도 응당 드물리니
莫怪頻頻勸酒杯	자주자주 술잔 권함을 괴이타 마시라.

시평 : 장연(張綖)이 말하기를, "제목을 「환검중(還黔中)」이라고 하였는데 시에서 또 '아들 따라 돌아간다.'고 하였다. 왕 판관은 아마도 검중 사람으로 어머니를 모시고 돌아가는 것 같다. 그러므로 세상을 구할 인재가 돌아가니 매우 아쉬워한 것이다. 어떤 사람은 검중에 벼슬하러 간다고 하는데, 그것은 잘못된 해석이다."라 하였다. ○ 『서청시화(西淸詩話)』에서, "시를 지을 때 고사를 인용하는 것은 모름지기 물속에 소금을 타는 것 같이 하여야 한다. 물을 마셔야 비로소 소금 맛을 아는 것이다. 이 시의 3-4구는 다만 경치를 그린 것 같지만 효성스럽게 봉양하는 것이 그 안에 들어 있다. 고사를 운용하여 변화시키는 것은 혼연히 흔적이 없어야 한다."라 하였다.

㊂ 소자상이 이르기를, “청청(靑靑)과 백백(白白)의 속된 시어를 우아하게 사용하였으니, 이것이 바로 대가의 수법이다.”라 하였다.

1 『후한서』「유평전(劉平傳)」에서, “유평의 아우인 유중(劉仲)이 도적에게 죽음을 당하였다. 유평은 어머니를 붙잡고〔扶侍〕 내달려 달아났다.”라 하였는데, 제목의 ‘부시(扶侍)’에 대해 인용한 『후한서』의 이 주는 다른 곳에서 아직까지 인용하지 않고 있다. 『당서』에서, “검주 검중군(黔中郡)은 강남서도에 속한다. 본래 삼국시기 오나라 검양군(黔陽郡)이었다.”라 하였다. 『일통지』에서, “검중은 지금의 진주부(辰州府)에 속한 곳이다.”라 하였다.

2 ‘家’는 음이 ‘姑’이다.

3 조대고(曹大家)의 「동정부(東征賦)」에서, “영초 7년에, 나는 아들 따라 동으로 갔네.(維永初之有七兮 余隨子乎東征)”라 하였다. 『후한서』에서, “대고의 아들 조곡(曹穀)이 진류(陳留)의 수령이 되었다. 대고가 그를 따라 관청에 왔다가 「동정부」를 지었다.”라 하였다.

4 음갱(陰鏗)의 시에서, “고요한 호수에 비단 돛을 펼치네.(平湖錦帆張)”라 하였다.

5 『초국선현전(楚國先賢傳)』에서, “맹종(孟宗)은 효성이 지극하였는데 어머니가 죽순을 좋아하였다. 겨울에는 자라지 않는데, 맹종이 숲속에 들어가 울부짖으니 죽순이 나왔다.”라 하였다.

6 『동관한기』에서, “강시(姜詩)가 부인과 함께 고용살이 하며 어머니를 모시는데 어머니가 물고기 회를 좋아하였다. 용출하는 샘 옆에 집을 지었는데 매일 아침 두 마리 잉어가 뛰어나왔다.”라 하였다.

42. 유후 장이를 모시고, 가주로 부임하는 가주 최 도독을 혜의사에서 전별하다[1]

陪章留後惠義寺餞嘉州崔都督赴州

中軍待上客	중군 유후가 상객 도독을 마주하니
令肅事有恒	명령 엄숙하고 일이 일사불란하네.
前驅入寶地	앞에서 달려 아름다운 곳으로 들어가며
祖帳飄金繩	전별 장막 치고 금줄이 번쩍거리네.[2]
南陌旣留歡	남쪽 길에서 이미 연회를 즐겼는데
玆山亦深登	이 산에서 또 높이 오르네.
淸聞樹杪磬	나뭇가지 끝에 풍경소리 맑게 들리고
遠謁雲端僧	멀리 구름 끝의 스님에게 인사하네.
廻策匪新岸[3]	지팡이 돌려 내려오니 낯선 언덕이 아니며
所攀仍舊藤	붙잡고 오르니 이전의 넝쿨이네.[4]
耳激洞門飆	골짜기 입구의 거센 바람이 귀를 울리고
目存寒谷冰	차가운 계곡의 얼음이 눈에 들어오네.
出塵閟軌躅	속세 벗어나니 수레자국 이르지 않고[5]
畢景[6]遺炎蒸	해가 저무니 더위도 사그라지네.[7]
永願坐長夏	길이 바라노니 긴 여름 이곳에 머물러
將衰棲大乘	장차 노쇠한 이 몸 불가에 귀의하고프네.[8]
羈旅惜宴會	떠돌이 신세 이별 잔치가 안타깝고
艱難懷友朋	어려움에 벗을 그리워하네.
勞生共幾何	힘든 인생이 얼마나 될까
離恨兼相仍	이별의 한은 더욱 꼬리를 무네.⊟

㉡ 이 작품은 『문선』에 수록된 시의 체재에 가깝다.

1 『두씨통전(杜氏通典)』에서, "절도사가 만약 조정에 일로 들어가면 유후(留後)를 두니, 그 사람을 선택하여 책임을 맡긴다. 장 유후는 재주자사 장이(章彝)다. 엄무가 조정으로 들어간 뒤에 서천(西川) 절도사는 고적(高適)이 대신하였고, 동천(東川) 절도사 자리가 비자 장이를 유후로 삼았다."라 하였다. 『당서』에서, "가주(嘉州) 미산군(眉山郡)은 검남동도에 속하다."라 하였다. 『구당서』에서, "건원 원년에 가주 절도사를 승진시켜 중도독(中都督)으로 삼았다가 곧 파직하였다."라 하였다.

2 『법화경』에서, "나라 이름은 이구(離垢)요, 땅은 유리로 되어 있다. 여덟 갈래의 길에는 황금이 황금 줄로 길가의 경계를 치고 있다."라 하였다. 『한서』「소광전(疏廣傳)」에서, "동도문(東都門) 밖에 전송하는 연회를 베풀어 장막을 설치하였다."라 하였다.

3 '岸'은 달리 '崖'로 된 본도 있다.

4 『두억』에서, "두보가 혜의사를 오른 것은 이미 앞의 시에 두 번 보인다. 그러므로 '비신(匪新)' '잉구(仍舊)'라 한 것이다."라 하였다.

5 세속에 사는 사람의 자취는 이르지 못함을 말한다.

6 '景'은 '影'과 통용된다.

7 포조의 시에서, "해가 저물어 앞의 짝을 따라가네.(畢景逐前儔)"라 하였다.

8 이옹(李顒)의 「대승부(大乘賦)」의 서(序)에서, "대승이란 여래의 도량을 말한다. 그러므로 연각(緣覺)과 성문(聲聞)은 소승(小乘)이라 이른다."라 하였다.

43. 시어 장 유후가 남쪽 누대에서 연회하는 것을 모시다

陪章留後侍御宴南樓得風字

絶域長夏晩	변경의 긴 여름도 저무는데
茲樓淸宴同	이 누대에서 맑은 연회 자주 여네.
朝廷燒棧北	조정은 불태워진 잔도 북쪽에 있고[1]
鼓角漏天東	북과 나팔은 하늘 동쪽에서 들려오네.[2]
屢食將軍第	자주 장군의 집에서 식사하며[3]
仍騎御史驄	계속 어사의 총마를 타게 하였네.[4]
本無丹竈術	본래 단약 만드는 기술 없으니[5]
那免白頭翁	어찌 흰머리 노인을 면하랴.
寇盜狂歌外	도적은 미친 노래로 풀어버리고
形骸痛飮中	늙은 육신은 흠뻑 취해 잊어버리네.[6]
野雲低度水	들판 구름은 낮게 강을 건너고
簷雨細隨風	처마의 비는 가늘게 바람 따르네.
出號江城黑	강가 성이 어두우니 암구호 내고[7]
題詩蠟炬紅	밀랍 횃불 타오르니 시를 짓네.
此身醒復醉	이 몸은 깨었다가 다시 취하니
不擬哭途窮	인생길 곤궁하다고 울지 않겠네.⊟

㊀ 시의 호방함을 말할 필요도 없다. 작품 전체의 격률(格律)이 매우 섬세하다.

1 『한서』에서, “장량이 고조에게 잔도를 태워 끊자고 아뢰었다.”라 하였다. 이 구는 장안이 회복되지 않은 것을 말한다.

2 『양익기(梁益記)』에서, “아주(雅州)의 서북쪽 하늘에 크고 작은 구멍이 나 있다. 서북쪽은 음기가 왕성하여 항상 비가 내리기 때문이니 마치 하늘이 새는 것 같다.”라 하였다. 또 『환우기』에서, “공도현(邛都縣)에 하늘이 새어 여름과 가을에 항상 비가 내린다.”라 하였다. 주주(朱注)에서 말하였다. “『통감』에서 ‘상원 2년 2월에 노자(奴剌)와 당항(党項)이 보계(寶雞)에 침입하여 대진관(大震關)을 태웠다. 광덕 원년 7월에 토번이 난주(蘭州), 곽주(廓州), 하주(河州), 선주(鄯州), 조주(洮州), 민주(岷州), 진주(秦州), 성주(成州), 위주(渭州) 등을 함락하였다.’라 하였다. 그러므로 시에서 이 두 구를 말한 것이다.”

3 『좌전』에서, “어찌 장군이 먹이시는데 부족함이 있겠습니까.”라 하였다.

4 장 유후가 두보를 우대한 것을 알 수 있다.

5 『남월지(南越志)』에서, “장사군(長沙郡) 유양현(瀏陽縣)에 왕교산(王喬山)이 있는데, 산에 단사를 주조하는 아궁이가 있다.”라 하였다.

6 윗구는 어지러운 세상이지만 걱정하지 않겠다는 말이니, 3-4구를 이어받는다. 이 구는 늙어가도 마음 쓰지 않겠다는 말이니, 7-8구를 이어받는다.

7 『통감』의 주에서, “병사를 동원하여 진영에서 나갈 때 주장(主將)에 나아가 암구호를 받아, 긴급한 상황에 서로 소통할 것을 대비한다.”라 하였다.

44. 누대 위에서 '양凉'자 운으로 짓다

臺上得涼字

改席臺能迥	술자리 누대로 옮기니 멀리 바라보이고
留門月復光	성문 열어 놓으니 달빛이 밝네.[1]
雲霄遺[2]暑濕	구름 뜬 하늘이라 무더위도 없고
山谷進風涼	산골짜기에서 서늘한 바람이 불어오네.[3]
老去一杯足	늙은 이 몸 한잔 술로 족하니
誰憐屢舞長	누가 자주 춤추는 것을 좋아하랴.[4]
何須把官燭	어찌 관가 촛불 켤 필요 있나
似惱鬢毛蒼	머리털이 세어가니 괴롭구나.㉰

㉰ 앞의 작품은 술을 빌려 스스로를 풀어낸 것이며, 이 작품은 그대로 늙어가는 것을 상심하고 있다.

1 주주(朱注)에서, "'유문(留門)'은 성문을 그대로 놓고 닫지 않은 것이다."라 하였다.

2 '유(遺)'는 잊는다는 의미이다.

3 윗구는 누대가 높은 것을 말하였고, 이 구는 누대 앞이 넓음을 말하였다.

4 『시경』에서, "자주 비틀비틀 춤을 추네.(屢舞僛僛)"라 하였다.

45. 재주자사 장이가 귤정에서 성도 두 소윤을 전별하다

章梓州橘亭餞成都竇少尹得涼字

秋日野亭千橘香	가을날 들판 정자에 귤 향기 가득하고
玉杯錦席高雲涼	옥술잔 비단 방석에 높은 구름은 시원하네.[1]
主人送客何所作[2]	주인은 손님 보내며 무엇 하는가
行酒賦詩殊未央	술 따르고 시를 지으니 자못 끝나지 않겠네.㊀
衰老應爲難離[3]別	노쇠한 이 몸은 응당 이별이 어려우나
賢聲此去有輝光	어진 명성 그대는 이제 떠나면 영광이 있으리.
豫傳籍籍新京尹[4]	명성 자자한 새 경조윤을 미리 전하노니
青史無勞數趙張	역사에서 수고로이 조광한과 장창만 들지 마라.[5]

㊀ 처음부터 4구까지는 소노(疏老)한 풍격을 보인다.

1 '고운량(高雲涼)'은 가을의 상쾌한 기운을 말한다.

2 '作'의 음은 '佐'이다.

3 '離'는 거성으로 읽는다.

4 '尹'은 달리 '兆'로 된 본도 있다.

5 『한서』에서 말하였다. "조광한(趙廣漢)과 장창(張敞)은 서로 이어 경조윤이 되었다. 아전과 백성이 말하기를, '예전에는 조와 장이 있었고 뒤에는 세 왕씨가 있었네.'라 하였다."

46. 재주자사 장이의 물가 정자에서[1]

章梓州水亭

城晩通雲霧	저물녘 성에 운무가 가득 밀려들고
亭深到芰荷	깊숙한 정자에 마름과 연이 떠오네.[2]
吏人橋外少	아전들 다리 밖에 적고[3]
秋水席邊多	가을 물은 자리 곁에 많구나.㊀
近屬淮王至	황실 친족인 회남왕이 찾아오고[4]
高門薊子過	귀한 집안의 계자훈이 들렀네.[5]
荊州愛山簡	형주 사람은 산간을 사랑하니[6]
吾醉亦長歌	나 취해도 또한 길게 노래 부르리.[7]㊁

㊀ 청아(淸雅)한 운율이 뛰어난 작품으로, 전기(錢起)와 유장경(劉長卿)의 작품과 매우 비슷하다.

㊁ 왕우중이 이르기를, "후반부는 빈주(賓主)에 해당하는 네 사람을 나란히 열거하였으니, 한 가지만 줄곧 이야기 하지 않고 매끄럽게 내용이 전개되었다."라 하였다.

1 원주(原注)에서, "이 당시 한중왕(漢中王)겸도사인 석겸(席謙)이 이 모임에 있었는데, 함께 '하(荷)'자 운으로 시를 지었다."라 하였다. 『오군지(吳郡志)』에서, "석겸은 오군 사람으로, 재주 숙명관(肅明觀)의 도사였으며 바둑을 잘 두었다."라 하였다. 두보의 절구 「존몰구호(存沒口號)」에서, '석겸은 근래 바둑 두는 것을 보지 않고.(席謙不見近彈棊)'라 하였는데, 바로 그 인물이다.

2 정자가 마름과 연이 떠 있는 곳에 있다는 말이다.

3 거동할 때 따르는 아전을 몇 명만 대동한 것을 말한다.

4 『세설신어』에서, "양왕(梁王)과 조왕(趙王)은 나라의 가까운 친척〔近屬〕이다."라 하였다. 『한서』「회남왕안전(淮南王安傳)」에서, "무제가 유안(劉安)을 아저씨로 삼았다. 유안은 사리판단이 뛰어나고 학문이 넓었다. 또한 문장을 잘 지었기에 무제가 매우 존중하였다."라 하였다. 즉 한중왕 석겸을 비유하고 있다.

5 『신선전』에서, "계자훈(薊子訓)이 서울에 도착하자 여러 귀인들이 각자 손님을 사절하고 집을 깨끗하게 청소하여 그를 맞이하려 하였다. 모두 23집이었는데 동시에 각각 한 계자훈이 그들의 집을 방문하였다. 아침이 되자 서로 물으니, 찾아온 계자훈의 모습은 모두 같은데 다만 말하는 것은 주인의 물음에 따라 응답하니 각각 달랐다."라 하였다.

6 이 구는 장이 유후를 가리킨다.

7 『진서』에서, "산간(山簡)이 습씨지(習氏池)에 놀러 나와 술을 마시니 곧 취하였다. 이를 보고 아이들이 노래를 불렀다."라 하였다. '역장가(亦長歌)'는 아이들이 산간을 부르는 것을 두보 자신이 본받고자 한다는 말이다.

47. 유후 장이를 따라 새로 지은 정자에서 모여 여러 공을 전송하다[1]

隨章留後新亭會送諸君

新亭有高會	새 정자에 높은 모임 있으며
行子得良時	여행객은 좋은 시절 만났구나.
日動映江幕	해 움직여 강가 장막에 비치고
風鳴排檻旗	바람 울어 난간의 깃발 흔드네.
絶葷終不改	훈초를 멀리함은 끝내 바꾸지 않겠지만
勸酒[2]欲無辭	술을 권하면 사양치 않으려네.[3]
已墮峴山淚	이미 귀향의 눈물 떨구었으니[4]
因題零雨詩	이로써 이별의 시를 짓는구나.[5]

1 본집에 실리지 않은 작품으로, 곽지달과 황학 본에 보인다.

2 '酒'는 달리 '醉'로 된 본도 있다.

3 포주(浦注)에서, "두보가 재주에서 와서 자주 여러 절을 유람하였는데, 실제로 불교를 배우려는 마음이 있었다. '끝내 바꾸지 않겠다'는 것은 이 뜻이 이미 결정되었음을 말한다. 그러나 '통음(痛飮)을 사양하지 않겠다'는 것은 지우와의 이별이 안타까워 그런 것이다.

4 『진서』에서, "양호(羊祜)가 일찍이 현산에 놀라 술을 마셨다. 양호가 죽은 뒤에 백성들이 그 위에 비를 세웠는데, 보는 사람들이 눈물을 흘리지 않은 경우가 없었다. 두예가 그것을 타루비(墮淚碑)라 불렀다."라 하였다. 이 당시 여러 손님 가운데 아마도 재주에 벼슬하다가 떠나는 자가 있었을 것이다. 그러므로 현산의 고사를 인용하여 자신의 떠날 생각을 기록한 것이다. 현산은 두보의 조상이 살던 곳이다.

5 손초(孫楚)의 「척양후송별(陟陽候送別)」에서, "새벽바람이 갈래 길에 불어오고, 떨어지는 비가 가을 풀을 적시네.(晨風飄岐路 零雨被秋草)"라 하였다.

48. 장난스레 지어 한중왕에게 보내다[1]

戲作寄上漢中王二首

雲裏不聞雙雁過	구름 속이라 지나가는 두 기러기 들리지 않고[2]
掌中貪看一珠新	손바닥 위에 새로운 한 구슬을 자세히 바라보네.[3]
秋風嫋嫋吹江漢	가을바람 한들한들 강한에 불어오는데[4]
只在他鄕何處人	다만 타향에 있으니 어느 지역 사람인가.[5] ㊀

謝安舟楫風還起	사안의 배에 바람이 아직도 일고[6]
梁苑池臺雪欲飛	양나라 동원의 연못 누대엔 눈이 내릴 듯하네.[7]
杳杳東山攜妓去	아득한 동산으로 기녀 데리고 가며[8]
泠泠脩竹待王歸	바람에 우는 긴 대는 왕이 돌아오길 기다리네.[9] ㊁

㊀ 이 작품은 한중왕이 멀리 귀양 온 것을 불쌍히 여긴 것이다.

㊁ 이 작품은 한중왕이 조정으로 돌아가기를 기원하는 것이다.

1 원주(原注)에서, "왕이 새로 아들을 낳았다."라 하였다.

2 범운(范雲)의 시에서, "구름 사이 기러기에 편지를 부치니, 나를 위해 서북쪽으로 날아가렴.(寄書雲間雁 爲我西北飛)"이라 하였다.

3 『삼보결록(三輔決錄)』에서 말하였다. "공융(孔融)이 위원장(韋元將)과 위중장(韋仲將)을 보고서, 그 아버지에게 편지를 보내 '두 구슬이 늙은 조개에서 나올 줄은 생각지도 못했습니다.'라 하였다." 유신(庾信)의 「상심부(傷心賦)」에서, "손바닥 안에 구슬이 부서졌네.(掌中珠碎)"라 하였다.

4 「구가(九歌)」에서, "하늘거리는 가을바람.(嫋嫋兮秋風)"이라 하였다.

5 즉 '나는 떠돌고 있는데 한중왕도 또한 귀양 왔으니 다만 타향에 있다. 마침내 어느 지역 사람이 될 것인가?'라고 말한 것이다.

6 「사안전」에서, "사안이 일찍이 손작(孫綽) 등과 더불어 바다에 배를 띄웠는데, 바람이 일고 파도가 거셌다. 여러 사람들은 두려워하였는데 사안은 시를 읊조리며 태연자약하였다."라 하였다. 이 구는 한중왕이 봉주(蓬州)에 있는 것을 말한 것이다.

7 『한서』에서, "양(梁)나라 효왕(孝王)이 동원(東苑)을 만들었는데, 궁궐로부터 평대(平臺)까지 30여리에 걸쳐 있다."라 하였다. 사혜련의 「설부(雪賦)」에서, "양왕(梁王)이 즐겁지 않아 토원(兎園)에서 노닐었다. 이윽고 가는 싸라기가 내리더니 함박눈이 쏟아졌다."라 하였다. 이 구는 장안에 옛 집이 있음을 말한 것이다.

8 「사안전」에서, "사안이 동산이 기거하면서, 매번 유람할 때 반드시 기녀를 대동하였다."라 하였다.

9 『서경잡기』에서, "양나라 효왕의 정원 안에 기이한 과일나무와 아름다운 나무들, 어여쁜 새와 특이한 짐승들을 모두 갖춰놓았다. 세상 사람들이 양왕의 죽원(竹園)이라 불렀다."라 하였다. 매승(枚乘)의 「토원부(兎園賦)」에서, "긴 대나무와 박달나무 난간이 연못물을 두르고 있다.(脩竹檀欒夾池水)"라 하였다.

49. 종려나무 파리채

椶拂子

椶拂且薄陋	종려 파리채는 너무 미약하여
豈知身効能	어찌 사람에게 효과가 있을까.
不堪代白羽	백우선을 대신하지 못하나[1]
有足除蒼蠅	쇠파리를 쫓기엔 충분하네.
熒熒金錯刀	빛나는 금빛 착도[2]
濯濯朱絲繩	말쑥한 붉은 끈.[3]
非獨顔色好	다만 모습만 고운 것이 아니라
亦由顧盼稱	또한 돌아볼 만도 하여라.
吾老抱疾病	내 늙어가며 병이 들고
家貧臥炎蒸	집 가난하여 더위 피하지 못하네.
咂膚倦撲滅	살갗 물어대나 죽이지 못하였는데[4]
賴爾甘服膺	너로 인해 쫓아낼 수 있구나.
物微世競棄	미약한 사물은 세상이 다투어 버리니
義在誰肯徵	의리가 있지만 누가 기꺼이 거두나.
三歲淸秋至	삼년 동안 시원한 가을이 와도
未敢闕緘縢	감히 갈무리할 수 없네.[5] ⊟

⊟ 이자덕이 이르기를, "올바른 말을 두터이 말하니 반첩여의 「단선(團扇)」과 함께 각각 지극한 이치를 담고 있다."라 하였다.

1 백우(白羽)는 부채를 말한다.

2 구주(仇注)에서, "금착도(金錯刀)는 돈 또는 칼 두 가지로 사용할 수 있다."라 하였다. 『한서』 「식화지(食貨志)」에서, "왕망(王莽)이 다시 착도(錯刀)를 만들고 황금으로 그 무늬를 도금하였는데, 착도 하나에 오천 전(錢)의 값어치가 된다."라 하였다. 또한 장형의 「사수(四愁)」에서, "미인이 나에게 금착도를 주네.(美人贈我金錯刀)"라 하였으니, 이 예들은 돈으로 사용된 경우를 말한다. 두보의 「대설(對雪)」에서 "금착도 넣어둔 주머니 텅텅 비어서(金錯囊垂罄)"라는 말을 사용하였으며, 『속한서(續漢書)』 「여복지(輿服志)」에서, "칼을 차고 수레에 오르니, 온 몸에 아로새긴 착도이다. 제후는 황금의 착도를 찬다."라 하였으며, 『동관한기』에서, "등통(鄧通)에게 황금의 착도를 내렸다."라 하였으니, 이 예들은 칼로 사용된 경우를 말한다. 이 작품에서는 후자를 말한다.

3 포조의 시에서, "곧기가 마치 붉은 먹줄 같네.(直如朱絲繩)"라 하였다. 주주(朱注)에서, "착도(錯刀)와 사승(絲繩)은 종려 파리채의 장식이다."라 하였다.

4 '咂'은 '嚼'과 통용하니, 깨문다는 의미이다. 『장자』에서, "모기와 등애가 살갗을 물어대니 밤새 잠을 이루지 못하였다."라 하였다.

5 『장자』에서, "다만 보관할 때 자물쇠가 견고하지 못할까 두렵다."라 하였다. 즉 삼년을 보관하였으니, 차마 사용할 시간이 지났다고 하여 버리지 못한다. 물건을 사용한 의리에 당연히 그렇게 해야 함을 말한 것이다. 반첩여의 「단선(團扇)」을 번안하여 지었다.

50. 예전 처소에 묵으며[1]

客舊館

陳迹隨人事	지난 행적은 세상사에 따르니
初秋別此亭	초가을에 이곳 정자를 떠났지.
重來梨葉赤	거듭 오니 배 잎사귀는 붉은데
依舊竹林青	이전처럼 대숲은 푸르구나.
風幔前[2]時捲	바람에 일렁이던 휘장은 이전에 걷고
寒砧昨夜聽	차가운 다듬이 소리 간밤에 들었네.
無由出江漢	파촉 강한을 벗어날 수 없으니
愁緒日冥冥	수심에 젖어 날로 암담하기만.

1 본집에 실리지 않은 작품으로, 원씨(員氏)가 수집하였다. 포주(浦注)에서, "예전에는 재주에 있을 시기로 편집하였는데, 아마도 근처의 고을을 돌아다니다가 다시 이곳에 돌아왔을 때 지은 것 같다."라 하였다.

2 '前'은 달리 '何'로 된 본도 있다.

51. 능주 노 사군이 부임하는 것을 전송하다[1]

送陵州路使君之任

王室比多難	왕실에 근래 어려움이 많았으니
高官皆武臣	고관은 모두 무신이라네.[2]
幽燕通使者	서북방 유연은 사신이 다니니[3]
岳牧用詞人	수령은 문인을 등용하네.
國待賢良急	나라에서 어진 이를 급하게 찾으니
君當拔擢新	그대는 응당 새로 발탁되리라.
佩刀成氣象	칼을 차니 기상이 떨쳐지고[4]
行蓋出風塵	수레 지나가니 먼지 속에서 나오네.
戰伐乾坤破	전쟁에 천지가 피폐해졌고
瘡痍府庫貧	상흔에 창고는 텅 비었네.
衆寮宜潔白	뭇 관리는 마땅히 깨끗해야 하고
萬役但平均	모든 부역은 오직 균등해야 하네.[二]
霄漢瞻佳士	하늘이 훌륭한 선비 바라보리니
泥塗任此身	진흙탕에 이 몸 맡기리라.
秋天正搖落	가을 하늘은 참으로 쓸쓸하니
回首大江濱	머리 돌려 대강가를 바라보네.[三]

㈡ 이것이 바로 문신을 기용하는 것이 백성을 어루만지고 난리를 그만두게 할 방법이다. 이런 말들은 혐의나 질정을 받을 이유가 없다.

㈢ 소자상이 이르기를, "두보의 이와 같은 작품은 반드시 뛰어난 시어가 있을 필요가 없다. 요컨대 시의 심혼(深渾)함은 이르기 어렵다."라 하였다.

1 『당서』에서, "능주(陵州) 인수군(仁壽郡)은 검남동도(劍南東道)에 속한다."라 하였다. 포주(浦注)에서, "능주는 지금의 성도부 인수현의 지역 안에 있다."라 하였다.

2 주주(朱注)에서, "역사를 살펴보니, 이 당시 여러 고을은 오랫동안 군인들이 주둔하여 대부분 무장이 자사를 겸하였다. 법도가 무너지고 백성을 침탈하였으니 사람들이 그런 상황을 깊은 폐단으로 여겼다."라 하였다.

3 이 당시 하북(河北)은 이미 평정되었다. 그러므로 이렇게 말한 것이다.

4 『진서』에서 말하였다. "여건(呂虔)이 자사가 되어 칼을 차고 다녔다. 관상쟁이가 보고 반드시 삼공이 될 것이라고 하였다. 이에 별가(別駕) 왕상(王祥)에게 주면서 '그대는 재상의 기상이 있으니 이에 그대에게 주노라.'라 하였다."

52. 강동으로 가는 원이를 전송하다[1]

送元二適江左

亂後今相見	난리 뒤에 오늘에야 만났지만
秋深復遠行	가을 깊어 다시 먼 길 떠나네.㊁
風塵爲客日	어지러운 세상에 나그네로 떠도는데
江海送君情	강해에서 그대를 보내는 마음이랴.
晉室丹陽尹	진나라 서울 단양[2]
公孫白帝城	공손술이 웅거한 백제성.[3]
經過自愛惜	지날 때 스스로 몸을 아끼어
取次莫論兵	전쟁 논하지 말고 조용히 가시라.[4]

㊁ 소자상이 이르기를, "도입구의 열 글자는 3-4층의 곡절을 갖추고 있다. 기구(起句) 가운데 더욱 뛰어나다."라 하였다.

1 주주(朱注)에서, "『왕우승집』에 「송원이사안서(送元二使安西)」라는 작품이 있는데, 아마도 이 사람인 것 같다."라 하였다.

2 『송서(宋書)』에서, "한나라 시기 단양군(丹陽郡)은 완릉(宛陵)을 다스렸다. 진(晉)나라 태강 연간에 이 지역을 나눠 한 지역을 선성군(宣城郡)으로 삼았고, 단양은 건업(建業)에 속하여 다스리게 하였다. 양(梁) 원제(元帝)가 군수(郡守)를 윤(尹)으로 고쳤다."라 하였다. 양 원제의 「단양윤전(丹梁尹傳)」의 서에서, "두 수도가 어지러워진 뒤로 진나라가 남쪽으로 건너왔다. 이에 회해(淮海)를 신주(神州, 중국)로 삼고 단양을 경윤(京尹)으로 삼았다."라 하였다.

3 『원화군현지』에서, "백제성(白帝城)은 적갑산(赤甲山)과 마주

하고 있다. 처음 공손술(公孫述)이 어복(魚復)에 이르렀을 때 흰 용이 우물에서 나왔기에 어복을 백제성이라 불렀다."라 하였다. 단양은 원이(元二)가 지나갈 곳이며 백제성은 지나온 곳이다. 호효원(胡孝轅)이 말하기를, "단양윤은 반드시 진(晉)의 어떤 사람을 지정할 필요가 없다. 진나라가 남쪽으로 내려와 온교(溫嶠)와 유외(劉隗)가 단양윤을 할 때 왕돈(王敦)이 난리를 일으켰는데, 자양(子陽)이 칼을 치켜세우며 백제(白帝)를 칭하였다. 이런 상황은 숙종과 대종 시기 절도사들이 지방을 장악한 것과 흡사하다. 그러므로 고사를 인용하여 아래 구의 전투를 논하지 말라고 한 것으로, 범범하게 고사를 이곳에 배치한 것이 아니다."라 하였다.

4 원주(原注)에서, "원이가 일찍이 무과에 응시한 적이 있다. 이 당시 번진세력 가운데 발호하거나 사태를 관망한 자가 많았다. 그러므로 그에게 전투를 논하여 재앙을 불러들이지 말라고 경계한 것이다."라 하였다. 황생(黃生)의 주에서, "'취차(取次)'는 당시의 방언으로, 조용하라는 의미이다."라 하였다.

53. 성도로 돌아가는 두구를 전송하다[1]

送竇九歸成都

文章亦不盡	문장도 끝이 보이지 않는데
竇子才縱橫	두자의 재주는 이리저리 넘치네.
非爾更苦節	그대 고절을 바꾸니 않으니
何人符大名	어느 누가 큰 명성에 부합하리.[2] 曰
讀書雲閣觀	운각관에서 글 읽다가[3]
問絹錦官城	금관성으로 부모 뵈러 가네.[4]
我有浣花竹	나의 완화계 대나무가 있으니
題詩須一行	시를 지을 때 한번 가보시게.

曰 왕사석(王嗣奭)이 이르기를, "기구는 돌올(突兀)하며 전구(轉句) 또한 돈좌(頓挫)하니 마치 작은 물이 파도를 일으키는 것 같다."라 하였다.

1 본집에 실리지 않은 작품으로, 곽지달과 황학 본에 보인다.

2 두구(竇九)는 아마도 문명이 있으면서 또한 절개를 지키는 자일 것이다.

3 포주(浦注)에서, "운각관의 소재는 알 수 없다. 아마도 현재 두구가 머물고 있는 곳을 가리키는 것 같다."라 하였다.

4 『위지(魏志)』에서 말하였다. "호질(胡質)이 형주자사가 되었다. 아들 호위(胡威)가 찾아뵈려고 여관에서 쉬지 않고 말을 달렸다. 인사를 드리는데, 호질이 비단 한 필을 주었다. 호위가 무릎 꿇고 '아버지께서는 청빈하신데 어떻게 이 비단을 얻으셨습니까.'라 묻자, 호질이 '이것은 봉급을 쓰고 남은 것이다. 애오라지 너의 식량으로 주려고 한다.'라 대답하였다." 구주(仇注)에서, "두구는 아마도 성도 두 소윤의 아들일 것이다. 그러므로 '문견(問絹)'의 고사를 인용한 것이다 이 당시 아마도 부모를 뵈러 성도로 돌아가는 것 같다."라 하였다.

54. 중양절에

九日

去年登高郪縣北	작년 처현의 북쪽에서 높이 올랐는데
今日重在涪江濱	오늘은 다시 부강가에 있네.[1]
苦遭白髮不相放	괴로이 보는 백발에 마음 쓰라리며
羞見黃花無數新	무수히 새로 핀 국화를 부끄럽게 바라보네.
世亂鬱鬱久爲客	어지러운 세상에 오래 떠도는 울울한 나그네 되어
路難悠悠常傍人	험난한 길에 근심 젖어 항상 남에게 의지하네.
酒闌卻憶十年事	술 오르면 문득 십년 전 일 생각나니
腸斷驪山淸路塵	여산의 임금 행차 되돌려 애가 끊어지는구나.[2] ⊟

⊟ 이자덕이 이르기를, "고색(古色)이 울연(蔚然)하게 한번 맺으니, 더욱 두보의 충애(忠愛)를 볼 수 있다."라 하였다.

1 처현과 부강은 모두 재주(梓州)에 있다.

2 『두억』에서, "천보 14년(755) 겨울에 두보는 장안에서 봉선(奉先)에 부임하러 갔는데 도중에 여산(驪山)을 지났다. 현종이 바야흐로 여산의 화청궁에 행차하였는데 안록산이 반란을 일으켜서 장안으로 돌아갔다. 그 일이 일어난 지 10년이 지났으니, 회상하면 애가 끊어진다는 말이다."라 하였다.

55. 나른한 밤

倦夜

竹涼侵臥內　　서늘한 대 기운 침실에 스며들고
野月滿庭隅　　들녘 달빛은 마당에 가득하네.
重露成涓滴　　무거운 이슬은 방울방울 떨어지고
稀星乍有無　　희미한 달빛은 있는 듯 없는 듯.[1] ⊟
暗飛螢自照　　어둠속 나는 반딧불이 자신을 비추고
水宿鳥相呼　　물가에 자는 새는 서로 부르네.
萬事干戈裏　　세상만사 전쟁 통이라
空悲淸夜徂　　맑은 밤 지새며 부질없이 슬퍼하노라.[2]

시평 : 이자덕이 이르기를, "밤을 묘사하기는 쉽지만 나른한 밤을 묘사하기는 어렵다. 다만 경치를 통해 나른한 밤을 묘사하였으며, 피곤하다는 의미를 지닌 글자를 하나도 쓰지 않았다. 그러므로 혼연하여 자취가 없다[渾然無迹]."라 하였다. ○ 왕직방(王直方)의 『시화』에서 말하였다. "동파가 이르기를, '사공표성(司空表聖)이 자신의 시를 논하면서 운치 너머의 운치 있는 작품을 얻었다고 하였는데, '푸른 나무가 마을에 이어져 그늘지고, 노란 꽃은 보리밭으로 들어가 희미하네.(綠樹連村暗 黃花入麥稀)'라는 시구가 가장 좋다고 하였다.'라 하였다. 동파가 또 이르기를, "닫힌 화원에 바둑 소리 들리고, 높은 석단에 깃발 그림자 비치네.(棊聲花院閉 幡影石壇高)'라는 구절을 사공도가 지었다. 내가 일찍이 홀로 오로봉(五老峰)에서 노닐 때 백학관(白鶴觀)에 들어갔다. 소나무 그늘이 짙게 드리우고 한 사람도 보이지 않았다. 다만 바둑 두는 소리만 들렸는데, 이에 이 구절이 공교로움을 알았다. 다만 한스러움은, '비쩍 마른 승려의 모습(寒儉有僧態)'이라는 그의 구절이다. 두보의 '어둠속 나는 반딧불이 자신을 비추고, 물가에 자는 새는 서로 부르네.(暗飛螢自照 水宿鳥相呼)'와 '사경에 산에 달이 나오니, 남은 밤 물가에 누대가 밝네.(四更吐山月 殘夜水明樓)'라는 구는 재력(才力)이 넘치고 강건하니 사공도와 거리가 매우 멀다.'라 하였다."

曰 소자상이 이르기를, "맑은 경관이 마치 눈에 보이는 것 같다. 감개함을 한번 맺었다."라 하였다.

1 구주(仇注)에서, "대나 위에 이슬이 무거워 방울을 이루며, 달빛 환한 세상에 별빛은 희미하니 있는 듯 없는 듯하다. 두 구는 앞의 내용을 나눠 받고 있다."라 하였다.

2 1-3구는 상반야(上半夜)를 4-6구는 하반야(下半夜)를 그렸으며, '조(徂)'자로 끝맺고 있다. 즉 온 밤을 지내며 잠을 이루지 못한 것을 볼 수 있으니, 그러므로 제목을 「권야(倦夜)」라고 지은 것이다.

56. 해가 넘어갈 때

薄暮

江水長流地	강물이 길게 흘러가는 곳
山雲薄暮時	산에 구름 깔린 저물녘.
寒花隱亂草	차가운 꽃은 어지러운 풀 속에 숨고
宿鳥擇深枝	깃들려는 새는 깊숙한 가지 찾네.[1]
故國見何日	옛 서울은 언제나 볼려나
高秋心苦悲	높은 가을에 마음은 괴롭고 슬프네.
人生不再好	인생에 다시 좋은 시절 없으리니
鬢髮白成絲	머리는 절로 하얗게 되었구나.

1 두 구는 두보 자신이 자취를 감추려는 뜻을 우의하였다.

57. 장안에서 청성으로 부임하는 스물네 번째 외삼촌을 낭주에서 전송하다[1]

閬州奉送二十四舅使自京赴任青城

聞道王喬舃	듣자하니, 왕교는 신발 때문에
名因太史傳	이름이 태사를 통해 임금께 알려졌네.[2]
如何碧雞使	어떻게 벽계로 간 사신이[3]
把詔紫微天	자미천에 임명된 조서를 잡았는가.[4]
秦嶺愁回首	진령에서 근심스레 고개 돌려보고
涪江醉泛船	부강에서 취하여 배 띄우시겠지.
青城漫汙雜	청성은 더럽고 혼잡하니[5]
吾舅意淒然	우리 외삼촌 마음이 서글프시겠네.

1 본집에 실리지 않은 작품으로, 곽지달과 황학 본에 보인다. 고주(顧注)에서, "이 외삼촌은 촉에 사신으로 갔다가 곧바로 청성으로 부임하라는 명령을 받았다."라 하였다.

2 『후한서』에서, "왕교가 섭(葉)의 현령이 되었을 때, 조회에 자주 참여하였다. 황제가 태사를 시켜 그를 엿보게 하였다. 태사가 황제에게 말하기를 '그가 올 때면 두 마리 오리가 날아오는데, 이에 그물을 던져 잡아보니 거기에는 신발 한쪽만 있었습니다.'라 하였다. 이에 상방(尙方)에 조서를 내려 자세히 살펴보니 그 신발은 4년 전에 조정에서 상서의 관속에게 내린 신발이었다."라 하였다. 이에서 지방 관리는 조정 관리의 도움을 받는 것을 알 수 있다.

3 「왕포전(王褒傳)에서, "익주(益州)에 금마(金馬)와 벽계(碧雞)의 신이 있어서 왕포를 보내 제사를 지내게 하였다."라 하였다.

4 즉 서울의 관리가 도리어 현령(縣令)에 임명된 것을 말한다. 『두

억』에서, "청성은 도교의 제오대동보선구실지천(第五大洞寶仙九室之天)이 된다. 그러므로 자미천이라 이른 것이다."라 하였다.

청성은 이 당시 아마도 토번의 침입을 방비하고 있었던 것 같다. 그러므로 다음 작품에 임금의 명령이 급박하다는 탄식이 있다.

58. 왕 낭주자사의 송별연에서 열한 번째 외삼촌의 석별시에 화답하다[1]

王閬州筵奉酬十一舅惜別之作

萬壑樹聲滿　　골짜기마다 나뭇잎 지는 소리 가득하고
千崖秋氣高　　수많은 절벽에 가을 기운 드높다.⊟
浮舟出郡郭　　배 띄우고 고을 성곽 벗어나
別酒寄江濤　　이별의 술을 강의 파도에 부치네.
良會不復久　　좋은 모임 오래할 수 없으니
此生何太勞　　이 생애 어찌 너무도 수고로운가.
窮愁但有骨　　곤궁한 근심에 다만 뼈만 남았는데
羣盜尙如毛　　무리진 도적은 오히려 삐쭉 선 털 같네.[2]
吾舅惜分手　　우리 외삼촌 이별이 아쉬운데
使君寒贈袍　　자사는 추위 걱정에 솜옷을 주네.[3]
沙頭暮黃鶴　　모래밭 저물녘에 노란 학이
失侶亦哀號　　짝을 잃고 또한 구슬피 우네.[4]⊟

시평 : 이자덕이 이르기를, "처음 도입구가 척건(陟健)하니 선성(宣城) 사조와 같다. 나머지 부분도 또한 노성한 기운이 종횡으로 누빈다."라 하였다.

㈡ 작품을 일으키는 시어가 용절(聳絶)하다. 이미 어둡게 상심한 것을 알 수 있다.

㈢ 비유한 내용으로 결말을 맺었으니 정경이 교융(交融)하였다.

1 노주(盧注)에서, "스물네 번째 외삼촌이 청성에 부임할 때 열한 번째 외삼촌이 아마도 동행한 것 같다."라 하였다. 이 작품은 화답하여 지은 것이고, 다음 작품은 전송하며 지은 것이다.

2 가의(賈誼)의 『신서(新書)』에서, "반대하는 자가 고슴도치의 털처럼 일어났다."라 하였다.

3 『사기』에서, "범수(范睢)가 수가(須賈)를 만났다. 수가가 '범숙(范叔)은 늘 추위에 떠는 것이 이와 같은가.'라 하고 한 벌의 솜옷을 주었다."라 하였다. 아마도 외삼촌에게 주었을 것이다. 이 구는 주인의 온정을 드러내고 있다.

4 두 구는 이별하는 자신의 마음을 비유하고 있다.

59. 낭주 동루의 송별연에서 청성으로 가는 열한 번째 외삼촌을 전송하다[1]

閬州東樓筵奉送十一舅往青城得昏字

曾城有高樓	층층의 성에 높은 누대가 있으니
制古丹雘存	옛 형식에 단청이 남아 있네.
迢迢百餘尺	까마득한 백여 척 높이에
豁達開四門	사방 문을 활짝 열었네.
雖有車馬客	비록 수레 탄 나그네 있지만
而無人世喧	시끄러운 사람 없어라.
遊目俯大江	눈을 놀려 큰 강 굽어보고
列筵慰別魂	잔치 열어 이별의 마음 위로하네.
是時秋冬交	이때는 겨울로 넘어가는 늦가을
節往顏色昏	시간이 흐르니 얼굴이 어둡다.
天寒鳥獸伏	하늘이 차가워 온갖 짐승도 엎드리며
霜露在草根	서리와 이슬이 풀뿌리에 내리네.
今我送舅氏	지금 나는 외삼촌 보내는데
萬感集清罇	온갖 감회가 맑은 술잔에 모이네.
豈伊山川間	어찌 저 산천이 막으랴
回首盜賊繁	고개 돌려보니 도적이 많구나.
高賢意不暇	어진 이 마음에 겨를이 없으니
王命久崩奔	임금 명령 오랫동안 분주히 받들었네.[2]
臨風欲慟哭	바람 맞으며 실컷 울고 싶은데
聲出已復吞	울음소리 나왔다가 다시 삼키네.

1 『일통지』에서, "동루는 보령부(保寧府)의 관청 남쪽 가릉강(嘉陵江)가에 있다. 두보가 여기서 지은 작품이 있다."라 하였다.

2 마지막 부분에서 스물네 번째 외삼촌을 겸하여 그리고 있다. 사령운의 시에서, "언덕이 갈라져 자주 무너져 내리네.(圻岸屢崩奔)"라 하였다. 이것은 행역(行役)이 바쁘고 급한 것을 비유한 것이다.

60. 배를 띄우고

放船

送客蒼溪縣	손님을 창계현까지 전송하노니[1]
山寒雨不開	차가운 산에 비도 그치지 않네.
直愁騎馬滑	말이 미끄러울까 근심하여
故作放舟回	배를 타고 돌아오네.
青惜峯巒過	푸른빛 보니 봉우리 지나감 아깝고
黃知橘柚來	노란색 보니 귤나무 인줄 아네.[曰]
江流大自在	강물은 크게도 출렁이나
坐穩興悠哉	편안하게 앉아 홍이 한가롭네.[2]

曰 5-6구는 배가 빠르게 지나가 사물을 제대로 바라볼 겨를이 없음을 묘사하였다. 광경을 그림이 입신의 경지에 들었다.

1 창계현은 낭주에 속한다. 낭주의 북쪽에 있다.

2 7-8구는 3-4구와 대비하여 읽어야 하니, 참으로 두보는 길이 미끄러움을 두려워하는 사람이다.

61. 저물녘에 노닐며[1]

薄遊

淅淅風生砌	솔솔 바람이 섬돌에서 불고
團團日隱牆	둥근 해는 담장에 숨었네.
遙空秋雁滅	먼 창공에는 가을 기러기도 사라지고
半嶺暮雲長	산등성 중간에 저녁 구름이 길게 앉았네.
病葉多先墜	병든 잎은 대부분 먼저 떨어지고
寒花只暫香	차가운 꽃은 다만 잠시 향기롭네.[2]
巴城添淚眼	파성에서 눈물 더 하는데[3]
今夕復淸[4]光	오늘 저녁에 다시 맑은 달빛 흐르네.[5] ⊟

⊟ 이자덕이 이르기를, "사물을 표현함이 공교로우며, 감흥을 대단히 담담하게 드러내었다."라 하였다. ○ 이상은의 「속질(屬疾)」에서, "가을 나비는 무단히 어여쁘고, 차가운 꽃은 다만 잠시 향기롭네.(秋蝶無端豔 寒花只暫香)"라고 하였는데, 온전히 두보의 시어를 사용하였다.

1 유창(兪瑒)이 말하기를, "시를 음미해보면 제목을 마땅히 「박모(薄暮)」로 지어야 한다."라 하였다.

2 두 구는 비(比)에 해당한다.

3 낭주에 한군(漢郡)과 파군(巴郡)이 있다.

4 '淸'은 달리 '秋'로 된 본도 있다.

5 달을 보고나니 슬픔이 인다는 말이다.

62. 엄씨계에서 크게 노래하다[1]

嚴氏溪放歌行

天下兵馬未盡銷	천하에 전쟁이 아직 그치지 않았는데
豈免溝壑常漂漂	어찌 골짜기에서 항상 떠도는 것을 면하랴.
劍南歲月不可度	검남에서 세월을 보낼 수 없었는데[2]
邊頭公卿仍獨驕	주변에 있는 공경은 홀로 교만하네.[3]
費心姑息是一役	가식으로 한 번 부리는데 마음을 쓰고[4]
肥肉大酒徒相要	살진 고기 많은 술로 한갓 요구하네.[5]
嗚呼古人已糞土	오호라! 옛 선비는 이미 흙이 되었고[6]
獨覺志士甘漁樵	지사는 기꺼이 숨어 고기 잡고 나무 하며 지내네.
況我飄蓬無定所	더구나 나는 쑥대처럼 떠돌며 정처가 없으니
終日慽慽忍羈旅	종일토록 근심하며 나그네 생활 참는구나.
秋宿霜溪素月高	가을 서리 내린 시냇가에 자니 흰 달이 높게 떴는데
喜得與子長夜語	기쁘게도 그대와 긴 밤을 이야기 나누네.
東遊西還力實倦	동에서 노닐다가 서로 돌아가니 기운 실로 피곤한데[7]
從此將身更何許	이제부터 장차 이 몸 어디에 둘 것인가.
知子松根長茯苓	그대의 소나무 뿌리에 큰 복령이 있으니
遲暮有意來同煮	만년에 같이 달여 먹을 생각이 있으신지.[8] ⊟

㊂ 우연히 빠르게 지은 작품으로, 변방 번진이 선비를 좋아하지 않는 것에 분격하며 세상을 피해 은거한 사람과 함께 숨어지내고 싶은 것을 말하고 있다.

1 『화양국지』에서, "낭중에는 세 호(狐)씨와 다섯 마(馬)씨와 포(蒲), 조(趙), 임(任), 황(黃), 엄(嚴)씨 등이 큰 씨족이다."라 하였다. 계(溪)는 아마도 그 씨족으로 이름을 지은 것 같다.

2 성도에서 난리를 만난 것을 말한다.

3 구주(仇注)에서, "공경은 장이(章彝)를 가리킨다고 한 말이 옳다."라 하였다.

4 사랑하고 존경하는 진심이 없이 다만 한번 부리는 것으로 상대한다는 말이다.

5 『여씨춘추』에서, "살진 고기와 많은 술로 힘써 서로 권하니 그것을 '창자를 썩게 하는 식사'라고 한다."라 하였다.

6 '고인(古人)'은 옛날의 어진 선비를 말한다.

7 주주(朱注)에서, "낭주는 재주의 동쪽에 있다. 이 말은 곧 동쪽의 낭주에서 노닐다가 또 서쪽의 재주로 돌아가고 싶다는 것이다."라 하였다.

8 『본초(本草)』에서, "복령은 천년 묵은 송진이다. 환(丸)으로 만들어 복용하면 곡식을 먹지 않아도 배가 고프지 않다."라 하였다.

63. 봉례랑 엄이와 이별하다[1]
與嚴二郎奉禮別

別君誰暖眼	그대와 이별하니 누가 날 따뜻하게 대할까⊟
將老病纏身	장차 늙어감에 병이 몸을 휘감네.
出涕同斜日	눈물 쏟으며 지는 햇빛 같이 받고
臨風看去塵	바람 맞으며 날려가는 먼지를 바라보네.
商歌還入夜	상가는 도리어 밤에 들리고[2]
巴俗自爲鄰	파촉 풍속에 절로 익숙해졌네.
尙愧微軀在	보잘 것 없는 존재 더욱 부끄러운데
遙聞盛禮新	성대한 예식 새롭다고 멀리서 들었네.[3]
山東羣盜散	산동의 여러 도둑 흩어지고
闕下受降頻	대궐에서 자주 항복을 받네.
諸將歸應盡	제장은 응당 모두 돌아가리니
題書報遠人	태평성대라는 글을 써서 먼 사람에게 알리시라.

⊟ 유수계(劉須溪)가 이르기를, "완적과 관련된 고사인 차가운 눈을 뒤집어 따뜻한 눈이라고 하였으니, 또한 새롭다."라 하였다.

1 이하 두 작품은 모두 본집에 실리지 않았으며, 곽지달과 황학본에 보인다. 『당서』에서, "태상시봉례랑(太常侍奉禮郞)은 두 사람으로, 군신이 자리를 구별하여 조회와 제사를 지내는 예를 받든다."라 하였다. 당시에 엄이(嚴二)는 분명히 직책을 받으러 장안으로 들어가려 했을 것이다.

2 『회남자』에서, "영척(甯戚)이 소에게 꼴을 먹이러 수레에서 내

려와 소뿔을 두드리며 상가(商歌)를 불렀다. 이에 제 환공에게 등용되었다."라 하였다. 다음 구와 함께 요락한 자신의 처지를 말한다.

3 이 해 봄에 사조의(史祖義)가 죽고 그의 장수인 이회선(李懷仙)과 전승사(田承嗣)가 각각 자신이 점령한 주(州)를 들어 항복하였다. '성례(成禮)'는 종묘에 고하고 포로를 바치는 등의 일을 말한다.

64. 배 남부현령에게 주다[1]

贈裴南部

塵滿萊蕪甑	먼지 가득한 내무의 솥[2]
堂橫單父琴	당에 기대있는 단보의 거문고.[3]
人皆知飮水	모든 사람이 물만 마신 것을 알며[4]
公輩不偸金	공의 동료의 금을 훔치지 않았네.[5]
梁獄書應上	억울한 옥사에 편지는 응당 올려야 하며[6]
秦臺鏡欲臨	진나라 궁궐의 거울을 비추고 싶네.[7]
獨醒時所嫉	홀로 깨어 때로 시기를 받으니
羣小謗能深	뭇 소인의 비방을 깊이 살펴야 하네.
卽出黃沙在	곧바로 감옥에서 나와야 하니[8]
何[9]須白髮侵	어찌 백발이 생기기를 기다려야 하나.
使君傳舊德	판관은 오랜 덕을 전해 받았으니
已見直繩心	이미 곧은 먹줄의 마음을 알겠네.[10]

시평 : 포이전이 이르기를, “배 현령은 맑은 지조로 옥에 갇히게 되었기에 두보가 이 시를 지었으니, 한 장의 무고를 밝히는 문서이다. 먼저 사실을 드러내고 다음 일의 원인을 따져보고 끝에는 위로하였다. 진의 거울과 곧은 먹줄은 판관에 대하여 칭송한 것으로, 이러한 시의 체재를 얻었다.”라 하였다.

1 원주(原注)에서, "원(袁) 판관이 스스로 왔으니 남부현의 옥사를 살피려 한 것이다."라 하였다. 『당서』에서, "남부현은 낭주에 속한다."라 하였다.

2 『후한서』에서 말하였다. "범단(范丹)의 자는 사운(史雲)이다. 내무의 수령이 되었는데 청빈하였다. 사람들이 노래하여 '솥 안에 먼지 이는 범사운이여'라 하였다."

3 『여씨춘추』에서, "자천(子賤)이 단보(單父)의 읍재가 되었는데, 거문고를 타면서 당에서 내려오지 않고 다스렸다."라 하였다.

4 『진서』에서, "등유(鄧攸)가 많은 사람이 바라던 오군(吳郡)의 군수가 되었다. 그는 쌀을 싣고 부임하러 가서 봉록을 받지 않고 오군의 물만 마셨다."라 하였다.

5 『한서』에서, "직불의(直不義)가 낭관이 되었다. 휴가를 떠나는 자가 같은 건물을 쓰는 낭관의 금을 가지고 가버렸다. 직불의가 훔쳤다고 의심하였는데, 이에 직불의는 금을 사서 주었다. 뒤에 휴가를 떠난 자가 돌아와 금을 돌려주니 금 주인이 크게 부끄러워하였다."라 하였다.

6 이 당시 배 현령은 아마도 송사와 관련된 일이 있었을 것이다.

7 『서경잡기』에서, "고조(高祖)가 함양궁에 들어왔다. 넓이가 4척이고 높이가 5척 9촌인 네모난 거울이 있었는데 사물의 겉과 속을 환하게 비춰주었다. 사람이 거울에 서면 오장을 볼 수 있었다. 또한 여자가 사특한 마음을 가지면 담(膽) 벌어지고 심장이 크게 뛰었다."라 하였다.

8 『진서』「무제기(武帝紀)」에서, "태강 5년 6월 초에 황사옥(黃沙獄)을 설치하였다."라 하였다.

9 '何'는 달리 '應'으로 된 본도 있다.

10 포조의 시에서, "곧기가 마치 붉은 먹줄 같네.(直如朱絲繩)"라 하였다.

65. 비를 대하고

對雨

莽莽天涯雨	아득한 하늘가에 비가 내리니
江邊獨立時	강가에 홀로 서 있네.
不愁巴道路	파촉 가는 길 근심스럽지 않으나
恐濕漢旌旗	한의 깃발이 젖을까 두렵네.[1]
雪嶺防秋急	설령에는 가을 방비가 급하고[2]
繩橋戰勝遲	승교에는 전투의 승리가 더디네.[3]
西戎甥舅禮	서융은 사위의 예를 지켜서
未敢背恩私	감히 사사로운 은혜 저버리지 않기를.[4]

1 주주(朱注)에서, "즉 파촉으로 가는 길은 근심스럽지 않지만 다만 수자리 병사가 이때 비에 젖을까 매우 걱정이 된다는 말이다."라 하였다.

2 고주(顧注)에서, "광덕 원년 7월에 토번이 하농(河隴)을 모두 빼앗았기에, 변방 수비가 매우 삼엄하였다."라 하였다.

3 『여지기승(輿地紀勝)』에서, "승교는 유주(維州) 보령현(保寧縣)의 동쪽 15리에 있다. 대나무를 꼬아 줄을 만들고 그 위에 나무판자를 대었는데 길이가 서른 길이다. 토번과 중국을 연결하는 길이다."라 하였다.

4 '은사(恩私)'는 반어적인 표현이다.

66. 시름겹게 앉아[1]

愁坐

高齋常見野	높다란 집은 항상 들판이 보이는데
愁坐更臨門	시름겹게 앉았다가 다시 문으로 다가가네.
十月山寒重	시월은 산 추위도 심하고
孤城水氣昏	외론 성엔 물빛도 어둡네.
葭萌氐種逈	가맹에는 강족이 멀리 있고[2]
左擔犬戎存	좌담에는 토번이 진을 치네.[3]
終日憂奔走	종일 달아날 것을 근심하느라
歸期未敢論	돌아갈 기약을 감히 논하지 못하겠네.

1 본집에 실리지 않은 작품으로, 원씨(員氏)가 수집하였다.

2 『화양국지』에서, "촉왕이 동생 가맹을 한중(漢中)에 봉하여 저후(苴侯)라고 부르고 인하여 그 지역을 가맹이라 명명하였다."라 하였다. 『당서』에서, "가맹현은 이주(利州)에 속한다."라 하였다. 저종(氐種)은 강족(羌族)을 가리킨다.

3 이충(李充)의 『촉기(蜀記)』에서, "면곡(綿谷)의 가맹에서부터 길이 험하고 좁다. 북쪽에서 짐을 짊어지고 오는 자들은 어깨에 맨 짐을 바꾸지 못하니, 그것을 좌담도(左擔道)라 부른다."라 하였다. 견융은 토번을 이른다. 구주(仇注)에서, "안팎에서 서로 결탁하여 난리를 일으킬까 두려운 것이다. 그러므로 마땅히 피하여 달아날 것을 근심한 것이다."라 하였다.

67. 전쟁의 경계가 위급하다[1]
警急

才名舊楚將	재주와 명망 높은 옛 초의 장수[2]
妙略擁兵機	기묘한 계략으로 군대를 장악하였네.㊀
玉壘雖傳檄	옥루산에 비록 침입 알리는 격문이 전해지지만[3]
松州會解圍	송주는 곧 포위가 풀릴 것이네.[4]
和親知計拙	화친은 졸렬한 계책이니
公主漫無歸	공주는 부질없이 돌아오지 않는구나.
青海今誰得	청해는 지금 누가 차지하였나[5]
西戎實飽飛	토번은 실로 배불러 날뛰는구나.

시평 : 양수진(楊守陳)이 말하기를, "이하 세 작품은 모두 고적을 위하여 지은 것으로, 오랑캐를 방어하지 못한 것을 기롱하고 있다. 처음에 재주와 명망 갖춘 초의 장수가 기묘한 계략으로 군사를 장악하였다고 하였지만 아래는 모두 전쟁에서 패배한 일이니, 실제 그의 계략을 대충 알 수 있다."라 하였다.

㊀ 고적을 풍자한 곳으로 입언(立言)이 매우 웅혼하다.

1 원주(原注)에서, "고적이 서천(西川) 절도사를 맡았다."라 하였다. 채몽필이 말하기를, "역사를 살펴보건대, 대종이 즉위하자 토번이 농우(隴右)를 함락하고 점차 장안으로 다가왔다. 고적이 촉에서 병사를 훈련하여 토번의 남쪽 국경에 다가가 견제하였다. 군대를 내어 싸웠으나 공을 세우지 못하고 곧바로 송주(松州)와 유주(維州) 등을 잃었다. 이 시는 송주가 함락되기 전에 지은 것이다."라 하였다.

2 주주(朱注)에서 말하였다. "「고적전(高適傳)」에서, '지덕 초기에 고적이 영왕(永王) 이린(李璘)에게 반드시 패할 것이라고 아뢰자, 고적을 양주좌도독부장사겸회남절도사로 삼았다.'라 하였다." 회남은 본래 초나라 땅이다.

3 옥루산은 관현(灌縣)의 서쪽에 있다. 성도에서 멀지 않다. 격문을 전해진다는 말은 그 뜻에 따라 병사를 조련하는 것으로, 옛날의 주석은 옳지 않다.

4 송주는 곧 지금의 송반(松潘)으로, 토번의 국경에 가장 가깝다. '회해위(會解圍)'라는 말에서 참으로 포위가 아직 풀리지 않았음을 알 수 있다.

5 『구당서』에서, "토곡혼(吐谷渾 : 4세기 청해 지역에 있던 나라)에 청해가 있는데, 청해는 둘레가 8-9백리 정도 된다. 고종 용삭 3년(663)에 토번에게 병합되었다."라 하였다. 이 당시 청해는 토번에게 함락되었다.

68. 임금의 명령
王命

漢北豺狼滿	한북에는 승냥이와 이리 가득하고[1]
巴西道路難	파서에는 길이 험난하네.
血埋諸將甲	피로 여러 장수의 갑옷 칠하고
骨斷使臣鞍	뼈는 사신의 안장에서 부러졌네.[2]
牢落新燒棧	새로 불탄 잔도는 소슬하고[3]
蒼茫舊築壇	옛날 쌓은 제단은 아득하네.[4]
深懷喩蜀意	촉의 백성 달랜 뜻을 깊이 기억하노니[5]
慟哭望王官	통곡하며 조정의 관리에게 바라노라.[6]

1 『당서』에서, "보응 원년에 토번이 임조(臨洮)를 함락하고 진주(秦州), 성주(成州), 위주(渭州) 등을 빼앗았다. 그 다음해에 또 난주(蘭州), 하주(河州) 등을 빼앗으니, 농우(隴右) 지역 사람들이 모두 도망하였다."라 하였다. 살펴보건대, 빼앗긴 지역은 모두 한원(漢源)의 서북방에 있다.

2 주주(朱注)에서, "광덕 원년에 이지방(李之芳)과 최륜(崔倫)이 토번으로 사신 갔으나, 토번은 그들을 붙잡아 두고 돌려보내지 않았다."라 하였다.

3 『한서』에서, "장량이 고조에게 잔도를 태워 끊자고 아뢰었다."라 하였다. 이 구는 장안이 회복되지 않은 것을 말한다.

4 포주(浦注)에서, "예를 들면 곽자의(郭子儀)는 벼슬에서 쫓겨나고 엄무(嚴武)는 절도사를 그만 둔 것이다."라 하였다.

5 「사마상여전」에서, "당몽(唐蒙)이 계략을 써서 야랑(夜郎)과 통하기 위해 파촉의 관리와 군졸 천여 명을 징발했다. 또한 주변의

군(郡)에서도 그들의 군량을 대기 위해 동원한 인력이 만여 명이나 되었다. 당몽은 한나라 법을 시행하여 그들의 거수(渠帥)를 죽이니 파촉의 백성들의 크게 놀라 두려워했다. 황제가 듣고 상여를 사자로 보내 백성들에게 해명하도록 했다."라 하였다.

6 왕명이 펼쳐져서 급한 경계에 대비할 것을 바라였다. 반드시 어떤 특별한 왕명을 가리키는 것이 아니다.

69. 전쟁하러 가는 사내
征夫

十室幾人在	열 집에 몇 사람이나 남았나
千山空自多	천 산은 부질없이 많구나.[1]
路衢唯見哭	길에는 다만 울부짖는 사람만 보이고
城市不聞歌	저자에는 노래 소리 들리지 않네.[曰]
漂梗無安地	표류하는 나무 인형처럼 안주하지 못하며[2]
銜枚有荷戈	재갈 물고 창을 메고 다니네.[3]
官軍未通蜀	관군이 아직 촉의 길 열지 못하였으니[4]
吾道竟如何	나의 길은 끝내 어떻게 될까.

曰 소자상이 이르기를, "경계함이 깊다."라 하였다.

1 위험이 닥쳤는데도 지키지 않는 것을 말한다.

2 『설원(說苑)』에서 말하였다. "흙 인형〔土偶〕이 복숭아 인형〔桃梗〕에게, '그대는 원래 동원(東園)의 복숭아 나무이다. 그것을 깎아 인형을 만들었다. 많은 비가 내려 홍수가 닥치면 반드시 그대를 둥둥 띄워 끝도 모를 곳으로 옮길 것이다'고 말하였다."

3 『한서』 주에서, "재갈을 무는 것은 말을 하거나 시끄럽지 않기 위한 것이다. 그 모양이 마치 젓가락을 가로로 입에 무는 것 같다."라 하였다. 이 구절은 곧 이르는 곳마다 모두 싸움을 한다는 말이다.

4 구원군이 도착하지 못함을 이른다.

70. 서산[1]

西山三首

夷界荒山頂　　오랑캐 지역 마주한 거친 산꼭대기[2]
蕃州積雪邊　　변방 고을은 눈이 쌓였네.[3]
築城依白帝　　쌓은 성은 백제에게 의지하고[4]
轉粟上青天　　옮겨 놓은 군량미는 푸른 하늘에 오를 듯.[5]
蜀將分旗鼓　　촉의 장군은 기와 북을 나누고
羌兵助鎧鋋　　강족 병사는 갑옷과 창으로 전쟁을 돕네.[6]
西南背和好　　서남 지역은 우호조약을 배반하여
殺氣日相纏　　살기가 날마다 얽히는구나.[一]

辛苦三城戍　　세 성의 수자리로 고초 겪으며[7]
長防萬里秋　　가을날 만리를 늘상 방어하네.
烟塵侵火井　　전쟁의 연기와 먼지는 화정까지 밀려들고[8]
雨雪閉松州　　오랑캐는 비와 눈처럼 송주를 포위하였네.[9]
風動將軍幕　　바람은 장군의 막사를 흔들고
天寒使者裘　　사신의 갖옷으로 한기 스며드네.[10]
漫[11]山賊營壘　　산 가득한 적군의 진영과 망루
廻首得無憂　　바라보고서 어찌 근심 없으랴.[二]

子弟猶深入　　젊은 병사 여전히 깊이 쳐들어갔는데[12]
關城未解圍　　성의 포위는 아직 풀리지 않았네.

蠶崖鐵馬瘦	잠애관의 철갑 두른 말은 파리하고[13]
灌口米船稀	관구에는 쌀 실은 배가 드무네.[14]
辨士安邊策	책사는 변방 안정책을 낼 것이고
元戎決勝威	원수는 승리를 결정 낼 위엄을 떨치리라.[15]
今朝烏鵲喜	오늘 아침에 까마귀와 까치 기쁘게 지저귀니
欲報凱歌歸	개선가 부르며 돌아옴을 알리려는 듯.

시평 : 구창주가 이르기를, "두보는 우국충청의 마음과 현실을 운영할만한 재략을 지니면서 거듭 난리를 만났다. 그러므로 재주와 낭주에 있으면서 조정에서 변방을 처리하는 일에 대해 감회가 일었다. 이에 대부분 시에 나타난 것은 슬프거나 비장함을 격발시키는 시어가 많은데, 이를 통해 각 작품의 정신이 환하게 드러나며, 또한 기골(氣骨)과 풍신(風神)이 극진하게 되었다. 익숙하게 반복하여 길게 읊조리면 천고의 절창임을 알 수 있다."라 하였다.

㈡ 소자상이 이르기를, "도보의 시사(時事)를 언급한 시는 왕왕 기격(氣格)이 고절(高絶)하다."라 하였다.

㈢ 세 작품의 장법(章法)은 서로 내용을 이어받으면서 연결되어 내려간다.

1 학주(鶴注)에서, "이 또한 송주(松州)에서 포위당하였을 때 지은 작품이다."라 하였다.

2 『원화군국지』에서, "설산은 토번의 국경을 마주하고 있으니, 즉 중국 이외의 지역을 가로막고 있다."라 하였다.

3 이종악(李宗諤)의 『도경(圖經)』에서, "유주(維州)의 동남 지역에 민산(岷山)이 있는데, 여기서부터 이어진 산맥이 서쪽으로 흘러가니 그 끝이 어딘 줄 알지 못한다. 북쪽으로 높은 산이 바라보이는데 눈이 옥처럼 쌓여 있고, 동쪽으로는 성도가 마치 우물 바닥처럼 낮게 보인다. 이 산은 서촉에서 토번을 막는 요충지가 된다."라 하였다. 두 구는 먼저 서산의 형세를 서술하였다.

4 황희(黃希)가 말하기를, "백제는 서방(西方)을 다스리는 신이다. 옛날에는 기주의 백제성이라고 하였는데, 옳지 않다."라 하였다. 이 구는 성이 대단히 높은 것을 말한다.

5 두 구는 변방을 지키기 어려움을 말한다.

6 강족의 병사는 오랑캐로 당에 귀순한 병사를 말한다. 두보는 「동서양천설(東西兩川說)」에서 강족의 병사를 각각 그 지역의 부락에 소속시킬 것을 주장하였다.

7 포주(浦注)에서, "송주(松州), 유주(維州), 보주(保州) 등 세 주를 말한다. 지금의 송반(松潘), 위주(威州), 보현(保縣) 등의 곳이다."라 하였다.

8 『당서』에서, "공주(邛州)에 화정현(火井縣)이 있다."라 하였다. 살펴보건대, 공주는 유주와 보주의 동쪽에 있다.

9 윗구는 저들이 깊이 쳐들어온 것을 말하고, 이 구는 이곳이 저들에게 포위를 당했음을 말한다.

10 두 구는 즉 전쟁은 이미 이길 수 없는데 우호조약은 또 맺을 수 없음을 말하니, 「왕명(王命)」의 '혈매(血埋)' 두 구와 같은 의미이다.

11 '漫'은 평성이다.

12 두보의 「양천설(兩川說)」에 "공주(邛州)와 아주(雅州)의 젊은 병사와 강족의 젊은 병사들이 모두 변방을 방비한다."는 말이 있다.

13 『당서』에서, "도강현(導江縣)에 잠애관이 있다."라 하였다.

14 『일통지』에서, "당 초기에 관구에 반룡현(盤龍縣)을 설치하였다가 곧 도강현으로 바꾸었다."라 하였다. 포주(浦注)에서, "살펴보건대 잠애와 관구는 성도 서쪽 50리에 있다. 토번을 방비하고 군량을 운송하는 출구가 된다."라 하였다. 윗구는 병사들이 피곤함을 말하고, 이 구는 군량이 다 떨어짐을 말하였다.

15 즉 한편으로는 우호책을 내고 한편으로는 전쟁을 벌이니, 두 가지 가운데 반드시 한 가지를 선택하면 아마도 적을 물리치고 개선가를 부를 수 있을 것이라는 말이다. 상반부는 위태로움이 심한 것이고 하반부는 상반부 내용을 뒤집어 말하였으니, 다만 억지로라도 마음을 달려보려는 말을 읊었다.

71. 근심을 풀어보며[1]
遣憂

亂離知又甚	난리가 더욱 심해짐을 아나[2]
消息苦難眞	믿기 어려운 소식에 괴롭네.㊀
受諫無今日	간언 들었다면 오늘의 참상 없을 텐데
臨危憶古人	위태로운 상황에 옛사람 생각하네.[3]
紛紛乘白馬	반란군이 어지럽게 백마를 타고[4]
攘攘著黃巾	왁자하게 누런 두건을 썼네.[5]
隋氏留宮室	수나라에서 남겨진 궁궐
焚燒何太頻	어찌 이리 자주도 불타는가.[6]㊁

㊀ 장상약이 이르기를, "'지심(知甚)'과 '난진(亂眞)'은 멀리 있으면서 추측한 말이지만, 몸소 겪지 않으면 알지 못한다."라 하였다.

㊁ 이자덕이 말하기를, "마음이 깊고 말이 각박하지 않으니 「국풍」의 뜻을 이어받았다."라 하였다.

1 본집에 실리지 않은 작품으로, 이하 세 작품은 모두 곽지달과 황학 본에 보인다.

2 『통감』에서, "광덕 원년 10월에 토번이 침입하였다. 변방의 장수가 침입을 아뢰었으나 정원진(程元振)이 황제에게 알리지 않았다. 봉천과 무공 연간에 이르러 장안 사람이 크게 놀라자, 황제가 바야흐로 군대를 이끌었으나 토번은 이미 편교(便橋)를 건넜다. 이에 황제는 급하게 장안을 나와 섬주(陝州)로 갔고, 토번이 장안으로 들어와 온 도시를 불 질러 태웠다."라 하였다.

3 『극담록(劇談錄)』에서, "명황(明皇, 현종)이 촉으로 몽진을 떠

나 양귀비가 이미 죽음을 당하였다. 어느 날 높은 산에 올라 진천(秦川)을 바라보고 고력사에게 일러 말하기를, '내가 장구령(張九齡)의 말을 들었던들 이런 지경은 당하지 않았을 텐데.'라 하고, 사신을 보내 제사를 지내게 하였다."라 하였다. 노주(盧注)에서, "이 전에 곽자의가 자주 황제를 위해 토번과 당항(党項)은 참아서는 안 되니 빨리 방비를 취해야 한다고 아뢰었다. 황제가 우호에 젖어서 그 말을 받아주지 않았다. 대종과 곽자의의 관계는 현종이 장구령을 그리워한 것과 같다."라 하였다. 두보가 차마 그런 사실을 정확하게 드러낼 수 없었으므로 옛사람을 빌려 말한 것이다.

4 『남사(南史)』「후경전(侯景傳)」에서, "양나라 대동(大同) 연간의 동요에서 '푸른 실로 재갈을 맨 흰 말을 타고 수양에서 온다.(青絲白馬壽陽來)'라 하였는데, 후경(양나라에 반란을 일으킴)이 와양(渦陽)의 전투에서 패배한 다음 조정에 비단을 요구하였다. 조정에서 푸른 베를 주니 그것을 모두 겉옷으로 만들어 입었다. 후경이 흰 말을 타고 푸른 실로 고삐를 만들어 동요처럼 사람들에게 보이려고 하였다."라 하였다. 후경으로 반역의 무리를 비유하였다.

5 장각(長角)의 고사를 인용하였다. 구주(仇注)에서, "이 당시 고휘(高暉)가 자신의 성을 들어 토번에 항복하였다. 왕헌충(王獻忠)이 풍왕(豐王)을 협박하여 토번을 맞이하였다. 그러므로 이렇게 말한 것이다."라 하였다.

6 장안은 이전에 안록산에게 함락되었으며, 지금은 토번에게 함락되었다. 수나라를 빌려 당나라의 상황을 이야기 하였으니 또한 기휘하여 말한 것이다.

72. 파산에서[1]

巴山

巴山遇中使	파산에서 사신을 만났는데
云自陝城來	섬주성에서 오는 길이라 하네.
盜賊還奔突	도적은 아직도 활개 쳐대니
乘[2]輿恐未廻	임금 수레는 아직 돌아오지 못할 거라 하네.[3]
天寒邵伯樹	차가운 날에 소백의 나무[4]
地濶望仙臺	드넓은 대지에 망선루.[5]
狼狽風塵裏	황제는 전쟁 통에 낭패 당하는데
羣臣安在哉	뭇 신하들은 어디에 있단 말인가.[6]

1 포주(浦注)에서, "앞의 작품은 장안이 처음 함락되었을 때 지은 것이고, 이 작품은 현종이 섬주로 몽진 떠났다는 소식을 듣고 지은 것이다."라 하였다.

2 뜻은 거성을 따라야 하는데, 읽기는 평성을 따라야 한다.

3 두 구는 사신의 말을 서술하였다.

4 『구역지』에서, "소백의 감당 나무는 섬주(陝州)의 관청에 있다."라 하였다.

5 『삼보황도(三輔黃圖)』에서, "망선루는 한나라 무제가 지었다. 화주(華州)의 화음현(華陰縣)에 있다."라 하였다.

6 구주(仇注)에서, "이 당시 토번이 침입하였을 때, 황제가 병사를 불러도 오지 않았고 관리들은 분주히 도망갔다. 그러므로 '뭇 신하들은 어디 있는가.'라 한 것이다. 즉 문관은 호종하지 않고 무장은 적을 방비하지 못함을 기롱한 것이다."라 하였다.

73. 일찍 핀 꽃

早花

西京安穩未	장안은 아직 평온하지 못한가
不見一人來	한 사람도 오는 것 볼 수 없네.
臘日巴江曲	섣달 파강의 물굽이에는
山花已自開	산 꽃이 이미 절로 피었네.
盈盈當雪杏	송이송이 눈에 핀 살구꽃
艷艷待春梅	곱디고운 봄 기다리는 매화.
直苦風塵暗	다만 전쟁의 어두운 기운 괴롭나니
誰憂客鬢催	누가 머리카락 일찍 세는 걸 근심하랴.㊀

㊀ 곧바로 써내려간 작품으로 또한 절로 청공(淸空)한 품격을 보인다.

74. 강릉의 행차에 바라며[1]
江陵望幸

雄都元壯麗	커다란 도회지로 원래 화려한데
望幸欻威神	행차 바라보니 존엄하구나.[2]
地利西通蜀	땅은 서로 촉과 통하기 좋고
天文北照秦	하늘은 북으로 진을 비추네.[3]
風烟含越鳥	전쟁의 바람과 이내는 월나라 새를 감싸고[4]
舟楫控吳人	배는 오나라 사람을 실어오네.[5]
未枉周王駕	주 목왕의 수레는 오지 않았지만[6]
終期漢武巡	끝내 한 무제의 순행을 기약하네.[7]
甲兵分聖旨	임금 조서 받아 갑병을 나눠 주둔시키고[8]
居守付宗臣	종신 위백옥에게 수령을 내렸네.[9]
早發雲臺仗	아침에 의장(儀仗) 갖춘 은대에서 떠나니[10]
恩波起涸鱗	은혜가 말라버린 물고기 비늘을 적시리라.[11] 曰

시평 : 포이전이 이르기를, "앞에서 형세를 서술한 것은 대단히 간요(簡要)하고 뒤에서 행차에 바라는 것은 대단히 정성을 다하였다."라 하였다. ○ 두보는 「건도(建都)」라는 작품을 지었는데, 대의는 강릉을 남도로 삼는 것은 옳지 않다는 것이다. 그러나 지금 행차를 권하는 것 같으니, 대개 처음에 섬주로 행차한다는 소식을 들을 때는 현재 토번이 침입하여 미쳐 날뛰고 있는 상황을 헤아려 천자가 월(越) 지역으로 파천할 것을 깊이 두려워하였다. 이에 일단 토번의 예봉을 멀리 피하는 생각으로 결말을 맺고 있으니 또한 충성스러운 마음이 절박하기 때문이다. 어찌 스스로 처음의 논의를 뒤집을 것인가.

㊀ 소자상이 이르기를, "이 작품은 오언배율의 정종(正宗)이다."라 하였다. ○ 송(宋)의 장계(張戒)가 이르기를, "기상이 호방하니 「삼도부(三都賦)」, 「양경부(兩京賦)」와 나란히 놓을 만하다."라 하였다.

1 주주(朱注)에서 말하였다. "『당서』에서, '상원 초기에 여인(呂諲)이 형주에 남도(南都)를 설치할 것을 청하였다. 이에 강릉부(江陵府)라 고쳐 부르고 여인으로 윤(尹)을 삼았으며 영평의 군대 만 명을 주둔하여 오와 촉의 충돌을 막았다. 광덕 원년 겨울에 천자가 섬주로 행차하여 위백옥(衛伯玉)이 지략을 갖추었다고 여겨 강릉윤(江陵尹)으로 삼았으며 형남절도사와 관찰사 등을 겸하게 하였다.'라 하였다. 이 당시 두보는 파촉의 낭주에 있었는데 대종이 강릉을 순행하려 한다는 소식을 듣고 이 작품을 지었다.

2 「노영광전부(魯靈光殿賦)」에서, "또한 위엄 있는 황제의 궁궐 같네.(又似乎帝室之威神)"라 하였다. 그 주에서, "위신(威神)은 존엄함을 말한다."라 하였다.

3 포주(浦注)에서, "『진서』「천문지(天文志)」에서, '류성(柳星)의 일곱 별이 삼보(三輔, 장안 주변의 세 고을)를 돌고, 익성(翼星)과 진성(軫星)이 초와 형주를 돈다.'라 하였다. 살펴보건대 진나라 분야(分野)와 초나라 분야는 뭇 별들이 서로 연달아 있는데, 모두 남방 주조(朱鳥)의 별자리에 해당한다. 그러므로 이렇게 말한 것이다."라 하였다.

4 사조의 시에서, "바람과 이내에 새 길이 있네.(風烟有鳥路)"라 하였다. 「고시(古詩)」에서, "월나라 새는 남쪽 가지에 깃드네.(越鳥巢南枝)"라 하였다.

5 구주(仇注)에서, "서촉(西蜀), 북진(北秦), 남월(南越), 동오(東吳)는 강릉에서 사방으로 갈 수 있는 지역이다."라 하였다.

6 『좌전』에서, "옛날 주나라 목왕이 천하를 널리 순행하여 천하에 수레자국과 말 발자국을 남기려 하였다. 이에 신하가 시를 지어 그만 두게 하였다."라 하였다.

7 『한서』에서, "무제가 남쪽으로 순행(巡行)하다가 성당(盛唐)에 이르렀다."라 하였는데, 주에서 "성당은 남군(南郡)에 있다."라 하였다.

8 영평군(永平軍)을 설치함을 말한다.

9 종신은 위백옥을 가리킨다. 구주(仇注)는 곽자의라고 억지로 끌어대었는데, 옳지 않다.

10 유신(庾信)의 「애강남부(哀江南賦)」에서, "북궐의 병사가 없지 않으며, 아직도 운대(雲臺)의 의장병이 있다네.(非無北闕之兵 猶有雲臺之仗)"라 하였다.

11 곤궁한 백성이 은택을 받을 것이라는 말이다.

75. 낭중을 떠나며[1]

發閬中

前有毒蛇後猛虎	앞에는 독사 뒤에는 사나운 호랑이가 있는데
溪行盡日無村塢	시내 따라 종일 가도 마을은 없구나.
江風蕭蕭雲拂地	강바람은 쏴아 불고 구름은 땅을 쓰니
山木慘慘天欲雨	산의 나무는 축 처져 비가 내릴 듯.
女病妻憂歸意急	딸이 병들어 아내는 수심 젖으니 돌아갈 마음 다급한데
秋花錦石誰復[2]數	가을 꽃과 비단 바위를 누가 다시 구경하랴.[3]
別家三月一書來	집 떠나 세 달 만에 편지 한 통 오니[4]
避地何時免愁苦	변방에서 언제나 근심과 고통을 면하랴.㊀

㊀ 장약육이 이르기를, "「발낭중(發閬中)」은 딸의 병 때문에 돌아간 것이다. 딸의 병이 집안의 편지를 통해 알았으니, 구절구절이 내용을 도치하여 말하고 있다."라 하였다.

1 겨울 말미에 낭주로부터 재주로 돌아왔다. 『구역지』에서, "낭주의 서쪽에서 재주까지는 220리다."라 하였다.

2 '復'는 달리 '能'으로 된 본도 있다.

3 겨울에 돌아가는데 시에서 '가을 꽃'이라고 하였으니, 아마도 오면서 본 꽃을 추억한 것 같다.

4 이 당시 두보의 집은 재주에 있었다.

76. 하늘가의 노래[1]

天邊行

天邊老人歸未得[2]	하늘가의 노인네 돌아가지 못했는데
日暮東臨大江哭	저물녘 동쪽으로 큰 강 마주하고 통곡하네.[3]
隴右河源不種田	농우와 하원은 밭에 씨를 뿌리지 못하니
胡騎羌兵入巴蜀	토번의 기병과 강족의 병사가 파촉으로 쳐들어오네.[4]
洪濤滔天風拔木	거센 파도는 하늘까지 닿고 바람은 나무를 뽑아버리니
前飛禿鶖後黃[5]鵠	앞에는 두루미 날고 뒤에는 노란 고니 나네.
九度附書向洛陽	아홉 번 낙양의 집으로 편지를 보내지만
十年骨肉無消息[6]	십년 동안 가족의 소식을 들을 수 없구나.

1 포주(浦注)에서, "이 작품도 또한 진(秦)과 촉에 토번의 침입이 있었을 때 지은 것이다."라 하였다.

2 협음으로, '得'의 음은 '都'와 '木'의 반절법이다.

3 강은 가릉강(嘉陵江)과 부강(涪江) 등을 가리킨다.

4 『통감』에서, "광덕 원년에 토번이 하서(河西)와 농우 지역을 전부 차지하였다. 12월에 다시 송주(松州), 유주(維州), 보주(保州) 등을 함락하였다."라 하였다.

5 '黃'은 달리 '鴻'으로 된 본도 있다.

6 협음으로, '息'의 음은 '蘇'와 '六'의 반절법이다.

77. 겨울에 사냥하는 노래[1]

冬狩行

君不見東川節度兵馬雄	그대는 보지 못하였나, 동천절도사의 병마가 웅대한 것을
校獵亦似觀成功	사냥하면 많은 짐승 잡을 것 같았지.
夜發猛士三千人	밤에 용맹한 전사 삼천 명을 거느리고
淸晨合圍步驟同	맑은 새벽에 질서정연하게 포위망을 쌓았네.[2]
禽獸已斃十七八	죽은 짐승은 이미 열일곱, 여덟 마리
殺聲落日廻蒼穹	살기 넘치는 소리가 지는 해를 하늘에서 돌리네.[3]
幕前生致九靑兕	군막 앞에는 사로잡은 아홉 마리 푸른 외뿔소
馲駝[4]㠑[5]峗[6]垂玄熊	우뚝한 낙타와 웅크린 흑곰.[7]
東西南北百里間	동서남북 백리 사이를
髣髴蹴踏寒山空	이리저리 내달리니 차가운 산이 텅 비었네.
有鳥名鸜鵒	새가 있는데 이름은 구관조라[8] ⊟
力不能高飛逐走蓬	높이 날아 날리는 쑥대를 좇지도 못하네.
肉味不足登鼎俎	고기 맛은 제사상에 올리지도 못하는데
胡爲見羈虞羅中	어찌하여 그물에 잡히게 되었는가.[9]
春蒐冬狩侯得同	봄과 가을에 사냥함은 제후들이 같으니[10]
使君五馬一馬驄	자사의 다섯 말과 시어의 총마 한 마리.[11]
況今攝行大將權	더구나 지금 대장의 권세까지 잡으니[12]
號令頗有前賢風	호령에 자못 전현의 풍모가 있네.
飄然時危一老翁	떠돌며 때로 위태로운 한 늙은이
十年厭見旌旗紅	십년 동안 자사의 붉은 깃발 실컷 보았네.
喜君士卒甚整肅	임금의 병사 매우 정비되어 삼엄하여 기쁘니

爲我廻轡擒西戎　나에게 고삐 주면 서융을 잡으리라.
草中狐免盡何益　풀속의 여우와 토끼가 끝내 무슨 이익이랴
天子不在咸陽宮　천자는 지금 함양궁에 있지 않는데.[13]
朝廷雖無幽王禍　조정에 비록 주 유왕의 재앙이 없지만[14]
得不哀痛塵再蒙　두 번이나 몽진 떠나니 애통하지 않은가[15]
嗚呼得不哀痛塵再蒙　오호라! 두 번 몽진 가니 애통하지 않은가.[16] [二][三]

시평 : 장상약이 이르기를, "떠돌며 사는 한 늙은이가 바른 말로 강한 절도사를 독책하여 적에게 분개하며 왕을 모시라고 하니, 참으로 세상에 쓰임이 되는 문장이다."라 하였다.

[一] 왕사석(王嗣奭)이 이르기를, "백리의 산이 텅 비어 더 이상 할 말이 없는데, 갑자기 구관조로 전개하니 장법이 기이하며 뜻은 넉넉하다."라 하였다.

[二] 결어에서 크게 통곡하며 울부짖으니 눈물, 콧물이 쏟아 내리게 한다.

[三] 왕완정이 이르기를, "한 작품이 문득『춘추』의 필법을 지녔다."라 하였다.

1 원주(原注)에서, "이 당시 재주자사 장이(章彝)는 시어사로 동천유후(東川留後)를 겸하였다.

2 병법에 따라 훈련함을 알 수 있다.

3 중국 전국시대 초(楚)나라 노양공(魯陽公)이 한구(韓溝)와 한창 격전 중에 해가 저물자, 창을 들어 올려 해를 다시 멈추게 하였다는 고사를 암용(暗用)하였다.

4 즉 낙타를 말한다.

5 '畾'의 음은 '落'과 '猥'의 반절법이다.

6 '峞'의 음은 '五'와 '毁'의 반절법이다.

7 '뢰위(畾峞)'는 높다란 모양이다.

8 『금경(禽經)』에서, "구관조는 혀의 뿌리를 잘라내어 말을 할 줄 안다."라 하였다.

9 이 무익한 짐승을 잡는 것이 상황을 살펴 큰 공을 세우는 것만 못하다는 것을 비유적으로 말하였다.

10 조주(趙注)에서, "봄과 가을의 사냥은 본래 천자가 하는 일인데 지금은 제후가 행한다."라 하였다.

11 자사로서 시어를 겸함을 이른다.

12 유후까지 겸한 것을 말한다.

13 이 당시 토번이 장안을 함락하여 천자의 수레가 섬주(陝州)로 떠났다.

14 『사기』에서, "신후(申侯)가 견융과 함께 유왕을 공격하여 여산의 아래에서 죽였다."라 하였다.

15 이전에 현종이 촉으로 몽진 갔었고 지금은 대종이 섬주로 몽진 떠났다.

16 왕수(王洙)가 말하기를, "이 당시에 천하에 병사를 조서를 내려 징발하였는데, 정원진(程元振)이 농간을 부려 한 사람도 응하지 않았다. 그러므로 작품 말미에 울부짖으며 언급한 것이다."라 하였다.

78. 산사에서[1]

山寺

野寺根石壁	들녘 절은 석벽에 자리 잡고
諸龕遍崔巍	여러 감실은 모두 높다랗네.
前佛不復辨	석감 앞 불상은 구별하기 어려우니
百身一莓苔	온갖 부처가 이끼로 덮였네.
雖有古殿存	비록 옛 불전은 남아 있으나
世尊亦塵埃	세존도 또한 먼지 뒤집어썼네.[2]
如聞龍象泣	용과 코끼리 우는 걸 듣는 것 같으니[3]
足令信者哀	넉넉히 믿는 자를 슬프게 하네.[一]
使君騎紫馬	자사가 붉은 말을 타고
捧擁從西來	호위 받으며 서쪽에서 왔네.
樹羽靜千里	화려한 장식에 천리는 고요하고
臨江久徘徊	강가에서 오래 노니네.
山僧衣藍縷	산의 스님은 옷이 남루한데
告訴棟梁摧	기둥이 무너진다고 하소연하네.[二]
公爲顧賓徒[4]	자사가 따라온 병사를 돌아보며
咄嗟檀施開	어서 빨리 보시하라 하였네.[5]
吾知多羅樹	내가 다라수를 아는데[6]
卻倚蓮華臺	문득 연화대에 기대 있네.[7]
諸天必歡喜	제천이 반드시 기뻐하며[8]
鬼物無嫌猜	귀신도 시기하지 않으리.
以茲撫士卒	이런 마음으로 병사를 어루만지면
孰曰非周才	재주 갖춘 인물 아니라고 누가 말하랴.[9]

窮子失淨處　　곤궁한 아들이 깨끗한 곳을 잃으니[10] 三

高人憂禍胎　　고상한 사람이 재앙의 싹을 근심하네.

歲宴風破肉　　새 밑이라 바람이 살을 파고들며

荒林寒可廻　　황폐한 숲에 추위는 돌아오네.[11]

思量入道苦　　생각해보니 불도에 들기는 어려우니[12]

自哂同嬰孩　　어린아이처럼 스스로 웃음 짓네.

시평 : 주학령이 말하기를, “장이(章彛)에 관한 일은 『신당서』와 『구당서』에 모두 고찰할 수 없다. 다만 「엄무전」에 부기(附記)되어 보이는데, ‘엄무가 다시 검남절도사가 되어 매질하여 죽였다.’고 하였다. 두보가 동천(東川)에 있을 때 그와 가장 많이 왕래하였다. 그러나 「도죽장(桃竹杖)」과 「동수행(冬狩行)」의 시에서 모두 그를 풍자하고 있다. 다른 시에서는 그가 지휘를 잘하며 강병을 훈련한 것으로 칭송하고 있다. 대개 장이의 사람됨은 지략이 뛰어난 것 같지만 마음은 황실을 보호하려는데 있지 않았다. 이 해 겨울 천자가 섬주에 있을 때 장이는 아무런 거리낌 없이 사냥을 나갔으니, 반드시 병사를 거느리고 사태를 관망하며 어느 한 지역을 차지하려는 마음이 있었을 것이다. 두보는 그의 은미한 마음을 넘겨보고 난 뒤 감히 칭송하는 말을 하지 않았으며, 절로 유람하게 되자 풍자하여 그를 회유하였다. ‘먼지 속의 세존’과 ‘어서 빨리 보시하라’는 말은, 어찌 천자가 몽진을 떠났는데 혼자 편안하게 놀며 모른 척 할 수 있는가를 의미한다. ‘이런 마음으로 병사를 어루만지며’ ‘재주 갖춘 인물 아니라고 누가 말하랴’라는 말은, 그가 불교의 도를 사용하여 병사를 다스리고 적에게 분을 내어야 하니 다만 복전(福田)을 널리 구하는데 그쳐서는 안 됨을 의미한다. ‘곤궁한 아들이 깨끗한 곳을 잃고’ ‘높은 사람이 재앙의 싹을 근심하네’라는 말은, 그가 신하의 도리를 지키지 않고 망령되이 분수에 넘치는 욕심을 바라는 것을 풍자하는데, 곤궁한 아들이 깨끗한 곳을 떠나 더러움을 달게 여긴 것으로 비유하였다. 깨끗한 곳을 잃었으니, 재앙의 싹이 없겠는가. 단자장(段子璋)과 서지도(徐知道)가 죽음을 당한 것은 숨겨 말하지 않았으나, 마땅히 거울이 될 것이다. 마지막 네 구는 또한 자신이 불도에 의지할 기약이 없음을 슬퍼한 것으로 그 말이 장이를 위하여 발한 것 같지 않지만, 이것도 두보가 그를 위해 충고한 것이다.”라 하였다.

㊀ 장상약이 이르기를, "'믿는 자가 운다.'고 하였는데, 사람이 부처에게 아첨하는 말을 인용하지 않았다. 이 시어의 뛰어남은 두보가 그러한 상황을 헤아리는데 있다."라 하였다.

㊁ 구창주가 이르기를, "고관의 호화로운 모습과 스님의 구걸하는 가련한 모습을 매우 핍진하게 묘사하였다."라 하였다.

㊂ 장약육이 이르기를, "부처의 설법을 빌렸으니 또한 현신설법(現身說法, 부처가 여러 가지 모습으로 나타나 중생(衆生)을 위해 불법을 설파하는 것)이다."라 하였다.

1 원주(原注)에서, "장이 유후와 함께 유람하였으며, '개(開)'자 운으로 지었다."라 하였다.

2 구주(仇注)에서, "전불(前佛)은 석감 앞에 있는 것이며, 세존(世尊)은 불전 안에 앉아 있는 것이다."라 하였다.

3 『유마경』에서, "보살의 세력은 비유하면 용과 코끼리가 힘껏 나아가는 것과 같다."라 하였다. 『번역명의집(飜譯名義集)』에서, "물로 가는 것 중에 용의 힘이 가장 크고 육지에서 가는 것 중에 코끼리의 힘이 가장 크다."라 하였다.

4 '徒'는 달리 '從'으로 된 본도 있다.

5 승조(僧肇)가 말하기를, "천축에서 '단(檀)'이라 말함은 즉 보시를 말한다."라 하였다. 『대승론(大乘論)』에서, "단월(檀越)은 단시(檀施)다. 이 사람이 보시를 행하면 빈궁의 바다를 건너게 할 수 있다는 말에서 나왔다."라 하였다.

6 『서역기(西域記)』에서, "남인(南印)의 건나보라국(建那補羅國)의 북쪽에 다라수 숲이 30여리에 걸쳐 있다. 그 잎은 길고 넓으며 광채가 난다. 여러 나라에서 거기에 글을 베껴 쓰므로 따서 가져갔다."라 하였다.

7 「문수전(文殊傳)」에서, "세존의 자리는 높이가 칠척이므로, 칠보연화대(七寶蓮花臺)라고 부른다."라 하였다.

8 주주(朱注)에서, "불서에 삼계제천(三界諸天)이 있는데 욕계(欲界) 이상은 모두 제천(諸天)이라 부른다."라 하였다.

9 『진서』「부함전(傅咸傳)」에서 말하였다. "고영(顧榮)이 친구에게 준 글에서, '부장우(傅長虞)가 사예(司隷)가 되면 굳세고 곧으며 충성스럽고 과단하여 사람을 대단히 잘 감찰할 것이다. 비록 두루 재주를 갖추지 않았지만 대단히 신실하니 귀하게 여길만하다.'라 하였다." 이 주는 이전에는 다른 곳에서 인용하지 않았다.

10 『법화경』에서, "비유하자면 어떤 사람이 있었다. 나이가 어려서 아버지를 버리고 도망갔다. 조금 자라 곤궁하게 되었는데, 아버지가 그를 찾았으나 만나지 못하였다. 곤궁한 아들은 고용살이 하다가 우연히 아버지 집에 이르게 되었다. 품삯을 받고 오물을 치웠기에 몸이 항상 더러웠다. 나중에 아버지가 아들을 알아보고, '너는 나의 아들이다. 나의 재물은 모두 너의 것이다.'라 하자, 곤궁한 아들이 그 말을 듣고 대단히 기뻐하였다."라 하였다.

11 곧 입춘이 된다는 말이다.

12 '苦'는 어렵다는 뜻이다.

79. 도죽 지팡이의 노래를 지어 유후 장이에게 드리다[1]

桃竹杖引贈章留後

江心蟠石生桃竹	강 가운데 웅크린 돌에 도죽이 자라는데
蒼波噴浸尺度足	넘실대는 푸른 물결 맞아 적당하게 컸네.
斬根削皮如紫玉	뿌리 자르고 껍질 벗기니 자옥 같은데
江妃水仙惜不得	강물의 신들이 아까워도 어쩔 수 없네.[2]
梓潼使君開一束	재동 자사가 한 묶음 풀어놓으니[3]
滿堂賓客皆嘆息	당에 가득한 손님이 모두 감탄하네.[4]
憐我老病贈兩莖	늙고 병든 이 몸 가련하게 여겨 두 줄기 주니
出入爪甲鏗有聲	드나들 때 발톱에선 쨍쨍 쇠 소리가 나네.[5]
老夫復欲東南征	늙은 이 몸 다시 동남으로 가려하여
乘濤鼓枻白帝城	파도 타고 노 두드리며 백제성으로 떠나려네.[6]
路幽必爲鬼神奪	길이 으슥하여 반드시 귀신에게 빼앗길 것이며
拔劍或與蛟龍爭	칼을 뽑고 교룡과 다툴지도 모르지.[7] ⊟
重爲告曰杖兮杖兮	거듭 고하노니, 지팡이여! 지팡이여!
爾之生也甚正直	너의 됨됨이는 너무도 바르고 곧으니
愼勿見水踊躍學變化爲龍	부디 물을 보고 뛰어나와 용으로 변하지 말기를.[8]
使我不得爾之扶持	이 몸 너의 부축을 받지 못하면
滅跡於君山江上之青峯	군산의 강가 푸른 봉우리에서 자취 사라지리라.[9]
噫風塵澒洞兮豺虎咬人	아! 끝없는 난리에 승냥이와 범이 사람을 물어대니
忽失雙杖兮吾將曷從	갑자기 쌍 지팡이 잃어버리면 이 몸 장차 어디로 가겠는가.

시평 : 장단구는 두보의 시집 가운데 겨우 보이지만, 글자마다 등척도약(騰擲跳躍)하니 또한 기이한 시상을 보임에 뜻을 두었다. ○ 주학령이 말하기를, "이 시는 아마도 죽장을 빌려 유후 장이를 풍간하려 하였다. '뛰어나와 용이 되지 말 것'으로 경계시키고 또한 '쌍 지팡이 잃지 말라'는 말로 위험을 알려주니, 그 은미한 뜻을 볼 수 있다."라 하였다.

曰 심확사(沈確士)가 이르기를, "하늘을 나는 듯한 상상력을 발휘하니, 필력이 횡절(橫絶)하다."라 하였다.

1 「촉도부」에서, "신령스럽고 오래 된 도죽.(靈壽桃枝)"이라 하였는데, 주에서, "도지(桃枝)는 대나무 종류로 점강현(墊江縣)에서 나오는데, 지팡이를 만들 수 있다."라 하였다. 소동파의 「발도죽장인후(跋桃竹杖引後)」에서, "도죽은 잎이 종려나무 같고 몸체는 대나무 같다. 마디가 빽빽하고 속이 찼다. 마른 뼈대에 무늬는 짙으니, 하늘이 낸 지팡이다. 파주(巴州)와 투주(渝州)에서 생산되며 두보는 「도죽가(桃竹歌)」를 지었다."라 하였다.

2 협음으로, '得'의 음은 '都'와 '木'의 반절법이다. 『열선전』에서, "강물의 두 여신이 한강(漢江)가에 노닐다가 정교보(鄭交甫)를 만나 차고 있던 것을 풀어 그에게 주었다."라 하였다. 왕일(王逸)의 「초사(楚詞)」 주에서, "풍이(馮夷)는 강물의 신선이다."라 하였다.

3 학주(鶴注)에서, "재주 재동군(梓潼郡)은 서쪽으로 재림(梓林)이 있고 동쪽으로 동수(潼水)가 흐른다."라 하였다.

4 협음으로, '息'의 음은 '蘇'와 '六'의 반절법이다.

5 지팡이가 견고하고 굳센 것을 말한다.

6 이 당시에 협(峽)을 내려가려는 생각이 있었다.

7 담대자우(澹臺子羽)가 천금 값이 나가는 구슬을 가지고 황하를 건넜다. 황하의 신 하백이 그 구슬을 가지려고 했는데, 파도의 신 양후가 물결을 일으키자 두 마리의 교룡이 배를 양쪽에서 조였다. 자우는 왼손은 구슬, 오른손에는 칼을 가지고 있다가 교룡을 공격해 모두 죽였으며, 물을 건너자 하백에게 세 차례나 구슬을 던졌다. 하백이 수면에 세 번 뛰어올라 구슬을 돌려주자 구슬을 부수고 떠났다.

8 『신선전』에서, “호공(壺公)이 비장방(費長房)을 돌려보내면서 죽장 하나를 주었다. 비장방은 지팡이를 타고 왔는데, 문득 꿈속에서 일어난 일 같았다. 곧 집에 도착하여 지팡이를 갈피(葛陂)에 던져버렸다. 자세히 보니 그것은 푸른 용이었다.”라 하였다.

9 군산(君山)은 동정호 주변의 산이다. 『수경주』에서, “이 산은 상군(湘君)이 유람하던 곳이다. 그러므로 ‘군산(君山)’이라 불렀다.”라 하였다.

80. 장차 오와 초로 떠나려고 하려 자사 장이 유후 겸 막부의 여러 공들과 이별하다[1]

將適吳楚 留別章使君留後兼幕府諸公 得樹字

我來入蜀門	내가 촉의 관문에 들어와
歲月亦已久	세월이 또한 많이도 흘렀네.
豈惟長兒童	어찌 다만 아이만 자랐을까
自覺成老醜	이 몸 더욱 추하게 늙었네.
常恐性坦率	항상 두렵기는, 성격이 거칠어
失身爲杯酒	술에 취해 몸가짐 잃는 것.
近辭痛飮徒	근래 통음하는 무리도 물리치고
折節萬夫後	모든 사람 뒤로 몸을 숙였네.[2] ⊟
昔如縱壑魚	옛날 계곡에서 헤엄치던 물고기 같았는데
今如喪家狗	지금은 상갓집 찾아다니는 개꼴이구나.[3]
旣無遊方戀	이미 한 장소를 그리는 마음이 없으니[4]
行止亦何有	어디로 간들 상관하랴.
相逢半新故	만나는 이는 반은 알고 모르는데
取別隨薄厚	우의의 박하고 두터움 따라 노자를 보태주네.[5]
不意靑草湖	갑자기 청초호에서[6]
扁舟落吾手	작은 배가 나의 손에 들어왔네.[7]
眷眷章梓州	마음 써주는 장 재주자사가
開筵俯高柳	높은 버들 아래 전별연 열었네.
樓前出騎馬	누대 앞에는 말들이 쉬고
帳下羅賓友	휘장 아래엔 손님들이 벌여 앉네.
健兒簸紅旗	건장한 병사가 자사의 붉은 기를 들고[8]

此樂幾難朽	이 즐거움 사라지지 않으리라.
日車隱崑崙	해가 곤륜산으로 숨자[9]
鳥雀噪戶牖	새들이 창가에서 지저귀네.
波濤未足畏	파도는 두렵지 않으니
三峽徒雷吼	삼협은 부질없이 울부짖네.
所憂盜賊多	도적이 많은 것 걱정스러우니
重見衣冠走	거듭 관리들이 달아남을 보았네.[10]
中原消息斷	중원에 소식이 끊겼으니
黃屋今安否	황제는 지금 어디 계신가.[11]
終作適荊蠻	끝내는 형만으로 가리니[12]
安排用莊叟	상황에 맡기라는 장자의 말 따르네.[13]
隨雲拜東皇	구름 따라 초의 동황에 참배하며[14]
掛席上南斗	돛을 달아 오의 남두로 가고 싶네.[15]
有使[16]卽寄書	심부름꾼 있으면 곧 편지 보낼 텐데
無使長廻首	심부름꾼 없어 길게 고개 돌려보네.

시평 : 왕사석이 말하기를, "장이 유후가 행위는 대부분 본받을 수 없다. 그러나 두보에게는 특별히 두텁게 대하였다. 두보가 시를 지어 여러 차례 간하였으나 고치지 않자, 오래 머물지 않고 마침내 떠났다. 대개 자신을 보호하는 현명한 사람은 자주 간하여 듣지 않아 소원하게 되는 상황이 발생하지 않도록 한다. 이에서 또한 두보의 식견이 다른 사람보다 뛰어남을 알 수 있다."라 하였다.

㊂ 신부맹이 이르기를, "호걸이 끝내는 이와 같이 행동하게 되니, 항상 술기운의 호기에 젖어 같은 자리의 사람들에게 호통을 치는 것과는 비교할 수 없다."라 하였다.

1 두보의 이번 여행은 재주에서 낭주로 간 것으로, 본래 동쪽으로

내려가려 하였다. 그러나 곧 엄무가 다시 절도사로 오게 되니 마침내 성도(成都)로 돌아갔다.

2 『두억』에서, "'몸가짐을 잃을까 걱정하고 지조를 꺾고 몸을 숙였다.'라는 말을 보면 두보 또한 자못 조심하는 마음을 지녔음을 알 수 있다. 고별하는 말이 이와 같은데, 다만 아직 분명하게 말하지 않았을 뿐이다."라 하였다.

3 『사기』에서, "고달픈 공자는 마치 상갓집을 찾아다니는 개와 같다."라 하였다.

4 놀 때에는 반드시 일정한 장소에서 논다는 말을 인용하였다.

5 여행 경비를 보태주는 것을 말한다.

6 『원화군국지』에서, "파구호(巴邱湖)는 달리 청초호라 불린다. 파릉현에 있다."라 하였다.

7 즉 오랫동안 협(峽)을 내려갈 생각을 가졌는데 지금 비로소 그 생각을 이룬다는 말이다.

8 뒤에 「양기(揚旗)」라는 시가 있는데, 자사를 상징하는 붉은 기를 읊었다.

9 햇빛이 서쪽으로 지는 것을 말한다.

10 안록산과 토번에 의해 장안이 두 번 함락되었다.

11 이 당시 황제는 섬주에 있었다.

12 왕찬(王粲)의 시에서, "다시 중국을 버리고 떠나, 멀리 형만으로 가네.(復棄中國去 遠身適荊蠻)"라 하였다.

13 『장자』에서, "사물의 흐름에 몸을 맡겨 변화를 좇으면, 고요한 하늘과 하나 되는 경지에 들어갈 것일세."라 하였다. 구주(仇注)에서, "장안이 난리를 겪었기에 북쪽으로 돌아갈 수 없다. 그러므로 다만 남쪽으로 갈 것을 생각한 것이다."라 하였다.

14 『초사』에 「동황태을(東皇太乙)」이란 작품이 있다. 『문선』의 주에서, "태을은 하늘의 높은 신으로 사당이 초나라 동쪽에 있다. 동제(東帝)에게 배향하였기에 동황(東皇)이라 부른다."라 하였다.

15 「춘추설제사(春秋說題詞)」에서, "남두(南斗)는 오나라 땅에 뜬다."라 하였다. 『구당서』「천문지」에서, "남두성은 은하수가 흘러가는 곳에 있으니 회해(淮海)의 사이에 해당하니 오 지역 분야(分野)이다."라 하였다. 이 구는 또한 '뗏목을 타고 떠난다.'는 고사를 암용(暗用)하였다.

16 '使'는 거성이다.

81. 아우 두점을 초당으로 돌려보내 집안을 살펴보게 하면서, 애오라지 이 시를 보이다

舍弟占歸草堂檢校 聊示此詩

久客應吾道	오랜 떠돌이는 응당 나의 길인데
相隨獨爾來	다만 너만 나를 따랐구나.
熟[1]知江路近	강가 지름길 잘도 알아
頻爲草堂廻	자주 초당 살피러 돌아갔었지.
鵝鴨宜長數	거위와 오리 자주 세어보고[2]
柴荊莫浪開	사립문은 함부로 열어놓지 말거라.
東林竹影薄	동쪽 숲에 대나무 그림자 엷어졌거든
臘月更須栽	섣달에 꼭 다시 심도록 하여라.㊀

시평 : 종백경(鍾伯敬)이 이르기를, "자잘한 집안일을 부탁하면서 그 안에 진정한 우애가 흐름을 알 수 있다. 그러므로 다만 그 진실됨만 보이고 비리함은 보이지 않는다."라 하였다. ○ 황백산(黃白山)이 이르기를, "두보는 글자를 잘 단련하였다. 대나무가 드문 것을 '그림자가 엷다.[影薄]'고 하였으며 나무가 많은 것을 '그늘이 뒤섞여 있다.[陰雜]'고 하였으니, 모두 붓을 적시면 아취를 이룬다."라 하였다.

㊀ 이자덕이 이르기를, "수다스러운 집안의 평소의 말도 두보가 하면 문득 절묘한 문장이 된다."라 하였다.

1 '熟'은 달리 '孰'으로 된 본도 있다.

2 『두억』에서, "두보가 가족을 맞이하여 재주에 이른 뒤에 초당은 아마도 대신 지키는 자를 두었을 것이다."라 하였다.

82. 세모에

歲暮

歲暮遠爲客	세모에 멀리 나그네가 되었는데
邊隅還用兵	변방은 아직도 싸움중이라네.
烟塵犯雪嶺	전쟁의 연기와 먼지가 설령까지 미치고
鼓角動江城	북과 나팔은 강가 성을 뒤흔드네.[1]
天地日流血	천지는 날마다 피로 적시는데
朝廷誰請纓	조정엔 누가 적장을 사로잡을까.[2]
濟時敢愛死	어려운 상황 구제하는데 죽음을 아끼랴
寂寞壯心驚	늙어 쓸쓸한 가운데 비장한 마음에 놀랍구나.[3] 曰

曰 침착(沈着)한 격조를 보인다.

1 이 당시 송주, 유주, 보주 등이 새로 함락되었다.

2 「종군전(終軍傳)」에서, "청컨대 긴 끈〔纓〕을 받아 반드시 남월왕(南粵王)을 잡아 대궐로 데려오겠습니다."라 하였다. 당시의 장수 가운데 자신을 희생하여 나라의 위급을 구원할 자가 없음을 알 수 있다.

3 구주(仇注)에서, "즉 늙어 적막한 가운데 문득 비장한 마음이 갑자기 일어나니, 세상의 변고가 바야흐로 매우 심하기 때문이다."라 하였다.

杜詩鏡銓卷十一

광덕 연간에 두보는 재주와 낭주를 왕래하다가 성도의 초당으로 돌아왔다. 엄무가 표(表)를 올려 두보에게 절도참모(節度參謀)가 내려졌을 때 지어진 작품이 권11에 실려 있다.

1. 성 위에서[1]

城上

草滿巴西綠　　풀은 파서에 가득하여 푸르고[2]
城空白日長　　성은 대낮에 텅 비어 길기도 하네.
風吹花片片　　바람 불어 꽃은 조각조각 흩어지고
春動[3]水[4]茫茫　　봄이 짙으니 물은 아득하여라.⊟
八駿隨天子　　팔준마가 천자를 따랐고[5]
羣臣從武皇　　뭇 신하들은 무제를 좇아갔네.[6]
遙聞出巡狩　　멀리서 듣나니, 금상(今上)이 순수하여
早晩遍遐荒　　조만간 변방 황량한 곳 두루 다닌다고.[7]

시평 : 왕우중이 이르기를, "이 작품은 경치를 서술하면서 정회를 말하고 있으니, 참으로 통곡할 만하다. 이 시는 풍자하는 사람에게 부끄럽지 않다."라 하였다.

⊟ 소자상이 이르기를, "시어 너머에 황량(荒凉)함이 절로 보인다."라 하였다.

1 아래로 내려와 다시 낭주에 이르렀을 때 지은 작품이다.

2 이 시의 파서는 낭주를 가리킨다.

3 '動'은 달리 '蕩'으로 된 본도 있다.

4 '動雨'는 달리 '送雨'로 된 본도 있다.

5 주나라 목왕(穆王)의 고사를 인용하였다.

6 조주(趙注)에서, "한 무제가 처음 분음(汾陰)으로 행차하여 낙양에 이르렀고, 이어 태산(太山)을 찾아갔다. 그가 순행한 거리는

만팔 천 리다."라 하였다. 이는 대종이 섬주로 몽진 떠난 것을 비유하였다.

7 12월에 대종이 이미 장안으로 돌아왔는데, 두보는 아직도 그 소식을 듣지 못하였다.

2. 이엽 경을 전송하다[1]

送李卿曄

王子思歸日	왕자께서 돌아가리라 생각한 날에[2]
長安已亂兵	장안은 이미 전쟁으로 어지럽네.
霑衣問行在	옷에 눈물 적신 채 행재소 물으며
走馬向承明	말 달려 승명전으로 향하리라.[3]
暮景巴蜀僻	궁벽진 파와 촉에 해는 지는데[4]
春風江漢淸	맑은 강한에 봄바람 불리라.[5]
晉山雖自棄	진의 산에 비록 이 몸 버렸지만[6]
魏闕尙含情	아직도 대궐을 그리는 정 지녔다네.[7] ⊟

시평 : 주학령이 말하기를, "두보가 일찍이 숙종을 호종하였다. 그러므로 스스로 개지추에게 비유하였다. '이 몸 버렸다'고 한 것은 화주(華州)의 좌천으로 임금을 원망한 것이 아니다. 「장유(壯遊)」에서 '개지추는 상을 피하고(之推避賞從)'라 한 것은 또한 이와 같은 뜻이다."라 하였다.

⊟ 결어에서 끝도 없이 생각에 젖게 만든다. 온유돈후한 운치를 볼 수 있다.

1 『세계표(世系表)』에서, "이엽은 태정왕(太鄭王)의 사위로, 회남충공(淮南忠公) 이수(李琇)의 아들이다."라 하였다.

2 「애강남부(哀江南賦)」에서, "함양의 포의도 마찬가지니, 다만 돌아갈 생각하는 왕자뿐 아니네.(咸陽布衣 非獨思歸王子)"라 하였다.

3 『한서』「엄조전(嚴助傳)」에서, "그대는 숙직하는 승명전이 지겨우리라."라 하였다.

4 이 구는 변방에서 늙어감을 말한다.

5 『두억』에서, "가릉강(嘉陵江)은 낭주에 있는데, 달리 한강(漢江)이라 부른다."라 하였다.

6 채몽필이 말하였다. "『지리지(地理志)』에서, '낭주에 진안현(晉安縣)이 있는데, 본래 진성(晉城)이었다.'라 하였다." 구주(仇注)에서, "개지추(介之推)가 면상(綿上)의 산중에 숨은 고사를 겸하여 인용하고 있다."라 하였다.

7 『여씨춘추』에서 말하였다. "중산(中山)의 공자모(公子牟)가 첨자(詹子)에게 말하기를, '몸은 강호에 있지만 마음은 대궐 아래에 있다.'라 하였다."

3. 한 쌍의 제비

雙燕

旅食驚雙燕	떠돌이로 지내며 놀랍기는, 한 쌍의 제비가
銜泥入此[1]堂	진흙 물고 이 집에 들어 온 것.
應同避燥濕	응당 나와 함께 더위와 습기 피하며
且復過炎涼	또한 다시 여름, 가을 지내리.[2]
養子風塵際	바람과 먼지 일 제 새끼 기르느라[3]
來時道路長	올 때 길은 멀기도 하였네.
今秋天地在	올 가을에도 천지가 존재한다면
吾亦離[4]殊方	이 몸 또한 다른 지방으로 떠나리라.[5]

1 '此'는 달리 '北'으로 된 본도 있다.

2 좋거나 괴로운 일을 함께 나눈다는 의미이다.

3 『고악부』「협접행(蛺蝶行)」에서, "삼월의 새끼 기르는 제비를 만났네.(卒逢三月養子燕)"라 하였다.

4 '離'는 거성이다.

5 주주(朱注)에서, "이 당시 두보는 삼협을 벗어나려고 하였다. 그러므로 제비에 의탁하여 우의하였다."라 하였다. 장상약이 이르기를, "'천지가 존재한다'는 말은 비록 세상이 어지럽더라도 천지는 바뀌지 않을 것이니, 나 또한 반드시 돌아갈 것이라는 의미이다. 이 말은 감히 세상이 평온하고 안정되기를 바라는 것은 아니다."라 하였다.

4. 백설조[1]

百舌

百舌來何處	백설조 어디에서 왔는가
重重秖報春	거듭거듭 울며 그저 봄을 알리네.[2]
知音兼衆語	소리 알아 여러 울음 겸하는데
整翮豈多身	깃털 정돈하니 어찌 여러 몸이런가.[3]
花密藏難見	울창한 꽃 속에 숨어 보기 어렵지만
枝高聽轉新	높은 가지라 울음소리 더욱 새롭게 들리네.
過時如發口	때가 지나 만일 입을 연다면[4]
君側有讒人	임금 곁에 참소하는 사람 있으리라.[5]

1 왕십붕(王十朋)이 말하기를, "백설은 반설(反舌)이다. 능히 혀를 뒤집어서 온갖 새의 소리를 따라할 수 있다. 봄에 지저귀다가 여름이 되면 그친다."라 하였다.

2 아첨을 잘 함을 비유하였다.

3 한 몸인데 여러 울음소리를 낼 수 있다는 말이다.

4 「장의전(張儀傳)」에서 말하였다. "진진(陳軫)이 말하기를, '제가 입을 열어 말을 내어도 되겠습니까.'라 하였다."

5 『급총주서(汲冢周書)』에서, "망종(芒種)에 당랑이 생겨나고 또 5일이 지나면 백설조가 비로소 운다. 다시 5일이 지나면 백설조는 울지 않는다. 이 때 백설이 소리를 내어 울면 아첨하는 사람이 곁에 있다."라 하였다. 구주(仇注)에서, "이 당시 정원진(程元振)이 이미 좌천을 당하였는데, 두보는 초춘에 아직 그 사실을 알지 못하였다. 그러므로 백설을 빌려 개탄함을 우의하였다."라 하였다.

5. 봄날의 애상[1]

傷春五首

天下兵雖滿	천하에 병사가 비록 가득하나
春光日自濃	봄빛은 나날이 절로 짙어지네.
西京疲百戰	장안은 수많은 전투에 지쳐 있고
北闕任羣兇	북궐은 흉악한 무리에게 빼앗겼네.[2]
關塞三千里	변방은 삼천리 떨어지고
烟花一萬重	이내 속의 꽃은 일만 겹이네.[3]
蒙塵淸露急	몽진 떠나니 맑은 이슬에 급히 젖고[4]
御宿且[5]誰供	임금의 잠자리는 또 누가 모시나.[6]
殷復前王道	은나라는 이전 왕도를 회복하였고[7]
周遷舊國容	주나라는 옛 나라의 모습으로 옮겨갔네.[8]
蓬萊足雲氣	봉래전에 구름 기운 가득하니[9]
應合總從龍	응당 마땅히 모두 용을 따라가야 하네.[10] 曰

鶯入新年語	꾀꼬리 날아들어 새해를 노래하며
花開滿故枝	꽃은 피어 옛 가지에 가득하여라.
天淸風卷幔	하늘은 맑고 바람은 장막을 걷어 올리며
草碧水連池	풀은 푸르고 물은 연못으로 흘러가네.
牢落官軍遠	드문 관군은 멀리 떨어져 있으니
蕭條萬事危	스산하여 만사가 위태롭네.[11]
鬢毛元自白	머리털은 원래 절로 희어지고
淚點向來垂	눈물 아롱져 이전부터 떨어지네.

不是無兄弟　　형제가 없지는 않지만
其如有別離　　어찌 하리오, 멀리 떨어져 있으니.
巴山春色靜　　파산에 봄빛은 고요한데
北望轉逶迤　　북쪽 바라보니 길은 더욱 구불구불.[三]

日月還相鬪　　해와 달이 도리어 서로 싸우며[12]
星辰屢合圍　　별이 여러 겹으로 에워쌌네.[13]
不成誅執法　　집법자를 죽이지 않는다면[14]
焉得變危機　　어떻게 위기를 바꿀까.[15]
大角纏兵氣　　궁궐에는 전쟁의 기운이 얽어 있고[16]
鉤陳出帝畿　　임금의 군대는 각지로 싸우러 나갔네.[17]
烟塵昏御道　　연기와 먼지에 임금 가는 길 어둡고
耆舊把天衣　　늙은 신하들은 황제 옷자락 붙잡네.
行在諸軍闕　　행재소에 모든 군사가 모자라고
來朝大將稀　　조정에 찾아오는 대장도 드무네.[18]
賢多隱屠釣　　많은 어진 이는 푸줏간이나 낚시터에 숨으니[19]
王肯載同歸　　임금은 기꺼이 수레에 태워 같이 돌아오려나.[20] [三] [四]

再有朝廷亂　　거듭 조정에 난이 일어나니[21]
難知消息眞　　소식이 정말인지 알기 어렵네.
近傳王在洛　　근래 전하기론 임금이 낙양에 있고[22]
復道使歸秦　　다시 말해지기론 사신이 진으로 갔다 하네.
奪馬悲公主　　말을 빼앗으니 공주가 슬퍼하고[23]
登車泣貴嬪　　수레에 오르니 귀빈들이 눈물 흘리네.[24]
蕭關迷北上　　소관으로 북상하는 길을 헤매고[25]

滄海欲東巡　발해 동쪽을 순수하려 하였네.[26]
敢料安危體　이 몸 감히 나라의 안위를 헤아리랴[27]
猶多老大臣　여전히 노성한 대신이 많이 남았네.
豈無嵇紹血　어찌 없으랴, 혜소의 피로
霑灑屬車塵　수레에 붙은 먼지를 씻어내는 일이.[28] [五]

聞說初東幸　듣자하니, 처음 동으로 몽진 갈 때[29]
孤兒卻走多　병사들은 문득 많이 달아났다 하네.[30]
難分太倉粟　태창의 곡식을 분담하기 어려우니
競棄魯陽戈　다투어 무기를 버리고 도망가네.[31] [六]
胡虜登前殿　오랑캐는 앞의 궁궐에 오르고
王公出御河　귀족은 임금 떠난 강으로 나서네.
得毋中夜舞　어찌 한밤중에 칼춤을 추지 않으리[32]
誰憶大風歌　또 누가 「대풍가」를 기억하는가.[33]
春色生烽燧　봄빛은 봉홧불에서 생겨나고
幽人泣薜蘿　숨어버린 사람은 넝쿨 아래서 우네.[34]
君臣重修德　임금과 신하가 덕을 닦는다면
猶足見時和　오히려 태평한 시대를 볼 텐데.[七]

시평 : 격앙강개하며 또한 다시 비측전면(悱惻纏綿)하니 「유감오수(有感五首)」와 함께 두보의 재식(才識)과 충성스러움을 보인다. 이 모두 두보 시의 중요한 근본으로, 학자들이 마땅히 눈여겨 보아야한다. ○ 주학령이 말하기를, "대종이 난리가 일어난 요소를 제공하였는데, 모두 그른 사람을 신임하고 노성한 신하를 쓰지 않았기 때문이다. 그러므로 '많은 어진 이는 푸줏간이나 낚시터에 숨으니.(賢多隱屠釣)'라 하거나 또는 '여전히 노성한 대신이 많이 남았네.(猶多老大臣)'라 하거나 또는 '또 누가 「대풍가」를 기억하는가.(誰憶大風歌)'라 하였다. 작품 안에서 매번 자신의 생각을 확실하게 드러내었다."라 하였다.

㊀ 첫 번째 작품은 세상일에 느낀 감회가 자신에 대한 감회로 이어지고 있다.

㊁ 두 번째 작품은 자신에 느낀 감회가 다시 세상에 대한 감회로 돌아가고 있다.

㊂ 장상약이 이르기를, "이 작품은 치란의 시말이 모두 드러나니, 어찌 평범한 시에 그치겠는가."라 하였다. ○ 조정의 일은 정확히 가리켜 말하기 어렵다. 그러므로 천상(天象)으로 말하였으니, 변아(變雅)를 지은 시인의 생각과 비슷하다.

㊃ 이 결말은 임금에게 바라는 말이다.

㊄ 이 결말은 신하에게 바라는 말이다.

㊅ 묘사가 진행되는 순서가 앞 작품에서는 임금에서 비빈으로, 이 작품에서는 임금에서 군사로 옮겨가고 있으니, 절로 차례가 있다.

㊆ 마지막 작품은 임금과 신하를 모두 언급하고 있다. 높이 소리쳐 하늘을 부르니, 참으로 눈물의 흔적이 종이에 가득하다.

1 원주(原注)에서, "파촉의 낭주는 먼 변방이다. 「상춘(傷春)」을 짓고 나서 비로소 봄 전에 이미 궁궐을 수복한 것을 알게 되었다."라 하였다. 『초사』에서, "눈을 부릅뜨고 천리를 보니 봄을 애상하는 마음이여.(目極千里兮傷春心)"라 하였는데, 제목을 여기에서 따왔다.

2 『통감』에서, "광덕 원년 10월에 토번이 경기지역을 함락하였다. 위북행영병마사(渭北行營兵馬使) 여월장(呂月將)이 주질(盩厔)에서 토번과 싸우다가 사로잡혔다. 경주자사(涇州刺史) 고휘(高暉)와 사생장(射生將) 왕헌충(王獻忠) 등이 토번을 장안으로 맞아들였다. 그리고 빈왕(邠王) 이수례(李守禮)의 손자인 이승굉(李承宏)을 황제로 세웠다."라 하였다.

3 즉 파촉의 낭주는 장안에서 멀리 떨어졌다는 말이다.

4 『통감』에서, "토번이 위교(渭橋)를 건너자, 황제는 급하게 섬주로 피했다."라 하였다. '청로급(淸露急)'은 밖으로 몸을 드러내었다는 의미이다.

5 '且'는 달리 '有'로 된 본도 있다.

6 『한서』에서, "어숙원(御宿苑)은 장안성의 남쪽에 있다. 수(羞)와 숙(宿)은 음이 서로 비슷하다. 그러므로 혹은 어수(御羞)라고 하고 혹은 어숙(御宿)이라고 한다."라 하였다. 수(羞)는 진수(珍羞)가 나오는 곳이며 숙(宿)은 이곳에 머물러 잔다는 의미이다.

7 은나라 무정(武丁)이 중흥한 것을 이른다. 또한 분격하여 형과 초를 정벌한 뜻을 취하였다.

8 『사기』에서, "평왕(平王)이 낙읍(洛邑)으로 동천하여 융족의 침입을 피하였다."라 하였다. 이 당시 전하는 소식에 황제가 낙양에 있다고 하니 이렇게 읊은 것이다.

9 즉 오릉(五陵)의 아름다운 기운이 항상 존재한다는 말이다.

10 모든 신하들이 모두 응당 황제를 호종하는데 자신은 따르지 못함을 탄식하고 있다.

11 구주(仇注)에서, "파촉 땅에는 봄 경치가 예전처럼 변함없이 아름다운데, 다만 한스럽기는 장안에 전쟁이 일어나 원군이 오지 못한다. 그러므로 만사가 모두 위태롭다."라 하였다.

12 『진서』「천문지」에서, "며칠 동안 해와 달이 모두 나와 마치 싸우는 것 같았다. 천하가 병사를 일으켜 크게 싸웠다. 원제(元帝) 대흥 4년 2월 계해일에 해와 달이 싸웠다."라 하였다.

13 『한서』「천문지」에서, "고조 7년 달무리가 삼성(參星)과 필성(畢星)을 일곱 겹으로 에워쌌다. 그 해 고조가 평성(平城)에 갔을 때 선우에게 포위 당하였다."라 하였다.

14 『성경(星經)』에서, "집법사성(執法四星)은 형옥을 담당하는 사람을 상징한다. 또한 형정(刑政)의 관리를 상징하는데, 왕명의 선포를 도우니 중상시관(中常侍官)이다."라 하였다. 『두시박의』에서 말하였다. "『한지(漢志)』에서 '애제(哀帝) 원년 11월에 세성(歲星, 목성)이 태미성의 자리로 들어가 거꾸로 운행하여 우집법(右執法)을 범하였다. 점을 치니, 대신이 근심거리가 될 것이니 법을 집행하는 자를 죄가 있는 것처럼 죽여야한다고 나왔다. 2년 10월에 고안후(高安侯) 동현(董賢)이 벼슬에서 물러나 자살하였다.'라 하였다." 이 시는 이 일을 겸하여 암용(暗用)하고 있으니, 동현으로 정원진(程元振)을 비유하고 있다.

15 즉 하늘의 변고가 자주 일어나니 모두 임금이 총애하는 간신을 일찍 제거하지 못하였기 때문에 이런 상황이 일어났다는 말이다. 장안을 수복한 소식을 두보가 아직 듣지 못하여 한 말로, 유항(柳伉)의 상소를 가리키는 것은 아닌 것 같다.

16 『사기』「천관서」에서, "대각은 천왕제정(天王帝庭, 시리우스)으로, 그 양쪽에 각 두 개의 별이 있는데, 섭제(攝提)라고 부른다."라 하였다.

17 『성경』에서, "구진 여섯 별은 천자의 육군(六軍)을 상징한다."라 하였다.

18 『당서』에서, “대종이 섬주로 몽진 가자, 여러 절도사는 정원진이 참소할까 두려워 찾아오지 않았다. 조정에서 믿는 사람은 오직 곽자의 한 사람뿐이었다.”라 하였다.

19 『한시외전(韓詩外傳)』에서, “태공망은 조가(朝歌)에서 소를 잡고 반계(磻溪)에서 낚시하였다.”라 하였다.

20 간사한 신하를 물리치려면 먼저 급히 어진 이를 등용해야 한다. 그러면 선비들이 목숨을 바치려고 하며 천심(天心)도 이로 인해 재앙 내린 것을 후회한다.

21 이전 안록산의 난리가 있었기에 지금 토번의 난이 두 번째가 된다.

22 대종이 섬주로 몽진 떠난 뒤 정원진이 낙양을 도읍으로 삼자고 권하였다.

23 『통감』에서, “위(魏)나라 고환(高歡)이 부구(滏口)로 나왔다. 길에서 북향(北鄕) 장공주(長公主)를 만났는데, 그녀를 따르던 3백 필의 말을 모두 빼앗았다.”라 하였다.

24 『진서(晉書)』에서, “성제(成帝) 연화 연간에 소준(蘇峻)이 천자를 핍박하여 석두성(石頭城)으로 옮겼다. 천자는 슬피 울면서 수레에 오르니 궁중이 통곡하였다.”라 하였다.

25 『한서』「무제기(武帝紀)」에서, “원봉 4년 옹(雍)으로 행차하여 오치(五畤)에서 제사를 지냈다. 가운데 길로 나와 돌아오다가 마침내 북쪽으로 소관(蕭關)을 나왔다.”라 하였다. 『일통지』에서, “소관은 평량부(平涼府) 진원현(鎭原縣) 서북쪽에 있다.”라 하였다.

26 「진시황기」에서, “28년 발해 동쪽을 순수하여 황수(黃腄)를 지나고 성산(成山)을 찾아가고 지비(之罘)에 올라 진나라 덕을 칭송하는 돌을 세웠다.”라 하였다. 동쪽으로 순수하고 북쪽으로 올라가면서 모두 정해진 장소가 없으니, 참으로 ‘소식이 정말인지 알 수 없음’을 볼 수 있다.

27 즉 국가의 일은 초야(草野)의 사람이 알 바가 아니라는 말이다.

28 즉 나라에 노련한 신하가 있으니 마땅히 죽음으로서 임금을 호위해야 함을 말하고 있다. 『진서』에서, “혜제(惠帝)가 북쪽을 정벌하다가 탕음(蕩陰)에서 패하였다. 혜소가 몸으로 막아 지켰는데, 무기가 임금 수레까지 난입하였다. 혜소가 무기에 찔려 피가 혜제의 옷을 적셨다.”라 하였다.

29 섬주는 장안의 동쪽에 있다.

30 『한기(漢紀)』의 주에서, "종군하여 죽은 자들의 아들을 모아 우림(羽林)에서 양육하였다. 관에서 다섯 가지 무기로 교육시키니, 우림고아(羽林孤兒)라 불렀다."라 하였다.

31 『회남자』에서, "노(魯) 양공(陽公)이 한구(韓遘)와 한창 싸우는데 해가 저물자 창을 당겨 휘두르니 해가 한참 뒤로 물러났다."라 하였다. 『통감』에서, "대종이 섬주로 몽진 가자 관리와 육군(六軍)이 흩어져 달아났다. 호종하는 장사는 굶주림을 면치 못하였다."라 하였다.

32 『진서』에서 말하였다. "조적(祖逖)과 유곤(劉琨)이 함께 자는데, 한밤중에 닭 울음소리를 들었다. 이에 일어나 무술을 연마하면서, '이것은 나쁜 소리가 아니다.'라 하였다."

33 「고제가(高帝歌)」에서, "큰 바람 일어 구름이 날아가네. 어찌 용맹한 전사 얻어 사방을 지키지 않으랴."라 하였다. 두 구는 곧 '어찌 설욕을 갚고 복수에 뜻을 둔 영웅이 없겠는가. 두려워하건대, 조정이 참소를 믿고 다시 그를 기억하지 않을 따름이다.'란 의미이다. 이 당시 곽자의(郭子儀)는 벼슬에서 물러났고 이광필(李光弼)도 또한 참소가 두려워 조정에 오지 않았다. 그러므로 이렇게 말하였다.

34 두보 자신을 이른다.

6. 장안을 수복하다[1]
收京

復道收京邑	장안을 수복하였다고 다시 들었는데
兼聞殺犬戎	겸하여 견융을 죽었다고 하네.[2]
衣冠卻扈從	도망갔던 신하들이 문득 호종하는데[3]
車駕已還宮	임금 수레는 이미 궁궐에 돌아왔네.
剋復誠如此	국란 극복은 진실로 이와 같으니
安危在數公	나라의 안위는 두어 충신에 달렸구나.
莫令回首地	이 몸 고개 돌려 바라보는 곳에
慟哭起悲風	통곡소리에 슬픈 바람 일지 말게 하였으면.[4] ㊀

㊀ 소자상이 이르기를, "노성한 시인의 우국충정이 결말 부분에서 더욱 깊다."라 하였다.

1 이하 세 작품은 모두 본집에 실리지 않았으며, 곽지달과 황학본에 보인다. 『당서』에서, "광덕 원년 10월 계사일에 곽자의가 장안을 수복하였다. 12월에 황제의 수레가 섬주에서 왔다."라 하였는데, 이 작품은 이 소식을 들은 뒤에 지었다.

2 『통감』에서, "토번이 봉상(鳳翔)의 포위를 풀고 물러나자, 진서(鎭西) 절도사 마린(馬璘)이 구원하러 왔다. 홀로 적을 쳐부수어 천여 명을 죽였다."라 하였다.

3 『두억』에서, "'각(卻)'자는 여러 신하들에게 만족하지 못하다는 의미이다. 대개 평소 주저하며 사태를 좌시하니, 성패에 전혀 도움이 되지 못한 자들이다."라 하였다.

4 즉 마땅히 충신을 신임하여 안정을 도모하여야 하며, 장안에 다시 오랑캐의 난리가 일어나게 해서는 안 됨을 말하고 있다.

7. 파서에서 장안의 수복을 듣고, 반 사마가 장안으로 들어감을 전송하다[1]

巴西聞收京闕 送班司馬入京二首

聞道收京邑　　듣기론, 장안을 수복하니
嗚鑾自陝歸　　임금 수레가 섬주에서 돌아왔다 하네.
傾都看黃屋　　온 도성이 임금 수레 바라보고
正殿引朱衣　　정전에선 붉은 옷의 시종이 인도하네.[2]
劍外春天遠　　검외는 봄 하늘이 멀고
巴西勑使稀　　파서는 칙사가 드무네.
念君經世亂　　임금이 세상 난리 겪음을 생각하며
匹馬向王畿　　필마 타고 장안으로 향하네.⊟

시평 : 정계지(鄭繼之)가 말하기를, "시의 묘처(妙處)는 사실을 그려내어 상황을 다 설명한 것에 있지 않다. 그려낼 듯 하며 말을 할 듯 하는 가운데 저절로 완연하게 상상할 수 있으니, 이와 같으면 바로 시인의 정수를 얻었다고 할 수 있다. 두보 시에 매번 지나치게 사실을 그리며 지나치게 설명을 다 한 실수가 있지만, 이 시의 마지막 두 구는 사실을 다 그려내지 않고 다 설명하지 않은 흥취가 있다. 나머지는 이로 미뤄 추측할 수 있다."라 하였다.

羣盜至今日　　도적 무리는 오늘까지 횡행하는데
先朝忝從臣　　이 몸 선대에 신하가 되었네.[3]
歎君能戀主　　그대는 임금을 모실 수 있으니
久客羨歸秦　　오랜 나그네는 진으로 돌아감을 부러워하네.
黃閣長司諫　　문하성에서 사간을 오래 하였으니
丹墀有故人　　조정에 친우가 남아 있으리라.[4]

向來論社稷	예전부터 사직을 걱정하였으니
爲話涕霑巾	눈물로 옷을 적신다고 말해 주시게.[5] ㊂

㊁ 이 시는 대궐로 가는 반 사마를 전송한 작품이다.

㊂ 아래 작품은 자신의 감회를 기술하고 있다.

1 옛날 본에 두 번째 작품은 별도로 「송사마입경(送司馬入京)」이란 제목으로 있었는데, 한 수씩 따로 있는 것을 황학 본에 의거하여 하나로 합하였다.

2 주의(朱衣)는 시종하는 신하를 가리킨다.

3 두보는 숙종 때 좌습유가 되었다.

4 옛날 함께 간관을 하던 자를 이른다.

5 두 구는 즉 '나를 위해 벗에게 말을 전해 달라는 것으로, 예전부터 함께 사직을 논하여 눈물이 옷깃을 적심을 면치 못하였다. 지금 도적이 여전히 그치지 않고 있는데, 나는 이미 어쩔 수 없다. 제군은 태평한 시대를 어떻게 맞이할 것인가.'란 의미로, 힘쓰기를 기대하는 무한한 마음이 절로 시어 너머에 담겨 있다.

8. 근심을 풀어보며

釋悶

四海十年不解兵	사해에 십년이나 전쟁이 그치지 않아[1]
犬戎也復臨咸京	견융도 다시 함경(장안)에 쳐들어 왔네.
失道非關出襄野	길을 잃음은 양성 들로 나감과 무관하며[2]
揚鞭忽是過湖城	채찍 들고 문득 호성을 지났네.[3]
豺狼塞路人斷絶	이리가 길을 막으니 사람이 다니지 못하고
烽火照夜屍縱橫	봉화가 밤을 비추니 시체가 이리저리 널려 있네.
天子亦應厭奔走	천자도 응당 도망다님에 질려하고
羣公固合思昇平	많은 신하들도 참으로 태평시절 바라네.
但恐誅求不改轍	다만 가렴주구는 고쳐지지 않을까 걱정이며
聞道嬖孽能全生	총애 받은 간신이 목숨부지 했다고 들었네.[4]
江邊老翁錯料事	강가의 늙은이 사태를 잘못 헤아리고
眼暗不見風塵淸	눈이 어두워 풍진이 맑아짐을 보지 못하겠네.

시평 : 왕사석이 말하기를, "이 작품은 대종이 정원진을 주살하지 못한 것 때문에 지었다. 토번이 침략하여 노략질하니, 재앙이 모두 정원진 때문에 일어났다. 지금 총애 받은 간신을 제거하지 않으면 전쟁을 멈춰 병사를 돌려보낼 수 없으며, 병사를 돌려보낼 수 없으면 가렴주구를 멈출 수 없다. 사태가 잘못된 것은 참으로 생각하지 못한 것에서 발생하였다. 그러므로 풍진이 어떻게 맑아져 언제나 태평한 시절을 볼 것인가. 작품 전체가 한 기운으로 내용을 전개해 나갔으니, 모두 괴탄(愧歎)함을 불러 일으키는 말이다."라 하였다.

1 천보 14년 안록산이 처음 난리를 일으킬 때부터 광덕 초년은 10년이 된다.

2 『장자』에서, "황제(黃帝)가 구자산(具茨山)에서 대외(大隗)를 만나보려고 하였다. 양성(襄城)의 들판에 이르렀을 때, 따르던 일곱 성인이 모두 길을 찾지 못하였는데 물을 사람도 보이지 않았다."라 하였다.

3 『세설신어』에서, "대장군 왕돈(王敦)이 고열(姑熱)에 군대를 주둔하였다. 명제(明帝)가 파종(巴賨)의 말을 타고 금빛 채찍 하나를 들고서 은밀하게 군대를 살폈다. 왕돈은 낮잠을 자다가 태양이 자신의 성을 맴도는 꿈을 꾸었다. 기마병에게 명제를 뒤쫓으라고 하였는데 잡지 못하였다."라 하였다. 주주(朱注)에서, "『진서』「왕돈전」에서 '명제가 무호(蕪湖)에 와서 왕돈의 진영과 성루를 살폈다.'라 하였으며, 또 '무호현에 왕돈성(王敦城)이 있다.'고 하였으니, 바로 이 시에서 말한 호성이다."라 하였다. 두 구는 즉 대종이 순수(巡狩)하게 된 것은 도를 물으러 사람을 찾아간 것과 무관하니, 바로 오랑캐를 피하기 위함을 말한다.

4 『통감』에서, "정원진(程元振)이 자신 마음대로 권력을 휘둘렀는데, 큰 공을 세운 장수를 질시하여 해를 끼치려고 하였다. 토번이 침입해오자 정원진은 제 때 아뢰지 않아 결국 임금이 낭패스럽게 몽진을 떠나게 만들었다. 태상박사 유항(柳伉)이 상소를 올려 정원진을 참하라고 청하였는데, 임금은 오히려 정원진이 일찍이 자신을 보호한 공이 있다고 하여 죽이지 않고 유항의 관작을 삭탈하여 고향으로 돌려보냈다."라 하였다.

9. 하란섬에게 이별하며 주다

贈別賀蘭銛

黃雀飽野粟	황작이 들녘 곡식을 맘껏 쪼아 먹다가[1]
羣飛動荊榛	무리 지어 가시덤불로 날아가네.
今君抱何恨	지금 그대 무슨 한을 지녔나
寂寞向時人	쓸쓸하게 사람들을 상대하네.
老驥倦驤首	늙은 천리마는 머리 쳐들기 힘들고
蒼鷹愁易馴	푸른 매는 길들여지기 근심스럽다.
高賢世未識	고현을 세상이 알지 못하니
固合嬰饑貧	진실로 가난에 굶주림이 합당하네.[2]
國步初反正	나라의 운명이 처음 바른 데로 돌아왔는데[3]
乾坤尙風塵	천지는 아직도 풍진의 전쟁터로구나.
悲歌鬢髮白	슬픈 노래에 머리가 세어 가는데
遠赴湘吳春	멀리 봄날 상수의 오로 부임하네.[4]
我戀岷下芋	이 몸 민산 아래 토란 생각하는데[5]
君思千里蓴	그대는 천리호의 순채국 그리겠지.[6]
生離與死別	살아 헤어짐과 죽어 이별은
自古鼻酸辛	옛부터 콧날이 시끈거린다네.

1 유정(劉楨)의 시에서, "황작과 무리 지으니 부끄럽네.(羞與黃雀群)"라 하였는데, 주에서 "황작(黃雀)은 소인을 비유한다."라 하였다.

2 구주(仇注)에서, "황작(黃雀)은 권세에 달려가고 이익에 부합하려는 사람을 비유하였으며, 기응(驥鷹)은 재주를 지녔으나 불우한 인사를 비유하였다. 차라리 피곤한 천리마나 길들여진 매가 될지언정 배불리 먹고 무리지어 나는 황작은 되지 않으려 하니, 이에 그의 지절(志節)을 볼 수 있다."라 하였다.

3 이 당시 대종이 섬주로 몽진 갔다가 비로소 궁으로 돌아왔다.

4 하란섬을 가리킨다.

5 「화식전(貨殖傳)」에서, "민산(岷山)의 아래 천리의 기름진 땅속에 준치(蹲鴟)가 자라니 죽을 때까지 굶주리지 않는다."라 하였는데, 주에서 "준치(蹲鴟)는 토란이다."라 하였다.

6 『세설신어』에서 말하였다. "육기(陸機)가 왕무자(王武子)의 집을 찾아가자 양타락죽을 내왔다. 왕무자가 '그대의 고향인 오중(吳中)에서는 무엇이 이와 상대할 만 하오.'라 묻자, 육기는 '천리호(千里湖)의 순채국과 말하(末下)의 된장이 있을 뿐입니다.'라 대답하였다." 『일통지』에서, "천리호는 속양현(溧陽縣)의 동남쪽에 있다. 지금도 맛있는 순채가 생산된다."라 하였다.

10. 하란섬에게 보내다[1]

寄賀蘭銛

朝野歡娛後	조야에서 함께 즐거워하던 이후로
乾坤震蕩中	천지가 어지러운 때 다시 만났지.㊀
相隨萬里日	만리 외진 곳에서 서로 따르던 때
總作白頭翁	둘 다 흰머리 노인이 되었네.[2]
歲晚仍分袂	늘그막에 또 이별하게 되었으니
江邊更轉蓬	강가에서 다시 나뒹구는 쑥대로다.[3]
勿云俱異域	이역만리에서 만나
飲啄幾回同	기껏 두어 번 함께 마시고 먹었다고 말하지 마시게.[4]

㊀ 장상약이 이르기를, "조야가 즐거워한 뒤에 어지럽다고 말하였으니, 우의(寓意)가 매우 깊다. 당시 조정이 편안함을 즐기다가 재앙을 빚어낸 것을 알 수 있다."라 하였다.

1 이 작품은 이별한 뒤에 다시 보낸 것이다.

2 하란섬은 아마도 천보 연간의 난리 뒤에 촉에서 함께 나그네로 있었던 듯싶다.

3 재주와 낭주 사이를 왕래하는 자신을 일컫는다.

4 마지막 두 구는 즉 반대로 말하여 위로한 것으로, 이별한 뒤에 급하게 나를 잊지 말라는 의미이다.

11. 감회가 일어[1]

有感五首

將帥蒙恩澤　　장수들이 임금 은택 입었지만
兵戈有歲年　　전쟁은 여러 해 계속 되었네.
至今勞聖主　　지금도 임금을 힘들게 하니
何以報皇天　　무엇으로 은혜에 보답할까.[2]
白骨新交戰　　백골 나뒹구는 새로운 싸움터는[3]
雲臺舊拓邊　　운대의 신하가 옛날 개척한 변경이네.[4]
乘槎斷消息　　뗏목 탄 사신의 소식이 끊기니
無處覓張騫　　장건을 찾을 곳이 없구나.[5] [一]

幽薊餘蛇豕　　유계에 뱀과 돼지 남아 있으며[6]
乾坤尙虎狼　　천지에 아직도 범과 이리 으르렁대네.
諸侯春不貢　　제후가 봄에 조공 하지 않는데
使者日相望　　사자는 날마다 보내지네.[7]
愼勿呑靑海　　삼가 토번은 병탄하지 마시고
無勞問越裳　　남조를 애써 문책하지 마시라.[8]
大君先息戰　　임금이 먼저 전쟁을 그쳐
歸馬華山陽　　화산 기슭으로 말을 돌려보내시라.[9] [二]

시평 : 역사를 살펴보건대 광덕 원년에 사조의(史祖義)가 이미 죽음을 당하였다. 복고회은(僕固懷恩)이 토번이 평정되면 자신의 총애가 시들어질까 두려워하여 항복한 장수 설숭(薛嵩), 전승사(田承嗣), 이회선(李懷仙) 등을 하북의 여러 번진의 절도사로 삼았다. 조정은 전쟁에 질려서 구차히 무사하기만을 바랐기에 그들에게 절도사를 주었다. 당나라 때 번진의

재앙은 실로 이로부터 시작되었으니 이 작품은 아마도 이 때문에 지은 것 같다.

洛下舟車入	낙양에 배와 수레 들어오니
天中貢賦均	천하의 중앙이라 공물이 균등하네.[10]
日聞紅粟腐	날마다 듣기론, 붉은 곡식 썩어나가며[11]
寒待翠華春	겨울에 임금 옮겨갈 봄날 기다린다 하네.[12]
莫取金湯固	금성탕지의 견고함 취하지 말고
長令宇宙新	길이 천하를 새롭게 해야 하네.[13]
不過行儉德	검소한 덕을 실천함에 지나지 않으니
盜賊本王臣	도적도 본래 왕의 신하였다네.[14] [三]

시평 : 이전에 정원진(程元振)이 황제에게 낙양으로 천도하라고 권하였는데, 곽자의가 상소를 올려 아뢰었다. 그 가운데 "밝고 밝으신 천자께서 몸소 아껴 사용하시면 백성들은 절로 다스려질 것이며 도적들도 절로 그만 둘 것입니다. 이에 태평성대의 공을 열흘 안에 바랄 수 있습니다."라는 말이 있다. 이 작품의 뜻도 참으로 이 말과 부합한다.

丹桂風霜急	붉은 계수에 바람 서리 급하니[15]
青梧日夜凋	푸른 오동은 밤낮으로 시드네.[16]
由來强幹地	이전부터 황실이 강하면[17]
未有不臣朝	조정에 대해 신하의 본분 지켰네.
授鉞親賢往	도끼 내려 종실의 어진 이가 가니
卑宮制詔遙	행궁의 조서가 멀리까지 이르네.[18]
終依古封建	끝내 옛 봉건 제도에 의지한다면
豈獨聽簫韶	어찌 다만 소(韶) 음악만 들을 것인가.[19] [四]

시평 : 처음에 방관(房琯)이 분진(分鎭)을 세워서 도적을 토벌하자는 의

견을 제출하자 숙종이 하란진명(賀蘭進明)의 참소를 받아들여 그를 좌천시켰다. 광덕 초기에 이르자 하북(河北)의 여러 번진 세력이 발호하여 신하의 본분을 지키지 않았다. 그러므로 두보가 당시에 방관의 의견을 실행하지 않아, 결국 '강한 줄기 약한 가지'의 도를 잃어버린 것에 탄식한 것이다. ○ 두보가 「위왕낭주진논파촉안위표(爲王閬州進論巴蜀安危表)」에서, 여러 차례 왕실의 지친을 굳게 만들어야 한다고 주장하였는데, 이 작품과 서로 표리가 된다.

胡滅人還亂	오랑캐 전멸해도 사람들 아직도 어지러우니
兵殘[20]將自疑	병사 줄어들어 장수가 의심하여서라네.[21]
登壇名絶假	단에서 왕으로 봉함은 명분상 거짓이 아닌데[22]
報主爾何遲	임금에게 보답함은 그대들 어찌 더딘가.
領郡輒無色	고을을 다스리는데 문득 면목이 서지 않으니
之官皆有詞	관리로 떠나면 모두 원망하는 말 하였네.[23]
願聞哀痛詔	원컨대 애통해 하는 조서로
端拱問瘡痍	정성 다해 백성의 질곡을 물어봤으면.[五]

시평 : 두보가 말한 것은 모두 당시 중요한 일의 핵심으로 국사(國史)에서 미치지 못한 것을 보충할 만하다. 두보가 평소 순임금의 신하인 직(稷)과 설(契)로 자임하였는데 참으로 빈말이 아니다. ○ 대부분의 시가 번진 세력의 발호 때문에 지어졌다. 번진의 재앙은 복고회은에서 시작하였는데 당나라 때 마침내 하북 지역을 잃고 오대에 이르러서는 전쟁이 지속되었으니, 다섯 작품에서 그 발단을 볼 수 있다.

㈠ 소자상이 이르기를, "다섯 작품은 모두 시사(時事)를 기록하고 있는데, 기격(氣格)이 심혼(深渾)하니 대가의 솜씨이다."라 하였다. ○ 이 작품은 토번이 침입하였는데 여러 번진(藩鎭)이 달려와 구원하지 않는 것에 분격하여 지었다. 다섯 번째 작품의 원인〔緣起〕이 된다.

㈡ 이 작품은 번진의 장수가 병사를 움켜쥐는데도 천자는 나약하여 토벌하지 못하는 상황을 탄식하고 있다. 이것이 이 작품의 올바른 뜻이다.

㈢ 이하 두 작품은 모두 앞의 시에서 일어난 일을 추론하였다. 이 작품은 임금이 검덕을 실행하여 역란을 멈추게 하려는 의도에서 지었다.

㈣ 이 작품은 종실을 번진으로 세워서 반란한 신하를 두렵게 만들기를 바라는 마음에서 지었다.

㈤ 마지막 작품은 다시 번진의 폐단을 극렬하게 말하였다. 시상을 돌려 말하는 곳에서, 조정이 지방관을 중시하여 백성의 고통을 구원했으면 하는 바람을 읊었으니, 자신이 생각했던 본래의 계책을 보인 것이다.

1 이 작품은 다른 책에서는 광덕 원년 봄으로 편집되었으나, 사적이 많이 합치하지 않는다. 또 다른 책에서는 광덕 원년 겨울로 편집되었는데, 바야흐로 그 시기라면 토번이 창궐하여 임금이 섬주로 몽진 갔으니, 어찌 '삼가 청해〔토번〕를 병탄하지 마라(愼勿呑青海)'는 말을 하겠는가. 또한 이 당시에 봉건을 논하려 하였다면 더욱 사정에 맞지 않다. 시어의 뜻을 자세히 살펴보면 마땅히 이 작품은 장안을 수복한 뒤에 광덕 2년 봄에 지었다. 대개 토번이 비록 물러났지만 여러 번진 세력들이 발호하여 신하로서 복종하지 않으니, 두보가 다시 그들이 난리를 일으킬까 두려워하여 이 시를 지어 앞의 실수를 뉘우치고 후에 또 같은 일이 발생할 것을 조심하려 하였다. 얼마 지나지 않아 복고회은(僕固懷恩)이 드디어 토번과 회흘을 이끌고 침입하였으니, 두보는 이미 선견지명이 있었다. 이른바 편차가 올바르면 시의 뜻은 저절로 분명하다는 말이 이것이다.

2 임금의 은혜를 갚을 길 없음을 이른다.

3 토번의 난리를 이른다.

4 운대는 당나라 초기 공신을 이른다. 주주(朱注)에서, "역사를 살펴보건대, 당나라는 무덕 연간 이래로 변경을 개척하여 국토가 서

역까지 이어졌는데, 모두 도독부와 주현을 설치하였다. 개원 중기에 삭방(朔方) 등에 절도사를 두어 통솔하게 하였다. 안록산이 반란을 일으킨 뒤로 수년 사이에 잇달아 빼앗겨, 봉상(鳳翔) 서쪽과 빈주(邠州) 북쪽은 모두 오랑캐의 땅이 되었다. 그러므로 두보가 이런 탄식을 한 것이다."라 하였다.

5 『한서』「장건전」에서, "장건이 낭관으로 월지(月支)의 사신으로 뽑혔다. 흉노를 지나는데, 흉노가 장건을 10여 년 동안 보내지 않으니 도망쳐 한으로 돌아왔다."라 하였다. 이 당시 어사대부 이지방(李之芳) 등이 토번에 사신으로 갔다가 돌아오지 못하였다. 그러므로 이렇게 말한 것이다. 살펴보건대 『당서』「토번전」에서, '광덕 원년 산기상시 이지방과 태자좌서자 최륜(崔倫) 등이 사신으로 찾아갔는데, 토번은 붙잡고 돌려보내지 않았다. 그 다음해 사신 이지방 등을 돌려보냈다.'고 하였으니, 그렇다면 이지방이 돌아온 것은 본래 광덕 2년에 있던 일이다. 『구당서』에서도 또한 '이지방이 토번에 사신 갔다가 붙잡혔다. 2년에 비로소 돌아왔다.'고 하였다. 고신(顧宸)의 「연보(年譜)」에서는 이지방이 토번에서 돌아온 것을 광덕 원년으로 잘못 편집하였기 때문에 시와 사적이 완전히 어긋나게 되었다.

6 『좌전』에서, "오나라가 큰 돼지와 긴 뱀이 되어 상국(上國)을 먹으려 한다."라 하였다. 여러 번진 세력은 안록산과 사사명이 남긴 재앙의 싹이다.

7 포주(浦注)에서, "하북(河北)의 여러 진(鎭)에 절도사로 임명하고 작위를 봉하였다. 이 일은 모두 사신이 부절을 가지고 진에 나아가 그들에게 주었다."라 하였다.

8 월상(越裳)은 남조(南詔)를 가리킨다. 천보 이후로 남조는 당에 배반하고 토번에 귀순하여 여러 차례 변경의 근심거리가 되었다. 서남 지역을 도외시하라는 말이 아니다. 조정이 다만 고식을 숭상하여 국내도 조공을 바치지 않는데 더구나 먼 곳까지 도모할 지략을 힘쓰겠는가.

9 조정이 능히 병사를 부리지 못함을 은밀하게 말하고 있으니, 시어를 놓음이 매우 은근하다.

10 『사기』에서 말하였다. "성왕(成王)이 소공(召公)을 시켜 낙읍을 다시 건설하라 하면서, '이곳은 천하의 중앙이므로, 사방에서 들어오는 공물의 도로의 거리가 균등하다.'라 하였다."

11 주주(朱注)에서, "당나라 강해(江海)의 곡식은 모두 낙양으로 수송되었다가 장안으로 옮겨졌다."라 하였다.

12 지난 겨울에 낙양으로 도읍을 옮기자는 의논이 있었다.

13 나라를 세움은 지리(地利)에 있지 않다. 다만 덕을 닦아 스스로 강해지고 절약하여 백성을 사랑한다면 천하는 절로 새로운 기상이 있을 것이다.

14 고주(顧注)에서, "천홍 연간 대종의 생일에 여러 도(道)에서 금으로 장식한 기물과 보물, 준마를 올려 축수하였다. 상곤(常袞)이 그것들을 받지 말라고 요청하였는데 듣지 않았다. 그로 인해 점점 사치스런 마음이 생길 것을 알았기에 검덕(儉德)으로 경계하였다. 대개 검소한 덕을 실천하면 아래에서 심하게 세금을 거둬들이지 않으며 강한 번진도 또한 감히 가볍게 넘볼 수 없게 된다."라 하였다.

15 『한서』「오행지(五行志)」에서, "성제(成帝) 때의 동요에 '계수나무 꽃은 열매 맺지 못하고, 황작의 둥지는 기울어져 있네.(桂樹華不實 黃雀巢其顚)"라 하였는데, 주에서 "계수나무는 붉은 색으로 한나라를 상징한다."라 하였다.

16 상관의(上官儀)의 「책은왕문(冊殷王文)」에서, "경사의 표시로 오동나무를 심고 덕이 이뤄지면 가래나무를 보네."라 하였다. 단계(丹桂)는 왕실을 비유하고 청오(青梧)는 종실의 번진을 비유한다. 즉 왕실이 불안한 것은 종실의 번진이 미약하기 때문이라는 말이다.

17 「서도부(西都賦)」에서, "대개 줄기는 강한데 가지는 약하니, 상도를 높이게 되어 만국을 굽어보네.(蓋以强幹弱枝 隆上都而觀萬國)"라 하였다.

18 두 구는 즉 위의와 권세가 아래로 전달되지 않지만 조서는 그래도 멀리까지 이름을 말한다. 비궁(卑宮)은 아들에게 전한다는 뜻을 취하였으며 또한 앞 작품의 '검덕(儉德)'을 이어받았다. 옛날에는 현종이 숙종에게 전위한 것이라고 하였는데, 본 뜻과 거리가 너무 멀다. 살펴보건대, 숙종이 장안과 낙양을 수복하고 광평왕(廣平王)으로 원수를 삼았다. 대종이 즉위년 10월에 옹왕(雍王) 이괄(李适)로 천하병마원수를 삼았으니, 모두 이른바 '종실의 어진이에게 도끼를 내린 것'이다.

19 즉 한갓 예악과 문구(文具)만 닦아서는 안 됨을 말한다. 또한 강한 번진을 일찍이 제어하는 계책이 있었으니, 그것은 왕실의 지친(至親)을 자사로 삼는 것이다. 이런 계책은 묘(苗)의 백성이 반란을 일으킬 때 무기로 막는 것과 비교 되지 않는다.

20 '잔(殘)'은 나머지란 의미이다.

21 안록산과 사사명의 난리가 이미 평정되었는데 복고회은이 죽음을 당할까 두려워하여 반란을 꾀하였다. 또한 여러 번진 세력이 각각 재물을 거두고 병사를 모아 견고하게 지키려고 계책으로 삼았다.

22 이 당시 여러 도(道)의 절도사를 모두 실제로 봉하였기에 이렇게 말한 것이다. 또한 회음후 한신이 가왕(假王)으로 봉해달라고 한(漢) 고조에게 청하였는데, 한고조가 한신을 실제 왕으로 봉한 고사를 인용하였다.

23 여러 번진의 장수가 마음대로 다스리니, 자사와 현령이 자신의 직책을 잃게 되었다. 이에 사대부가 모두 지방관을 달갑게 여기지 않으며, 관리가 된 자는 대부분 참으면서 구차히 녹을 받으며 백성의 고통을 구원하지 못한다. 그러므로 조서를 내려 백성의 질곡을 묻고자 한 것이다.

12. 옛날을 생각하며[1]
憶昔二首

憶昔先皇巡朔方	옛날을 생각하니, 선황 숙종이 삭방을 순수하고[2]
千乘萬騎入咸陽	천승과 만기로 장안으로 돌아왔네.[3]
陰山驕子汗血馬	음산에 회흘의 한혈마가[4]
長驅東胡胡走藏	동쪽 오랑캐를 몰아내자 오랑캐는 달아나 숨었네.[5]
鄴城反覆不足怪	업성에서의 반란은 괴이하지 않으니[6]
關中小兒壞紀綱	관중의 소아가 기강을 무너트려서라네.[7]
張后不樂上爲忙	장후가 즐겁지 않으면 주상이 그로 바빠졌는데[8]
至令今上猶撥亂	지금 임금으로 하여금 오히려 난을 다스리게 하니
勞心焦思補四方	노심초사하며 사방을 다스렸네.
我昔近侍叨奉引	이 몸 예전에 가까이 모셔 외람되이 안내하였고
出兵整肅不可當	출정한 병사는 엄숙하여 대적할 수 없네.[9]
爲留猛士守未央	용맹한 장수를 남겨 미앙궁을 지키게 하였고[10]
致使岐雍防西羌	기주와 옹주에 사신 보내 서강을 막게 하였네.[11]
犬戎直來坐御牀	견융이 곧바로 와서 임금 의자에 앉고[12]
百官跣足隨天王	백관은 맨발로 천자를 따라갔네.[13]
願見北地傅介子	원컨대 북지 사람 부개자를 보고 싶으니[14]
老儒不用尙書郎	늙은 선비는 상서랑이 필요 없다네.[15] 曰

시평 : 숙종 시기의 화란(禍亂)은 장후(張后)와 이보국에 의해 이뤄져 후세에 근심을 끼쳤으니, 대종이 동조(東朝, 동궁)에 있을 때 몸소 그 난리를 겪었다. 또한 어렸을 때는 오랑캐의 난리를 겪었고 군대에서 자랐다. 그런데 그 교훈을 살피지 않고 다시 환관 정원진을 등용하여 서융(西戎)의 재앙을 자초하였다. 두보는 이런 역사를 낱낱이 서술하여 숨기지 않았으니, 경계를 아뢰는 뜻이 간절하다.

憶昔開元全盛日	옛날을 생각하니, 개원의 전성기 때
小邑猶藏萬家室	작은 고을도 오히려 만 호를 이뤘네.
稻米流脂粟米白	쌀은 기름 흐르고 좁쌀은 깨끗하니
公私倉廩俱豐實	나라나 민가나 창고가 가득 찼구나.
九州道路無豺虎	온 나라의 길에 사나운 도적이 없어
遠行不勞吉日出	먼 여행 수고롭지 않으니 길일에 떠나면 되었네.[16]
齊紈魯縞車班班	제나라 명주 노나라 비단 수레가 줄을 잇고[17]
男耕女桑不相失	남자는 농사짓고 여자는 누에치니 본분을 지키네.
宮中聖人奏雲門	궁중의 임금은 「운문」을 연주하고[18]
天下朋友皆膠漆	천하의 벗들은 모두 아교처럼 친하네.[19] [二]
百餘年間未災變	백여 년간 재앙과 변고가 없고
叔孫禮樂蕭何律	예악을 정비하고 법률로 다스렸네.
豈聞一絹直萬錢	어찌 들었으랴, 한 필 비단 값이 만전이며
有田種穀今流血	곡식 심던 밭에 지금 피가 흐른다는 소리를.
洛陽宮殿燒焚盡	낙양의 궁전이 불에 다 타고
宗廟新除狐兎穴	종묘의 새 섬돌에는 여우와 토끼가 굴을 파네.[20]
傷心不忍問耆舊	마음 아파 차마 노인들에게 묻지 못하노니
復恐初從亂離說	처음부터 난리 얘기 할까 다시 두려워서라네.
小臣魯鈍無所能	소신은 노둔하고 능력이 없으나
朝廷記識蒙祿秩	조정에 이름 올려 봉록을 받네.[21]
周宣中興望我皇	주 선왕의 중흥을 우리 천자에게 바라노니
灑淚[22]江漢身衰疾	늙고 병든 이 몸의 눈물을 강한에 흩뿌리네.[三]

㊀ 장약육이 이르기를, "곽자의를 장안에 잡아 둔 일을 이와 같이 표현하였으니, 「북정(北征)」에서 포사와 달기를 죽였다는 표현과 아울러 뛰어나다."라 하였다.

㊁ 봉우도 또한 세도(世道)와 관련이 있음을 알 수 있다.

㊂ 앞 작품은 난리를 마음 아파하였으며, 이 작품은 치세를 생각하였다.

1 포주(浦注)에서, "옛날에는 이 작품을 엄무의 막부에 있을 때 지었다고 편차하였는데, 자못 그 때 지은 시들과 어울리지 않는다. 마땅히 토번이 장안을 함락한 뒤에 대종이 장안으로 돌아왔을 시기로 편차하여야 한다. 다만 상서랑(尙書郎) 세 글자 때문에 잘못 편차하였다."라 하였다.

2 숙종이 영무(靈武)에서 즉위한 것을 말한다.

3 숙종이 장안으로 돌아온 것을 말한다.

4 「진본기(秦本紀)」에서, "서북쪽에서 흉노를 물리쳤다. 유중(楡中)과 하수 동쪽은 음산(陰山)에 속한다."라 하였다. 『통전(通典)』에서, "음산은 당나라 안북(安北) 도호부다."라 하였다. 이 구는 회흘에서 병사를 빌린 것을 말한다.

5 회흘은 안경서(安慶緖) 토벌을 도왔다. 장안과 낙양을 수복하자 안경서는 하북으로 달아나 업군(鄴郡)에 웅거하였다.

6 사사명(史思明)이 이미 항복하였다가 다시 반란을 일으켜 업성에서 안경서를 구원하였다. 이에 아홉 절도사의 군대가 궤멸하였고 낙양은 곧 다시 함락하였다.

7 소아(小兒)는 이보국(李輔國)을 이른다. 『구당서』「환관전」에서, "이보국은 마굿간을 청소하는 소인배로 어려서 내시가 되었다. 모양이 추하고 비루하게 생겼는데, 글을 읽고 쓸 줄 알아 고력사를 섬기게 되었다."라 하였다. 『통감』의 주에서, "마굿간과 오방(五坊)과 궁궐에서 심부름 하는 자를 모두 소아(小兒)라고 부른다."라 하였다.

8 장후는 장양제(張良娣)를 이른다. 『구당서』「후비전(后妃傳)」에서, "장후가 총애를 받아 전적으로 임금을 모셨다. 이보국과 함께 금중(禁中)의 권력을 가져 정사에 간여하니 황제가 어쩔 수 없었다."라 하였다.

9 숙종 초기에 두보는 좌습유가 되었다. 이 당시 대종이 광평왕(廣平王)을 태자로 삼고 천하병마원수로 임명하였다.

10 맹사(猛士)는 곽자의를 이른다. 『괄지지』에서, "한나라 미앙궁(未央宮)은 장안의 옛 성 안에 있다."라 하였다.

11 『당서』에서, "보응 원년 8월에 곽자의가 하남(河南)에서 돌아와 조정에 들어왔다. 정원진이 자주 참소하자, 곽자의는 부원수와 절도사를 해임시켜달라고 요청하고 장안에 남았다. 그 다음에 10월에 토번이 대대적으로 쳐들어왔다."라 하였다.

12 『남사(南史)』「후경전(侯景傳)」에서, "제(齊) 문선왕(文宣王)이 꿈에 원숭이가 임금 의자에 앉아 있었다. 또한 대동(大同) 연간에 태의령(太醫令) 주탐(朱耽)이 꿈에 개와 양 한 마리가 각각 임금 의자에 앉아 있었다. 이윽고 천자는 몽진을 떠났으며 후경이 궁궐에서 등극하였다."라 하였다.

13 대종이 섬주로 몽진 간 것을 이른다.

14 『한서』에서, "부개자(傅介子)는 북지(北地) 사람이다. 부신을 가지고 누란(樓蘭)에 사신 가서 그들의 왕을 죽이고 돌아와 그 목을 북궐에 매달았다. 이에 조서를 내려 의양후(義陽侯)에 봉하였다."라 하였다.

15 「목란행(木蘭行)」에서, "같이 목란을 감상하고프지, 상서랑은 원하지 않네.(欲與木蘭賞 不用尙書郞)"라 하였다. 이 구는 다만 관용어〔成語〕를 사용하였으니, 즉 나라의 치욕을 갚으면 자신처럼 하찮은 노인이라도 또한 한스러움이 없을 것이라는 말이다.

16 『구당서』에서, "개원 말기에 여러 해 계속 풍년이 들어 장안의 쌀값이 한 곡(斛)에 삼백 전을 넘지 않았다. 천하가 잘 다스려져 안정되어 비록 만리 길을 가더라도 작은 칼을 지니지 않아도 되었다."라 하였다.

17 『후한서』에서 말하였다. "환제(桓帝) 때의 동요에 '수레가 줄지어 하간(河間)으로 들어가네.'라 하였다."

18 세상이 태평함을 이른다. 『주례』에서, "대사악(大司樂)이 「대려(大呂)」를 노래하고 「운문(雲門)」을 춤추어 천신에 제사 지냈다."라 하였다.

19 거짓을 행하는 사람이 없음을 이른다.

20 『당서』에서, "토번이 장안에 15일 머물렀다가 도망갔다."라 하였다.

21 『연보』를 살펴보면, 두보는 지난 해 경조공조(京兆工曹)로 보임되었으나 부임하지 않았다.

22 '淚'는 달리 '血'로 된 본도 있다.

13. 낭산의 노래
閬山歌

閬州城東靈[1]山白	낭주성 동쪽에 영산이 하얗고[2]
閬州城北玉臺碧	낭주성 북쪽에 옥대산이 푸르다.[3]
松浮欲盡不盡雲	소나무 위에 떠서 사라질 듯 사라지지 않는 구름
江動將崩未崩石	강물 일으켜 장차 무너질 듯하나 무너지지 않는 바위.
那知根無鬼神會	어찌 확신하랴, 바위 밑둥에 귀신이 없을 줄[4]
已覺氣與嵩華敵	이미 느끼네, 구름 기운 숭산, 화산과 대적함을.[5]
中原格鬪且未歸	중원이 전쟁에 가로막혀 돌아가지 못하니
應結茅齋著青壁	응당 푸른 절벽에 초가집 엮어야지.

1 '靈'은 달리 '雪'로 된 본도 있는데, 옳지 않다.

2 『당서』에서, "낭주 낭중현(閬中縣)에 영산이 있다."라 하였다. 『여지도』에서, "옛날 촉왕(蜀王) 별령(鼈靈)이 이 산에 올랐기에 이름을 따서 지었다."라 하였다.

3 『여지기승』에서, "옥대산(玉臺山)은 낭주성 북쪽 7리에 있다. 뒤에 옥대관(玉臺觀)이 있다."라 하였다.

4 『두억』에서, "낭중(閬中)에 신선과 성인의 유적이 많다."라 하였다.

5 구주(仇注)에서, "바위 뿌리가 아래에 서려 있으니 바로 귀신이 보호하며, 구름이 위에 머물고 있으니 숭산(嵩山), 화산(華山)과 높이가 나란하다."라 하였다.

14. 낭수의 노래

閬水歌

嘉陵江色何所似	가릉강 물빛은 무엇과 비슷한가[1]
石黛碧玉相因依	검은 석대와 푸른 옥이 뒤섞인 빛이라네.[2]
正憐日破浪花出	정말로 고우니, 해가 물보라 부수고 나오며
更復春從沙際歸	봄이 모래톱에서부터 돌아오네.
巴童蕩槳攲側過	파촉의 소년은 노를 저을 때 몸을 기대고 지나며
水雞銜魚來去飛	뜸부기는 물고기 물고 이리저리 날아다니네.[3]
閬中勝事可腸斷	낭중의 아름다운 경치는 사람을 들뜨게 하니[4]
閬州城南天下稀	낭주성 남쪽 경치는 천하에 드물다네.[5] ⊟

시평 : 진후산(陳後山)이 이르기를, "「낭산가」와 「낭수가」는 시어의 운치가 초려(峭麗)하고 시어의 흐름이 신기(新奇)하다. 구절은 맑으며[淸] 체재가 좋으니 두보 시집 가운데 또다른 격조를 이룬다."라 하였다.

⊟ 감탄하는 말로 결말을 지으니, 무한한 곡절이 있다.

1 『환우기』에서, "가릉강은 달리 서한강(西漢江)이라고도 불린다."라 하였다. 『주지도(周地圖)』에서, "가릉강의 수원(水源)은 진주(秦州) 가릉곡(嘉陵谷)에서 나오므로, 이렇게 이름 지었다. 낭중을 지나며 곧 낭중강(閬中江)이 되니 달리 낭강(閬江)이라 불린다."라 하였다.

2 『육서고(六書故)』에서, "대(黛)는 청흑색으로 눈썹을 그리는 먹이다."라 하였다. 『설문해자』에서, "벽(碧)은 푸르러 아름다운 돌이다."라 하였다. 즉 물이 잔잔한 곳은 푸른 벽옥 같고 깊은 곳은 검은 대(黛) 같다는 말이다.

3 주주(朱注)에서, "수계(水鷄)에 대해 촉의 선비에게 들으니, '모양은 수컷 닭 같은데 꼬리가 짧다. 논에서 잠자기를 좋아한다.'고 하였다. 지금 서천(西川) 사람들은 수계공(水鷄公)이라고 부른다."라 하였다.

4 『두억』에서, "사람을 뇌쇄(惱殺)시킨다는 말과 같다."라 하였다.

5 누약(樓鑰)이 말하기를, "가릉강이 낭주의 서북쪽에 이르러 방향을 꺾어서 남쪽으로, 다시 동으로 흘렀다가, 다시 북으로 흐른다. 낭주의 삼면이 모두 강이므로 낭중(閬中)이라 부른다. 성의 남쪽은 참으로 아름다운데 마주하고 있는 산은 금병산(錦屛山)이다."라 하였다. 「빙충서기(馮忠恕記)」에서, "낭주의 형세를 살펴보면 양주(梁州), 양주(洋州), 재주(梓州), 익주(益州) 등과 접경을 이루고 있다. 5성 12누대의 승경이 있다."라 하였다.

15. 남지에서[1]

南池

崢嶸巴閬間	우뚝한 파촉 낭주 지역에
所向盡山谷	보이는 것은 모두 산골짜기네.
安知有蒼池	어찌 알았으랴, 푸른 연못이 있는데
萬頃浸坤軸	드넓어 지축을 담고 있는 줄.
呀然閬城南	낭성의 남쪽 드넓은데[2]
枕帶巴江腹	파강의 중심을 베고 있네.[3]
菱荷入異縣	마름과 연잎은 다른 고을로 흘러들고[4]
秔稻共比屋	집집마다 벼농사를 짓네.[5]
皇天不無意	하늘이 다 뜻이 있으니
美利戒止足	크게 이로우면 만족할 줄 알아야지.
高田失西成	높은 밭은 수확을 하지 못하지만
此物頗豐熟	벼는 자못 풍년이 들었네.
清源多衆魚	맑은 물에 여러 종류 물고기 많고
遠岸富喬木	먼 강기슭에는 높은 나무가 빽빽하네.
獨歎楓香林	더욱 감탄스러운 건 향기로운 단풍 숲이[6]
春時好顔色[7]	봄날 경치가 좋은 것이네.
南有漢王祠	남쪽에 한왕의 사원이 있는데[8]
終朝走巫祝	아침에 무당이 굿을 하네.
歌舞散靈衣	노래하고 춤추며 영의를 펄럭이니[9]
荒哉舊風俗	비루하구나! 옛날 풍속이여.
高皇亦明主	고조는 또한 밝은 군주라
魂魄猶正直[10]	혼백이 여전히 바르고 곧을 텐데,

不應空陂上　응당 빈 못 위에
縹緲親酒肉[11]　너울거리며 찾아와 술과 고기 흠향하지 않으리.
淫祀自古昔　음란한 제사는 옛날부터 있었지만
非惟一川瀆　한 연못만 더럽히는 것이 아니네.
干戈浩茫茫　온 나라가 아득히 전쟁 통인데
地僻傷極目　변방에서 마음 아파하며 멀리 바라보네.
平生江海興　평생 강호의 흥취 일었는데
遭亂身局促　난리 만나 신세가 궁색해졌네.
駐馬問漁舟　말 세우고 어부에게 물으니
躊躇慰羈束　머뭇거리며 떠돌이를 위로하네.

1 『후한서』에서, "파군 낭중현의 남쪽에 팽지(彭池)가 있다."라 하였다. 『익주기(益州記)』에서, "남지는 낭중현의 동남쪽 8리에 있다."라 하였다.

2 『자림(字林)』에서, "아(呀)는 넓게 비어 있는 모습이다."라 하였다. 「서도부」에서, "드넓은 연못이 흘러 소를 이루네.(呀周池而成淵)"라 하였다.

3 『삼파기(三巴記)』에서, "낭수(閬水)와 백수(白水)가 동남쪽으로 흘러 한중(漢中)에 이른다. 다시 시녕성(始寧城)에 이르면 아래로 흘러 부릉(涪陵)으로 유입된다. 마치 파(巴)자 모양으로 세 번 굽이져 돌아치니 파강(巴江)이라 부른다. 이 강이 험준한 골짜기를 흘러가니 파협(巴峽)이라 이른다."라 하였다.

4 연못이 드넓음을 알 수 있다.

5 『일통지』에서, "남지는 한(漢) 이후로 많은 물이 흘러가는 보를 쌓아 논밭에 물을 대니, 마을 사람들이 이에 의지한다."라 하였다.

6 『초사』의 주에서, "풍(楓)은 백양(白楊)과 비슷하지만 진액이 흐르며 향기롭다. 서리가 내린 뒤에 잎이 붉게 되니 즐길 만하다."라 하였다.

7 '色'은 '速'의 협운이다.

8 주주(朱注)에서, "항우가 고조를 세워 한중왕(漢中王)으로 삼았다. 한중은 낭주와 이웃한다. 그러므로 한왕의 사당이 있다고 하였다. 지금 보녕부(保寧府)의 성 남쪽에 있다."라 하였다. 『방여승람』에서, "남지는 고조 사당의 곁에 있다."라 하였다.

9 『초사』에서, "영의(죽은 이가 입는 옷)가 펄럭이며.(靈衣兮披披)"라 하였다.

10 '直'은 '濁'의 협운이다.

11 '肉'은 달리 '食'으로 된 본도 있다.

16. 강가 정자에서 왕 낭주자사가 주관한 연회에서 소 수주자사를 전별하다

江亭王閬州筵餞蕭遂州

離亭非舊國	이별하는 정자는 옛 서울에 아니니[1]
春色是他鄉	봄 경치는 타향이로다.
老畏歌聲斷	늙으니 노랫소리 끊어지는 게 두렵고
愁隨舞曲長	시름은 춤추는 가락 길어짐에 자라네.[2] ⊟
二天開寵餞	왕 자사가 정에 넘치는 전별연 여니[3]
五馬爛生光	소 자사는 찬란히 빛이 나네.[4]
川路風烟接	물길에 바람과 이내가 이어지니
俱宜下鳳凰	두 분 모두 선정을 베풀리라.[5]

⊟ 이자덕이 이르기를, "1-4구는 침울하게 혼이 녹아내리는 울림이 있다."라 하였다.

1 장안의 동쪽에 파교(灞橋)가 있는데, 옛부터 떠나는 사람을 전송하는 곳이다.

2 『두억』에서, "노래는 끊어질까 두렵고 춤도 또한 길어질까 근심스럽다. 모두 타향에서 떠돌아다니기 때문이니, 멍하니 무료한 모양을 그려내고 있다."라 하였다.

3 이천(二天)은 왕 자사를 가리킨다. 『후한서』에서 말하였다. "소장(蘇章)이 기주(冀州) 자사로 옮겼는데 벗이 청하(淸河) 태수가 되었다. 벗이 잘못을 저질렀는데 소장이 자기를 비호해 줄 것이라 여기고는 '사람들은 모두 하나의 하늘을 지녔는데 나만 홀로 두 개

의 하늘을 지녔다.'라 하였다."

4 소 자사를 가리킨다.

5 『한서』에서, "황패(黃覇)가 영천(潁川) 태수가 되어 선정을 베풀었다. 이 때 봉황과 신작(神雀)이 자주 나라의 각 지역에 날아들었는데, 영천에 가장 많이 모였다."라 하였다.

17. 왕 사군을 모시고 그믐날 강에 배를 띄워 황가의 정자로 가다[1]

陪王使君晦日泛江就黃家亭子二首

山豁何時斷　　산이 뚫렸으니 언제 끊어졌는가
江平不肯流　　강은 평평하여 흐르지 않는 듯.[2]
稍知花改岸　　꽃이 언덕을 바꿔가며 핌을 알았고
始驗鳥隨舟　　새가 배를 뒤따름을 깨달았네.[3]
結束多紅粉　　어여쁜 옷에 붉은 분 바른 기생 많은데
歡娛恨白頭　　기쁘고 즐겁지만 흰머리가 한스럽네.
非君愛人客　　사군이 나그네를 사랑하지 않았다면
晦日更添愁　　오늘 그믐밤에 객수 더하였을 것을.㊀

시평 : 이자덕이 이르기를, "'강은 평평하여 흐르지 않는 듯.(江平不肯流)'과 「객야(客夜)」에서 '가을 날은 날 밝기도 어렵네.(秋天不肯明)'라는 구에서 사용한 '불긍(不肯)'은 모두 오묘한 이치가 있다."라 하였다. ○ 장상약이 이르기를, "「방선(放船)」에서, '푸른빛 보니 봉우리 지나감 아깝고.(青惜峯巒過)'라 하였는데, 이것은 배가 빠르게 지나감을 묘사함이 뛰어나다. 한편 이 시의 3-4구는 배가 천천히 움직임을 묘사함이 뛰어나다."라 하였다.

有徑金沙軟　　좁은 길에 금모래 보드라운데[4]
無人碧草芳　　사람 없는 푸른 풀은 향기롭네.[5]
野畦連蛺蝶　　들녘 밭에는 제비가 줄을 이루고
江檻俯鴛鴦　　강가 정자 난간에는 원앙이 굽어보네.
日晚烟花亂　　날이 저물면 이내와 안개 어지러이 뒤섞이고
風生錦繡香　　바람 일면 무희의 비단에선 향기가 이네.[6]

不須吹急管	급한 가락으로 피리 불지 마라
衰老易悲傷	늙은이는 쉽게 슬퍼지니까.[7] ㊂

㊀ 장약육이 이르기를, "1-2구는 우뚝 솟아 서로 연결된 많은 산과 험하고 급한 강물의 촉 지역에서, 갑자기 사방에 지평선이 보이고 강물이 평평하게 흐르는 모습을 보니 자신도 모르게 놀랍기도 하고 기쁘기도 한 것이다."라 하였다.

㊂ 위 작품은 자사를 모시고 강에서 배를 띄우는 것을 묘사하였고, 이 작품은 황가정자에서의 유흥을 묘사하였다. ○ 곱고 아름다움〔姸麗〕 격조는 또한 온정균과 이상은의 시풍을 열었다.

1 당나라는 정월 그믐날을 중화절(中和節)로 삼았다.

2 산이 뚫렸기 때문에 강물이 평평하다.

3 3-4구는 1-2구를 연결해서 보아야〔串看〕 한다. 즉 강물이 천천히 흐르기 때문에 배가 떠가도 움직이지 않는 것 같은데, 눈에 보이는 꽃이 다른 꽃으로 바뀌는 것을 본 뒤에 비로소 언덕이 바뀐 것을 알고, 새도 따라 오는 것을 깨닫는다는 말이다.

4 「촉도부」에서, "금은빛의 모래와 돌.(金銀沙礫)"이라 하였는데, 주에서 "영창(永昌)에 강이 있는데, 모래밭에서 금이 마치 겨〔糠〕처럼 산출된다."라 하였다. 『일통지』에서, "보녕부의 검주(劍州), 광원(廣元), 강곡(江曲), 파현(巴縣)에서 부금(麩金)이 산출된다."라 하였다.

5 모래밭 풀길은 정자로 올라가는 길이다.

6 금수(錦繡)는 무희(舞姬)의 옷을 말한다.

7 기쁨과 즐거움을 펼치는 곳에서 흰머리 늙은이가 된 한으로 결말을 맺고 있다.

18. 강에 배를 띄우며[1]

泛江

方舟不用楫	노를 젓지 않고 배를 나란히 띄워
極目總無波	아득히 바라봐도 파도 일지 않네.
長日容杯酒	오랜 하루를 술잔 들으니
深江淨綺羅	깊은 강에 비단 옷이 맑게 비치네.[2]
亂離還奏樂	난리에 오히려 음악을 연주하고
飄泊且聽歌	떠돌며 또한 노래를 듣나니,
故國流淸渭	고향에는 맑은 위수 흘러
如今花正多	지금쯤 꽃이 정말 많이 폈을 텐데.

1 포주(浦注)에서, "땅 주인이 두보 일행을 맞이하여 기악을 베풀었을 것이다."라 하였다.

2 기라(綺羅)는 또한 기녀의 옷을 가리킨다. 『두억』에서, "강이 맑은데 파도가 없으니, 비단 옷이 물에 비친다. 가히 '정(淨)'자의 의미를 상상할 수 있다."라 하였다.

19. 강을 건너며

渡江

春江不可渡	봄 강은 건널 수 없으니
二月已風濤	이월인데 벌써 바람에 파도 높기 때문.
舟楫欹斜疾	배는 기울며 빠르게 가고
魚龍偃臥高	어룡은 누워 높이 떴네.[1]
渚花張素錦	강변의 꽃은 흰 비단 펼친 듯
汀草亂靑袍	모래톱의 풀은 푸른 베 널려놓은 듯.[2]
戲問垂綸客	낚시꾼에게 장난삼아 말 건넸는데
悠悠見汝曹	한가로운 이는 당신들뿐이로군.[3] ⊟

⊟ 경치를 묘사함이 또한 특별하다.

1 구주(仇注)에서, "강바람이 드세게 부니 배가 기운 상태로 빠르게 지나가고, 강의 파도가 높으니 어룡이 누운 상태로 높이 떠오름을 말한다."라 하였다. 막 겨울잠에서 깨어났기 때문에 아직도 누워 있는 모습을 가지고 있다. 이렇게 된 것은 이월의 바람과 파도가 그렇기 때문이다.

2 『고시』에서, "푸른 베가 봄풀 같네.(靑袍似春草)"라 하였다.

3 나는 낚시꾼처럼 한가롭고 여유롭지 못함을 탄식한 것이다.

20. 추운 저녁에

暮寒

霧隱平郊樹	안개는 너른 들판 나무를 숨기고
風含廣岸波	바람은 드넓은 강기슭 파도를 머금었네.
沈沈春色靜	무거운 봄날 경치의 고요함
慘慘暮寒多	어둑어둑 저물녘 추위의 심함.
戍鼓猶長擊	수자리의 북소리 여전히 길게 울리고[1]
林鶯遂不歌	숲의 꾀꼬리는 마침내 노래하지 않네.
忽思高宴會	갑자기 고상한 연회 생각나노니
朱袖拂雲和	붉은 소매 기생이 거문고를 탔더랬지.[2]

시평 : 포이전이 이르기를, "이 작품은 앞의 작품에 보이는 왕 자사를 모시고 배를 띄워 놀던 때와 멀지 않던 시기에 지어진 것 같다. 흐린 날과 맑은 날, 시끄러운 때와 고요한 때를 대구를 통해 대조적으로 그려 무한한 봄날의 처연함을 묘사하고 있다."라 하였다.

1 이 당시 토번이 새로 송주, 보주, 유주 등을 함락하였다.

2 『주례』에서, "대사악이 운화산(雲和山) 거문고를 연주하였다." 라 하였다.

21. 나그네

遊子

巴蜀愁誰語	파촉의 근심을 누구에게 말할까
吳門興杳然	오문의 흥취는 아득하구나.[1]
九江春草外	구강은 봄 풀 너머에 있고
三峽暮帆前	삼협은 저물녘 돛배 앞에 있네.[2]
厭就成都卜	성도로 가서 점치는 것이 싫고[3]
休爲吏部眠	필탁처럼 술에 취해 자는 것도 그만두리.[4]
蓬萊如可到	봉래산에 만약 도달한다면
衰白問羣仙	늙어 머리 센 이 몸 뭇 신선을 찾아보리.[5]

1 이 당시 삼협을 내려가려고 하였다가 뜻을 이루지 못하였다.

2 구강과 삼협은 모두 오(吳)로 갈 때 지나는 곳이다. 두 구는 마음이 그곳으로 떠남을 그렸다.

3 『고사전(高士傳)』에서, "엄군평(嚴君平)이 성도의 저자에서 점을 쳐주며 하루에 백냥을 벌면 가게 문을 닫고 『노자』를 공부하였다."라 하였다.

4 『진서』에서, "필탁(畢卓)이 이부랑이 되었다. 이웃 낭중의 집에 술이 익었다. 필탁이 술에 취해 밤에 그 집에 찾아가 술독에서 술을 훔쳐 먹었다. 얼마 뒤 술에 취하여 그대로 잤는데, 술독을 지키는 자에게 포박을 당하였다."라 하였다. 즉 근심은 술로 풀 수 없음을 말한다.

5 전예형(田藝蘅)이 이르기를, "'봉래에 만약 도달한다면'이란 말은 두보가 조정을 그리워하여 잊지 못하여 아직도 임금을 보고 싶다는 것이다."라 하였다.

22. 등왕의 정자[1]
滕王亭子二首

君王臺榭枕巴山	등왕의 정자는 파산을 베었는데
萬丈丹梯尙可攀	만길 붉은 사다리는 그래도 오를 만하네.[2]
春日鶯啼脩竹裏	봄 날 꾀꼬리는 긴 대숲 속에서 울고[3]
仙家犬吠白雲間	신선 집의 개는 흰구름 사이에서 짖네.[4]
淸江錦石傷心麗	맑은 강의 고운 돌은 마음 아프도록 아름답고
嫩蘂濃花滿目班	어여쁜 꽃술 짙은 꽃은 눈 가득 아롱이네.⊟
人到於今歌出牧	백성들은 지금도 목민관 노래하니
來遊此地不知還	이곳에 놀러와서 돌아갈 줄 모르네.

시평 : 이자덕이 이르기를, "등왕과 그 정자에 대해 대단히 칭송하였지만, 내용은 문득 소박하다. 초당의 대가의 만족할 만한 작품과 비슷하다."라 하였다.

寂寞春山路	고요한 봄 산의 길에
君王不復行	등왕은 다시 다니지 않네.
古牆猶竹色	옛 담장엔 대나무 빛이 비추고[5]
虛閣自松聲	빈 전각엔 절로 솔바람 불어오네.
鳥雀荒村暮	황폐해진 마을 저물녘에 참새는 울고
雲霞過客情	지나가는 길손의 마음처럼 구름과 노을 지네.[6]
尙思歌吹入	오히려 떠오르네, 노래와 연주 소리 들려오며
千騎擁[7]霓旌	수많은 기병이 무지개 깃발을 잡은 모습이.

시평 : 황백산이 이르기를, "1-6구는 처량함이 매우 심하니 맺는 부분에서는 다시 쇠삽어(衰颯語)를 사용하여 분위기가 쓸쓸할 것 같다. 그러나

마지막 2구에서 문득 내용을 뒤집어서 결말을 지어 문세(文勢)를 진작시켰으니, 붓을 써내려감에 가장 기변(奇變)을 보였다."라 하였다.

㈢ 모서하(毛西河)가 이르기를, "강가 돌은 마음을 아파하는 아름다움이 있고 꽃의 수술은 눈에 가득 아롱인다고 하였으니, 이것은 사랑을 속삭이는 말보다 기교를 부렸다."라 하였다.

1 원주(原注)에서, "이 정자는 옥대관의 안에 있다. 고조의 아들 이원영(李元嬰)이 조로(調露) 연간에 낭주 자사를 맡을 때에 지었다."라 하였다. 『구당서』「등왕원영전(滕王元嬰傳)」에서, "이원영은 고조의 22번 째 아들이다. 홍주(洪州) 도독으로 있으면서 자주 법을 어겨 저주(滁州) 에 안치되었다. 뒤에 수주(壽州) 자사에 임명되었다가 융주(隆州)로 옮겼다."라 하였다. 『지리지』에서, "선천 2년에 현종의 이름을 피하여 융주를 낭주로 고쳤다."라 하였다.

2 고주(顧注)에서, "붉은 사다리는 산의 돌계단 길을 말한다."라 하였다.

3 양(梁)의 효왕(孝王)이 긴 대나무가 있는 토원(兎園)이라는 정원을 만들어 문사를 모아 시를 짓고 놀은 고사를 인용하였다. 손작(孫綽)의 「난정(蘭亭)」에서, "꾀꼬리가 대숲에서 노래하네.(鶯語吟脩竹)"라 하였다.

4 『신선전』에서, "팔공(八公)이 회남왕과 더불어 대낮에 하늘로 올라갔다. 쓰던 약그릇이 뜰에 있었는데, 닭과 개가 쪼고 핥아먹자 모두 하늘로 올라갔다. 그러므로 닭이 하늘에서 울고 개가 구름사이에서 짖는다."라 하였다. 구주(仇注)에서, "봄날의 정자이기 때문에 긴 대숲 속의 꾀꼬리 울음소리를 들으며, 붉은 계단이 대단히 험준하기 때문에 구름 사이의 닭과 개를 상상하였다."라 하였다.

5 또한 양 효왕의 고사를 인용하였다.

6 운하(雲霞)는 또한 변하여 사라 없어지는 무상함을 우의하였다.

7 '擁'은 달리 '把'로 된 본도 있다.

23. 옥대관[1]

玉臺觀二首

中天積翠玉臺遙	푸른 숲 위의 허공에 옥대는 아득하니[2]
上帝高居絳節朝	상제의 높은 거처에 신선들이 조회하네.[3]
遂有馮夷來擊鼓	드디어 풍이가 와 북을 쳐대고[4]
始知嬴女善吹簫	진나라 공주가 피리 잘 부는구나.[5]
江光隱見黿鼉窟	강물 반짝이는데 악어굴이 나타났다가 숨고
石勢參差烏鵲橋	바위는 오작교처럼 삐쭉삐쭉하네.[6]
更肯[7]紅顏生羽翼	다시 젊은 얼굴에 날개 돋아날까?
便應黃髮老漁樵	다만 고기 잡고 땔나무하는 흰머리 늙은이라네.[8] ⊟

시평 : 황백산이 이르기를, "이 작품은 처음부터 끝까지 모두 대구를 이루었으나, 능히 대우의 흔적을 변화시켰다. 경치를 그려냄은 생생하고 우의는 심장(深長)하니, 읊어대는 것마다 반드시 본래 심정을 알 수 있다. 그러므로 비록 한가로이 지어 읊었지만 부질없이 지은 것이 아니다." 라 하였다.

浩劫因王造	높다란 계단은 등왕이 지었는데[9]
平臺訪古遊	평대에 올라 옛날 노닐던 흔적 찾아보노라.[10]
彩雲蕭史駐	비단 구름에 소사가 머물렀고
文字魯恭留	문장은 노나라 공왕이 남겼구나.[11]
宮闕通羣帝	궁궐은 높이 여러 천제와 통하고[12]
乾坤到十洲	건곤은 드넓어 십주에 들 만하네.[13]
人傳有笙鶴	전해지는 말로, 학을 타고 생황 부는 이가
時過此[14]山頭	때로 북쪽 산머리를 지난다고 하네.[15]

시평 : 이자덕이 이르기를, "실제 경치를 읊은 곳은 가슴에 막힘이 없고, 상상하여 그린 곳은 붓끝에 멀리까지 감동시킴[遠神]이 있다."라 하였다. ○ 하의문이 이르기를, "이 작품과 「등왕정자」의 오언 율시는 모두 왕발과 양형의 작품에서 보이는 풍격을 지녔다."라 하였다.

⊟ 소자상이 이르기를, "작품 전체가 기경(奇警)하다."라 하였다.

1 원주(原注)에서, "옥대관은 등왕이 지었다."라 하였다. 『방여승람』에서, "옥대관은 낭주성 북쪽 7리에 있다. 당나라 등왕이 일찍이 노닐었으니, 정자와 묘가 있다."라 하였다. 조언재가 말하기를, "도관(道觀)은 높은 곳에 있고 그 안에 누대가 있으니, 옥대라고 불린다."라 하였다.

2 『열자』에서, "서극화인(西極化人)이라는 신선이 주나라 목왕을 보고 궁실을 개축하였다. 그 높이가 천길인데 종남산 꼭대기에 지었기에 중천대(中天臺)라고 이름 지었다."라 하였다. 안연지(顔延之)의 시에서, "푸른 기운 모인 산이 하늘에 닿네.(積翠亦葱天)"라 하였는데, 주에서 "소나무와 잣나무가 겹겹이 펼쳐져 있는 것을 적취(積翠)라고 한다."라 하였다.

3 『한서』「교사가(郊祀歌)」에서, "창합(閶闔, 하늘)에서 노닐며 옥대에서 바라보네."라 하였다. 응소(應劭)가 말하기를, "옥대는 상제가 거처하는 곳이다."라 하였다. 양나라 소릉왕(邵陵王)의 「사노산신(祀魯山神)」에서, "붉은 부신을 장대에 펼쳐놓고, 당에 가득 많이 모였다."라 하였다. 이 구는 즉 뭇 신선들이 모두 와서 조회한다는 말이다.

4 『초사』에서, "해야(海若, 바다 신)가 영험을 발휘하고 풍이가 재주를 부린다.(令海若 舞馮夷)"라 하였다. 풍이는 하백(河伯)을 말한다. 「낙신부(洛神賦)」에서, "풍이가 북을 치니 여와가 맑은 노래를 부른다.(馮夷擊鼓 女媧淸歌)"라 하였다.

5 『선전습유(仙傳拾遺)』에서, "소사(蕭史)가 피리를 잘 불자 진나라 목공(穆公)이 딸 농옥(弄玉)이 소사를 좋아하였다. 이에 목공은 소사에게 딸을 시집 보냈다. 소사는 날마다 농옥에게 피리 부는 것을 가르쳤는데, 봉황의 울음소리 같았다. 이에 봉황이 그 집으로 날아왔다. 목공은 그들을 위해 봉대(鳳臺)를 지어주었다."라 하였다. 소사(蕭史)의 고사를 보면 도관 안에 아마도 공주의 유적이 있는 것 같다.

6 3-6구는 아름다운 선경을 형용하였다. 악어굴로 인해 풍이를 상상하여 끄집어내었고, 또한 농옥으로 인해 오작교를 상상하여 끄집어내었다. 그러나 멀리 반짝이는 강물이 보이고 높은 바위의 형상은 도관 너머로 보이는 진경(眞景)이다.

7 '肯'은 '有'로 된 본도 있다.

8 '翼'은 '翰'으로 된 본도 있다.

9 주주(朱注)에서 말하였다. "『도인경(度人經)』에서 '원시천존(元始天尊)과 호겁지인(浩劫之人)이 우리 세상을 만들었다.'라 하였으며, 『광이기(廣異記)』에서 '유가에서는 세(世)라 이르고 불가에서는 겁(劫)이라 이르고 도가에서는 진(塵)이라 이른다.'라 하였다." 살펴보건대, 호겁(浩劫)은 무궁한 겁으로, 만고(萬古)라 말하는 것과 같다. 또한 『광운(廣韻)』에서, "호겁(浩劫)은 궁전의 큰 계단이다."라 하였다. 두전(杜田)이 말하였다. "세속에서는 탑의 계단을 겁(劫)이라고 한다. 그러므로 「악록행(嶽麓行)」에서, '탑의 계단과 궁궐의 담장이 거대하고 아름답다.(塔劫宮牆壯麗敵)'라 하였다."

10 『한서』에서, "양나라 효왕(孝王)이 궁궐을 크게 수리하고, 궁궐로부터 평대(平臺)까지 연결하였다."라 하였다.

11 『한서』에서, "노(魯)의 공왕(恭王)이 공자의 옛 집을 무너트리고 그 거처를 넓히려고 하였는데, 종과 경쇠, 그리고 거문고 소리가 들려왔다. 벽 안에서 『고문상서』와 『논어』를 얻었다."라 하였다. 3구는 도관에 보관된 그림을, 4구는 등왕이 남긴 문장을 말한다.

12 구주(仇注)에서, "도가의 책 내용에 하늘에는 여러 천제(天帝)가 있는데 그 중에 대제(大帝)가 가장 높다고 하였는데, 군제(群帝)는 오방(五方)의 천재를 말한다."라 하였다.

13 『십주기(十洲記)』에서, "사방의 커다란 바다 중에서 조주(祖洲), 영주(瀛洲), 원주(元洲), 염주(炎洲), 장주(長洲), 충주(充洲), 봉린주(鳳麟洲), 취굴주(聚窟洲), 유주(流洲), 생주(生洲) 등이 십주다."라 하였다. 즉 도관의 높은 곳은 뭇 천제와 통하고 이곳은 천지의 십주에 들어갈 만하다는 말이다. 십주는 신선이 모여 사는 곳이다. 그러므로 이렇게 말하였다.

14 '此'는 달리 '北'으로 된 본도 있다.

15 『신선전』에서, "왕자교(王子喬), 주영왕(周靈王)의 태자 진(晉)이다. 생황 불기를 좋아하고 봉황 소리를 낸다. 뒤에 백학(白鶴)을 타고 후씨산(緱氏山) 꼭대기에 머물렀다가 손을 들어 당시 사람들에게 인사하고 떠났다."라 하였다.

24. 시어 장이章彝에게 드리다[1]

奉寄章十侍御

淮海維揚一俊人	회해와 유양의 뛰어난 한 인물[2]
金章紫綬照青春	금빛 도장에 자주색 인끈이 푸른 봄날 빛나네.[3]
指揮能事廻天地	능수능란 지휘하여 천지를 되돌리고
訓練强兵動鬼神	강병을 조련하여 귀신을 놀라게 하네.
湘西不得歸關羽	상서에서 관우는 돌아가지 못하였고[4]
河內猶宜借寇恂	하내에서 아직도 구순을 머물게 요청하네.[5]
朝覲從容問幽仄[6]	조정에서 임금 뵐 때 숨은 인재 조용히 물으시거든
勿云江漢有垂綸	강한에 낚시꾼 있다고 아뢰지 마시오.[7] 曰

曰 모하서가 이르기를, "제목에 맞게 서술하였는데, 용이 웅크리고 호랑이가 누워 있는 기상을 그려내었다. 지금 사람들은 이런 작품이 없다."라 하였다.

1 원주(原注)에서, "이 때 비로소 재주자사와 동천유후를 그만두고 장차 조정으로 올라가려 하였다."라 하였다. 『구당서』 「엄무전」에서, "엄무가 다시 촉의 절도사가 되었는데, 방자하게 행동하며 가혹한 행정을 펼쳤다. 재주자사 장이는 처음에 엄무의 판관이었는데, 이렇게 되자 서로 뜻이 맞지 않았다. 성도에 부임하여 곤장을 쳐서 죽였다."라 하였다. 살펴보건대 이 일은 아마도 조정에 들어갔다가 다시 촉으로 돌아왔을 때 일어났을 것이다. 장이가 자사를 맡을 때는 엄무가 아직 촉에 도착하기 전이다. 장이가 엄무의 판관이었을 때는 아마도 이전 일일 것이다. 주주(朱注)에서, "아마도 그가 아직 떠나기 전에 엄무가 죽였을 것이다."라 하였다. 포주(浦注)에서, "또한 장이가 유후가 되었으니 엄무는 응당 그를

판관으로 강등시키지 않았을 것이다. 모든 설명이 옳지 않다."라 하였다.

2 장이는 양주(揚州) 출신이다. 강엄의 시에서, "높은 벼슬아치는 빼어난 인물이 많다.(長纓多俊人)"라 하였다.

3 『한서』「공경표(公卿表)」에서, "삼공철후(三公徹侯)는 금빛 도장에 붉은 인끈을 찬다."라 하였다. 『구당서』「여복지(輿服志)」에서, "2품과 3품은 모두 붉은 인끈에 삼색 비단을 입었다."라 하였다.

4 『촉지(蜀志)』에서, "유비가 강남의 여러 고을을 수복하자, 우양양태수(羽襄陽太守)겸탕구장군(盪寇將軍)으로 임명되었다. 서쪽으로 익주(益州)를 안정시키자 우동독형주사(羽董督荊州事)에 임명되었다."라 하였다. 육기의 「변망론(辨亡論)」에서, "한주(漢主) 유비가 관우의 패배를 갚고 상서(湘西) 지역을 수복하려 하였다."라 하였는데, 주에서 "상서는 형주(荊州) 지역이다."라 하였다. 이 구는 즉 그가 유후를 맡은 것을 비유하였으며, 아래 구는 자사 맡은 것을 비유하였다.

5 『후한서』에서, "광무제가 하내(河內)를 수복하고 구순을 태수로 임명하였다. 뒤에 영천(穎川)으로 옮겼다가 다시 여남(汝南)으로 옮겼다. 영천에 도적 떼가 일어나자 백성들이 다시 구순을 일 년만 자사로 보내달라고 요청하였다."라 하였다. 구순의 일은 본래 영천에서 일어난 일인데 하내로 바꿔서 말하였다. 즉 장이 시어의 재주는 동천지역이 그에게 많이 의지하니 임무를 그만두게 하여 조정으로 돌아가게 해서는 안 됨을 말하고 있다.

6 '仄'은 '側'과 통용한다.

7 구주(仇注)에서, "'강한의 낚시꾼'이란 표현은 번계(磻溪)에서 숨어 지내며 낚시하는 노인(즉 강태공)으로 자신을 비유한 것이다. 장이는 아마도 평소에 두보를 천거하려는 생각이 있는 것 같다. 그러므로 결어에서 반대로 말하여 풍간하였다."라 하였다.

25. 장차 형남으로 가려고 이 검주자사에게 이별하며 드리다[1]

將赴荊南寄別李劍州

使君高義驅今古	사군의 높은 의기는 고금에 유명한데
寥落三年坐劍州	삼년을 쓸쓸하게 검주에 머물렀구나.
但見文翁能化俗	문옹이 풍속을 교화 시켰는데[2]
焉知李廣未封侯	이광은 제후로 봉해지지 못했도다.[3]
路經灩澦雙蓬鬢	염예퇴 지나는 귀밑머리 날리는 노인[4]
天入滄浪一釣舟	하늘가에서 창랑수로 흘러드는 한 척의 낚싯배.[5]
戎馬相逢更何日	전쟁 통이라 언제나 다시 만날까
春風回首仲宣樓	봄바람에 중선루로 고개를 돌리네.[6]

시평 : 전반부는 이 검주자사에게 부치는 내용으로 먼저 그를 대신하여 마음 아파하고 위로하는 말이다. 5-6구는 장차 형남으로 가려고 하는데 늙어서 집도 없는 자신의 상황을 하소연하고 있다. 마지막 구는 석별의 의미를 담고 있으니 그 마음이 절로 깊다.

1 『당서』에서, "검주(劍州) 보안군(普安郡)은 검남도(劍南道)에 속한다."라 하였다.

2 『한서』「순리전(循吏傳)」에서, "문옹(文翁)이 촉의 군수가 되었다. 학교를 세우고 가르치니 아전과 백성들이 크게 교화되었다. 촉 지방에서 장안으로 공부하러 떠난 자가 제(齊)나 노(魯)와 비슷하였다."라 하였다.

3 「이광전」에서, "이광의 종제 이채(李蔡)가 안락후(安樂侯)에 봉해졌다. 그러나 이광은 작위와 고을을 얻지 못하였으며 벼슬도 구경(九卿)에 지나지 않았다."라 하였다. 즉 이 자사의 재주는 마땅

히 자사로 늙어서는 안 됨을 말하였다.

4 염예퇴는 구당협(瞿塘峽) 입구에 있다.

5 「우공(禹貢)」에서, "또한 동으로 흘러 창랑수가 된다."라 하였다. 정초(鄭樵)가 말하기를, "한수(漢水)가 동으로 남장(南漳)과 형산(荊山)을 지나면 창랑수가 된다."라 하였다.

6 『형주기』에서, "형주 당양현(當陽縣)의 성루에 왕중선(王仲宣)이 올라 부를 지었다."라 하였다. 자신이 형주로 간다는 의미이다.

26. 마 파주자사와 이별하며 드리다[1]
奉寄別馬巴州

勳業終歸馬伏波　　공훈은 마침내 복파장군 마원에게 돌아가지만[2]
功曹非復漢蕭何　　공조인 이 몸은 한나라 소하가 아니라네.[3]
扁舟繫纜沙邊久　　조각배는 모래밭에 오랫동안 닻줄에 매여 있고
南國浮雲水上多　　남국의 떠도는 구름은 물 위에 많네.[4]
獨把漁竿終遠去　　홀로 낚싯대 잡고 끝내 멀리 떠나리니
難隨鳥翼一相過　　새의 날개 따라 그대 만나기 어려우리.
知君未愛春湖色　　그대는 봄날 호수 경치 좋아하지 않고
興在驪駒白玉珂　　장안에서 흰 옥으로 꾸민 가라말 타려 하겠지.[5] ⊟

시평 : 이자덕이 이르기를, "매우 곡진하게 마음을 썼으며 붓끝이 언급하지 않음이 없다. 이별을 알리는 글에 마침내 조금의 한스러움을 남기지 않았다."라 하였다.

⊟ 다만 담담하게 결말을 맺고 있다. 자신은 세상에서 숨는 것을 달게 여기고 마 자사가 조정에 올라감을 축하하니, 속에 담긴 뜻이 무한하다.

1　원주(原注)에서, "이 당시 나 두보는 경조공조(京兆工曹)에 임명되었는데 동천(東川)에 있었다."라 하였다. 포주(浦注)에서, "파주는 낭주(閬州)의 동북쪽에 있다. 지금 보녕부에 속한다."라 하였다. 주주(朱注)에서, "채흥종(蔡興宗)의 「연보」에서 '두보는 광덕 원년에 공조에 보임되었다.'라 하였는데, 이 작품의 자주(自注)와 합치된다. 이 작품의 내용과 다음의 「봉시엄대부(奉待嚴大夫)」의 내용으로 검토해보면 공조에 임명된 것이 동천에서 장차 형남으로

갈 때 있었던 일을 알 수 있다. 「본전(本傳)」에서 경조부공조로 보임되었으나 가지 않았던 일이 상원 2년에 있었다고 하였는데, 이로 인해 왕원숙(王原叔)이 『두보집』 서문에서 그대로 따 썼으니, 둘 다 잘못되었다."라 하였다.

2 동성(同姓)인 복파장군 마원(馬援)을 인용하여 마 파주자사를 비유하였다.

3 『한서』 「고제기(高帝紀)」에서, "소하가 패현의 주리(主吏)가 되었다."라 하였는데, 맹강(孟康)의 주에서 "주리는 공조(工曹)다."라 하였다. 『오지(吳志)』에서 말하였다. "손책(孫策)이 우번(虞翻)에게 '나는 부(府)로 돌아갈 수 없다. 그대는 다시 공조(工曹)로서 나의 소하(蕭何)가 되어 회계(會稽)를 지켜 달라.'고 하였다."

4 이 구는 또한 정처 없이 떠도는 자신을 비유하였다.

5 심약의 시에서, "귀족의 높은 문에 멍에 맨 수레 줄지었고, 넓은 길에는 가라말〔검은 준마〕이 다니네.(高門列騶駕 廣路從驪駒)"라 하였다. 이 당시 마 자사는 아마도 장차 장안으로 돌아가려 하였을 것이다. '옥으로 꾸민 가라말 탄다.'는 말은 아침에 조회함을 이른다.

27. 엄무 대부를 기다리며[1]

奉待嚴大夫

殊方又喜故人來	타향에서 옛 벗이 온다니 더욱 기뻐
重鎭還須濟世才	중요한 진영은 더욱 세상 구할 인재에게 맡겨야지.
常怪偏裨終日待	비장이 종일 기다림이 항상 괴이하였는데
不知旌節隔年回	절도사가 다음 해에 돌아올 줄은 생각치 못했네.[2]
欲辭巴徼啼鶯合	파촉 변방 떠나려하니 꾀꼬리 울며 모여들고[3]
遠下荊門去鷁催	멀리 형문을 내려가려니 가는 배를 재촉하네.[4]
身老時危思會面	몸은 늙어가고 시절은 위태로운데 그대 만날 생각하니㊀
一生襟[5]抱向誰開	한 평생의 회포를 누구에게 열어보겠는가.[6]

㊀ 구창주가 이르기를, "몸이 늙어가면 벗을 생각하고 시절이 위태로우면 세상이 맑아지기를 기대한다. 수련(首聯)과 서로 호응한다."라 하였다.

1 이 당시 두보는 장차 형남으로 가려고 하였는데, 엄무가 온다는 소식을 들었다. 그러므로 머물러서 그를 기다렸다.

2 즉 과연 소망대로 되었다는 말이다. 엄무는 보응 원년 가을에 조회하러 들어갔다가 광덕 2년 봄에 다시 절도사로 나왔다.

3 중춘(仲春)임을 말한다.

4 배가 오랫동안 머물렀다는 말이다. 『회남자』에서, "용무늬 배에 익수로 장식한 뱃머리"라 하였다. 『방언(方言)』의 주에서, "익(鷁)은 새 이름이다. 지금 강동(江東) 귀인의 배 앞에 청작(青雀)을 장식하니, 이것이 익조의 상(像)이다."라 하였다.

5 '襟'은 달리 '懷'로 된 본도 있다.

6 5-8구는 본래 촉을 떠나 초로 가려고 하였는데, 다만 엄무가 오기를 기다려 한번 보고 싶기 때문에 아직 떠나지 않음을 말하였다.

28. 낭주에서 처자를 거느리고 도리어 촉의 산길을 가다

自閬州領妻子卻赴蜀山行三首

汨汨避羣盜	급히 내달려 도적 무리 피한 지
悠悠經十年	아득히 벌써 십년이 지났네.[1]
不成向南國	남쪽으로 가지 못하고
復作遊西川	다시 서천으로 가야한다네.[2]
物役水虛照	세상에 찌들린 이 몸 물에 부질없이 비치고[3]
魂傷山寂然	혼은 상처 입어 산은 쓸쓸하구나.
我生無倚著	나의 삶은 정착하지 못하니
盡室畏途邊	온 집안이 길로 나섬을 두려워하네.㊀

長林偃風色	큰 나무들은 바람에 넘어져
廻復[4]意猶迷	돌아가려니 마음이 더욱 어둡네.[5]
衫裛翠微潤	옷은 푸른 산기운에 젖고[6]
馬銜青草嘶	말은 싱싱한 풀 씹으며 운다.
棧懸斜避石	매달린 잔도에 돌을 피하려 몸 기울이며[7]
橋斷卻尋溪	다리 끊어져 다시 시내 건널 길 찾네.[8]
何日干戈盡	언제나 전쟁이 끝나려나
飄飄愧老妻	떠도는 삶이 늙은 아내에게 부끄럽네.㊁

行色遞隱見	행인이 나타났다가 사라지고
人烟時有無	민가도 때때로 있다가 없네.[9]

僕夫穿竹語	노복은 대숲 너머에서 말을 건네고
稚子入雲呼	어린 아이는 구름 속에서 부르네.
轉石驚魑魅	돌 구르니 도깨비 놀라고
抨[10]弓落狖鼯	활 당겨 원숭이, 박쥐를 떨어트리네.[11]
眞供一笑樂	참으로 한바탕 박장대소하니
似欲慰窮途	힘든 길 위로하려는 듯하네.

시평 : 처음에는 마음이 아프고, 이어서 부끄럽고, 마지막은 다시 눈물을 그치고 웃으니, 산행의 광경을 곡진하게 묘사하였다.

㊁ 이자덕이 이르기를, "산문 가운데 고문(古文)은 반드시 박담(樸淡)한데, 이 작품이 그에 해당한다."라 하였다.

㊂ 소자상이 이르기를, "이 작품은 수윤(秀潤)하다."라 하였다.

1 천보 15년부터 난리를 피해 다녔으니, 지금 10년이 되었다.

2 곧 제목 가운데 '각(卻)'자의 뜻이다.

3 조언재가 말하기를, "즉 몸이 사물의 부림을 당하니 물에 한갓 내 몸이 비추일 뿐이지, 물을 보고 여유롭게 감상하는 것이 아님을 말하고 있다."라 하였다.

4 '復'은 달리 '首'로 된 본도 있다.

5 구주(仇注)에서, "빠른 바람에 나무들이 넘어지니 행인이 길이 막힌 것을 두려워한다. 그러므로 돌아가려니 마음이 어둡다."라 하였다.

6 취미(翠微)는 산빛이 가볍게 떠도는 것을 이른다.

7 주주(朱注)에서, "낭주에서 성도까지는 잔도가 없다. 다만 나무을 얽어서 만든 길을 말한다."라 하였다.

8 즉 돌다리가 끊어진 곳에서 다시 시내 건너갈 길을 찾아 간다는 말이다.

9 이것은 길을 돌아가는 도중의 광경이다.

10 '抨'의 음은 '烹'이다.

11 '抨'은 쏜다는 의미이다. 『이아』의 주에서, "오서(鼯鼠)는 모양이 박쥐와 비슷하다."라 하였다.

29. 태위 방관의 묘를 떠나며[1]

別房太尉墓

他鄕復行役　　타향에서 또다시 떠도는데[2]
駐馬別孤墳　　말 멈추다가 외로운 무덤을 떠나네.
近淚無乾土　　눈물 근처에는 마른 흙이 없고
低空有斷雲　　낮은 하늘에는 멈춰선 구름 있네.[3]
對碁陪謝傅　　바둑을 둘 땐 사안을 모신 듯하였는데[4]
把劍覓徐君　　검을 잡고 서군을 찾은 듯하네.[5]
惟見林花落　　다만 숲의 꽃 지는 것만 보이고
鶯啼送客聞　　나그네 보내는 꾀꼬리 울음소리 들리네.

1 『구당서』「방관전(房琯傳)」에서, "보응 2년 4월 특진형부상서에 임명되었는데 장안으로 오는 도중에 병을 얻어, 광덕 원년(763) 8월 4일 낭주의 사찰에서 죽었다. 태위(太尉)로 추증되었다."라 하였다.

2 이 당시 장차 낭주에서 성도로 가려고 하였다.

3 즉 무덤에 슬프게 곡을 하니 구름도 또한 그 때문에 근심에 젖어 떠나지 않음을 말한다.

4 이 구는 방관이 살아 있을 때를 말한다. 「사안전(謝安傳)」에서, "사현(謝玄) 등이 부견(苻堅)을 격파하였는데 승전을 알리는 편지가 도달하였다. 사안이 바야흐로 손님과 바둑을 두고 있었는데, 조금도 기쁜 내색을 하지 않았다. 사안이 죽자 태부(太傅)에 추증되었다."라 하였다. 구주(舊注)에서, "방관이 재상이 되었는데, 동정란(董庭蘭)이 거문고 타는 것을 듣고 그를 가까이 하자, 결국 그가 물의를 일으켰다. 이 시는 사부가 바둑을 둔 것으로 비유하였다. 대개 방관을 위하여 조롱을 해명한 것이다. 바둑이 사부의 명성에

아무런 손상을 입히지 않는 것처럼 거문고를 듣는 행위가 어찌 태위에게 손상을 입힐 수 있는가."라 하였는데, 비록 정확한 해석은 아니지만 또한 고심하여 의미를 찾으려고 하였다.

5 죽은 뒤를 이른다. 『설원』에서, "계찰(季札)이 진(晉)에 사신 갈 때 서(徐)나라를 지났는데, 서군(徐君)이 자신의 보검을 좋아하는 것을 알았다. 돌아올 때 찾아갔는데, 서군은 이미 죽었다. 드디어 칼을 풀어 무덤가의 나무에 묶어놓고 떠났다."라 하였다.

30. 장차 성도의 초당에 가려는데, 도중에 시를 지어 먼저 정국공 엄무에게 보내다[1]

將赴成都草堂 途中有作 先寄嚴鄭公五首

得歸茅屋赴成都	초가로 돌아가게 되어 성도로 가게 된 건
直爲文翁再剖符	오직 문옹이 다시 부절을 받았기 때문.[2] ⊟
但使閭閻還揖讓	다만 백성들이 예의를 알게 된다면[3]
敢論松竹久荒蕪	감히 송죽이 오래 황폐해진 걸 따지랴.
魚知丙穴由來美	병혈에서 나온 물고기가 예전부터 맛있었고[4]
酒憶郫筒不用酤	비통에서 빚은 술은 달리 살 필요가 없었지.[5]
五馬舊曾諳小徑	다섯 말이 예전부터 일찍 지름길 아니[6]
幾回書札待潛夫	몇 번 편지 보내 숨어사는 늙은이 부르셨겠지.[7]

處處淸江帶白蘋	곳곳의 맑은 강에 하얀 마름이 떠 있고
故園猶得見殘春	옛 정원엔 아직도 봄 경치 남아 있겠지.
雪山斥候無兵馬	설산의 척후병은 전쟁이 없다하고[8]
錦里逢迎有主人	금리의 사람들은 나를 환대하리.
休怪兒童延俗客	아이들이 허름한 나그네 맞이한다고 괴이 여기지 말고
不敎鵝鴨惱比鄰	거위, 오리가 이웃 귀찮게 하지 마세요.
習池未覺風流盡	습지에 풍류가 끝날 때가 없는데
況復荊州賞更新	더구나 다시 형주께서 새로 감상하신다니.[9] ⊟

竹寒沙碧浣花溪	대나무 차갑고 모래밭 푸른 완화계에[10]

橘刺藤梢咫尺迷	귤 가시 등나무 가지 뒤엉켜 지척도 보이지 않네.
過客徑須愁出入	과객은 좁은 길에서 어디로 갈 지 근심하며
居人不自解東西	거주민도 동서를 구분하지 못하네.
書籤藥裹封蛛網	책표지와 약봉지에는 거미줄이 얽어 있고
野店山橋送馬蹄	들판 주막과 산의 다리가 말 탄 나그네 전송하네.[11] [三]
肯藉荒庭春草色	황폐한 정원의 봄 풀밭에 기꺼이 앉아[12]
先判[13]一飮醉如泥	먼저 한 잔 마시고 진탕 취하시겠지.[14]

常苦沙崩損藥欄	모래밭 무너져 약초밭 울타리 쓰러질까 항상 걱정하여
也從江檻落風湍	또한 강가 난간 설치하여 바람과 파도 막았지.[15]
新松恨不高千尺	새 소나무는 천 자로 되지 않아 안타깝고
惡竹應須斬萬竿	나쁜 대는 만 줄기 낫으로 쳐대야지.[16]
生理秖憑黃閣老	생계는 다만 황각노에게 의지할 뿐[17]
衰顏欲付紫金丹	늙어빠진 얼굴은 불로약이 필요하네.[18] [四]
三年奔走空皮骨	삼년을 바삐 돌아다녔지만 부질없이 힘만 들었으니[19]
信有人間行路難	참으로 세상에서 사는 것은 힘들더이다.[五]

錦官城西生事微	금관성 서쪽 초당 생활 빈궁하지만
烏皮几在還思歸	오피 안석 있으니 돌아가고 싶구나.[20]
昔去爲憂亂兵入	옛날 떠난 건 반란군이 쳐들어온 근심 때문인데[21]
今來已恐鄰人非	지금 돌아오니 이웃 사람들 못 알아볼까 걱정이네.[22]
側身天地更懷古	천지간에 겨우 살아가니 더욱 옛날 그립고
回首風塵甘息機	모진 세월 돌아보니 안식이 달갑네.
共說總戎雲鳥陣	대장의 전술이 뛰어나다 모두들 말하니[23] [六] [七]
不妨遊子芰荷衣	나그네는 은거해도 괜찮겠지요.[24]

시평 : 소자상이 이르기를, "오언시는 기어(奇語)와 고조(高調)로 짓지 않는데, 두보는 이렇게 하면서도 뜻과 운치가 원만하고 경취(景趣)가 유신(幽新)하니, 마침내 옥국(玉局, 소식)과 검남(劍南, 왕유)의 문호를 열었다."라 하였다.

㈠ 장상약이 이르기를, "이 작품은 다시 성도로 가는 이유를 말하고 있다."라 하였다.

㈡ 이 작품은 돌아갔을 때의 상황을 미리 생각해보았다.

㈢ 이 작품은 초당에서 떠난 뒤의 황폐해진 경관을 읊었다.

㈣ 이 작품은 다시 초당을 수리하여 엄무에게 의지하면서 잠시 편하게 지내고 싶음을 말하고 있다.

㈤ 아픔이 가라앉자 다시 아픔을 생각하니, 시어가 대단히 침착(沈著)하다.

㈥ 이 작품은 옛날의 회상과 지금의 상황을 간략하게 묘사하면서, 엄무와 때때로 이곳에서 노닐고 싶음을 말하고 있다.

㈦ 구창주가 이르기를, "첫 작품에서 부신을 받은 내용으로 시작하고 마지막 작품에서 뛰어난 대장으로 맺고 있으니, 문(文)으로 다스리고 무(武)로 공훈 세우기를 모두 엄무에게 바라고 있다."라 하였다.

1 『당서』「엄무전」에서, "보응 원년에 성도에서 조정으로 불려가 경조윤에 임명되었다. 다음 해 이성산릉교도사(二聖山陵橋道使)가 되고 정국공(鄭國公)에 봉해졌으며, 곧 황문시랑으로 옮겼다. 광덕 2년에 다시 검남절도사가 되었다."라 하였다.

2 『한서』「순리전(循吏傳)」에서, "문옹(文翁)이 촉의 군수가 되었다. 학교를 세우고 가르치니 아전과 백성들이 크게 교화되었다. 촉 지방에서 장안으로 공부하러 떠난 자가 제(齊)나 노(魯)와 비슷하였다."라 하였다. 『한서』「문제기(文帝紀)」에서, "처음 태수에게 동호부(銅虎符)와 죽사부(竹使符)를 주었다."라 하였다. 『두억』에서, "성도윤은 본래 자사(刺史)다. 그러므로 문옹으로 비유한 것이다."라 하였다.

3 엄무가 떠난 뒤로 촉에는 서지도(徐知道)의 반란이 있었다.

4 「촉도부」에서, "가어는 병혈에서 나오고(嘉魚出於丙穴)"라 하였다. 『어람(御覽)』에서, "『주지도기(周地圖記)』에서 '순정군(順政郡)의 병혈은 입구가 병좌(丙坐)로 향하였기에 그렇게 이름 지었다.'라 하였다. 매년 봄 3월 상순 이후로 물기기가 줄이어 병혈에서 나와 뛰노는데, 전하는 말로 그것을 가어라고 부른다."라 하였다.

5 『성도기』에서, "성도부 서쪽 15리에 수표(水標)가 있으니, 그로 인해 비현(郫縣)이라 부른다. 죽통으로 미주(美酒)를 담은 것을 비통(郫筒)이라 한다."라 하였다. 『일통지』에서, "전하는 말로, 산도(山濤)가 비현을 다스릴 때, 대나무 통에 모주를 빚어 술을 만들었다. 20일이 지나면 열었는데, 향기가 백 보까지 진동하였다."라 하였다.

6 엄무가 처음에 촉을 다스릴 때, 일찍이 두 번 초당에 찾아왔었다.

7 두보가 이번에 촉에 가는 것을 안다면 엄무는 응당 먼저 편지를 보내 불렀을 것이다.

8 「가의전(賈誼傳)」에서, "척후는 봉수를 지킨다."라 하였다.

9 구주(仇注)에서, "산간(山簡)이 정남장군으로 형주(荊州), 상주(湘州), 교주(交州), 광주(廣州) 등의 도독이 되었다. 그러므로 산간을 형주라고 부른다. 습지는 성도의 초당을 비유하며, 형주는 엄무를 비유한다."라 하였다. '상갱신(賞更新)'은 다시 절도사가 됨을 가리킨다.

10 대나무가 물에 비치기 때문에 모래밭이 푸르게 보인다.

11 즉 주인이 있지 않기 때문에 좋은 경치가 한갓 말 탄 과객을 전송한다는 말이다.

12 『세설신어』에서, "강을 지나는 많은 사람들이 매번 한가한 때가 되면 문득 신정(新亭)에 나와 풀밭에 앉아 술을 즐겼다."라 하였다.

13 '判'은 '拚'과 같다.

14 『후한서』「주택전(周澤傳)」에서, "1년 360일 가운데 359일을 재계하였다."라 하였는데, 주에서 "「한관의(漢官儀)」의 이 기사의 아래에서 '하루는 제계하지 않고 취하여 마치 진흙처럼 무너져 내렸다.'라 하였다."고 되어 있다. 즉 처음 초당에 이르면 잡초를 제거하기도 전에 엄무가 반드시 찾아와 먼저 두보와 실컷 취하리라는 미리 생각해본 것이다.

15 강함(江檻)은 즉 물가 난간이다. 장진(張溍)의 주에서, "낙(落)은 감소하다〔殺〕는 의미이다."라 하였다. 즉 강가 난간을 설치하여 바람과 파도를 감소시키니, 즉 모래언덕이 무너지지 않게 되었다는 말이다.

16 구주(仇注)에서, "약초밭 울타리와 강가 난간은 옛날에 설치한 것이며, 새 소나무와 나쁜 대는 지금 심고 뽑아내려는 것이다."라 하였다.

17 포주(浦注)에서, "엄무는 황문시랑(黃門侍郎)으로 절도사를 맡았다. 그러므로 '황각노'라 하였다."라 하였다.

18 『포박자』에서, "금단(金丹)은 오래 태울수록 변화가 더욱 신묘하여 사람으로 하여금 늙지 않고 죽지 않게 만든다."라 하였다. 『운급칠첨(雲笈七籤)』에서, "합단법(合丹法)은 불로 70일을 태우면 약이 완성된다. 오색이 빛나고 붉은 구름이 어지럽게 비치는 것을 자금(紫金)이라 부르고, 약 표면에 붉은 서리가 맺히는 것을 신단(神丹)이라 부른다."라 하였다.

19 재주와 낭주 사이를 왕래함을 이른다.

20 포주(浦注)에서, "사조는 「오피은궤(烏皮隱几)」라는 시를 지었는데, 지금의 휴칠기(髹漆器)다."라 하였다.

21 두보는 서지도의 난리를 피해 재주로 갔다.

22 두보는 「남린(南隣)」과 「북린(北隣)」을 지었다. 또한 「강반독보심화(江畔獨步尋花)」에서, "서둘러 남쪽 마을로 술친구 찾았더니.(走覓南鄰愛酒伴)"라 하였다.

23 『악기경(握奇經)』에서, "팔진(八陣)에 하늘과 땅, 바람과 구름은 사정(四正)이 되고, 비룡(飛龍), 익호(翼虎), 조상(鳥翔), 사반(蛇蟠)은 사기(思奇)가 된다."라 하였다. 양 간문제의 「칠려(七勵)」에서, "운조(雲鳥)의 빽빽한 진을 되돌렸다."라 하였다. 또한 『태공육도(太公六韜)』에서, "적을 마주하여 전투에 임할 때 거기(車騎)를 나눠 운조진(雲鳥陳)을 만든다. 이른바 운조라는 것은 새가 날고 구름이 모여드는 것으로 변화가 끝이 없다."라 하였다.

24 『이소』에서, "마름과 연으로 옷을 만들고, 부용으로 치마를 만드네.(製芰荷以爲衣兮 集芙蓉以爲裳)"라 하였다. 엄무 장군은 지략이 뛰어나니 나그네는 한가롭게 은거할 수 있다는 말이다. 기하의(芰荷衣)는 야복(野服)을 입고 엄무와 만나 이야기를 나눈다는 의미이다.

31. 봄에 돌아가다
春歸

苔徑臨江竹	이끼 낀 오솔길이 강가 대숲으로 이어지고
茅簷覆地花	처마 앞에 꽃은 땅을 뒤덮었네.
別來頻甲子	떠난 뒤로 세월만 흐르고
歸到忽春華	돌아오니 문득 꽃피는 봄이로세.
倚杖看孤石	지팡이에 기대 외론 바위 바라보고
傾壺就淺沙	술잔 기울이며 얕은 모래뻘로 나가네.
遠鷗浮水靜	멀리 갈매기는 물에 고요히 떠 있고
輕燕受風斜	날쌘 제비는 바람에 비껴 나네.
世路雖多梗	세상사 비록 어려움이 많다지만
吾生亦有涯	내 인생도 끝이 있겠지.
此身醒復醉	이 몸 깨었다가 다시 취하니
乘興卽爲家	흥이 나면 어디든 내 집인데.㊀

시평 : 황백산이 이르기를, "8구는 송나라 사람들이 대단히 극찬하지만, 7구의 빼어남을 사람들이 감상할 줄 모른다. 갈매기는 사람에게 멀리 떨어져 있다. 그러므로 오랫동안 물 위에 떠서 움직이지 않은 것처럼 보인다."라 하였다.

㊀ 마지막 4구는 스스로 마음 아파하다가 스스로 위로하고 있으니, 많이 읽을 수 없다. 또한 경우에 따라 편안하게 마음먹겠다는 의미이다.

32. 초당으로 돌아오다
歸來

客裏有所適	떠돌이로 이곳저곳 다녔더니[1]
歸來知路難	돌아와 길이 험난한 줄 알았네.[2]
開門野鼠走	문을 여니 들쥐가 달아나고
散帙壁魚乾	책을 펼쳐놓으니 좀조차 말랐네.[3] ⊟
洗杓開新醞	국자 씻어 새 술을 담고
低頭著小冠	머리 숙여 작은 관 쓰네.[4]
憑誰給麴糵	누구에게 술 얻어서
細酌老江干	조금씩 마시며 강가에서 늙어갈까.[5]

⊟ 신부맹이 이르기를, "오래 떠돌이로 지내다가 집에 들어오니 황량한 광경이 눈에 들어온 것이다."라 하였다.

1 구주(仇注)에서, "재주와 낭주로 갔던 것을 가리킨다."라 하였다.

2 장약육이 이르기를, "오래 떠돌면서 이미 길이 험난한 것을 잊었는데, 초당에 돌아오게 되니 더욱 험난했던 것을 느끼게 되었다. 이것이 실제 마음이다."라 하였다.

3 『이아』에서, "담(蟫)은 백어(白魚, 좀)다."라 하였는데, 주에서 "옷과 책 안의 벌레로 달리 병어(蛃魚)라고 부른다."라 하였다.

4 『한서』에서, "두흠(杜欽)과 두업(杜鄴)은 둘 다 자하(子夏)로 자를 지었다. 두흠은 맹인이었기에 맹자하(盲子夏)라 불리었다. 두흠이 작은 관을 만들어 썼는데, 이 때문에 다시 두흠을 소관자하로 두업은 대관자하로 불리었다."라 하였다.

5 늙은 몸을 의탁할 계획은 엄무에게 부탁하지 않을 수 없다.

33. 성도 초당

草堂

昔我去草堂	옛날 내가 초당을 떠날 때
蠻夷塞成都	오랑캐가 성도를 메웠지.[1]
今我歸草堂	지금 내가 초당으로 돌아오니
成都適無虞	성도는 이제 근심거리 사라졌네.[二]
請陳初亂時	처음 난리 일어날 때 말하자면
反覆乃須臾	반란은 순식간에 벌어졌지.
大將赴朝廷	대장이 조정으로 들어가자
羣小起異圖	여러 소인배들 딴 마음을 먹었네.[2]
中宵斬白馬	한밤중에 백마를 죽여
盟歃氣已麤	피를 마셔 맹세하니 기세 매우 드세었지.[3]
西取邛南兵	서쪽으로 임공의 남쪽 병사를 끌어들이고[4]
北斷劍閣隅	북쪽으로 검각의 관문을 끊어버렸네.[5]
布衣數十人	배반한 선비 수십 명이
亦擁專城居	온 성을 차지하고 들어앉았네.[6]
其勢不兩大	그 형세 커지자 양립할 수 없으니[7]
始聞蕃漢殊	번족과 한족이 갈라졌다고 비로소 들었네.
西卒卻倒戈	오랑캐끼리 도리어 창을 거꾸로 겨누고
賊臣互相誅	반란군끼리 서로 죽이네.
焉知肘腋禍	어찌 알았으리, 내부에서 발생한 재앙이[8]
自及梟獍徒	절로 간악한 자에게 미칠 줄을.[9] [三]
義士皆痛憤	의로운 선비는 모두 분통을 터트리니
紀綱亂相踰	기강이 무너져 서로 유린하기 때문.

一國實三公	한 나라에 반란 두목이 여럿이니[10]
萬人欲爲魚	수많은 사람이 어육이 될 듯.[11] [三]
唱和作威福	서로 호응하여 마음대로 하니
孰肯辨無辜	누가 죄 없는 이를 구별할까.
眼前列杻械	눈앞에 형틀을 벌여놓고[12]
背後吹笙竽	등 뒤에서 악기를 연주하네.
談笑行殺戮	웃으면서 살육을 자행하니
濺[13]血滿長衢	흐르는 피가 거리에 가득하네.
到今用鉞地	지금도 도끼로 죽인 자리엔[14]
風雨聞號呼	비바람 몰아치면 통곡소리 들린다네.
鬼妾與鬼馬	죽은 이의 첩과 말은
色悲充爾娛	슬픈 표정으로 그들의 노리개 되었네.[15] [四]
國家法令在	국가의 법령이 있다하나
此又足驚吁	이것은 더욱 놀랄만하네.
賤子且奔走	비천한 이 몸 허둥지둥 도망 다니다가
三年望東吳	삼년 동안 동오로 가려 했지.[16]
弧矢暗江海	활과 화살이 강해를 어둡게 하자
難爲遊五湖	오호를 유람할 수 없었네.[17]
不忍竟舍去	차마 끝내 버리고 떠날 수 없어
復來薙榛蕪	다시 돌아와 잡초를 제거하네.
入門四松在	문에 들어서니 솔 네 그루 있고
步屧萬竹疎	주변 걸어보니 빽빽했던 대 성글어졌네.
舊犬喜我歸	옛날 개도 내가 돌아옴을 반겨
低徊入衣裾	이리저리 뛰면서 품 안으로 들어오네.
鄰里喜我歸	이웃도 내가 돌아옴 반겨
沽酒攜胡盧	술을 사서 표주박에 가져오네.[18]

大官喜我來	높은 벼슬아치도 내가 옴을 반겨[19]
遣騎問所須	말 탄 심부름꾼 보내 필요한 것 물어보네.
城郭喜我來	성곽 사람도 내가 옴을 반겨
賓客隘[20]村墟	찾아온 손님에 마을이 좁네.[21]
天下尙未寧	천하는 아직도 평안하지 않으니
健兒勝腐儒	건장한 사내가 썩은 선비보다 낫네.
飄颻風塵際	휘몰아치는 바람 먼지 속
何地置老夫	어느 곳에 늙은 몸을 둘까.
於時見疣[22]贅	이 몸은 천지간의 혹인데[23]
骨髓幸未枯	골수는 다행히 마르지 않았네.
飮啄愧殘生	남은 생 마시고 먹는 것 부끄러우니
食薇不敢餘	고사리나 먹고 말련다.[五]

시평 : 초당에서 떠나고 돌아오는 내용이 주를 이루지만 서천(西川)에서 한 때 반란군에 의해 난리가 일어난 상황을 서술하였으며, 아울러 그 내용을 천하에 대한 걱정으로 발전시켰다. 처음부터 끝까지 상황을 종횡으로 펼쳐내면서 대단히 통창하게 표현하였으니 어찌 시사(詩史)가 아니겠는가.

[一] 1-4구는 이 작품의 핵심이다.

[二] 이 단락은 서지도가 난리를 일으켰으나 스스로 무너짐을 말하였다.

[三] 묘사함이 특히 뛰어나다.

[四] 이 단락은 반란군이 난리를 타서 백성을 약탈함을 말한다.

[五] 장약육이 이르기를, "여러 가지 내용을 묘사하면서 난리의 슬픔, 벗에 대한 감회, 의지하는 마음, 위로하는 정 등을 일일이 모두 그려내었다. 이 작품은 고악부의 신경(神境)을 보이니, 다만 그 어조를 인습한 것이 아니다."라 하였다. 또 이르기를, "슬픔과 번민, 그

리고 불만을 변화시켜 화평하고 온후한 말로 읊었으니 대가의 솜씨이다."라 하였다.

1 노주(盧注)에서, "서지도가 오랑캐를 규합하여 난을 일으켰다."라 하였다.

2 엄무가 조정으로 불려 들어가자, 서지도가 드디어 모반하였다.

3 「소진전(蘇秦傳)」에서, "항수(恒水)가에 모여 인질을 돌려주고 백마를 죽여 맹세하였다."라 하였다.

4 『화양국지(華陽國志)』에서, "임공현(臨邛縣)은 군(郡)의 서남쪽 2백리에 있다. 서쪽 오랑캐에게 항복하였다."라 하였다. 대개 임공은 본래 강(羌), 이(夷)와 결탁하였으니, 서지도가 그들을 끌어들여 난을 일으켰다.

5 검각은 성도의 북쪽에 있다. 이 당시 서지도가 병사를 동원하여 요충지를 지켰다.

6 배반한 자들을 따라 직책을 받은 자들을 이른다.

7 『좌전』에서, "사물은 둘 다 클 수 없다."라 하였다.

8 『진서』에서 말하였다. "강통(江統)이 말하기를 '해침은 심복에게서 발생하고 재앙은 좌우에서 일어난다.'라 하였다."

9 『한서』의 주에서, "효(梟)는 새 이름으로 어미를 잡아먹는다. 파경(破鏡)은 짐승의 이름으로 아비를 잡아먹는다. 황제(黃帝)가 그 종자를 멸절시키려 하여 많은 관리로 하여금 제사를 지내게 하였다."라 하였다. 살펴보건대 경(鏡)은 경(獍)과 통용한다. 주주(朱注)에서, "서지도는 병마사인데, 한나라 병사를 그가 통솔한다. 또한 강(羌)과 이(夷)를 위협하여 함께 반란을 일으켰다. 이윽고 반란군들이 다투어 대장이 되려고 하니, 강족이 그를 따르지 않았다. 마침내 그의 부하인 이충후(李忠厚)에게 죽음을 당하였다."라 하였다.

10 『좌전』에서, "한 나라에 세 명의 공(公)이 있으니 나는 누구를 따라야 하나."라 하였다. 즉 이충후와 같이 배반한 무리를 이른다.

11 『사기』「항우전」에서, "지금 사람은 바야흐로 칼과 도마가 되고 나는 어육이 되었다."라 하였다.

12 『이아』에서, "뉴(杻)는 차꼬〔桎〕를 이르고, 계(械)는 수갑〔梏〕을 이른다."라 하였다.

13 '濺'은 달리 '流'로 된 본도 있다.

14 『좌전』에서, "도끼를 사용할 지경이 되었다."라 하였다.

15 조언재가 말하기를, "이미 그 주인을 죽이고 빼앗았다. 그러므로 귀첩귀마라고 이른 것이니, 흉노족이 죽은 사람의 아내를 귀처(鬼妻)라고 부른 것과 같다."라 하였다.

16 두보가 성도를 떠나 재주와 낭주를 왕래한 것이 모두 3년이다. 이 당시 동쪽으로 내려가려 했으나 결국 하지 못하였다.

17 『사기정의(史記正意)』에서, "오호는 능호(菱湖), 유호(遊湖), 막호(莫湖), 공호(貢湖), 서호(胥湖) 등으로 모두 태호(太湖)에 동쪽 기슭에 있는 다섯 물굽이이다."라 하였다. 우번(虞翻)이 말하기를, "태호는 동으로 송강(松江)과 통하고 남으로 삽계(霅溪)와 통하고 서로 형계(荊溪)와 통하고 북으로 격계(滆溪)와 통하고 동남으로 구계(韭溪)와 통한다. 모두 다섯 길이 있기 때문에 달리 오호(五湖)라 이른다."라 하였다.

18 '攜胡盧'는 달리 '提榼壺'로 된 본도 있다. 『세설신어』에서, "육사형(陸士衡)이 처음에 낙양에 들어와서 유도진(劉道眞)을 찾아갔다. 유도진은 술을 즐겼는데, 인사가 끝나자 처음에는 달리 말이 없었다. 다만 '동오에 긴 자루의 표주박이 있는데 그대는 그것을 가져왔느냐.'고 물었다."라 하였다. 호(胡)는 옛날에 호(壺)와 통용하니, 호로로 술을 담는다.

19 엄무를 가리킨다.

20 '隘'는 달리 '溢'로 된 본도 있다.

21 『후촌시화(後村詩話)』에서, "두보의 「초당」에서 '높은 벼슬아치도 내가 옴을 반겨.(大官喜我來)'의 위 아래 여덟 구는 그 형식을 「목란(木蘭)」에서 따왔다. '부모는 딸이 온다는 소식 듣고 성곽에 나와 서로 기대어 있고, 언니는 아우 온다는 소식에 문앞에서 화장을 고치고, 남동생은 누나 온다는 소식에 칼을 삭삭 갈아 돼지와 양 잡으러 가네.(爺娘聞女來 出郭相扶將 阿姊聞妹來 當戶理紅妝 小弟聞姊來 磨刀霍霍向猪羊)'

22 '疣'의 음은 '尤'다.

23 우(疣)는 혹〔瘤〕이다. 『장자』에서, "그들은 삶을 달라붙거나 매달린 혹이라 여긴다."라 하였다. 즉 나는 세상에 쓰임이 되지 못한다는 말이다.

34. 복숭아 나무을 읊다[1]

題桃樹

小徑升堂舊不斜	초당으로 가는 샛길은 예전엔 기울어 보이지 않았는데[2]
五株桃樹亦從遮	다섯 그루 복사나무가 시야를 가렸네.
高秋總饋貧人實	높은 가을이면 항상 가난한 사람에게 열매 나눠 주었는데
來歲還舒滿眼花	내년 봄이면 눈에 가득 꽃을 피우겠지.[3]
簾戶每宜通乳燕	주렴 거둔 창문은 어린 제비 다니기 좋고
兒童莫信[4]打慈鴉	아이들은 자애로운 갈까마귀 못 때리게 해야지.[5]
寡妻羣盜非今日	과부와 도적 떼는 오늘의 일이 아니니
天下車書已一家	천하의 제도가 이미 하나가 되었네.[6]

시평 : 이 작품은 작은 사물 안에서 큰 것을 볼 수 있으니, 백성은 동포며 사물은 더불어 같이 사는 존재라고 여기고 있다. 장횡거의 「서명(西銘)」과 비견되는데, 그러나 이학(理學)의 습기(習氣)가 없다. 이 작품은 두보 일생의 대본령으로, 보통의 시인에게는 물어볼 수 없다.

1 오첨태(吳瞻泰)가 이르기를, "이 작품은 복숭아나무를 빌려 홍(興)을 일으켰는데, 결국 복숭아나무를 읊은 것이 아니다. 하반부는 전부 앞일을 미뤄서 한 말로, 언제라고 못 박으면 내용이 통하지 않는다."라 하였다.

2 지금은 복숭아나무에 의해 가려져 샛길이 기울어 보이게 되었음을 말한다. 아마도 이 복숭아나무를 뽑아버리자는 의견이 있었을 것이다.

3 돌아올 때가 늦은 봄이어서 꽃이 이미 졌다. 즉 차마 경솔하

게 뽑아버리지 못함은 복숭아나무와 내가 서로 도움을 받기 때문이다.

4 신(信)은 맡겨둔다는 의미이다.

5 제비와 갈까마귀는 모두 초당 앞에서 보는 것이다. 두 구는 즉 마땅히 사물을 사랑하는 인(仁)을 넓혀 다만 복숭아나무만 사랑하지 않을 것을 말하고 있다.

6 한 가지 사물에도 오히려 이처럼 애착을 가지는데 하물며 세상의 변화가 매우 심한 이 때에, 천하가 모두 한 집으로 나와 동체(同體)이니 무엇을 아무런 관심 없이 바라보겠는가.

35. 네 그루 소나무

四松

四松初移時	네 그루 솔 처음 옮겨 심을 때
大抵三尺强	대략 세 자 남짓이었을까.
別來忽三歲	초당 떠난 지 벌써 삼년
離立如人長	사람 키만큼 자라 나란히 서 있네.[1]
會看根不拔	뿌리는 뽑히지 않으리라 여겼지만
莫計枝凋傷	가지 시드는 건 계산도 못하였지.
幽色幸秀發	한아한 모습 다행히 아름답고
疎柯亦昂藏	성긴 가지도 꿋꿋하게 자랐네.
所挿小藩籬	대충 꽂아 만든 작은 울타리
本亦有隄防	본래는 솔을 방비하려 하였지.
終然棖撥損	끝내 부딪혀 사라졌으니[2]
得愧千葉黃	시든 천 잎에 부끄럽지 않은가.[3]
敢爲故林主	내 감히 옛 숲의 주인 되었지만
黎庶猶未康	백성들은 아직도 편안하지 못하네.
避賊今始歸	도적 피해 이제 비로소 돌아오니
春草滿空堂	봄풀이 빈 집에 가득하다.
覽物歎衰謝	사물을 바라보다 손상됨에 탄식하다가[4]
及兹慰淒涼	솔을 보니 처량한 마음 달래지네.
淸風爲我起	맑은 바람은 나를 위해 불어오고
灑面若微霜	얼굴에 살짝 서리를 뿌리네.
足爲送老資	족히 늙음을 보낼 벗이 되리니[5]
聊待偃蓋張	애오라지 일산처럼 뻗어나가기를 기다리네.

我生無根蒂	나의 일생은 뿌리가 없으니
配爾亦茫茫	너와 짝하기도 아득하구나.
有情且賦詩	흥이 일면 시도 지으리니
事跡可兩忘	너와 나의 처지는 다 잊어버리자.
勿矜千載後	부러워하지 않으리, 천년 뒤에
慘澹蟠穹蒼	시푸르게 하늘에 서려 있더라도.[6]㊁

㊁ 결말을 맺는 곳에 심원한 뜻을 담았다.

1 『예기』에서, "나란히 앉고 나란히 선다."라 하였는데, 주에서 "두 가지가 나란히 있는 것을 리(離)라고 한다."라 하였다.

2 사혜련의 「제고총(祭古塚)」에서, "물건으로 부딪혀서 뽑아내었다〔棖撥〕."라 하였는데, 주에서 "남쪽 사람들은 사물에 부딪히는 것을 '정(棖)'이라 한다."라 하였다.

3 즉 사람들이 건들어서 솔 울타리를 파손하여 소나무 가지가 상처 입어 결국 잎이 노랗게 시들게 되었음을 말한다. '득괴(得愧)'는 '부끄럽지 않은가'란 말이다.

4 예를 들면 「수함(水檻)」과 「파선(破船)」에서 읊은 내용이다.

5 소나무에 의지하여 한가로이 노닐면서 노경(老境)을 즐기겠다는 말이다.

6 구주(仇注)에서, "즉 '자신의 행적이 정처가 없으니 이 소나무와 오래 짝을 할 수 없을까 두렵다. 다만 시를 지어 정을 담아 애오라지 흥을 풀어보려 한다. 천년 뒤에 하늘에 닿을 듯 자란 것을 어찌 미리 부러워하겠는가.'라는 말이다. 사물에 우의하면서도 또한 사물에 생각을 집착하지 않으니 두보의 광달한 마음을 볼 수 있다."라 하였다.

36. 물가 난간
水檻

蒼江多風飇	푸른 강에 거센 바람 많고
雲雨晝夜飛	비구름도 밤낮으로 날아오네.
茅軒駕巨浪	초당에 큰 파도 밀려오니
焉得不低垂	어찌 무너져 기울어지지 않으리.
遊子久在外	나그네로 오랫동안 타향에 있었으니
門戶無人持	집안은 지키는 사람 없었네.
高岸尙爲谷	높은 언덕이 오히려 계곡이 되니
何傷浮柱欹	난간이 기운 것을 안타까워하랴.[1]
扶顚有勸誡	넘어진 것 세우라고 재촉하니
恐貽識者嗤	식자에게 웃음거리 제공할까 두렵네.
旣殊大厦傾	큰 집이 기운 것과 다르니
可以一木支	나무 하나면 지탱할 수 있네.[2]
臨川視萬里	강가에 서서 만리를 바라보니
何必欄檻爲	어찌 꼭 난간을 만들어야 하나.㊂
人生感故物	사람의 삶은 친숙한 사물에 정이 있나니
慷慨有餘悲	강개한 마음에 슬픔이 넘치네.

시평 : 장약육이 이르기를, "'언득(焉得)'과 '하상(何傷)'과 '하필(何必)' 등은 문득 대단히 슬픔이 많은 것을 면치 못한다는 의미로, 끝도 없이 침음(沉吟)하다. 다 드러낸 탄식하는 감정을 한 번씩 맺었다."라 하였다.

日 장상약이 이르기를, "임천(臨川)의 두 구는 뜻이 매우 활달(豁達)하다. 인생의 모든 일을 모두 이처럼 여겨야 하니, 마음속의 많은 계획을 줄이고 번다한 생각을 줄여야 한다."라 하였다.

1 「서경부」에서, "떠돌아다니는 들보를 난간 위에 놓았다.(跱遊極於浮柱)"라 하였는데, 주에서 "삼보(三輔) 지역에서는 들보를 극(極)이라 부른다. 즉 떠도는 들보를 난간기둥 위에 놓았다는 말이다."라 하였다.

2 『문중자(文中子)』에서, "큰 집이 기울어지면 나무 하나로 지탱할 수 없다."라 하였다.

37. 부서진 배
破船

平生江海心	평생 강해로 떠나려는 마음에
宿昔具扁舟	옛날에 작은 배 마련하였지.
豈惟淸溪上	어찌 다만 맑은 시내만 띄우랴
日傍柴門遊	날마다 집주변 사방으로 놀았네.
蒼皇避亂兵	갑자기 난리를 피해 떠났는데
緬邈懷舊邱	멀리 고향이 생각났네.[1]
鄰人亦已非	이웃도 이미 예전 사람 아닌데
野竹獨脩脩	들녘 대나무만 홀로 죽죽 자랐네.
船舷不重叩	뱃전을 다시 두드리지 못하니[2]
埋沒已經秋	물에 빠져 이미 가을이 지났네.
仰看西飛翼	우러러 서쪽으로 나는 새를 바라보고
下愧東逝流	아래로 동으로 흐르는 물에 부끄럽네.[3]
故者或可掘	예전 빠진 배를 혹 꺼내 올리고[4]
新者亦易求	새 배도 쉽게 구하리라.
所悲數奔竄	슬픈 것은 자주 도망 다니느라
白屋難久留	초당에 오래 머물지 못한 것이네.[5]

1 사령운의 시에서, “속세의 인연과는 거리가 머네.(緬邈區中緣)”라 하였다.

2 「강부(江賦)」에서, “마름 따는 것을 노래하며 뱃전을 두드리네.(詠采菱以扣舷)”라 하였는데, 주에서 “현(舷)은 뱃전〔船脣〕이다.”라 하였다.

3 즉 서쪽 장안으로 돌아가거나 동쪽 오와 초로 내려가고 싶은데 아무것도 하지 못한 것을 말한다.

4 위에 매몰(埋沒) 되어 이미 가을이 지났다는 구절이 있기 때문에 강에서 끄집어낸다는 말을 하였다. 예전에 굴두선(掘頭船, 이물과 고물이 없는 배)이라고 하였는데, 옳지 않다.

5 즉 배는 마련하기 어렵지 않으나 다만 거주를 정하지 못할까 두렵다는 말이다.

38. 남쪽 이웃인 산사람 주씨의 물가 정자를 지나면서[1]

過南鄰朱山人水亭

相近竹參差	가까이 가보니 대가 우거지게 자라
相過人不知	지나가도 사람이 알지 못하네.[2]
幽花欹滿樹	아름다운 꽃은 비스듬히 나무에 가득 피고
細水曲通池	가는 물줄기는 굽이져 연못으로 들어가네.
歸客村非遠	돌아가려는 손에게 마을 멀지 않다 하고
殘樽席更移	남은 술통 들고 자리 다시 옮기네.[3]
看君多道氣	그대 보니 도가 몸에 배어
從此數追隨	이제부터 자주 뒤따라 놀아야지.

시평 : 전반부는 그 지역을 묘사하였고 후반부는 산인을 묘사하였다. 숨어 지내려는 평소의 바람을 상상하여 볼 수 있는데, 글자마다 맛이 넘친다.

1 주주(朱注)에서, "두보는 「남린(南隣)」에서 '금리 선생이 오각건을 쓰고.(錦里先生烏角巾)'라 하였는데, 금리선생은 아마도 이 산사람인 것 같다."라 하였다. 또한 「절구(絶句)」에서, "매실 익으면 누구와 함께 할까 주씨 노인과 먹어야지.(梅熟誰同朱老喫)"라 하였다.

2 우거지게 자란 대나무에 가려 알지 못한다는 말이다.

3 장상약이 이르기를, "다만 마을이 가깝기 때문에 술을 마시며 놀 수 있다. 두 구를 합쳐서 보아야 뛰어남을 알 수 있다."라 하였다.

39. 누대에 올라

登樓

花近高樓傷客心	높은 누대 근처에 꽃이 피니 나그네 마음 아픈데
萬方多難此登臨	온 나라에 어려움 많을 때 이곳 올라 바라보네.
錦江春色來天地	금강의 봄 경치는 온 천지에 찾아오고
玉壘浮雲變古今	옥루산의 뜬 구름은 고금에 변하였네.[1]
北極朝廷終不改	북극의 조정은 끝내 바뀌지 않으리니[2] ㊀
西山寇盜莫相侵	서산의 도적은 침범하지 말지어다.
可憐後主還祠廟	가련한 후주도 아직 사당에 모셔 있는데[3]
日暮聊爲梁父吟	날이 저물어도 애오라지 「양보음」 읊조리네.[4] ㊁

시평 : 이자덕이 이르기를, "조의(造意)는 크고 명격(命格)은 높으니 참으로 모든 시인들을 뛰어넘는다."라 하였다. ○ 오동암(吳東巖)이 이르기를, "'가련(可憐)'과 '환(還)'과 '료위(聊爲)' 등은 마음이 아파서 그렇게 표현하였다. 그러나 다만 읊조리는 가운데 흘러나온 것이다."라 하였다.

㊀ 신부맹이 이르기를, "'북극(北極)'이란 두 글자는 반표의 「왕명론(王命論)」 한 편의 글에 해당한다."라 하였다.

㊁ 심확사가 이르기를, "기상이 웅혼(雄渾)하여 우주를 담을 수 있으니, 바로 두보집 가운데 가장 뛰어난 작품이다."라 하였다.

1 즉 다스림과 어지러움이 항상 이어져 그치지 않는다는 말이다.

2 학주(鶴注)에서, "지난 겨울 토번이 장안을 함락하자, 곽자의가 장안을 수복하였다. 이에 황제가 돌아왔다."라 하였다.

3 『오증만록(吳曾漫錄)』에서, "촉 선주(先主)의 사당은 성도 금관

문(錦官門) 밖에 있다. 서쪽으로 끼고 있는 것은 무후사(武侯祠)이며 동쪽으로 끼고 있는 것은 후주사(後主祠)다."라 하였다. 이 구는 대종이 다행히 나라를 잃지 않은 것은 은밀하게 비유하고 있다. 구주(舊注)에서, "대종이 정원진(程元振)과 어조은(魚朝恩)에게 국정을 맡겨 몽진의 재앙을 불러들였다. 그러므로 후주가 황호(黃皓)를 등용한 것으로 풍자하였다."라 하였다.

4 제갈무후가 지은 「양보음」에, "제나라 동문을 걸어 나와 멀리 탕음리를 바라보네.(步出齊東門 遙望蕩陰里)"라 하였다. 이 당시 인물 중에 제갈량 같은 재주가 없어서 현종, 숙종, 대종 등 세 조정이 들끓고 반란이 자주 일어남이 안타깝다. 이에 「양보음」 읊조리고 배회하며 날이 저물어도 그칠 줄 모른다. 아울러 세상에 쓰임이 되지 못한 것을 아파하는 것도 그 안에 들어 있으니, 흥(興)을 이처럼 은미하고 완곡하게 표현하였다.

40. 고적 상시에게 보내다[1]
奉寄高常侍

汶上相逢年頗多	문수가에서 만난 지도 벌써 여러 해가 지났는데[2]
飛騰無那[3]故人何	빠른 출세는 친구를 따라 갈 수 없구나.[4]
總戎楚蜀應全未	초와 촉의 대장으로 지략을 다 펼치지 못하고[5]
方駕曹劉不啻過	조식과 유정보다 한참이나 문장이 뛰어나네.[6]
今日朝廷須汲黯	지금 조정에서는 직간하는 급암이 필요하고[7]
中原將帥憶廉頗	중원의 장수는 명장 염파를 그리워하네.[8]
天涯春色催遲暮	하늘가 봄빛은 늙어가는 만년을 재촉하고
別淚遙添錦水波	이별의 눈물은 멀리 금수의 물결에 보태지네.[9]

시평 : 이자덕이 이르기를, "시어마다 침실(沈實)하니 곱씹어보면 여운이 넘친다. 지금 사람은 웅장한 말을 쏟아내지만 한번 보자마자 곧 맛이 다하니 한갓 헛된 메아리[浮響]에 불과하다."라 하였다.

1 『당서』「백관지(百官志)」에서, "문하성의 좌산기상시(左散騎常侍)는 두 명으로, 황제의 과실을 바로잡는 일을 맡고 황제를 시종하여 물어보는 일에 답한다."라 하였다. 「고적전(高適轉)」에서, "서천절도사가 되어 송주와 유주 등을 빼앗겨 엄무로 대신하게 하였다. 조정으로 돌아와 형부시랑산기상시가 되었다."라 하였다.

2 구주(仇注)에서, "개원 연간에 제(齊)와 노(魯) 지역에서 서로 만났다."라 하였다.

3 '那'는 달리 '奈'로 된 본도 있다.

4 두보 자신이 미칠 수 없음을 이른다.

5 주주(朱注)에서, "그 재주를 다하지 못함을 이른다."라 하였다.

6 「광절교론(廣絶交論)」에서, "군건하고 아름다운 문장은 조식과 왕찬을 능가하네."라 하였다.

7 산기상시의 직책을 가리킨다.

8 3-4구는 문무를 겸비함을 말하고, 5-6구는 조야(朝野)가 우러러 바라봄을 말한다.

9 이 당시 고적은 조정으로 들어가고 두보는 성도에 있었다. 그러므로 마지막 구처럼 말하였다.

41. 공주의 최 녹사에 보내다[1]

寄邛州崔錄事

邛州崔錄事	공주의 최 녹사는
聞在果園坊	듣기에 과원방에 있다 하네.[2]
久待無消息	오래 기다려도 소식이 없노니
終朝有底忙	하루 종일 무에 그리 바쁘신가.
應愁江樹遠	초당의 강가 숲이 멀어 걱정이시겠고
怯見野亭荒	들녘 정자 황폐해져 보기 겁나서겠지.
浩蕩風塵外	아득한 풍진 너머에서
誰知酒熟香	뉘 알리, 술 향기롭게 익은 줄을.[3] ⊟

⊟ 편지를 대신하는 작품으로, 장난스레 지었다.

1 공주는 성도의 서쪽에 있다.

2 과원방은 성도에 있다.

3 술로 최 녹사를 초대한다는 의미이다.

42. 왕 녹사가 초당 수리비용을 주기로 하였는데, 돈이 오지 않아 애오라지 조금 따지다

王錄事許修草堂貲不到聊小詰

爲嗔王錄事	왕 녹사에게 성을 내노니
不寄草堂貲	초당의 자금을 보내지 않느뇨.
昨屬愁春雨	어제는 봄비 걱정하였으니
能忘欲漏時	비 샐 때를 언제나 잊고 살까.

43. 돌아가는 기러기

歸雁

東來萬里客	동으로 온 만리 나그네
亂定幾年歸	난리 멈추니 언제나 돌아가려나.
腸斷江城雁	애가 끊어지게 우는 강가 성의 기러기
高高向[1]北飛	높이높이 북쪽으로 날아가네.[2]

1 '向'은 달리 '正'으로 된 본도 있다.

2 장안을 그리워한다는 말이다.

44. 절구

絶句二首

遲日江山麗	더딘 해에 강산은 곱고
春風花草香	봄바람에 화초는 향기롭네.
泥融飛燕子	진흙 녹으니 날아드는 제비
沙暖睡鴛鴦	모래톱 따뜻해 조는 원앙.

江碧鳥逾白	강이 푸르니 새는 더욱 희고
山青花欲然	산이 파라니 꽃은 불타는 듯.[1]
今春看又過	올봄도 보면서 또 보내니
何日是歸年	이 몸 언제나 돌아가려나.

1 유신(庾信)의 시에서, "산꽃이 불에 타는 듯.(山花焰欲然)"이라 하였다.

45. 산사람 사마씨에게 보내다

寄司馬山人十二韻

關內昔分袂	관내에서 옛날 이별하였는데[1]
天邊今轉蓬	하늘가에서 지금 떠도는구나.[2]
馳驅不可說	피난 다닌 건 말로 표현할 수 없는데
談笑偶然同	이야기 나누니 이전과 같구나.[一]
道術曾留意	도술에 일찍이 뜻을 두었으니
先生早擊蒙	선생은 빨리 어리석은 나를 깨우쳐주시오.
家家迎薊子	집집마다 계자인 듯 맞아들이고[3]
處處識壺公	곳곳마다 옥호공으로 인정하네.[4]
長嘯峨嵋北	아미산 북쪽에서 길게 휘파람 불고
潛行玉壘東	옥루산 동쪽에서 몰래 다니네.
有時騎猛虎	때론 사나운 호랑이 타기도 하고[5]
虛室使仙童	빈 방에서 선동을 부리기도 하네.[6] [二]
髮少何勞白	이 몸 머리카락 적은데 온통 쉬이 희어지니
顏衰肯更紅	늙은 얼굴이 다시 붉어질까.
望雲悲轗軻	구름 바라보며 힘든 운명 슬퍼하고
畢景羨沖融	만년에 그대 고운 얼굴 부러워하네.[7]
喪亂形仍役	난리통이라 몸은 세상에 구속되었는데
淒涼信不通	처량하구나, 소식도 전해지지 않으니.
懸旌要路口	병사가 요로 입구에 깃발 세우고[8]
倚劍短亭中	작은 초소에서 칼을 차고 있네.[9] [三]
永作殊方客	길이 타향의 나그네 되었으니
殘生一老翁	노인네로 남은 생 보낼 뿐.

相哀骨可換	불쌍하게 여겨 뼈를 바꾸게 해주고[10]
亦遣馭淸風	또한 맑은 바람도 타고 다니게 보내주시오.[11] 四

一 1-4구는 이 작품의 대의를 다 담고 있다.

二 이 단락은 사마 산인을 서술하고 있으니, '이야기 나누니 이전과 같구나.(談笑偶然同)'를 받고 있다.

三 이 단락은 자신에 대해 서술하고 있으니, '피난 다닌 건 표현할 수 없지만.(馳驅不可說)'을 받고 있다.

四 마지막에서는 그에게 가르침을 바라고 있다.

1 관내는 장안을 이른다.

2 천변(天邊)은 촉 지역을 이른다.

3 『신선전』에서, "계자훈(薊子訓)이 서울에 도착하자 여러 귀인들이 각자 손님을 사절하고 집을 깨끗하게 청소하여 그를 맞이하려 하였다. 모두 23집이었는데 동시에 각각 한 계자훈이 그들의 집을 방문하였다. 아침이 되자 서로 물으니, 찾아온 계자훈의 모습은 모두 같은데 다만 말하는 것은 주인의 물음에 따라 응답하니 각각 달랐다."라 하였다.

4 『후한서』「방기전(方伎傳)」에서, "비장방(費長房)이 저자의 아전이 되었는데, 약을 파는 노인이 가게에 병 하나를 매달아놓았다. 저자가 파하자 문득 병 안으로 뛰어들었다. 비장방이 괴이하게 여겨 병 앞으로 가서 재배(再拜)하고 같이 들어갔다." 『수경주』에서는 옥호공(玉壺公)으로 되어 있다.

5 『동명기(洞冥記)』에서, "동방삭이 집을 나가 길가에서 쉬고 있는 푸른 호랑이를 만났다. 동방삭이 곧바로 올라타고 돌아왔는데, 빨리 가고픈 마음에 너무 심하게 때리자 호랑이가 물어 발에 상처가 났다."라 하였다.

6 『운급칠첨』에서, "원단(元丹)을 18년 지켜 상청궁에 올라 책을 받고 부신을 찼으며, 옥동(玉童)과 옥녀(玉女) 각 18명을 부렸다."라 하였다.

7 즉 만년이기 때문에 사마 산인의 안색이 고운 것을 부러워한다는 말이다.

8 이 구는 즉 좁은 요충지를 지키는 병사를 가리켜 말하였다.

9 세상이 어지러워 병사가 경계하고 있음을 말한다. 구주(仇注)에서, "13-16구는 노쇠한 탄식을, 17-20구는 떠돌아다니는 감회를 읊었다.

10 『한서』「무내전(武內傳)」에서, "1년이면 기운을 바뀌고, 2년이면 피를 바꾸고, 3년이면 정수를 바꾸고, 4년이면 혈맥을 바꾸고, 5년이면 골수를 바꾸고, 6년이면 뼈를 바꾸고, 7년이면 근육을 바꾸고, 8년이면 머리카락을 바꾸고, 9년이면 형체를 바꾼다."라 하였다.

11 『장자』에서, "열자(列子)는 바람을 타고 다니니 시원해서 좋았다."라 하였다.

46. 시어 왕설에게 주다[1]

贈王二十四侍御契四十韻

往往雖相見	이따금 비록 만나기는 하지만
飄飄愧此身	떠돌아다니는 이 몸이 부끄러운데,
不關輕紱冕	벼슬을 가볍게 버림과 관계가 없고
但是避風塵	다만 전쟁의 풍진을 피해서라네.[2] [一]
一別星橋夜	밤에 칠성교에서 한 번 이별하고[3]
三移斗柄春	벌써 세 번 북두자리 옮긴 봄이로구나.[4]
敗亡非赤壁	도적이 패망함은 적벽의 패배와 다르고[5]
奔走爲黃巾	바삐 떠돎은 황건적 같은 도적 때문이네.[6]
子去何蕭灑	그대가 떠나니 어찌 그리 쓸쓸한가
余藏異隱淪	이 몸은 다른 지역에서 숨어 지냈네.[7]
書成無過雁	편지 다 썼지만 보낼 수 없고
衣故有懸鶉	옷은 오래되어 얼기설기 누더기 되었네.[8]
恐懼行裝數	행장 자주 꾸리는 것 두렵고[9]
伶俜臥疾頻	외롭게 자주 병에 누웠네.
曉鶯工迸淚	새벽 꾀꼬리 울음에 눈물이 쏟고
秋月解傷神	가을 달은 마음을 아프게 하였네. [二]
會面嗟黧黑	돌아와 마주보는 사람은 검은 얼굴에 탄식하고
含悽話苦辛	측은하게 바라보며 고생했다고 말하네.
接輿還入楚	접여는 돌아와 초로 들어왔고[10]
王粲不歸秦	왕찬은 진으로 돌아가지 않았네.[11]
錦里殘丹竈	금리의 단약 아궁이는 무너졌지만
花溪得釣綸	완화계에서 낚싯줄 드리우네.[12]

消中祇自惜	소갈병에 다만 스스로 안타까운데[13]
晩起索誰親	늦게 일어나 어떤 친한 이를 찾을까.[14] [三]
伏柱聞周史	궁중에서 장서실을 맡았다가[15]
乘槎有漢臣	뗏목을 탄 한나라 사신이 되었네.[16]
鵷鴻不易狎	봉황은 쉽게 친할 수 없고
龍虎未宜馴	용호는 길들이지 못하네.[17]
客則掛冠至	나그네는 벼슬 내놓고 돌아오니[18]
交非傾蓋新	새로 벗을 사귐이 아니네.[19]
由來意氣合	그때부터 의기가 투합하니
直取性情眞	곧바로 참된 마음을 알아주었네.[四]
浪跡同生死	떠돌면서 삶과 죽음이 같다고 여기니[20]
無心恥賤貧	빈천에 부끄러움이 없네.
偶然存蔗芋	절로 자란 사탕수수와 토란을 대접하고[21]
幸各對松筠	다행히도 같이 솔과 대를 바라보네.
麤飯依他日	거친 밥으로 뒷날 서로 의지하리니[22]
窮愁怪此辰	이 날 곤궁 근심하니 괴이하구나.
女長裁褐穩	장녀는 베옷을 잘 만들고
男大卷書匀	장남은 책을 두루 보았네.[23] [五]
淜[24]口江如練	붕구의 강물은 누인 옷감처럼 깨끗하고[25]
蠶崖雪似銀	잠애산은 눈이 은처럼 빛나네.[26]
名園當翠巘	이름난 정원은 푸른 산을 마주하고
野棹沒青蘋	들판 연못의 배는 푸른 마름에 덮여 있네.
屢喜王侯宅	자주 제후의 황폐한 집을 좋아하고[27]
時邀江海人	때로 강해의 사람을 맞이하네.
追隨不覺晩	그대 따라 노닐기 늦지 않았으니
款曲動彌旬	열흘이나 진심으로 상대하네.

但使芝蘭秀　다만 지초와 난초처럼 아름다워야지[28]
何須棟宇鄰　어찌 웅장한 집의 이웃이 필요하랴.
山陽無俗物　산양에는 속물이 없고[29]
鄭驛正留賓　정당시는 역마로 손님을 붙잡았네.[30]
出入並鞍馬　출입에 말안장 나란히 하고
光輝參席珍　참석하는 잔치에 보배처럼 빛나네.
重遊先主廟　거듭 선주의 사당에 노닐며[31]
更歷少城闉　소성의 성문을 다시 지났네.[32]
石鏡通幽魄　석경은 어두운 혼백과 통하고[33]
琴臺隱絳脣　금대에는 붉은 입술 미녀 숨었네.[34]
送終惟糞土　죽으면 다만 썩은 흙이 되니
結愛獨荊榛　가시나무 덤불처럼 우의를 맺어보세.[35]
置酒高林下　높은 나무 아래 술상 차리고
觀碁積水濱　깊은 물가에서 바둑도 두어보세.
區區甘累趼　못난 이 몸 몇 겹의 굳은살도 달게 여겨리니[36]
稍稍息勞筋　조금씩 힘든 다리 쉬어가리라.
網聚粘圓鯽　그물 던져 둥근 붕어 잡고
絲繁煮細蓴　뿌리 벌은 가는 순채국 끓이네.
長歌敲柳癭　길게 노래하며 술동이 두드리고[37]
小睡凭藤輪　잠시 졸며 방석에 기대네.[38] 因
農月須知課　농사는 모름지기 때에 할 일이 있으니
田家敢忘勤[39]　농부는 부지런하지 않을 수 없네.
浮生難去食　떠돌이 삶이라도 먹지 않을 수 없으니
良會惜淸晨　좋은 만남에 맑은 새벽이 안타깝네.[40]
列國兵戈暗　온 나라가 전쟁으로 어두운데
今王德敎淳　지금 임금이 덕교로 순수하게 만드네.

要聞除猰[41]貐[42]　　모름지기 알유를 제거하여야 하고[43]
休作畫麒麟　　기린 탈 쓴 나귀가 되지 마시라.[44]
洗眼看輕薄　　눈을 씻고 경박한 세태 바라보며
虛懷任屈伸　　마음 비우고 궁달(窮達)을 맡기네.
莫令膠漆地　　우리 아교와 옻칠 같이 사귀어
萬古重雷陳　　만고에 뇌의와 진중만 중시하게 하지 맙시다.[45] ㊆

시평 : 장상약이 이르기를, "배율이 이런 수준에 오르면 자유자재로 펼쳐내는 것을 마음먹은 대로 할 수 있으니 작품 전체에 선령(仙靈)의 기운을 갖추었다."라 하였다.

㊀ 처음 네 구는 촉으로 와서 왕설과 만나게 된 대의를 총괄하고 있다.

㊁ 이 단락은 이별한 뒤의 일을 서술하였다.

㊂ 이 단락은 성도로 돌아왔을 때 처음 상황을 서술하였다.

㊃ 이 단락은 시어 왕설이 촉으로 돌아와 거듭 우의를 다진 것을 서술하였다.

㊄ 이 단락은 왕설이 초당을 찾아온 것과 자신의 상황을 서술하였다.

㊅ 이 단락은 왕설의 정원을 찾아가고, 왕설이 두보에게 술을 대접하였으며, 아울러 함께 노닐던 일을 서술하였다.

㊆ 이 단락은 자신과 세상에 대한 감회를 서술하고 또한 고도(古道)로 사귐을 시어에게 바라고 있다.

1 주주(朱注)에서 말하였다. "원결(元結)이 「별왕좌경서(別王佐卿序)」에서 '계묘년 경조(京兆) 좌경(佐卿) 왕설의 나이 46세이다. 조만간 서촉을 떠난다니 술을 마주하여 이별하려 한다.'라 하였다." 살펴보건대, 계묘년은 광덕 원년(763)으로 시어 왕설이 이전에 사신의 임무를 받들어 촉에 왔다가, 두보와 성도에서 만났다. 뒤에 도강(導江)의 아름다운 산수를 사랑하여 마침내 그곳에서 살았다. 두보가 초당으로 돌아올 때 마침 왕설도 벼슬에서 물러나 그곳으로 돌아와 있었다. 때때로 서로 만나 노닐었는데, 이 시는

그 일을 곡진하게 기록하고 있다.

2 즉 두보 자신은 다만 난리를 피하기 위해 촉에 온 것으로, 왕설이 벼슬을 그만둔 고상한 행위와 같지 않음을 말하고 있다. 또한 빈주(賓主)를 아울러 거론하는 방식을 암용(暗用)하였다.

3 『한서』에서, "진(秦)나라 이빙(李冰)이 칠성교(七星橋)를 만들었으니, 하늘의 북두칠성을 본떴다."라 하였다.

4 즉 성도에서 왕 시어와 이별한 지 벌써 삼년이 지났음을 말한다.

5 『형주기』에서, "포기현(蒲圻縣)의 강가 남쪽 연안 백리를 적벽(赤壁)이라 부른다. 옛날 주유(周瑜)가 위나라 무제(武帝)를 격파한 곳이다."라 하였다. 구주(仇注)에서, "당시 서지도가 부하에게 죽음을 당하였는데, 적벽의 전투에서 패배한 것과 같지 않다."라 하였다.

6 『후한서』에서, "거록(鉅鹿) 사람 장각(張角)이 거느린 36방(方)이 모두 노란 두건을 두르고 같은 날 반란을 일으켰다."라 하였다.

7 두보는 서지도의 난을 피하여 재주로 들어갔는데, 이 당시 왕설은 이미 장안으로 돌아갔다.

8 『순자』에서, "자하(子夏)는 집이 가난하여 옷이 메추리〔懸鶉〕같았다."라 하였다. 주주(朱注)에서 말하였다. "『설문해자』를 살펴보니 '순(鶉)은 메추라기〔鵪〕 종류다. 그 깃이 얼룩덜룩하며 조밀하지 못하니, 가난한 선비의 옷을 상징한다.'라 하였다."

9 재주와 낭주 사이를 왕래함을 이른다.

10 촉으로 돌아온 것을 비유하였다.

11 장안을 그리워함을 비유하였다.

12 화계(花溪)는 즉 완화계(浣花溪)다.

13 『후한서』「이통전(李通傳)」에서, "본래 소갈병이 있었다."라 하였다. 『황제내경』「소문(素問)」에서, "많이 먹고 자주 소변을 보는 것을 소중(消中)이라 한다. 즉 소갈(消渴)이다."라 하였다.

14 『절교서(絶交書)』에서, "누워 히히덕거리다 늦게 일어난다."라 하였다.

15 왕강거(王康琚)의 시에서, "노담은 주하사를 맡았고.(老聃伏柱史)"라 하였다.

16 『형초세시기』에서, "한 무제가 장건에게 명령을 내려 대하(大夏)로 사신 보내면서 황하의 근원을 찾게 하였는데, 뗏목을 타고 한 달을 지나니 어느 곳에 이르렀다."라 되어 있다. 즉 왕설이 사신

으로 나온 것을 말한다.

17 「오군영(五君詠)」에서, "용을 누가 능히 길들이랴.(龍性誰能馴)"라 하였다.

18 『후한서』「봉맹전(逢萌傳)」에서, "왕망(王莽)이 섭황제(攝皇帝)가 되자, 봉맹은 관을 동도(東都)의 문에 걸어놓고 떠났다."라 하였다.

19 『공자가어』에서, "공자가 섬(剡)에 가서 정자(程子)를 길에서 만났다. 둘은 수레를 기울이고 마주하여 종일토록 이야기를 나누었다."라 하였다.

20 『사기』에서, "사마천 나는 「복조부(鵩鳥賦)」를 읽고 삶과 죽음이 같으며 벼슬에 나아가고 물러남에 마음 두지 않는다."라 하였다.

21 「촉도부」에서, "오이 밭과 토란 밭, 단 사탕수수와 매운 생강.(瓜疇芋區 甘蔗辛薑)"이라 하였다.

22 왕설과 서로 의지하며 늙어가고 싶음을 말한다.

23 자녀를 혼인하는 일을 아직 마치지 못함을 말하였다.

24 '湔'은 마땅히 '堋'으로 되어야 한다. 음은 '逋'와 '鄧'의 반절법이다.

25 주주(朱注)에서 말하였다. "『수경주』에서 '이빙(李冰)이 도안현(都安縣)의 강에 제방을 쌓았다. 제방에는 좌우에 입구가 있었으니, 그것을 '전(湔)'이라 불렀다. 제방을 쌓은 강물이 비강(郫江)과 검강(檢江)으로 흘러들어가며 물길로 배가 다닌다.'라 하였다. 『환우기』에서 '도강현(導江縣)에 도안언(都安堰)이 있다. 촉 지방 사람들은 '언(堰)'을 '붕(堋)'이라 한다.'라 하였다."

26 촉 지역의 산은 대부분 눈이 많이 쌓여 있다. 『환우기』에서, "잠애는 도강현의 서북쪽에 있다."라 하였다. 도강현은 왕설이 거주하던 지역이다.

27 포주(浦注)에서, "이 당시 왕설은 아마도 제후의 황폐한 집을 빌려서 거주하였다."라 하였다.

28 『공자가어』에서, "착한 사람과 거주하면 지초와 난초 향기 가득한 방에 들어간 것 같다."라 하였다.

29 상수(向秀)는 혜강(嵇康)과 죽림에서 노닐었다. 혜강이 죽자 「사구부(思舊賦)」를 지었는데, "황하를 건너려 배를 띄우고, 산양의 옛 집을 지나네.(濟黃河以泛舟兮 經山陽之舊居)"라 하였다. 『세설신어』에서 말하였다. "혜강과 완적, 그리고 산도는 죽림에서 술

을 마시며 흥겨워하였다. 왕융(王戎)이 그들을 찾아오면, 완적은 '속물(俗物)이 다시 왔구나.'라 하였다." 곧 속물은 부패한 사람이란 의미이다.

30 『한서』에서, "정당시(鄭當時)의 자는 장(莊)이다. 항상 장안의 여러 교외에 역마를 놓고 빈객을 맞이하여 밤낮으로 놀았다."라 하였다. 두 구는 즉 왕설이 사귐을 함부로 하지 않으면서도 손님을 좋아함을 말하였다.

31 성도성의 남쪽에 있다.

32 성도의 서문 밖에 있다. 『설문해자』에서, "'인(闉)'은 성안의 겹문이다."라 하였다.

33 『화양국지(華陽國志)』에서, "무도(武都)에 어떤 장부가 아름답고 농염한 여인으로 변하였으니, 산의 정기 때문이다. 촉왕이 그녀를 맞이하여 왕비로 삼았는데, 얼마 지나지 않아 죽고 말았다. 이에 왕은 다섯 명의 장정을 무도(武都)에 보내 흙을 지어 날라 무덤을 만들게 하였다. 그 무덤은 높이가 일곱 길인데 위에는 돌 거울을 두어 문을 표시하였다. 지금 성도의 북쪽 모퉁이의 무담산(武擔山)이 바로 그것이다. 뒤에 왕이 슬퍼하여 「유사가(臾邪歌)」와 「용귀곡(龍歸曲)」을 지었다."라 하였다. 『환우기』에서, "무덤 위에 돌 하나가 있는데, 두께가 5촌이며 지름이 5자로 영롱하니, 그것을 석경이라 부른다."라 하였다.

34 『성도기』에서, "사마상여의 금대는 성 밖 완화계(浣花溪)가의 해안사(海安寺)의 남쪽에 있다. 지금은 금화사(金花寺)가 되었다."라 하였다. 석경과 금대는 둘이 노닐던 고적(古蹟)이다.

35 두 구는 즉 죽기 전 즐길 수 있을 때 즐기자는 의미이다. 아래 내용을 일으킨다.

36 '趼'의 음은 '古'와 '典'의 반절법이다. 『장자』에서, "백 사(舍, 30리)를 가느라 발에 거듭 굳은살이 생겨도 쉬지 못하였다."라 하였다.

37 조식의 시에서, "나에게 버들 혹으로 만든 표주박이 있네.(我有柳瘿瓢)"라 하였다. 유영(柳瘿)은 술동이를 만들 수 있다.

38 등륜(藤輪)은 방석〔蒲團〕이다. 등나무로 만드니 은낭(隱囊) 같은 것이다.

39 근(勤)은 거성이다.

40 즉 바둑 두며 술자리의 즐거움이 이와 같은데, 다만 농사일이 바쁘니 오래 머물 수 없다는 말이다.

41 ‘猰’의 음은 ‘烏’와 ‘八’의 반절법이다.

42 ‘貐’의 음은 ‘勇’과 ‘主’의 반절법이다.

43 『산해경』에서는 ‘猰貐’가 ‘窫窳’로 되어 있다. 『이아』에서, “알유(猰貐)는 추(貙)와 비슷하다. 호랑이 이빨로 사람을 잡아먹으며 재빠르게 달린다.”라 하였다. 『회남자』에서, “요임금 시절에 알유가 백성들에게 해를 끼쳤다.”라 하였다.

44 주주(朱注)에서, “『조야첨재(朝野僉載)』에서 ‘양형(楊炯)이 매번 조정의 관원들을 기린훤(麒麟楦)이라고 불렀다. 그리고 말하기를 지금 가짜 기린을 놀리는 자는 머리와 뿔을 만들고 가죽과 털로 붙여서 나귀에다 탈을 씌워서 저자를 한 바퀴 돌다가 가죽을 벗기면 도로 나귀일 뿐이다. 덕이 없이 높은 자리에 있는 벼슬아치들도 이와 다를 게 무엇이 있는가.’라 하였다. 옛날에는 기린각의 고사를 인용하였으나 이 내용과 무관하다.”라 하였다. 윗구는 그가 성공하기를 바라고 아래 구는 자리만 지키지 말라고 경계한 것이다.

45 『후한서』에서 말하였다. “진중(陳重)이 뇌의(雷義)와 벗이 되었다. 향리에서 말하기를, ‘아교와 옻칠이 단단하다 하여도 뇌의와 진중의 사귐만 못하다.’라 하였다.”

47. 황하[1]

黃河二首

黃河北岸海西軍　황하 북쪽 강기슭은 해서군으로[2]
椎鼓鳴鍾天下聞　북 치고 종 울리니 천하에 들리네.
鐵馬長鳴不知數　수도 없이 많은 철마는 길게 우는데
胡人高鼻動成羣　높은 코의 오랑캐가 군대를 움직이네.[3] ㈠

黃河西[4]岸是吾蜀　황하 서쪽 강기슭은 우리 촉 지역으로
欲須供給家無粟　식량을 공급하지 못해 민가에서 다 뺏다시피 하네.[5]
願驅衆庶戴君王　원컨대 백성들이 임금을 모시게 하도록
混一車書棄金玉　제도를 통일하고 사치풍조를 버렸으면.㈡

㈠ 이 작품은 토번이 횡행함을 말하였다.

㈡ 이 작품은 촉의 백성이 곤궁하기 때문에 급히 태평시대를 이뤄 백성의 곤궁을 풀어주기를 바라였다.

1　이 작품은 토번을 다 토벌하지 못하여 백성이 군량이 지원에 어려움을 겪은 것을 보고 지었다. 대개 촉 사람을 대신하여 촉의 민요를 사용하여 애환을 고발하였다.

2　주주(朱注)에서, "『수경(水經)』을 살펴보니 하수(河水)는 우전(于闐)과 소륵(疏勒)에서 동으로 흘러 금성(金城) 윤호현(允吾縣)의 북쪽을 지난다고 되어 있다."라 하였다. 감인(闞駰)이 말하기를, "현의 서쪽에 비화(卑禾)와 강해(羌海)가 있는데 세상에서 그것을 청해(青海)라고 부른다."라 하였다. 포주(浦注)에서, "해서군

(海西軍)은 당나라가 융성할 때 설치하였다. 이 당시에 이미 토번에게 함락되었다."라 하였다.

3 『진중흥서(晉中興書)』에서, "염민(冉閔)이 석감(石鑒)과 그의 오랑캐 족속을 죽였다. 이 당시 높은 코에 수염이 많은 사람은 모조리 죽였다."라 하였다. 즉 해서군이 왕성함은 옛날부터 널리 알려졌는데, 지금은 무리를 이룬 철마를 모두 저들이 사용하니 개탄스럽다는 말이다.

4 '西'는 달리 '南'으로 된 본도 있다.

5 『두시박의』에서, "당나라의 운하는 모두 황하로 통한다. 다만 촉 지역은 중국의 서남쪽 궁벽진 곳에 있어 운하가 연결되지 않는다. 서산(西山)의 세 성은 식량 운송이 자주 끊겼기 때문에 '식량을 공급하지 못해 백성들이 대기 때문에 민가에 곡식이 없다.'는 탄식을 토하였다."라 하였다.

48. 깃발로 훈련하다[1]

揚旗

江風颯長夏	강바람이 기나긴 여름에 불어오니
府中有餘淸	부중이 너무나 시원하다.
我公會賓客	이 몸 공회의 손님이 되었는데
肅肅有異聲	획획 기이한 소리 들리네.
初筵閱軍裝	처음 자리에 군장을 검열하니
羅列照廣庭	도열한 병사들 넓은 마당을 비추네.
庭空六[2]馬入	텅 빈 마당에 여섯 말이 들어오더니
駊[3]騀[4]揚旗旌	말머리 흔들며 깃발을 높이 드네.[5]
廻廻偃飛蓋	나는 듯 빠른 수레가 빙빙 돌다 눕기도 하고[6]
熠熠迸流星	번쩍번쩍 유성처럼 내달리네.
來纏風飆急	와서 감싸 돌기는 회오리바람처럼 급하고
去擘山嶽傾	가서 쪼개는 형세는 산악이 무너지는 듯.
材歸俯身盡	뛰어난 재주는 바로 몸을 다 굽혀
妙取略地平	오묘하게 깃발로 땅과 평평하게 닿을 듯.[7]
虹蜺就掌握	무지개가 마치 손바닥에서 나오는 듯하여
舒卷隨人輕	깃발을 말고 폄이 자유자재로다.⊟
三州陷犬戎	세 고을이 견융에게 함락되니[8]
但見西嶺靑	다만 푸르른 서령만 보이네.[9]
公來練猛士	공이 와서 용맹한 전사 조련하여
欲奪天邊城	변경의 성을 탈취하려 하네.
此堂不易升	이 임무는 쉽게 이를 수 없지만[10]
庸蜀日已寧	용과 촉은 나날이 많이 안정되었네.[11]

吾徒且加餐	우리들 더욱 건강하고
休適蠻與荊	만과 형으로 가지 맙시다.[12]

㈢ 9-16구는 대단히 형용이 뛰어나, 양웅의 「장양부(長揚賦)」, 「우렵부(羽獵賦)」와 뛰어남을 다툴 만하다.

1 원주(原注)에서, "광덕 2년 여름 6월에 성도윤 엄무가 관청에 술을 차려놓고 기병들이 새 깃발 운용하는 것을 보았다."라 하였다.

2 '六'은 달리 '四'로 된 본도 있다.

3 '駊'의 음은 '布'와 '可'의 반절법이다.

4 '騀'의 음은 '五'와 '可'의 반절법이다.

5 『설문해자』에서, "파아(駊騀)는 말이 머리를 흔드는 것이다."라 하였다.

6 조식의 시에서, "나는 수레가 서로 뒤따르네.(飛蓋相追隨)"라 하였다.

7 '략(略)'은 곧 스쳐지나가다〔掠〕는 의미이다. 즉 말 위에서 몸을 굽혀 깃발의 꼬리가 땅을 살짝 스쳐지나가는 것을 말한다.

8 지난 겨울에 토번이 송주, 유주, 보주 등을 함락하였다.

9 날마다 봉화가 일어남을 이른다.

10 임무가 크고 책무가 무거움을 이른다.

11 『서경』「목서(牧書)」에서, "용(庸), 촉(蜀), 강(羌), 모(髳)에 미쳤다."라 하였다. 『십도지(十道志)』에서, "기주(夔州)는 옛 용국(庸國)이다."라 하였다. 또한 「공손술전(公孫述傳)」의 주에서, "왕망이 익주를 용부(庸府)로 고쳤다."라 하였다.

12 또한 왕찬(王粲) 「칠애(七哀)」의 '멀리 만과 형으로 가네.(遠身蠻與荊)'을 변용하였다. 두보는 이전에 동쪽으로 내려갈 생각을 가졌었다.

49. 원외랑 이포에게 보내다[1]

寄李十四員外布十二韻

名參漢望苑	한의 박망원에 이름을 올리고[2]
職述景題輿	주경이 수레에 쓴 직무 맡았네.[3]
巫峽將之郡	무협을 거쳐 장차 만주(萬州)로 가리니
荊門好附書	형문은 편지 보내기 편하네.[4]
遠行無自苦	먼 길에도 스스로 괴로움이 없겠지만
內熱比何如	내열은 근자에 어떠하신가.[5]
正是炎天闊	참으로 염천에 길은 멀 테고
那堪野館疎	어찌 견디라, 들판에 여관은 적으리니.[6]
黃牛平駕浪	황우탄에선 노상 파도를 타야 하니[7]
畫鷁上淩虛	배가 거슬러갈 때 허공을 지나가듯 하리라.[8]
試待盤渦歇	소용돌이가 멈추기를 기다려
方期解纜初	비로소 돛을 풀고 출발하시기를.[9]
悶能過小徑	만약 오솔길로 초당을 지나간다면
自爲摘嘉蔬	맛있는 채소 따놓고 기다리리다.
渚柳元幽僻	물가의 버들은 원래 후미지고
村花不掃除	마을의 꽃은 쓸지 않네.
宿陰繁素柰	짙은 그늘 속의 무성한 흰 능금꽃[10]
過雨亂紅蕖	지나가는 비에 어지러운 붉은 연꽃.
寂寂夏先晚	고요한 여름이 먼저 저물어 가면[11]
泠泠風有餘	시원한 바람이 항상 불어오리.
江清心可瑩	강이 맑아 마음도 청정하고
竹冷髮堪梳	대밭 시원하니 머리카락도 빗을 수 있네.㊀

直作移巾几　　곧바로 두건과 안석 이리로 옮겨와
秋帆發敝廬　　가을날 돛배로 누추한 초당을 떠나세요.

시평 : 이자덕이 이르기를, "시로 편지를 대신하고 있으니, 유창하게 하고 싶은 말을 하고 있다. 시에 있어서는 파란곡절(波瀾曲折)이 감싸 돌고 문에 있어서는 억양(抑揚)을 적절하게 구사하였다."라 하였다. ○ 전반부는 더위에 벼슬로 떠나는 것을 경계하고 있으며, 후반부는 자신의 집에 들러 여름을 보내라고 권한다. 시 전편이 초대하는 말로, 그리워하는 마음이 지극하다. 두보의 돈독한 우의는 이와 같다.

㊀ 온전히 내열(內熱)과 염천(炎天)에 대응하니, 자신이 거처하는 곳의 즐거움을 대단히 자랑하여 이패를 초대하고 있다.

1 원주(原注)에서, "이포가 새로 사의랑겸만주별가(司議郎兼萬州別駕)에 임명되었다. 비록 항상 병들어 누워있지만 소식을 듣고 행장을 꾸렸다."라 하였다. 만주는 지금 현(縣)이 되었으며 기주부에 속한다. 『두억』에서, "원외는 아마도 이포가 겸하는 벼슬이었을 것이다."라 하였다. 살펴보건대 시에서 '물가의 버들 마을의 꽃'이라고 하였으니, 마땅히 성도초당에 있을 때로 편차하여야 한다. 구조오 본을 따른다.

2 『한서』에서, "방태자(房太子) 유관(劉冠)에게 무제가 박망원(博望苑)을 세워 손님을 맞이하게 하였다."라 하였다. 당나라 제도에 사의랑은 동궁에 속한 관원이므로 이렇게 말하였다.

3 사승(謝承)의 『후한서』에서, "주경(周景)이 예주자사(豫州子史)가 되어 진번(陳蕃)을 별가로 불렀으나, 진번은 나아가지 않았다. 주경이 별가가 타는 수레에 '진중거(陳仲擧)의 자리'라고 쓰고 다시 부르지 않았다. 진번이 황공하여 벼슬에 나와 임무를 맡았다."라 하였다.

4 무협과 형문은 가깝다.

5 『장자』에서, "오늘 아침에 저는 왕으로부터 사신 임무를 부여받고 저녁에 얼음을 먹은 형편인데도 오히려 저는 속에서는 열이 식을 줄 모릅니다."라 하였다. 이포가 병에 걸린 것을 이른다.

6 '활(闊)'은 길이 먼 것을 이르고, '소(疏)'는 여관이 적은 것을 이른다.

7 황우탄(黃牛灘)은 삽협의 입구에 있다.

8 염천과 들판 여관은 내열에 꺼리는 바이다. 파도를 타고 허공을 지나는 것은 물이 불을 때를 만나 여행하기 어려움을 말한다.

9 마땅히 서늘한 가을에 물이 빠지기를 기다려 여행을 떠나라는 말이다.

10 「촉도부」에서, "붉은 앵도는 봄에 익고, 흰 능금꽃은 여름에 피네.(朱櫻春熟 素柰夏成)"라 하였다.

11 짙은 그늘로 말하였다.

50. 단청의 노래를 지어 조패 장군에게 드리다[1]

丹青引 贈曹將軍霸

將軍魏武之子孫	장군은 위 무제 조조의 자손이지만
於今爲庶爲淸門	오늘날 평민으로 가난한 집안 되었네.[2]
英雄割據雖已矣	영웅이 할거하던 때는 이미 지났지만㊀
文采風流今尙存	문채와 풍류는 지금까지도 남아있네.
學書初學衛夫人	글씨는 처음에 위부인을 배웠는데[3]
但恨無[4]過王右軍	다만 한스럽기는 왕희지보다 못하다는 것이라네.[5]
丹青不知老將至	그림 그리며 늙는 줄도 모르고
富貴於我如浮雲	부귀는 뜬구름이라 여겼네.㊁
開元之中常引見	개원 연간에는 항상 황제에게 불려가
承恩數上南薰殿	황은 입고 자주 남훈전에 올랐네.[6]
凌烟功臣少顔色	능연각의 공신 그림 안색이 바랬는데
將軍下筆開生面	장군이 붓을 대자 살아 있는 얼굴 같았네.[7]
良相頭上進賢冠	어진 재상의 머리에는 진현관을 썼고[8]
猛將腰間大羽箭	용맹한 장수의 허리에는 대우전을 찼네.[9]
褒公鄂公毛髮動	포공과 악공의 머리칼은 생동하고[10]
英姿颯爽來酣戰	뛰어난 자태와 삽상한 기운으로 한창 싸우는 듯.[11] ㊂
先帝御馬玉花驄	선제가 타던 말 가운데 옥화총이 있었으니[12]
畫工如山貌[13]不同	화가가 산처럼 많았지만 그림 모습이 닮지 않았는데,[14]
是日牽來赤墀下	이날 궁궐 계단 아래로 옥화총 끌고 와
逈立閶闔生長風	멀찍이 궁문 앞에 서니 긴 바람 이네.
詔謂將軍拂絹素	조서 내려 장군은 비단을 펼쳐 그리라 하니
意匠慘澹經營中	골똘히 어떻게 그릴까 고민하던 가운데,[15]

須臾九重眞龍出　　잠깐 사이에 구중궁궐에 참 용마가 나오니
一洗萬古凡馬空　　만고의 평범한 말 모습 다 씻어 없앴네.[四]
玉花卻在御榻上　　옥화총이 도리어 황제 걸상 위에 걸려 있으니[五]
榻上庭前屹相向　　걸상 위와 뜰 앞에 우뚝하게 서로 마주하였네.
至尊含笑催賜金　　황제는 빙그레 웃으시며 금을 하사하라 재촉하고
圉人太僕皆惆悵　　어인과 태복은 모두 슬픔에 빠졌네.[16]
弟子韓幹早入室　　제자인 한간도 일찍 높은 경지를 보였으니
亦能畫馬窮殊相　　말 그림 잘 그려 빼어난 모습 세세히 표현하였네.[17]
幹惟畫肉不畫骨　　한간은 겉모습 그렸으나 뼈는 그리지 못하여
忍使驊騮氣凋喪　　화류마의 넘치는 기상을 표현하지 못하였네.
將軍善畫[18]蓋有神　　장군의 그림은 뛰어나 대개 기상까지 드러내니
偶逢佳士亦寫眞　　우연히 훌륭한 선비 만나면 초상화 그렸네.[19] [六]
卽今飄泊干戈際　　지금은 전쟁터를 떠돌면서
屢貌尋常行路人　　길 가는 평범한 사람을 자주 그리네.
途窮反遭俗眼白　　운세 궁박하여 도리어 세속의 홀대를 당하니
世上未有如公貧　　세상에 공처럼 빈한한 이 없었네.
但看古來盛名下　　다만 옛부터 명성 드날린 이들 보면
終日坎壈纏其身　　끝내 불우함이 그 몸을 휘감더라.[20] [七]

시평 : 장척암(張惕菴)이 이르기를, “이 작품은 한 편의 태사공 열전에 해당한다. 다소의 사실과 다소의 의논과 다소의 돈좌(頓挫)가 모두 한 작품 안에 들어있다. 장법이 질탕종횡(跌宕縱橫)하여 마치 하늘을 나는 신룡 같아 변화를 상상할 수 없다.”라 하였다. ○ 소창래(邵滄來)가 이르기를, “사람 그리는 것을 묘사할 때는 공신 그리는 것으로 형상화하였고, 말 그리는 것을 묘사할 때는 옥화총 그리는 것으로 형상화하였다. 그려내기 어려운 것도 이미 그림에 풍신(風神)이 있다고 하였으니 보통 사람과 평범한 말은 다시 말할 필요가 없다. 이전에 그렸던 고신과 어마(御馬)는 황제가 보고 미소를 머금었으며 뒤에 그린 길 위의 평범한 사람은 도리어 세속의 홀대를 받았으니, 참으로 무한한 감개를 일으킨다. 그려

나 조패는 부귀를 뜬구름처럼 여기니 비록 죽을 때까지 빈천하더라도 스스로 위로가 될 것이다."라 하였다. ○ 허언주(許彥周)의 『시화(詩話)』에서, "두보 「단청인」의 '만고의 평범한 말 모습 다 씻어 없앴네.(一洗萬古凡馬空)'와 소동파의 「제오도자화벽(題吳道子畫壁)의 '붓이 이르기 전에 기운을 이미 담고 있네.(筆所未到氣已吞)'라는 구를 읽어보면, 두 공의 시가 바로 자신의 시를 읊고 있다고 할 수 있다."라 하였다.

㈠ 심확사가 이르기를, "'할거(割據)'는 정통성을 가진 국가를 인정하지 않은 것이다. 이런 내용이 바로 사서(史書)라 할 수 있다."라 하였다.

㈡ 첫머리에서 가세(家世)와 글씨, 그림 등 뛰어난 것을 기술하였다.

㈢ 이 단락은 사실대로 그리는 것에 뛰어남을 기술하였다. ○ 이 작품은 매 8구마다 한 번씩 환운(換韻)하였으니, 또한 두보가 만들어낸 체재이다.

㈣ 이 단락은 그가 말의 신준(神駿)함까지 표현함을 기술하였다.

㈤ 신부맹이 이르기를, "이 구는 「유소부화산수장가(劉少府畫山水障歌)」에서 '당상은 단풍나무가 자라기에 알맞지 않은데(堂上不合生楓樹)'라는 말과 동일한 시상(詩想)이지만, 시어가 더욱 뛰어나다."라 하였다.

㈥ 또한 처한 곳에서 초상화를 그린 것을 말하니 장군의 불우함을 개탄한 것이다.

㈦ 유수계가 이르기를, "수미(首尾)에 대단히 비장함이 일렁인다."라 하였다.

1 『명화기(名畫記)』에서, "조패(曹霸)는 위나라 조모(曹髦)의 후손으로, 조모의 그림은 위나라 시기에 유명하였다. 조패는 개원 연간에 이미 이름이 났으며, 천보 말기에 매번 조서를 내려 어마(御馬)와 공신을 그리게 하였다. 벼슬은 좌무위장군에 이르렀다."라 하였다.

2 『좌전』에서, "우(虞), 하(夏), 상(商)나라의 자손들이 지금은 서민이 되었다."라 하였다.

3 『법서요록(法書要錄)』에서, "위부인의 이름 삭(鑠)이며 자는 무의(茂猗)다. 정위(廷尉) 위전(衛展)의 여동생이며, 위항(衛恒)의 종녀(從女)이며, 여음(汝陰) 태수 이구(李矩)의 아내다. 예서를 더욱 잘 썼으며 종요(鍾繇)를 본받았다. 왕희지가 어려서 그녀를 스승으로 삼았다."라 하였다.

4 '無'는 달리 '未'로 된 본도 있다.

5 장회관(張懷瓘)의 『서단(書斷)』에서, "전(篆), 주(籒), 팔분(八分), 예서, 장초(章草), 비백(飛白), 행서, 초서 등을 모두 합쳐 팔체(八體)라고 이른다. 오직 왕희지만이 전부 뛰어났다."라 하였다.

6 『장안지』에서, "남내(南內)의 흥경궁(興慶宮) 안에 남훈전이 있다."라 하였다.

7 『당서』에서, "정관 17년 2월에 기린각에 공신의 그림을 그렸다."라 하였다.

8 『당서』에서, "조복(朝服)을 입은 백관은 모두 진현관을 썼다."라 하였다. 『구당서』에서, "무덕 연간에 작변(爵弁), 원유(遠遊), 진현, 무변(武弁), 해치(獬豸) 등의 관을 만들었다."라 하였다.

9 『유양잡조』에서, "태종이 네 깃을 꽂은 커다란 화살대로 만든 긴 화살을 좋아하였다. 일찍이 한번 화살을 쏘았는데 대문을 관통하였다."라 하였다.

10 『구당서』에서, "능연각의 공신은 24명이다. 개부의동삼사(開府儀同三司) 악국공(鄂國公) 울지경덕(尉遲敬德)은 일곱 번째이며, 고보국대장군양주도독(故輔國大將軍揚州都督) 포국충장공(褒國忠壯公) 단지원(段志元)은 열한 번째이다."라 하였다.

11 황생(黃生)의 주에서, "공신은 다만 포공과 악공만들 말하였는데, 두 공을 거론하여 나머지 사람들도 나타낸 것이다. 그러나 그림을 상상하면 이 두 사람이 더욱 살아 움직이는 것 같다."라 하였다.

12 『명황잡록』에서, "황제가 타던 말에 옥화총(玉化驄)과 조야백(照夜白)이 있었다."라 하였다.

13 '貌'의 음은 '莫'과 '角'의 반절법이다. 아래도 같다.

14 그린 모습이 닮지 않음을 이른다.

15 이른바 '뛰어난 화공이 마음속으로 고민한다.'는 의미이다.

16 주주(朱注)에서, "그림 속의 말이 진짜 말의 정기를 빼앗아 갔다. 그러므로 어인과 태복이 슬퍼하였다. 태복은 말을 보살피는 관

리이며, 어인은 마구간 지기이다."라 하였다.

17 『명화기』에서, "한간은 대량(大梁) 사람이다. 벼슬은 태부시승(太府寺丞)에 이르렀다. 인물을 잘 그렸으며 특히 말을 잘 그렸다. 처음에는 조패를 스승 삼았다가 뒤에 자신의 화법을 개발하였다. 현종이 큰 말을 좋아하여 서역과 대완(大宛)에서 해마다 말을 바쳤는데, 한간에게 명하여 준마를 모두 그리라고 하였다. 이 당시 기왕(岐王), 설왕(薛王), 신왕(申王), 영왕(寧王) 등의 마굿간에 좋은 말이 있었는데 한간이 모두 그렸다. 마침내 고금의 독보적인 경지에 이르렀다."라 하였다.

18 '善畵'는 '盡善'으로 된 본도 있다.

19 지난날에 있었던 일을 이른다.

20 『초사』에서, "뜻이 불우해져도 어기지 않네.(志坎壈而不違)"라 하였다.

51. 녹사 위풍의 집에서 조패 장군이 그린 말 그림을 보고 지은 노래[1]

韋諷錄事宅觀曹將軍畫馬圖歌

國初已來畫鞍馬	국초 이래로 말을 그려왔는데
神妙獨數江都王	신묘한 경지는 오직 강도왕을 꼽았네.[2]
將軍得名三[3]十載	조패 장군은 나이 서른에 이름을 날리니
人間又見眞乘黃	세상에 또다시 명마 그림을 보게 되었네.[4]
曾貌先帝照夜白	일찍이 선제의 명마 조야백을 그렸는데[5]
龍池十日飛霹靂	용지에 열흘 동안 천둥 번개가 쳤네.[6]
內府殷[7]紅瑪瑙盤	궁중에서 짙붉은 마노 소반을[8]
婕妤[9]傳詔才人索	첩여는 조칙 내려 재인보고 찾아오게 하였네.[10]
盤賜將軍拜舞歸	소반을 장군에게 하사하니 절하고 춤추며 돌아오고
輕紈細綺相追飛	가볍고 보드라운 비단들이 따라 날아왔네.[11]
貴戚權門得筆跡	귀척과 권문이 글과 그림 얻으면
始覺屛障生光輝	병풍을 만들어 광채가 빛났네.
昔日太宗拳毛騧	옛날 태종에게 명마 권모왜가 있었고[12]
近時郭家獅子花	근래 곽가에게 사자화가 있었는데,[13]
今之新[14]圖有二馬	지금 새 그림에 두 말이 있으니
復令識者久歎嗟	다시 식자들을 오래 감탄하게 만드네.
此皆戰騎[15]一敵萬	이 모두 전투마로 일당백인데
縞素漠漠開風沙	흰 비단 펼치니 아득하게 모래바람 이네.[16]
其餘七匹亦殊絶	나머지 일곱 마리 말도 또한 대단히 뛰어나
迥若寒空動烟[17]雪	멀리 차가운 하늘에서 이내와 눈이 움직이는 듯.
霜蹄蹴踏長楸間	서리 차는 발굽은 큰 길 내달리고[18]

馬官廝養森成列　　마관과 시양은 줄지어 서 있네.
可憐九馬爭神駿　　사랑스럽구나, 아홉 마리 말이 신준함을 다투고
顧視淸高氣深穩　　청고함을 돌아보니 기상이 깊고 안온하네.[一]
借問苦心愛者誰　　묻노니, 고심하여 말을 사랑하는 사람은 누군가
後有韋諷前支遁　　후에는 위풍이 있고 전에는 지둔이 있네.[19]
憶昔巡幸新豐宮　　옛날 신풍궁의 행차를 생각하노니[20]
翠華拂天來向東　　황제 깃발이 하늘에 닿으며 동으로 향하였네.
騰驤磊落三萬匹　　기세등등한 커다란 삼만 필의 말이
皆與此圖筋骨同　　모두 이 그림과 근골이 같네.[21]
自從獻寶朝河宗　　하종은 황제에게 보물을 바치며 조회하였고[22]
無復射蛟江水中　　다시 강물 속의 교룡을 쏘지 못하였네.[23]
君不見金粟堆前松柏裏　　그대는 보지 못하였나, 금속퇴 앞 송백 숲 속에[24]
龍媒去盡鳥呼風　　용매 같은 준마가 모두 사라지고 새만 바람에 우는 것을.[二]

시평 : 이자덕이 이르기를, "태사공이 거록(鉅鹿)의 전투를 묘사할 때 초나라 병사를 일당백으로, 그들의 함성이 하늘을 진동하는 모습으로 그려 고금의 시인들로 하여금 무릎걸음으로 포복하게 하였다."라 하였다. ○ 이 작품과 앞의 작품은 모두 대단히 침울돈좌(沈鬱頓挫)하니 더욱 모름지기 구성의 뛰어남을 살펴보아야 한다. 강도왕(江都王)을 제시하여 조패를 끄집어내었고 또한 지둔을 제시하여 위풍을 끄집어내어, 문득 조패와 위풍의 인간됨을 제시하였다. 본래 아홉 마리 말을 그리려고 하였는데 먼저 조야백(照夜白)부터 말을 시작하여 조패가 황제의 은총을 받아 선물을 하사 받은 것을 자세히 묘사하였다. 본래 아홉 마리 말에 대해 맺으려고 하다가 문득 삼만 마리 말에 대해 언급하게 되었고, 나아가 용매 같은 준마가 모두 사라진 슬픔을 읊었으니, 앞뒤의 파란(波瀾)이 긴밀하다. 중간에 아홉 마리 말을 서술할 때 먼저 권모왜와 사자화를 따로 묘사한 다음에 일곱 마리 말을 묘사하였다. 그런 다음에 아홉 마리 말을 모두 아울러 말하였으니, 뛰어남은 한 기운으로 혼웅(渾雄)하게 묘사하면서도 어느 한 곳에 머무르지 않은 점이니, 참으로 조화공의 기교라 하겠다. ○

장상약이 이르기를, “두보 시는 한 사물을 묘사할 때 반드시 시사(時事)를 언급하였다. 그러므로 질탕[淋漓]하여 운치를 다하였다. 그러나 지금 사람은 시사를 읊조릴 때 묘사하기에 급급하니, 흥회(興會)가 삭막한 것은 당연하다.”라 하였다.

曰 아홉 마리 말을 착종하여 서술하였다.

曰 심확사가 이르기를, “말 그리는 것을 인하여 진짜 말을 언급하였고, 진짜 말로 인하여 천자가 순행함을 언급하였다. 옛 임금의 은혜를 마음속 깊이 잊지 못하였다. 이 작품은 뒤에 ‘읊는 대상을 한 단계씩 밟아 나가는 법〔一步法〕’을 개척하였다. 필묵이 더욱 질탕하게 날아 춤추는 것 같다.”라 하였다.

1 어느 본에는 ‘가(歌)’자가 없다. 주주(朱注)에서, “조패 장군의 「구마도(九馬圖)」 그림은 뒤에 장안의 설소팽(薛紹彭)의 집에 보관되었는데, 소동파가 찬을 지었다.”라 하였다.

2 『명화기』에서, “강도왕(江都王) 이서(李緖)는 태종황제의 조카다. 글씨와 그림을 잘 그렸는데, 말 그림은 세상에 유명하였다. 벼슬은 금주(金州) 자사에 이르렀다.”라 하였다.

3 ‘三’은 달리 ‘四’로 된 본도 있다.

4 『산해경』에서, “백민국(白民國)에 승황(乘黃) 있는데 모습이 여우 같다. 등 위에는 두 뿔이 있는데, 이 짐승을 타면 이천 년을 살 수 있다.”라 하였는데, 주에서 “승황은 즉 비황(飛黃)이다.”라 하였다.

5 선제는 현종을 이른다. 『화감(畵鑒)』에서, “조패의 「인마도(人馬圖)」는 붉은 옷의 아름다운 수염을 지닌 해관(奚官)이 옥면성(玉面騂)을 끌고, 푸른 옷의 내시가 조야백(照夜白)을 끄는 그림이다.”라 하였다.

6 『당육전』의 주에서, “홍경궁(興慶宮)은 현재 황제가 태자 시절 거처하던 집이다. 집의 동쪽에 오래된 우물이 있는데, 갑자기 물이 솟구쳐 작은 연못이 되었다. 항상 구름이 끼었는데 혹 노란 용이 그 안에서 나왔다. 경운 연간에 그 못을 파서 드넓게 만들어 용지(龍池)라 불렀다.”라 하였다. 주주(朱注)에서, “즉 조패의 그림은 용마를 핍진하게 묘사하였다. 그러므로 용지의 용을 감동시켜 바

람과 우레를 따라 이르게 함을 말하였다."라 하였다.

7 '殷'은 '烏'와 '閒'의 반절법이다.

8 『당서』「배행검전(裵行儉傳)에서, "도지(都支)와 차복(遮匐)을 평정하고 두 자의 마노 소반을 얻었는데 무늬가 찬란하였다."라 하였다.

9 '婕妤'는 음이 '捷余'다.

10 '索'의 음은 '所'와 '革'의 반절법이다. 『당서』「백관지」에서, "내관(內官)에는 첩여 9명이 있는데 정3품이다. 재인은 7명이 있는데, 정4품이다."라 하였다.

11 이 구는 달리 '隨指權戚求畵者'로 된 본도 있다.

12 『장안지』에서, "태종의 여섯 마리 준마를 소릉(昭陵, 태종의 능) 북궐의 아래에 돌로 새기게 하였다. 다섯 번째 말이 권모왜로, 유흑달(劉黑闥)을 평정할 때 타던 말이다."라 하였다.

13 『두양잡편(杜陽雜編)』에서, "대종(代宗)이 삼협에서 돌아와 명령을 내려 자신이 타던 구화규(九花虯)와 붉은 옥으로 된 채찍과 고삐를 곽자의(郭子儀)에게 하사하였다. 구화규는 이마가 구촌(九寸)이나 되고 발굽과 털이 기린 같다. 또한 사자총(獅子驄)이 있는데 모두 그 종류이다."라 하였다. 『천중기(天中記)』에 실린 '두보시의 사자화'는 곧 구화규다.

14 '新'은 달리 '畵'로 된 본도 있다.

15 '戰騎'는 달리 '騎戰'으로 된 본도 있다.

16 흰 비단을 한번 펼치면 마치 전쟁터에서 모래바람이 일어나는 것 같다는 말이다.

17 '動烟'은 달리 '雜霞'로 된 본도 있다.

18 조식의 시에서, "큰 길로 말을 달리네.(走馬長楸間)"라 하였는데, 주에서 "옛사람은 길에 개오동나무를 심었다. 그러므로 길을 '큰 장추'라고 불렀다."라 하였다.

19 『세설신어』에서 말하였다. "도림(道林) 지둔이 항상 두어 마리 말을 키웠는데, 어떤 사람이 도인이 말을 기르는 것은 옳지 않다고 비방하자, 지둔이 '빈도는 그 신준함을 중시하여 잠시 키우는 것입니다.'라 대답하였다."

20 『당서』에서, "경조부 소응현(昭應縣)은 본래 신풍(新豐)으로, 궁궐이 여산(廬山)의 아래에 있다."라 하였다.

21 왕수(王洙)의 주에서, "명황(明皇, 형종)이 여산으로 행차할

때, 왕모중(王毛仲)이 마구간의 말 수만 마리를 대동하고 뒤따랐다. 매 색(色)을 일대(一隊)로 삼고 서로의 사이는 비단을 펼쳐놓은 것 같았다."라 하였다.

22 즉 하종이 천자에게 조회하고 보물을 바친 것을 이른다. 「목천자전」에서, "천자가 서쪽으로 순행하여 양우산(陽紆山)에 이르렀다. 하백(河伯)과 풍이(馮夷)가 도읍으로 삼아 거주하던 지역이다. 이곳 사람들은 자신을 하종씨(河宗氏)라 불렀다. 천자는 벽옥을 강물에 던져 예를 올렸다. 이에 하백이 『하도보전(河圖寶典)』을 천자에게 주고, 천자의 보물을 알려주었다."라 하였다. 『옥해(玉海)』에서 인용한 『수경주』에서, "옥과(玉果), 선기(璿璣), 촉은(燭銀), 금고(金膏) 등의 물건은 모두 『하도보전』에 실려 있는 것으로 하백이 목왕에게 준 것이다. 목왕이 지도를 보고 그에 따라 서쪽으로 갔다."라 하였다. 구주(舊注)에서, "주 목왕이 이곳에서 돌아와 하늘로 올라갔다. 대개 목왕으로 현종의 승하를 비유하였다."라 하였다.

23 『한서』「무제기」에서, "원봉 5년 무제가 심양(潯陽)에서 배를 타고 가다가 몸소 강물 속의 교룡을 쏘아 잡았다."라 하였다. 장진(張溍)의 주에서, "주 목왕과 한 무제의 고사를 인용하여 또한 명황이 큰 공을 좋아함을 나타내었다."라 하였다.

24 『당서』에서, "명황의 태릉(泰陵)은 봉선현(奉先縣)의 동북 20리 금속산(金粟山)에 있다. 광덕 원년 3월에 태릉에 장사지냈다."라 하였다.

52. 위풍이 낭주의 녹사참군으로 승진하여 떠나는 것을 전송하다[1]

送韋諷上閬州錄事參軍

國步猶艱難　　나라의 운명이 여전히 어려운데
兵革未衰息　　전쟁은 아직 그치지 않는구나.
萬方哀嗷嗷　　온 나라가 슬픔에 하소연하면서
十載供軍食　　십년 동안 군량미를 대었네.[2]
庶官務割剝　　모든 관원은 가렴주구 앞장서니
不暇憂反側　　근심에 몸을 뒤척일 겨를도 없네.
誅求何多門　　가혹하게 빼앗는 이 어찌 그리 많은가
賢者貴爲德　　어진 이는 덕을 귀하게 여긴다네.[3]
韋生富春秋　　위풍 그대는 나이가 많아
洞澈有淸識　　맑은 지식에 통철하였네.
操持綱紀地　　기강확립의 임무 맡았으니[4]
喜見朱絲直　　붉은 먹줄처럼 곧게 처리하리.
當令豪奪吏　　마땅히 겁박하여 빼앗는 아전들이
自此無顏色　　이제부터 안색이 어두우리.
必若救瘡痍　　반드시 상처 난 백성을 구하고자 하면
先應去蟊賊　　먼저 응당 도적놈을 없애야지.
揮淚臨大江　　눈물 닦으며 큰 강가에 서니
高天意悽惻　　높은 하늘에 마음은 서글프네.
行行樹佳政　　열심히 노력하여 아름다운 정치 이룬다면
慰我深相憶　　나의 깊은 그리움을 위로하는 것.⊟

㊀ 이 작품은 '어려운 현실을 구하려면 열심히 노력해야 한다.'는 내용으로, 문식(文飾)이 없다.

1 포주(浦注)에서, "위풍은 성도 사람이다. 두보는 보응 연간에 낭주의 녹사대리로 가는 것을 위풍을 전송한 시가 있다. 이것은 아마도 대리가 아닌 녹사참군이 된 뒤에 다시 보낸 것 같다."라 하였다.

2 천보 14년부터 지금까지 10년이 된다.

3 『한서』「한신전(韓信傳)」에서, "공은 소인이오, 덕을 끝맺지 못하는구려."라 하였다.

4 『백첩(白貼)』에서, "녹사참군을 '강기연(綱紀掾)'이라 부른다."라 하였다.

53. 태자사인 장씨가 양탄자를 주다[1]
太子張舍人遺織成褥段

客從西北來	손님이 서북쪽에서 와서
遺我翠[2]織成	나에게 푸른 양탄자를 주네.
開緘風濤湧	봉지 열어보니 바람에 파도가 솟구치고
中有掉尾鯨	가운데에 꼬리 흔드는 고래가 있네.
逶迤羅水族	주변엔 물속 생물이 펼쳐 있는데
瑣細不足名	자잘한 것은 이름도 모르겠네.
客云充君褥	손님이 '그대가 깔고 앉으면
承君終宴榮	그대를 잔치에서 더욱 빛나게 하며,[3]
空堂魑魅走	빈 집에 도깨비 놀라 달아나리니
高枕形神淸	높이 베개 베면 몸과 마음이 맑아지리라.'
領客珍重意	손님의 진중한 뜻을 알았으나
顧我非公卿	이 몸은 공경이 아니로다.
留之懼不祥	소유한다면 상서롭지 못할까 두렵고
施之混柴荊	남 주자니 비루한 것과 뒤섞일 듯.
服飾定尊卑	복식에서 높고 낮음을 정하는데
大哉萬古程	위대하구나, 만고의 법이여.[4]
今我一賤老	지금 이 몸은 천한 노인으로
短褐更無營	짧은 베옷에 다시 걸친 게 없네.[5]
煌煌珠宮物	화려하게 빛나는 용궁의 물건이니[6]
寢處禍所嬰	깔고 잔다면 재앙이 일어나리라.
歎息當路子	탄식스럽다, 높은 벼슬아치는
干戈尙縱橫	전쟁이 아직도 휩쓸고 있는데,

掌握有權柄	권력을 장악하고서
衣馬自肥輕	살진 말 타고 비단 옷 입는구나.
李鼎死岐陽	이정은 기양에서 죽었는데[7]
實以驕貴盈	실로 교만과 부귀가 가득하였지.
來瑱賜自盡	내진은 목을 매고 죽었는데[8]
氣豪直阻兵	기운 거칠어 무력을 믿었었지.[9]
皆聞黃金多	모두 듣기론, 황금을 많이 가졌는데
坐見悔吝生	그 때문에 후회할 일이 발생하였다네.
奈何田舍翁	어떻게 농사짓는 늙은이가
受此厚貺情	이런 값비싼 선물은 받으랴.
錦鯨卷還客	비단 고래는 말아 손님에게 돌려보내니
始覺心和平	비로소 마음이 화평하구나.
振我麤席塵	나의 거친 방석의 먼지를 털고
愧客茹藜羹	명아주 국 먹는데도 손님에게 부끄러우랴.[10] 曰

시평 : 유서월(兪犀月)이 이르기를, "풍유하는 작품은 세도(世道)와 관련이 있다."라 하였다. ○ 살펴보건대 이 작품은 아마도 엄무의 막부 안에서 지은 것 같다. 역사에서 기록하기는, 엄무는 여러 해 촉에 있으면서 자신 마음대로 행동하며 욕심을 드러내었다. 가혹한 정치를 자행하였으며 사치를 일삼고 무절제하게 상을 내렸다. 두보는 엄무의 막부에 있으면서 이 시를 지어 풍간(諷諫)하였으니, 이정과 내진을 거론하여 깊이 경계하였다. 이것이 붕우간의 선을 책임지우는 도리이다. 그렇지 않다면 양탄자 선물을 사양하고 자결하는 재앙을 실컷 이야기하였는데, 미워하는 것을 읊조렸다면 어찌 시인의 본뜻이겠는가.

㊀ 이 작품은 하찮은 물건에서 대의를 볼 수 있으니, 온전히 악부(樂府)와 같다.

1 『두억』에서, “장씨의 벼슬은 태자사인인데 제목을 쓸 때 태자를 장씨의 위에 놓았으니, 제목을 지을 때 조심함이 이와 같다.”라 하였다. 주주(朱注)에서 말하였다. “『북당서초(北堂書鈔)』에서 인용한 『이물지(異物志)』에서 ‘대태국(大泰國)은 들판의 견사(繭絲)로 양탄자〔氍毹〕를 짠다. 여러 짐승의 오색 털로 섞어, 조수, 사람, 초목, 구름 등의 무늬를 만드는데, 마음먹은 대로 기이한 무늬의 여러 가지 종류를 짠다.’라 하였다.” 『광지(廣志)』에서, “양탄자는 흰 모직으로 짜는데, 근래에는 남해(南海)에서 나오니 짠 털요다. 두보의 시에 보이는 ‘욕단(褥段)을 짰다’는 말의 욕단은 아마도 이 종류인 듯하다.”라 하였다.

2 ‘翠’는 달리 ‘細’로 된 본도 있다.

3 조식의 시에서, “잔치 마치도록 피곤함을 모르네.(終宴不知疲)”라 하였다.

4 양탄자가 자신의 분수에 옳지 않다는 말이다.

5 양탄자가 자신에 어울리지 않음을 말하였다.

6 『초사』에서, “붉은 조개 대궐과 구슬 궁.(紫貝闕兮珠宮)”이라 하였다. 조언재가 말하기를, “주궁(珠宮)은 용궁을 가리켜 말하였다.”라 하였다.

7 『구당서』에서, “상원 2년 우림대장군 이정(李鼎)이 봉상윤(鳳翔尹)이 되어 봉주(鳳州), 농주(隴州) 등의 절도사를 맡았다.”라 하였는데, 이정의 죽음은 역사에 실려 있지 않다.

8 『구당서』에서, “보응 원년에 내진이 산남동도(山南東道) 절도사가 되었다. 배융(裴茙)이 표문을 올려 내진은 강하여 제압하기 어렵다고 아뢰자 황제가 배융에게 그를 처리하라고 하였다. 내진이 배융을 잡아 조정에 들어가 사죄하였다. 광덕 원년에 죽음을 당하였다.”라 하였다.

9 『좌전』에서, “무력을 믿고 행동하면 많은 사람이 떠나며 거리낌없이 행동하면 가까운 사람이 떠납니다.”라 하였다.

10 『장자』에서, “공자가 진(陳)과 채(蔡)나라 사이에서 곤궁을 당하여 7일을 먹지 못하였는데, 명아주 국에 쌀가루도 넣지 못하였다.”라 하였다. 『설문해자』에서, “‘삼(糝)’은 쌀을 국에 넣는 것이다.”라 하였다.

54. 고 교서랑 곡사융의 집을 지나며[1]
過故斛斯校書莊二首

此老已云歿	이 노인이 이미 돌아가셨지만
鄰人嗟未休	이웃 사람들의 비탄은 아직 멈추지 않네.
竟無宣室召	끝내 궁궐에서 부르는 일 없었는데[2]
徒有茂陵求	다만 죽은 뒤에 유서(遺書)를 찾네.[3]
妻子寄他食	처자식도 타향에서 살아가는 형편이며[4]
園林非昔遊	정원도 옛날 노닐던 모습 아니네.
空餘繐帷在	부질없이 영좌(靈座)의 장막만 남아
淅淅野風秋	가을 들바람에 서걱서걱 소리 내네.

燕入非傍舍	제비는 옆집으로 가지 않으며
鷗歸祇故池	갈매기도 다만 옛 연못으로 돌아오네.[5]
斷橋無復板	끊어진 다리에 다시 판자 대지 않고
臥柳自生枝	누운 버들은 절로 가지가 나네.
遂有山陽作	마침내 산양 고사처럼 되었으니[6]
多慚鮑叔知	포숙처럼 나를 알아주던 일 많이도 부끄럽네.
素交零落盡	평소 사귀던 이 모두 사라지니[7]
白首淚雙垂	흰머리에 두 줄기 눈물 흘러내리네.

시평 : 이자덕이 이르기를, "그 집을 지나면서 그 사람을 생각하니, 다만 이웃에서 서로 의지한 정을 그리워한 것만이 아니라 나아가 세상에 남은 자신의 처지에 서글픈 감회가 일어난다."라 하였다. ○ 앞 작품은 먼저 사람을 말하였고 뒤에 집을 말하였다. 다음 작품은 먼저 집을 말하였고 뒤에 사람을 말하였다. 완전히 순서를 뒤집어 묘사하였으니, 두보는 이런 기법을 많이 사용하였다.

㈢ 허공에서 붓이 떨어졌으니 또한 본가(本家)에 사람이 없음을 알 수 있다.

1 원주(原注)에서, "늙은 선비가 어렵게 살며 용(庸)과 촉(蜀) 지역에서 병들어 지냈는데, 그가 죽은 뒤에야 비로소 작은 관직을 내린 것에 탄식하여 지었다."라 하였다. 살펴보건대 교서랑 곡사의 이름은 융(融)이다.

2 『한서』에서, "가의(賈誼)가 장사(長沙)에서 조정에 불려 올라갔다. 문제(文帝)가 바야흐로 재사의 음복을 받고 선실(宣室)에 앉아 있었다. 황제는 가의를 보고 귀신의 본질에 대해 물었다."라 하였다. 소림(蘇林)이 말하기를, "선실(宣室)은 미앙궁(未央宮)의 정실(正室)이다."라 하였다.

3 「사마상여전」에서, "상여의 집은 무릉(茂陵)에 있었다. 병이 심해지자, 무제가 사신을 보내 그 집에 있는 글을 찾아오게 하였다. 사신이 이르니 상여는 이미 죽었다. 그 아내에게 물으니 다른 서찰과 글은 다른 사람이 다 가져가고 오직 『봉선서』 한 권만 남았다고 대답하였다."라 하였다.

4 포주(浦注)에서, "두보의 앞의 「문곡사미귀(聞斛斯未歸)」에서 '원래 글을 팔아 살았는데, 갑자기 집이 기울어졌네.(本賣文爲活 翻令室倒懸)'라 하였다. 대개 그의 집이 매우 가난하였는데, 이때에 마침내 빈집이 되었다."라 하였다.

5 두 구에서 두 번 세 번 확인하는 것을 알 수 있다.

6 『진서』에서, "상수(向秀)가 혜강(嵇康)이 살던 산양(山陽)의 옛 집을 지나다가 「사구부(思舊賦)」를 지었다."고 하였다.

7 『광절교론』에서, "평소 사귐이 다하면 이익의 사귐이 일어난다."라 하였다.

55. 변장邊將 동가영에게 보내다[1]

寄董卿嘉榮十韻

聞道君牙帳	들으니, 그대의 아장은[2]
防秋近赤霄	방추변장으로 붉은 하늘에 가깝다고 하네.[3]
下臨千仞雪	아래로 천 길 눈을 바라보고
卻背五繩橋	뒤로 오승교를 등졌네.[4] ㊀
海內久戎服	중원이 오래 전쟁을 치렀는데
京師今晏朝	장안은 이제사 평안히 조회하네.
犬羊曾爛漫	견양 같은 오랑캐가 일찍이 활보하여
宮闕尚蕭條	궁궐이 아직도 쓸쓸하네.[5]
猛將宜嘗膽	용맹한 장수는 의당 쓸개를 맛보고[6]
龍泉必在腰	용천검을 허리에 차야 하네.[7]
黃圖遭汙辱	중국이 오욕을 당하였으니[8]
月窟可焚燒	월굴을 태워버려야 하네.[9]
會取干戈利	병법을 잘 구사하고
無令斥候驕	척후병들이 교만해서는 안 되네.[10]
居然雙捕虜	마무와 개연 두 포로장군처럼 쉽게 될 것이며[11]
自是一嫖姚	절로 표요장군 곽거병이로구나.[12]
落日思輕騎	지는 해에 경쾌한 기마병 생각하고
高[13]天憶射鵰	높은 하늘에 수리 맞혔던 일 떠올리네.[14]
雲臺畫形像	운대에 초상화 그려진 인물은
皆爲掃氛妖	모두 사악한 기운 쓸어버려서라네. ㊁

㈡ 소자상이 이르기를, "기세가 혼장(渾壯)하다."라 하였다.

㈢ 십분 사람을 고동(鼓動)시키니, 두보의 고심을 볼 수 있다.

1 포주(浦注)에서, "동경(董卿)은 방추변장(防秋邊將)으로, 두보가 시를 보내 권면하였다."라 하였다.

2 주주(朱注)에서, "원수는 장막 앞에 아기(牙旗)를 세우니, 아장(牙帳)이라 부른다."라 하였다.

3 서산(西山)에 있는 높은 세 성을 말한다.

4 구주(仇注)에서 말하였다. "『원화군국지』에서 '승교는 무주(茂州)의 서북쪽에 있는데, 큰 강의 위에 설치하였다.'라 하였다." 살펴보건대 승교는 대나무를 다섯 가닥으로 꼬아 줄을 만들고 그 위에 나무판자를 대었다. 방추처(防秋處)는 문득 다리 너머 지역이므로 '각배(卻背)'라 하였다.

5 광덕 원년 겨울에 토번이 장안을 함락하였다.

6 『오월춘추』에서, "월왕이 오나라에 빚진 원한을 갚고자 하여 문에 쓸개를 매달아놓고 출입할 때 맛을 보았다."라 하였다.

7 『월절서(越絶書)』에서, "초왕이 구야자(歐冶子)에게 철검을 만들에 하였는데, 첫 번째가 용천이다."라 하였다.

8 『당서』「예문지」에 『삼보황도(三輔皇圖)』 한 권이 들어 있다. 황도는 지형을 그린 것으로, 노란색으로 그렸으니 지금의 지리도(地理圖)와 같다.

9 월굴은 서극(西極)의 지역이다. 오랑캐의 본거지를 뒤집어 국치를 갚고자한다는 말이다.

10 「서역전(西域傳)」에서, "척후병은 백 명인데 다섯 조로 나누며, 조두를 쳐서 자신을 지킨다."라 하였다.

11 『후한서』「마무전(馬武傳)」에서, "마무가 호아장군(虎牙將軍) 개연(蓋延) 등과 유영(劉永)을 토벌하고 포로장군에 임명되었다."라 하였다.

12 옛날의 명장들을 거론하여 그에게 바라는 것이다.

13 '高'는 달리 '秋'로 된 본도 있다.

14 『북제서(北齊書)』에서, "명장 곡률광(斛律光)이 일찍이 커다란 새 한 마리를 활로 맞혔다. 모양은 수레바퀴 모양으로 빙 돌다가 내려앉았는데, 바로 수리였다. 이 당시 그를 '수리를 잡은 도독'이라 불렀다."라 하였다.

56. 입추에 비가 내리니, 막부에서 짓다

立秋雨 院中有作

山雲行絶塞	산 구름이 변경을 떠다니는데
大火復西流	대화성이 다시 서쪽으로 기우네.[1]
飛雨動華屋	퍼붓는 비에 화려한 집들이 흔들리고
蕭蕭梁棟秋	쏴쏴 빗소리에 들보와 기둥은 가을이네.
窮途愧知己	막다른 인생길에 나를 아는 이에게 부끄러운데
暮齒借前籌	늘그막에 절도사의 참모가 되었네.[2]
已費淸晨謁	이미 맑은 새벽에 인사는 드렸지만
那成長者謀	어찌 엄무 공의 계략을 도와 이룰까.[3]
解衣開北戶	옷 벗고 북문을 열어젖히며
高枕對南樓	높이 베개 하고 남쪽 누대 바라보네.
樹濕風涼進	나무 젖으니 서늘한 바람이 불어오고
江喧水氣浮	강이 쿵쾅거리니 강물이 용솟음치네.
禮寬心有適	격식이 소략하니 마음이 한가롭고
節爽病微瘳	계절이 시원하니 병이 조금 낫네.
主將歸調鼎	대장이 잘 다스린다면
吾還訪舊丘	나는 장차 옛 집으로 돌아가리라.⊟

曰 이자덕이 이르기를, "뛰어난 인물이 막부에 들어가 잘 어울리지 못하지만, 눈에 보이는 일을 묘사함에 절로 운치가 있다."라 하였다.

1 『시경』에서, "칠월이면 대화성이 기울고.(七月流火)"라 하였는데, 주에서 "'대화(大火)'는 심성(心星)이다. 7월이 되면 이 별이 서쪽으로 기운다."라 하였다.

2 「유후세가(留侯世家)」에서, "신 장량이 청컨대 앞의 수저를 빌려 대왕을 위해 당면한 형세를 하나하나 따져보겠습니다."라 하였다. 즉 절도사의 참모가 됨을 이른다.

3 노성한 지모로 엄무 공을 도울 수 없다는 말이다.

57. 정국공 엄무의 「군성조추」에 화답하다

奉和嚴鄭公軍城早秋

秋風嫋嫋動高旌　　가을바람 하늘하늘 높다란 깃발 흔드는데
玉帳分弓射虜營　　장군의 장막에서 활 나누어 오랑캐 진영 쏘아대네.
已收滴博雲間戍　　벌써 구름 속 적박령의 진영을 수복하고[1]
欲奪蓬婆雪外城　　설산 너머 봉파성도 빼앗으려 하네.[2] ㊀

군대 성의 이른 가을에 - 엄무

附) 軍城早秋 - 嚴武

昨夜秋風入漢關　　어젯밤 가을 바람이 한관에 들어오고
朔雲邊雪滿西山　　삭방의 구름과 변방의 눈이 서산에 가득하네.
更催飛將追驕虜　　날랜 장수 재촉하여 교만한 오랑캐 추격케 하니
莫遣[3]沙場匹馬還　　사막에서 말 한 필도 돌아가게 하지 마라.[4] ㊁

㊀ 장약육이 이르기를, "엄무를 읊은 시는 한결같이 엄무를 찬양하였는데, 이 작품은 더욱 정밀하고 세밀하게 묘사하였다. 엄무의 방략(方略)이 드러났는데, 덕을 칭송하면서도 너무 지나치지 않다."라 하였다.

㊁ 장상약이 이르기를, "얼마나 기개가 넘치는가."라 하였다.

1　'滴博'은 '的博'으로 된 판본도 있다. 『곤학기문』에서, "적박령(的

博嶺)은 유주(維州)에 있다."라 하였다. 『당서』 「위고전(韋皐傳)」에서, "위고가 서산(西山)의 영관(靈關)을 나와 아화(峨和), 통학(通鶴)을 격파하고 염성(廉城)을 안정시키고 적박령을 넘어 유주(維州)를 포위하였다."라 하였다. 「엄무전」에서, "광덕 2년 7월에 토번의 칠만이 넘는 병사를 격파하고 당구성(當狗城)을 정벌하였으며 마침내 염주성(鹽州城)을 수복하였다."라 하였다.

2 『원화군국지』에서, "자주성(柘州城)은 사방이 험준하여 지키기 용이하다. 안융강(安戎江)과 봉파수(蓬婆水)가 자주의 남쪽 30리에 있다. 대설산(大雪山)은 달리 봉파산이라고도 불리는데, 자현(柘縣)의 서북쪽 100리에 있다."라 하였다. 주주(朱注)에서, "그 지역은 설산(雪山)의 밖에 있다."라 하였다.

3 '遣'은 달리 '放'으로 된 본도 있다.

4 『통감』에서, "엄무가 최한(崔旰)을 한주자사(漢州子史)로 삼았다. 그에게 병사를 거느리고 서산에서 토번을 공격하라고 하였다. 연달아 그들의 성을 빼앗아 수백 리의 영토를 확장하였다."라 하였다.

58. 막부에서 저물녘 비가 개자 서쪽 성곽의 초당이 생각나다[1]

院中晩晴懷西郭茅舍

幕府秋風日夜淸	막부의 가을 바람 밤낮으로 맑고
澹雲疎雨過高城	엷은 구름 성긴 비는 높은 성을 지나네.
葉心朱實看時落	나뭇잎 속 붉은 열매는 때때로 떨어지고
階面靑苔老自生	계단 위의 푸른 이끼는 시들었다가 다시 파랗네.
復有樓臺銜暮景	누대에 낙조가 지는데[2]
不勞鍾鼓報新晴	종, 북소리는 맑아 날이 갤 것 알려주네.[3]
浣花溪裏花饒笑	완화계 주변에 꽃들이 환하게 웃으니
肯信吾兼吏隱名	이 몸 아전과 은자 겸한 것 믿어주려나.[4]

시평 : 장총(張璁)이 말하기를, "이 작품을 자세히 살펴보면 두보는 막부에 거처하는 것을 즐겁게 여기지 않았다. 다음 해 정월에 마침내 초당으로 돌아갔다."라 하였다.

1 즉 완화계(浣花溪)의 초당을 이른다.

2 '景'은 '影'과 같다. 햇빛을 말한다.

3 구주(舊注)에서, "세속에서 종과 북소리가 맑게 울리면 맑은 조짐이다."라 하였다.

4 「여남선현전(汝南先賢傳)」에서, "정흠(鄭欽)은 의피(蟻陂)의 남쪽에서 아전으로 숨어 살았다."라 하였다.

59. 완화계에 도착하여

到村

碧澗雖多雨	푸른 계곡엔 비록 비가 많이 내렸지만
秋沙亦少泥	가을 모래밭에 또한 진흙이 적네.
蛟龍引子過	교룡이 새끼 거느리고 지나가고[1]
荷芰逐花低	연과 마름은 꽃을 따라 낮게 떠 있네.[2]
老去參戎幕	늙어가며 장군 막부에 참여하다가
歸來散馬蹄	돌아와서 말 타고 이리저리 노니네.
稻粱須就列	벼와 기장은 모름지기 밭에 나가봐야 하니
榛草卽相迷	잡초덤불이 얽어 있구나.[3]
蓄積思江漢	오랫동안 강한으로 떠날 생각하였는데[4]
疎頑惑町[5]畦	어리석어 어찌해야 할 지 모르겠네.[6]
暫酬知己分	잠시 지우(知友) 부름에 응하였지만
還入故林棲	옛 숲으로 돌아가 살으련다.[7]

1 『서경잡기』에서, "호자하(瓠子河)가 터지자 교룡이 아홉 마리 새끼를 거느리고 강물이 터진 곳에서 거슬러 올라가 호자하로 들어갔다."라 하였다.

2 구주(仇注)에서, "비가 많이 내려 물이 불었기에 교룡이 새끼를 거느리고 지나가고, 진흙이 적어 뿌리가 뽑혔기에 연과 마름이 꽃을 따라 낮게 떠 있다."라 하였다. 두 구는 1-2구를 각각 나눠 이어받았다.

3 7-8구는 오래도록 찾아보지 않은 광경이다. 두 구에 두보는 또한 우의(寓意)하였으니, 아마도 막부 가운데 어떤 사람을 가리켜

서 말한 것 같다.

4 강한(江漢)을 따라 떠날 것을 생각한 것이다. 두보는 오랫동안 삼협을 내려갈 생각을 가졌으나 실행에 옮기지 못하였다.

5 '町'의 음은 '挺'이다.

6 '정휴(町畦)'는 밭두둑이다. 『장자』에서, "상대방이 분수〔町畦〕 없는 사람이라면 또한 무례〔町畦〕하게 상대하십시오."라 하였다. 즉 아래 「초동(初冬)」에서 보이는, '벼슬에 무슨 마음이 있으랴.(出處遂何心)'란 뜻이다. 대개 이 당시에 두보는 이미 오래 막부에 머물 수도 없었고 또한 곧바로 떠날 수도 없었으니, 어찌해야 할지 선택하지 못하였다. 다만 매우 주저할 뿐이었다. 이전의 해석은 모두 옳지 않다.

7 마지막은 완화계로 돌아가려는 계획을 정한다는 의미이다.

60. 완화계에 내린 비

村雨

雨聲傳兩夜	빗소리가 이틀 밤을 내리니
寒事颯高秋	삽상하고 높은 가을에 겨울 옷 준비하네.
挈帶看朱紱	허리띠 잡으며 붉은 관복 바라보고[1]
開箱覩黑裘	옷상자 열어 검은 갖옷 살펴보네.[2]
世情只益睡	세상사는 다만 졸음을 일으킬 뿐
盜賊敢忘憂	판치는 도적에 감히 근심을 잊으랴.㊀
松菊新霑洗	솔과 국화는 비에 씻겨 산뜻하니
茅齋慰遠遊	초당이 멀리 온 나그네를 위로하네.

㊀ 장약육이 이르기를, "5구는 세상 돌아가는 상황을 다 살폈다는 말이며, '감(敢)'자는 오롯하게 충심을 다하는 말이다."라 하였다.

1 『연보』에서, "이 해 6월에 엄무는 표문을 올려 두보를 공부원외랑으로 삼아 붉은 어대(魚袋)를 하사하였다."라 하였다.

2 구주(仇注)에서, "'붉은 관복 바라본다'는 말은 임금의 은혜를 보답하지 못함이고, '검은 갖옷 살펴본다'는 말은 오래 떠돌며 돌아가지 못함을 이른다.

61. 막부에서 묵으며

宿府

淸秋幕府井梧寒	맑은 가을 막부 우물가 오동은 차갑고[1]
獨宿江城蠟炬殘	홀로 묵는 강가 성의 촛불도 가물거리네.
永夜角聲悲自語	긴 밤의 뿔피리 소리는 구슬피 홀로 말하는 듯
中天月色好誰看	중천에 걸린 달빛 고운데 누가 보려나.[2]
風塵荏苒音書絶	난리가 오래 끄니 편지가 끊겼고
關塞蕭條行路難	변방 쓸쓸하여 길 가기도 어렵네.
已忍伶俜十年事	이미 외로움 견딘 지 십여 년인데
强移棲息一枝安	한 가지 둥지에 억지로 옮겨와 깃들이네.⊟

⊟ 소자상이 이르기를, "이 작품은 혼장(渾壯)하다."라 하였다.

1 위(魏) 명제(明帝)의 시에서, "두 오동나무 빈 우물 곁에 자라네.(雙梧生空井)"라 하였다.

2 두 구는 즉 홀로 자면서 보는 처량한 상황을 말한다.

62. 근심을 풀어서 엄무 공에게 바치다
遣悶奉呈嚴公二十韻

白水漁竿客	맑은 물에서 낚시 드리운 나그네
淸秋鶴髮翁	파란 가을에 학 머리 같은 노인네.
胡爲來幕下	어떻게 막부에 왔는가
祇合在舟中	그저 배 타고 고기나 잡아야 하는데.[日]
黃卷眞如律	장부는 참으로 법과 같으며[1]
靑袍也自公	푸른 관복은 공이 하사하였지.[2]
老妻憂坐痺	늙은 아내는 앉을 때 마비가 걱정이고[3]
幼女問頭風	어린 딸은 두통을 하소연하네.
平地專欹倒	평평한 곳에도 계속 기대거나 눕고[4]
分曹失異同	동료들과 의견이 같지 않네.[5]
禮甘衰力就	예의 지켜 기운 없어도 달게 나아가며
義忝上官通	의리상 상관과 외람되이 교유하네.[6]
疇昔論詩早	옛날 일찍부터 시를 올렸으니[7]
光輝仗鉞雄	대장에 의지하여 시가 빛이 났네.
寬容存性拙	졸렬한 나를 너그러이 받아주시고
翦拂念途窮	곤궁한 인생을 돌봐 주었네.[8]
露裛思藤架	이슬에 젖으니 등나무 시렁을 생각하고
烟霏想桂叢	안개비에 계수나무 숲을 그리워하네.
信然龜觸網	참으로 거북이 그물에 걸린 듯[9]
直作鳥窺籠	다만 새가 새장 안에서 넘겨보듯.[10]
西嶺紆村北	서쪽 산줄기는 마을의 북쪽을 감돌고
南江繞舍東	남쪽 강은 관사 동쪽을 휘도네.[11]

竹皮寒舊翠　대나무 껍질은 추위에도 옛날처럼 푸르고
椒實雨新紅　산초나무 열매는 비속에도 더욱 붉네.[12]
浪簸船應坼　물결 일렁여 배가 갈라지며
杯乾甕卽空　잔은 마르고 술동은 텅 비었네.[13]
藩籬生野徑　울타리에는 들로 가는 오솔길 생기고
斤斧任樵童　도끼는 초동이 가지고 노네.[14]
束縛酬知己　지우에게 보답하느라 얽매어 있으니
蹉跎效小忠　작은 충성도 바치기 어렵구나.
周防期稍稍　두루 잘 처신하려 하였지만[15]
太簡遂怱怱　너무 소략하여 경솔하였네.[16]
曉入朱扉啓　새벽에 붉은 궐문 열고 들어가고
昏歸畫角終　밤중에 나팔 울어야 돌아오네.[17]
不成尋別業　초당을 찾아가지 못하니
未敢息微躬　감히 미천한 몸을 쉴 수 없네.
烏鵲愁銀漢　오작은 은하수 못 메꿔 걱정스럽고[18]
駑駘怕錦幪　노둔한 말은 비단 덮개가 두렵네.[19]
會希全物色　나의 본성을 지키게 해 주어[20]
時放倚梧桐　때로 한가롭게 오동나무에 기대었으면.[21]

시평 : 황백산이 이르기를, "두보가 엄무와 우의를 나눴다가 헤어진 본말을 이 시에서 살펴 볼 수 있다. 두보가 촉에 있을 때 두 번 엄무에게 의지하였으니, 엄무는 친구에게 두텁게 대우하지 않았다고 할 수 없다. 그러나 막상 막부에 거처하게 되자 예절에 구속되었고, 또한 동료들의 참소를 받게 되었다. 이에 두보가 속박을 견디지 못하게 되었으며, 이따금 시를 그에게 보내게 되었다."라 하였다.

㈠ 1-4구는 이 시의 대의를 총괄하고 있으니, 고민의 원인을 말하고 있다.

㈡ 이 단락은 초당에서 막부에 거처하는 것으로 내용이 일순 바뀌고 있으니, 장법이 일순일역(一順一逆)하다. 이 아래 단락은 위 단락 내용을 거듭 펼쳐내고 있다.

㈢ 맺을 때 이 시를 올리는 뜻을 나타내고 있다.

1 『당회요(唐會要)』에서, "천보 4년에 어사에게 칙령을 내려 이전처럼 황권(黃卷)을 설치하게 하였는데, 그 책을 잃어버렸다."라 하였다. 이 구는 즉 매우 엄하게 장부를 감독함을 이른다.

2 즉 막부의 예는 또한 조정과 같음을 이른다. 『당지(唐志)』에서, "상서원외랑은 종6품 이상인데, 상원 원년에 5품 관복은 얕은 붉은 색으로, 6품 관복은 짙은 녹색으로 만들었다."라 하였다. 포주(浦注)에서, "두보는 당시 이미 붉은 관복을 받았는데 여기서는 '푸른 관복'이라고 하였으니, 대개 일을 할 때 입는 편한 옷을 말한다."라 하였다.

3 '痺'의 음은 '庇'다. 혜강의 「절교서」에서, "무릎 꿇고 앉아 있으면 마비가 되어 움직이지 못한다."라 하였다. 『설문해자』에서, "'비(痺)'는 습병(濕病, 습기로 생기는 병)이다."라 하였다.

4 '倒'는 달리 '側'으로 된 본도 있다. 즉 병든 몸이 기운이 없어 오래 앉아 있을 수가 없다는 말이다.

5 동료들과 의견이 맞지 않음을 이른다. 두 구는 즉 두보가 막부에 있으면서 이미 늙고 병든 몸을 걱정하였는데, 다시 동료들과 의견이 다른 경우가 많음을 말한다.

6 이처럼 늙어 기운이 없어도 달게 임무를 맡은 것은 엄무와 우정을 통하기 때문이다.

7 두보는 지덕 연간에 자주 엄무에게 시를 주었다.

8 「광절교론」에서, "돌봐줘 세상에 크게 떨치게 하였다."라 하였다.

9 『사기』「구책전(龜策傳)」에서, "거북 사신이 그물에 걸리자 어부에게 사로잡혔다."라 하였다.

10 이상 4구는 즉 초당을 그리워하면서도 가지 못함을 말한다.

11 서쪽 산줄기는 즉 서산(西山)이다. 『원화군국지』에서, "큰 강은 달리 문강(汶江)이라 하거나 또 달리 유강(流江)이라 불린다. 성

도현의 남쪽 7리를 지난다."라 하였다.

12 이상 4구는 즉 초당의 아름다운 경치를 말하였다. 위 두 구는 멀리 보이는 경치를, 아래 두 구는 가까이 보이는 경치를 말한다.

13 술을 빚을 사람이 없음을 말한다.

14 이상 4구는 즉 막부에 들어온 뒤 초당이 황폐해진 것을 읊었다.

15 두예(杜預)의 『좌전』 서문에서, "성인은 온 몸을 감싸 방비한다."라 하였는데, 주에서 "방비하는 생각을 반드시 몸 전체에 한다."라 하였다.

16 즉 자신의 몸을 지키는 도리는 감히 조금도 구차하지 않았으니 이에 위로 지우에게 보답하였다. 다만 본성이 지나치게 소략하여 일을 처리할 때 신중하지 못한 점이 있을까 두렵다는 말이다. 두 구는 또한 스스로 엄무에게 아뢰는 뜻을 담고 있다.

17 『주익공시화(周益公詩話)에서, "한퇴지의 「상장복야서(上張僕射書)」에서 '사원의 고사에 따르면 새벽에 들어와 밤늦게 돌아가니, 질병이나 특별한 일이 아니면 나가는 것을 허락하지 않습니다. 그렇게 억눌러 행하게 하면 반드시 발광할 것입니다.'라 하였다. 이를 보면 당나라의 번진에 속한 관원은 모두 새벽에 들어오고 밤늦게 퇴근하며 또한 하루에 쉬는 시간이 적으니, 우승유(牛僧孺)가 두목(杜牧)을 대우한 것은 진실로 상례(常禮)가 아니다."라 하였다.

18 주주(朱注)에서, "은하수를 메꿀 수 있는 힘이 없음이 근심스럽다는 말이다."라 하였다.

19 즉 구속을 싫어한다는 말이다. 서릉의 시에서, "금 안장을 비단 덮개 위에 놓네.(金鞍覆錦幪)"라 하였는데, '몽(幪)'은 안장덮개〔鞍帕〕다.

20 장진의 주에서, "물색(物色)은 사물의 본색이다. 즉 여유로움을 보장 받을 때의 본색을 이른다."라 하였다.

21 『장자』에서, "나무에 기대 읊조리고, 마른 오동을 잡고 존다."라 하였다.

63. 제주로 가는 아우 두영을 전송하다[1]

送舍弟穎赴齊州三首

岷嶺南蠻北　　민령은 남만의 북쪽에 있고[2]
徐關東海西　　서관은 동해의 서쪽에 있네.[3]
此行何日到　　이번 여행은 언제나 도착하려나
送汝萬行啼　　너를 보내려니 만 줄기 눈물 흐르네.
絶域惟高枕　　이 몸 변경에서 높이 베개 하고
清風獨杖藜　　맑은 바람에 홀로 지팡이에 기대네.[4]
時危暫相見　　위태로운 시절에 잠시 서로 만나니
衰白意都迷　　늙은이의 마음은 온통 어지럽구나.[5] 〔一〕

風塵暗不開　　암울한 전쟁은 멈추지 않는데
汝去幾時來　　지금 떠나면 너는 언제나 돌아오려나.
兄弟分離苦　　형제의 이별은 괴로운데
形容老病催　　병든 몰골은 늙음을 재촉하네.[6]
江通一柱觀　　강은 일주관으로 통하고[7]
日落望鄉臺　　해는 망향대로 지네.[8]
客意長東北　　나그네 마음은 늘 동북쪽에 있으니[9]
齊州安在哉　　제주는 어디에 있느냐.[10] 〔二〕

諸姑今海畔　　고모는 지금 바닷가에 있고[11]
兩弟亦山東　　두 아우도 산동에 있네.[12]

去傍干戈覓　　갈 때는 창과 방패 옆에 차야 하지만㊂
來看道路通　　올 때는 도로가 뚫렸으면 하네.
短衣防戰地　　짧은 옷으로 전쟁터 피할 테고
匹馬逐秋風　　필마로 가을 바람 뒤따르리.[13]
莫作俱流落　　나처럼 떠돌이 신세 되면 안 되니
長瞻碣石鴻　　오래 갈석산의 기러기 바라보리라.[14]

㊀ 소자상이 이르기를, "노인의 수다 같지만, 진심을 토로하는 말이다."라 하였다. ○ 두보의 아우에게 보내거나 아우를 그리는 시는 모두 아름답다. 그것은 진심으로 읊조리기 때문이다.

㊁ 이자덕이 이르기를, "노성한 필력이 비쩍 마르니〔老筆瘦硬〕, 참으로 감개함이 사람을 감동시킨다."라 하였다.

㊂ 장상약이 이르기를, "'방(傍)'자와 '간(看)'자는 추측하여 한 말로, 난리 속의 참 풍경이다."라 하였다.

1 두영은 아마도 두보에게 인사하기 위해 촉에 왔었던 것 같은데, 이 작품을 지어 그가 돌아감을 전송하였다.

2 두보가 있는 곳이다. 남만은 남조만(南詔蠻)이다.

3 아우가 가는 곳이다. 서관(徐關)은 제(齊) 지역에 있다. 『좌전』에서, "제후(齊侯)가 서관으로부터 들어왔다."라 하였다.

4 두 구는 즉 아우가 떠난 뒤의 처량함을 말하였다.

5 즉 잠시 만나 곧바로 이별하니 마음이 어지럽다는 말이다.

6 1-2구는 앞 수의 '시위(時危)'를 이어받았고, 3-4구는 '쇠백(衰白)'을 이어받았다.

7 『저궁고사(渚宮故事)』에서, "송(宋)의 임천왕(臨川王) 유의경(維義慶)이 강릉(江陵)의 절도사가 되었다. 나공주(羅公洲)에 매우 장대한 누대를 세웠는데, 다만 기둥이 하나였다."라 하였다.

8 『성도기(成都記)』에서, "망향대는 수나라 시대 촉왕인 양수(楊秀)가 지었다."라 하였다.

9 서남쪽에서 떠돌기 때문에 한 말이다.

10 장약육이 이르기를, "마음은 항상 동북쪽으로 가려는 생각을 가지지만, 깜박깜박 잊어버린다. 즉 이른바 '늙은이의 마음은 온통 어지럽구나.(衰白意都迷)'라는 의미이다."라 하였다.

11 두보의 「범양태군노씨묘지(范陽太君盧氏墓誌)」에서, "태군은 두 딸이 있는데, 첫째는 경조 왕우(王佑)에게 시집갔고, 둘째는 회계의 하휘(賀撝)에게 시집갔다."라 하였다.

12 두관(杜觀)과 두풍(杜豐)을 이른다.

13 두 구는 여행길에 조심하라고 부탁하는 말이다.

14 「광절교론」에서, "갈석산에서 돌아가는 기러기를 만났다."라 하였다. 갈석산은 제주의 동북쪽 바닷가에 있다. 제주에 도착하면 우선 편지를 보내 나의 마음을 위로해줬으면 하는 바람이다.

64. 정국공 엄무의 계단 아래 새로 심은 소나무

嚴鄭公堦下新松 得霑字

弱質豈自負	연약한 자질이라 어찌 스스로 믿었으랴
移根方爾瞻	뿌리 옮기니 비로소 너를 보게 되었네.
細聲侵玉帳	가는 솔바람 소리는 막부의 옥장으로 스며들고
疎翠近珠簾	성긴 푸른 잎은 구슬 주렴에 가깝네.
未見紫烟集	아직은 붉은 이내가 모이지 않으니[1]
虛蒙清露霑	부질없이 맑은 이슬이 적셔 주었네.
何當一百丈	언제나 백 길 높이로 자라서
欹蓋擁高簷	비스듬한 가지가 높은 처마 감싸려나.

1 소나무가 높아 구름과 이내가 모여 듦을 말한다.

65. 정국공 엄무 댁에서 함께 대나무를 읊다
嚴鄭公宅同詠竹 得香字

綠竹半含籜	푸른 대가 반쯤 껍질을 머금고
新梢纔出牆	새로 나온 가지가 겨우 담장 넘었네.
色侵書帙晩	푸른 빛이 책에 비치는 저녁에
陰過酒樽涼	그늘 지나는 술동이는 시원하네.
雨洗娟娟淨	비에 씻겨 곱게도 맑고
風吹細細香	바람 부니 얕은 향기 전해지네.
但令無翦伐	다만 대를 베는 일 없어야 하니
會見拂雲長	구름에 닿도록 크게 자랄 것이네.

시평 : 이자덕이 이르기를, "솔과 대를 읊은 두 작품은 대상을 대단히 아름답게 표현하였는데, 모두 그 당시 상황에 나아가 말한 것으로 하릴없이 무의미하게 지은 것이 아니다."라 하였다. ○ 장상약이 이르기를, "솔과 대는 모두 두보가 막부에서 맡은 직책을 잘 수행하려는 의지를 비유하였는데, 엄무에게 잘 길러 달라고 바라고 있다."라 하였다.

66. 늦가을 정국공 엄무를 모시고 마하지에서 배를 띄우다[1]

晩秋陪嚴鄭公摩訶池泛舟 得溪字

湍駛風醒酒	여울물 내달리니 바람에 술이 깨고
船回霧起隄	뱃머리 돌리니 안개가 둑에서 피어나네.
高城秋自落	높은 성 가을날에 잎은 지고
雜樹晩相迷	우거진 숲 저물녘에 길을 헤매네.
坐觸鴛鴦起	배에 닿자 원앙은 날아가고[2]
巢傾翡翠低	둥지는 기울어 비취새는 낮게 나네.
莫須驚白鷺	백로를 놀라게 하지 마라
爲伴宿青[3]溪	푸른 시내에서 나와 같이 자리니.

1 『성도기』에서, "수(隋)나라 때 촉왕(蜀王) 양수(楊秀)는 흙으로 광자성(廣子城)을 쌓고, 해자를 만들었다. 호승(胡僧)이 그것을 보고 '마하궁비라(摩訶宮毘羅)'라 하였다. 대개 마하는 대궁(大宮)을 말하고 비라는 용을 말한다. 즉 이 연못은 크고 넓어서 용이 있기 때문에 마하지(摩訶池)라 불렀다. 성도현의 동남쪽 12리에 있다."라 하였다.

2 '좌(坐)'는 「견민희정로(遣悶戲呈路)」에 보이는 '노란 꾀꼬리가 나란히 앉아(黃鶯並坐)'의 '좌(坐)'와 같다.

3 '青'은 달리 '淸'으로 된 본도 있다.

67. 정국공을 모시고 늦가을에 북지에서 경치를 바라보다[1]

陪鄭公秋晩北池臨眺

北池雲水闊　　북지에 구름과 못물이 드넓고
華館闢秋風　　화려한 객관은 가을 바람에 열려 있네.
獨鶴元依渚　　외로운 학은 원래 모래톱에 의지하고
衰荷且映空　　시든 연잎은 허공에 비치네.
採菱寒刺上　　차가운 가시 위에서 마름을 따고
踏藕野泥中　　들녘 진흙뻘에서 연뿌리 뽑네.
素楫分曹往　　하얀 배로 동료들이 가서
金盤小徑通　　작은 길로 금빛 소반에 담아오네.[2]
萋萋露草碧　　이슬 내린 우거진 풀밭 푸르고
片片萬旗紅　　점점이 수많은 깃발 붉구나.
盃酒霑津吏　　잔의 술은 나루의 관리를 취하게 하고
衣裳與釣翁　　의복은 낚시하는 노인에게 주네.[二]
異邦初豔菊　　타향에서 처음 국화가 붉게 피고
故里亦高桐　　옛 마을에는 또한 높다란 오동이 있네.
搖落關山思　　이 몸 쓸쓸하게 고향을 그리워하고[3]
淹留戰伐功　　그대는 오랫동안 전공을 세우네.[4]
嚴城殊未掩　　삼엄한 성은 항상 닫지 않고
淸宴已知終　　맑은 잔치는 이미 끝을 알리네.
何補參軍[5]事　　어찌하면 공의 군대 일을 도울까[6]
歡娛到薄躬　　못난 나도 잔치의 기쁨을 맛보는데.[三]

㊀ 왕우중이 이르기를, “이상 4구는 높은 벼슬아치의 노닐며 잔치하는 기상(氣象)을 그려내었다.”라 하였다.

㊁ 소자상이 이르기를, “작품 전체가 온수(穩秀)하다.”라 하였다.

1 본집에 실리지 않은 작품으로, 곽지달과 황학 본에 보인다.

2 ‘하얀 배’와 ‘금빛 소반’은 마름과 연뿌리를 채취하여 바치는 것을 말한다.

3 두보 자신을 이른다.

4 엄무를 가리킨다.

5 ‘軍’은 달리 ‘卿’으로 된 본도 있다.

6 『진서』에서 말하였다. “손초(孫楚)가 석포(石苞)의 장군이 되었다. 처음 도착하여 길게 읍하면서 ‘천자께서 나에게 명하여 경의 군대 일을 도우라고 하였습니다.’라 하였다.”

68. 정국공 엄무의 청사에 있는 민산과 타강을 그린 그림을 보다

奉觀嚴鄭公廳事岷山沱江畫圖十韻 得忘字

沱水臨中座　타강은 자리 중앙을 흐르고
岷山到[1]北堂　민산은 북당으로 이어졌네.
白波吹粉壁　흰 파도는 채색한 벽에서 몰려오고
青嶂揷雕梁　푸른 봉우리는 아로새긴 들보에 꽂혀 있네.
直訝松杉冷　다만 솔, 삼나무가 차가운 지 의심스럽고
兼疑菱荇香　또한 마름이 향기가 날 지 의문이네.
雪雲虛點綴　눈과 구름은 무채색으로 이어져 있고
沙草得微茫　모래밭 풀은 아득하게 펼쳐져 있네.
嶺雁隨毫末　산맥 위의 기러기는 점점이 뒤따르며
川蜺飲練光　시내의 무지개는 고운 빛을 마시네.[2]
霏紅洲蘂亂　붉게 칠한 건 모래섬의 흩날리는 꽃술이며
拂黛石蘿長　검게 그은 건 돌에 자란 담장이 넝쿨이네.
暗谷非關雨　어두운 골짜기는 비가 내려서가 아니며
丹楓不爲霜　붉은 단풍나무는 서리 맞아서가 아니네.
秋城玄圃外　현포 너머의 가을 성[3]
景物洞庭旁　동정호 곁의 경치.⊟
繪事功殊絶　그림이 너무나 뛰어나니
幽襟興激昂　깊은 마음을 격앙시키네.
從來謝太傅　예전부터 태부 사안은
邱壑道難忘　자연을 잊지 못하였네.[4]

시평 : 왕완정이 이르기를, "이 작품은 격률이 정세(精細)한데, 시안(詩

眼)은 다만 한두 허자(虛字)에 있다. 학자는 마땅히 깊이 살펴보아야 한다."라 하였다. ○ 이 작품을 성재(誠齋, 양만리)가 대단히 칭송하였다. 그러나 두보의 배율 가운데 달리 한 체재를 이루어 격조가 당나라 시인들과 비슷하니, 두보의 다른 작품이 이 시에 미치지 못한다고 하면 옳지 않다.

⊟ 소자상이 이르기를, "대단히 자세하게 묘사함이 수정(秀淨)하다. 공교로움이 아정함을 해치지 않는다."라 하였다.

1 '到'는 달리 '對'로 된 본도 있다.

2 주주(朱注)에서, "'호말(毫末)'은 붓끝을 말하며, '연광(練光)'은 하얗게 빛나는 것을 이른다. 강물이 비단을 누인 것처럼 맑은 것을 말한다."라 하였다.

3 유효작(劉孝綽)의 시에서, "현포에 금벽의 기운이 깃드네.(玄圃棲金碧)"라 하였다. 『신선전』에서, "곤륜은 달리 현포라고도 한다."라 하였다.

4 『진서』에서, "사안(謝安)은 자연에서 마음 내키는 대로 지냈다. 비록 조정의 부름을 받아도 동산(東山)에서 노닐려는 생각을 끝내 잊지 못하였다."라 하였다.

69. 당계를 전송하며, 또한 예부시랑 가지賈至에게 보내다[1]

送唐十五誡 因寄禮部賈侍郎

九載一相見	구년에 한 번 만나니
百年能幾何	백년 인생에 몇 번이나 보았나.
復爲萬里別	다시 만리 이별하여
送子山之阿	산모퉁이에서 그대를 보내네.[一]
白鶴久同林	흰 학과 오래 숲을 같이 하고
潛魚本同河	헤엄치는 물고기와 본래 강물 함께 하네.
未知棲息期	언제나 돌아가 쉴지 알지 못하니
衰老强高歌	늙은이 억지로 크게 노래하네.
歌罷兩悽惻	노래 마치자 둘 다 서글퍼지는데
六龍忽蹉跎	해는 문득 넘어가는구나.[2]
相視髮皓白	서로 바라보니 눈처럼 머리 흰데
況難駐羲和	더구나 세월을 멈출 수 없음에랴.[3][二]
胡星墜燕地	호성이 연 지역에서 떨어졌는데[4]
漢將仍橫戈	한나라 장수가 창을 꼬나 쥐네.[5]
蕭條四海內	중원은 황폐하며
人少豺虎多	인재는 적고 도적은 넘치네.
少人慎莫投	소인은 저녁 투숙(投宿)을 삼가하고
多虎信所過	도적 넘쳐 길 다 지나야 안심하네.
飢有易子食	굶주림에 자식을 바꿔 잡아먹고
獸猶畏虞羅	짐승은 더욱 그물을 걱정하네.[6][三]
子負經濟才	그대는 세상을 경영할 인재이지만

天門鬱嵯峨	임금의 문은 닫혀 아득하구나.[7]
飄颻適東周	이리저리 떠돌며 낙양으로 가리니[8]
來往若崩波	무너진 파도처럼 길 재촉하리.[9] 四
南宮吾故人	남궁의 우리 오랜 친구
白馬金盤陀	금 안장에 흰 말 탔네.[10]
雄筆映千古	웅장한 문사는 천고에 빛나고
見賢心靡他	어진 이를 보면 진심으로 대해주네.
念子善師事	당게 그대는 스승으로 잘 섬기고
歲寒守舊柯	세상이 변하여도 옛날 지조를 지키시게.[11]
爲我謝賈公	나를 대신하여 가지 선생에게 인사드리게
病肺臥江沱	폐에 병이 나 강가에 누워있다고. 五

一 1-4구는 셀 수 없는 층절(層折)을 지녔으며 지나간 시간에 대해 돌이켜 보고 있으니 참으로 한 글자가 한 번의 돈좌(頓挫)를 보이는 경우이다.

二 첫 단락은 석별의 정을 서술하였다.

三 세속의 상황에 분격하는 말로, 묘사가 대단히 깜짝 놀랄 만하여 귀신도 울릴 만하다.

四 다음으로 길을 떠나는 어려움을 말하였으며, 아울러 시사(時事)를 개탄하였다.

五 마지막 단락은 당게를 통하여 가지에게 부탁하는 문장이며, 마지막 구는 자신에 대해서도 빠트리지 않고 이야기 하고 있다.

1 『구당서』「가지전(賈至傳)」에서, "보응 2년에 가지는 상서좌승이 되었다. 광덕 2년에 예부시랑으로 옮겼다."라 하였다. 주주(朱注)에서, "『구당서』에서 '이 해 9월에 상서좌승 양관(楊綰)이 동경(東京)의 인재선발을 맡았고, 예부시랑 가지가 동경의 과거를 맡았다. 장안과 낙양, 두 서울의 선발과 과거를 나눈 것은 가지(賈

至)부터 시작하였다.'라 하였다. 이 당시 당계는 아마도 동도(東都, 낙양)로 과거를 응시하러 갔던 모양이다. 그러므로 두보가 이 시를 부쳐서 먼저 당계를 받아달라고 요청한 것이다."라 하였다.

2 유향의 「구탄(九嘆)」에서, "여섯 용이 부상에 매어 있네.(維六龍於扶桑)"이라 하였다. 『십주기(十州記)』에서, "부상은 푸른 바다 가운데 있다. 나무의 높이가 수천 길이며 둘레는 천여 아름 된다. 두 그루가 뿌리가 같기 때문에 서로 의지하며 기대고 있다. 그러므로 부상(扶桑)이라 부른다."라 하였다.

3 『초사』의 주(注)에서, "희화는 태양의 수레〔日御〕를 운전하는 신이다."라 하였다. 편(鞭)자에서 해가 빨리 움직이는 것을 알 수 있다.

4 사조의(史朝義)가 죽은 것을 가리킨다. 『당서』에서, "광덕 원년 정월에 사조의가 유주(幽州) 의무려산(醫巫閭山)의 사당 아래에서 목을 매 죽었다. 그의 목을 장안으로 전하였다."라 하였다.

5 복고회은(僕固懷恩)을 가리킨다. 『통감』에서, "광덕 2년 7월에 복고회은이 회흘과 토번을 끌어들여 침입하였으니, 겨울 10월에 봉천에 다가왔다."라 하였다.

6 이상 4구는 한층 더 나아가 시대상황을 묘사한 것으로, 즉 가혹한 정치가 호랑이보다 무섭다는 의미이다. 아래 두 구는 이 두 구의 내용을 되풀이하였다.

7 즉 임금의 문이 만리 떨어져 있다는 의미이다.

8 『국책(國策)』의 주에서, "동주(東周)는 지금의 낙양이다."라 하였다.

9 포조의 시에서, "나그네 여행은 시간이 아까워, 무너진 파도처럼 머물 수 없구나.(客行惜日月 崩波不可留)"라 하였다.

10 포조의 시에서, "금동으로 받침대를 장식하니 햇빛이 발부분에서 빛나네.(金銅飾盤陀 日照光趺蹬)"라 하였다. 왕도준(王道俊)의 『두시박의(杜詩博議)』에서 말하였다. "『당서』「식화지(食貨志)」에서 '이전에 주물로 동전을 만들었는데 너무 얇고 찌그러졌다. 이에 그런 동전을 녹여 불상을 만들었는데, 그것을 반타(盤陀)라고 부른다.'라 한다." 대개 이 부분은 안장을 꾸밀 때 동에 금을 섞어 상감하여 만든 것을 말한다.

11 가볍게 이리저리 내달리지 말며, 또한 친구 가지에게 이 사람을 취해달라고 부탁함을 이른다.

70. 초겨울
初冬

垂老戎衣窄	늙은 몸에 군복은 작았는데[1]
歸休寒色深	돌아와 쉬려니 추위는 심하네.
漁舟上急水	고깃배는 급류를 거슬러 올라가고
獵火著高林	사냥의 횃불은 높은 숲을 밝히네.
日有習池醉	날마다 습지에서 취하는데[2]
愁來梁父吟	근심 일어 「양보음」 노래하네.[3]
干戈未偃息	난리 아직 끝나지 않았으니
出處遂何心	출처에 어찌 마음 두랴.[目]

目 황백산이 이르기를, "물고기 잡고 사냥을 하는 것은 또한 일상적인 일인데, '급(急)'자와 '저(著)'자를 쓰니 문득 운치가 생긴다."라 하였다.

1 막부의 관리 또한 군복을 입으니, 때때로 전투에 참여하기 때문이다.

2 『진서』에서, "산간은 산도(山濤)의 아들이다. 가절(假節)로 양양(襄陽)의 절도사가 되었는데, 오직 술만 탐하였다. 습씨(習氏)가 아름다운 정원과 연못을 가지고 있었는데, 산간은 그곳에 술자리를 베풀어 곧바로 취하였다. 그 연못을 고양지(高陽池)라 불렀다."라 하였다.

3 제갈무후가 지은 「양보음」에, "제나라 동문을 걸어 나와 멀리 탕음리를 바라보네.(步出齊東門 遙望蕩陰里)"라 하였다.

71. 이고가 요청하여 사마 동생의 산수도를 감상하다
觀李固請司馬弟山水圖 三首

易簡高人意　　소탈은 고상한 이의 마음
匡牀竹火爐　　너른 침상엔 대나무 화로.
寒天留遠客　　차가운 날에 먼 나그네를 붙잡고
碧海掛新圖　　푸른 바다 그린 새 그림 펼쳤네.
雖對連山好　　비록 이어진 산들이 아름답지만
貪看絶島孤　　먼 바다 외론 섬을 한참이나 바라보네.
羣仙不愁思　　많은 신선은 근심 걱정도 없이
冉冉下蓬壺　　하늘거리며 봉호산으로 내려오네.㊀

方丈渾連水　　방장산은 사방 바다로 이어지고
天台總映雲　　천태산은 온통 구름에 비치네.
人間常見畫　　세상에서 항상 그림을 보지만
老去恨空聞　　늙도록 헛된 소문만 들어 한스럽네.
范蠡舟偏小　　범려는 일엽편주 띄우고
王喬鶴不羣　　왕교의 학은 외롭구나.
此生隨萬物　　이 생애 세사에 얽매었으니
何路[1]出塵氛　　어느 길로 세속에서 벗어날까.㊁

高浪垂翻屋　　높은 파도 솟구쳐 집을 뒤집을 듯
崩崖欲壓牀　　무너질 듯한 절벽은 평상을 덮칠 듯.

野橋分子細	들판의 다리는 물과 육지 나누고
沙岸繞微茫	모래 언덕은 아득하게 펼쳐져 있네.
紅浸珊瑚短	붉은 색은 물속의 짧은 산호이며
青懸薜荔長	파란 색은 매달린 긴 넝쿨이네.
浮査並坐得	떠가는 뗏목에 나란히 앉을 수 있으니
仙老暫相將	신선이여 잠시 나를 데려가주시오.[2] [三]

[一] 왕우중이 이르기를, "자신에게 근심이 있는데 문득 근심 없는 여러 신선들이 사는 곳에 시선이 가니, 참으로 미외지미(味外之味)를 볼 수 있다."라 하였다.

[二] 이 작품은 상상하여 읊은 것이며, 아래 작품이 실제 그림을 묘사하였다.

[三] 결론을 맺는 부분에서도 이전과 동일하게 혼탁한 세상에 염증을 내고 신선과 노닐기 바랐는데, 앞에서는 반필(反筆)을 구사하였다면 이곳에서는 정필(正筆)을 구사하였다.

1 '路'는 달리 '處'로 된 본도 있다.

2 『습유기』에서, "요 임금 시절에 큰 뗏목이 서해에 떠가는데, 그 위에 별빛 같은 빛이 있었다. 항상 사해를 비추는데 12년에 한 바퀴 돌았다. 관월사(貫月査) 또는 괘성사(掛星査)라 불리는데, 신선이 그 위에 산다."라 하였다.

72. 동지가 지나고

至後

冬至至後日初長	동지가 지난 뒤 해가 비로소 길어지니
遠在劍南思洛陽	멀리 검남에 있으면서 낙양을 그리워하네.[1]
靑袍白馬有何意	푸른 관복과 흰 말에 무슨 의미가 있으랴[2]
金谷銅駝非故鄕	금곡과 구리 낙타는 옛날 고향 때와 다르네.[3]
梅花欲開不自覺	매화가 피려하지만 끝내 피지 못하니
棣萼一別永相望	꽃과 꽃받침이 길이 그리워만 하기에.[4]
愁極本憑詩遣興	시름이 깊으면 본디 시를 읊어 흥을 풀어보지만
詩成吟詠轉凄涼	시 지어 읊조리면 더욱 처량해지네.㊀

㊀ 소자상이 이르기를, "이 작품은 풍격이 소노(疏老)하다."라 하였다.

1 낙양은 두보의 고향이다.

2 막부에서 임무 맡음을 이른다.

3 석숭(石崇)의 「금곡시서(金谷詩序)」에서, "나의 별장은 하남현(河南縣) 금곡간(金谷澗)에 있다."라 하였다. 화연준(華延雋)의 「낙양기(洛陽記)」에서, "동으로 만든 두 낙타는 궁궐의 남쪽 거리에 있는데, 동서에서 서로 마주 바라본다. 높이가 9척으로 낙양 사람들은 동타백(銅駝陌)이라 부른다."라 하였다. 살펴보건대 동타(銅駝)는 본래 한나라에서 주조한 것이다.

4 형제가 떨어짐을 비유하였다.

73. 죽은 벗을 그리며[1]

懷舊

地下蘇司業	지하에 있는 소 사업이여[2]
情親獨有君	정이 돈독한 이는 오직 그대뿐이네.
那因喪亂後	어찌하여 난리를 만난 뒤에
便作死生分	문득 삶과 죽음이 나뉘었나.
老罷知明鏡	늙은 것은 밝은 거울로 알겠는데[3]
歸來望白雲	돌아와 흰 구름을 바라보네.[4]
自從失詞伯	시문의 거장을 잃어버린 뒤로
不復更論文	다시 글을 짓지 않으리라.⊟

⊟ 참 마음을 간절하게 표현하였다.

1 구주(仇注)에서, “이 작품은 소원명이 죽은 것을 애도하면서 또한 벗을 잃은 자신을 안타까워하였다.”라 하였다.

2 소원명(蘇源明)은 먼저 국자사업(國子司業)이 되었다가 뒤에 비서소감(秘書少監)이 되었다.

3 거울을 바라보면 늙은 것을 알겠다는 말이다.

4 도연명의 「정운(停雲)」에서 벗을 그리는 뜻을 인용하였다. 즉 이른바 「문고적망(聞高適亡)」에서 “죽은 벗 곡하니 흰 구름이 길구나.(哭友白雲長)”라 하였다.

74. 태주사호 정건鄭虔과 소감 소원명을 곡하다[1]

哭台州鄭司戶蘇少監

故舊誰憐我	벗 가운데 누가 나를 가련타 여기나
平生鄭與蘇	평생에 정건과 소원명 뿐이네.
存亡不重見	생사 갈려 다시 보지 못하고
喪亂獨前途	난리 만나 다만 길을 떠나네.
豪俊何人在	호걸은 누가 남아있는가
文章掃地無	문장도 땅을 쓸 듯 없구나.
羈遊萬里闊	광활한 만리 너머로 떠도는데[2]
凶問一年俱	나쁜 소식이 일 년에 다 왔네.[3]
白日中原上	중원에 밝은 해가 떠오르고
淸秋大海隅	맑은 가을 대해의 모퉁이에 있었네.
夜臺當北斗	무덤은 북두를 향하고[4]
泉路窅東吳	저승은 동오에 깊숙하네.[5]
得罪台州去	죄를 받아 태주로 가니
時危棄碩儒	시절 위태로워 큰 선비 버렸네.
移官蓬閣後	관직은 봉각으로 옮긴 뒤에[6]
穀貴歿潛夫	곡가가 비싸 굶어 죽었구나.[7]
流慟嗟何及	넘치는 슬픔을 어찌 설명하리
銜寃有是夫	누가 이 사내보다 원통하랴.
道消詩發興	도를 쓰지 못해 시로 흥을 발하고
心息酒爲徒	마음이 한가로워 술을 친구로 삼네.[8]
許與才雖薄	재주가 박한 나를 허여하고
追隨跡未拘	같이 노닒에 신분을 꺼리지 않았네.

班揚名甚盛　　반고와 양웅은 이름이 널리 알려졌고
嵇阮逸相須　　혜강과 완적은 숨어 서로 따랐네.
會取君臣合　　함께 임금의 부름 받았는데
寧銓[9]品名殊　　어찌 직급이 다름을 논하랴.
賢良不必展　　재주와 능력을 펼치지 못하였으니
廊廟偶然趨　　조정에서 우연히 벼슬하였던가.[10]
勝決風塵際　　난리 후에 운명이 달라졌으니
功安造化鑪　　임금의 다스림을 안정시킨 공을 세웠네.
從容詢舊學　　조용히 옛 학문 물음에 답하였는데
慘澹閟陰符　　참담하구나, 『음부』는 펼쳐지지 못하였으니.[11]
擺落嫌疑久　　서로 의심을 털어버린 지 오래인데
哀傷志力輸　　슬픔에 마음 아파 기운이 다 하였네.[12]
俗依綿谷異　　면곡에서 삶은 속세에서 떨어졌었고
客對雪山孤　　나그네로 설산을 외롭게 마주하였지.
童稚思諸子　　어릴 적부터 두 사람을 사모하여[13]
交朋列友于　　사귀는 정이 형제의 우애 같았네.
情乖淸酒送　　정이 어그러져 맑은 술잔 따르고
望絶撫墳呼　　바람이 끊겨 무덤 어루만지며 울부짖네.[14]
瘧痢[15]餐巴水　　학질 걸려 파수 물 마시며
瘡痍老蜀都　　상처난 채로 촉의 성도에서 늙어가네.[16]
飄零迷哭處　　정처없이 떠돌아 곡도 하지 못하니[17]
天地日榛蕪　　천지가 날로 가시나무에 길이 막히네.

시평 : 노덕수(盧德水)가 이르기를, “이 작품에서 두보는 눈물을 가장 많이 흘리니, 두 공과 두보가 막역하기 때문이다. ‘호걸은 누가 남아있는가(豪俊何人在)’ 이하 네 구는 제문 한 편에 해당한다. 결말에서 ‘정처없이 떠돌아 곡도 하지 못하니, 천지가 날로 가시나무에 길이 막히네.(飄零迷哭處 天地日榛蕪)’라 하였는데, ‘아득한 천지간 어느 곳에 늙은 이 몸을

둘 것인가'란 의미이다. 시가 완성될 때를 상상해보면, 뜨거운 눈물이 솟구치니 행점(行點)을 다시 생각할 겨를이 없다. 이 때문에 제목에 '곡(哭)'이라고 썼다."라 하였다.

1 본집에 실리지 않은 작품으로, 곽지달과 황학 본에 보인다.

2 두보 자신을 이른다.

3 정건과 소원명은 광덕 2년에 모두 죽었다.

4 두보는 「역력(歷歷)」에서, "북두가의 진나라 성.(秦城北斗邊)"이라 하였다.

5 『당서』에서, "태주(台州)는 회남동도채방사(淮南東道採訪使)에 속한다."라 하였다. 장원(張遠)의 주에서, "북두와 봉각(蓬閣)은 중원을 받으며 소원명을 가리킨다. 동오와 태주는 해우(海隅)를 받으며 정건을 가리킨다."라 하였다.

6 비서소감을 이른다.

7 학주(鶴注)에서, "광덕 2년에 쌀값은 한 말에 천 전(錢)이었다. 그러므로 '곡식 값이 귀하다.'고 한 것이다."라 하였다. 『초계어은총화(苕溪漁隱叢話)』에서, "율시에는 선대격(扇對格)이 있는데, 예를 들면 두보의 「곡정사호소소감(哭鄭司戶蘇少監)」에서 '죄를 받아 태주로 가니(得罪台州去)' 이하 네 구가 그것이다. 소동파가 울고대(鬱孤臺)의 운자에 화운하여 지은 「화허봉조(和許奉朝)」에서 '우연히 만나 어른을 모시고, 사조의 삼각주에서 꽃을 찾네. 처량히 고향 바라보며, 왕찬의 누대 같은 시구 얻었네.(邂逅陪車馬 尋芳謝朓洲 凄凉望鄉國 得句仲宣樓)' 또한 선대격을 사용하였다."라 하였다. 『잠부론』에서, "한 사람의 농부가 농사를 짓지 않으면 천하는 반드시 굶주리게 될 것이다."라 하였다.

8 즉 세상의 쓰임이 되지 못하여, 비로소 시와 술로 마음을 푼 것을 말하였다.

9 전(銓)은 논(論)한다는 의미이다.

10 구주(仇注)에서, "이상 4구는 천보 연간에 정건과 소원명이 함께 벼슬하였지만 오래되지 않아 그만 두었음을 말하였다."라 하였다.

11 이상 4구는 숙종이 수도를 수복한 뒤 소원명은 관직을 얻고 정건은 폄척됨을 말한다. 『서경』「열명(說命)」에서 "나 소자는 옛날

감반(甘盤)에게 배웠다〔舊學〕."라 하였다. 『당서』에서, "병서의 종류에 『주서음부(周書陰符)』 9권이 있다."라 하였다. 소원명은 옛날 태자유덕(太子諭德)이 되었고 뒤에 비서소감에 임명되었다. 그러므로 '옛 학문 물음에 답하다〔詢舊學〕'라 하였다. 정건은 일찍이 『천보군방록(天寶軍防錄)』을 지었는데 세상에 쓰임을 보지 못하였다. 그러므로 '『음부』가 펼쳐지지 못하였다〔閟陰符〕.'라 하였다.

12 두 구는 즉 두보와 두 사람은 망형(亡形)의 사귐을 하였는데, 지금 슬픔에 젖어 기운이 소진함을 말한다.

13 즉 어린 시절부터 두 사람의 재주와 명성을 존모하였음을 말한다. 두 공은 나이가 두보보다 조금 많다.

14 사령운의 시에서, "무덤 어루만지며 부질없이 스스로 마음 아파하네.(撫墳徒自傷)"라 하였다.

15 '痢'는 달리 '病'으로 된 본도 있다.

16 학주(鶴注)에서, "이 단락은 '면곡에서 삶은 속세에서 떨어졌었고.(俗依綿谷異)'의 두 구와 함께 면주(綿州)와 낭주(閬州)에서 떠돌다가 성도로 다시 돌아온 것을 서술하였다."라 하였다.

17 '동오(東吳)'와 '서진(西秦)'은 두보가 가려고 했으나 결국 가지 못한 곳이다.

75. 시어 왕설이 동천으로 가는 것을 전송하려 방생지에서 잔치를 열다

送王侍御往東川 放生池祖席

東川詩友合	동천에는 시우가 모인 곳이니
此贈怯輕爲	지금 주는 시가 경솔할까 두렵네.
況復傳宗近	더구나 시의 종장이라 전해지니[1]
空然惜別離	부질없이 이별을 안타까워하네.[2]
梅花交近野	매화는 가까운 들판에 피었고
草色向平池	풀빛은 넘실대는 호수로 향하였네.
倘憶江邊臥	혹시 강가에 누워 있는 사람 생각한다면
歸期願早知	돌아올 때를 일찍 알려주시게.

1 구조오 본에는 '近'이 '匠'으로 되어 있다. 그러면 아래와 중복되지 않는다. 두보의 「팔애(八哀)」에서, "종장이 정선된 작품 모으네.(宗匠集精選)"라 하였다.

2 즉 왕설이 본래 시를 잘한다고 전해지므로 더욱 감히 평범한 이별의 시어를 짓지 못하겠다. 다만 빨리 돌아와 늙은이의 마음을 위로해주기를 바란다는 말이다.

杜詩鏡銓卷十二

영태 연간에 두보는 성도 초당에 거주하였다가, 촉을 떠나 운안(雲安)에 이르렀으며 기주(夔州)에 거주하였다. 이 시기에 지은 작품들이 실려 있다.

1. 정월 3일에 완화계로 돌아와 지으며, 막부의 여러 공들에게 편지로 드리다

正月三日歸溪上有作 簡院內諸公

野外堂依竹	들녘 너머 초당은 대숲이 둘렀고
籬邊水向城	울타리 옆 강물은 성으로 흘러가네.
蟻浮仍臘味	술은 납월의 맛 그대로이고[1]
鷗泛已春聲	갈매기 물에 떠서 봄 노래하네.
藥許隣人斸	약초는 이웃이 잘라가도록 허락하고
書從稚子擎	책은 아이들이 뒤적이게 놔두었네.[2]
白頭趨幕府	흰 머리로 막부에 나아갔는데
深覺負平生	평소 마음 저버림을 깊이 깨달았네.

1 술을 12월에 빚음을 이른다. 유희(劉熙)의 『석명(釋名)』에서, "범제(汎齊 : 술 만드는 다섯 가지 중 하나)로 만드는 술로 부의(浮蟻)가 있다."고 하였다. 장형(張衡)의 「남도부(南都賦)」에서, "부의는 부평초 같네.(浮蟻若萍)"이라 하였다.

2 그대로 맡겨두고 엄하게 감독하지 않음을 이른다.

2. 누추한 집에서 흥을 풀어보며, 엄무 공에게 보내다
敝廬遣興 奉寄嚴公

野水平橋路	들녘 물은 다리에 넘실대며
春沙映竹村	봄 모래밭은 대 마을에 비추네.
風輕粉蝶喜	바람 가벼워 하얀 나비 즐겁게 날고
花暖蜜蜂喧	꽃이 따뜻하니 꿀벌이 분주하네.
把酒宜深酌	술은 응당 잔에 가득 따르고
題詩好細論	시는 하나하나 읊조리기 좋네.
府中瞻暇日	막부에서 한가할 때 뵙고
江上憶詞源	강가에서 시의 종장 그리네.[1]
跡忝朝廷舊	이 몸 조정의 벗에게 기대고
情依節制尊	마음은 높은 절도사에 의지하네.
還思長者轍	더욱 귀한 이 찾아오길 바라노니
恐避席爲門	자리에서 일어나 문가로 나가봐야지.[2]

시평 : 장약육이 이르기를, "1-4구는 누추한 자신의 집에서 흥을 풀어내고 있는데, 엄무에게 없는 것으로 그를 불러 그의 시흥(詩興)을 일으키니, 이 시를 보내 그를 부르면 오지 않을 수 없을 것이다. 끝 부분의 네 구는 엄무에게 보내는 것인데, 다시 평소 서로 허여하고 의지한 정을 읊조렸다. 이에 엄무는 반드시 빈천할 때의 우의를 저버리지 않고 발걸음을 재촉하여 찾아올 것이니, 참으로 절묘하게 초대하여 술을 마시자는 짧은 편지라 할 수 있다."라 하였다.

1 사원(詞源)은 엄무를 가리킨다.

2 「진평전(陳平傳)」에서, "집안이 가난하여 거적자리로 문을 만들었다. 그러나 문밖에는 귀한 이들의 수레가 가득하였다."라 하였다.

3. 집을 짓다
營屋

我有陰江竹	나에게는 그늘진 강가 대밭이 있어
能令朱夏寒	무더운 여름을 시원하게 하네.
陰通積水內	녹음은 집안 물길로 이어지고
高入浮雲端	높이 솟아 구름 끝에 걸치네.
甚疑鬼物憑	귀신이 깃들일까 걱정하여
不顧翦伐殘	보이는 대로 마구 베었네.
東偏若[1]面勢	동쪽으로 지세가 트였으니
戶牖永可安	창문을 내도 좋으리라.
愛惜已六載	아끼기 벌써 6년이 지났지만[2]
玆晨去千竿	오늘 새벽에 수많은 대를 쳐버렸네.
蕭蕭見白日	시원스레 밝은 해가 보이고
洶洶開奔湍	콸콸 달리는 여울 물길 열렸네.
度堂匪華麗	초당 살펴보면 화려하지 않으며
養拙異考槃	잠시 머물 뿐 삶을 마칠 곳은 아니네.[3]
草茅雖薙葺	초당은 비록 짚으로 얽었지만[4]
衰疾方少寬	늙고 병든 몸에 조금은 편하다네.
洗[5]然順所適	상쾌한 마음에 발걸음 내키는 대로 가면
此足代加餐	맛있는 식사 대신할 수 있네.
寂無斤斧響	고요하여 쩡쩡 도끼질 소리 뿐
庶遂憩息歡	편히 쉴 수 있는 즐거움 누릴 수 있으리.

1 약(若)은 따르다〔順〕는 의미이다.

2 두보는 상원 원년부터 초당을 짓기 시작하여 영태 원년에 이르렀으니 6년이 된다.

3 잠시 거주한다는 말이다.

4 집이 누추함을 말한다.

5 '洗'의 음은 '洒'이다.

4. 잡초를 뽑으며[1]

除草

草有害於人	쐐기풀은 사람에게 해로운데
曾何生阻修	어찌하여 길을 막고 자라는 걸까.
其毒甚蜂蠆	그 독은 벌, 전갈보다 심한데
其多彌道周	떨기 이뤄 길 주변 가득하네.
淸晨步前林	맑은 새벽에 앞 숲으로 산보 나가니
江色未散憂	강물을 보아도 근심 사라지지 않네.
芒刺在我眼	가시가 내 눈 앞에 있으니[2]
焉能待高秋	어찌 높은 가을을 기다리겠는가.
霜露一霑凝	서리와 이슬이 한 번 내리기 시작하면
蕙葉亦難留	혜초 잎도 매달려 있지 못하네.[3]
荷鋤先童稚	호미 메고 아이들 이끌고서
日入仍討求	해 질 때까지 뽑아버리네.
轉致水中央	쐐기풀을 물 가운데로 옮기려니
豈無雙釣舟	어찌 낚싯배 한두 척 없으랴.
頑根易滋蔓	튼튼한 뿌리는 쉽게 자라 뻗으니
敢使依舊丘	이전 자라던 곳에 놔두겠는가.
自玆藩籬曠	이제 울타리 주변이 시원하게 트였으니
更覺松竹幽	더욱 솔과 대가 아름다움을 알겠네.
芟夷不可闕	풀 뽑는 것을 그만 둘 수 없으니
疾惡信如讎	원수 미워하듯 악을 미워해야 하네.

시평 : 신부맹이 이르기를, "조정(調停)의 이론을 제기하는 사람들은 어진 이와 간사한 이를 함께 등용하자고 하는데, 그러면 이미 국사(國事)는

어지럽게 된다. 이런 사실을 바탕으로 이 시를 세 번 반복하여 읽지 않을 수 없다. '가시가 내 눈 앞에 있으니.(芒刺在我眼)'의 두 구는 위엄을 가지고 억제하려 한 것이며, '튼튼한 뿌리는 쉽게 자라 뻗으니, 이전 자라던 곳에 놔두겠는가.(頑根易滋蔓 敢使依舊邱)'의 두 구는 악을 제거함에 온 힘을 쏟겠다는 의지를 여러 차례 강조하였다. 마지막은 다만 한마디 말로 하고 싶은 말을 직설적으로 표현하였으니, 말이 길어지면 도리어 천근하게 된다."라 하였다.

1 원주(原注)에서, "쐐기풀〔蕁草〕을 제거하였다."라 하였는데, '蕁'의 음은 '潛'이다. 『익부방물지(益部方物志)』에서, "심마(燖麻)는 검주 이남 지역 곳곳에서 모두 기른다. 간혹 그 잎을 건드리면 마치 벌이 사람을 쏜 것 같은데, 물로 씻으면 곧바로 풀린다. 줄기에는 가시가 달린 잎이 있는데 푸르거나 붉으며, 풍종(風腫)에 잘 듣는다."라 하였다. 두보시를 고찰해보면 '草'는 마땅히 '蕁'으로 지어야 한다.

2 「곽광전(霍光傳)」에서, "곽광이 임금을 모셔 수레에 타니, 마치 가시가 등에 있는 것 같이 임금이 속으로 대단히 꺼려하였다."라 하였다.

3 조언재가 말하기를, "만약 가을까지 기다려 뽑아낸다면 혜초 잎과 쐐기풀이 함께 자라 미악(美惡)을 구별할 수 없게 될 것이다."라 하였다. 두 구는 급히 제거할 수밖에 없음을 말하였다.

5. 봄날의 강촌

春日江村五首

農務村村急　　농사 일로 마을마다 분주하니
春流岸岸深　　봄물이 못마다 깊이 찼네.
乾坤萬里眼　　만리 먼 천지를 바라보며[1]
時序百年心　　백년 인생에 바뀌는 계절을 맞이하는 마음.[一]
茅屋還堪賦　　초옥은 더욱 시로 읊을 수 있으며[2]
桃源自可尋　　도원은 스스로 찾을 수 있네.
艱難昧生理　　난리 통에 삶이 고달파
飄泊到如今　　떠돌다가 여기까지 이르렀네.

迢遞來三蜀　　머나먼 삼촉으로 와서
蹉跎又六年　　6년을 실의에 보냈네.
客身逢故舊　　떠돌이 이 몸 친구를 만났으나
發興自林泉　　숲과 시내에서 흥을 풀어보네.[3]
過懶從衣結　　너무 게을러 옷을 누덕누덕 기웠으며
頻遊任履穿　　자주 노닐어 신발이 구멍이 났네.
藩籬頗無限　　울타리는 자못 끝이 없어[4]
恣意向江天　　마음대로 강가를 노니네.

種竹交加翠　　대나무 심어 푸른 빛 더하고
栽桃爛熳紅　　복숭아 길러 붉은 빛 흐드러졌네.

經心石鏡月	석경 같은 거울이 마음에 뜨고[5]
到面雪山風	설산의 바람이 얼굴에 스치운다.
赤管隨王命	붉은 붓은 왕명을 따랐고[6]
銀章付老翁	은 도장을 늙은이에게 내렸네.[7]
豈知牙齒落	어찌 알았으리, 이빨이 빠질 나이에
名玷薦賢中	어진 이 천거할 때 이름이 외람되이 들어갈 줄.[8] ⊟

扶病垂朱紱	병든 몸에 붉은 인끈 드리우다가
歸休步紫苔	돌아와 쉬며 자주색 이끼를 걷네.[9]
郊扉存晚計	교외 초당에서 만년을 보내려니[10]
幕府愧羣材	막부의 여러 인재에게 부끄럽네.
燕外晴絲卷	제비 나는 너머로 날 개어 아지랑이 걷히고
鷗邊水葉開	갈매기 앉은 물가에 물꽃이 피었네.
鄰家送魚鼈	이웃집에서 생선과 자라 보내며
問我數能來	나에게 자주 찾아와도 되냐고 묻네.[11] ⊟

羣盜哀王粲	도적놈들이 왕찬을 슬프게 하고[12]
中年召賈生	중년의 가의는 조정의 부름 받았네.
登樓初有作	누대에 올라 비로소 「등루부」 지었고[13]
前席竟爲榮	임금이 자리를 앞당기는 영광을 받았네.[14]
宅入先賢傳	그들의 집은 선현들의 전기에 들어가고[15]
才高處士名	재주는 높아도 처사로 알려졌네.[16]
異時懷二子	예전에 두 사람을 그리워하였는데
春日復含情	봄날 맞아 다시 생각하네.[17]

시평 : 다섯 작품 가운데 처음 작품은 서론에 해당하고 마지막 작품은 결론에 해당하며 중간 세 작품은 처음 작품의 내용을 이어받아 갈마들며 서술하였다. 이전의 심사(心事)와 향후의 출처에 대해 모두 작품 안에 풀어놓았으니 두보 자신이 서술한 짧은 소전(小傳)이라 할 수 있다.

㊀ 장약육이 이르기를, "1-2구는 강촌과 봄날을 나눠 묘사하였는데, 강촌을 통해 문득 만리의 천지를 상상하였고 봄날을 통해 문득 인생 백년을 생각하게 되었으니, 아득한 시공간을 아우르는 두보의 흉도(胸度)를 볼 수 있다."라 하였다.

㊁ 이 작품은 다시 초당으로 돌아와서 본 것을 추억하고 있다.

㊂ 이 작품은 지금 막 벼슬을 그만두고 돌아온 것을 읊었다.

1 촉의 강에서 바라보니 집과 서울이 모두 먼 것을 이른다.

2 고향에서 거처하던 곳을 말한다.

3 다행스럽게도 벗을 만났으니 공명을 세울 수 있으리라 여겼다. 그러나 숲과 시내에서 홍을 풀어내고 있으니 누가 다시 낙척함을 알겠는가. 이 아래 4구는 드디어 은거하려고 마음을 굳힌 것으로 다시 다른 바람이 없음을 읊고 있다.

4 구속이 없음을 이른다. '藩籬頗無限'은 달리 '無限景便淺'으로 된 본도 있다.

5 『화양국지(華陽國志)』에서, "무도(武都)에 어떤 장부가 아름답고 농염한 여인으로 변하였으니, 산의 정기 때문이다. 촉왕이 그녀를 맞이하여 왕비로 삼았는데, 얼마 지나지 않아 죽고 말았다. 이에 왕은 다섯 명의 장정을 무도(武都)에 보내 흙을 지어 날라 무덤을 만들게 하였다. 그 무덤은 높이가 일곱 길인데 위에는 돌 거울을 두어 문을 표시하였다. 지금 성도의 북쪽 모퉁이의 무담산(武擔山)이 바로 그것이다. 뒤에 왕이 슬퍼하여 「유사가(臾邪歌)」와 「용귀곡(龍歸曲)」을 지었다."라 하였다. 『환우기』에서, "무덤 위에 돌 하나가 있는데, 두께가 5촌이며 지름이 5자로 영롱하니, 그것을 석경이라 부른다."라 하였다.

6 『한관의(漢官儀)』에서, "상서령복승랑은 한 달에 붉은 대롱의 큰 붓을 한 쌍씩 주는데, 전서로 북궁저작(北宮著作)이라고 적혀

있다."라 하였다.

7 『한서』「백관표(百官表)」에서, "모든 관리 가운데 녹봉이 이천 석 이상은 모두 푸른 인끈에 은 인장(印章)을 찬다."라 하였다.

8 포주(浦注)에서, "결련(結聯)에서 스스로 돌아보며 실소하고 있으니, 결단코 벼슬을 사절하여도 후회가 없기 때문이다."라 하였다.

9 심약의 시에서, "길손이 자주 이끼 위에 자리하였네.(客位紫苔生)"라 하였다.

10 즉 장차 이곳에서 늙은 몸을 마친다는 말이다.

11 '문(問)'은 안부와 선물을 이른다.

12 왕찬의 「칠애(七哀)」에서, "서경의 난리는 표현할 수 없었는데, 도적놈들이 지금 난리 만났네.(西京亂無象 豺虎方遘患)"라 하였는데, 주에서 "시호(豺虎)는 도적 무리를 이른다."라 하였다.

13 왕찬이 난리를 피해 형주를 떠돌다가, 서경으로 돌아가려는 생각에 「등루부(登樓賦)」를 지었다.

14 『한서』에서, "가의가 장사왕(長沙王)의 태부가 되었는데, 한 해가 지나자 문제(文帝)가 가의를 그리워하였다. 그를 미앙궁의 선실(宣室)로 불러 귀신에 대해 물었다. 한밤중이 되자 문제가 가의의 이야기를 자세히 들으려고 자리를 앞으로 당겼다."라 하였다. 장약육이 이르기를, "'초(初)'자는 무엇을 근거로 하여 말하였는가? 즉 「등루부」의 '왕도가 한번 다스려지기를 바라노니, 높은 길을 빌려 힘껏 내달리고 싶네.(冀王道之一平兮 假高衢而騁力)'라는 말을 보면 알 수 있다. '경(竟)'자는 무엇을 근거로 하였는지 조금도 짐작할 수 없다."라 하였다. 옛날 평에서 '천추만세에 두공부(杜工部)를 칭송하리니 즉 오늘부터 시작할 것이다.'라 하였다.

15 『군국지(郡國志)』에서, "장사사(長沙寺)의 남쪽에 가의의 집이 있다."라 하였다. 『면양기(沔陽記)』에서, "왕찬의 집은 양양(襄陽)에 있는데, 우물과 누대가 아직도 남아있다."라 하였다. 또한 고서에 『초국선현전』이 있다.

16 「서정부(西征賦)」에서, "가생은 낙양의 재자"라 하였다. 「위지(魏志)」에서 말하였다. "채옹(蔡邕)이 왕찬을 만났는데, 좌중의 손님들에게 '이 사람은 왕창(王暢) 공의 손자로 뛰어난 재주가 있습니다.'라 하였다." 이 구는 즉 왕찬과 가의의 재주로도 당대에 불우하여 마치 처사(處士)와 같았음을 말하였다.

17 주학령이 이르기를, "두보가 막부에 의지한 것은 왕찬이 형주에

의지한 것과 비슷하다. 막료로 벼슬한 것은 가의가 장사왕의 태부가 된 것과 비슷하다. 그러므로 이 시에서 두 사람으로 자신을 비유하였으며, 인하여 스스로 슬퍼하였다. 집은 부질없이 선현들의 기록에 실려 있고 이름은 실제로 처사와 같다고 하였으니, 이 말은 바로 초당에 살아 관리로서 은거하여 막부의 동료로 하여금 탄식을 일으키게 하니, 시에 담은 감회가 매우 깊다."라 하였다.

6. 길게 읊조리다[1]

長吟

江渚翻鷗戲	강가에는 갈매기 뒤집어 날며 장난치고
官橋帶柳陰	큰 길 다리 옆 버들엔 녹음이 우거지네.
花飛競渡日	5월 5일 경도절에 꽃이 날리고[2]
草見踏青心	풀을 보면 답청의 마음 일어나네.[3]
已撥形骸累	이미 세사(世事)의 얽매임 떨쳤으니[4]
眞爲爛熳深	참으로 마음껏 즐길 수 있으리라.
賦詩新句穩	시를 지으니 새 시구가 좋아
不覺[5]自長吟	나도 모르게 절로 길게 읊조리네.⊟

⊟ 소자상이 이르기를, "시구가 지극히 어울림을 볼 수 있으니, 절대로 쉽게 지을 수 없다."라 하였다.

1 본집에 실리지 않은 작품으로, 변환(卞圜)과 오약(吳若), 그리고 황학(黃鶴) 본에 보인다.

2 구주(仇注)에서 말하였다. "『형초세시기(荊楚歲時記)』에서 '굴원이 오월 오일에 멱라에 빠져 죽었는데, 사람들이 배로 건졌다. 배로 빨리 가는 것을 다투는 것〔競渡〕은 그 유풍(遺風)이다. 당나라 사람은 중화절(中和節)에 이런 놀이를 한다.'라 하였다."

3 『호중췌록(壺中贅錄)』에서, "촉의 풍속은 옛날에는 2월 2일을 답청절(踏靑節)로 삼았다."라 하였다. 즉 봄에 식물들이 꽃이 피거나 녹음이 짙은 것을 보고 사람의 마음이 여유로워진다는 말이다. '경도(競渡)'는 강가에서 일어나고 답청은 버들의 그늘에서 일어나니, 두 구는 앞 구절을 나눠 이어받았다.

4 이전 막부에 있을 때는 속박을 면치 못하였다.

5 '覺'은 달리 '免'으로 된 본도 있다.

7. 봄은 깊어가고[1]

春遠

肅肅花絮晚	사락사락 꽃과 버들솜이 지는 저물녘
菲菲紅素輕	붉은 꽃과 흰 버들솜 가볍게 흩날리네.[2]
日長惟鳥雀	해가 긴데도 다만 새만 날고[3]
春遠獨柴荊	봄은 깊어 가는데 오직 사립문만 보이네.[4] ㈐
數有關中亂	자주 관중에 전란이 있으니[5]
何曾劍外淸	어찌 일찍이 검외가 맑겠는가.[6]
故鄉歸不得	고향으로 돌아가지 못하니
地入亞夫營	그 지역 군대의 진영에 들어서라네.[7]

㈐ 전반부는 허경(虛景)을 잘 묘사하였다.

1 고주(顧注)에서, "봄이 깊어간다〔春深〕는 말과 같다."라 하였다.

2 『본초』에서, "버들꽃은 달리 서(絮)라고 불린다."라 하였다. 붉은 것은 꽃을 말하고 흰 것은 버들솜을 말한다.

3 지나가는 나그네가 적음을 볼 수 있다.

4 거주하는 마을이 궁벽진 것을 볼 수 있다.

5 『당서』에서, "광덕 2년 10월에 복고회은이 회흘과 토번을 꾀어 당을 침략하였다. 영태 원년 2월에 당항강(党項羌)이 부평(富平)을 침략하였다."라 하였다. 부평은 경조부(京兆府)에 속한다.

6 이 당시 촉의 변경은 그대로 수자리를 철수하지 않았다.

7 『괄지지(括地志)』에서, "세류영은 함양현(咸陽縣)의 서남쪽에 있다."라 하였다. 한나라 경제(景帝) 때 장군 주아부(周亞夫)가 병사를 주둔한 곳이다. 이 당시 곽자의가 경원(涇原)에 군대를 주둔하였다.

8. 절구 여섯 수
絶句六首

日出籬東水	해가 울타리 동쪽 강에서 솟고
雲生舍北泥	구름은 집 북쪽 뻘밭에서 이네.[1]
竹高鳴翡翠	대나무는 높아 비취새 울고
沙僻舞鵾雞	모래밭은 외져 곤계가 춤 추네.[2] ⊟

藹藹花蘂亂	활짝 핀 꽃 어지럽고
飛飛蜂蝶多	여기저기 벌과 나비 많이도 나네.
幽棲身懶動	숨어 지내 몸이 게으른데
客至欲如何	손님 찾아오니 어찌하란 말인가.

鑿井交椶葉	우물 파서 종려나무 잎으로 덮고[3]
開渠斷竹根	도랑물 흘러가게 대 뿌리 자르네.
扁舟輕裊纜	작은 배의 닻줄은 가볍게 흔들리고
小徑曲通村	오솔길은 구불구불 마을로 이어지네.

急雨捎溪足	소나기는 시내를 휩쓸어 가고[4]
斜暉轉樹腰	석양은 나무의 허리를 감싸네.
隔巢黃鳥竝	둥지 옆에 꾀꼬리 나란하고
翻藻白魚跳	물풀 뒤집으며 흰 물고기 뛰노네.

舍下筍穿壁	집 아래 죽순은 벽을 뚫고
庭中藤刺[5]簷	뜰 가운데 등나무는 처마에 오르네.
地晴絲冉冉	땅은 따뜻하여 아지랑이 피어오르고
江白草纖纖	강은 맑아 풀이 자세히 보이네.[6]

江動月移石	강물 출렁이니 달이 바위로 옮겨가고
溪虛雲傍花	시내 맑아 구름이 꽃 옆으로 흐르네.[7]
鳥棲知故道	옛 길 아는 새는 집으로 찾아드는데
帆過宿誰家	돛배는 지나며 뉘 집에서 묵을까.

시평 : 거처하는 곳의 경치를 묘사하였는데, 봄과 여름이 교차하는 시기에 새와 물고기, 꽃과 풀 등 종류마다 그윽하고 적당하게 그려 글자마다 그림 속 풍경 같다. 다만 너무 변화가 없는 것이 조금은 부족한 느낌을 준다.

1 습증(濕蒸)이 아직 흩어지지 않음을 말한다.

2 둘 다 날씨가 맑음을 좋아하기 때문이다.

3 조언재가 말하기를, "촉에는 염정(鹽井)이 있는데 비와 이슬이 그 안으로 들어가면 무너진다. 새로 우물을 팔 때 종려나무 잎을 교차하여 덮는다."라 하였다.

4 빗줄기가 휩쓸어 지나감을 이른다.

5 '刺'의 음은 '七'과 '亦'의 반절법이다.

6 아름다운 풀이 서로 비추니 또한 비가 내린 뒤에 드러난 풍경이다.

7 황생(黃生)의 주에서, "바위는 강변에 있고 달은 강위에 떴는데 물결이 움직이니 달도 물결 따라 바위의 전후좌우로 옮겨갔다. 꽃은 시냇가에 있고 구름은 하늘에 떠가는데 물속에 비춘다. 그러므로 구름이 꽃 옆에 있는 것처럼 보인다."라 하였다. 두 구는 사물을 형상함이 대단히 정밀하다.

9. 절구 네 수[1]

絶句四首

堂西長筍別開門　　초당 서쪽 기다란 죽순에 특별히 문을 열어놓고
塹北行椒卻背村　　참호 북으로 산초 줄을 잇고 뒤로 마을 등졌네.[2]
梅熟許同朱老喫　　매실 익으면 주씨 노인과 먹고
松高擬對阮生論　　소나무 높이 자라면 완생과 마주하며 논해야지.[3] [一]

欲作魚梁雲覆湍　　구름 이는 여울에 어량을 만들려하는데
因驚四月雨聲寒　　사월에 빗소리 차갑게 들려 놀라네.
青溪先有蛟龍窟　　푸른 시내에 이전 교룡의 굴이 있었으니
竹石如山不敢安　　대와 돌이 산처럼 쌓여도 마음 놓지 못하네.[4]

兩箇黃鸝鳴翠柳　　두 마리 노란 꾀꼬리가 녹색 버들에서 울고
一行白鷺上青天　　한 줄 백로가 파란 하늘로 올라가네.
窗含西嶺千秋雪　　창은 서령의 천년 눈을 머금고
門泊東吳萬里船　　문엔 동오로 가는 만리 배가 머무네.[5]

藥條藥甲潤青青　　약조와 약갑이 푸릇푸릇 윤기가 나서
色過棕亭入草亭　　그 빛이 종려나무 정자를 지나 풀 정자에 들어오네.
苗滿空山慚取譽　　빈 산에 약초 종자 가득한데 이름 날릴까 부끄럽고
根居隙地怯成形　　뿌리는 좁은 땅에 자라는데 제대로 자랄까 두렵네.[6]

⊟ 이자덕이 이르기를, "대단히 질박하지만, 절로 우아하다."라 하였다.

1 네 수 모두 눈에 보이는 것을 엮어서 시로 완성하였으니, 또한 흥이 일어나는 대로 지은 종류이다.

2 '행초(行椒)'는 산초나무가 줄을 이룬 것이다. 구주(仇注)에서, "특별히 문을 연 것은 죽순을 밟을까 두려워서이고, 뒤로 마을을 등졌다는 말은 참호와 사이를 둔 것이다."라 하였다.

3 원주(原注)에서, "주씨 노인과 완씨 젊은이는 검외에서 알고 지내던 사람이다."라 하였다.

4 조언재가 말하기를, "어량(魚梁)은 대를 자르고 돌을 쌓아 중류를 가로 질러 막아 물고기를 잡는 것이다. 시내 밑에 교룡이 있어서 때때로 구름과 비가 인다. 그러므로 두보 자신의 마음이 편안하지 않다는 말이다."라 하였다.

5 범성대(范成大)의 『오선록(吳船錄)』에서, "촉 지역 사람으로 오 지역으로 가는 사람은 모두 합강정(合江亭)에서 배를 타는데, 그 서쪽이 만리교(萬里橋)다."라 하였다. 이 구는 또한 삼협을 내려가려는 생각을 우의하였다.

6 '성형(成形)'은 재질을 이룬다〔成材〕는 말과 같다. 포주(浦注)에서, "3-4구는 약에 나아가 우의하였다. 빈산과 좁은 틈새에서 본성대로 자라면 도리어 사람이 알까 겁이 난다. 두보가 막부를 사절하고 이곳에 거처하는 이유인가?"라 하였다.

10. 절구 세 수[1]

絶句三首

聞道巴山裏	듣자하니, 파산 안쪽은
春船正好行	봄에 배가 가기 정말 좋다더군.
都將百年興	백년 인생의 흥을 모다 일으켜
一望九江城	한번 구강성을 바라보리라.[2]

水檻溫江口	온강 입구의 물 난간[3]
茅堂石筍西	초당 석순의 서쪽.
移船先主廟	선주의 사당으로 배를 옮기고
洗藥浣花溪	완화계에서 약초를 씻네.

謾道春來好	봄이 오면 좋다고들 많이 하는데
狂風太放顚	거센 바람에 많이들 거꾸러진다네.
吹花隨水去	꽃에 불면 떨어져 물을 따라 가다가
翻却釣魚船	고깃배 낚시에 뒤집힌다네.[日]

日 이 작품은 신운(神韻)이 이태백과 대단히 흡사하다.

1 본집에 실리지 않은 작품으로, 오약과 황학 본에 보인다.

2 구강성은 강릉(江陵)을 이른다. 이 당시 아마도 두보는 삼협을 내려가려는 생각을 가졌다.

3 『당서』에서, "온강현은 성도부에 속한다."라 하였다.

11. 반가운 비
喜雨

南國旱無雨	남국이 가물어 비가 내리지 않더니
今朝江出雲	오늘 아침에 강에서 구름이 일었네.
入空纔漠漠	하늘로 올라가자마자 넓게 퍼지더니[1]
灑逈已紛紛	쏴아 멀리까지 마구 쏟아 붓네.[2]
巢燕高飛盡	둥지의 제비는 높이 날아 가버리고
林花潤色分	숲의 꽃은 젖어 말쑥하네.
晩來聲不絶	저물녘에도 빗소리 긋지 않으니
應得夜深聞	응당 깊은 밤에도 들을 것이라.

1 구름을 말하였다.

2 비를 말하였다.

12. 나를 의심하지 말라는 노래
莫相疑行

男兒生無所成頭皓白	대장부 살아 이룬 것 없는데 머리는 희어지며
牙齒欲落眞可惜	이는 흔들거리니 참으로 안타깝구나.
憶獻三賦蓬萊宮	궁궐에 「삼대례」 부를 바친 것 생각해보는데
自怪一日聲輝[1]赫	하루 아침에 이름이 빛난 것이 괴이하더라.
集賢學士如堵牆	집현전의 학사들이 담장처럼 둘러앉아서[2]
觀我落筆中書堂	중서당에서 글을 짓는 나를 바라보았었지.[3]
往時文采動人主	지난날 문채는 임금을 감동시켰는데
此[4]日饑寒趨路旁	오늘날 추위와 굶주림에 길가를 떠돈다네.
晚將末契託年少	만년에 낮은 자리에서 젊은이들에게 의지하려 하나[5]
當面輸心背面笑	마주하면 진심인척 하지만 돌아서면 비웃네.
寄謝悠悠世上兒	세상 사람들에게 감사 인사 전하노니
不爭好惡莫相疑	이 몸 호오를 다투지 않노니 나를 의심하지 말게나.[6] ⊟

⊟ 옛날을 추억하고 현재 나를 위로하니 무한한 비탄과 감개가 일어난다. 결말에 자신의 참 마음을 드러내 보였다.

1 '輝'는 달리 '煊'으로 된 본도 있다.

2 『예기』에서, "공자가 확상(矍相)의 뜰에서 활을 쏘니 구경하는 사람이 마치 담장을 두른 것 같았다."라 하였다.

3 『당서』「두보전」에서, "두보가 「삼대례(三大禮)」의 부를 바치니 황제가 훌륭하다고 하였다. 이에 대제집현원을 시켜 제상에게 문

장을 시험 보게 하였다."라 하였다.

4 '此'는 달리 '今'으로 된 본도 있다.

5 막부의 동료를 가리킨다.

6 앞의 작품 「견민봉정엄공(遣悶奉呈嚴公)」에서, "동료들과 의견이 같지 않네.(分曹失異同)"라 하였으니, 막부의 임무를 떠난 이유가 태반은 동료와 불화한 것을 알 수 있다. 대개 하나는 노인이라 젊은이들과 어울리지 못한 것이며, 또 하나는 엄무가 두보만 유독 우대하였기에 시기를 받은 것이다. 그러나 두보는 실제 그들과 다툴 마음이 전혀 없었으니, 저들도 또한 어찌 의심하는가. 마지막 두 구는 진실을 열어 그들에게 보였다.

13. 붉은 하늘의 노래[1]

赤霄行

孔雀未知牛有角[2]	공작은 소가 뿔이 있는지 알지 못하니
渴飮寒泉逢牴觸	목말라 한천에서 물 마실 때 뿔에 받히네.
赤霄玄圃任往來	붉은 하늘의 현포를 마음대로 왕래하는데[3]
翠尾金花不辭辱	푸른 꼬리의 금색 꽃으로 모욕을 피하지 못하네.[4]
江中淘河嚇飛燕	강물의 사다새는 나는 제비에게 깍깍대니[5]
銜泥卻落羞華屋	진흙 머금다가 문득 떨어뜨리니 아름다운 집에 부끄럽네.[6]
皇孫猶曾蓮[7]勺困	황손은 오히려 일찍이 연작에서 곤액을 당하였고[8]
衛[9]莊見貶傷其足	포장은 내침을 당하여 다리가 잘렸네.[10] ㈢
老翁愼莫怪少年	늙은이는 삼가 젊은이를 괴이타 마라
葛亮貴和書有篇	제갈량이 남긴 책에 「귀화」편이 있으니.[11]
丈夫垂名動萬年	대장부 이름 남겨 만년을 격동시키나니
記憶細故非高賢	작은 일에 연연함은 고현이 아니니라.

시평 : 두보가 흰머리 노인으로 막부에 있으면서 젊은 동료들의 모욕을 면치 못하였다. 이에 막부를 떠난 뒤에 회한에 젖어 앞의 「막상의행」과 이 작품을 지었다.

㊂ 구창주가 이르기를, “공작이 소에게 떠받힌 일은 4구로, 나는 제비가 사다새에게 놀람을 당한 것은 2구로, 황손과 포견의 일은 각각 한 구로 표현하였는데, 종횡으로 착종한 장법이 옛날의 모범적인 법식을 보인다.”라 하였다.

1 『초사』에서, “붉은 하늘에 올라 허공을 밟네.(載赤霄而淩太淸)”라 하였다.

2 ‘谷’의 협음이다.

3 『신선전』에서, “곤륜은 달리 현포라고도 한다.”라 하였다.

4 즉 뜻한 바가 있어 다른 일에 크게 개의치 않음을 말한다. 『박물지』에서, “공작의 꼬리는 색깔이 자주 변하는데 마치 구름과 노을이 일정하지 않은 것 같다. 사람이 그 꼬리의 금색과 푸른색을 뽑아 취한다. 초봄에 자랐다가 4월 이후에 시드는데 꽃술과 같은 시기에 화려하다가 시든다.”라 하였다.

5 『이아』에서, “제(鵜)는 사다새〔鴮鸅〕다.”라 하였는데, 주에서 “지금의 제호(鵜鶘, 사다새)다. 무리를 지어 나는 것을 좋아하고, 헤엄쳐 물고기를 잡아먹는다. 그러므로 ‘오택(洿澤)’이라 이름 지었다. 세속에서는 도하(淘河)라고 부른다.”라 하였다. 『장자』에서, “올빼미가 썩은 쥐를 얻었는데, 봉황새가 지나가자 치켜뜨고 바라보며, ‘꺅’이라 울었다.”라 하였는데, 주에서 “‘꺅’은 화를 내며 사물이 다가오지 못하게 하는 소리다.”라 하였다. 즉 제비가 강물 위로 날아가니 도하새가 자신과 물고기를 다투려고 의심하여 소리를 지른 것이다.

6 집에 대하여 부끄럽다는 말이다.

7 ‘蓮’의 음은 ‘輦’이다.

8 『한서』「선제기(宣帝紀)」에서, “선제가 황증손(皇曾孫)이 되었을 때 유협(遊俠)을 좋아하였다. 일찍이 연작현(蓮勺縣)의 소금밭에서 곤란한 일을 당하였다.”라 하였다. 이에 대해 여순(如淳)은 두보가 다른 사람들에게 곤욕을 당하였다고 해석하였다. 연작현에 소금 연못이 있는데 가로 세로 10여리다. 고을 사람들이 노중(鹵中)이라 불렀다.

9 주학령이 이르기를, “‘衛’는 마땅히 ‘鮑’로 지어야 한다.”라 하였다.

10 『좌전』에서 말하였다. “처음 경극(慶克)이 제나라 영공(靈公)의 생모인 성맹자(聲孟子)와 간통하였다. 이 사실을 포견(鮑牽)이

알고 국무자(國武子)에게 보고하자, 국무자가 경극을 불러 주의를 주었고 결국 그 사실이 성맹자에게 들어갔다. 제 영공이 정(鄭)을 치러 나가고 고무구(高無咎)와 포견이 수도를 지켰다. 영공이 돌아올 때 고무구와 포견은 성을 굳게 지키고 간첩의 출입을 막고 있었는데 성맹자가 영공에게 참소하여, '고무자와 포견이 임금을 받아들이지 않으려고 합니다.'라 하였다. 가을에 결국 포견은 발뒤꿈치가 잘렸고 고무구는 국외로 달아났다. 이에 공자가 '포장(鮑莊, 포견)의 지혜는 해바라기보다 못하다. 해바라기는 오히려 자신의 발을 보호한다.'라 하였다." 두예는 주에서 "해바라기는 잎을 기울여 해로 향하여 뿌리를 막는다."라 하였다.

11 「제갈량전」에서, "진수(陳壽)가 조정에 올린 『제갈량집』 목록에 모두 24편이 있는데, 「귀화」편은 열한 번째이다."라 하였다.

14. 삼운으로 된 세 수[1]

三韻三篇

高馬勿唾[2]面	고상한 말은 얼굴에 침을 뱉지 말며[3]
長魚無損鱗	커다란 물고기는 비늘을 다치지 마라.
辱馬馬毛焦	말을 욕되게 하면 말털이 푸석하며
困魚魚有神	물고기 가두더라도 물고기에는 정신이 있나니.
君看磊落士	그대는 기세 넘치는 선비를 보았는가
不肯易其身	기꺼이 자신의 지조 바꾸지 않으니.[一]

蕩蕩萬斛船	거침없이 내달리는 웅장한 배
影若揚白虹	그림자는 마치 흰 무지개 떠가는 듯.
起檣必椎牛	돛대 세우면 반드시 소를 잡아 잔치하며
掛席集衆功	돛 걸고 배 띄우려 여러 선원 모으네.
自非風動天	절로 바람이 하늘에 불지 않으면
莫置大水中	큰 강 위에 배를 띄우지 마라.[4]

烈士惡多門	충성스러운 선비는 강한 제후 미워하는데[5]
小人自同調	소인은 절로 그에 따라가네.
名利苟可取	명예와 이익을 구차하게 취할 수 있지만
殺身傍權要	권귀한 이 곁에서 죽음을 당한다네.
何當官曹清	어찌하면 관원들이 맑게 될까
爾輩堪一笑	너희들은 한번 비웃고 말겠지만.

시평 : 장상약이 이르기를, "이 작품은 두보가 구차하게 행동하지 않은 자신의 평생을 비유한 것으로, 고금의 군자가 스스로 행해야 할 도리는 이것에서 지나지 않는다."라 하였다.

⊟ 신부맹이 이르기를, "이 세 작품은 매우 고한(古悍)하다."라 하였다.

1 황학의 주에서, "이 시는 광덕, 영태 연간의 조정 관원 가운데 원재(元載)와 어조은(魚朝恩)에게 붙좇아 뒤따르는 사람을 풍자한 것이다."라 하였다.

2 '唾'는 달리 '捶'로 된 본도 있다.

3 『전국책』에서 말하였다. "조태후(趙太后)가 좌우에게 이르기를 '장안군(長安君)을 인질로 보내자고 아뢰는 사람에게 노부(老婦)가 반드시 그 얼굴에 침을 뱉겠다.'라 하였다."

4 큰 재주를 작은 곳에 쓰지 마라는 말이다.

5 『좌전』에서, "진(晉)나라 정치는 여러 가문에서 다스렸다."라 하였다.

15. 촉을 떠나며[1]

去蜀

五載客蜀郡	오년 동안 촉의 나그네
一年居梓州	일 년은 재주에 거주하였네.
如何關塞阻	어찌하여 관문이 막혀
轉作瀟湘遊	떠돌다가 소상의 나그네 되려하나.[2]
世事已黃髮	세상사에 찌들어 이미 흰 머리 되었는데
殘生隨白鷗	남은 인생은 흰 갈매기나 따르련다.
安危大臣在	국가의 안위는 대신에게 달렸으니
何[3]必淚長流	어찌 오래 눈물 흘리랴.[4] 曰

曰 제목을 「거촉(去蜀)」이라 하였는데, 촉을 떠난다는 내용은 없다. 이런 수준에 올라야 비로소 노경(老境)이라 할 만하다. 결말도 또한 체재(體裁)에 알맞다.

1 본집에 실리지 않은 작품으로, 곽지달과 황학 본에 보인다.

2 당시 두보는 형초(荊楚)로 가려 하였다.

3 '何'는 달리 '不'로 된 본도 있다.

4 결말에 반어법을 써서 자신의 생각을 나타내었다. 겉으로 보면 자신의 슬픔을 풀어보는 것 같지만 실상은 대신을 풍자하였다.

16. 청계역에서 묵으며, 장지서張之緖 원외랑 형을 그리며 올리다[1]

宿靑溪驛 奉懷張員外十五兄之緖

漾舟千山內	천 산의 안에 배를 띄우다가
日入泊枉[2]渚	해 지자 물굽이에 배를 대네.
我生本飄飄	나의 생애 본래 떠도는데
今復在何許	지금 다시 어디에 있는가.
石根靑楓林	푸른 단풍 숲의 돌 뿌리에
猿鳥聚儔侶	원숭이와 새가 짝지어 모여 있네.
月明遊子靜	달 밝아 나그네를 고요히 비추는데
畏虎不得語	호랑이 무서워 말도 못하네.
中夜懷友朋	한밤중에 벗을 그리나니
乾坤此深阻	천지간 이곳에 깊이 막혀있네.
浩蕩前後間	기분 좋기론, 조만간에[3]
佳期赴荊楚	형초로 가서 아름다운 만남 가져야지.⊟

⊟ 소자상이 이르기를, "눈앞의 경치를 이야기하는 것 같으니 절로 입묘(入妙)의 경지를 보인다."라 하였다.

1 『여지기승』에서, "청계역은 가주(嘉州) 건위현(犍爲縣)에 있다."라 하였다. 「고력사외전(高力士外傳)」에서, "이보국(李輔國)이 권력을 농단하여 추안(推按)만 거치면 죽이거나 유배를 보냈다. 검중도(黔中道)로 특히 많이 보냈다."라 하였다. 원외랑은 장위(張爲)와, 장지서, 그리고 이선(李宣) 등이 있었다.

2 '枉'은 달리 '荒'으로 된 본도 있다.

3 구주(仇注)에서, "이 당시 장지서는 형초에 있었는데 두보가 그곳으로 가서 서로 만나려고 하였다. 그러므로 '조만간〔前後間〕'이라 하였다."라 하였다.

17. 광가행을 지어 넷째 형에게 주다[1]

狂歌行贈四兄

與兄行年校一歲	형과 나이가 한 살 차이인데[2]
賢者是兄愚者弟	어진 이는 형이고 어리석은 이는 아우로세.
兄將富貴等浮雲	형은 부귀를 뜬 구름처럼 여기고
弟竊[3]功名好權勢	아우는 공명을 훔치고 권세를 좋아하였네.
長安秋雨十日泥	장안은 가을비에 열흘 동안 진흙탕이었는데
我曹韝[4]馬聽晨雞	나와 동료는 말을 내달려 새벽 닭소리 들었지.[5]
公卿朱門未開鎖	공경의 큰 집은 아직 문이 열리지 않았는데
我曹已到肩相齊	나와 동료는 이미 도착하여 어깨 나란히 하였지.[一]
吾兄穩睡方舒膝	우리 형은 편안히 졸면서 무릎 쭉 폈으며
不襪不巾踏曉日	버선도 두건도 하지 않고 아침을 보냈네.[6]
男啼女哭莫我知	다른 남녀가 울어도 형은 관여하지 않았고
身上須繒腹中實	몸 위에 내의만 둘렀는데 마음은 순박하였네.[7]
今年思我來嘉州	올해 이 몸 그리워 가주로 오시니
嘉州酒香[8]花滿[9]樓	가주의 술은 향기롭고 꽃은 누대에 가득하였네.
樓頭喫酒樓下臥	누대 위에서 술을 즐기고 누대 아래에서 누워
長歌短詠迭[10]相酬	길게 노래하고 짧게 읊조리며 서로 수창하였지.
四時八節還拘禮	일 년 내내 예의를 지켜
女拜弟妻男拜弟	딸은 제수에게 절 시키고 아들은 아우에게 절 시켰네.
幅巾鞶帶不掛身	두건과 허리띠도 몸에 두르지 않았으며[11]
頭脂足垢何曾洗	머리의 비듬과 발의 때는 언제나 씻었던가.[12]
吾兄吾兄巢許倫	우리 형이여 우리 형이여, 소부 허유와 같으니
一生喜怒常任眞	인생의 희노를 진정에 맡기네.

日斜枕肘寢已熟　　해가 지면 팔뚝 베고 깊이 잠들어
啾啾唧唧爲何人　　코를 가볍게 골아대니 과연 어떤 사람인가.[13]

시평 : 소자상이 이르기를, "일종의 진솔하게 읊은 작품으로, 중당과 만당의 법문을 열었다."라 하였다. ○ 원진, 백거이, 장적, 왕건 등은 모두 이런 시파이다. 그러나 또한 송 시풍의 남상이 되기도 한다.

曰 명나라 종신(宗臣)의 「보유일장서(報劉一丈書)」는 벼슬에 급급한 사대부의 추태를 그렸는데, 이 시에서 착안하였다.

1 본집에 실리지 않은 작품으로, 진호연(陳浩然) 본에 보이며, 또한 『문원영화』에 보인다. 호하객(胡夏客)이 말하기를, "두보의 여러 아우 가운데 시에 보이는 이는 한두 사람이 아니다. 이 시의 형은 또한 사촌이다."라 하였다. 장약육이 이르기를, "가슴속의 무한한 불만을 형을 빌어 드러내면서 「광가행」이라 제목 하였다. 자신을 안타까워하고 다른 사람을 부러워하여 가슴 속의 울분을 드러내니, 이 모든 것이 광태(狂態)이다."라 하였다.

2 두 사람의 차이가 일 년이라는 의미이다.

3 '竊'은 달리 '切'로 된 본도 있다.

4 '鞴'는 음이 '備'다.

5 『설문해자』에서, "'비(鞴)'는 수레앞턱나무다."라 하였다. 일설에는 말에 채찍질하는 것을 '비(鞴)'라 한다. 응소(應劭)의 『한관의(漢官儀)』에서, "궁중에서는 닭은 기르지 않는다. 밤의 물시계가 다 떨어지기 45분〔三刻〕 쯤 전에 닭이 울면, 지키는 관리가 주작문(朱雀門) 밖에서 기다렸다가 붉은 두건을 쓰고 닭 우는 소리를 내었다."라 하였다.

6 비가 내리면 곧 나가지 않았다.

7 이상은 모두 옛날 일을 서술하였다.

8 '香'은 달리 '重'으로 된 본도 있다.

9 '滿'은 달리 '繞'로 된 본도 있다.

10 '迭'은 달리 '還'으로 된 본도 있다.

11 다만 내의만 걸쳤다는 말이다.

12 다만 마음은 순박하였다는 말이다.

13 『광운』에서, "'추즉(啾唧)'은 작은 소리다."라 하였다.

18. 융주 양 자사의 동루에서 잔치하며[1]
宴戎州楊使君東樓

勝絶驚身老	경치 좋은 잔치에 몸이 늙어 놀랐는데
情忘發興奇	늙음 잊어버리고 아름다운 흥을 발하네.[2] ㉠
座從歌妓密	자리가 가기와 바짝 붙었지만
樂任主人爲	즐거움은 주인 하는 대로 맡기네.[3]
重碧拈春酒	짙은 푸른색 봄 술을 잡고[4]
輕紅擘荔枝	연하게 붉은 여지를 쪼개네.[5]
樓高欲愁思	높은 누대에서 수심에 젖은 것은
橫笛未休吹	피리소리 그치지 않기 때문이네.

㉠ 시를 시작하는 말이 갑자기 튀어나왔다〔斗絶〕. 두 구는 회곡(回曲)으로 운치를 보였다.

1 『당서』에서, "융주 남계군(南溪郡)은 검남도에 속한다."라 하였다. 포주(浦注)에서, "융주는 지금의 서주(敍州)로 성도부의 동남쪽에 있다."라 하였다.

2 아름다운 경치의 훌륭한 잔치에 자신도 모르게 늙음을 잊어버린다는 말이다.

3 장상약이 이르기를, "자리가 비록 기생과 밀접하지만 즐거움은 주인이 하는 대로 맡긴다. 두 구는 절로 은미한 뜻이 있다."라 하였다.

4 조언재가 말하였다. "원진의 「원일(元日)」에서 '어린놈이 먼저 술잔 잡는 것을 부끄럽게 바라보네.(羞看稚子先拈酒)'라 하였다. 백낙천의 「세가(歲假)」에서, '세주를 먼저 잡아 양보하지 않고.(歲酒先拈辭不得)'라 하였다. 즉 '염주(拈酒)'는 당나라 사람들의 말이다."라 하였다.

5 『당서』에서, "융주는 여지를 토산물로 바친다."라 하였다.

19. 투주에서 엄 시어를 기다렸으나 오지 않아 먼저 삼협으로 내려가다[1]

渝州候嚴六侍御不到先下峽

聞道乘驄發	듣자니, 총마 타고 나선다고 하여
沙邊待至今	모래밭에서 지금까지 기다리네.
不知雲雨散	구름과 비처럼 헤어질 줄 몰랐는데[2]
虛費短長吟	부질없이 장단구 읊조렸네요.
山帶烏蠻闊	산은 광활한 오만과 마주하고[3]
江連白帝深	강은 깊게 백제성으로 이어졌네.[4]
船經一柱觀	배를 타고 일주관을 지나면[5]
留眼共登臨	잠시 머물러 같이 올라가 구경합시다.[6]

1 『당서』에서, "투주 남평군(南平郡)은 검남도에 속한다."라 하였다. 즉 지금의 중경부(重慶府)다.

2 왕찬의 시에서, "바람 불고 구름 흩어져, 한 번 이별이 마치 비 같네.(風流雲散 一別如雨)"라 하였다.

3 5-6구는 투주의 아름다움을 말하였다. 『양익기(梁益記)』에서, "준주(雋州)의 준산(雋山)은 만(蠻)과 접경을 이룬다. 오만(烏蠻)과 백만(白蠻) 등이 있다."라 하였다.

4 백제성은 기주(夔州)에 있다.

5 일주관은 형주(荊州)에 있다.

6 두보는 이번 여행에 본래 삼협을 나가려고 하였는데, 결국 그렇게 하지 못하고 기주에 머물렀다.

20. 번민을 떨쳐내며
撥悶

聞道雲安麴米春	듣자니, 운안의 국미춘은[1]
纔傾一盞卽醺人	한잔만 기울여도 곧 사람을 취하게 한다네.
乘舟取醉非難事	배 타면서 술에 취하는 건 어려운 일 아니지만
下峽銷愁定幾巡	삼협 내려가며 근심 녹이려면 몇 잔이나 마셔야하나.
長年三老遙憐汝	사공과 키잡이도 너를 한잔 씩 들이켜[2]
捩舵開頭捷有神	키를 돌리고 삿대 저을 때 귀신처럼 재빠르네.[3]
已辦青錢防雇直	이미 청동전 마련하여 뱃삯 준비하였으니
當令美味入吾唇	응당 맛난 술을 내 입으로 들어오게 해야지.㊀

㊀ 장난삼아 지은 작품이다. ○ 하의문이 이르기를, "술이 근심을 풀어주니 삼협의 무서운 파도도 마음 쓰지 않는다. 한없는 근심을 가지고 있으면서도 홍회(興會)가 날아오를 듯 묘사하였으니, 두보의 시는 이런 까닭에 은미하다."라 하였다.

1 『구당서』에서, "운안현은 기주(夔州)에 속한다."라 하였다. 포주(浦注)에서, "운안은 지금의 운양현(雲陽縣)으로, 기주의 북쪽 170리에 있다."라 하였다. 『동파지림』에서 말하였다. "한퇴지의 시에서 '잠깐 동안 부지런하더니 청춘을 버리고 가버렸네.(且可勤買抛青春)'라 하였다." 『국사보(國史補)』에서, "술에는 형양(滎陽)의 토굴춘(土窟春), 부평(富平)의 석동춘(石凍春), 검남(劍南)의 소춘(燒春) 등이 있다."라 하였는데, 두보는 운안의 국미춘을 말하였다. 이를 보면 당나라 사람들은 술을 이름 지을 때 춘(春)을 붙이는 경우가 많음을 알 수 있다.

2 채주(蔡注)에서, "삼협 안에서는 뱃사공을 '장년'이라 부르고, 키잡이를 '삼노'라고 부른다.

3 소주(邵注)에서, "삼노는 키를 돌리는 사람이고 장년은 삿대 젓는 사람이다."라 하였다.

21. 상시 고적이 타계하였다는 소식을 듣고[1]
聞高常侍亡

歸朝不相見	조정으로 돌아갈 때 만나지도 못하였는데
蜀使忽傳亡	촉의 사신이 문득 죽음을 전하네.
虛歷金華省	금화성에서 재주 다 펼쳐 보지 못하였으니[2]
何殊地下郎	지하의 수문랑과 다르랴.[3]
致君丹檻折	임금에게 직언하다가 붉은 난간 부러졌으니[4]
哭友白雲長	죽은 벗 곡하는데 흰 구름의 감회 길기도 하네.[5]
獨步詩名在	독보적인 시명은 남아 있는데
祇令故舊傷	그저 친구로 하여금 마음 아프게 하네.

시평 : 『두시박의』에서 말하였다. "'헛되이 금화성에서 보냈으니, 어찌 지하의 수문랑과 다르랴.(虛歷金華省 何殊地下郎)'는 말은 재주를 펼쳐 보지 못함을 애석하게 여긴 것이다. '비록 관직이 화려하지만 어찌 지하의 수문랑과 다르겠는가.'란 의미로 대단히 마음 아파한 것이다. 역사에서 기록하기는, 고적은 기운이 굳세 직언을 하여 권귀들이 싫어하였으며 또한 항상 임금을 곁에서 모시며 과실을 풍간하였기에, '임금에게 직언하다가 붉은 난간 부러졌으니.(致君丹檻折)'라는 말을 하였다."

1 원주(原注)에서, "충주(忠州)에서 지었다."라 하였다. 『당서』에서, "고적이 조정으로 불려 올라가 좌산기상시(左散騎常侍)가 되었다. 영태 원년(765) 정월에 죽었다."라 하였다.

2 『후한서』「반고전」에서, "반고〔班伯〕가 중상시(中常侍)에 임명되었다. 당시에 황제가 바야흐로 학문에 열중하였는데, 정관중(鄭寬中)과 장우(張禹)가 아침저녁으로 금화전(金華殿)에서 『상서』와 『논어』를 강의하였다. 황제가 반고에서 조서를 내려 수업을

받게 하였다."라 하였다. 『한궁궐기(漢宮闕記)』에서, "금화전은 미앙궁의 백호전(白虎殿) 오른쪽에 있다. 비서성의 도서는 모두 이곳에 보관하였다."라 하였다.

3 왕은(王隱)의 『진서(晉書)』에서 말하였다. "소소(蘇韶)가 중모(中牟)의 수령을 맡다가 죽었다. 소소의 백부의 아들인 소절(蘇節)이 꿈에서 소소를 보았는데, 소소가 '안회(顔回)와 복상(卜商)은 지금 현재 지하에서 수문랑(修文郎)이 되었다.'라 하였다."

4 『한서』「주운전(朱雲傳)」에서 말하였다. "한(漢) 성제(成帝)의 정승이었던 안창후(安昌侯) 장우(張禹)는 성제의 존경을 받고 있었다. 그는 성제를 믿고 안하무인격의 행동도 서슴지 않고 했지만, 그의 위세가 하늘을 찌를 듯하여 그 누구도 이 점을 지적하지 못했다. 이때 주운(朱雲)이 성제에게 그를 베라고 간하였다. 성제는 자신의 스승을 간사한 신하로 폄하한 주운을 당장 끌어내라고 소리쳤다. 무관들이 주운을 끌어내려고 하자, 주운은 끌려 나가지 않으려고 난간을 붙들고 발버둥치다가 그만 난간이 부러지고 말았다. 이 일이 있은 후, 난간을 수리하려고 할 때, 성제는 이렇게 말했다. '새로운 것으로 바꾸지 말고 부서진 것을 붙이도록 하라. 직언을 간한 신하의 충성의 징표로 삼겠다.'라 하였다."

5 도연명의 「정운(停雲)」에서 벗을 그리는 뜻을 인용하였다.

22. 충주자사인 조카의 집에서 잔치하며[1]
宴忠州使君姪宅

出守吾家姪	자사로 나온 우리 집안의 조카
殊方此日歡	타향에서 오늘 즐겁구나.
自須遊阮舍	모름지기 조카 집에서 놀려고 한 것이지[2]
不是怕湖灘	호탄 두려워 쉬어가려는 것이 아니네.[3]
樂助長歌送	음악이 도우니 긴 노래 읊조리며
杯饒旅思寬	술이 넘치니 나그네 수심이 풀어지네.
昔曾如意舞	옛날에 추던 여의무를[4]
牽率强爲看	다른 사람에게 이끌려 억지로 춘다네.[5] ⊟

⊟ 아래 「제충주용흥사원벽(題忠州龍興寺院壁)」을 보면 이 시가 깊은 뜻을 지녔음을 알 수 있다.

1 『당서』에서, "충주 남빈군(南賓郡)은 산남동도(山南東道)에 속한다."라 하였다.

2 완함(阮咸)과 완적(阮籍)은 숙질간으로, 완사(阮舍)는 조카의 집을 비유한다. '자수(自須)' 두 글자는 '힘내서 한다'는 의미가 들어있다.

3 호탄이 험난하여 이곳에서 머물려고 한 것이 아니라는 말이다. 「협정기(峽程記)」에서, "450개의 여울〔灘〕 가운데, 청수(淸水), 중봉(重峯), 호탄(湖灘), 한탄(漢灘) 등이 있다."라 하였다. 『일통지』에서, "호탄은 기주부(夔州府) 만현(萬縣)의 서쪽 60리에 있다. 여울물이 매우 위험한데, 봄과 여름엔 물이 가득 차며 강 표면이 호수 같다."라 하였다.

4 『세설신어』에서, "왕융(王戎)은 여의무 추기를 좋아하였다."라 하였다.

5 『좌전』에서, "노부(老夫)를 이끌어〔牽率〕 이곳까지 왔다."라 하였다.

23. 우임금의 사당[1]
禹廟

禹廟空山裏	우임금 사당은 빈 산 속에 있는데
秋風落日斜	가을바람에 넘어가는 해는 비끼었네.
荒庭垂橘柚	황량한 뜰엔 귤과 유자나무 드리웠고
古屋畫龍蛇	오랜 집에는 용과 뱀이 그려져 있네.[2]
雲氣生虛[3]壁	구름은 텅 빈 벽에서 일어나고
江聲走白沙	강물 소리는 흰백사장을 달리네.
早知乘四載	일찍 알았나니, 네 탈 것에 올라[4]
疏鑿控三巴	이리저리 뚫어 삼파로 길을 통하였음을.[5] ㈢

시평 : 구창주가 이르기를, "40글자를 통해 풍경의 뛰어남과 사원의 모습과 그의 공덕을 전부 표현하였는데, 국법(局法)이 근엄하고 기상이 굉장(宏壯)하니 이것이 바로 대가의 수법이다."라 하였다. ○ 호원서(胡元瑞)가 말하기를, "이 시의 3-4구는 「제현무선사옥벽(題玄武禪師屋壁)」의 '석장 날리니 항상 학이 뒤따르고, 잔을 타고 건너도 학을 놀래키지 않는구나.(錫飛常近鶴 杯渡不驚鷗)'는 구절과 더불어 고사를 사용하여 절묘한 경지에 올랐다. 그러나 고사로 보지 않아도 곧 옛 사원의 황량함과 벽화의 날아 생동함은 또한 다른 시인이 착상할 수 없으니, 이것이 바로 두보가 천고의 절창이 된 까닭으로 쉽게 따르지 못한다."라 하였다.

⊟ 왕완정이 이르기를, "묘사한 것이 바람이 휙 지나는 것처럼 신령(神靈)스러우니, 오묘한 필법이다."라 하였다.

1 『방여승람』에서, "우임금의 사당은 충주(忠州) 임강현(臨江縣)의 남쪽에 있는데, 민강(岷江)을 2리 정도 지나면 나온다."라 하였다.

2 「초혼(招魂)」에서, "고개 들어 새긴 서까래 바라보니, 용과 뱀이 그려졌네.(仰觀刻桷 畫龍蛇些)"라 하였다. 손신노(孫莘老)가 말하기를, "귤과 유자나무는 공물을 부담하고 용과 뱀을 내쫓은 것은 모두 우임금과 관련된 일이다. 두보는 이것을 보고 감회를 일으켰다."라 하였다.

3 '生虛'는 달리 '噓青'으로 된 본도 있다.

4 『서전』에서, "네 가지 탈 것은 물에서는 배를 타고, 육지에서는 수레를 타고, 진흙뻘에서는 방패〔楯〕를 타고, 산에서는 사다리〔樏〕를 탄다."라 하였다.

5 초주(譙周)의 『파기(巴記)』에서, "유장(劉璋)이 파(巴) 지역을 나눠 영녕(永寧)으로 파동군(巴東郡)을 삼고, 점강(墊江)으로 파군(巴郡)을, 낭중(閬中)으로 파서군(巴西郡)을 삼았다. 이것이 삼파(三巴)다."라 하였다. 구주(仇注)에서, "우임금은 네 탈 것을 타고서 물을 다스렸다. 이전에 일찍 알고 있었는데, 지금 몸소 삼파에 이르러 물길을 뚫은 유적을 본 것이다."라 하였다.

24. 충주의 용흥사에서 거처하던 방의 벽에 쓰다[1]

題忠州龍興寺所居院壁

忠州三峽內　　충주는 삼협의 안에 있는데[2]
井邑聚雲根　　민가는 구름 끝자락에 모여 있네.
小市常爭米　　작은 저자에는 항상 쌀을 다퉈 사고[3]
孤城早閉門　　외론 성은 일찍 문을 닫네.
空看過客淚　　지나가는 나그네는 눈물만 흘리고
莫覓主人恩　　주인의 은혜는 찾아보기 어려워라.
淹泊仍愁虎　　오래 머문 건 호랑이 걱정 때문이니
深居賴獨園　　사원에 의지해 깊이 거처하네.[4]

1　육무관(陸務觀)이 지은 「용흥사조소릉선생우거(龍興寺弔少陵先生寓居)」에서, "임금 호종한 노신이 만리 길 떠나, 추운 날 이곳에 와서 강물소리 들었네.(扈蹕老臣身萬里 天寒來此聽江聲)"라 하였는데, 바로 이곳을 말한다. 이 시의 주에서 "절문에서 강물 소리 들으면 대단히 웅장하다."라 하였다.

2　조언재가 말하기를, "삼협은 명월협(明月峽)부터 시작한다. 파협(巴峽)과 무협(巫峽)은 중간이 되며 동돌협(東突峽)이 끝이다."라 하였다. 포주(浦注)에서, "명월협은 투주에 있고 무협은 기주 외곽에 있으며, 충주는 기주와 투주의 사이에 있다. 그러므로 삼협의 안에 있다고 하였다."라 하였다.

3　돌이 많고 흙이 적기 때문이다.

4　『금강경』의 내용 중에 기수급고독원(祇樹給孤獨園)이 있다. 『금강경(金剛經)』의 주에서, "수달장자(須達長者)가 시원기타(施園祇陀) 태자의 정원을 사들여 부처에게 기증하고 시원기타 태자도 나무를 기증하여, 그곳에서 설법하였다. 그러므로 후대 사람들이 그곳을 기원(祇園)이라 불렀다. 달리 급고원(給孤園)이라고도 한다."라 하였다.

25. 복야 엄무의 관이 고향으로 돌아가는 것을 곡하며[1]
哭嚴僕射歸櫬

素幔隨流水	하얀 영장(靈帳)이 흐르는 물 따르니
歸舟返舊京	돌아가는 배가 옛 서울로 향하네.[2]
老親如宿昔	늙으신 어머니는 예전과 변함없는데[3]
部曲異平生	부하들은 벌써 평소와 다르네.
風送蛟龍匣	바람은 교룡갑의 관을 전송하고[4]
天長驃騎營	하늘 멀리 장군의 진영이 있네.[5]
一哀三峽暮	한번 슬픈 통곡에 삼협이 저무나니[6]
遺後見君情	뒷사람에게 남긴 그대의 정을 보는구나.[7]

시평 : 유후촌(劉後村)이 말하기를, "3-4구는 대단히 처창(悽愴)하다. 이의산(李義山)이 「과구부기제연(過舊府寄諸掾)」에서 '귀신이 없다는 논의를 믿지 마라, 끝내 외로움을 부탁하는 마음 저버렸으니.(莫憑無鬼論 終負託孤心)'라 하였는데, 오히려 같은 막부에서 지낸 옛 정이 있어서 그들의 경박한 습속을 고치려 하였다."라 하였다.

1 「엄무전」에서, "영태 원년 4월에 죽었으니 나이 40이었다. 상서 좌복야를 추증하였다."라 하였다.

2 주주(朱注)에서, "엄무는 본래 화음(華陰) 사람이다. 그러므로 관이 서울로 돌아간다고 하였다."라 하였다.

3 엄무의 어머니는 매우 어질었는데, 엄무가 죽을 때도 어머니는 살아계셨다.

4 『서경잡기』에서, "황제와 왕들을 장사 지낼 때 모두 구슬로 만든 옷 입히고 옥으로 만든 관에 넣는다. 옥갑의 모양은 개갑(鎧甲) 같은데 금장식을 연달아 붙인다. 금장식은 교룡과 봉황의 형상을 하

고 있다. 세상에서는 교룡옥갑(蛟龍玉匣)이라 부른다."라 하였다. 살펴보건대 「곽광전(霍光傳)」에서 '구슬로 장식한 옥의(玉衣)와 관을 하사하니, 신하들도 또한 교룡갑(蛟龍甲)이라 칭하였다.'라 하였다. 두보의 「애이광필(哀李光弼)」에서 '교룡갑에 누었네.(零落蛟龍甲)'라 하였다.

5 『한서』에서, "원수(元狩) 6년에 곽거병(霍去病)이 표기장군을 맡다가 죽었다."라 하였다. 그의 죽은 나이가 대략 엄무과 비슷하다. 그러므로 그로 엄무를 비유하였다. 윗구는 영거(靈車)가 멀리 떠나는 것이며 이 구는 옛 막부를 멀리서 바라보는 것이다.

6 오래 통곡함을 알 수 있다.

7 '유후(遺後)'는 죽은 뒤〔身後〕와 같은 말이다. 두보가 막부에 있을 때 엄무와 자못 화합하지 못하였다. 그런데 충주와 투주에 이르러보니 세상의 인정이 매우 각박하여 더욱 예전 그에게 의지하던 때가 생각난다. 시어가 대단히 진지(眞摯)하다.

26. 밤에 여관에서 회포를 적다
旅夜書懷

細草微風岸	가는 풀에 미풍 불어오는 언덕
危檣獨夜舟	높다란 돛대, 홀로인 밤의 배.
星垂平野闊	드넓은 평야에 별 드리우고
月湧大江流	흘러가는 큰 강에 달이 흔들리네.
名豈文章著	이름을 어찌 문장으로 드러내랴
官應老病休	관직은 응당 늙고 병드니 그만두네.
飄飄何所似	이리저리 떠돌이 무엇과 같은가
天地一沙鷗	천지간 한 마리 갈매기로세.㊀

시평 : 심확사가 이르기를, "가슴에 세상을 다스릴 능력을 지녔기에 '이름을 어찌 문장으로 드러내냐.(名豈文章著)'고 하였으며, 그러나 벼슬은 그만두려하였기에 '늙고 병들었으니 응당 그만두리라.(官應老病休)'고 하였다. 의미를 함축한 표현이 이처럼 뛰어나다."라 하였다.

㊀ 소자상이 이르기를, "뛰어난 연구〔驚聯〕로 쉽게 볼 수 없다."라 하였다.

27. 배를 출발하며[1]

放船

收帆下急水	돛을 거두고 급류를 내려가며
卷幔逐回灘	장막 말아 굽이도는 여울을 좇아가네.[2]
江市戎戎暗	강가의 시장은 짙은 안개로 어둡고[3]
山雲淰[4]淰寒	산 구름은 햇빛 가려 춥네.[5]
荒林無徑入	황폐한 숲은 들어갈 오솔길조차 없고
獨鳥怪人看	외론 새는 쳐다보는 사람을 괴이 여기네.
已泊城樓底	이미 성의 누대 아래에 정박하였는데
何曾夜色闌	어찌하여 아직도 밤이 깊지 않은가.[6]

1 본집에 실리지 않은 작품으로, 곽지달과 황학 본에 보인다.

2 장상약이 이르기를, "돛은 물살이 빠른 곳에 이르면 걷는데, 지나치게 빠른 것을 방비함이다. 장막은 굽이도는 여울에 이르면 말아 두니 꼬여서 앞을 막을까 두렵기 때문이다."라 하였다. 두 구는 강 가운데의 경치다.

3 『시경』에서, "어쩌면 저리도 성한가.(何彼穠矣)"라 하였는데, 주에서 "'농(穠)'은 성함이니 '융융(戎戎)'이란 말과 같다."라 하였다. 장형의 「총부(冢賦)」에서, "이에 영목을 심으니, 짙게 된서리 내렸네.(乃樹靈木 戎戎繁霜)"라 하였다. 이 시에서는 시장 안에 저물녘 안개가 짙게 피어오른 모습이다.

4 '淰'의 음은 '審'이다.

5 「예운(禮運)」에서, "용으로 가축을 삼으므로 물고기가 뛰놀지 못한다."라 하였는데, 주에서 "'淰'의 뜻은 번쩍이다는 의미이다. '심심(淰淰)'은 구름이 햇빛을 가렸다가 열렸다가 일정하지 않은

모습을 말한다.

6 위에서 삼협과 숲이 어두워 밤이 거의 다가온 것을 묘사하였다. 배를 정박함에 이르러 비로소 날이 아직도 지지 않음을 알았다는 말이다. 즉 배가 빠르게 지나감을 의미한다.

28. 운안에서 중양절에 정씨가 술을 마련하여 여러 공들을 모시고 잔치하다[1]

雲安九日鄭十八攜酒 陪諸公宴

寒花開已盡　늦가을 꽃은 피었다가 이미 지고
菊蘂獨盈枝　국화꽃만 오직 가지에 활짝 피었네.
舊摘人頻異　예전 꽃 따던 사람들 번번이 다른데
輕香酒暫隨　가벼운 향기의 술만 잠시 우리를 따르네.[2]
地偏初衣裌　외진 곳이라 처음으로 겹옷을 입고[3]
山擁更登危　산은 중첩되어 더욱 오르기 위험하네.
萬國皆戎馬　온 나라가 전쟁 통이라[4]
酣歌淚欲垂　술 취한 노래에도 눈물이 흐르는구나.⊟

⊟ 소자상이 이르기를, "운치가 초초(楚楚)하다."라 하였다.

1 『구당서』에서, "운안현은 기주(夔州)에 속한다."라 하였다. 포주(浦注)에서, "운안은 지금의 운양현(雲陽縣)으로, 기주의 북쪽 170리에 있다."라 하였다.

2 도개우(陶開虞)가 말하기를, "'빈(頻)'자를 사용하여 수십 년 사이에 존몰(存沒)과 이합(離合)의 감회를 모두 나타내었으며, '잠(暫)'자를 사용하여 술자리가 시간이 넉넉하지 않으며 이 시간이 지나면 다시 떠돌아 어떤 모습이 될지 모르는 것을 나타내었다."라 하였다.

3 겹(裌)은 겹(袷)과 같다. 『설문해자』에서, "'겹(裌)'은 솜이 들어가지 않은 옷이다."라 하였다. 서증(徐增)이 말하기를, "'겹(裌)'은 좁은 옷이다."라 하였다. 이 구는 이 지역이 따뜻한 것을 나타내었다.

4 학주(鶴注)에서, "이 해 9월에 복고회은(僕固懷恩)이 회흘과 토번을 꾀어 당을 침입하였다."라 하였다.

29. 정랑에게 답하다[1]

答鄭十七郎一絶

雨後過畦潤	비 내린 뒤 젖은 밭두둑 지나니
花殘步屐遲	꽃이 져서 발걸음이 더디네.
把文驚小陸	지은 문장은 육운을 놀라게 하고[2]
好客見當時	손님 좋아하여 정장에게 소개하였네.[3]

1 이 시는 아마도 앞의 정십팔(鄭十八)의 형일 것이다. 정십팔을 방문한 뒤 정십칠이 시를 주니 두보가 답한 것이다.

2 소륙(小陸)은 육운(陸雲)이다. 정십팔을 비유한다.

3 당시(當時)는 정장(鄭莊)이다. 정십칠을 비유한다.

30. 상징군과 이별하며
別常徵君

兒扶猶杖策	아이 부축 받으며 오히려 지팡이 짚고
臥病一秋强	병에 누워 온 가을을 지냈네.[1]
白髮少[2]新洗	백발도 새로 목욕한 뒤 적어지고
寒衣寬總長	겨울 옷도 헐렁해져 온통 길어졌네.
故人憂見及	벗이 나를 걱정하여 찾아주었는데[3]
此別淚相望	이제 헤어지며 눈물 흘리고 서로 바라보네.[4]
各逐萍流轉	각자 부평초처럼 떠돌 테지만
來書細作行	편지나마 자세히 소식 전해주길.⊟

⊟ 이런 종류의 시는 맹교와 가도 같은 일파를 열었다. ○ 이자덕이 이르기를, "동파가 말한 '문채가 대단히 화려하면 다시 평담(平淡)으로 돌아간다.'는 것에 해당하는 작품이다."라 하였다.

1 '강(强)'은 남다〔餘〕는 의미이다.
2 세 글자를 한꺼번에 읽는다.
3 즉 상징군은 내가 병이 들었을까 걱정하여 방문하였다는 말이다.
4 즉 자신도 모르게 눈물이 흐른다는 말이다.

31. 장강에서

長江二首

衆水會涪萬	여러 강물이 부주와 만주에 모여[1]
瞿塘爭一門	구당협 한 문으로 다투어 내려가네.[2]
朝宗人共挹	천자 모실 줄 사람들은 모두 아는데[3]
盜賊爾誰尊	도적 네 놈들은 누구를 모시려고 하느냐.[4]
孤石隱如馬	외로운 바위는 말만한데 물에 잠겨 있고[5]
高蘿垂飮猿	높다란 넝쿨에는 물 마시는 원숭이 매달렸네.[6]
歸心異波浪	돌아가려는 마음은 물결과 다르니
何事卽飛翻	어이하여 거세게 일렁이는가.[一][二]

浩浩終不息	아득한 강물 종내 쉬지 않고 흘러
乃知東極臨	동해에 이를 것이라.[7]
衆流歸海意	많은 강물이 바다로 들어감은
萬國奉君心	온 나라가 임금 섬기는 마음이네.
色借瀟湘闊	경치는 소상강처럼 드넓은데
聲驅灩澦深	소리는 염예퇴를 몰아 가라앉히려는 듯.
未辭添霧雨	게다가 안개 일고 비가 내리며
接上過衣襟	물이 위로 솟아 옷을 적시네.[8][三]

시평 : 포이전이 이르기를, "이 당시 최간(崔旰)이 곽영예(郭英乂)를 죽였는데, 두보는 운안(雲安)에 있다가 촉이 어지럽다는 소식을 듣고 삼협을 내려가 난리를 피하려고 하였다. 그러므로 장강(長江)을 빌려 우의하였으니, 강을 읊은 것이 아니다."라 하였다.

㊀ 이 작품은 강이 시작하는 곳을 그렸다.

㊁ 장약육이 이르기를, "파도를 빌려 돌아가는 마음을 끄집어내었고, 또한 돌아가는 마음을 빌려 파도를 묘사하였으니, 양면을 모두 표현하였다."라 하였다.

㊂ 이 작품은 강이 끝나는 곳을 묘사하였다.

1 포주(浦注)에서, "부주(涪州)는 민강(岷江)의 남쪽에 있고, 만주(萬州)는 민강의 북쪽에 있다. 모두 기주(夔州)의 상류다."라 하였다.

2 『환우기』에서, "구당은 기주의 동쪽 1리에 있다. 옛 서릉협(西陵峽)으로, 천 길의 벼랑이 연이었으며 급류가 우레 치는 소리를 낸다."라 하였다. 『방여승람』에서, "구당협은 바로 삼협의 문이다. 양쪽 벼랑이 마주하고 가운데로 강물이 흘러가니 바라보면 마치 문 같다."라 하였다.

3 '읍(挹)'은 취한다는 의미이다.

4 즉 '강물도 오히려 바다로 흘러갈 줄 아는데〔朝宗〕 도적이 반란을 일으키니 너희 도적은 장차 천자를 버리고 누구를 모시려고 하는가'란 말이다.

5 『환우기』에서, "염예퇴(灩預堆)는 촉강의 중심에 있으며, 구당협의 입구이다."라 하였다. 『수경주』에서, "강 가운데 오롯한 바위가 있는데 음예석(淫豫石)이라 부른다. 겨울에 물이 빠지면 20여 길로 솟아나며 여름에는 잠긴다."라 하였다. 『악부』에서, "음예석은 말처럼 크니, 구당협은 내려갈 수 없네.(淫豫大如馬 衢塘不可下)"라 하였다.

6 『수경주』에서, "구당협은 원숭이가 많은데, 북쪽 강기슭에는 살지 않는다."라 하였다. 사령운의 『유명산지(遊名山志)』에서, "매달린 원숭이가 내려와 물을 마시는 것을 보면, 백 길이나 되게 서로 매달려 있다."라 하였다. 두 구는 허실 차대(借對)에 해당한다.

7 '동극(東極)'은 동해를 가리킨다.

8 왕도준(王道俊)이 말하기를, "강물이 위로 안개와 비에까지 닿으며 사람의 옷까지 적시니, 이른바 '물결이 하늘까지 닿았다'는 것이 이와 같다. 5-8구는 또한 삼협을 나가 북쪽으로 돌아가려는 생각을 우의하였으니, 즉 고향으로 돌아가는 마음을 이루니 모험도 불사하겠다는 말이다."라 하였다.

32. 고 재상 방관房琯의 영구가 낭주에서 발인하여 동도로 돌아가 장례를 치른다는 소식을 듣다

承聞故房相公靈櫬自閬州啓殯歸葬東都 有作二首

遠聞房太尉	멀리서 듣노니, 방관 태위의 널이[1]
歸葬陵渾山	육혼산으로 돌아가 장사지낸다고 하네.[2]
一德興王後	한결같은 덕으로 왕도(王道)를 일으킨 뒤[3]
孤魂久客間	외로운 혼으로 오래 객지를 떠돌았네.
孔明多故事	제갈공명처럼 많은 고사를 남겼으며[4]
安石竟崇班	사안처럼 마침내 높은 벼슬에 올랐지.[5] ⊟
他日嘉陵淚	예전 가릉강에서 흘렸던 눈물이[6]
仍霑楚水還	여전히 초수를 적시고 있으리.[7]

丹旐飛飛日	붉은 명정 휘날리는 오늘[8]
初傳發閬州	비로소 영구가 낭주를 떠났다고 들었네.
風塵終不解	전쟁은 끝내 멈추지 않았는데
江漢忽同流	한수와 문득 함께 흘러가네.[9]
劍動親身匣	검은 관속의 시신 곁에서 울고[10]
書歸故國樓	지은 책은 고향의 누각으로 돌아갔네.[11]
盡哀知有處	그만 슬픔을 그칠 것을 알지만
爲客恐長休	떠돌다 이대로 생 마칠까 두렵구나.[12]

시평 : 이자덕이 이르기를, “당시의 어려움을 목격하고 국가의 기본적인 일이 제대로 시행되지 않아 마음 아파하니, 지극히 참되고 지극히 노성한 풍격을 이뤘다. 『시경』의 「황조(黃鳥)」에 비교하여도 더욱 슬프다.”라 하였다. ○ 앞 작품은 시간의 역순으로 동도로 돌아와 장사지내는 것으

로부터 낭주로 언급이 미쳤으며, 뒤 작품은 낭주에서 운구가 출발한 것부터 동도로 귀장(歸葬)한 것을 읊었다. 두 작품이 서로 시간의 선후를 바꿔가며 묘사하였다. 앞 작품의 3-4구는 방관이 세상에서의 영욕이 탄식을 불러일으킴을 말하였고, 뒤 작품의 3-4구는 현재의 상황이 탄식을 일으킴을 말하였다. 앞 작품의 5-6구는 나라의 아름다운 고사(故事)가 됨을 말하였고, 뒤 작품의 5-6구는 옛 유적을 생각하게 만든다. 두 작품의 3-6구는 각각 앞의 내용을 나눠 이어받았으니, 시의 내용은 두루 언급하였고 그를 그리는 정은 더욱 진지하다.

曰 장약육이 이르기를, "공명의 공훈은 이뤄지지 않았고, 안석(사안)의 충훈도 죽어서야 비로소 드러났으니, 다만 이 두 명재상뿐만 아니다. 고사를 인용함이 대단히 정절(精切)하다."라 하였다.

1 '尉'는 달리 '守'로 된 본도 있으나, 옳지 않다.

2 『십도지(十道志)』에서, "육혼산은 낙양에 있다."라 하였다. 『당서』에서, "방관은 하남 사람으로, 어려서 학문을 좋아하였다. 동평(東平)의 여상(呂向)과 함께 육혼산에서 10년을 은거하였다."라 하였다.

3 방관은 숙종의 중흥을 도왔다. 그러므로 '한결같은 덕으로 임금을 도왔다.'고 인정하였다.

4 『촉지(蜀志)』에서, "진수(陳壽)가 순욱(荀勖) 등과 더불어 고 촉재상 제갈량의 고사 24편을 정하여 임금에게 올렸다."라 하였다. 이 구는 방관의 언행이 모두 후대에 법이 될 만한 것을 말하였다.

5 「왕헌지전(王獻之傳)」에서, "사안(謝安)이 죽은 뒤에 추증에 대해 찬반 의견이 갈렸다. 왕헌지와 서막(徐邈)이 사안의 충훈을 드러내자고 주장하자, 효무제가 마침내 사안을 남다른 예로 치르게 하고 태부에 추증하였다."라 하였다. 이 구는 방관에게 태위로 추증함을 비유하였으니, 즉 그를 위로한 것이다.

6 가릉강은 낭주(閬州)에 있다.

7 가릉강이 북으로 흘러 기주(夔州)에 이르면 초수(楚水)가 된다. 두보가 낭주에 있을 때 일찍이 방관의 묘에서 곡하였다. 그러므로 이 눈물이 강물 따라 갈 것이라 말하였다.

8 단조(丹旐)는 명정(銘旌)이다. 주나라 왕포(王褒)의 「송장(送葬)」에서, “명정에 빈 지위를 쓰네.(丹旐書空位)”라 하였다.

9 가릉강은 달리 한수(漢水)라 불린다. 방관의 영구가 서한(西漢)에서 기강(夔江)으로 흘러내려 간다. 그러므로 이렇게 말하였다. 하의문이 이르기를, “재상 방관의 평생의 뜻은 당나라를 부흥하고 빼앗긴 땅을 수복하는 것이었다. 지금 영구가 지나는 곳에서 다만 강한(江漢)이 바다로 흘러가는 것〔朝宗〕을 보는데 아직 온 천지에 가득한 전쟁이 끝나지 않았으니 눈을 감을 수 있겠는가. 깊이 애도를 표한 구이다.”라 하였다.

10 주주(朱注)에서 말하였다. “『좌전』에서 ‘시신을 넣는 겹관을 쓰지 않고.(不設屬辟)’라 하였는데, 소(疏)에서 ‘속(屬)은 큰 관 다음의 겹관이며 벽(辟)은 시신 가까이 닿는 관이다.’라 하였다. 검동(劍動)은 죽은 영혼이 의지하는 것을 말하니, 즉 이미 죽었어도 도적 토벌을 생각한다는 의미이다.

11 그가 달리 남긴 유물이 없음을 알 수 있다.

12 두보의 옛 집도 또한 육혼(陸渾)에 있다. 마지막 구는 다만 방관만 슬퍼한 것이 아니라 또한 자신의 처지도 슬퍼하였다.

33. 새벽 무렵에[1]

將曉二首

石城除[2]擊柝	돌로 쌓은 성에 딱따기 소리 그치고[3]
鐵鎖欲開關	쇠로 된 자물쇠는 닫힌 문 열려하네.
鼓角愁荒塞	북과 뿔피리소리에 황량한 변방은 근심스럽고
星河落曙[4]山	은하수는 새벽 산으로 지네.
巴人常小梗	파촉 사람들은 항상 작은 난리 일으켜
蜀使動無還	촉으로 간 사신은 툭하면 돌아오지 못하네.[5]
垂老孤帆色	늘그막에 외로운 돛배 타고
飄飄犯百蠻	이리저리 떠돌다가 백만으로 향하네.[6] ⊟

軍吏回官燭	군리가 관가의 횃불을 가지고 돌아가고[7]
舟人自楚歌	뱃사공은 절로 어부가 부르네.
寒沙蒙薄霧	차가운 백사장에 옅은 안개가 덮고
落月去清波	지는 달은 맑은 물결에서 보이지 않네.[8]
壯惜身名晚	젊을 때는 명성 늦어짐이 안타깝더니
衰慚應接多	늙어서는 많은 사람 만남이 부끄럽네.
歸朝日簪笏	조정으로 돌아가 날마다 비녀와 홀 갖추면
筋力定如何	근력은 참으로 어떠할런지.[9] ⊟

㈡ 1-4구는 장차 날이 밝으려는 경치이며, 5-8구는 장차 새벽이 될 때의 마음을 읊었다.

㈢ 결말은 또한 새벽이 되어 떠나려 할 때 느낌이 일어난 것을 알 수 있다.

1 두 번째 작품을 보니, 이 행차는 이웃의 술자리 초청에 오가는 것에 해당한다.

2 '제(除)'는 멈춘다〔停〕의 의미다.

3 『파한지(巴漢志)』에서, "구인현(朐䏰縣)의 산에는 크고 작은 석성이 있다. 한나라 구인현은 당나라 때는 운안(雲安)이다."라 하였다.

4 '曙'는 달리 '曉'로 된 본도 있다.

5 단자장(段子璋), 서지도(徐知道), 최간(崔旰) 등의 난을 통칭한다.

6 포주(浦注)에서, "운안과 기주의 남쪽은 모두 만(蠻)의 지역이다. 지금의 평다(平荼)와 유양(酉陽) 등의 토관(土官, 토착민에게 벼슬을 준 것)이 있는 곳이다."라 하였다.

7 아마도 이 고을의 수령이 심부름꾼을 보내 전송한 것 같다.

8 앞 작품의 3-4구는 강기슭 위의 경치를, 이 작품의 3-4구는 배 앞의 경치를 묘사하였다.

9 두보는 처음 촉을 떠날 때 본래 북쪽 장안으로 돌아가려는 생각을 지녔다. 뒤의 「객당(客堂)」을 보면 아직도 조정에 나아가 사직에 조금이라도 보탬이 되고자 하는 생각을 지녔으니, 또한 그 뜻과 같다.

34. 금수에서 살던 것을 회상하며[1]
懷錦水居止二首

軍旅西征僻	군대가 서쪽 변경으로 정벌 떠나니[2]
風塵戰伐多	풍진의 전쟁이 많이도 벌어지네.[3]
猶聞蜀父老	아직도 듣기론, 촉의 노인들은
不忘[4]舜謳歌	순임금의 노래를 잊지 못한다고 하네.[5]
天險終難立	천혜의 요새인들 끝내 자립하지 못하더라도[6]
柴門豈重過	초당의 사립문을 어찌 찾을 수 있으랴.
朝朝巫峽水	아침마다 무협의 강물은
遠逗錦江波	멀리 금강의 물결로 이어지는데.[7] [一]

萬里橋西宅	만리교 서쪽의 집
百花潭北莊	백화담 북쪽의 별장.
層軒皆面水	높다란 복도에 사방은 모두 물이며
老樹飽經霜	늙은 나무는 실컷 서리를 맞았네.
雪嶺界天白	설령은 하늘까지 이어져 하얗고
錦城曛日黃	금성은 해 어둑하여 누렇게 보였네.[8]
惜哉形勝地	안타깝구나, 경치 좋은 곳이
回首一茫茫	머리 돌려 바라보니 한결같이 아득하네. [二]

시평 : 포이전이 이르기를, "앞에 성도를 떠나면서 지은 「기제강외초당(寄題江外草堂)」이란 작품이 있는데, 이 때 성도를 떠나면서 다시 「회금수거지(懷錦水居止)」를 지었다. 두보는 평생 떠돌아 다녔는데, 다만 초당을 짓는데 가장 많은 노력을 기울였으니 버려두지 않는 것은 당연하다."라 하였다.

㊀ 이 작품은 성도에서 초당으로 가는 것을 상상하였다.

㊁ 이 작품은 초당에서 성도로 가는 것을 읊조리며 탄식하였다. 제목의 '회(懷)'자의 뜻을 곡진하게 그려내었다.

1 이 작품은 촉에 난리가 생긴 것을 말미암아 초당을 그리워한 것이다.

2 임금의 군대가 아직 도착하지 않은 것을 이른다.

3 『당서』에서, "영태 원년 겨울 10월에 검남절도사 곽영예(郭英乂)가 병마사 최간(崔旰)에게 죽음을 당하였다. 공주(邛州)의 아장(牙將) 백무림(栢茂琳), 여주(瀘州) 아장 양자림(楊子琳), 검주(劍州) 아장 이창기(李昌夔) 등이 병사를 동원하여 토벌하였다."라 하였다.

4 '忘'은 거성이다.

5 현종이 일찍이 촉으로 몽진 갔었다.

6 도적들이 천혜의 요새를 믿고 견고하게 설 수 없음을 말한다.

7 즉 무협의 강물은 멀리 금강으로 통하는데, 자신은 다시 초당으로 돌아가지 못함을 탄식하였다.

8 이 구는 전쟁의 풍진을 겸하여 나타내었다.

35. 푸른 실
青絲

青絲白馬誰家子	푸른 실에 백마 탄 이는 뉘집 자손인가[1]
麤豪且逐風塵起	야비하고 힘센 오랑캐가 풍진 따라 일어나네.[2]
不聞漢主放妃嬪	듣지 못하였는가, 한나라 임금이 비빈을 내보냄을[3]
近靜潼關掃蜂蟻	근래 동관이 고요하니 시끄러운 오랑캐를 소탕하여서지.[4]
殿前兵馬破汝時	대궐 앞의 병마가 네놈을 깨트리리니[5]
十月卽爲虀粉期	시월에 곧 가루가 될 것이라.[6]
不如面縛歸金闕	몸을 묶어 대궐에 귀순하여
萬一皇恩下玉墀	혹시나 임금 은혜가 계단에 내려짐만 못하리.[7]

1 『남사(南史)』「후경전(侯景傳)」에서, "양나라 대동(大同) 연간의 동요에서 '푸른 실로 재갈을 맨 흰 말을 타고 수양에서 온다.(青絲白馬壽陽來)'라 하였는데, 후경(양나라에 반란을 일으킴)이 와양(渦陽)의 전투에서 패배한 다음 조정에 비단을 요구하였다. 조정에서 푸른 베를 주니 그것을 모두 겉옷으로 만들어 입었다. 후경이 흰 말을 타고 푸른 실로 고삐를 만들어 동요처럼 사람들에게 보이려고 하였다."라 하였다. 이 구는 후경의 고사를 인용하여 복고회은(僕固懷恩)을 비유하였다.

2 토번의 세력을 타고 당에 침범한 후를 이른다. 『당서』에서, "광덕 2년 10월에 복고회은이 회흘과 토번과 함께 봉천(奉天) 근처까지 진격하였고, 영태 원년 9월에 다시 회흘, 토번, 토곡혼(吐谷渾), 당항(党項), 노자(奴剌) 등을 꾀어 침입하였다."라 하였다.

3 '불문(不聞)'은 '어찌 듣지 못하였는가'란 말이다. 『구당서』에서, "영태 원년 2월에 궁녀 천 명을 궁궐에서 내보냈다."라 하였다. 『한

서』에서, "문제(文帝) 12년에 혜제(惠帝)의 후궁과 미인을 민가에 시집보냈다."라 하였으니, 이것은 훌륭한 일이다. 그러므로 한나라 임금을 빌려 말하였다.

4 『당서』에서, "토번이 장안을 함락하였다. 경주(涇州)자사 고휘(高暉)가 향도(鄕導)가 되니 토번이 그를 뒤따랐다. 날랜 기병 삼백 명을 이끌고 동쪽으로 동관으로 내달렸는데, 수장(守將) 이일월(李日越)이 사로잡아 죽였다."라 하였다.

5 대궐 앞의 병마는 신책군(神策軍)을 이른다. 『병지(兵志)』에서, "광덕 원년 대종(代宗)이 섬주(峽州)로 몽진 갔다. 어조은(魚朝恩)이 신책군을 거느리고 임금을 맞이하여 호종하였다. 뒤에 신책군을 궁궐로 돌려주고 자신이 거느렸다. 영태 원년에 또 신책군을 궁궐 뜰에 주둔한 다음 군대를 점점 확장시켜 좌우상(左右廂)으로 나눈 다음 자주 출정하여 공을 세웠다."라 하였다.

6 『장자』에서, "송왕(宋王)이 깨어나게 되면 그대는 가루〔虀粉〕가 될 것이다."라 하였다.

7 구주(仇注)에서, "임금이 처음에 배준경(裵遵慶)을 복고회은에게 보내 그를 달래 입조(入朝)하게 하였다. 또한 조서를 내려 그의 공훈을 칭찬한 다음 다만 대궐에 오기만 하면 다시 그를 의심하지 않겠다고 하였는데, 복고회은은 모두 승낙하지 않았다. 그러므로 다만 이렇게 말하여 회유하였다."라 하였다. 주주(朱注)에서, "이해 9월에 복고회은이 명사(鳴沙)에서 죽었으니, 두보가 말한 '제분(虀粉)'이 과연 실제대로 되었다."라 하였다.

36. 절구 세 수
三絶句

前年渝州殺刺史	지난 해 투주에서 자사를 죽였는데
今年開州殺刺史	금년에도 개주에서 자사를 죽였네.[1]
羣盜相隨劇虎狼	도적 무리들이 서로 힘을 합쳐 범, 이리처럼 심하여
食人更肯留妻子	사람을 잡아먹으니 더욱 처자식 남겨둘까.[一]

二十一家同入蜀	스물 한 집이 함께 촉에 들어왔는데[2]
惟殘一人出駱谷	다만 한 사람 남아 낙곡관을 나가는구나.[3]
自說二女囓臂時	그가 말하길, '붙잡는 두 딸의 팔을 깨물어 떨어트릴 때[4]
廻頭卻向秦雲哭	머리 돌려 진의 구름을 바라보며 통곡하였다오.'

殿前兵馬雖驍雄	대궐 앞의 병마가 비록 날래고 힘세지만[5]
縱暴略與羌渾同	방종하고 포악하기는 강족, 토곡혼과 같네.[6]
聞道殺人漢水上	들으니, 한수가에서 사람 죽였는데
婦女多在官軍中	관군 안에 있던 아녀자들이 많다고 하더라.[7] [三]

㊁ 소자상이 이르기를, "고시 절구와 율시 절구가 있는데, 이 작품과 『황하(黃河)』는 고시 절구이다."라 하였다.

㊂ 포이전이 이르기를, "세 작품 가운데 이 작품에 주재가 있다. 금군의 해로움이 산적과 강족, 토곡혼의 오랑캐와 같으니, 경계로 삼을 만하다."라 하였다. ○ 필력이 종횡으로 펼쳐지니, 이러한 절구는 또한 다른 시인에게 없다.

1 『당서』에서, "개주의 성산군(盛山郡)은 산남서도(山南西道)에 속한다."라 하였다. 구주(舊注)에서, "천보의 난리 뒤에 촉 지역의 산적은 길을 막아 투주와 개주의 일은 역사책에 기록되지 않았는데 두보의 시에서 기록하였다. 역사서에서 평가를 내리는 사씨(師氏)의 이렇고 저렇고 한 말들은 모두 거짓으로 지은 것이다."라 하였다.

2 『당서』에서, "영태 원년 9월에 복고회은이 토곡혼(吐谷渾), 당항(党項), 노자(奴剌) 등을 꾀어 동주(同州)와 봉상(鳳翔)의 주질(盩厔)을 침입하였다."라 하였다. 이때 촉에 들어온 것은 아마도 강족과 토곡혼의 난리를 피한 것으로 보인다.

3 주주(朱注)에서, "낙곡관(駱谷關)은 경조부 주질현(盩厔縣) 서남쪽 120리에 있다. 남으로 촉, 한과 통한다."라 하였다. 『환우기』에서, "호현(鄠縣)에서 서남쪽으로 주질현을 지나 또 서남쪽으로 낙곡으로 들어갔다가, 낙곡에서 나와 양주(洋州) 흥세현(興勢縣)으로 들어간다."라 하였다.

4 『사기』에서, "오기(吳起)가 위나라의 도성문을 나와 어머니와 이별하고 팔뚝을 깨물면서 맹서하였다."라 하였다. 『두억』에서, "두 딸의 팔뚝을 깨문다는 것은 두 딸과 자신이 모두 온전할 수 없을까 두려워하여 붙잡는 딸의 팔을 깨물어 버리고 도망간다는 의미이다."라 하였다.

5 대궐 앞의 병마는 신책군(神策軍)을 이른다.

6 '강(羌)'은 토번과 당항 등의 무리이며, '혼(渾)'은 토곡혼을 말한다.

7 주주(朱注)에서, "대종이 내시를 임용하여, 전적으로 금군(禁軍)을 맡겨 화란(禍亂)을 평정하려 하였으나, 그들이 방종하고 포악한 것이 이와 같은 줄은 알지 못하였다. 그러므로 이 시에서 깊이 풍자하였다."라 하였다.

37. 분함을 풀어보며[1]

遣憤

聞道花門將	듣자하니, 회흘의 장수는
論功未盡歸	공을 논하여 아직 다 돌아가지 않았다네.[2]
自從收帝里	장안을 수복한 이후로는
誰復總戎機	누가 다시 군대를 지휘하나.[3]
蜂蠆終懷毒	벌과 전갈은 끝내 독을 품었으니
雷霆可震威	천둥 같이 위엄을 떨쳐야 하네.[4]
莫令鞭血地	채찍질 하여 피가 흘린 것으로
再濕漢臣衣	다시 한나라 신하의 옷을 적시지 마라.[5] ⊟

⊟ 이 작품은 장주(章奏)에 해당할 수 있다. 결구는 통곡하며 눈물을 흘리는 마음에 가깝다.

1 학주(鶴注)에서, "회흘이 이미 하북(河北)을 수복하는데 도움을 주었는데, 반란군을 평정하자 방자하게 행동하고 노략질을 일삼았다. 대종이 가한(可汗)으로 삼았는데, 다시 공을 논하여 봉하려고 하자, 좌우에서 도독 이하는 죽여 버렸다. 곧바로 복고회은에게 회유되어 토번과 병사를 합쳐 쳐들어왔다. 그러므로 이 시는 그런 상황을 깊이 걱정하였다."라 하였다.

2 『통감』에서, "영태 원년 10월에 곽자의(郭子儀)가 백광원(白光元)으로 하여금 정예 기병을 거느리게 하였다. 그는 회흘의 장수 약갈라(藥葛羅)와 함께 영대원(靈臺原)에서 토번을 추격하여 크게 격파하였으며, 또다시 경주(涇州)의 동쪽에서 격파하였다. 이에 회흘의 호록(胡祿) 도독 등 이백 여명이 입조하였다. 이 때 입조한 모든 오랑캐에게 내린 비단이 10만 필이나 되어 창고가 텅비게 되

자 백관(百官)의 녹봉에서 세금을 떼어 오랑캐에게 하사하였다." 라 하였다. 이것이 이른바 '공을 논하여 다 돌아가지 않았다.'는 의미이다.

3 이상 네 구는 즉 회흘이 바야흐로 공을 믿고 상을 요구하며, 또한 대장에 적임자를 선택하지 못하였으니, 이것이 현재 상황에서 화가 날만한 일인 것을 말하고 있다. 주주(朱注)에서, "토번이 패하여 달아나자 장안은 포위에서 풀렸다. 이 당시 어조은(魚朝恩)이 신책군을 거느려 점점 규모를 확장하였다. '누가 다시 군대를 지휘하나.(誰復總戎機)'라는 말은 내시 어조은이 병사를 맡고, 곽자의에게 전적으로 맡기지 못한 상황을 풍자한 것이다."라 하였다.

4 즉 마땅히 스스로 강해져 난리를 안정시켜야 함을 말하였다.

5 『좌전』에서, "제후(齊侯)가 시종인 비(費)에게 신발을 찾아오게 하였는데, 찾지 못하자 채찍질 하여 피가 흘렀다."라 하였다. 우신행(于愼行)이 말하기를, "처음에 옹왕(雍王)이 회흘의 가한(可汗)을 황하의 북쪽에서 만났다. 가한은 옹왕이 장막 앞에서 춤추지 않은 것을 꾸짖었다. 이에 거비(車鼻)가 약자앙(藥子昻), 이진(李進), 장소화(章少華), 위거(魏琚) 등을 끌어내어 백 대씩 매질하였다. 장소화와 위거는 하룻밤 만에 죽었다. 이 시의 '한나라 신하를 채찍질하여 피가 흘렀다.'는 말은 바로 이 일을 말한다."라 하였다.

38. 12월 1일에[1]

十二月一日三首

今朝臘月春意動	오늘 아침은 섣달이나 봄기운이 일어나니[2]
雲安縣前江可憐	운안현 앞의 강물은 사랑할 만하네.
一聲何處送書雁	편지 전하는 기러기 울음은 어디서 들려오나
百丈誰家上瀨[3]船	밧줄에 묶여 여울 오르는 배에 누가 탔는가.[4]
未將梅蘂驚愁眼	매화꽃은 아직 수심 젖은 눈을 놀라게 못하니
要[5]取椒花媚遠天	모름지기 산초꽃을 꺾어 먼 타향 떠도는 마음 달래야지.[6]
明光起草人所羨	명광전에서 글을 지으면 사람들이 부러워하였는데[7]
肺病幾時朝日邊	폐에 병 걸린 이 몸은 언제나 조정으로 돌아가려나.[8] ⊟

寒輕市上山烟碧	저자는 약간 쌀쌀하고 산의 이내는 푸른데
日滿堂前江霧黃	당 앞에 햇살 가득하고 강에는 누런 안개 피었네.[9]
負鹽出井此溪女	소금 지고 염정 나서는 이는 이 시내의 여인이며[10]
打鼓發船何郡郎	북을 치고 배를 출발하니 어느 고을의 사내인가.[11]
新亭擧目風景切	신정에서 눈 들어 보니 풍경은 처절한데[12]
茂陵著書消渴長	무릉에서 시 짓노라니 소갈병은 깊어가네.[13]
春花不愁不爛漫	봄꽃은 흐드러지게 피지 못할까 근심도 없지만
楚客惟聽棹相將	초의 나그네는 다만 노 젓는 소리만 듣는구나.[14]

卽看燕子入山扉	조금 지나면 제비가 산속 집으로 들어올 테고
豈有黃鸝歷翠微	노란 꾀꼬리가 푸른 산을 지나가지 않을까.[15]

短短桃花臨水岸	작은 복사꽃은 강기슭에 자라고
輕輕柳絮點人衣	하늘거리는 버들솜은 사람 옷에 내려앉네.
春來準擬開懷久	봄이 오면 회포 풀리라 오래전에 생각하였는데
老去親知見面稀	늙어가며 친구들 만나기 드물어졌네.[16]
他日一杯難强盡	훗날엔 한 잔 술도 억지로 마시기 어려울 텐데[17]
重嗟筋力故山違	근력이 늙어가니 고향에 가지 못해 거듭 탄식하는구나.[18] 曰

시평 : 구창주가 이르기를, "두보의 시 가운데 몇 수의 연작으로 이뤄진 작품은 반드시 상연장법(相連章法)이 있다. 이 시의 첫 번째 작품의 결말에서 조정으로 돌아가고 싶은 마음을 표현하였고 다음 작품의 결말에서 삼협을 내려가고 마음먹었으며 세 번째 작품에서 삼협 안에서 나가지 못하고 늙어 죽을까 두려워하였으니, 이것이 포치(布置)하는 차례이다."라 하였다.

曰 유수계가 이르기를, "두보의 칠언율시는 항상 마음을 풀어〔放蕩〕내고 있다. 이 작품은 또한 들쭉날쭉한 「죽지사(竹枝詞)」와 비견된다."라 하였다.

曰 노덕수가 이르기를, "마지막 작품은 더욱 공기변화(空奇變化)하니, 허실(虛實)과 실허(實虛) 그리고 유무(有無)와 무유(無有)의 사이에 오묘한 극치가 있다. 난리를 겪으면서 사람을 그리워하고 늙어감을 탄식하여 경치에 담아 차근차근 펼쳐내었으니, 이것이 노성한 두보의 칠언율시의 신경(神境)이다."라 하였다.

1 포주(浦注)에서, "세 작품은 모두 고향으로 돌아가고자 하나 돌아가지 못한 감회를 읊었다. 제목을 보면 납월(臘月)이지만, 시상은 봄에 있다."라 하였다.

2 장약육이 이르기를, "세 작품의 기조는 전적으로 '춘의동(春意動)' 세 글자에서 나왔다. 기주(夔州) 지역은 바야흐로 겨울에 따뜻하다. 그러므로 납월 초에 봄기운이 이미 일어난다."라 하였다.

3 '瀨'는 달리 '水'로 된 본도 있다.

4 왕주(王周)의 『협선구(峽船具)』의 서문에서, "강기슭의 바위는 이빨 같아, 삼으로 꼬아 만든 끈으로 앞에서 끌거나 그렇지 않으면 튼튼한 대나무를 골라 쪼개서 뚝삼을 사용하여 질긴 끈으로 만들어 이어 붙여 끈다. 그것을 '백장(百丈)'이라 부른다."라 하였다. 『입촉기』에서, "삼협을 올라갈 대는 오직 뱃머리에 백장을 묶어 끌고 돛을 펼치지 않는다. 백장은 커다란 대나무로 네 번 쪼개어 만드는데 크기가 사람 팔뚝만하다."라 하였다. 기러기 울음소리를 들으면 집안 편지를 생각하고, 배를 보면 삼협을 벗어날 생각을 한다. 두 구는 또한 경치 안에 우의(寓意)하였다.

5 '要'는 달리 '更'으로 된 본도 있다.

6 주주(朱注)에서, "12월 1일은 설날에 가깝다. 그러므로 산초꽃으로 축송하는 고사를 인용하였다."라 하였다. 양용수(楊用修)는 '椒'는 응당 '楸'로 지어야 한다고 하였으나 그렇지 않다. '媚'는 사랑할만한 것을 말한다. 두보의 「한우조행시원수(寒雨朝行視園樹)」에서, "치자와 붉은 산초는 농염하고도 아름답구나.(梔子紅椒艶復殊)"라 하였다.

7 『한관의(漢官儀)』에서, "상서랑은 건례문(建禮門)에서 숙직하고 명광전에서 일을 아뢴다. 붓을 잡아 조책(詔策)을 짓고 말로 고명(誥命)을 내린다."라 하였다.

8 봄이 가까워오니 조정(朝正, 정월 초하루에 종묘에 제사지내는 것)이 생각난다는 의미이다. 고주(顧注)에서, "한나라 제도에 상서랑은 내직하며 글의 초고를 짓는다. 두보가 엄무의 막부에 부름을 받아 명분상 검교원외랑이 되었으나, 실제로는 조정에서 벼슬을 받지 못하였다. 그러므로 이렇게 언급하였다."라 하였다.

9 겨울에 열기가 일어나 대지가 따뜻하다. 그러므로 이내와 안개가 피어난다.

10 『당서』에서, "기주(夔州)의 봉절(奉節)과 운안(雲安)은 모두 염관(鹽官)이 있다. 그 지역의 풍속은 여자가 가장이 되는데 소금을 팔아 자급자족한다."라 하였다.

11 장원(張遠)의 주에서, "삼협 안에는 구비진 강이 많은데, 우뚝한 바위가 있어서 배들이 바위를 피하느라 서로 충돌하는 경우가 많다. 그러므로 배를 출발할 때 북을 울린 뒤 멀리 지나가면 다른 배가 비로소 출발하니, 서로 부딪쳐 파손할까 두려워서이다."라 하였다.

12 '절(切)'은 '처절(凄切)'이란 의미이다. 이 구는 중원이 아직 평

정되지 않음을 이른다. 「왕도전(王導傳)」에서 말하였다. "중원의 선비들이 강좌(江左)에서 난리를 피해, 매번 한가한 날이 되면 신정(新亭)에서 손님을 맞이하여 술을 마시곤 하였다. 어느 날 주의(周顗)가 좌석에 있으면서 '풍경은 다르지 않은데, 눈 들어 보니 강산은 다르구나.'라 하였다." 『통감』의 주에서, "신정(新亭)은 강녕현(江寧縣)에서 10리 떨어져 있다. 근처에 강가가 있다."라 하였다.

13 이 구는 폐병으로 촉에 남아 있는 상황을 가리킨다.

14 기주(夔州)는 남초(南楚)다. 그러므로 두보가 스스로 초객이라 일컬었다. '도상장(棹相將)'은 서로 도와가며 노질을 하는 것이다. 두 구는 즉 봄빛이 이르렀는데 다만 아직도 삼협을 벗어나지 못할까 두렵다는 말이다.

15 '기유(豈有)'는 즉 '어찌 있지 않겠느냐'는 말이다.

16 즉 늙어가며 나그네가 되니 참으로 봄빛 보기가 두렵다는 말이다. 이하 두 구는 위의 내용을 펼쳐 한 걸음 더 나아갔다.

17 주주(朱注)에서 말하였다. "시는 12월 1일에 지었는데, '제비와 꾀꼬리, 복사와 버들'을 말한 것은 아마도 그 일을 미리 예상하여 말한 것이다. 그러므로 이른바 '타일(他日)'이라 하였다."

18 근력은 늙어가고 고향을 찾지 못하니 친구들 얼굴은 보기 드물다. 한 잔 술도 마시기 어려우니 장차 봄이 오면 회포를 풀 날도 없으리라.

39. 또 눈이 내리다

又雪

南雪不到地	남방의 눈은 땅에 닿지도 못하는데[1]
青崖霑未消	푸른 절벽 덮은 눈은 녹지 않네.
微微向日薄	조금씩 햇빛 받아 녹아내리더니
脈脈去人遙	있는 듯 없는 듯 시야에서 사라지네.[2]
冬熱鴛鴦病	겨울 따뜻하니 원앙이 병 들고
峽深豺虎驕	계곡 깊어 승냥이, 호랑이가 사납네.[3]
愁邊有江水	수심 젖은 이 몸 곁으로 강물이 흐르는데
焉得北之朝	어찌하면 북쪽 조정으로 돌아갈까.

1 기온이 따뜻하기 때문이다.

2 있는 듯 없는 듯함을 말한다.

3 아름다운 새는 심하게 병들고 맹수는 심하게 사나우니, 지역이 좋지 않아 오래 살 수 없음을 알 수 있다. 두 구에 또한 두보는 자신의 생각을 우의(寓意)하였다.

40. 비[1]

雨

冥冥甲子雨	어둑어둑 갑자일에 비가 내리니[2]
已度立春時	벌써 입춘을 넘겼구나.
輕箑煩相向	서로 마주보며 가볍게 부채질도 번거롭고
纖絺恐自疑	가는 갈옷 입어야 하나 의아하기도 하네.[3]
烟添纔有色	안개 끼어 겨우 경치가 보이고
風引更如絲	바람 불자 더욱 비는 실 같네.[4]
直覺巫山暮	다만 무산의 저물녘 같은데[5]
兼催宋玉悲	겸하여 송옥의 슬픔을 재촉하네.[6] ⊟

⊟ 이자덕이 이르기를, "비를 읊은 것이 이런 경지에 올랐으니, 사물을 읊조릴 때 조금도 빠트리지 않는다."라 하였다.

1 대력 원년(766)에 들어와서 지은 작품으로, 또한 봄날 장마를 괴로워하여 지었다.

2 『조야첨재(朝野僉載)』에서 말하였다. "속담에 '입춘 뒤에 오는 첫 갑자일에 비가 내리면 천리의 논밭에 가뭄이 든다.'고 하였다." 이 구는 가뭄을 걱정하여 특별히 드러내었다.

3 「추흥부(秋興賦)」에서, "이 때에 가벼운 부채를 거두고 가는 갈옷도 벗네.(於時乃屏輕箑 釋纖絺)"라 하였다. 옷이 때에 맞지 않으므로 의아하게 여겼다.

4 두 구는 참으로 음습(陰濕)함이 이어지는 상황을 말하였다.

5 「고당부(高堂賦)」에서, "소첩은 무산의 남쪽에 있으면서 저녁에는 지나가는 비가 될 것입니다.(妾在巫山之陽 暮爲行雨)"라 하

였다.

6 구주(仇注)에서, "'무산모(巫山暮)'는 비가 내린 뒤의 어두운 것을 말하고, '송옥비(宋玉悲)'는 나그네 신세가 처량한 것을 이른다. 즉 이 구는 비가 내린 뒤 가을 같으니, '가벼운 부채와 가는 갈옷'을 말한 구와 상황이 배치된다."라 하였다.

41. 초의 남쪽 지방에서[1]

南楚

南楚青春異	초의 남쪽은 푸른 봄이 다르니
寒暄早早分	추위와 더위가 일찍이도 나뉘네.
無名江上草	이름 없는 강가의 풀
隨意嶺頭雲	제멋대로 오가는 고개 위의 구름.[日]
正月蜂相見	정월에 벌을 보고
非時鳥共聞	때도 아닌데 새소리 들리네.
杖藜妨躍馬	지팡이 짚고 나서면 내달리는 말 방해될까
不是故離羣	일부러 사람들을 떠나려는 것이 아니라네.[2]

日 자연스럽게 표현된 아름다운 구절로, 또한 왕주(王胄)의 시를 본받아 점화(點化)시킨 것이다.

1 전국(戰國) 시기에 기주(夔州)는 초나라 땅이었다. 고주(顧注)에서, "운안(雲安)은 초의 서남쪽에 있다. 그러므로 '남초(南楚)'라고 하였다.

2 이 당시 아마도 두보를 불렀으나 부임하지 않았던 것 같다.

42. 수각에 아침 비가 그치니, 운안의 엄 명부에게 편지삼아 보내다

水閣朝霽 奉簡雲安嚴明府

東城抱春岑　동쪽 성은 봄날 멧부리를 감싸고
江閣鄰石面　강가 누각은 바위를 이웃하였네.
崔嵬晨雲白　우뚝한 새벽의 흰 구름
朝旭射芳甸　아침 햇살이 꽃밭에 비추네.
雨檻臥花叢　비 내리는 난간에 꽃무더기 누웠고
風牀展書卷　바람 부는 평상에 책을 펼쳐보네.
鉤簾宿鷺起　발을 묶어 올리니 잠자던 해오라기 일어나고
丸藥流鶯囀　약을 빚으니 헤엄치던 꾀꼬리 지저귀네.[1]
呼婢取酒壺　여종 불러 술 병 가져오게 하고
續兒讀文選　아이 이어서 『문선』을 읽어주네.
晩交嚴明府　늘그막에 엄 명부와 사귀었는데
矧此數相見　더구나 여러 차례 찾아왔으니.⊟

시평 : 『석림시화(石林詩話)』에서 말하였다. "채천계(蔡天啓)가 이르기를 '왕안석은 매번 두보의 '발을 묶어 올리니 잠자던 해오라기 일어나고, 약을 빚으니 헤엄치던 꾀꼬리 지저귀네.(鉤簾宿鷺起 丸藥流鶯囀)'라는 연을 칭송하였다. 그는 용의(用意)가 고묘(高妙)하여 이 다섯 글자들이 모범이 된다고 여겼다. 다른 날 왕안석이 시를 지을 때 '청산 마주하고 이슬 잡고 앉으니, 황조가 책을 끼고 졸고 있네.(青山捫蝨坐 黃鳥挾書眠)'라는 구를 얻었다. 그는 두보의 시어보다 떨어지지 않는다고 생각하였다.'라 하였다." 살펴보건대 이 작품은 정경교회(情景交會)하였으니, 애초에 생각하여 얻은 것이 아니다. 왕안석의 시는 끝내 조금 다듬었다는 혐의를 면하기 어렵다.

㊂ 소자상이 이르기를, "청려(淸麗)함이 따로 한 체격(體格)을 이룬다. 송과 원의 시인들이 많이 본받았다."라 하였다.

1 『진서(晉書)』「진수전(陳壽傳)」에서, "아버지가 돌아가시자 병이 났다. 이에 여종에게 약을 빚게 하였다."라 하였다.

43. 두견새

杜鵑

西川有杜鵑　서천에는 두견이 있는데
東川無杜鵑　동천에는 두견이 없다네.
涪萬無杜鵑　부주와 만주에는 두견이 없는데[1]
雲安有杜鵑　운안에는 두견이 있다네.[2]
我昔遊錦城　나는 옛날 금성에서 노닐어
結廬錦水邊　금수가에 초당을 얽었었지.
有竹一頃餘　대나무를 한 경 넘게 기르니
喬木上參天　높은 나무는 위로 하늘에 닿았네.
杜鵑暮春至　두견이 늦봄에 찾아와
哀哀叫其間　구슬프게도 대숲에서 울었네.
我見常再拜　나는 보면 항상 재배 올렸으니
重是古帝魂　옛 망제(望帝)의 넋을 위로해서였네.[3]
生子百鳥巢　뭇 새의 둥지에 새끼를 낳으니
百鳥不敢嗔　뭇 새가 감히 성 내지 못하네.
仍爲餧其子　이에 그 새끼를 키우는데
有若奉至尊　지존을 모시듯 하였네.
鴻雁及羔羊　기러기와 새끼 양은
有禮太古前　태고 전부터 예의 알았지.
行飛與跪乳　줄지어 날고 무릎 꿇고 젖 먹으니
識序如[4]知恩　차례를 알고 은혜를 알았네.[5]
聖賢古法則　성현의 옛 법칙을
付與後世傳　후세에 부여하여 전하게 하였네.

君看禽鳥情　　그대는 새의 마음을 아는가
猶解事杜鵑　　오히려 두견을 섬길 줄 아는구나.
今忽暮春間　　지금 문득 늦봄 무렵에
值我病經年　　이 몸 해를 넘어 병을 앓았네.
身病不能拜　　몸이 병들어 절을 올리지 못하니
淚下如迸泉　　샘솟는 우물처럼 눈물 흘리네.㊁㊂

시평 : 조차공(趙次公)이 말하기를, "이 작품은 당대 신하의 직분을 다하지 않은 자들을 비판한 것으로, 즉 금수(禽獸)만도 못한 자들이다. 옛날에는 단자장(段子璋), 서지도(徐知道), 최간(崔旰) 등의 무리를 가리키는 것으로 여겼는데, 지금 자세히 시어를 살펴보니 당시 번진 세력에 느낀 바가 있어 지은 것 같다."라 하였다. ○ 장법은 쌍제쌍응(雙提雙應)에 불과한데, 다만 그 흔적을 변화시켰다.

㊁ 소자상이 이르기를, "고졸(古拙)한 풍격을 보인다. 『악부』에 이러한 법식이 있으니, 대가가 되기에 손색이 없다."라 하였다. ○ 본래 서천의 두견을 거론하여 운안의 두견을 끄집어내었다. 그런데 두견이 없는 두 곳을 섞어 말하였는데, 문득 불가사의하여 어떻게 그런 구상을 하게 되었는지 짐작할 수 없다.

㊂ 주재는 먼저 객단(客段)을 통하여 말하였고, 본문에 들어와서는 다만 한번 언급하였다. 이것이 또한 허실(虛實)을 교대로 사용하는 방법으로, 하수들은 반드시 이 작품에서 그 방법을 찾아야 한다.

1 부주는 지금 중경부(重慶府)에 속하고, 만주는 지금 현(縣)이 되어 기주부(夔州府)에 속한다.

2 1-4구는 정중(鄭重)하게 읊조렸으니, 두견새가 있고 없는 지역을 기록하였다. 오증(吳曾)의 『만록(漫錄)』에서, "『악부』「강남사(江南詞)」에서 '물고기가 연잎을 동쪽에서 희롱하며, 물고기가 연잎을 서쪽에서 희롱하네, 물고기가 연잎을 남쪽에서 희롱하며, 물고기가 연잎을 북쪽에서 희롱하네.(魚戲蓮葉東 魚戲蓮葉西 魚戲蓮

葉南 魚戲蓮葉北)'라 하였는데, 두보는 이 격식을 사용하였다."라 하였다.

3 『화양국지』에서, "어부왕(魚鳧王)의 후손 가운데 두우(杜宇)라는 왕이 있었는데, 백성들에게 농사에 힘쓸 것을 가르쳤다. 칠국(七國)이 왕을 칭하자, 두우는 황제를 칭하여 자신을 망제(望帝)라고 불렀다. 마침 홍수가 났는데, 그의 재상인 개명(開明)이 옥루산(玉壘山)을 뚫어 수해를 물리쳤다. 망제는 드디어 개명에게 자리를 물려주고 서산으로 올라가 숨어 지냈다."라 하였다. 『성도기』에서, "망제가 죽자 그의 혼이 새로 변하였는데, 그것을 두견이라 불렀다. 달리 자규(子規)라고도 부른다."라 하였다. 『화양풍속록』에서, "두견의 크기가 까치만 하고 깃은 까마귀 같다. 울음소리가 슬퍼서 입술에 피가 맺혔다."라 하였다.

4 '如'는 달리 '又'로 된 본도 있다.

5 『춘추번로(春秋繁露)』에서, "기러기는 줄지어 날고 새끼양은 어미 젖을 먹을 때 반드시 무릎을 꿇고 먹으니 모두 예의를 아는 동물이다. 그러므로 이것들로 폐백을 삼는다."라 하였다.

44. 자규[1]

子規

峽裏雲安縣	삼협 안에 운안현이 있는데
江樓翼瓦齊	강가 누대의 날 듯한 처마는 가지런하네.[2]
兩邊山木合	누대 양 끝 산의 나무가 자라는 곳에
終日子規啼	종일토록 자규가 울어대네.
眇眇春風見	봄바람 속에 작은 모습 보이고
蕭蕭夜色淒	밤빛에 나뭇잎 소리 처량하네.[3]
客愁那聽此	수심 젖은 나그네는 이를 어찌 듣나
故作傍人低	일부러 사람 가까이서 울어대는구나.㉰

㉰ 장상약이 이르기를, "진경(眞景)을 노성한 솜씨로 그렸는데, 촉의 경치를 묘사함이 그림 같다."라 하였다.

1 『두억』에서, "일설에 자규는 두견이 아니라고 한다. 자규는 '돌아감만 못하다.'라 운다고 한다."라 하였다.

2 채주(蔡注)에서, "'익와(翼瓦)'는 처마가 날아오르는 듯함이 마치 새가 날개를 편 것 같음을 이른다."라 하였다.

3 구주(仇注)에서, "'묘묘(眇眇)'는 자규를 가리키고, '소소(蕭蕭)'는 산의 나무를 가리킨다."라 하였다.

45. 근래의 소문[1]
近聞

近聞犬戎遠遁逃　근래 들으니, 토번이 멀리 달아나
牧馬不敢侵臨洮　말 기르며 감히 임조를 침범하지 않는다 하네.
渭水逶迤白日靜　위수는 한가롭게 흐르고 밝은 해는 고요하며
隴山蕭瑟秋雲高　농산을 소슬하고 가을 구름은 높게 흐르네.[2]
崆峒五原亦無事　공동과 오원도 또한 아무 일이 없으며[3]
北庭數有關中使　토번의 북정에서 자주 관중으로 사신을 보내네.[4]
似聞贊普更求親　찬보가 다시 화친을 요구한다고 들었는데[5]
舅甥和好應難棄　장인과 사위의 우호는 응당 버리기 어렵다네.[6]

1 『당서』에서, "영태 원년 10월에 곽자의(郭子儀)가 회흘과 약정을 하고 함께 토번을 공격하여 물리쳤다. 이 당시 복고회은(僕固懷恩)은 신하를 자청하고 당항(党項)의 군대와 함께 와서 항복하였다. 대력 원년 2월에 양제(楊濟)를 명하여 토번과 우호를 맺으니, 토번이 수령 논읍릉(論泣陵)을 보내와 조회하였다."라 하였다. 이 시는 아마도 그 일을 기록한 것이다.

2 위수는 위주(渭州)에서 발원한다. 농산은 농주(隴州)에 있다. 즉 봉화의 경계가 없음을 말한다.

3 『당서』에서, "염주(鹽州)의 오원군은 관내도(關內道)에 속한다."라 하였다. 주주(朱注)에서, "공동산은 세 곳이 있는데, 이 시에서 오원과 함께 거론한 것으로 보면 응당 평량(平涼)에 있는 것을 가리킨다. 오원은 지금의 유림(榆林)으로, 북쪽으로 곧바로 가면 장안이 나온다. 서북쪽은 영주(靈州)와 접경을 이룬다. 이전에 복고회은이 영주에서 토번, 회흘과 합세하여 침입하였는데, 지금 토번이 패주하였다. 그러므로 공동과 오원에 모두 전쟁이 없다."라

하였다.

4 『통감』에서, "북정(北庭)절도사는 한해(瀚海), 천산(天山), 이오(伊吾) 등의 세 군대를 거느린다."라 하였다. 관중(關中)의 사신이 북정에서 왔다는 것은 토번이 사신을 보내 화의를 요청한 것이다.

5 『당서』에서, "토번의 세속에서 강한 남자를 찬(贊)이라 부르고 장부를 보(普)라 부른다. 그러므로 우두머리를 찬보(贊普)라고 부르며, 찬보의 부인을 말몽(末蒙)이라 부른다."라 하였다.

6 당나라 초기에 문성(文成), 금성(金城)의 두 공주가 토번에 시집갔다.

46. 여관에서
客居

客居所居堂	여관은 거처하는 곳으로
前江後山根	앞은 강이요, 뒤는 산자락이라.
下塹萬尋岸	만 길 절벽 아래로 깊이 흘러
蒼濤鬱飛翻	푸른 파도는 솟구쳤다 뒤집히네.
葱青衆木梢	푸른 많은 나무들의 가지는
邪竪雜石痕	기울거나 반듯하여 바위와 섞여 있네.[1]
子規晝夜啼	자규는 밤낮으로 울어대고
壯士斂精魂	장사는 정신을 모으네.[2]
峽開四千里	삼협은 사 천리에 걸쳐 있고[3]
水合數百源	강물은 수 백의 물줄기가 모였네.[4]
人虎相半居	사람과 호랑이가 반반씩 사니
相傷終兩存	서로 해치지만 끝내 같이 지낼 수밖에.[一]
蜀麻久不來	촉의 삼은 오래전부터 오지 못하고
吳鹽擁荊門	오의 소금은 형문에 막혔네.
西南失大將	서남 지역은 대장 곽영예를 잃고[5]
商旅自星奔	장사치들은 별처럼 달아났네.
今又降元戎	지금 또 원수 두홍점을 임명하여
已聞動行軒	이미 수레가 떠났다고 들었네.
舟子候利涉	배들은 사람을 실어 날라야 하는데
亦憑節制尊	또한 높은 절도사에게 의지하네.[6]
我在路中央	나는 길 중간에 있으니[7]
生理不得論	생계는 살피지도 못하네.

臥愁病脚廢	다리 병에 가지 못할까 누워 근심하고
徐步視小園	천천히 걸으며 작은 정원 구경하네.[8]
短畦帶碧草	짧은 두둑엔 푸릇한 풀이 자라니
悵望思王孫	서글피 바라보며 왕손을 생각하네.[9]
鳳隨其凰去	숫봉은 암황 따라 가고
籬雀暮喧繁	울타리 참새는 저물녘 더욱 시끄럽네.[10]
覽物想故國	경치 바라보니 고향이 생각나는데
十年別鄉村	십년이나 고향을 떠났네.
日暮歸幾翼	날이 저물어 두어 새들 돌아오니
北林空自昏	북쪽 숲은 텅비어 절로 어둡네.[11] [三]
安得覆八溟	어찌하면 팔방의 바다를 뒤엎어
爲君洗乾坤	임금 위해 더러워진 천지를 씻어볼까.
稷契易爲力	명신 직과 설은 손쉽게 나라를 다스리니
犬戎何足呑	토번이 어찌 중국을 삼킬 수 있으랴.
儒生老無成	유생은 늙어도 이룬 게 없지만
臣子憂四藩	신하로서 사방 변경을 근심하네.[12]
篋中有舊筆	상자 안에 오래된 붓이 있어
情至時復援	시상 일어 때로 다시 잡아보네.[13] [三]

㈡ 사람과 호랑이가 반반씩 산다는 말로 흥기(興起)하여 순(順)과 역(逆)을 섞어서 배치하였으며, 아래에 드디어 촉 지역의 최근 일에 대해 언급하였다.

㈢ 이 단락은 여관의 주변 경치를 보고 느낌이 일어 고향을 생각하였다. 인하여 다시 태평성대를 보고 싶은 것으로 고향으로 돌아갈 계책을 삼았다.

㈢ 두보 시 가운데 만년에 뜻 가는 대로 지은 많은 오언시, 즉 이 작품과 같은 시는 진실로 당풍(唐風)을 면치 못한다.

1 『두억』에서, "파도는 흰색인데 여기서 '푸른 파도'라 한 것은 절벽이 높아 그 빛이 파도에 비추기 때문이다. 현재 자리하고 있는 곳이 높기 때문에 나뭇가지와 잡석들이 밑으로 보이는데, 어떤 가지는 기울어져 있고 어떤 가지는 반듯하다."라 하였다.

2 『한부(恨賦)』에서, "나무를 껴않고 정신을 모으다.(拱木斂魂)"라 하였다.

3 학주(鶴注)에서, "양(梁) 간문제의 「촉도난(蜀道難)」에서, '삼협의 산 칠 백리, 파수는 세 번 굽이져 흐르네.(峽山七百里 巴水三回曲)'라 하였다. 삼협 칠 백리 안에 양쪽 강기슭은 산으로 이어져 있는데 조금도 산이 아닌 곳이 없다. 두보의 이른바 '삼협은 사천리에 걸쳐 있고.(峽開四千里)'는 강과 산의 큰 형세를 통틀어 말한 것이지, 전적으로 삼협의 산을 가리켜 말한 것이 아니다."라 하였다.

4 송조(宋肇)의 「삼협당기(三峽堂記)」에서, "협강(峽江)은 서남 지역의 여러 오랑캐 지역에 이어져 있다. 장가(牂牁), 월준(越嶲), 야랑(夜郎), 오만(烏蠻) 등의 강물이 합쳐져 빙빙 돌고 구비 져 흐르며, 솟구쳐 오르다가 삼협의 입구로 흘러 들어간다."라 하였다.

5 곽영예(郭英乂)가 최간(崔旰)에게 죽음을 당한 것을 이른다.

6 『통감』에서, "대력 원년 2월에 두홍점(杜鴻漸)을 산남서도(山南西道) 검남동서천부원수(劍南東西川副元帥)겸검남서천절도사(劍南西川節度使)로 삼아 촉의 난리를 평정하게 하였다."라 하였다.

7 운안(雲安)의 길은 형(荊)과 촉(蜀)의 사이에 있다.

8 오래 누워 가지 못할까 두려워하였기에 천천히 거닐며 시험하였다.

9 유안(劉安)의 「초은사(招隱士)」에서, "왕손이 유람하다 돌아오지 않은데, 봄풀이 무성하게도 자랐구나.(王孫遊兮不歸 春草生兮

萋萋)"라 하였다.

10 조언재가 말하기를, "푸른 풀을 보면 왕손이 생각나고, 참새가 시끄럽게 지저귐을 보면 떠난 봉황이 생각난다. 모두 작은 정원에서 본 감흥으로 인하였는데, 또한 앞의 대장 운운했던 것과 연관된다."라 하였다.

11 두 구는 난세에 두어 사람만 돌아온 것을 비유하였다.

12 노직(魯直)은 '四藩'을 '思飜'으로 지었다.

13 조식(曹植)의 시에서, "붓을 잡는 것을 지금부터 사양하네.(援筆從此辭)"라 하였다. 구주(仇注)에서, "즉 조정에서 과연 직과 설 같은 어진 신하를 등용한다면 외구들을 어찌 소탕하는데 어렵겠는가. 올해 이 몸 늙어 이룬 것이 없어도 오히려 변경을 걱정하니, 다만 시를 지어 강개함을 붙여볼 따름이다."라 하였다.

47. 객당에서

客堂

憶昨離少城	돌이켜보면, 작년에 소성을 떠났는데[1]
而今異楚蜀	지금은 촉이 아닌 초로구나.
捨舟復深山	배를 대고 다시 깊은 산인데
窅窕一林麓	고요한 숲 산록에 자리 잡았네.[一]
棲泊雲安縣	운안현에서 머물 때에는
消中內相毒	소갈증으로 고통 받았네.
舊疾甘載來	고질병을 달게 몸에 지녀도
衰年得無足	많은 나이 되었으니 족하지 않은가.[2]
死爲殊方鬼	죽어서 타향의 귀신이 된다 해도
頭白免短促	머리가 하야니 단명은 면하였네.[3]
老馬終望雲	늙은 말은 끝내 구름을 바라보고
南雁意在北	남쪽의 기러기는 북으로 돌아가려 하네.
別家長兒女	고향 떠난 뒤 아이들은 다 컸는데
欲起慚筋力	돌아가려 해도 기운이 부족하구나.[4]
客堂序節改	객당에 머물러 계절이 바뀌는데
具物對羈束	속박된 이에게 철따라 새 나물 제공하네.[5]
石暄蕨芽紫	돌이 따뜻하니 고사리 싹이 검붉고[6]
渚秀蘆笋綠	물가 아름다우니 갈대 순이 푸르네.
巴鶯紛未稀	파촉의 꾀꼬리는 어지러이 날아다니고
徼麥早向熟	교외의 보리는 일찍 익으려 하네.
悠悠日動江	한가로운 햇빛은 강물에 일렁이고
漠漠春辭木	아득한 봄은 나무에서 떠나네.[二]

臺郎選才俊　　상서대 낭관은 뛰어난 인재를 선발하니[7]
自顧亦已極　　스스로 돌아보매 너무도 영광이었네.
前輩聲名人　　명성 떨친 선배들은
埋沒何所得　　대부분 사라져 보이지 않구나.
居然綰章紱　　이 몸은 이전처럼 인끈에 도장 매고 있으나
受性本幽獨　　성품은 본래 조용하고 고독하네.[8]
平生憩息地　　남은 인생 안식할 곳에서
必種數竿竹　　반드시 몇 그루 대를 심었네.
事業只濁醪　　일삼기는 다만 막걸리 마시고
營葺但草屋　　띠풀 얽어 초가집 올렸었네.
上公有記者　　나를 기억해주는 엄무 상공이[9]
累奏資薄祿　　자주 상소 올려 낮은 관리로 임명되었네.[10]
主憂豈濟時　　임금의 근심을 어찌 풀 수 있으랴
身遠彌曠職　　몸은 멀리 있고 더구나 임무도 없는데.[11]
循文廟算正　　문치는 올바른 정책으로
獻可天衢直　　직언 올려 조정이 곧구나.
尙想趨朝廷　　아직도 조정에서 근무할 상상하는데
毫髮裨社稷　　조금이라도 사직에 보탬이 되었으면.
形骸今若是　　몸은 이렇게 늙어버렸으니
進退委行色　　시골로 물러나 편히 쉬려하네.[三]

시평 : 고인들은 '옥(屋)'운과 '직(職)'운은 많이 통용하였다. 두보의 이 작품과 「삼천관수창(三川觀水漲)」, 「별찬상인(別贊上人)」, 「희증우(戲贈友)」, 「천변행(天邊行)」, 「도죽장인(桃竹杖引)」, 「남지(南池)」, 「구우기왕장군불지(久雨期王將軍不至)」, 「호아행(虎牙行)」 등의 작품에서 대부분 '옥(屋)'운과 '옥(沃)'운은 '직(職)'자와 함께 사용하였으니, 대개 또한 고운(古韻)을 사용하였다.

㊀ 도입구에서 이곳에 거처하게 된 경유를 서술하고 있다.

㊁ 다음으로 객당의 경치를 서술하였다. 이와 같은 평정심을 이해한다면, 늙고 비루함을 탄식하지 않음을 알 수 있다.

㊂ 포이전이 이르기를, "「객거」는 세상이 어지러운 것을 탄식하였고, 「객당」은 몸이 늙은 것을 탄식하였다.

1 『원화군국지』에서, "소성은 성도현(成都縣)의 서남쪽 1리에 있다."라 하였다.

2 '得無足'은 달리 '弱無足'으로 된 본도 있다. 장상약이 이르기를, "즉 병을 안고도 오랜 세월을 보냈으니 나이가 이미 족한 것 같아 다시 더 수를 누리는 것을 바라지 않는다는 말이다."라 하였다.

3 나이가 이미 많으니 수를 누리지 않은 것이 아니다는 말이다.

4 '기(起)'는 일어나 고향으로 떠남을 이른다.

5 '구(具)'는 미리 마련하였다가 쓰는 물건을 이르니, 즉 고사리나 갈대 순 등을 주는 것이다.

6 육기의 『시소(詩疏)』에서, "'궐(蕨)'은 산나물로, 처음에는 쑥처럼 자라는데 줄기가 검붉은 색이며 푸성귀처럼 먹을 수 있다."라 하였다.

7 『한관의(漢官儀)』에서, "상서랑은 처음에는 삼서(三署)의 낭관에서 선출하여 상서대에 모아 시험하였다."라 하였다. 공융의 「천예형표(薦禰衡表)」에서, "노수(路粹), 엄상(嚴象) 등이 뛰어난 재주로 성서대의 낭관에 임명되었다."라 하였다.

8 즉 비록 몸은 벼슬에 있지만 본성은 자연을 좋아한다는 말이다.

9 정국공 엄무를 가리킨다.

10 이 단락은 성도에서의 지난날을 추억하였는데, 병들어 이곳에 머문 것을 탄식하고 있다.

11 즉 이미 초당에 은거하고 있었는데, 특별히 엄무가 추천하여 관직을 얻었다. 그러나 조금도 은혜에 보답하지 못하니 스스로 부끄럽다는 말이다.

48. 돌벼루[1]

石硯

平公今詩伯	평공은 지금 시의 종장으로
秀發吾所羨	내가 부러워하는 작품을 빼어나게 지어내네.
奉使三峽中	삼협으로 사신을 받들어 왔다가
長嘯得石硯	돌벼루 얻어 길게 환호성 지르네.
巨璞禹鑿餘	커다란 옥돌은 우임금 공사로 드러났는데
異狀君獨見	기이한 모양은 그대 홀로 알아채셨네.
其滑乃波濤	매끄러워 물결이 일렁이고
其光或雷電	광택은 우레가 쳐대는 듯.
聯坳各盡墨	이어진 연지(硯池)는 각각 먹이 잘 갈리고[2]
多水遞隱見	많은 물이 교대로 숨었다가 나타났다 하네.[3] ⊟
揮灑容數人	몇 사람이 글을 쓸 먹물 담고 있으며
十手可對面	열 손이 마주하여 이용할 수 있네.
比公頭上冠	평공 머리 위의 관에 비하여도
貞質未爲賤	곧은 자질 천하지 않네.[4]
當公賦佳句	응당 공은 아름다운 시구 지을 테니
況得終淸宴	더구나 맑은 잔치 마쳐 글을 씀에랴.[5]
公含起草姿	공이 초고 짓는 모습은
不遠明光殿	명광전에서 임무 맡을 때와 비슷하네.[6]
致於丹靑地	단청 고운 궁궐에 가져가
知汝隨顧眄	임금이 너를 알아보고 돌아보았으면.[7]

㊀ 벼루의 모습을 잘 형용하였다.

1 평 시어의 물건이다.

2 주주(朱注)에서, "'연요(聯坳)'는 벼루의 구멍이 서로 연결된 것을 이른다. '진묵(盡墨)'은 묵의 힘을 다 발휘하게 만든다는 의미로, 지금의 '발묵(發墨)'이란 말과 같다."라 하였다.

3 '다수(多水)'는 벼루가 물기를 머금어 물이 나옴을 이른다.

4 『당서』에서, "법관(法官)은 어사대부중승으로 어사의 복식을 입는다. 달리 해치관(獬豸冠)이라 불린다."라 하였다.

5 잔치가 한가하여 글을 쓰려함을 이른다.

6 『삼진기(三秦記)』에서, "미앙궁(未央宮)의 점대(漸臺) 서쪽에 계궁(桂宮)이 있고, 그 안에 명광전이 있다. 금옥과 구슬로 주렴을 만들고 금문(金門)과 옥계(玉階)로 지어 밤낮으로 밝게 빛났다."라 하였다.

7 즉 이 벼루를 화려하게 꾸민 명광전의 궁궐로 가져가 천자의 돌아보는 은혜를 입었으면 한다는 말이다.

49. 정분에게 주다

贈鄭十八賁

溫溫士君子　　온화한 사군자여
令我懷抱盡　　나의 회포를 다 펼치게 하네.
靈芝冠衆芳　　영지는 여러 식물 중에 으뜸이니[1]
安得闕親近　　어찌 가까이 하지 않으랴.⊟
遭亂意不歸　　난리 만났으나 돌아가지 않으려 하니
竄身跡非隱　　몸을 도망쳤지만 숨은 것은 아니네.[2]
細人尙姑息　　소인들은 임시방편을 권하지만[3]
吾子色愈謹　　우리 그대는 부드러운 낯빛으로 대하네.
高懷見物理　　높은 식견은 사물의 이치를 아니[4]
識者安肯哂　　식자들이 어찌 그를 비웃겠는가.
卑飛欲何待　　낮은 대서 날아오르려면 무엇이 필요할까
捷徑應未忍　　지름길은 응당 차마 가지 않는다네.[5]
示我百篇文　　나에게 백 편의 문장을 보여주니
詩家一標準　　시가의 한 표준이 되네.⊟
羈離交屈宋　　이 몸 떠돌면서 굴원, 송옥과 사귀고
牢落値顔閔　　쓸쓸하게 지내며 안자, 민자건을 만났네.[6]
水陸迷畏途　　물과 뭍에서 두려운 길을 헤매고
藥餌駐修軫　　약 먹느라 수레를 잠시 멈추네.[7]
古人日已遠　　고인의 기록은 너무나 먼데
靑史字不泯　　청사에 글자는 사라지지 않았네.
步趾詠唐虞　　산책하며 당과 우의 역사 읊조리고
追隨飯葵菫　　같이 노닐며 해바라기, 오랑캐꽃을 먹네.[8]

數杯資好事	몇 잔 술에 흥겹게 노는데[9]
異味煩縣尹	맛있는 음식은 고을 수령을 번거롭게 하네.[10] 三
心雖在朝謁	이 몸 마음은 비록 조정에 있지만
力與願矛盾	능력과 바람이 서로 어긋나네.[11]
抱病排金門	병을 안고 금문을 밀치더라도[12]
衰容豈爲敏	늙어 경험 많다고 어찌 뛰어나리오.[13] 四

一 1-4구는 아래 읊을 내용을 총섭(總攝)한다.

二 이 단락은 정분의 재주와 인품을 나타냈는데, 첫구의 '온화한 사군자여(溫溫士君子)'와 호응한다.

三 이 단락은 정분과 왕래하며 노닐던 일을 서술하였으니, 4구의 '어찌 가까이 하지 않으랴.(安得闕親近)'와 호응한다.

四 마지막은 자신의 탄식을 이용하여 결말을 맺었다. 또한 마음속의 말을 다 하였다.

1 즉 정분이 문채(文采)를 지녔으며 또한 기질도 서로 통하다는 말이다.

2 두 구는 응당 정분을 가리킨다. 정분은 아마도 난리를 피하여 떠돌다가 촉에서 낮은 관리를 하기 때문에 이렇게 말하였다.

3 소인들은 그의 곤궁을 불쌍하게 여겨 몸을 굽혀 벼슬에 나아가라고 권함을 이른다.

4 궁달(窮達)이 천명이 있는 것을 알아 망령되이 벼슬을 구하지 않음을 이른다.

5 장형(張衡)의 「응간(應間)」에서, "지름길로 정당하지 않게 이르는 것은 내가 차마 걸어가지 않겠다."라 하였다. 두 구는 즉 정분이 낮은 지위를 달게 여겨 지름길을 이용하지 않음을 말하였다.

6 '기리(羈離)'부터는 두보 자신에 대해 서술하였다.

7 「강유부(江逌賦)」에서, "평원에 수레를 세우고.(駐脩軫乎平原)"라 하였다. 즉 병들어 잠시 여행을 멈춘다는 말이다.

8 '菫'의 음은 '謹'이다. 『당본초』에서, "근채(菫菜)는 들에서 자라는데 꽃이 자주색이다."라 하였다.

9 「양웅전찬(揚雄傳贊)」에서, "집안이 가난하여 집에 찾아오는 사람이 드물었다. 때때로 호사가들이 술과 안주를 가지고 양웅을 따라 배웠다."라 하였다.

10 아마도 운안현의 엄 명부(明府)를 가리키는 것 같다. 조언재는 현령은 즉 정분이라고 하였는데, 옳지 않다.

11 『시자(尸子)』에서, "창과 방패를 파는 초나라 사람이 '나의 방패의 견고함은 뚫을 수가 없다.'라 하였고, 또 '나의 창의 날카로움은 어떤 물건이든 다 뚫을 수 있다.'라 하였다. 어떤 이가 '그대의 창으로 그대의 방패를 치면 어떻게 되오.'라 묻자 그 사람은 대답하지 못하였다."라 하였다.

12 양웅의 「해조(解嘲)」에서, "금문(金門)을 지나 옥당(玉堂)에 올랐다."라 하였다.

13 『좌전』에서, "노나라 사람이 화우(華耦)를 민첩하다고 여겼다."라 하였다. 즉 늙었다고 뛰어난 것이 아니라는 말이다. 정분은 아마도 두보를 세상을 다스릴 만한 인재라고 추켜세웠을 것이다. 그러므로 이 말로 답하였다.

50. 채 저작랑과 이별하며
別蔡十四著作

賈生慟哭後　　가의가 통곡한 뒤에
寥落無其人　　세상은 그만한 인재 없어 쓸쓸하네.[1]
安知蔡夫子　　어찌 알았으랴, 채 선생이
高義邁等倫　　높은 의견 뛰어나 그와 같을 줄.[一]
獻書謁皇帝　　글을 바쳐 황제를 알현하니
志已清風塵　　뜻은 이미 전쟁을 멈추었네.
流涕灑丹極　　눈물 흘러 궁궐을 적시니
萬乘爲酸辛　　만승의 천자가 동감하여 마음이 시렸네.[2]
天地則瘡痍　　천지는 만신창이가 되었지만
朝廷多正臣　　조정에는 바른 선비가 많네.
異才復間出　　재주 뛰어난 이 간간이 나오니
周道日惟新　　큰 도리는 날마다 새롭네.[二]
使蜀見知己　　촉에 사신 왔다가 지기를 만났으니
別顏始一伸　　이별할 때 모습 비로소 다시 보았구나.
主人薨城府　　주인이 성의 관청에서 죽어[3]
扶櫬歸咸秦　　널을 잡고 장안으로 돌아가려 하였네.
巴道此相逢　　파촉의 길에서 이번에 만났으니
會我病江濱　　마침 이 몸 기주의 강가에서 병들었네.[三]
憶念鳳翔都　　돌이켜보니, 봉상에 같이 있었던 이후로
聚散俄十春　　만났다 헤어졌다 벌써 십년이 지났네.[4]
我衰不足道　　이 몸 늙은 것은 말할 것도 없지만
但願子章[5]陳　　다만 원컨대 그대는 촉의 실정을 아뢰시오.[6]

稍令社稷安　　조금이라도 사직이 안정되려면
自契魚水親　　스스로 물과 고기의 친함을 맺어야 하네.[7]
我雖消渴甚　　이 몸 비록 소갈병이 심하지만
敢忘帝力勤　　감히 임금이 부지런히 힘씀을 잊으랴.
尙思未朽骨　　아직도 뼈는 나약하지 않으니
復覩耕桑民　　다시 밭 갈고 뽕 치는 백성을 보리라.
積水駕三峽　　물 찬 삼협 길에 올라
浮龍傍長津　　배를 띄워 먼 나루를 가리니,
揚舲洪濤間　　거센 파도 사이를 배가 내달릴 때[8]
仗子濟物身　　그대에 의지하여 강물 건너가리라.
鞍馬下秦塞　　말 타고 진의 외곽 내려가면
王城通北辰　　왕성은 북극성과 이어졌네.[9]
玄甲聚不散　　철갑 입은 군인은 모여 흩어지지 않는데[10]
兵久食恐貧　　전쟁이 오래라 식량이 떨어져 가네.[11]
窮谷無粟帛　　곤궁한 골짜기엔 의식(衣食)이 없는데
使者來相因　　사신은 계속해서 징발하러 오는구나.[12]
若逢南轅吏　　만약 남쪽으로 가는 관리 만나면[13]
書札到天垠　　편지를 하늘가의 나에게 전해주시게.[14]

㈠ 도입구는 뇌락(磊落)하다.

㈡ 머리 부분에서 채 시랑의 평소 충의를 서술하였다.

㈢ 다음 단락에서 채 시랑이 운안현(雲安縣)을 거듭 지나는 이유를 기술하였다.

1 가의의 「복조부서(鵩鳥賦序)」에서, "가의가 장사왕(長沙王)의 태부가 되었다. 3년이 지난 뒤 복조가 방으로 날아들어 가의가 앉은 곳에 멈췄다. 복조는 부엉이와 비슷한데 상서롭지 않은 새이다.

가의가 습한 지역에 좌천되어 낙심에 젖어 살았기 때문에 오래 살지 못할 것이라 여겼다. 이에 「복조부」를 지어 자신의 아픔을 누그러뜨리려고 하였다."라 하였다.

2 주주(朱注)에서, "숙종이 봉상(鳳翔)에 있을 때 저작랑은 반드시 글을 올려 시사를 언급하였다."라 하였다.

3 주인은 곽영예(郭英乂)를 이른다. 살펴보건대, 『구당서』에서 '곽영예가 간주(簡州)로 달아나자, 보주(普州)자사 한징(韓澄)이 그의 머리를 베어 최간(崔旰)에게 보냈다.'고 하였다. 곽영예는 아마도 성도에 빈소를 차렸을 것인데, 여기서 성도의 관청에서 죽었다고 한 것은 아마도 그 사실을 숨겨주기 위해서인 것 같다.

4 두보는 채 시랑과 이별한 뒤 한번 성도에서 만났다. 현재 널을 가지고 장안으로 돌아가는 채 시랑과 또다시 기강(夔江)에서 만났다. 이에 생각해보니, 봉상에서 같이 어울리던 시절은 지덕 2년으로 현재 대력 원년까지 벌써 십년이 지났다.

5 '章'은 달리 '意'로 된 본도 있다.

6 이 당시 채 시랑은 아마도 장차 황제에게 아뢸 일이 있었던 것 같다.

7 군신이 서로 힘을 합치기를 바라는 말이다.

8 『초사』의 주에서, "'령(舲)'은 창문이 달린 배를 말한다."라 하였다.

9 왕성은 하남(河南)에 있다. 두 구는 즉 채 저작랑이 삼협을 나온 뒤 다시 육로를 통해 장안으로 돌아감을 말한다.

10 반고의 「연연산명(燕然山銘)」에서, "현갑이 햇빛에 빛나네.(玄甲耀日)"라 하였는데, 주에서 "현갑은 철갑이다."라 하였다.

11 『당서』에서, "최간이 반란을 일으키자 백무림(柏茂林) 등이 병사를 일으켜 토벌하였다. 대력 원년 3월에 산남서도절도사 장헌성(張獻誠)이 최간과 재주(梓州)에서 전투를 벌여 크게 패배하였다."라 하였다.

12 즉 촉의 백성들의 곤궁이 이와 같은데, 식량을 징수하는 사신이 아직도 끊이지 않고 오감을 말한다. 그러므로 두보가 채 시랑에게 군량미가 떨어진 사실을 천자에게 아뢰어 촉 지역을 안정시키라고 요청하였다.

13 기주(夔州)는 장안의 남쪽에 있다. 그러므로 장안에서 오는 사람을 '남원(南轅)'이라 한다.

14 관리에게 부탁하여 편지를 나에게 전해줘, 내 마음을 위로해주라는 말이다.

51. 상징군에게 보내다[1]
寄常徵君

白水青山空復春	하얀 물 푸른 산은 부질없이 다시 봄인데
徵君晩節傍風塵	상징군은 만년에 풍진 세상의 관리되었네.
楚妃堂上色殊衆	궁궐의 초비는 자색이 남보다 뛰어나고[2]
海鶴階前鳴向人	섬돌 앞의 바다 학은 사람 향해 우네.
萬事糾紛猶絶粒	온갖 일이 뒤엉키고 더구나 식량도 떨어졌으니
一官羈絆實藏身	작은 벼슬에 얽매인 것은 실로 몸을 숨기기 위해서네.
開州入夏知涼冷	개주는 여름에도 날이 서늘하니[3]
不似雲安毒熱新	날로 열기가 무더운 운안과 같지 않으리.

시평 : 주학령이 말하기를, "이 작품의 '만년에 풍진 세상의 관리되었네.(晩節傍風塵)'를 음미하면, 상징군을 위하여 매우 안타까워함을 알 수 있다. 상징군이 벼슬에 나오기 전에 궁궐의 초비처럼 아름다웠으니, 이른바 '정숙한 여인이여 아름답구나.(靜女其姝)'에 해당한다. 상징군이 이미 벼슬에 나오니 바다 학이 본래 섬돌 향해 우는 것 같아 직책의 굴레에서 벗어나지 못한다. '규분(糾紛)'의 두 구는 또한 상징군을 위해 변명한 것 같으니, 비록 벼슬을 하지만 풍진 세상의 속된 관리가 아님을 밝히고 있다. 마지막 두 구는 즉 개주는 시원하니 거주하기 힘든 운안과 같지 않음을 말하였으니, 유리걸식하는 나보다 훨씬 낫지 않은가. 이 당시 상징군은 아마도 개주에서 벼슬하였을 것이다. 그러므로 다시 이처럼 위로하였다."라 하였다.

1 학주(鶴注)에서, "상징군이 지난 가을에 운안에 있는 두보를 방문하였다."라 하였다.

2 『고금악록(古今樂錄)』에서, "장영원(張永元)의 『가기록(嘉技錄)』에 '탄(歎)'이 들어가는 네 곡이 있는데, 첫 번째가 초비탄(楚妃歎)이다."라 하였다. 초비는 초 장왕(莊王)의 부인 번희(樊姬)로, 고사가 『열녀전』에 보인다.

3 개주는 지금의 한중부(漢中府) 개현(開縣)이다.

52. 가주자사 잠삼에게 보내다[1]

寄岑嘉州

不見故人十年餘　벗을 보지 못한 지 십 년이 넘어
不道故人無素書　벗이 편지 한 통 안 보낸 건 말도 하지 않으리.
願逢顔色關塞遠　먼 변방에서 얼굴 한 번 보기 바랐는데
豈意出守江城居　수령으로 나와 강가 성에 거처할 줄 생각이나 하였으리.
外江三峽且相接　외강과 삼협은 이어져 있는데[2]
斗酒新詩終自疎　한 말 술과 새로 지은 시로 마음 풀어보네.
謝朓每篇堪諷誦　사조의 모든 작품은 읊조릴 만하고[3]
馮唐已老聽吹噓　풍당은 이미 늙어 추천해주기만 바라네.[4]
泊船秋夜經春草　지난 가을 밤 배를 정박하였는데 봄날 풀이 자라고
伏枕靑楓限玉除　초의 푸른 단풍 아래 누워 있으니 궁궐은 멀기만 하네.[5]
眼前所寄選何物　눈 앞의 어떤 물건 골라 보낼까
贈子雲安雙鯉魚　운안의 두 마리 잉어를 그대에게 보내네.⊟

⊟ 칠언배율 요체(拗體)로, 풍류와 운치를 볼 수 있다.

1 두확(杜確)의 「잠삼집서(岑參集序)」에서, "잠삼이 고부정랑(庫部正郎)에서 외직으로 나가 가주자사가 되었다. 두홍점(杜鴻漸)이 표전을 올려 직방낭중겸시어사로 삼아 자신의 막부에 두었다."라 하였다. 가주는 한나라 때는 건위군(犍爲郡)으로, 지금은 가정주(嘉定州)다. 성도부의 남쪽에 있다.

2 포주(浦注)에서, "외강은 달리 문강(汶江)이라 불리는데, 즉 장강(長江)의 어느 지역 이름이다. 성도를 거쳐 가주를 지나 북으로 돌았다가 동쪽으로 삼협을 지난다."라 하였다. 운안현(雲安縣)은 삼협의 사이에 있다.

3 잠삼을 비유하였다.

4 『한서』에서, "풍당은 나이 90이 넘어 낭관이 되었다."라 하였다. 두보 자신을 비유하였다.

5 장안의 궁궐에 가지 못함을 말한다.

53. 기주로 이사하여 거주하다[1]

移居夔州作

伏枕雲安縣	운안현에서 베개에 누워 있다가
遷居白帝城	백제성으로 옮겨 살게 되었네.[2]
春知催柳別	봄은 버들 빨리 자라게 하여 이별 증표 삼고[3]
江與放船清	강은 물 맑게 하여 배 띄우게 하네.[4]
農事聞人說	농사는 사람의 말 들어 배우고
山光見鳥情	산의 경치는 새의 마음을 보여주네.[5]
禹功饒斷石	삼협은 우공으로 잘린 돌이 많더니
且就土微平	이곳은 조금이나마 평야가 있구나.[6] ⊟

⊟ 상건(常建)의 「파산사(破山寺)」는 구양수에게 극찬을 받았는데, 두보의 이 작품에서 나온 것은 알지 못한다.

1 『당서』에서, "기주(夔州) 운안군(雲安郡)은 산남동도(山南東道)에 속한다."라 하였다. 『환우기』에서, "기주 운안현은 물길로 기주 봉절현까지 243리 떨어져 있다."라 하였다.

2 왕언보(王彦輔)가 말하기를, "주(周)나라의 어복국(魚復國)의 지역에 진나라 때는 파군(巴郡)을 설치하였고, 한나라 때 공손술이 '백제(白帝)'라 이름을 바꾸었으며, 당나라 때는 기주로 바꾸었다."라 하였다.

3 버들가지를 꺾어 이별의 증표로 준다. 즉 봄이 내가 떠나려는 마음을 알아 버들을 재촉하여 가지가 자라게 한다는 말이다.

4 '여(與)'는 부여(付與)한다는 의미의 여(與)이다. 두 구는 즉 정(情)이 없는 곳에서 정을 찾아내었다.

5 즉 새도 또한 이 지역 산에 깃들이기를 좋아하니, 참으로 거주할 생각이 있다는 말이다.

6 구주(舊注)에서, "삼협을 따라서 모두 물길을 내느라 산을 깎아 만들었다. 그러므로 평야가 거의 없는데, 다만 기주는 조금이나마 평야가 있다."라 하였다.

54. 배로 내려가다가 기주의 성곽에서 묵었는데,[1] 강기슭이 비에 젖어 내리지 못하고 왕 판관과 이별하다

船下夔州郭宿 雨濕不得上岸 別王十二判官

依沙宿舸船	백사장에 기대 배를 대고 묵으니[2]
石瀨月娟娟	바위 옆 급류에 달이 곱도다.
風起春燈亂	바람 일어 봄날 등불은 어지럽고
江鳴夜雨懸	강은 울며 밤에 비는 세차게 내리네.[3]
晨鍾雲岸濕	새벽 종 울릴 때 구름 핀 강기슭은 젖어 있고
勝地石堂烟	명승지인 석당엔 안개가 피어오르네.[4]
柔艣[5]輕鷗外	가볍게 나는 갈매기 옆으로 부드럽게 노를 저으며
含悽覺汝賢	슬픔 머금은 채 어진 그대 생각하네.㊀

시평 : 해거름부터 새벽까지, 배를 정박할 때부터 배를 출발할 때까지의 정경(情景)을 일일이 묘사하였으며, 우의(寓意) 또한 준영(雋永)하다. 이 또한 두보의 오언율시 가운데 뛰어난 것으로, 다만 '석(石)'자가 중복되었다.

㊀ 이별의 상황을 그리면서 다만 '각여현(覺汝賢)' 세 글자만 사용하였으니, 무한한 함축을 알 수 있다.

1 운안의 성곽 밖에서 묵은 것을 이른다.

2 『방언(方言)』에서, "남초(南楚)와 형호(荊湖)에서는 큰 배를 '가(舸)'라 부른다."라 하였다.

3 장약육이 이르기를, "강물 소리와 빗소리가 서로 울리며 밤새 그치지 않았다. 그러므로 다만 허공에 매달린 것 같음을 느낀 것이다. 형용이 입신의 경지에 들었다."라 하였다.

4 조언재가 말하기를, "석당은 기주의 명승지다."라 하였다.

5 '艣'는 '櫓'와 같다.

55. 되는 대로 짓다[1]

漫成一首

江月去人只數尺	강에 뜬 달과 사람의 거리는 다만 몇 자[2]
風燈照夜欲三更	바람에 등불이 비추는 밤은 삼경으로 흘러가네.[3]
沙頭宿鷺聯拳靜	모래밭의 잠자는 백로는 발 가지런히 모아 조용하고
船尾跳魚撥[4]剌[5]鳴	선미엔 튀어 오른 물고기가 펄떡이는 소리 들리네.⊟

⊟ 포이전이 이르기를, "배를 정박한 풍경을 그렸는데, 그림도 이를 따라오지 못한다."라 하였다.

1 학주(鶴注)에서, "이 또한 운안에서 기주로 내려갈 때 지었다."라 하였다.

2 즉 강이 맑아 달이 사람에 가깝다는 의미이다.

3 등이 바람에 흔들려 점점 어두워 간다. 그러므로 밤이 깊음을 알 수 있다.

4 '撥'의 음은 '方'과 '割'의 반절법이다. 달리 '潑'이라고도 한다.

5 '剌'의 음은 '力'과 '達'의 반절법이다.

56. 물을 끌어오다[1]

引水

月峽瞿唐雲作頂	명월협과 구당협은 구름이 산꼭대기에 이는데[2]
亂石崢嶸俗無井	어지러운 바위 우뚝하여 마을엔 우물이 없네.
雲安沽水奴僕悲	운안은 물을 파니 노비들이 슬픈데
魚復移居心力省	어복으로 옮겨 사니 몸과 마음이 가볍네.[3]
白帝城西萬竹蟠	백제성 서쪽에 수많은 대가 서려 있는데
接筒引水喉不乾	대통 이어 물을 끌어오는데 입구는 늘 젖어 있네.
人生留滯生理難	인생은 막히고 생활은 곤란하니
斗水何值百憂寬	한 말 물이 어찌 백 가지 근심을 풀어줄 수 있으랴.㊀

㊀ 이자덕이 이르기를, "눈앞의 상황을 뛰어나게 표현하였다."라 하였다.

1 노은(魯訔)이 말하기를, "기주의 민간에는 우물이 없다. 모두 대나무로 산의 계곡물을 끌어와 마신다. 산의 허리를 빙빙 돌며 끌어오는데 수 백 길에 이르는 것도 있다."라 하였다.

2 월협은 즉 명월협(明月峽)이다. '운작정(雲作頂)'은 즉 산이 높아 구름과 맞닿았다는 말이다.

3 『구당서』에서, "봉절현(奉節縣)은 기주에 속한다. 본래 한나라 때는 파군(巴郡) 어복현이다."라 하였다.

57. 요족 하인인 아단에게[1]

示獠奴阿段

山木蒼蒼落日曛	산엔 나무가 푸르고 지는 해는 석양 드리우는데
竹竿裊裊細泉分	대통은 흔들리며 졸졸 샘물 나오네.
郡人入夜爭餘瀝	고을 사람들 밤이 되자 남은 물방울 다투는데
豎[2]子尋源獨不聞	하인은 아무도 모르는 곳으로 수원지 찾아가네.[3] ⊟
病渴三更廻白首	갈증에 고통 받던 삼경에 흰머리 돌려보니
傳聲一注濕青雲	푸른 구름 적시는 한 줄기 물소리 들려오네.
曾驚陶侃胡奴異	일찍이 도간의 뛰어난 오랑캐 노비에 놀랐는데[4]
怪爾常穿虎豹羣	기이하게도 너는 항상 호랑이 무리를 뚫고 다니는구나.

⊟ 이 작품의 4구는 특별한 깨달음을 주니, 『남화경(南華經)』을 한 번 읽은 것에 해당한다.

1 읊은 내용은 또한 물을 끌어오는 일이다. 『곤학기문』에서 말하였다. "『북사(北史)』에서 '요족은 남만의 또다른 인종으로 이름이 없고 다만 어른의 차례대로 부른다. 성인 남자는 아모(阿謨), 아단(阿段) 등으로 부르고 부인은 아이(阿夷), 아등(阿等) 순으로 부른다. 모두 순서를 가리키는 말로 부른다.'라 하였다."

2 '豎'는 달리 '稚'로 된 본이 있다.

3 다른 사람이 알지 못하는 곳을 이른다.

4 구주(舊注)에서, "도간의 집 종은 천여 명이었다. 도간이 일찍이 오랑캐 노비를 얻었는데 좋다는 말을 하지 않았다. 도간이 하루는 교외로 나갔는데, 노비가 말을 끌고 뒤따랐다. 호승(胡僧)이 노비

를 보고 깜짝 놀라 예를 차리며 '이 사람은 해산(海山)의 사신입니다.'라 하였다. 도간이 그를 남다르게 여겼는데, 밤이 되자 종은 사라져 버렸다. 이 일이 현재본(現在本) 유경숙(劉敬叔)의 『이원(異苑)』에 보인다. 어떤 이는 이를 거짓으로 지어낸 것이라 의심하면서, 도현(陶峴)의 「감택요(甘澤謠)」와 관련된 이야기를 이끌어와 '간(侃)'자는 마땅히 '현(峴)'자로 지어야 한다고 한다. 그러나 그 말도 옳지 않으니, 이에 두 의견을 모두 기록한다."라 하였다.

58. 위유하 낭중에게 보내다
寄韋有夏郎中

省郎憂病士	성의 낭관이 병든 선비를 근심하여
書信有柴胡	편지에 약초 시호를 담아 보냈네.
飮子頻通汗	탕약은 자주 땀을 내게 하니[1]
懷君想報珠	그대에게 구슬로 보답해야 하는데.[2] ㉰
親知天畔少	벗은 하늘가에 드물고
藥餌峽中無	약은 삼협 안에 구할 수 없네.
舟楫生衣臥	이끼 자란 노는 물 속에 누워 있고[3]
春鷗洗翅呼	봄 갈매기는 깃을 씻으며 우네.[4]
猶聞上急水	오히려 들으니, 급한 강물 거슬러 올라간다하는데[5]
早作取平途	좀 일찍 평평한 길로 떠나시길.[6]
萬里皇華使	만리의 황제 사신이
爲寮記腐儒	동료였던 썩은 선비를 기억해줄까.[7]

㉰ 두보의 시에 어떤 사물도 다 시의 소재가 된다.

1 구주(仇注)에서, "옛사람은 탕약을 음자(飮子)라고 하였다. 손진인(孫眞人)이 감로탕약〔飮子〕을 마셨다고 한다."라 하였다.

2 「사수(四愁)」에서, "어찌하면 명월주로 보답할까.(何以報之明月珠)"라 하였다. 『동파지림』에서, "심전기의 「회파사(回波詞)」에서 '이름은 이미 조정에 등용되었는데도, 관복과 홀은 상아와 붉은 비단 회복하지 못하였네.(姓名已蒙齒錄 袍笏未復牙緋)'라 하였다. 두보가 '음자(飮子)'로 '회군(懷君)'을 대(對)하였는데, 또한 '치록(齒

錄)'과 '아비(牙緋)'의 대에 비견된다."라 하였다.

3 '의(衣)'는 이끼를 말한다.

4 포주(浦注)에서, "이끼 낀 노가 물에 누워있다는 말은 삼협을 벗어날 기약이 없음을 의미한다. 깃을 씻으며 갈매가 운다는 말은 벗을 초대하여 홍을 일으킴을 의미한다. 그러므로 아래에서 위유하가 찾아와 만나기를 기대하였다."라 하였다.

5 이 당시 위유하는 아마도 촉에 들어갈 일이 있었던 것 같다.

6 두보가 있는 기주로 길을 잡아 자신을 들르라는 말이다.

7 『좌전』에서 말하였다. "순림보(荀林父)가 말하기를 '동료 벼슬아치를 '료(寮)'라 한다.'라 하였다."

59. 백제성에 올라[1]

上白帝城

城峻隨天壁	성벽이 험준하여 하늘까지 이어지고[2]
樓高望女牆	높은 누대에서 여장을 바라보네.[3]
江流思夏后	흐르는 강물에 우임금 생각하고
風至憶襄王	불어오는 바람에 초 양왕 떠올리네.[4]
老去聞悲角	늙어가며 구슬픈 호각소리 듣고
人扶報夕陽	부축 받아 외출하니 해가 졌다 알리네.[5]
公孫初恃險	공손술이 처음에 이 성의 험준함을 믿었으니[6]
躍馬意何長	말로 뛰어오르며 얼마나 의기양양했을까.[7]

1 유우석의 「기주자사청벽기(夔州子史廳壁記)」에서, "기주는 처음에 양서(瀼西)에 성을 쌓았다. 후주(後周)의 대총관 용문(龍門)의 왕술(王述)이 백제성에 올라 탄식하면서 '이곳의 뛰어난 형세는 거주할 만하다.'라 하고, 드디어 현재의 치소(治所)로 관청을 옮겼다. 수나라 초기에 양소(楊素)가 월공(越公)으로 총관을 맡아 다시 크게 확장하였다."라 하였다. 『전촉총지(全蜀總志)』에서, "백제성은 기주부의 치소 동쪽 5리에 있다. 아래는 바로 서릉협(西陵峽)의 입구로, 장강의 파도가 거세니 참으로 초와 촉의 목구멍에 해당한다."라 하였다.

2 성벽이 높아 하늘을 찌른다는 말이다. 『수경주』에서, "백제성의 주위는 280보로, 북쪽은 마령(馬嶺)을 따라 적갑산(赤岬山)으로 이어진다. 다시 동으로 양계(瀼溪)를 끼고 있으니 바로 이것이 성의 해자가 된다. 서남쪽으로 장강을 임하였으니 굽어보면 눈이 어찔하다. 다만 마령만 조금이나마 지세가 완만하여 산을 깎아 길을 내었는데, 구절양장처럼 힘들게 지나야 비로소 올라갈 수 있다."라 하였다.

3 『석명(釋名)』에서, "성 위에 담을 여장(女牆)이라 한다. 즉 성에 비하면 그 담이 낮고 작으니, 여자와 장부의 관계와 같다."라 하였다.

4 「풍부(風賦)」에서 말하였다. "초양왕이 난대의 궁궐에서 노닐 때 바람이 삽상하게 불어왔다. 이에 왕은 옷깃을 풀어헤치고 바람을 맞으면서 '상쾌하구나, 이 바람이여.'라 하였다." 살펴보건대, 양왕이 노니는 곳은 즉 기주의 동쪽이었다.

5 '부(扶)'자에서 늙어 병든 것을 알 수 있다. 또한 먼 경치를 바라보니 마음이 옮겨가 멍하니 돌아갈 줄을 잊어버렸다. 그러므로 부축하는 사람이 해가 졌다고 알리는 것이다.

6 『후한서』에서, "공손술(公孫述)이 경시 연간에 병사를 일으켜 촉 지역을 장악하고 참람되이 황제를 칭하였다. 흰 색을 숭상하여 어복(魚復)에 성을 쌓고서 백제성(白帝城)이라 불렀다. 나라를 세운 지 12년 만에 광무제에게 죽음을 당하였다."라 하였다.

7 「촉도부」에서, "공손술이 말을 내달리며 황제를 칭하였네.(公孫躍馬而稱帝)"라 하였다. '의하장(意何長)'은 비록 자부심이 대단하였지만 오랫동안 장악하지 못함을 이른다. 이 속에 의도하는 바는 은밀히 최간(崔旰)에게 경고하기 위한 것으로, 시어가 많은 의미를 함축하고 있다.

60. 백제성에 올라 지은 두 수

上白帝城二首

江城含變態	강가의 성은 경치가 그때마다 달라
一上一回新	한번 오를 때마다 한번 새롭네.
天欲今朝雨	하늘은 오늘 아침 비가 오려하며
山歸萬古春	산에는 영겁의 봄이 돌아왔네.[1] [一]
英雄餘事業	영웅 유비는 공업을 이루지 못하고
衰邁久風塵	늙어가는 이 몸 전쟁을 오래 겪었네.
取醉他鄉客	타향의 떠돌이로 술에 취해 지내는데
相逢故國人	오늘 고향 사람을 만났구나.[2]
兵戈猶擁蜀	전쟁은 아직도 촉을 감싸는데
賦斂强輸秦	세금 거둬 강제로 장안으로 보내네.
不是煩[3]形勝	아름다운 경치 싫어해서가 아니라
深愁畏損神	깊은 근심에 정신마저 상할까 걱정이네.[4]

白帝空祠廟	백제성의 텅 빈 사당에[5]
孤雲自往來	외로운 구름만 절로 오가네.
江山城宛轉	강산의 성에 전전반측하고
棟宇客徘徊	사당에서 나그네는 배회하네.
勇略今何在	용맹과 지략은 지금 어디에 있는가
當年亦壯哉	그 당시 참으로 웅장하였는데.[二]
後人將酒肉	후인이 술과 고기를 올리니
虛殿日塵埃	텅 빈 제전(祭殿)엔 먼지가 켜켜 쌓였네.

谷鳥鳴還過	산골 새는 오가며 울어대고
林花落又開	숲의 꽃은 졌다가 또 피네.
多慙病無力	병들어 무능력에 많이도 부끄러운데
騎馬入青苔	말을 타며 푸른 이끼 밟고 들어가네.

㊁ 노덕수가 이르기를, "이 작품의 1-4구에서 천지의 마음을 볼 수 있고, 우양(雨暘)의 본질을 알 수 있고, 신구(新舊)의 변화를 궁구할 수 있으며, 산수의 신령함을 깨달을 수 있다. 이런 것들을 낭랑(朗朗)하게 묘사하였으니, 이른바 '높은 곳에 올라 도(道)의 눈이 뜨였다.'는 말이 이를 가리킨다."라 하였다.

㊂ 장약육이 이르기를, "소동파는 이 연구에 반대를 표시하였는데, '진실로 한 시대의 영웅이었는데 지금은 어디로 사라졌는가.'란 말보다 이 두 구처럼 도치를 사용한 표현이 끝내는 더욱 맛이 있다."라 하였다.

1 포주(浦注)에서, "오늘 아침 비에 경치가 변하여 새롭다. '만고춘(萬古春)'은 예전의 봄이 새로 왔다는 말이다."라 하였다.

2 이 당시 아마도 세금을 거두러 장안에서 기주로 온 사신과 함께 백제성 올랐을 것이다.

3 '번(煩)'은 '싫어하다〔厭〕'는 의미이다.

4 즉 아름다운 경치를 좋아하지 않은 것이 아니라 다만 촉의 백성이 곤궁에 빠졌으니, 참으로 눈에 보이는 것마다 근심이 인다는 말이다.

5 『방여승람』에서, "백제묘(白帝廟)는 봉절현(奉節縣) 동쪽 8리 옛날 주(州)의 성 안에 있다."라 하였다. 살펴보건대, 봉절현은 기주의 으뜸가는 고을이며, 구성(舊城)은 즉 백제성을 말한다.

61. 여러 공들을 모시고 백제성 꼭대기에 올라 월공당에서 잔치하며 짓다[1]

陪諸公上白帝城頭[2] 宴越公堂之作

此堂存古制	이 당은 옛 제도 따라 지었는데
城上俯江郊	성 위에 자리하여 강과 교외 굽어보네.
落構垂雲雨	무너진 골조에 구름과 비가 드리우고
荒堦蔓草茅	황폐한 계단엔 잡풀만 무성하네.
柱穿蜂溜蜜	기둥 뚫어 벌이 꿀집을 짓고
棧缺燕添巢	잔교 무너진 곳에 제비가 진흙 둥지 붙이네.[3]
坐接春盃氣	자리에 앉아 봄 술 마시는데
心傷豔蘂梢	가지 끝의 아름다운 꽃에 마음 아파하네.
英靈如過隙	영웅호걸은 틈을 내달리 듯 사라지는데[4]
燕衎願投膠	즐거운 잔치에 깊은 우의 맺길 원하네.
莫問東流水	동으로 흐르는 물 따라 갈지 묻지 마시라
生涯未卽抛	이곳의 삶은 아직 포기하지 않았으니.[5]

1 원주(原注)에서, "월공(越公)은 양소(楊素)다. 당은 성 위에 있으며, 화상이 아직도 전해진다."라 하였다. 이이손(李貽孫)의 「기주도독부기(夔州都督府記)」에서, "백제성의 동남쪽은 우뚝 뛰어나왔는데, 270보를 걸으면 백제묘가 나온다. 또한 월공당(越公堂)은 사당의 남쪽으로 가다가 조금 서쪽에 있다. 수나라 월공 양소가 세웠다. 특이한 구조에 높게 솟아 전망이 좋으며, 안에 기둥이 없다. 가운데 용마루는 얼마나 높은 지 헤아리기 어렵다. 건물을 보면 참으로 양소가 헌걸찬 것을 짐작할 수 있다."라 하였다.

2 ‘頭’는 달리 ‘樓’로 된 본도 있다.

3 나무를 세워 만든 것을 ‘잔(棧)’이라 한다.

4 ‘영령(英靈)’은 월공(越公)을 이른다.

5 기주를 버리고 동쪽으로 내려갈 수 없음을 말한다.

62. 백제성 가장 높은 누대에서
白帝城最高樓

城尖徑仄旌旆愁	뾰쪽한 성에 길은 기울고 깃발은 근심스럽게 펄럭이는데[1]
獨立縹緲之飛樓	아득하게 나는 듯한 누대가 홀로 서 있네.
峽坼雲霾龍虎睡[2]	삼협은 검은 흙비 사이로 흐르니 용과 호랑이 누운 듯
江淸日抱黿鼉遊	맑은 강물이 해를 안으니 자라와 악어가 노니네.[3]
扶桑西枝對斷石	부상의 서쪽 가지는 깎아지른 바위를 마주하고
弱水東影隨長流	약수의 동쪽 그림자는 긴 강물 따라 흐르네.[4]
杖藜歎世者誰子	지팡이 짚고 세상을 탄식하는 자는 누구인가
泣血迸空回白頭	피눈물 허공에 뿌리며 흰머리 돌리네.[曰]

시평 : 소자상이 이르기를, "기이한 기운이 우뚝하니[奡兀], 이러한 칠언율시는 두보가 독보적이다."라 하였다. ○ 소이천(邵二泉)이 이르기를, "부상의 서쪽가지는 서쪽으로 동쪽을 말한 것이며, 약수의 동쪽 그림자는 동쪽으로 서쪽을 말한 것이다. 사령운의 '새벽에 들으니 저녁 바람이 세게 불고, 저물녘 바라보니 아침 해가 밝도다.(早聞夕飇急 晩見朝日暾)'는 표현이 대략 같은 구법(句法)이다. 그러나 이 작품의 표현이 더욱 기발하다."라 하였다.

曰 이 작품은 요체(拗體)로, 가행(歌行)의 변격이다.

1 고주(顧注)에서, "이 당시 아마도 성의 수령이 전쟁에 대비하였을 것이다. 바람이 세서 넘어지기 쉬우므로 깃발도 또한 근심스럽다는 말이다."라 하였다.

2 ‘睡’는 달리 ‘臥’로 된 본도 있다.

3 장약육이 이르기를, “3-4구는 몸이 구름 속에 있는 상태에서 읊은 것으로, 눈앞에 한 조각 구름이 아득하게 떠가고 삼협 안의 많은 기괴한 모습이 그 안에 숨어 있는 것을 그렸다. 또한 아래로 강물이 흘러가는 모습을 바라보니 구름에 의해 가려지지 않고 햇빛을 받아 흐르니, 마치 해를 안고 있는 것 같아 파도에 햇빛이 번쩍이니 또한 기괴하여 표현하기 어렵다. 한마디 말로 사물의 수많은 모습을 형용하고 있으니 천고에 으뜸이다.”라 하였다.

4 주주(朱注)에서, “삼협의 높음은 부상의 서쪽 가지를 바라볼 수 있고, 강물이 멀리까지 흘러감은 약수가 동쪽에서 흘러옴을 바라볼 수 있다. 「우상후원산각(又上後園山脚)」에서, ‘붉은 벼랑은 가는 머리 같고, 푸른 바다는 옷에 불어오네.(朱崖著毫髮 碧海吹衣裳)’와 같은 의미이다.”라 하였다.

63. 제갈무후의 사당[1]
武侯廟

遺廟丹青古[2]	남겨진 사당에는 단청도 낡고
空山草木長	빈 산엔 초목만 무성하구나.
猶聞辭後主	아직도 후주에게 「출사표」 올렸던 말은 들리는데[3]
不復臥南陽	다시 남양으로 돌아가지 않는다고 맹서했었지.[4] ⊟

시평 : 주학령이 이르기를, "무후는 소열황제를 위하여 온갖 일을 처리하였지만 그의 충성심은 드러내지 않았다. 오직 어리석은 후주가 등극하자 병든 몸을 이끌고 군대를 이끌고 출정하여, 다시 고향인 남양으로 돌아가려는 생각을 갖지 않았다. 이것이 만고에 하늘에 우뚝한 것[雲霄萬古]이다. '아직도 들리는데(猶聞)'라는 말은 빈산에 그의 영혼이 하는 말이 들리는 것 같다는 의미이다."라 하였다.

⊟ 장상약이 이르기를, "네 구로 제갈량의 충성을 충분히 다 표현하였다."라 하였다.

1 장진(張震)의 「무후사당기」에서, "당나라 기주는 백제성을 다스리는데, 무후의 사당은 백제성 서쪽 교외에 있다."라 하였다.

2 '古'는 달리 '落'으로 된 본도 있다.

3 『촉지(蜀志)』에서, "후주(後主) 건흥 5년에 제갈량이 전군(全軍)을 거느리고 북으로 한중(漢中)에 주둔한 뒤, 출발에 임하여 「출사표」를 올렸다."라 하였다.

4 『촉지』의 주에서 말하였다. "『한진춘추(漢晉春秋)』에서 '제갈량은 남양의 등현(鄧縣)에 집이 있었다. 양양성(襄陽城)의 서쪽 20리인데, 그곳은 융중(隆中)으로 불리었다.'라 하였다."

64. 팔진도[1]

八陣圖

功蓋三分國	공은 삼분한 촉을 덮고
名成八陣圖	명성은 팔진도로 이뤘네.
江流石不轉	강은 흘러도 돌은 굴러가지 않는데
遺恨失吞吳	남긴 한은 오나라를 치지 못함이로다.[2]

1 『환우기』에서, "팔진도는 봉절현(奉節縣)의 서남쪽 7리에 있다."라 하였다. 『형주도부(荊州圖副)』에서, "영안궁(永安宮)의 남쪽 1리 물 아래에 평평한 돌무더기 위에 공명의 팔진도가 있다. 작은 돌을 모아 만들었는데, 각각의 높이가 오 척이며 넓이는 열 아름이다. 바둑돌처럼 펼쳐져 종횡으로 서로 마주하고 있는데, 중간의 거리가 9척이며, 정중앙은 남북으로 열려 있다. 모두 넓이가 오 척이며 64개의 돌이 모여 있다. 간혹 사람들이 흩어 버리거나 여름에 물이 불어 사라지더라도 겨울에 물이 빠지면 다시 예전처럼 64개가 된다."라 하였다. 『성도도경(城都圖經)』에서, "제갈무후의 팔진도는 세 개가 있는데 기주에 있는 것은 돌이 64개로 방진법(方陣法)으로 펼쳤으며, 미모진(彌牟鎭)에 있는 것은 28개로, 당두진법(當頭陣法)으로 펼쳤으며, 기반시(棊盤市)에 있는 것은 256개로 하영진법(下營陣法)으로 펼쳤다."라 하였다.

2 선주(先主)가 오를 정벌하려다가 실패하고 어복(魚復)으로 돌아오자, 공명이 탄식하면서 '법효직(法孝直)이 만약 있었더라면 반드시 주상의 동쪽 정벌을 만류하여 위태로운 상황에 이르지 않았을 것이다.'라 하였다. 이 작품의 본 뜻은 오와 촉은 순망치한의 관계에 있어서 본래 서로 전쟁을 일으켜서는 안 된다. 그런데 공명이 오나라를 정벌하려는 계획을 간쟁하여 멈추지 못하였고, 결국 자귀(秭歸)의 패배를 당하게 되었으니, 이것이 그에게 평생의 한으로 남았다. 또한 선주가 기주에서 붕어하였기에 이 일을 시에서

언급하였다. 다른 설명에 의하면, 유탁(劉逴)이 이르기를, "공명은 세상을 덮을 만한 재주로 강가에 진도(陳圖)를 처음 만들어 지금도 사라지지 않고 있다. 선주로 하여금 그의 진법을 사용하게 하였다면 어찌 효정(猇亭)에서 칠백 리에 걸쳐 있는 군영을 잃었겠는가. 애석하기로는, 유비가 오나라를 정벌하려 하였으나 진법을 알지 못하여, 팔진도에 사용된 돌로 하여금 천년의 한을 남기게 하였구나."라 하였다. 이 두 설명을 종합하여 살펴보면 이 시를 제대로 이해할 수 있다.

65. 선주의 사당을 참배하다[1]

謁先主廟

慘澹風雲會	어둑어둑 풍운이 모여드니
乘時各有人	때를 타서 영웅이 태어났네.
力侔分社稷	능력이 비슷하여 사직을 나누었으나
志屈偃經綸	뜻이 꺾이니 경륜이 무너졌네.[2]
復漢留長策	한의 회복을 최우선으로 삼아
中原仗老臣	중원 정벌을 노신에게 맡겼네.[3] [一]
雜耕心未已	둔전에 마음을 깊게 쓰고[4]
歐[5]血事酸辛	피를 토하도록 힘들게 일하였네.[6]
霸氣西南歇	패권의 기세는 서남의 촉에서 그치고
雄圖曆數屯	장대한 계획은 운수가 막히었네.
錦江元過楚	금강은 원래 초나라를 지나고
劍閣復通秦	검각은 다시 진으로 통하였네.[7] [二]
舊俗存祠廟	옛 풍속 따라 사당을 지었으니
空山立[8]鬼神	빈 산에 귀신만 서 있네.
虛簷交鳥道	텅 빈 처마에는 새들이 날아들고[9]
枯木半龍鱗	마른 나무는 반쯤 용의 비늘 닮았네.
竹送淸溪月	대나무는 맑은 시내의 달을 보내고
苔移玉座春	이끼는 영좌(靈座)의 봄을 옮기네.[10]
閭閻兒女換	민간의 아녀자도 변해가고
歌舞歲時新	가무도 해마다 새롭네.[11] [三]
絶域歸舟遠	변경에 고향 돌아갈 배는 멀고
荒城繫馬頻	황폐한 성에 말 타고 자주 찾아오네.

如何對搖落	무너져가는 사당 마주하니 어떠한가
況乃久風塵	더구나 오래 풍진에 시달렸으니.
孰與關張竝	누가 관우, 장비와 나란할까
功臨耿鄧親	공은 경감, 등우와 비슷하네.[12]
應天才不小	하늘에 응하여 재주가 부족하지 않았고[13]
得士契無鄰	선비 얻어 더할 나위 없이 친밀하였네.[14]
遲暮堪帷幄	늘그막에 군부(軍府)에 참여하였지만
飄零且釣緡	다시 떠돌다가 낚싯줄 드리우네.
向來憂國淚	예전부터 나라 걱정에 눈물 흘렸는데
寂寞灑衣巾	쓸쓸하게 다시 홀로 옷을 적시네.[15] 四 五

시평 : 이자덕이 이르기를, "두보 시의 의미는 강개전면(慷慨纏綿)하며, 그 기운은 종횡배탕(縱橫排宕)하며, 그 시어는 침울돈좌(沈鬱頓挫)하며, 음조는 격장갱굉(激壯鏗鍧)하다. 옛날을 회상하고 당시(當時)에 느낀 감회를 표현함이 시 전면에 맴돌아 사라지지 않는다. 『시경』 「대아」와 「소아」의 편장(篇章)과 태사공의 『사기』의 서술을 겸하고 있다."라 하였다. ○ 이 시는 온전히 의논으로 작품을 구성하였다. 다른 시인은 이처럼 심후한 역량을 보이지 못한다.

一 후주(後主)를 부탁한 것은 선주의 일생의 유업이며, 병든 몸으로 최선을 다하다가 죽은 것은 또한 공명 일생의 뜻이다. 두 사람이 모두 인생의 마지막에 임하여 자신의 진정을 보였는데, 그 기본은 한나라를 회복함에 있다. 2-6구는 두보 최고의 식견을 나타낸다.

二 첫 단락에서 선주의 역사적인 본말에 대해 서술하였다.

三 다음 단락은 사당 안의 풍경을 읊었다.

四 소자상이 이르기를, "작품 전체가 혼장(渾壯)하니, 대가의 작법을 보인다."라 하였다.

五 마지막 단락은 사당에 참배한 뒤의 느낌을 서술하였다.

1 『방여승람』에서, "선주의 사당은 봉절현 동쪽 6리에 있다."라 하였다.

2 '역모(力侔)'는 군주와 신하의 재주와 능력이 서로 비슷하여 사직을 나눠 맡았다는 말이다. '지굴(志屈)'은 천하를 통일하지 못함을 이른다. 임금과 신하가 물과 물고기처럼 제대로 만나 천하를 삼분하여 촉을 차지한 계책 등을 이 두 구절이 설명하고 있다.

3 구주(仇注)에서, "두 구는 즉 선주가 임종할 때 이른바 '제갈량 그대의 재주가 조비보다 열배나 뛰어나니 반드시 대사(大事)를 이룰 것이다.'는 말에 해당한다."라 하였다.

4 『촉지』에서, "제갈량이 사마선왕(司馬宣王)과 위남(渭南)에서 대치하였을 때, 항상 군량미가 끊길까 걱정하였다. 이에 병사들을 나눠 둔전에 배치하여 오래 주둔할 기반으로 삼았다. 밭을 가는 병사가 위수가의 민간에 거주하니, 백성들은 안도하고 군인은 사사로이 나쁜 일을 행하지 않았다."라 하였다.

5 '歐'는 '嘔'와 같다.

6 『위지(魏志)』에서, "제갈량은 군량미가 떨어지고 기세가 떨어지자 근심과 울분에 피를 토하였다. 어느 날 밤 진영을 불태우고 계곡으로 달아났는데 발병하여 죽었다."라 하였다. 주(注)에서 "신 배송지(裵松之)가 말하기를 '대개 공명이 죽은 것을 말미암아 『위지』가 과대포장하여 기술한 것입니다. 대개 공명의 지략으로 어찌 중달 때문에 피를 토하였겠습니까."라 하였다.

7 구주(舊注)에서, "금강과 검각은 촉의 땅이다. 초를 지나고 진(秦)으로 통한다는 것은, 얼마 지나지 않아 다시 진(晉)으로 합쳐진 것을 마음 아파한 것이다."라 하였다.

8 '立'은 달리 '泣'으로 된 본도 있다.

9 사당이 산 속에 있음을 이른다.

10 사조의 시에서, "옥좌는 더욱 적막하네.(玉座猶寂寞)"라 하였다.

11 이에서 사람들이 한나라를 그리워하여 수백 년이 지나도 한결 같음을 볼 수 있다.

12 경감(耿弇), 등우(鄧禹)를 이른다.

13 『촉지』에서 말하였다. "초주(譙周) 등이 말을 올려 '성왕(聖王)은 천지의 기운에 응하여 태어났습니다. 귀신과 능력이 같으니, 원컨대 대왕은 하늘의 부름에 응하고 백성의 바람을 따르십시오.'라

하였다."

14 「무후본전(武侯本傳)」에서 말하였다. "선주(先主)가 말하기를 '나에게 공명이 있는 것은 마치 물고기가 물을 만난 것과 같다.'라 하였다." '계무린(契無隣)'은 마음을 하나로 합친 덕을 상대할 만한 것이 없음을 이른다.

15 '변경에 고향 돌아갈 배는 멀고.(絶域歸舟遠)' 이하는 옛날 일을 빌려 현재 상황을 마음 아파하고 있다. 즉 지금 전쟁의 풍진이 가라앉지 않았는데, 누가 관우와 장비처럼 충성과 용맹을 나란히 할 만하며 또한 누가 경엄, 등우와 같이 공을 세우겠는가. 반드시 하늘의 부름에 응할 재주를 지닌 참다운 군주가 나와 군신간에 마음이 맞아 큰 업적을 세워야 한다. 나는 나이가 많아 비록 몸이 쇠약하지만, 일찍이 세상에 보탬이 되려는 마음을 가졌다. 지금 홀로 떠돌며 어부와 희롱하며 지내지만, 나라를 걱정하는 깊은 마음에 눈물이 옷깃을 적시고 있다는 말이다.

66. 제갈량의 사당[1]

諸葛廟

久遊巴子國	오랫동안 파자국에서 노닐면서[2]
屢入武侯祠	자주 제갈무후의 사당에 찾아갔네.
竹日斜虛寢	대밭의 햇빛은 빈 영침(靈寢)에 비껴 들고
溪風滿薄帷	시내의 바람은 얇은 장막에 가득 불어오네.
君臣當共濟	임금과 신하는 응당 함께 노력해야 하니
賢聖亦同時	성현도 또한 시대를 같이 다스렸네.
翊戴歸先主	선주를 정성으로 모시고
并吞更出師	중원 차지하려 다시 군사 출정하였네.
蟲蛇穿畫壁	벌레와 뱀이 그림 그려진 벽을 뚫고
巫覡醉[3]蛛絲	무당은 개미줄처럼 취해 흔들거리네.
欻憶吟梁父	문득 「양보음」 읊조리는데
躬耕也[4]未遲	몸소 농사지어도 아직 늦지 않으리.[5] ⊟

⊟ 두보는 선주와 제갈무후에 대하여 항상 마음속으로 잊지 못하였다. 대개 군신이 서로 만나는 것은 옛날부터 어려운 일이다.

1 이 부분의 몇 작품은 한 때에 지은 것이 아니다. 이 책은 주학령본을 따라 편차하였다.

2 『원화군국지』에서, “무왕이 은나라를 정벌할 때 파촉 사람들이 도왔다. 뒤에 그 지역에 봉하여 파자(巴子)로 삼았다.”라 하였다. 『삼파기(三巴記)』에서, “그 지역은 동으로 어복(魚復)에 이르고 서로 북도(僰道)에 이르고, 북으로 한중(漢中)과 마주하고 남으로

장가(牂牁)까지 이른다."라 하였다.

3 '醉'가 『두억』에서는 '綴'로 되어 있다.

4 '也'는 달리 '起'로 된 본도 있다.

5 황생(黃生)의 주에서, "제갈량이 남양에 은거할 때 나이가 아직 젊었다. 비록 몸소 농사를 지으며 때를 기다리더라도 어찌 늦겠는가. 두 구는 참으로 두보 자신이 늘그막에 접어들어서 이룬 것이 없음을 마음 아파한 것이다. 앞의 시에서 '늘그막에 군부(軍府)에 참여하였지만.(遲暮堪帷幄)'과 같은 의미로, 모두 무후로 자신을 비유하였다."라 하였다.

67. 늙은 측백나무의 노래[1]
古柏行

孔明廟前有老柏	공명의 사당 앞에 늙은 측백나무가 있는데
柯如靑銅根如石	가지는 청동 같고 뿌리는 바위 같네.
霜[2]皮溜雨四十圍	서리 맞은 거죽은 빗방울 떨어져 마흔 아름이고
黛色參天二千尺	검푸른 빛 하늘에 닿아 이천 척이네.[3] [一]
君臣已與時際會	임금과 신하가 이미 알맞은 때 만났으니
樹木猶爲人愛惜	나무도 오히려 사람에게 사랑을 받는구나.
雲來氣接巫峽長	구름이 몰려오면 기운이 높다란 무협에 이어지고
月出寒通雪山白	달이 떠오르면 한기가 설산의 흰 빛과 통하네.[4]
憶昨路繞錦亭[5]東	예전 회상하니, 길은 금정의 동쪽을 휘감고[6]
先主武侯同閟宮	선주와 무후는 같은 사당에 모셔 있었지.
崔嵬枝幹郊原古	우뚝한 가지와 줄기는 성 밖 들판에서 늙어가고
窈窕丹靑戶牖空	단청은 아름다운데 문과 들창은 텅 비었었네.[7] [二]
落落盤踞雖得地	축축 늘어져 똬리 틀고 앉아 비록 땅을 차지하였지만
冥冥孤高多烈風	아득하게 홀로 솟아 매서운 바람 많이 겪었네.
扶持自是神明力	버텨온 것은 절로 신명의 도움이며
正直元因造化功	곧바로 자란 것은 조물주의 공이로다.[8]
大廈如傾要梁棟	큰 집 기울어 들보와 용마루 필요하여도
萬牛廻首丘山重	만 마리 소가 산처럼 무거워 고개 돌리리라.[9]
不露文章世已驚	무늬 드러내지 않아도 세상은 이미 놀라지만
未辭翦伐誰能送	자르고 베어내어도 누가 능히 쓸려 하겠는가.

苦心豈免容螻蟻	고심해도 땅강아지, 개미가 갉아 먹는 것 어찌 면하랴만
香葉終經宿鸞鳳	향기로운 잎에는 끝내 봉황이 깃들리라.[10]
志士幽人莫怨嗟	지사와 은둔한 이는 원망하거나 탄식하지 마시라
古來材大難爲用	예전부터 재주가 크면 등용되기 어려웠나니.㊂

시평 : 왕우중이 이르기를, "두보는 평소에 공명을 극찬하였으니, 그것은 조심스럽게 자신을 공명에 비유하려는 의도이다. 공명의 재주는 뛰어나나 그것을 다 사용하지 못하였다. 두보는 일찍이 자신을 직(稷)과 설(契)에 비유하였는데, 그를 써주는 사람이 없었다. 그러므로 작품의 끝에서 '재주가 커도 쓰이기 어려움'을 드러내었으니, 이것이 시의 본지(本旨)로, 늙은 측백나무에서 흥을 일으켰다."라 하였다. ○ 포이전이 이르기를, "무늬를 드러내지 않는 것은 신분 높음을 묘사하였고, 자르고 베어냄을 사양하지 않은 것은 의사를 굽힌 것을 묘사하였다. 땅강아지와 개미를 받아들이는 것은 매개하는 것이 있더라도 어찌 자체에 손상이 되겠느냐는 의미이고, 난새와 봉황이 깃든다는 말은 덕이 세상이 크게 빛남을 이른다. 모두 지사와 은거한 이를 위하여 묘사하여 드러낸 것이다."라 하였다.

㊀ 첫머리에서 기주 사당의 측백나무를 읊었다.

㊁ 다음 단락은 성도의 측백나무를 읊어서 기주의 측백나무를 은근히 드러내었다.

㊂ 측백나무를 읊어 탄식을 부쳤으니 재주가 크면 쓰이기 어려움으로 결말을 맺었다.

1 조언재가 말하기를, "성도(成都)의 무후사당은 선주묘(先主廟)에 딸려 있다. 기주(夔州)의 경우는 선주와 무후의 사당이 따로 있다. 이 시는 전적으로 기주의 무후 사당에 있는 측백나무를 읊은 것으로 「기주십절(夔州十節)」에서, '무후사당은 잊을 수가 없으니, 가운데 송백은 하늘까지 높이 자랐네.(武侯祠堂不可忘 中有松柏參天長)'라 한 것이, 바로 이것이다."라 하였다.

2 '霜'은 달리 '蒼'으로 된 본도 있다.

3 이것은 특별히 잣나무의 높고 큼을 형용한 것으로, 여기에 얽매일 필요가 없다.

4 설산은 성도의 서쪽에 있다. 이것은 다시 측백나무의 우뚝 자라 음기가 짙게 서린 모습을 말하였다.

5 '亭'은 달리 '城'으로 된 본도 있다.

6 즉 성도의 금강정(錦江亭)을 말한다.

7 『성도기』에서, "선주 사당의 서쪽에 무후 사당이 있다. 사당 앞에는 큰 측백나무 두 그루가 있는데, 사람들이 제갈량이 손수 심었다고 한다. 즉 이른바 '금관성 밖에 측백나무가 울창하네.(錦官城外柏森森)'라는 것이 이것이다."라 하였다.

8 주주(朱注)에서, "즉 성도 사당의 측백나무는 성 밖 들판 평지에 있었기에 오래 살아남아 있었다. 그런데 기주의 측백나무는 이처럼 높은 산에 똬리를 틀고 있으면서 매서운 바람에 꺾이지 않은 것은 참으로 신명과 조물주의 도움을 받았기 때문이다."라 하였다.

9 나무가 무거워 실어 옮길 수 없음을 말한다.

10 사승(謝承)의 『후한서』에서, "방저(方儲)가 어머니 상을 당하여 송백(松柏)을 심으니 난새가 그 위에 깃들었다."라 하였다.

68. 땔나무를 짊어진 아낙의 노래[1]
負薪行

夔州處女髮半華	기주의 처녀는 머리가 반절은 세었으니
四十五十無夫家	사십, 오십에도 남편 없이 사네.
更遭喪亂嫁不售	거듭 전쟁을 만나 시집을 가지 못하니
一生抱恨長咨嗟	평생 한을 품고 늘상 한숨을 쉬네.
土風坐男使女立	풍속이 남자는 앉아 여자 보고 서 있게 하니
應當門戶女出入	집안 살림 맡아 여자가 출입하네.
十猶八九負薪歸	열에 여덟, 아홉은 땔나무를 매고 돌아와
賣薪得錢應供給	땔나무 팔아 돈 마련하여 집안 살림 꾸려가네.[2]
至老雙鬟只垂頸	늙어서도 두 쪽진 머리 다만 목까지 드리우고
野花山葉銀釵竝	들꽃과 산나무 잎이 은비녀와 나란하네.[3]
筋力登危集市門	근력은 위태로운 벼랑에 올랐다가 저자까지 들고 가는데
死生射利兼鹽井	죽을 각오로 이익을 취하려고 염정도 겸하네.
面妝首飾雜啼痕	얼굴 화장에 머리 꾸미고 눈물 자욱 가리며
地褊衣寒困石根	북방에 옷도 헐벗었는데 돌뿌리에 걸려 넘어지네.
若道巫山女麤醜	만약 무산의 여자들이 못생겼다고 말한다면
何得北有昭君村	어찌 북쪽에 미인 왕소군이 태어난 마을이 있을까.[4]

㊁ 소자상이 이르기를, "풍토를 읊은 시는 모름지기 이처럼 박노(朴老)하여야 한다."라 하였다.

1 고생하는 아낙에 대해 마음 아파하여 읊었다.

2 포주(浦注)에서, "1-4구는 통설(統說)에 해당하고, 5-8구는 남편이 없는 여자를 이어받아 말을 전개하고 있다."라 하였다.

3 육유의 『입촉기(入蜀記)』에서, "삼협 안에 물건을 짊어지고 파는 사람은 대부분 부인으로, 시집 가지 않은 사람은 동심계(同心髻)를 한다. 높이는 2척으로 은비녀를 6개 정도 꽂고, 뒤쪽으로 상아(象牙)를 꽂으며 빗은 손바닥 크기만 하다."라 하였다.

4 『방여승람』에서, "귀주(歸州)의 동북쪽 40리에 소군촌(昭君村)이 있다."라 하였다. 「금조(琴操)」에서, "왕소군은 오랑캐 땅에서 죽었다. 고향 사람들이 그녀를 생각하여 사당을 세웠는데, 사당에는 큰 측백나무가 있다. 또한 돌을 깎아 다듬은 돌이 사당 옆 시내 안에 있으니, 지금의 향계(香溪)이다."라 하였다.

69. 배를 쉽게 운행하는 노래[1]
最能行

峽中丈夫絶輕死	삼협의 장부는 대단히 죽음을 가벼이 여겨
少在公門多在水	아전이 된 이는 적고 대부분 강물에 사네.
富豪有錢駕大舸	부호는 돈이 많아 큰 배를 운행하고
貧窮取給行艓子	가난한 이는 일엽편주로 강을 건너네.[2]
小兒學問止論語	어렸을 때 공부는『논어』에 그치고
大兒結束隨商旅	청년이 되면 차려 입고 장사치 따르네.
欹帆側柂入波濤	돛을 기울이고 키를 틀면서 파도 속으로 들어가는데
撇漩[3]捎濆無險阻	소용돌이는 쳐서 없애고 파도는 타서 넘어 험하거나 막힌 길 없네.[4]
朝發白帝暮江陵	아침에 백제성 떠나면 저녁에 강릉 도착하니
頃來目擊信有徵	예전부터 눈으로 보아와 참으로 징험할 수 있네.[5]
瞿唐漫天虎鬚怒	구당협의 물결은 하늘에 닿고 호수탄은 성내는데[6]
歸州長年行最能	귀주의 뱃사공은 험한 뱃길 쉽게 지나네.[7]
此鄕之人器量窄	이 고을 사람은 그릇이 작아[8]
誤競南風疎北客	그릇되이 남풍을 다퉈 북쪽 손님 실어 나르네.
若道士[9]無英俊才	만약 선비로 영준한 인물이 없었다면
何得山有屈原宅	어떻게 산에 굴원의 집이 있었을까.[10]

1 사나이를 풍자하였다.

2 '艓'의 음은 '葉'이다. 작은 배를 지칭하는데, 즉 나뭇잎처럼 가볍다는 의미이다.

3 '漩'의 음은 '旋'으로, 거성으로 읽는다.

4 「강부(江賦)」에서, "소용돌이치며 빙빙돌며, 파도가 솟구쳐 오르고(漩澴滎瀯 澴灪濆瀑)"라 하였다. 이선(李善)이 말하기를, "모두 파도가 휘감돌고 용솟음쳐 솟구쳐 오르는 모습이다."라 하였다. 좌현(左峴)이 말하기를, "촉의 속담에 '파도가 집채만 하게 솟구치고 소용돌이 휘돌아 우물처럼 낮다.'라 하였는데, 대개 파도가 높이 솟구치면 가운데가 비고, 소용돌이가 급하게 돌면 깊이 빠진다. 솟구치는 파도는 피할 수 있지만 소용돌이는 피할 수 없다. 배를 운행하는 자가 소용돌이를 만나면 소용돌이를 쳐서 뱃길을 열고 파도를 만나면 파도를 타고 지나간다."라 하였다.

5 성굉지(盛宏之)의 『형주기(荊州記)』에서, "아침에 백제를 떠나면 저녁에 강릉에 도착한다고 하였는데, 그 거리는 1200리다. 비록 빠른 파도와 바람을 타더라도 그렇게 빨리 도착할 수 없다."라 하였다.

6 『수경주』에서, "장강은 호수탄을 지나는데, 여울물이 넓어 여름에는 여행객이 건널 수 없다."라 하였다. 『전촉총지(全蜀總志)』에서, "호수담(虎鬚潭)은 기주부(夔州府)의 관청 서쪽에 있다."라 하였다.

7 주주(朱注)에서, "'장년(長年)'은 뱃사공을 이른다. '최능(最能)'은 구당과 호수탄을 지나는 것이 매우 쉬움을 이른다."라 하였다. 유수계가 최능(最能)을 선원을 일컫는 말이라고 하였는데, 옳지 않다.

8 『수경주』에서 말하였다. "원산송(袁山松)이 이르기를 '귀주 지역은 땅이 험준하고 강물이 거세다. 그러므로 이 지역 사람들의 본성도 또한 거칠다.'라 하였다."

9 '士'는 달리 '土'로 된 본도 있다.

10 『수경주』에서, "자귀(秭歸)는 옛날 귀향현(歸鄉縣)으로 북쪽에 굴원의 옛 집이 있는데 돌을 쌓아 집의 기초를 만들었다. 지금은 악평리(樂平里)라고 부른다. 집의 동쪽에는 여수묘(女嬃廟)가 있으며, 다듬이 돌이 아직도 남아 있다."라 하였다.

70. 자사 원결의 「용릉행」에 동감하며[1]

同元使君舂陵行

도주자사 원결의 「용릉행」과 「적퇴시관리(賊退示官吏)」 두 작품을 보고[2]㈀ 기록하기를, "원결은 천자의 근심을 나눠 지방을 다스리면서 한나라 조정의 어진 관리의 행위를 본받아 시행하였다. 지금 도적이 아직 사라지지 않았는데 백성의 질고를 아는 사람은 원결 등 십여 명에 불과하다. 그들은 웅대한 도량으로 천하에 흩어져 방백이 되었으니, 세상 만물이 생기를 얻어 기운을 토해내어 천하가 조금 안정되었다. 생각지 않게도, 비흥의 체재에 돈좌를 미완하게 표현한 시어를 다시 보게 될지 몰랐다. 이에 느낌이 일어 시를 지어 두루마리에 실어 나를 아는 자에게 편지 삼아 보내노니, 반드시 원결에게 보낼 필요는 없다."㈀라 하였다.

覽道州元使君結舂陵行兼賊退後示官吏作二首 志之曰 當天下分憂之地 效漢官良吏之目 今盜賊未息 知民疾苦得結輩十數公 落落然參錯天下爲邦伯 萬物吐氣 天下少[3]安可待矣 不意復見比興體制微婉頓挫之詞 感而有詩 增諸卷軸 簡知我者 不必寄元

遭亂髮盡白	난리 만나 머리칼은 온통 하얗고
轉衰病相嬰	떠돌며 늙어가니 병에 잇달아 걸리네.
沈緜盜賊際	도적이 횡행할 때 병에 신음하며
狼狽江漢行	낭패 당하며 강한으로 다니네.
歎時藥力薄	세상을 구원할 방법이 없어 탄식하며[4]
爲客羸瘵成	나그네 되어 가슴 병 앓았네.
吾人詩家流[5]	우리 시인들은
博采世上名	세상에 명성을 널리 얻었네.

粲粲元道州　빛나고 빛나는 도주자사 원결은
前聖畏後生　앞 대가들이 두려워하는 시인이라네.
觀乎春陵作　「용릉행」을 보노라면
欻見俊哲情　문득 현명한 이의 진심을 알 수 있네.
復覽賊退篇　다시 「적퇴」 시를 보면
結也實國楨　원결은 참으로 나라의 기둥이로고.
賈誼昔流慟　가의는 옛날 눈물 흘리며 통곡하고
匡衡嘗引經　광형은 일찍이 경전을 인용하였네.
道州憂黎庶　도주자사는 백성을 걱정하니
詞氣浩縱横　시어가 종횡으로 드넓네.
兩章對秋月　두 작품은 가을 달과 비견되며
一字偕華星　한 글자가 모두 빛나는 별이로다.[6]
致君唐虞際　임금을 당, 우의 태평시대로 인도하니
淳樸憶大庭　순박함은 대정 시대 같구나.[7]
何時降璽書　언제나 조서 내려
用爾爲丹青　그대를 궁궐에서 쓰려는 지.[8]
獄訟永衰息　송사도 길이 멈추리니
豈惟偃甲兵　어찌 다만 전쟁만 그치게 하랴.
悽惻念誅求　불쌍하게 가렴주구 근심하며
薄斂近休明　세금 적게 거두니 태평성대 가깝네.[9]
乃知正人意　이에 바른 사람의 마음 알았으니
不苟飛長纓　관복의 긴 끈 구차하게 날리지 않구나.[10]
涼飆振南嶽　서늘한 바람이 남악에 불어오니[11]
之子寵若驚　그대는 총애와 모욕에 놀라겠는가.[12]
色沮金印大　낯빛은 커다란 금인에 어둡고[13]
興含滄浪淸　운치는 맑은 창랑의 자연 머금었네.[14]

我多長卿病	나는 사마상여와 같은 병 오래 앓았지만
日夕思朝廷	밤낮으로 조정을 생각하네.
肺枯渴太甚	폐는 말라 갈증은 너무 심한데
漂泊公孫城	공손술의 백제성에 떠돌고 있네.[15]
呼兒具紙筆	아이 불러 종이와 붓 갖추고
隱几臨軒楹	안석에 기대 난간을 마주하네.
作詩呻吟內	시를 지어 중얼거리는 동안
墨淡字欹傾	먹물 마르고 글자는 삐뚤빼뚤하네.
感彼危苦詞	괴로운 마음에 지은 그의 시에 느낌 일었나니
庶幾知者聽	나를 아는 자들은 들어보시라.[三]

용릉의 노래 - 원결

春陵行 - 元結

계묘년에 만수(漫叟) 원결은 도주자사에 임명되었다. 도주는 옛날에 사만여 가구나 되었는데, 도적이 침입한 뒤로 사천 가구도 되지 않으며 태반은 세금도 낼 수 없는 지경이다. 관사에 도착하여 오십여 일이 지나 여러 사신들이 가져온 세금을 징수하라는 장부 이백여 통을 받았다. 모두 기한을 넘겼다고 적혀 있으니, 그 죄는 벼슬을 좌천하거나 쫓겨나야 한다. 오호라! 만약 모두 그 명령에 응하였다면 고을 백성은 파산하여 떠났을 것이며 자사는 죄에서 도망치려 하였을 것이다. 만약 명령에 응하지 않았다고 해도 또한 피할 수 없이 죄를 받았을 것이다.[四] 내가 임무를 실행하면서 차분하게 사람들을 안정시키고 죄를 기다렸다. 이 고을은 용릉의 옛 지역이므로 「용릉행」을 지어 아래 사

람의 마음을 드러내본다.[16]

癸卯歲漫叟授道州刺史 道州舊四萬餘戶 經賊已來不滿四千 大半不勝賦稅 到官未五十日 承諸使徵求符牒二百餘封 皆曰 失其限者罪至貶削 於戲若悉應其命 則州縣破亂 刺史欲焉逃罪 若不應命又卽獲罪戾 必不免也 吾將守官靜以安人 待罪而已 此州是春陵故地 故作春陵行 以達下情

軍國多所須	군대와 나라엔 쓸 것이 많아
切責在有司	절실한 책임이 유사에게 있네.
有司臨郡縣	유사가 군현을 맡았으니
刑法竟欲施	형법을 끝내 시행하려 하네.
供給豈不憂	나라에 바치는 것을 어찌 근심하지 않으랴
徵斂又可悲	백성에게 세금 거두는 일도 슬프구나.
州小經亂亡	고을은 작은데다 난리 겪어 도망가니
遺民實困疲	남은 백성은 실로 더욱 힘드네.
大鄕無十家	큰 마을은 열 집도 남지 않고
大族命單羸	커다란 씨족도 두어 명에 병든 사람뿐이네.
朝飧是草根	아침 식사는 풀뿌리요
暮食乃樹皮	저녁에 먹은 것은 나무껍질이라.
出言氣欲絶	말을 하려 하면 숨이 끊어질 듯 같고
意速行步遲	빨리 가고 싶지만 발걸음 더디네.
追呼尙不忍	찾아가 독촉도 오히려 차마 못하겠는데
況乃鞭扑之	하물며 채찍으로 때릴 수 있으랴.
郵亭傳急符	역참에서 독촉하는 문서가 전해지며
來往跡相追	오가는 사신의 발걸음 끊이지 않네.
更無寬大恩	큰 은혜 베푸는 일은 없고
但有迫促期	다만 기일을 재촉할 따름이네.

欲令鬻兒女	아녀자를 팔아서라도 내라 하고 싶지만
言發恐亂隨	말은 하면 난리 일어날까 두렵네.
悉使索其家	백성 집안을 온통 뒤져보지만
而又無生資	살림살이조차 없구나.
聽彼道路言	그들이 길가에서 하는 말을 들어보니
怨傷誰復知	원망과 아픔을 누가 알아주랴.
去冬山賊來	지난 겨울 산적이 쳐들어와
殺奪幾無遺	죽이고 빼앗아 거의 남은 게 없네.
所願見王官	원하는 건, 황제 모신 관리 만나
撫養以惠慈	은혜와 사랑으로 어루만져 주십사 하는데,
奈何重驅逐	어찌 더욱 백성을 사지로 내몰아
不使存活爲	살아남지 못하게 하는가.
安人天子命	백성을 편안케 함은 천자의 명령이요
符節我所持	부절 지녀 그 책임 나에게 있어라.
州縣忽亂亡	고을 사람들이 어지러이 도망가니
得罪復是誰	그 죄는 내가 마땅히 받아야 하네.
逋緩違詔令	세금을 내지 않아 조령을 어겼으니
蒙責固所宜	견책을 받음은 진실로 당연하도다.
前賢重守分	전현은 본분 지키는 걸 중시하고
惡以禍福移	영욕 때문에 바꾸는 것 미워하였네.
亦云貴守官	또한 맡은 임무 다하는 걸 귀하게 여겼고
不愛能適時	시류(時流) 따르는 것 좋아하지 않았네.
顧惟孱弱者	너무나 힘없는 백성을 돌아보니
正直當不虧	바르고 곧은 말을 반드시 해야 하네.
何人采國風	어느 누가 지방의 민요를 채집하나
吾欲獻此辭	내 이 시를 바치고 싶구나.[五]

도적이 물러난 뒤 관리들에게 보이다 - 원결
賊退示官吏 - 元結

계묘년 서원의 도적이 도주에 침입하여 성안을 거의 불태우고 노략질하였다. 그 다음해에 또다시 영주(永州)를 공격하고 소주(邵州)를 함락하였는데, 우리 도주는 침범하지 않고 물러났으니, 어찌 우리들의 힘으로 상대방을 제압하여 그렇겠는가. 아마도 그들이 우리를 불쌍하게 여겼기 때문이다. 여러 사신들은 어찌 그리도 잔인하게 세금을 거두는가. 이에 시 한 수를 지어 관리들에게 보인다.

癸卯歲西原賊入道州 焚掠幾盡而去 明年賊又攻永破邵 不犯此州邊鄙而退 豈力能制敵與 蓋蒙其傷憐而已 諸使何爲忍苦徵斂 故作詩一篇 以示官吏

昔歲逢太平	옛날에 태평성대 만나
山林二十年	산속에서 이십 년 보냈네.
泉源在庭戶	샘물은 뜰 옆에 있었고
洞壑當門前	골짜기는 문앞에 마주하였네.
井税有常期	세금은 정해진 기한이 있어
日晏猶得眠	늦게까지 잠잘 수 있었다네.
忽然遭世變	갑자기 세상이 급변하여
數歲親戎旃	몇 해를 군막(軍幕)에 있었네.
今來典斯郡	지금은 이 고을 맡았는데
山夷又紛然	산 도적이 또 어지럽게 일어나네.
城小賊不屠	성에 사람 적어 도적들도 죽이지 않으며
人貧傷可憐	백성 가난하니 마음 아파하며 불쌍하게 여기네.

是以陷鄰境	이 때문에 이웃 고을은 침략해도
此州獨見全	이 고을은 홀로 온전하네.
使臣將王命	사신이 왕명을 받들었는데
豈不如賊焉	어찌 도적만도 못한가.
今彼徵斂者	지금 저 세금을 거두는 자들은
迫之如火煎	불화살로 쫓듯 다급하게 몰아대네.
誰能絶人命	누가 사람 목숨 끊어서
以作時世賢	시대의 어진 사람이 되려 하는가.
思欲委符節	바라기론, 관리 부절 버리고
引竿自刺[17]船	낚싯대 들고 배를 저으며 살기를.
將家就魚麥	식솔 거느려 물고기 잡고 논밭 가꾸며
歸老江湖邊	돌아가 강호에서 늙어 가리라.

㊀ 두보는 평소 백성의 질고에 마음을 두었다. 그러므로 마땅히 원결의 시를 깊이 인정하였다.

㊁ 서문 또한 고경(古勁)하다.

㊂ 처음부터 끝까지 모두 자신의 말을 하였으니, 수창하는 작품의 상투적인 형식에서 완전히 벗어났다.

㊃ 장상약이 이르기를, "현재의 수령 가운데 누가 기꺼이 이런 말을 할 것인가."라 하였다.

㊄ 차산(次山)의 시는 박직(樸直)하니, 이런 풍격도 한 체재를 이룬다.

1 서문이 있다. 주주(朱注)에서, "살펴보건대 차산(次山) 원결의 「용릉행」의 서문과 시는 광덕 2년에 지어졌으며, 두보의 시는 대력 원년에 지어졌다."라 하였다.

2 『당서』에서, "도주(道州) 강화군(江華郡)은 강남서도에 속한

다."라 하였다. 안로공(安魯公)의 「표원차산묘비(表元次山墓碑)」에서, "무창(武昌)의 번구(樊口)에 집을 짓고 살았다. 이전에 군(君)의 신분으로 가난하게 살다가 집안을 일으켜 도주자사가 되었다. 도주는 서원(西原)의 도적에게 함락되어 열 사람 중에 한 사람도 남지 않았으며 호구도 겨우 천 가구가 될 정도였다. 원결은 수레에서 내리자마자 고인(古人)의 어진 정치를 시행하였는데, 2년이 지나자 고을로 돌아온 자들이 만여 가구나 되었다. 도적도 또한 두려워 감히 침범하지 못하였다."라 하였다.

3 '少'는 달리 '小'로 된 본도 있다.

4 세상을 구할 방법이 없음을 이른다.

5 '流'는 달리 '秀'로 된 본도 있다.

6 위(魏) 문제(文帝)의 시에서, "빛나는 별이 구름 사이로 나오네.(華星出雲間)"라 하였다.

7 『장자』에서, "옛날에 용성씨(容成氏)와 대정씨(大庭氏)가 결승문자를 사용하였는데, 이 시기는 지극한 태평시대의 다스림이다."라 하였다. 『고사고(古史考)』에서, "대정씨는 강성(姜姓)으로, 화덕(火德)으로 왕이 되었기에 염제(炎帝)라고 부른다."라 하였다.

8 『염철론(鹽鐵論)』에서, "공경(公卿)은 신이로운 교화의 단청에 해당한다."라 하였다.

9 『두억』에서 말하였다. "『도주본전(道州本傳)』을 살펴보건대 '원결은 백성들이 매우 곤궁하다고 여겨 차마 세금을 부과하지 못하였다. 일찍이 소장을 올려 조세와 시장에서 여러 물건을 살 돈 13만 꾸러미를 면제받게 하였다. 다시 소장을 올려 조용(租庸) 10여만 꾸러미를 면제받게 하였다. 이 때문에 난리로 흩어졌던 백성들이 모두 돌아왔다.'라 하였다."

10 육기의 시에서, "긴 관복 끈이 아름다우며 빛나네.(長纓麗且光)"라 하였다.

11 남악은 형산(衡山)으로, 도주의 남쪽에 있다. 원결의 탁 트인 흉금을 말한다.

12 『노자』에서, "사랑을 받거나 욕을 먹거나 하는 일에 흥분하는 것은 큰 병통을 제 몸처럼 귀하게 여기는 것이다."라 하였다.

13 『진서』「주의전(周顗傳)」에서 말하였다. "주의가 '올해에는 저 역적들을 죽여서 반드시 말통만큼 큰 금인을 팔뚝 뒤에 차리라.'라 하였다."

14 주주(朱注)에서, "원결의 시에 늙으면 은퇴하여 강호로 돌아가

려는 생각이 있었다. 그러므로 아름답게 여겨 언급하였다."라 하였다.

15 『후한서』에서, "공손술(公孫述)이 경시 연간에 병사를 일으켜 촉 지역을 장악하고 참람되이 황제를 칭하였다. 흰 색을 숭상하여 어복(魚復)에 성을 쌓고서 백제성(白帝城)이라 불렀다."라 하였다.

16 『수경주』에서, "용릉현은 본래 냉도현(泠道縣)의 용릉향(舂陵鄕)이다. 용계(舂溪)를 따라 이름 지었다. 한나라 때는 장사정왕(長沙定王)이 이 지역을 나눠 현으로 삼았고, 무제 원소 5년에 왕의 둘째 아들 유매(劉買)를 봉하여 능절후(陵節侯)로 삼았다."라 하였다.

17 '剌'의 음은 '郎'과 '達'의 반절법이다.

杜詩鏡銓 3

杜甫 著
楊倫 編注

浦云五首觀我觀物非寶於身心世故有得者不能爲此

杜詩鏡銓卷九

寶應中公居成都客梓州作

江頭五詠

丁香

圖經本草丁香木類桂高丈餘葉似櫟凌冬不凋花圓細黃色碎錄丁香一名百結子出枝葉上如釘長三四分齊民要術雞舌香世以其似丁子故一名丁子香卽今丁香是也日華子云丁香治口氣所以郎官含之

丁香體柔弱。亂結枝猶墊。義山詩本是丁香樹春條結始生蓋其枝常相結也說文墊下也凡物之下墮皆可云墊

細葉帶浮毛。疏花披素豔。深栽小齋後。庶使幽人

占。晚墮蘭麝中。休懷粉身念。朱注丁香與幽僻相宜晚而墮於蘭麝則非其類矣雖粉身豈足惜哉

若○護○若○誡○深○婉○可○味○

張上若云此公自喻見棄遠方安分隱退不復更懷末路之榮以賈禍也

麗春

圖經本草麗春草一名仙女蒿羣芳譜麗春罌粟別種根苗一類而數色咸具卽今虞美人花

百草競春華。麗春應最勝。少須顏色好。多漫枝條賸。言麗春雖少須知顏色自好彼桃李之多漫剩枝條耳並非能勝於麗春也顧桃李能移而麗春不能移何哉紛紛桃李枝。處處總能移。顧注桃李隨移隨活獨罌粟之種移植他處則槁如何一作稀如此貴重。卻怕有人知。此句正狀其不可移也

此公自喻競進者多已獨耿介自守不移其性故人之知公者少也

梔子 圖經本草梔子南方及西蜀州郡皆有之木高七八尺二三月生白花花皆六出甚芬香俗說卽西域薝蔔也夏秋結實如訶子狀生青熟黃中仁深紅

梔子比衆木。人間誠未多。於身色有用。與道氣傷和。談理不腐趙曰蜀人取其色以染帛與紙故云有用其性大寒食之傷氣故曰傷和浦注傷和則有用而見忌故止可安於僻處公殆自悔其秉性之孤直歟紅取

云此屬同病相憐之詞故尤激切

風霜實青看雨露柯無情移得汝貴在映江波（謝朓詠子樹詩）有美當階樹霜露未能移還思照綠水君家無曲池結正翻用謝意言但取映江波更無心移植上苑也

此公自傷以有用之材而孤冷不合於時甘自老於江湖也

鸂鶒

（陳藏器本草鸂鶒水鳥）形小如鴨毛有五采

故使籠寬織須知動損毛看雲莫悵望失水任呼號六翮曾經翦孤飛卒未高且無鷹隼慮留滯莫辭勞

是亂世逋客之言

花鴨

此公自喻失位於外無心求進有留滯之歎但當安於義命也

花鴨無泥滓階前每緩行羽毛知獨立黑白太分明

二句一揚一抑不覺羣心妬休牽衆眼驚稻粱霑汝在作意莫先鳴尸子戰如鬬雞勝者先鳴

此公自喻以直言救琯外斥尙恐易招世忌而欲有心韜晦也。顧脩遠云五詠據是日江頭所見而言丁香持末路也麗春守堅操也梔子遂幽性也鸂鶒安覊滯也花鴨戒多言也雖咏物實自咏也前二詩作古體杜每不拘如此

畏人曹植詩客子常畏人

早花隨處發春鳥異方啼萬里清江上三年落日低言日復一日也畏人成小築褊性合幽棲門徑從榛草無心待馬蹏

屏跡三首

仄韻之律

對時育物意思寫得深厚

蔣云須於早晚烟日微茫時想見此二句之妙

衰顏一作年甘屏跡幽事供高卧鳥下竹根行龜開萍葉過年荒酒價乏之日併園蔬課謂賣之以充酤直也獨酌甘泉歌歌長擊樽破趙曰酌甘泉以無酒也末句亦暗用王大將軍酒後擊碎唾壺事

用拙存吾道幽居近物情桑麻深雨露燕雀半生成謂一半方生一半已成也村鼓時時急漁舟箇箇輕杖藜從白首心跡喜雙清謝靈運詩心跡雙寂寞

晚起家何事無營地轉幽竹光團一作圍野色舍影漾江流失學從兒懶長貧任婦愁百年渾得醉一月不梳頭嵇康絕交書頭面常一月十五日不洗

李云有古樂府意

略似太白

少年行 二首皆及時行樂之意因次首有年少句卽用爲題借以自鼓衰興與尋常少年行有別

莫笑田家老瓦盆自從盛酒長兒孫傾銀注玉驚人眼共醉終同臥竹根 銀玉皆富貴家飲器言瓦盆雖與金玉有異及用以盛酒亦同醉臥竹根之旁耳上詩卽有烏下竹根行可無須徵引故實

巢燕養 一作引 雛渾去盡江花結子已無多黃衫年少來宜數 北史麥鐵杖傳將度遼呼其三子曰阿奴當備淺色黃衫 不見堂前東逝波

少年行 此乃實指少年

馬上誰家白面郎臨軒 一作階 下馬坐人牀不通姓氏麤豪甚指點銀瓶索酒嘗

杜集中豔體只此

何等風度

絕句

江邊踏青罷回首見旌旗風起春城暮高樓鼓角悲

即事 [盧注]此爲舞妓作

百寶裝腰帶眞珠絡臂韝 同韝[漢書馬后傳]蒼頭衣綠韝[注]臂衣以縛左右手於事便也 笑時花近眼舞罷錦纏頭 [通鑑注]舊俗賞歌舞人以錦綵置之頭上謂之錦纏頭

奉酬嚴公寄題野亭之作

拾遺曾奏數行書懶性從來水竹居 二句敘客蜀之由 奉引濫騎沙苑馬 [漢官儀]大駕則公卿奉引[注]奉引謂引道者 幽棲眞釣錦江魚謝安不倦登臨賞 一作費[謝安傳]安於東山營墅樓館林竹甚盛子弟遊集肴膳亦屢費百金 阮籍焉知禮法

疏。（阮籍傳籍性疏懶禮法之士疾之如讐）枉沐（一作何曾）旌麾出城府。草茅無徑欲敎鋤。

仇滄柱云此詩與嚴詩句句相應乃古人酬和體也因嚴曰何須不著鵔鸃冠蓋勸之仕也公故曰拾遺奏書奉引騎馬見斥官之後無復此興矣因嚴曰漫把釣竿懶眠沙草謂不當隱也公故曰懶性從來幽棲眞釣見託迹此亭習而安之矣因嚴有興發語公故曰登臨不倦因嚴有直到句公故曰枉沐旌麾茅徑欲鋤急待其來也阮籍句乃先致謙詞亦因莫倚善題鸚鵡賦有相諷意而微託此以解嘲耳

附

寄題杜二錦江野亭　嚴武

漫向江頭把釣竿。懶眠沙草愛風湍。莫倚善題鸚鵡賦（詩見二卷）。何須不著鵔鸃（音峻儀）冠。（漢書孝惠時郎侍中皆冠鵔鸃注鵔鸃鳥名以其羽飾冠）腹中書籍幽時曬。（世說郝隆七月七日出日中仰卧人問其故曰我曬書）肘後醫方靜處

嚴詩常有英氣

王阮亭云起句亦莊重亦瀟灑

看○○葛洪抄肘後急要方四卷二句憐其好學而多病興○發○會○能○騎○駿○馬○終○須○直○到○使○君○灘○（盛宏之荊州記）魚復縣界有羊腸虎臂灘楊亮爲益州至此舟覆至今名爲使君灘（九域志）使君灘在萬州以堂在江干故借用耳

朱鶴齡曰唐小說家以嚴詩有莫倚善題之句遂起鉤簾欲殺之誣今按莫倚善題鸚鵡賦慮其恃才傲物愛而規之也何須不著鵕鸃冠勸之出而仕也二語正見嚴杜交情之厚○洪容齋曰子美集中詩凡爲武者幾三十篇送還朝曰江村獨歸處寂寞養殘生喜再鎭曰得歸茅屋赴成都眞爲文翁再剖符此猶武在時語至哭歸櫬曰一哀三峽暮遺後見君情及入哀詩云空餘老賓客身上愧簪纓若果有欲殺之怨不應眷眷若此況武肯以黃祖自比乎

嚴中丞枉駕見過（原注）嚴自東川除西川敕令兩川都節制（舊唐書嚴武傳）武初以御史中丞出爲綿州刺史遷東川節度使再拜成都尹兼御史大夫充劍南節度使（朱注）武初鎭劍南二史俱云兼御史大夫今公詩止云中丞史當屬有誤

元○戎○小○隊○出○郊○坰○黃生云小隊謂簡於騎從足見風趣問○柳○尋○花○到○野○亭○川○

合東西瞻使節至德二載始分劒南爲東西川各置節度上元二年十二月武代崔光遠鎮蜀時敕兼攝兩川東川節度至廣德二年始廢地分南北任流萍公自長安至蜀乃自北而南〔鄭玄戒子書〕黃巾爲害萍浮南北扁舟不獨如張翰注見一卷皁帽應兼似管寧魏志管寧居海上常著皁帽布襦袴布裙隨時單複〔村牕翰棄官而寧避世故有不獨應兼之別寂寞江天雲霧裏何人道有少微星〔隋書天文志〕少微四星在太微西一名處士星末句意在言外若曰知我者惟嚴公耳

李子德云氣槩雄放絕非推崇軒冕之陋

寫嚴公忘分下交處用反結意更深長

劉須溪云語有大趣正爾苦索不能到

遭田父泥飲美嚴中丞〔泥飲謂强之飲美嚴中丞指田父之言非公美之也

妙寫春光亦便見政成民和意

步屧隨春風村村自花柳田翁逼社日邀我嘗春酒酒酣誇新尹畜眼未見有迴頭指大男渠是弓弩手

借田父以美中丞此爲善頌

名在飛騎籍。長番歲時久。（唐書兵志擇材勇者爲番頭書弩射又有羽林軍飛騎亦習弩張遠注舊兵一萬五千分爲六番以次更代今曰長番是長在籍無更代者故尤以放歸爲感）前日放營農（放歸務農也）辛苦救衰朽。差科死則已。誓不舉家走（仇注雜色差科在長番之外者）今年大作社。拾遺能往否。叫婦開大瓶。盆中爲吾取。感此氣揚揚。須知風化首（言愛民爲風化之首）語多雖雜亂。說尹終在口。朝來偶然出。自卯將及酉。久客惜人情。如何拒鄰叟。高聲索果栗。欲起時被肘（史記魏桓子肘韓康子於車上）指揮過無禮。未覺村野醜。月出遮我留。仍嗔問升斗（升斗酒量也）

（善寓感激）（情事最眞只如自話）

邵子湘云樸老真率開張王樂府派。夾敘夾述情狀聲吻色色描畫入神正使班馬記事未必如此親切千載下讀者無不絕倒

寫景雄闊能顯出重鎮規模○何云樹浮秦句暗入望京起下帝念

奉和嚴中丞西城晚眺十韻

先頌嚴中丞

汲黯匡君切[漢書]汲黯武帝召爲大中大夫數切諫句指昔爲中丞 廉頗出將頻句言再爲節度 承一 直詞才不世雄略動如神 承二 政簡移風速詩清立意新[呂氏童蒙訓]詩清立意新是作詩用力處蓋不可循習陳言只規摹舊作也

四句正寫晚眺

層城臨暇景絕域望餘春旗尾蛟龍會樓頭燕雀馴二句城上近景亦見氣象嚴肅風化大行意 地平江動蜀天闊樹浮秦二句城外遠景[黃生注]動字寫洶湧之狀浮字寫縹緲之意 帝念深分閫軍須遠去聲算緡[漢書]元狩四年初算緡錢[李斐曰]緡絲也以貫錢一貫千錢出稅二十[張遠注]遠算緡謂不事科斂[按]史稱武在蜀用度無藝峻掊亟斂此句蓋以諷也 花羅封蛺蝶瑞錦送麒麟[舊注]蛺蝶麒麟繡之羅錦者言嚴公以此入貢不忘朝廷也四句言其不剝民而能奉君 辭第輸高義[霍去病傳]上爲治第對曰匈奴未滅何以家爲 觀圖憶古

以自家遠祖事業相期逗出奉和意無跡

人。[朱注]言觀蜀之地圖輒以古人爲期也公有同嚴公咏蜀道畫圖詩征南多興緒[杜預傳]預卒贈征南大將軍公十三世祖多興緒如立碑峴山之類事業闇相親。近也預傳稱其博學多通明於籌略比嚴公亦以文人而爲節鎭也

此句暗合到○西城晚眺

中丞嚴公雨中垂寄見憶一絕奉答二絕

雨映行宮辱贈詩。[通鑑]玄宗離蜀以所居行宮爲道士觀元戎肯赴野人期。想詩中有欲見逍意江邊老病雖無力。強擬晴天理釣絲。、寫、說、餌、意、韻、承上首說下

何日雨晴雲出溪。白沙青石洗無泥。只須伐竹開荒徑。倚一作拄杖穿花聽馬嘶。穿花謂出相迎也

謝嚴中丞送青城山道士乳酒一瓶

山瓶乳酒下青雲。氣味濃香幸見分。鳴鞭走送憐漁

邵云老人情語

父公自指洗盞開嘗對馬軍(舊注)軍州謂驅使騎爲馬軍卽走送者句言急於欲飲兼暗用謝奕引老兵共飲事舊引羊祜飲陸抗酒事甚謬

三絕句

楸樹馨香倚釣磯斬新花蘂未應飛(爾雅)椅梓(郭璞注)卽楸也圖經本草梓木似桐而葉小花紫不如醉裏風吹盡可忍醒時雨打稀〇與〇花〇使〇性〇妙

門外鸕鷀去一作久不來沙頭忽見眼相猜眼生故猜自今已後知人意一日須來一百迴正極寫寂寞也

無數春筍滿林生柴門密掩斷人行會須上番毛見增韻讀甫患切看成竹(朱注)斬新上番皆唐人方言(元稹)詩飛舞先春雪因依上番梅獨孤及詩舊日霜毛一番新皆作去聲讀(杜臆)竹初番出者壯

張上若云六詩便為詩學指南趨今議古世世相同惟大家持論極平著眼極正

未免過譽亦屬有激之詞下章

大後出漸小看謂看守也 客至從嗔不出迎○

三首一片無賴意思有託而言字字令人心醉○亦開宋元詩派

戲為六絕句 六首逐章承遞意思本屬一串舊法多錯雜今並正之○庾信四傑特借作影子非謂詩道以此為至也下四章俱屬推開舊解仍粘定前文故多齟齬不合

庾信文章老更成 蔣云公每以庾信自比殆亦兼遭時言之 凌雲健筆意縱橫 當指哀江南賦而言

今人嗤點流傳賦 干寶晉紀論蓋共嗤點以為灰塵而相詬病矣 庾信傳贊楊子雲有言詩人之賦麗以則詞人之賦麗以淫若以庾氏方之斯又詞賦之罪人也○ 不覺前賢畏後生○

王楊盧駱當時體 王勃楊炯盧照鄰駱賓王唐初號為四傑 輕薄為文哂未休 玉泉子王楊盧駱有文名人議其疵曰楊好用古人姓名謂之點鬼簿駱好用數對謂之算博士

爾曹身與名俱滅不廢

杜詩鏡銓 卷九

仍稍帶抑不失分寸

江河萬古流（浦注首章下二反言以警醒之此又正言以點破之）縱使盧王操翰墨劣於漢魏近風騷（謂不如漢魏之近風騷也）龍文虎脊皆君馭（漢西域傳贊蒲梢龍文魚目汗血之馬充於黃門天馬歌虎脊兩化若鬼句謂超軼絕塵只在人之自致君字泛指下爾曹乃專指後生）歷塊過都見爾曹（王褒頌過都越國蹶如歷塊朱注龍文虎脊雖堪充馭然必試之歷塊過都爾曹方可自見耳極言前賢之未易貶也按此二句謂果能力追漢魏方足跨軼盧王不然而浸浸加嗤點終未免陷於輕薄也或謂仍贊王楊者非）

才力應難跨數公（此又總上三章評定之）凡今誰是出羣雄（隱然自負）或看翡翠蘭苕上（郭璞詩翡翠戲蘭苕容色更相鮮注蘭苕蘭秀也言珍禽芳草輝映可悅也）未掣鯨魚碧海中（此其所以難跨數公也而可輕議乎十洲記扶桑東萬里有碧海水不鹽苦正作碧色舊注翡翠蘭苕指當時研揣聲病尋摘章句之徒鯨魚碧海則所謂渾涵汪茫千彙萬狀兼古今而有之者也）

俗子多好爲高論得少陵痛下針砭○李云中原七子大言相高病正坐此

此句又作一揚

不薄今人愛古人此首今人及下首前賢字俱即承第一首來並跟上凡今句清詞麗句必爲鄰○言我非敢薄今人而專愛古人也但庾信四傑輩體格雖略卑其清詞麗句終必有近於風騷者所以能長久不廢今人好自矜詡其果有卓卓可傳者乎竊攀屈宋宜方駕恐與齊梁作後塵

未及前賢更勿疑遞相祖述復先誰顔氏家訓傳相祖述尋問莫知源由謂時輩自相學擬無能相尙也別裁僞體親風雅別裁謂區別而裁去之轉益多師是汝師風騷有眞風騷漢魏有眞漢魏下而至於齊梁初唐莫不有眞面目焉循流溯源以上追三百篇之旨則皆吾師也苟徒放言高論而不能虛心以集益亦終不離於僞體而已矣此公之所以爲集大成歟

昌黎詩李杜文章在光燄萬丈長不知羣兒愚那用故謗傷蚍蜉撼大樹可笑不自量當公之世其排詆者亦不少矣故偶借庾信四子以發其意皆屬自寓意非如遺山論詩絕句通論古今人之詩也然別裁僞體轉益多師學詩之道實不出此

蔣云富貴氣象寫得極風雅

野人送朱櫻

前半俱即對賜櫻下筆

西蜀櫻桃也自紅野人相贈滿筠籠數回細寫愁仍破（禮記）器之溉者不寫其餘皆寫注寫謂傳置他器萬顆勻圓訝許同縱開憶昨賜霑門下省早朝擎出大明宮（唐李綽歲時記）四月一日內園薦櫻桃寢廟薦訖頒賜各有差金盤玉筯收轉無消息此日嘗新任轉蓬

託興深遠格力矯健此爲詠物上乘○開手擊此動彼入後一氣直下獨往獨來小題具如此筆力

嚴公仲夏枉駕草堂兼攜酒饌得寒字

竹裏行廚洗玉盤（神仙傳）麻姑降蔡經家坐定各進行廚皆金盤玉杯花邊立馬簇金鞍非關使者徵求急用顏闔事注見二卷時嚴或即欲公入幕而公猶未許故有此句謂不相强也自識

劉須溪云開闔古今渺在言外盡不足言矣

將軍禮數寬（廉頗傳不知將軍寬之至此也黃生注句亦暗用漢書大將軍有揖客事）百年地僻柴門迥五月江深草閣寒看弄漁舟移白日老農何有罄交歡（末自謙情詞藹然）

嚴公廳宴同詠蜀道地圖得空字

日臨公館靜畫滿地圖雄劍閣星橋北（華陽國志李冰沿水造橋上應七宿世祖謂吳漢曰安軍宜在七星連橋間）松州雪嶺東（唐書松州交川郡屬劍南道取界內甘松嶺爲名）華夷山不斷吳蜀水相通興與烟霞會清樽幸不空

仇滄柱云劍閣在星橋之北松州則雪嶺居東山自西南而來水從東方而去只四句全蜀地形如指諸掌

戲贈友二首

俚詞記事亦是一體○李云亦借二作以見用干支紀月之異

元年建巳月○(朱注)時肅宗去上元號稱元年以建子月爲歲首月以斗所建辰爲名至建巳月肅宗寢疾詔皇太子監國改元年爲寶應元年復以正月爲歲首詩作於未改元之先故仍稱建巳月 郎有焦校書(唐書)崇文館有校書郎二人 自誇○足膂力能騎生馬駒謂馬駒之生者 一朝被馬踏脣裂板齒無○壯心不肯已欲得東擒胡○

元年建巳月官有王司直(唐書)東宮官司直一人又大理寺司直六人 馬驚折左○臂骨折面如墨○駑駘漫深泥何不避雨色勸君休歎○恨未必不爲福叶音偪言鹵莽如此不可無此懲戒(淮南子)塞上翁馬亡入胡人皆弔之曰何知非福居數月其馬引胡駿馬而歸人皆賀之曰何知非禍及家富馬良其子好騎墮而折髀人又弔之曰何知非福居一年胡人大入丁壯戰死者十九其子獨以跛故父子得相保

大雨(鶴注)寶應元年公上嚴武說旱云今蜀自十月不雨抵建卯非雩之時奈久旱何詩正其時作蓋至入夏方雨

自敘久旱而雨

西蜀冬不雪春農尙嗷嗷上天回哀眷朱夏雲鬱陶〔趙曰〕鬱陶出尙書蓋如陶窰之氣鬱結此形雲夏雲也執熱乃沸鼎纖絺成縕袍風雷○張颯萬里沛澤施蓬蒿敢辭茅葦漏已喜黍豆高三日○云○驟○雨○江○漲○眞○景○無行人二江聲怒號〔水經注〕成都有二江雙流郡下〔宋史〕初李冰開二渠一由永康過新繁入成都謂之外江一由永康過郫入成都謂之內江

次言雨後之景

流惡邑里淸〔左傳〕有汾澮以流其惡注惡垢穢矧茲遠江皐空庭步鸛鶴隱几望波濤謂水漫入戶也沈痾聚藥餌頓忘所進勞言雨涼神爽可以不煩進藥則知潤物功可以貸施也不毛陰色靜隴○結○語○見○仁○人○大○公○心○事○

末誌喜雨之情

畝勸耕自官曹四鄰有耒耜何必吾家操

溪漲此阻於溪水不得歸草堂而作也

邵云放翁極學此種

當時浣花橋（謂萬里橋也）溪水纔尺餘白石明可把水中有（淺水之景如畫）行車（華陽風俗錄浣花亭在州之西南江流至淸其淺可涉）秋夏忽泛濫豈惟入吾廬蛟龍亦狼狽況是鼈與魚茲晨已半落歸路跬步疏（謂人跡稀也）馬嘶未敢動前有深塡淤青青屋東麻散亂牀上（是行泥淖中景）書不意（一作知）遠山雨夜來復何如（仇注若山雨夜至則更阻歸途矣）我遊都市間晚憩必村墟（即指草堂）乃知久行客終日思其居（杜臆末四句言平日歸家而阻雨思歸自見於言外更有蘊藉）

大麥行（仇注憂邊寇而作也故思東歸以避之）

大麥乾枯小麥黃婦女行泣夫走藏東至集壁西梁

張云端嚴簡括排體之正

只四句將從前當下才略忠悃

洋〔舊唐書〕梁州都督督梁洋集壁四州屬山南西道〔一統志〕今爲保寧漢中二府地 問誰腰鎌胡與羌〔唐書黨項傳〕上元二年黨項羌與渾奴剌連和寇鳳州明年又攻梁州進寇奉天又〔代宗紀〕寶應元年吐蕃陷秦成渭等州亦與集壁等四州接壤〔蔡夢弼曰〕後漢桓帝時童謠曰小麥青青大麥枯誰當穫者婦與姑丈夫何在西擊胡公詩句法蓋出於此 豈無蜀兵三千人謂蜀兵調發策應山南者 部領辛苦江山長謂賓主之勢不敵 安得如鳥有羽翅託身白雲歸故鄉

奉送嚴公入朝十韻

鼎湖瞻望遠〔漢郊祀志〕黃帝採首山銅鑄鼎於荊山下鼎既成龍有垂胡髯下迎後世因名其處曰鼎湖謂上皇及肅宗俱以四月晏駕 象闕憲章新謂代宗初立 四海猶多難中原憶舊臣時嚴武召還拜京兆尹爲二聖山陵橋道使 與時安反側自昔有經綸指靈武扈從時 感激張天

俱包入

法言忠告令人肅然非相知之深不敢作此語

步謂復京師嚴武傳至德初赴肅宗行在已收長安拜京兆少尹　從容靜塞塵謂鎮蜀　南圖迴羽翮蜀在長安南莊子大鵬九萬里而圖南　北極捧星辰　漏鼓還思晝承南圖句指蜀人思舊署也　宮鶯承北極句罷囀春言以夏時入覲　空留玉帳術抱朴子外篇兵在大一玉帳之中不可攻也唐藝文志兵家有玉帳經一卷雲谷雜記玉帳乃兵家厭勝之方主將於其方置軍帳則堅不可犯其法出於黃帝遁甲以月建前三位取之　愁殺錦城人　閣道通丹地閣道即劍閣道漢官儀省中皆胡粉塗壁以丹塗地謂之丹墀張正見詩執戟趨丹地　江潭隱白蘋　此身那老蜀　不死會歸秦　公若登台輔　臨危莫愛身

自敘亦極俗切　送當道詩有此想見古人交誼

送嚴侍郎到綿州同登杜使君江樓宴得心字

按新舊史俱稱武遷黃門侍郎在赴召之後亦與公詩不合恐史有誤一統志綿州在成都府東北三百餘里唐天寶初改巴西郡乾元初復爲綿州

黃白山云燈光散遠近與城擁朝來客見幕府駐節傾城奔奉之狀

倒從江樓○起法變

野興每難盡江樓延賞心歸朝送使節落景惜登臨稍稍烟集渚微微風動襟重船依淺瀨輕鳥度曾陰檻峻背幽谷牕虛交茂林燈光散遠近月彩靜高深（仇注）上四薄暮景下四入夜景城擁朝來客天橫醉後參（春秋元命苞參伐流爲益州則參分本在蜀又（古樂府）月沒參橫北斗闌干此時見之則夜向闌矣亦切江樓上所見窮途衰謝意苦調短長吟此會共能幾諸孫賢至今杜使君蓋於公爲孫行也不勞朱戶閉自待白河沈白河指銀河謂宴畢而天將曙也亦寓難爲別意

附 酬別杜二（仇注）此當是在綿州途中作因杜送行至此而酬詩以答也 嚴武

獨逢堯典日指受禪之日再覩漢官儀亦謂代宗新立未效風霜勁 起先

空懈雨露私夜鐘清萬戶曙漏拂千旗並向殊庭（自敘入朝。）謁俱承別館追斗城憐舊路渦（當作涪）水惜歸期（朱注）渦水在譙縣西非二公別處（按）（元和郡國志）綿州城治漢涪縣依山作州東據天池西臨涪水形如北斗臥龍伏焉渦水斷是涪水傳寫之誤峯樹還相引江雲更對誰（中。誌臨別情景。）試回滄海棹莫妬敬亭詩（勸杜無終隱也）（圖經）敬亭山在宣城縣北十里謝朓有敬亭山詩祇是書應寄無忘酒共持但令心事在未肯鬢毛衰最悵巴山裏清猿惱夢思（末寫別後心事。）

奉濟驛重送嚴公四韻（驛去綿州三十里）

（五字愴絕）遠送從此別青山空復情幾時杯重把昨夜月同行列郡謳歌惜三朝出入榮（列郡謂東西兩川三朝謂玄肅代）江村獨歸處

所謂目斷魂消不自知其可憐嚴杜交情至此

亦近應酬之作注意全在一結送人之官有此可見古人無忌諱

寂寞養殘生

送梓州李使君之任 [原注]故陳拾遺射洪人也篇末有云[唐書]梓州梓潼郡屬劒南道乾元後蜀分東西川梓州恒爲東川節度使治所公後有陪李梓州四使君登惠義寺陪李梓州泛江諸詩此在綿送其赴任也

近看除刺史還喜得吾賢五馬何時到雙魚會早傳老思筇籍甚黃丞相能名自潁川[漢書]黃霸拜潁川太守咸稱神明後徵入爲丞相杖拄一作竹杖[蜀都賦]筇杖傳節於大夏之邑冬要錦衾眠二物皆蜀產欲李以此相寄也不作臨岐別惟聽舉最先火雲揮汗日山驛醒心泉遇害陳公殞於今蜀道憐君行射洪縣爲我一潸然[唐書]射洪縣屬梓州

[舊唐書]子昂父在鄉爲縣令段簡所辱子昂聞之遽還鄉里簡乃因事收繫獄中憂憤而卒

沈云功名富貴何獨不然

觀打魚歌

綿州江水之東津魴魚鱍鱍(音撥)色勝銀(爾雅注江東呼魴魚爲鯿詩鱣鮪發發韓詩作鱍)漁人漾舟沈大網截江一擁數百鱗衆魚常才盡卻棄赤鯉騰出如有神(陶宏景本草鯉爲魚中之王神變至飛越山湖)潛龍無聲老蛟怒迴風颯颯吹沙塵(朱注物惡傷類故蛟龍亦不安其居見殘生之可畏如此)饔子左右揮霜刀鱠飛金盤白雪高徐州禿尾不足憶(詩義疏鱮似魴而大頭魚之不美者徐州謂之鱮禿尾殆指此)漢陰槎頭遠遁逃(襄陽耆舊傳峴山下漢水中出鯿魚肥美常禁人採捕以槎斷水謂之槎頭縮項鯿)魴魚肥美知第一既飽歡娛亦蕭瑟君不見朝來割素鬐咫尺波濤永相失

寫一事必極其情狀

邵云作詩必有關係是大家數

二詩體物既精命意復遠一飽之後仍歸蕭瑟數語可當一篇戒殺文

又觀打魚

蒼江漁子淸晨集設網提綱萬魚急能者操舟疾若風（列子津人操舟若神）撑突波濤挺叉入（西征賦垂餌出入挺叉來往）小魚脫漏不可記半死半生猶戢戢（入神）大魚傷損皆垂頭屈（倔通）强泥沙（奇句）有時立東津觀魚已再來主人罷鱠還傾杯日暮蛟龍改窟穴山根鱣鮪隨雲雷（言皆逐蛟龍而去亦見因兩番故東京賦王鮪岫居汪山有穴名岫鮪岫居而能變化故有山根雲雷之句）干戈格鬪尚未已鳳凰麒麟安在哉（宋注二句卽家語覆巢破卵則鳳凰不翔剖胎刳孕則麒麟不至意）吾徒胡爲縱此樂暴殄天物

沈云彷彿王子安滕王閣詩見此老無所不有

○○○聖所哀

越王樓歌【綿州圖經】州城外西北有臺高百尺上有樓下瞰州城唐高宗顯慶中太宗子越王貞任綿州刺史日作

綿州州府何磊落顯慶年中越王作孤城西北起高樓碧瓦朱甍照城郭樓下長江百丈清樓頭落日半輪明君王舊跡今人賞轉見千秋萬古情

○懷○古○之○思○妙○在○蘊○含○不○盡○○○

【宋注】按史越王為蔡州刺史則天時起兵興復不克死蓋賢王也故詩末言豈特今人遊賞卽後人豈無千秋萬古之思乎

海椶行【宋祁益部方物贊】海椶大抵椶類理緻幹堅風雨不能撼【劉恂嶺表錄】廣中有一種波斯棗木無旁枝直聳三四丈至顚四向生十餘枝葉如椶櫚土人呼為海椶

左綿公館清江濆【浦注】蜀都賦於東則左綿巴東謂綿在蜀都之左也海椶一株高入

感慨豪宕

雲龍鱗犀甲相錯落蒼稜白皮十抱文自是眾木亂紛紛海椶焉知身出羣移栽北辰不可得北辰謂禁苑時有西域胡僧識以海椶種來自波斯國故云

黃白山云公抱經濟大才而不能用故借咏海椶以自負亦以自歎也

姜楚公畫角鷹歌名畫記姜皎上邽人善畫鷹鳥玄宗即位累官太常卿封楚國公暉雅鷹翻頂有角毛微起今通謂之角鷹 注 明

楚公畫鷹鷹戴角殺氣森森到幽朔鷹產代北故云觀者徒驚一作貪愁掣臂飛畫師不是無心學蔣云想見姜公多少奇懷雄志發泄於此此鷹寫眞在左綿陸游曰畫鷹在錄參廳卻嗟眞骨遂虛傳梁間燕雀休驚怕

亦未搏空上九天 此詩若有所譏笑寓意又別○集中題畫鷹畫馬詩極多看總無一首相同處

巴西驛亭觀江漲呈竇十五使君 綿閬皆稱巴西此指綿州也

宿雨南江漲 舊注南江郎綿江 波濤亂遠峯孤亭凌噴薄 吳都賦噴薄沸騰 萬井逼春容霄漢愁高鳥 見水勢拍天意 泥沙困老龍 謂爲水所衝激 天邊同舍客 仇注合下浮萍句想竇亦寄跡者 攜我豁心胷

又呈竇使君 集外詩見郭知達黃鶴本

向晚波微綠連空岸腳 一作郄 靑日兼春有暮愁與醉無醒漂泊猶杯酒踟躕此驛亭相看萬里外同是一浮

萍。

東津送韋諷攝閬州錄事集外詩見郭知達黃鶴本東津在綿州閬州今保寧府唐制諸州有錄事叅軍後有韋諷宅觀曹將軍畫馬詩

聞說江山好。公後有閬山閬水歌憐君吏隱兼。寵行舟遠泛。惜別酒頻添。推薦非承乏。謂以賢攝官也操持必去嫌。他時如按縣。不得慢陶潛。朱注白帖錄事參軍卽古郡督郵之職故以慢陶潛戒之

光祿坂行下入梓州作蔡曰坂在梓州銅山縣梓州今爲潼川州

山行落日下絕壁。南望千山萬山赤。樹枝有鳥亂鳴時。暝色無人獨歸客。馬驚不憂深谷墜。草動只怕長

弓射。時蜀有徐知道之亂山賊多乘險竊發 安得更似開元中。〔玄宗本紀〕開元間海內富安行者雖萬里不持寸刃 道路卽今多擁隔。

苦戰行 傷戰死之將也〔鶴注〕上元二年段子璋反陷遂州綿州馬將軍會兵攻之爲所敗死於遂州〔仇注〕據史子璋以五月誅與詩木落時不合史當或有誤

苦戰身死馬將軍。自云伏波之子孫。〔後漢書〕馬援拜伏波將軍 干戈未定失壯士。使我歎恨傷精魂。去年江南一作南行討狂賊。在遂涪江之南 臨江把臂難再得。別時孤雲今不飛。時獨看雲淚橫臆。

去秋行 傷戰敗之士也

邵云公於文選實有得力處

去秋涪扶鳩切江木落時寰宇記涪江自涪城縣東南合中江東流入射洪縣屈曲二十里北通遂州臂槍走馬誰家兒到今不知白骨處部曲有去皆無歸遂州城中漢節在遂州今爲遂寧縣屬潼川州漢節在鮑欽止謂指虢王巨被殺今按當從黃鶴郎指前首馬將軍殆領涪江之兵以救遂州而戰沒於城外者與去年江南討狂賊相應遂州城外巴人稀巴人郎指自涪江而來者戰場冤魂每夜哭空令野營猛士悲

宗武生日朱注公時避徐知道亂入梓州以宗武在成都故思之也

小子何時見高秋此日生自從都邑語已伴老夫名

起得淒然

浦云中四語質而有味言知公者無不知有宗武也

詩是吾家事人傳世上情張溍注言傳家以詩而人徒知爲世上尋常父子之情耳熟精文選理休覓綵衣輕借言無嬉戲意彫瘵筵初秩欹

斜坐不成流霞分片片[抱朴子]項曼都自言到天上過紫府仙人以流霞一杯飲之輒不饑渴 涓滴就徐傾 四句言病中因爲宗武生日開筵聊欲少飲應景也

按公祖審言和韋承慶過義陽公主山池五首乃杜連章律詩之祖和李大夫嗣眞奉使存撫河東四十韻乃杜詩長排律之祖所謂詩是吾家事也

寄高適 集外詩宋朝奉大夫員安宇所收嚴武召還後適代尹成都公寄此詩蓋欲歸相依之意特因亂未果耳

楚隔乾坤遠[仇注]七國時蜀本屬楚時高與公家屬俱在成都故云 難招病客魂 詩名惟 邵云自負語 我共世事與誰論 北闕更新主 是年四月代宗初立 南星落故園 南星南極老人星也[浦注]南星指高西川本南郡蜀州又在成都南也公後稱杜鴻漸亦曰南極一星故園當卽指成都公後有將赴草堂寄嚴鄭公詩故園猶得見殘春可証句言高以蜀州刺史爲成都尹也 定知相見日爛漫倒芳樽

題玄武禪師屋壁 謂畫壁也[唐書]玄武縣屬梓州[華陽國志]玄武山一名三隅山在玄武縣東二里

畫境寫得有色有聲語絕似太白○五六用事入化巧而不纖

張錫菴云贊畫兼贊禪師筆墨全無痕迹

邵云上下語不相蒙卻妙

何年顧虎頭滿壁畫滄洲 [顧注]言畫之佳非名手不能非必出顧手也 赤日石林 ○承○石○林○ 氣青天江水一作海流 畫有石林赤日射之而忽若有氣 畫有江水青天映之而忽若奔流 錫飛常近鶴 [天台賦]應眞飛錫以躡虛 [高僧傳]舒州潛山最奇山麓尤勝誌公與白鶴道人欲之同白武帝帝俾各以物識其地得者居之道人以鶴誌公以錫已而鶴先飛去至麓將止忽聞空中錫飛聲誌公之錫遂卓於山麓 ○承○江○水○ 杯渡不驚鷗 [高僧傳]劉宋時杯渡者不知姓名常乘木杯渡水無假風棹輕疾如飛 [仇注]不驚鷗鷗亦參用列子海鷗事 似得廬山路眞隨惠遠遊 [高僧傳]惠遠住廬山彭城劉遺民豫章雷次宗等並棄世遺榮依遠遊止

悲秋

涼風動萬里羣盜尚縱橫家遠傳書日秋來爲客情愁窺高鳥過即不能奮飛意老逐衆人行始欲投三峽何由見

兩京。[浦注]公前在綿州聞蜀亂不同家而東入梓其意卽思出峽而中原猶未靖故云

客夜

此當因得家書後有感不寐而作書中必有催歸之語故末句云然

着不肯字妙眞景只說得出爲難

客睡何曾著秋天不肯明入簾殘月影高枕遠江聲[趙汸注]惟夜久見月殘惟夜靜聞江遠計拙無衣食途窮仗友生二句正作客未歸之故老妻書數紙應悉未歸情

客亭

沈云此不才明主棄蘊藉何如

秋牕猶曙色落木更天一作高風日出寒山外江流宿霧寫峽中秋曉如畫中聖朝無棄物衰一作老病已成翁多少殘生事飄零任邵云怨而不怒見詩人忠厚轉蓬。時將欲迎家至梓

九日登梓州城

伊昔黃花酒，如今白髮翁。追歡筋力異，望遠歲時同。弟妹悲歌裏，乾坤（一作朝廷）醉眼中。兵戈與關塞，（句言遭亂而兼遠客也）此日意無窮。

九日奉寄嚴大夫 （趙曰：嚴武歸朝，以御史中丞進爲大夫。時因徐知道反，武阻兵，九月尚未出巴。）

九日應愁思，經時冒險艱。不眠持漢節，（承首句）何路出巴山。（承次句）小驛香醪嫩，重巖細菊斑。（語帶畫景）遥知簇鞍馬，回首白雲間。

（杜臆）以已之思嚴，御反說嚴之思已，從對面寫來，正是深於憶者。

（蔣云：不眠五字，有多少憂勞經略在。）

附 巴嶺答杜二見憶　嚴武

嚴亦頗以詩自負

邵云淺語自佳

臥向巴山落月時。兩鄉千里夢相思。可但步兵偏愛酒。也知光祿最能詩。宋書顏延之傳世祖踐阼以爲金紫光祿大夫領湘東王師 江頭赤葉楓愁客。自揃籬外黃花菊對誰。思杜 跋馬望君非一度。冷猿秋雁不勝悲。

戲題寄上漢中王三首 原注王時在梓州初至斷酒不飲篇中戲述按三詩皆索飲意或未會面而先寄以此詩也用賓主對說起便帶戲意、

西漢親王子 漢中乃讓皇帝子 成都老客星。百年雙白鬢。謂俱當衰老也 一別五秋螢。朱注唐書肅宗詔收羣臣馬助戰漢中王瑀與魏少游持不可帝怒貶瑀蓬州長史事在乾元二年公以是年出華州因與王別至寶應元年爲五年也 蒲注蓬州今屬順慶府在梓州之東 忍斷杯中物。陶潛詩且進杯中物 祇看座

前首用反筆此用正筆

右銘（注見三卷）不能隨皂蓋（鶴注史載漢中王貶蓬州長史今據詩云皂蓋又奉手札詩云剖符所貶當是刺史而史誤耳）自醉逐浮萍

李子德云三詩有潦盡水清木落天空之致傷離感故惻惻動人

策杖時能出王門異昔遊（謂已既失官王亦遭貶也）已知嗟不起未許醉相留（杜詩博議嗟不起舊注病酒不起極可笑按晉書殷浩傳於時比之管葛王濛謝尙伺其出處以卜江左興亡相謂曰深源不起當如蒼生何蓋用此言已知王歎我之不起矣獨未許一醉而相留乎）蜀酒濃無敵江魚美可求終思一酩酊（山簡傳日夕倒載歸茗艼無所知集韻茗艼通作酩酊）淨掃雁池頭（西京雜記梁孝王兎園有雁池）羣盜無歸路衰顏會遠方尙憐詩警策（文賦立片言以居要爲一篇之警策）

王阮亭云十字情事可感

猶記（一作憶）酒顛狂魯衛彌尊重（明皇幸寧王憲宅詩魯衛情先重　按代宗立漢中當爲王叔故曰彌）

李云淡語有深致咀之無窮〇三四正寫出月色爛然故羇客難爲懷而歸舟比白日也下二句卽申此意

尊重也 徐陳略喪亡（魏文帝與吳質書）昔年疾疫親故多罹其災徐陳應劉一時俱逝 空餘枚叟在（雪賦）召鄒生延枚叟（漢書）枚乘爲弘農都尉去官遊梁梁客皆善屬詞賦乘尤高 應念早升堂 追憶舊遊尤見不可不飲意

翫月呈漢中王

是翫字

夜深露氣淸 江月滿江城 浮客轉危坐（謝惠連詩）眷眷浮客心 歸舟應獨行（宋注）歸舟謂漢中王時蓋自梓歸蓬也 關山同一照 烏鵲自多驚（魏武）詩月明星稀烏鵲南飛繞樹三帀何枝可依（黃生注）二句卽萬象皆春氣孤槎自客星意

使事精切

欲得淮王術 風吹暈已生（淮南子）畫蘆灰而月暈闕（許愼注）有軍士相圍守則月暈以蘆灰環月闕其一面則月暈亦闕於上廣韻暈日月旁氣月暈則多風二句係倒文言風吹暈生正可驗淮王畫灰之術也

相從行贈嚴二別駕

我行入東川十步一回首成都亂罷氣蕭索浣花草堂亦何有〔通鑑〕寶應元年秋七月劒南兵馬使徐知道反八月知道爲其將李忠厚所殺劒南悉平梓中豪俊大者誰本州從事知名久〔舊注〕別駕古稱從事與刺史別乘嚴二梓州人郎爲本州別駕也把臂開樽飮我酒酒酣擊劒蛟龍吼烏帽拂塵青騾粟一作螺非〔朱注〕青騾粟即與奴白飯馬青芻意言主人待客之厚如此也倒補敘出初見紫衣將炙緋衣走紫衣緋衣殆指其子弟之供役者銅盤燒蠟光照日夜如何其初促膝黃昏始叩主人門誰謂俄頃膠在漆〔後漢書〕陳重與雷義爲友鄉里語曰膠漆自謂堅不如雷與陳萬事盡付形骸外百年未見歡娛畢神傾意豁眞佳士久客多憂今愈疾高視乾坤又可愁一軀交態同悠悠言知心者少也更用感歎作結見起伏頓挫之致

方虛谷云交氣總爾悲壯

垂老遇君未恨晚。似君須向古人求。想公於潦倒中嚴能極致周旋不覺感激如此前所云途窮仗友生豈卽此人耶

秋盡

秋盡東行且未迴。梓州在東故曰東行茅齋寄在少城隈。少城在成都注見八卷

籬邊老卻陶潛菊江上徒逢袁紹杯[楊愼曰]鄭玄傳袁紹總兵冀州遣使要玄大會賓客玄最後至乃延升上座飮酒一斛容儀溫偉公以玄自況爲儒而遭世難也袁紹杯[仇注]謂指李梓州[今按]只泛指作客爲是公詩有云甫也諸侯老賓客

雪嶺獨看西日落劍門猶阻北人來時徐知道爲其下所殺其兵尙據劍閣故云

不辭萬里長爲客懷抱何時得好開

野望

張上若云自然壯麗七子之祖

金華山北涪水西（方輿勝覽金華山在梓州射洪縣元和郡國志涪江水西自郪縣界流入在射洪縣東一百步縣有梓潼水與涪江合流）仲冬風日始淒淒（承首句）山連越嶲（音髓）蟠三蜀（漢書越嶲郡本益州西南外夷武帝初開置唐書嶲州越嶲郡屬劍南道御覽永昌郡傳云越嶲郡在建寧西北千七百里自建寧高山相連至川中平地東西南北八千餘里常璩蜀志秦置蜀郡漢高祖置廣漢郡武帝又分置犍爲郡後人謂之三蜀）水散巴渝下五溪（寰宇記巴州北水一名巴嶺水一名渝州水一名宕渠水水經注武陵有五溪謂雄溪樠溪辰溪無溪西溪也辰溪其一焉夾溪悉是蠻左右所居故謂五溪蠻也朱注按寰宇記云黔州涪陵水西北注涪州入蜀江黔州今辰州地即五溪水也涪水至渝州與岷江合至忠涪以下五溪水來入焉此云下五溪蓋約略大勢言之）（承）獨鶴不知何事舞饑烏似欲向人嗁（次句）射洪春酒寒仍綠（元和郡國志梓潼水與涪江合流急如箭奔射涪江口蜀人謂水口爲洪因名射洪顧注酒煖則綠射洪寒輕故春酒仍綠）（點明望字）極目傷神誰爲攜

浦二田云此亦羈棲之歎也一二風土之殊三四區域之遠寄跡此鄉有何鼓舞但欲悲嘯耳五六蓋賦而比也春酒莫攜更結出無依苦況○蜀西南山不斷東南水所會三四盡之

冬到金華山觀因得故拾遺陳公學堂遺跡（仇注地志金華山上拂雲霄下瞰涪江有玉京觀在本山上東晉陳勳學道山中白日仙去梁天監中建觀　唐書陳子昂字伯玉梓州射洪人少讀書於金華山武后時擢麟臺正字遷右拾遺　輿地紀勝陳拾遺書堂在射洪縣北金華山玉京觀後射洪係梓屬縣在州南）

寫道觀光怪又別

涪右衆山內（梓州在涪江之右故曰涪右）金華紫崔嵬上有蔚藍天（杜田曰度人經三十三天三十二帝諸天皆有隱名第一太黃皇曾天鬱鑑玉明鑑音藍蔚藍即鬱鑑也　按此題仙觀自當用道書事亦借指天之青色）垂光抱瓊臺（太平經太空瓊臺洞門列眞之殿金華之內侍女衆眞之所處　天台賦瓊臺中天而懸居　吳注言山色上映若天光上垂而迴抱於丹臺瓊赤玉也與上紫字相應）繫舟接絕壁杖策窮縈回四顧俯層巔

蔣云淡然字配得妙與上蔚藍等字映亦卽起下二句

李云悲壯之篇足爲陳公吐氣

蔣云用聖賢字撞起才高卽含小忠義意

淡然川谷開雪嶺日色死（寰宇記懸巖在射洪縣南十五里遠望懸巖皎如白雪）霜鴻有餘哀焚香玉女跪（曹植詩仙人翔其隅玉女戲其阿）霧裏仙人來（蔡曰二句言觀中之景）帶○寫○冬○景○陳公讀書堂石柱仄青苔悲風爲我起激烈傷雄才

首四記山觀中八敘登山瞻眺後四記學室遺跡○釋典道藏觸處有故實供其驅使故能盡態極妍所謂讀破萬卷下筆有神良非虛語

陳拾遺故宅

（一統志陳子昂宅在射洪縣東七里東武山下○注碑目云陳拾遺故宅有趙彥昭郭元振題壁）

拾遺平昔居大屋尚脩椽（舊書本傳子昂家世豪富獨苦節讀書）悠揚荒山日慘澹故園烟位下曷足傷所貴者聖賢有才繼騷雅哲匠不比肩（趙曰江左之詩至子昂而初變蓋本於離騷二雅）公生揚馬後（皆蜀人故用相比）名與日月懸（盧藏用子昂別傳覽經史百家罔不該覽尤善屬文雅有相如子雲風骨）同遊英俊人多秉

舉大亦見仰止微情

蔣云雖屬用典若有神助

輔佐權彥昭超玉價（胡震亨曰趙有美玉故比彥昭）郭振起通泉（舊唐書趙彥昭甘州人少以文詞名中宗時累遷中書侍郎同中書門下三品郭元振事見後嘗爲梓州通泉縣尉）到今素壁滑灑翰銀鉤連（索靖草書狀婉若銀鉤飄若驚鴻）盛事會一時此堂豈千年（言當以人重也）終古立忠義感遇有遺篇（舊書本傳子昂爲感遇詩三十首王適見而驚曰此子必爲天下文宗（朱注）感遇詩多感歎武后革命事寓旨神仙故公以忠義稱之）

謁文公上方

（張云是山寺錯居景）

野寺隱喬木山僧高下居石門日色異絳氣橫扶疏（江淹詩絳氣下縈薄（注）絳氣赤霞氣謂日映霞光也）窈窕入風磴長蘿紛卷舒庭前猛虎臥（高僧傳惠永住廬山西林寺屋中嘗有一虎人或畏之輒驅出令上山人去後還復馴伏（又）潭州善覺禪師以二虎爲侍者）遂得

首記上方景物

此段言文公戒行之高

文公廬俯視萬家邑烟塵對階除吾師雨花外(續高僧傳)法雲講法華經忽感天花狀如飛雪滿空而下(又)勝光寺道宗講大論天雨衆花旋繞講堂飛流戶外不下十年餘長者自布金(西域記)昔善施長者拯乏濟貧哀孤恤老時號給孤獨願建精舍請佛降臨惟太子逝多園地爽塏太子戲言金遍乃賣善施卽出藏金隨言布地建立精舍禪龕只晏如(廣韻)龕塔下室大珠脫玷翳白日當空虛(法苑珠林)西方一月分爲黑白初月一日至十五日名爲白月十六日已去至於月盡名爲黑月(王洙註)佛書有牟尼珠及水月之說言其性之圓明也甫也南北人蕪蔓少耘鋤言性地荒穢久遭詩酒污何事忝簪佛門最先重懺悔裾王侯與螻蟻同盡隨邱墟願聞第一義(涅槃經)出世人所知名第一義諦世人所知名爲世諦迴向心地初(華嚴經)菩薩摩訶薩有十種迴向(華嚴論)有心地法門(按)心地之初本空無一物迴向者言復返於空虛也舊說似支金篦刮眼膜(涅槃經)如盲目人爲治目造詣良醫良醫卽以金篦刮其眼膜價重百車

末段自述解悟求其接引

渠〔法華經〕或有行施金銀珊瑚珍珠硨磲瑪瑙〔廣志〕車渠出大秦及西域諸國乃石之次玉者 無生有汲引〔楞嚴經〕是人卽獲無生法忍〔疏云〕眞如實相名無生法無漏眞智名爲忍 玆理儻吹嘘

轉弱六云信手拈來都是然非讀破五千四十八卷不能說出○浦二田云詩有似偈處爲坡公佛門文字之祖

奉贈射洪李四丈

起○語○如○謠○

丈人屋上烏人好烏亦好〔尚書大傳〕愛其人者愛其屋上之烏憎其人者憎其儲胥 人生意氣豁不在相逢早南京亂初定南京謂成都 所向色枯槁遊子無根株茅齋付秋草東征下月峽明月峽三峽之始 掛席窮海島公素有東遊之興 萬里須十金〔楊雄傳〕家產不過十金〔舊注〕古者一兩金直十千今日十金則爲百千 妻孥未相保八句言蜀亂既不可居欲出峽而又苦無資也 蒼茫風塵際蹭蹬騏驎老

申鳧盟云少時謀生頗易然正爾負氣豈屑及此至老方憂已無可奈何矣起語悵然鄙人二句他人不肯自言然正是高處

志士懷感傷心胸已傾倒仇注巽騂自喻志士謂李以李有知己之語故贈此詩

早發射洪縣南途中作

○劉○須○溪○云○人○有○此○歎○十○字○盡○之○○傷○絕

將老憂貧窶筋力豈能及征途乃侵星鮑照詩侵星赴早路得使諸病入鄙人寡道氣在困無獨立仇注窮難自立遂隊依人此早行之故俶裝

○寫○途○間○早○景○入○

遂徒旅張衡思玄賦簡元辰而俶裝注俶始也達曙凌險澁寒日出霧遲清江

○妙○○

轉山急謂江爲山所激也僕夫行不進駑馬若維縶汀洲稍疏散風景開怏悒空慰所尚懷謂意所好尚終非曩遊集衰顏偶一破勝事難屢挹茫然阮籍途更灑楊朱泣淮南子楊朱見岐路而泣之謂其可以南可以北

眼前景寫來有致

通泉驛南去通泉縣十五里山水作 此自射洪至通泉作也[舊唐書]

通泉縣屬梓州[九域志]縣在州東南百三十里[魯訔]曰去縣廿五里有佳山水名沈家坑

承上早行說來

溪行衣自溼以雲霧也亭午氣始散冬溫蚊蚋集人遠鳧鴨亂蔣云二句溼陰中景亦從氣散後見得登頓生曾陰自溪邊上山[謝靈運詩]山行窮登頓欹傾出高岸又自山下溪邊驛樓衰柳側縣郭輕烟畔上言通泉驛南下方及去通泉山水一川何綺麗盡日窮壯觀山色遠寂寞江光夕滋漫[寰宇記]通泉山在縣西北二十里東臨涪江絕壁二百餘丈水從山頂湧出下注涪江傷時愧孔父去國同王粲我生苦飄蓬所歷有嗟歎

過郭代公故宅[朱注]按史元振魏州貴鄉人[長安志]宅在宣陽里今日故宅當是尉通泉時所居

浦云上八句總挈生平中八句特表勳伐

忠貞知勇俱在臨事斷三字中

豪雋初未遇其跡或脫略代公通泉尉放意何自若唐書郭元振傳郭震字元振以字顯舉進士授通泉尉任俠使氣撥去小節 及夫登衮冕唐書先天二年元振以兵部尙書同中書門下三品 直氣森噴薄張說撰行狀太平公主竇懷貞潛結兇黨謀廢玄宗睿宗猶豫不決惟公廷爭不受詔 磊落見異人豈伊常情度定策神龍後宮中翕淸廓俄頃辨尊親指揮存顧託唐書玄宗誅太平公主睿宗御承天門諸宰相走伏外省獨元振總兵扈從事定宿中書省二十四日以功封代國公通次公曰按代公定策在睿宗先天二年去中宗卽位改元神龍凡八年今詩云定策神龍後蓋太平擅寵始中宗朝則禍胎在神龍而下也俄頃二句謂太平旣誅則尊位有歸親傳不失所以成睿宗付託之意也 羣公有慚色王室無削弱 過故 迥出名臣上丹靑照臺閣丹靑謂畫像也唐會要元振配饗玄宗廟 我行得遺址一作跡 池館皆疏鑿壯公臨事斷顧步涕橫落精魄凛

邵云 語有斤兩 宅只一點

公之尙論有識如此

李云高古絕倫馳驟左馬

如在所歷終蕭索二句從草堂本一本無此二句似史老高詠寶劒篇唐書武后召元振與語奇之索其文章上寶劒篇后覽嘉歎遂得擢用神交付冥漠

觀薛稷少保書畫壁唐書薛稷傳稷字嗣通好古博雅外祖魏徵家多藏虞褚舊跡稷銳精模倣遂以書名天下畫又絕品睿宗踐阼遷黃門侍郎歷太子少保

少保有古風得之陜郊篇稷有秋日還京陜西十里作曰驅車越陜郊北顧臨大河惜哉功名忤本傳竇懷貞以附太平公主伏誅稷坐知謀賜死萬年獄但見書畫傳我遊梓州東遺跡涪江邊畫藏青蓮界謂佛寺書入金牓懸仰看垂露姿四句書王愔文章志懸針小篆體也垂露書如懸針而勢不遒勁阿那如濃露之垂故名法書要錄漢曹喜工篆隸善懸針垂露之法不崩亦不騫詩注騫虧也鬱鬱三大字蛟龍岌相纏狀得出輿地紀勝薛稷書慧普寺三字徑三尺許在通泉縣

帶說郭是史公
合傳體

李云寫馬得其
神駿寫鶴得其
高逸皆絕搆也

四句畫

慶善寺聚古堂過曰稷書慧普寺三字乃眞書旁有鶡鳳纏捧又揮西方變言所畫西方諸佛變相酉陽雜俎唐人謂畫亦曰變發地扶屋椽張遠注謂西方之像起自地面直至屋椽慘澹壁飛動到今色未塡此行疊壯觀郭薛俱才賢不知百載後誰復來通泉言倘有如郭薛之動人欣慕者乎語帶感慨

通泉縣署屋壁後薛少保畫鶴名畫記稷尤善花鳥人物雜畫畫鶴知名屛風六扇鶴樣自稷始名畫錄今祕書省有稷畫鶴又蜀郡亦有幷佛像菩薩並稱神品

薛公十一鶴皆寫靑田眞音永嘉郡記沭溪野去靑田九里此中有雙白鶴年年生子長大便去只餘父母一雙在耳精白可愛多云神仙所養畫色久欲盡蒼然猶出塵低昂各有意磊落如長人佳此志氣遠豈惟粉墨新萬里不以力

蔣云高堂未傾覆不顧暑中人忌耶明是惡其暴露不勝感憤耳

近率筆且複一水字

羣遊森會神（仇注）勢可萬里正見志氣遠處森然會神不在粉墨之跡矣　威遲白鳳態（禽經）白鳳謂之鸘　非是倉鶊鄰高堂未傾覆常得會嘉賓暴露牆壁外終嗟風雨頻赤霄有眞骨恥飮洿池津此以眞鶴比畫鶴也　冥冥任所往（法言）鴻飛冥冥弋人何篡焉郎天空任鳥飛意　脫略誰能馴言此地既無人加賞鶴亦將破壁而飛去矣兼帶自寓意此四句舊解亦多未合

陪王侍御宴通泉東山野亭

江水東流去淸樽日復斜異方同宴賞何處是京華亭景當讀影臨山水村烟對浦沙狂歌遇形勝得醉卽爲家

聘云妙是色不動若云色動便淺醉意忘反意俱借三字輕輕

陪王侍御同登東山最高頂宴姚通泉晚攜酒泛江（一統志東山在潼川州東四里隔涪江層巖脩阜勢若長城杜甫有詩）

先出姚
次出王

姚公美政誰與儔不減昔時陳太邱（後漢書陳寔除太邱長脩德清淨百姓以安）邑中上客有柱史（史記老子爲柱下史指侍御）多暇日陪驄馬游（仇注東山之宴侍御爲主而曰姚日陪遊者蓋前此已迭爲賓主也）東山高頂羅珍羞下顧城郭銷我憂清江白日落欲盡復攜美人登綵舟（美人官妓也）笛聲憤怨哀中流妙舞逶迤夜未休燈前往往大魚出聽曲低昂如有求（荀子昔者瓠巴鼓瑟而游魚出聽）三更風起寒浪湧取樂喧呼覺船重（謂浪湧不行）滿空星河光破碎四座賓客色不動

善寫虛景

逗出
沈云結出好樂
毋荒意而措詞
含蓄耐人咀諷

請公臨深莫相違（謂毋違臨深之戒也）迴船罷酒上馬歸人生歡會豈有極無使霜露霑人衣（謂無至竟夜也）

漁陽（朱注此公聞雍王授鉞作此以諷河北諸將言當急歸本朝無蹈祿山之覆轍也）

漁陽突騎猶精銳（後漢書吳漢說彭寵曰漁陽突騎天下所聞也）赫赫雍王都節制（唐書寶應元年九月魯王适改封雍王冬十月以爲天下兵馬元帥統河北朔方及諸道行營回紇等兵十餘萬進討史朝義會軍於陝州即德宗也）猛將翻然恐後時（仇注時河北將薛嵩張忠志各以州來降）本朝不入非高計（二句又假歸順者以動之）祿山北築雄武城（舊唐書祿山反時築壘范陽北號雄武城峙兵聚糧）舊防敗走歸其營繫書請問燕耆舊（繫書用魯連事）今日何須十萬兵（言以祿山之猖獗尚防退守況今更不比祿山時耶末用進一層激足）

聞官軍收河南河北（唐書寶應元年十月僕固懷恩等屢破史朝義兵進克東京其將薛嵩以相衞等州降張忠志以恒趙等州降次年春正月朝義走至廣陽自縊其將田承嗣以莫州降李懷仙以幽州降）

劒外忽傳收薊北初聞涕淚滿衣裳（卽喜極涕零意）（妙在此句一折）卻看妻子（四字一讀）愁何在漫卷詩書喜欲狂（蔣云寇亂削平愁懷頓釋一時無可告訴但目視其妻子至書卷無心復向且卷而收之二語確肖當日情狀）白日（一作首）放歌須縱酒青春作伴好還鄉（黃生注青春句尤妙謂一路花明柳媚更不寂寞也）卽從巴峽穿巫峽便下襄陽向洛陽（原注余田園在東京）

沈確士云一氣流注而曲折盡情篇法之妙不可思議○黃白山云杜詩强半言愁其言喜者惟寄弟數首及此作而已言愁者使人對之亦復太息唏噓言喜者使人讀之亦復鼓舞歡躍蓋能以其性情達之紙墨而後人之性情亦爲之感動也舍此而徒討論其格調剽擬其字句抑末矣

邵云一片眞氣流行此爲神來之作

毛西河云卽實從歸途一直快數作結大奇且兩峽兩陽作跌宕句律法又變

遠遊

賤子何人記迷方著處家（鮑照詩南國有儁生迷方獨淪誤）竹風連野色

江沫擁春沙（仇注風竹江沙亦自況飄搖流蕩意卽景寓情）種藥扶衰病吟詩解歎

嗟似聞胡騎走（猶未敢確信也）失喜問京華（失喜猶云失聲失笑顧注着一失字從前之揣摹憂慮當日之驚疑踊躍種種如畫）

杜詩鏡銓卷十 廣德中公往來梓閬作

春日梓州登樓二首

行路難如此登樓望欲迷 言不知所歸向也 身無卻少壯 〔顧注〕卻猶重字意 跡有但羈棲江水流城郭春風入鼓鼙雙雙新燕子依舊已銜泥 感物歎己之無家

仇滄柱云杜律首句有語似承上卻是突起者如此詩及杖錫何來此秋風已颯然故人亦流落高義動乾坤之類既飄忽又陡健語皆入化境 起亦好

天畔登樓眼隨春入故園戰場今始定 時東京新復 移柳更能存 一作豈 〔哀江南賦〕釣臺移柳非玉關之可望言亂雖定而家未必存故下復思他適也 厭蜀交游冷思吳勝事繁 公少曾遊吳越 應須理舟楫長嘯下荊門

使君乃豪士故不嫌唐突

春日戲題惱郝使君兄

（王趙必郝使君家妓去年冬在通泉嘗出以侑樽故作此戲之）

使君意氣凌青霄憶昨歡娛常見招細馬時鳴金騕褭（唐書凡馬有左右監以別其麁良細馬稱左麁馬稱右盧照鄰詩漢家金騕褭黃希曰馬謂之金騕褭因漢武鑄金爲麟趾褭蹏也）佳人屢出董嬌饒（玉臺新詠宋子侯有董嬌饒詩）東流江水西飛燕可惜春光不相見（古樂府東飛伯勞西飛燕黃姑織女時相見）願攜王趙兩紅顏再騁肌膚如雪練通泉百里近梓州請公一來開我愁舞處重看花滿面（酉陽雜俎今人面飾用花子起自昭容上官氏所製以掩點跡）樽前還有錦纏頭（注見八卷）

花底

（下四首集外詩竝見郭知達黃鶴本）

紫蕚扶千蕊（顧注蕚蕊花蒂也）黃鬚照萬花忽疑行暮雨何事入

上首平鈍頗不類公筆次首較勝

朝霞○所詠當是絳梅也在下首點明周弘正詩帶啄疑暮雨含笑似朝霞 恐是潘安縣、白帖潘岳爲河陽令多植桃李號曰花縣 堪留衛玠車、晉書衛玠風神秀異乘羊車入市見者以爲玉人潘注潘縣衛車亦寓思洛陽意 深知好顏色莫作委泥沙

柳邊

只道梅花發、誰知柳亦新、枝枝總到地、葉葉自開春、紫燕時翻翼○黃鸝不露身○仇注枝動故翻燕葉密故藏鸝二句分承 漢南應老盡○枯樹賦昔年楊柳依依漢南今看搖落悽愴江潭 霸上遠愁人○三輔黃圖霸橋在長安東漢人送客至此折柳贈別名曰銷魂

橋上句自況淹留下句遥憶長安也

題郪縣郭三十二明府茅屋壁唐志梓州治郪縣

江頭且繫船。爲爾獨相憐。雲散灌壇雨。（搜神記文王以太公爲灌壇令朞年風不鳴條文王夢一婦人當道哭問其故曰我泰山之女嫁爲西海婦欲歸灌壇令當道有德廢吾行吾行必有大風疾雨文王覺召太公問之果有急風暴雨從邑外過）春青彭澤田。（陶潛傳潛爲彭澤令公田五十畝種秫五十畝種秔）頻驚適小國。（左傳楚文王戒申侯毋適小國言郭之長才屢困小邑）一擬問高天別後巴東路、（顧注謂自梓往閬時作按杜安簡地志云巴東夔忠巴西綿閬則閬州亦不應稱巴東豈此時固卽有南下意耶）問字複 逢人問幾賢、（言如郭之賢者有幾人乎）

奉送崔都水翁下峽（唐書都水監使者二人正五品上總河渠諸津監署崔爲公之舅故稱翁）

無數涪江筏。鳴橈總發時。（邵注編竹木爲桴大者曰筏橈短棹也）別離終不久、宗族忍相遺、（仇注下峽想當北歸故驚心橈發因言己亦將出峽以親族在京不忍遺棄故也）句中對 白狗黃牛峽。（十道志白狗峽在歸州黃牛峽在夷陵州）朝雲暮雨祠。（高唐賦朝爲行雲暮爲行雨）所過憑問訊、到

日自題詩【盧注】張籍詩願君到處自題名他日知君從此去郎末句意

郫城西原送李判官兄武判官弟赴成都府

憑高送所親久坐惜芳辰遠水非無浪他山自有春二句含吐見致野花隨處發官柳著行新天際傷愁別言一路風浪可憂而春光亦可賞也離筵何太頻

涪江泛舟送韋班歸京得山字

追餞同舟日傷春一水間飄零爲客久衰老羨君還花遠重重樹雲輕處處山天涯故人少更益鬢毛斑蔣弱六云五六只是寫景卻令三春客子神魂飛去也○宋牧仲云花遠二句王摩詰繪成圖杜詩已爲當時所重如此【按】此圖見董元宰畫禪室

李云一氣滾注只如說話而渾成不可及

跋語

泛舟送魏十八倉曹還京因寄岑中允參范郎中季明 唐書諸衛府各有倉曹參軍 岑參集序參出為虢州長史改太子中允

遲日深江水輕舟送別筵帝鄉愁緒外春色淚痕邊見酒須相憶將詩莫浪傳 仇注公詩多傷時語故囑其莫浪傳以取忌 若逢岑與范為問各衰年

送路六侍御入朝

無限曲折正

童稚情親四十年中間消息兩茫然更為後會知何地忽漫相逢是別筵 言方逢而即別也 以倒插入妙 不分 音問 桃花紅似錦 不分

猶云不合

生憎柳絮白於綿（徐摛詩）恒教羅袖拂不分秋風吹（盧照鄰詩）生憎帳額繡孤鸞花柳本屬好景以在離筵故皆成愁況即所謂無賴春色也

劍南春色還無賴觸忤愁人到酒邊

王元美曰七言律篇法有起有束有放有斂有喚有應大抵一開則一闔一揚則一抑一象則一意無偏用者句法有直下者有倒插者倒插最難非老杜不能也篇法之妙有不見句法者句法之妙有不見字法者此是法極無跡人猶能之至境與天會未易求也有俱屬象而妙者有俱屬意而妙者有俱作高調而妙者有直下不偶對而妙者皆興詣而神合氣完使之然

涪城縣香積寺官閣

（唐書）涪城縣屬梓州（寰宇記）香積山在涪城縣東南三里北枕涪江

寺下春江深不流山腰官閣迴添愁（先說江　閣在山腰　二句從閣仰觀）含風翠壁孤雲細背日丹楓萬木稠春無丹楓以反照映之故赤（仇注）輕風散雲則漸細落日映楓則更稠此乃從一淡一濃對說（二句就閣邊寫）

小院迴廊春寂寂浴鳧飛鷺晚悠悠（寺在山上）諸天合在藤蘿

方虛谷云後四句工麗清婉

外昏黑應須到上頭

陳勾山云前詩言情婉摯此詩寫景曲折可尋俱是律詩入手

泛江送客

二月頻送客東津江欲平（觀打魚歌綿州江水之東津　輿地紀勝東津在郪縣東四里渡涪江水）烟花山際重舟楫浪前輕淚逐勸杯下愁連吹笛生離筵不隔日那得易爲情

重字妙

上牛頭寺（寰宇記牛頭山在梓州郪縣西南二里形似牛頭四面孤絶俯臨州郭下有長樂寺樓閣烟花爲一方勝槩）

青山意不盡袞袞上牛頭（謂巒嶂層疊）無復能拘礙眞成浪出遊（浪謂放浪心目至此而一暢也二句中兼寓禪意）花濃春寺靜竹細野池幽何

處唬鶯切。移時獨未休

望牛頭寺

牛頭見鶴林 涅槃後分佛入涅槃已東西二雙合爲一樹南北二雙亦合爲一皆垂覆如來其樹慘然變白經云樹色如鶴之白故名鶴林句謂望山而見寺也 梯徑繞幽深。春色浮山外。天河宿殿陰 宿一作沒 言其高 傳燈無白日。釋書有傳燈錄以燈喻法謂能破暗也 趙曰此借言長明燈無白日言燈長照 布地有黃金。宋注布金注見九卷又彌陀經極樂國土有七寶蓮池池底純以金沙布地 休作狂歌老。迴看不住心。眾香偈轉不住心退無因果不住猶言無著也 杜臆公以作客之窮眞有學佛之想後詩故屢言之

上兜率 音律 寺 釋迦成道記注梵云兜率陀此云知足卽欲界第四天也 侯圭觀音寺記梓州浮圖大小十二慧義居其北兜率當其南牛頭據其西觀音距其東 寰宇記兜率寺前瞰郡城拱揖如畫

兜率知名寺。眞如會法堂。[圓覺經略疏]圓覺自性本無僞妄變易即是眞如眞謂眞實顯非虛妄如謂如常表無變易言此間乃會法之堂以見其爲禪宗也 江山有巴蜀謂形勝可一覽而得 棟宇自齊梁。庾信哀雖久。[北史]庾信位望通顯常有鄉關之思乃作哀江南賦 周顒舊作何誤好不忘。[南史]周顒音詞辨麗長於佛理於鍾山西立精舍清貧寡欲終日長蔬雖有妻子獨處山舍 白牛車遠近注見七卷 且欲上慈航。[淸涼禪師般若經序]般若者苦海之慈航昏衢之巨燭言於任荷大法尙不知遠近何如聊欲藉佛力以脫離苦海也

葉石林曰詩人以一字爲工世固知之惟老杜變化開闔出奇無窮殆不可以形跡捕詰如此詩江山二句遠近數千里上下數百年只在有與自兩字而吞吐山川之氣俯仰今古之懷皆見於言外今人多取其已用字模倣用之偃蹇狹陋盡成死法不知意與境會言中其節凡字皆可用也

望兜率寺

樹密當山徑。江深隔寺門。承一 霏霏雲氣重。閃閃浪花翻。承二

浦云由孤字影出身字由遠字影出信字情景一片

不復知天大。空餘見佛尊。宋注二語言佛之尊於天也闕澤云孔老二教法天制用不敢違天佛之設教諸天奉行不敢違佛故佛號人天師可證此二句之義他說皆支離 時應清盥罷。隨喜給孤園。注見七卷

登牛頭山亭子

路出雙林外。傅大士傳大士捨宅於松下建寺因名雙林 亭窺萬井中。江城孤照日。春谷遠含風。兵革身將老。關河信不通。猶殘數行淚。忍對百花叢。

甘園 甘柑通李實曰柑園在梓州城南今猶名柑子舖園廢

春日清江岸。千甘二頃園。青雲羞葉密。白雪避花繁。結子隨邊使。開筒近至尊。唐書梓州土貢有柑 後於桃李熟。終得

獻金門。以與己之不然也

陪李梓州王閬州蘇遂州李果州四使君登惠義寺唐書閬州屬山南西道遂州屬劍南道果州屬山南西道寰曰地志惠義寺在梓州郪縣北長平山

春日無人境。虛空不住天。鶯花隨世界。樓閣寄一作倚山巔。隨世界有而實無也寄山巔實而皆空也即起下半首意遲暮身何得。登臨意惘然。誰能解金印。瀟灑共安禪。

數陪李梓州泛江有女樂在諸舫戲爲豔曲二首贈李

上客迴空騎。佳人滿近船。江淸歌扇底。野曠舞衣前。秀句

張云初下船則迴騎今迴船又將上馬故立馬以待也兩首只如一首情景如畫

三四一喧一寂景中帶比杜詩善用此法

承野曠　承江清

玉袖臨風並（梁簡文詩風吹玉袖香）金壺隱浪偏競將明媚色偷眼豔陽天

白日移歌袠（見爲永日之遊）青霄近笛牀（謂笛聲穿雲也）翠眉縈度曲（漢紀注度曲謂曲終更換其次也）雲鬢儼成行立馬千山暮迴舟一水香使君自有婦（羅敷行使君自有婦羅敷自有夫）莫學野鴛鴦（盧注鴛鴦本有定耦若野鴛則亂羣矣李梓州耽於女樂故以此戲而規之）

邵云五字韻絕

送何侍御歸朝（原注李梓州泛舟筵上作）

舟楫諸侯餞（謂李）車輿使者歸（謂何）山花相映發水鳥自孤飛春日垂霜鬢天隅把繡衣故人從此去寥落寸

心違

江亭送眉州辛別駕昇之得蕪字（眉州在蜀之南）

柳影含雲幕江波近酒壺異方驚會面終宴惜征途沙晚低風蝶天晴喜浴鳧別離傷老大意緒日荒蕪

行次鹽亭縣聊題四韻奉簡嚴遂州蓬州兩使君咨議諸昆季（唐書鹽亭縣屬梓州九域志在梓州東九十里唐書蓬州蓬山郡屬山南西道朱注兩使君無考咨議或云即嚴震舊書震字遐聞梓州鹽亭人至德乾元中屢出家財助軍授州長史王府諮議參軍嚴武移西川署押衙震從弟礪字元明官至尚書左僕射）

馬首見鹽亭高山擁縣青（仇注首二乃遠望次二乃近見）雲溪花淡淡春

邵云起手軒豁

張云寫出山縣簡僻光景

郭水冷冷〔寰宇記〕鹽亭縣因井爲名負戴山在縣西龍盤虎踞起伏四百餘里山有飛龍泉噴下南流入梓潼江水色清冷其味甘美全蜀多名士嚴家聚德星〔異苑〕陳仲弓與諸子姪造荀季和父子於時德星聚太史奏五百里內有賢人聚長歌意無極好爲老夫聽

倚杖〔原注〕鹽亭縣作

看花雖郭內倚杖即溪邊言風景一如郊外也山縣早休市江橋春聚一作近船狎鷗輕白浪歸雁喜青天物色兼生意淒涼憶去年謂去年避亂於此

承 郭 承 溪 會 下四情與景

惠義寺送王少尹赴成都下三首皆集外詩此首見郭知達黃鶴本

苒苒谷中寺〔集韻〕苒草盛貌娟娟林表峰〔杜臆〕苒苒狀寺之幽蔚娟娟狀山之高秀闌干上

處遠結構坐來重〔仇注 楊炯惠義寺銘 長平山兮建重關山穹窿兮下磅礴可知寺高路遠〕騎馬行春徑衣冠起暮〔一作晚〕鐘〔言暮鐘動衣冠皆起也〕雲門青寂寂此別惜相從〔惜不與之偕行也〕

惠義寺送辛員外〔下二首俱見卞圜吳若黃鶴本〕

朱櫻此日垂朱實郭外誰家負郭田萬里相逢貪握手高才仰望足離筵

又送〔魯訔年譜謂公送辛員外暫至綿 朱鶴齡謂所見皆逸詩未可深信〕

雙峰寂寂對春臺萬竹青青照客杯細草留連侵坐軟殘花悵望近人開同舟昨日何由得並馬今朝未

李云感慨流連當得之言外

擬同直到綿州始分首一作手江頭樹裏共誰來謂獨自歸途也二句乃預道惜別之詞

前半景中之情後半寫別緒尤覺綢繆懇摯

陪王漢州留杜綿州泛房公西湖

漢州今隸成都府在綿州西南舊唐書房琯傳上元元年四月以禮部尚書出為晉州刺史八月改漢州寶應二年四月拜特進刑部尚書仇注寶應二年即廣德元年也其云夏召誤據詩春已赴召矣按王漢州蓋繼房之任者杜綿州見九卷方輿勝覽房公湖又名西湖壁記云房牧此邦時鑿有詩存焉

舊相恩追後春池賞不稀闕庭分音問未到朱注時房公方赴召在途故曰分未到承一

舟楫有光輝豉化蓴絲熟記文豉配鹽幽菽也世說陸機詣王武子有羊酪問吳中何以敵此曰千里蓴羹但未下鹽豉耳承二

刀鳴鱠縷飛使君雙皂蓋灘淺正相依

偶然觸著不嫌其纖

得房公池鵝

房相西亭鵝一羣眠沙泛浦白於（一作如）雲鳳凰池上應迴首（房向在中書茲復內召）爲報籠隨王右軍（對知己作一笑）（法書要錄王羲之性好鵝山陰曇𤕊村有道士養好者十餘王往求市易道士言府君若能書道德經各兩章便合羣以奉羲之爲寫畢籠鵝而歸）

答楊梓州

（杭注前有李梓州後有章梓州此又有楊一歲三更代何速也）

悶到房公池水頭坐逢楊子鎭東州却向青溪不相見（楊當有來漢相約同遊之說）迴船應載阿戎遊（晉書阮籍謂王渾曰與卿語不如與阿戎談阿戎渾子戎也）

舟前小鵝兒

（原注漢州城西北角官池作　按官池即房公湖）

鵝兒黃似酒對酒愛新鵝（方輿勝覽鵝黃漢州酒名蜀中無能及者）引頸嗔船

〇二〇句〇工〇

於體物

逼無行亂眼多翅開遭宿雨力小困滄波客散層城暮狐狸奈若何末二亦寓愛及屋烏意

官池春雁二首

自古稻粱多不足至今鸂鶒亂爲羣且休悵望看春水更恐歸飛隔暮雲春時則雁將歸矣

承上首末句下

青春欲盡急還鄉紫塞寧論尙有霜影世未平意翅在雲天終不遠勉之也力微矰繳絕須防危之也

二詩舊解作自比詳其語意似是爲房公言欲其早退以爲善全之計蓋救時雖急正惟恐復遭讒妬也

投簡梓州幕府兼簡韋十郎官

鄧云淸空一氣如話

幕下郞官安穩一作隱無宋注說文隱安也義與穩通通鑑玄宗遣中使至范陽祿山踞牀不拜曰聖人安隱從來不奉一行書固知貧病人須棄能使韋郎跡也疏

漢州王大錄事宅作集外詩見郭知達本宋注公有詰王錄事許修草堂貲不到詩疑卽其人

南溪老病客南溪郎浣花溪公送韋司直歸成都詩爲問南溪竹是也相見下肩輿近髮看烏帽看烏帽乃暗藏白頭謂錄事惜公老也催蓴煑白魚宅中平岸水身外滿牀書憶爾才名叔含凄意有餘王當有叔已沒

贈韋贊善別唐志東宮官左贊善大夫五人掌傳令諷過失贊禮儀

扶病送君發自憐猶不歸祇應盡客淚復作掩荊扉江漢故人少音書從此稀往還二十載歲晚寸心違

公留意人才如此非但記一不識十也

謂老而反別也

王右仲云此詩語多婉轉無限感傷眞堪一字一淚

短歌行送祁錄事歸合州因寄蘇使君唐書合州涪陵郡屬劍南東道

前者途中一相見人事經年記君面後生相勸何寂寥君有長才不貧賤君今起柂春江流余亦沙邊具小舟幸爲達書賢府主江花未盡會江樓時公亦有下峽之志方輿勝覽江樓在合州州治之前釣魚山學士山巫山橫其前下臨漢水

送韋郎司直歸成都

中鬼盟云可想名士風流

張云臺亭十字結構殊不草草妙於布置

竄身來蜀地同病得韋郎天下兵戈滿江邊日月長（邵云十字可感）別筵花欲暮春日鬢俱蒼爲問南溪竹抽梢合過牆（李云結更悠然有致）

原注子草堂在成都西郭

寄題江外草堂

原注梓州作寄成都故居

我生性放誕雅欲逃自然（謂不用安排計較也）嗜酒愛風竹卜居必林泉（此卜築草堂之由）遭亂到蜀江卧痾遣所便（言靜便可遣病）誅茅初一畝廣地方連延經營上元始斷手寶應年（閣化帖唐高宗勅使至知元堂已成不知諸作總得斷手）敢謀土木麗自覺面勢堅臺亭隨高下敞豁當清川（此追敘草堂始末）惟有會心侶數能同釣船干戈未偃息安得

蛟龍八句一揚一抑可見公胸襟曠達處束兩句總上又轉得地步高于鱗謂少陵見道過昌黎於此益信

酣歌眠（公以避徐知道亂入梓遂攜家寓焉）蛟龍無定窟黃鵠摩蒼天古來賢達士（一作達士志）寧受外物牽顧惟魯鈍姿豈識悔吝先（謂未能先幾引去之故）偶攜老妻去慘澹凌風烟事跡無固必幽貞（此述去草堂）愧（一作貴）雙全（謂不能高隱而出於轉徙也）尙念四小松蔓草易拘纏霜骨（未致懷思卻借一松寓意）不堪（一作甚）長永爲鄰里憐

洪容齋曰古今詩人懷思故居形之篇詠必以草木爲比興杜公寄題草堂云尙念四小松蔓草易拘纏霜骨不甚長永爲鄰里憐讀之淒然及歸草堂詩曰四松初移時大抵三尺強別來已三歲離立如人長尤可見一時之懷抱也

久旱慘景亦卽映起兵戈意

喜雨

春旱天地昏日色赤如血農事都已休兵戈況騷屑

諷切時事皆關治要天地間有用文章

巴人困軍須（當指吐蕃之役）慟哭厚土熱滄江夜來雨眞宰罪一雪穀根小蘇息沴（音戾）氣終不滅何由見寧歲解我憂思結崢嶸羣山雲交會未斷絕安得鞭雷公滂沱洗吳越（原注）時聞浙右多盜賊（舊唐書）寶應元年八月台州人袁晁反陷浙東州郡廣德元年四月李光弼討之

述古三首

赤驥頓長纓（穆天子傳）右驂赤驥而左白義長纓馬鞅也 非無萬里姿悲鳴淚至地爲問馭者誰（戰國策）驥服鹽車上太行漉汗灑地中阪遷延負轅而不能上伯樂遭之下車攀而哭之驥於是俯而噴仰而鳴者何也彼見伯樂之知己也

四句多少頓挫

鳳凰從東（一作天）來何意復高飛竹花不結實念子忍朝饑（詩）惄如調饑韓詩作朝饑（薛君章句）云朝饑最難忍 古時君臣合可以物

子字叶得親切

浦云首以市人鄙之繼以自煎惕之又以身尊勉之終以秦法擬之有國家者可以悟矣

理推賢人識定分進退固其宜末四入正意不責上而安分忠厚之道也

李子德曰比賦相兼名論不朽○朱鶴齡曰題曰述古述古事以風今也肅宗初立任用李泌房琯張鎬諸賢其後或罷或斥或歸隱君臣之分不終故言驥非善馭則頓纓鳳無竹實則飛去君臣遇合其難如此賢者可不明於進退之義乎

市人日中集於利競錐刀置膏烈火上哀哀自煎熬莊子膏火自煎也 農人望歲稔相率除蓬蒿所務穀爲本邪贏無乃勞西京賦何必昏於作勞邪贏優而足恃 舜舉十六相身尊道何高左傳天下同心戴舜以爲天子以其舉十六相故也 ○蘇○東○坡○云○自○比○稷○契○輩○人語 秦時任商鞅法令如牛毛史記商鞅天資刻薄少恩變秦法令密如牛毛

朱鶴齡曰是時第五琦劉晏皆以宰相領度支鹽鐵使榷稅四出利悉錐刀故言爲治之道在乎惇本抑末擧良相以任之不當用興利之臣以滋

民邪僞也又盧元昌曰寶應間元載代劉晏專判財利按籍舉八年租調之逋負者計數籍其所有謂之白著故以商鞅比之

漢光得天下祚永固有開豈惟高祖聖功自蕭曹來漢書贊蕭何曹參起刀筆吏爲一代宗臣經綸中興業何代無長才吾慕寇鄧勳濟時亦良哉耿賈亦宗臣羽翼共徘徊寇鄧謂寇恂鄧禹耿賈謂耿弇賈復也休運終四百圖畫在雲臺竟○往○悠○然○不○盡○東觀漢記永平中顯宗追感前世功臣乃圖畫二十八將於南宮雲臺畢歷年之永亦所以歆動人主也

仇滄柱云論光武中興而推本高祖人才思太宗創業名臣也其引寇鄧耿賈比肅宗恢復諸將但昔則圖畫雲臺生享爵祿而沒垂令名今則功臣疑忌忠如李郭尙懷憂畏故借漢事以諷唐也

送王十五判官扶侍還黔中得開字

後漢書劉平傳平弟仲爲賊所

邵云俗字雅用是大家數

殺平扶侍其母奔走逃難此注向未引及唐書黔州黔中郡屬江南西道本三國吳黔陽郡一統志今爲辰州府地

大家音姑東征逐子回。曹大家東征賦維永初之有七兮余隨子乎東征後漢書大家子穀爲陳留長大家隨至官作東征賦風生洲渚錦帆開。陰鏗詩平湖錦帆張青青竹筍迎船出。楚國先賢傳孟宗至孝母好食筍冬月無之宗入林中哀號筍爲之生白白江魚入饌來。東觀漢記姜詩與婦傭作養母母嗜魚鱠餓而湧泉舍宅每旦出雙鯉魚離別不堪無限意。艱危深仗濟時才。黔陽信使應稀少。莫怪頻頻勸酒杯。

張綖曰題曰還黔中詩又曰逐子回王蓋黔中人以侍養而歸故深爲濟時之才惜或以爲之官非也。西淸詩話謂作詩用事要如水中著鹽飲水乃知鹽味此三四二句只似寫景而孝養在其中運化故事渾然無迹

陪章留後惠義寺餞嘉州崔都督赴州杜氏通典節度使若

朝覲則置留後擇其人以任之章留後梓州刺史章彝也嚴武還朝後西川節度高適代之東川節度虛縣以章彝爲留後唐書嘉州眉山郡屬劍南東道舊書乾元元年升嘉州爲中都督尋罷

中軍待上客令肅事有恒前驅入寶地祖帳飄金繩 四句敘題 法華經國名離垢琉璃爲地有八交道黃金爲繩漢疏廣傳設祖道供帳東都門外 南陌既留歡茲山亦深

詳寫遊寺

登清聞樹杪磬遠謁雲端僧迴策匪新岸一作崖所攀仍舊藤 杜臆公登惠義寺已兩見於詩故曰匪新仍舊 耳激洞門飆目存寒谷冰出塵閟軌躅 謂塵跡所不至 畢景 同影 遺炎蒸 鮑照詩畢景逐前儔 永願坐長夏將

重合到餞別

衰棲大乘 李顒大乘賦序大乘者如來之道場也故緣覺聲聞謂之小乘 羇旅惜宴會艱難懷友朋勞生共幾何離恨兼相仍

詩之豪放不必言通首格律甚細

陪章留後侍御宴南樓得風字

一二句完○題大意 ○感○世○從○登○樓上觸出

絕域長夏晚茲樓淸宴同朝廷燒棧北漢書張良說高祖燒絕棧道鼓角漏天東梁益記雅州西北有大小漏天以其西北陰盛常雨如天之漏也又寰宇記邛都縣漏天秋夏常雨朱注按通鑑上元二年二月奴剌黨項寇寶雞燒大震關廣德元年秋七月吐蕃陷蘭廓河鄯洮岷秦成渭等州故有燒棧二句

補點留後○侍御 ○感○身○從○陪○宴上觸出

屢食將軍第左傳豈將軍食之而有不足仍騎御史驄見章待之優本無丹竈術南越志長沙郡瀏陽縣有王喬山山有合丹竈

二句○雙○縮

那免白頭翁寇盜狂歌外形骸痛飲中上句謂亂且勿憂承朝廷二句此句謂老且莫管承丹竈二句

補寫南樓○之景

野雲低渡水簷雨細隨風出號江城黑通鑑注凡用兵下營就主帥取號以備緩急相應題詩蠟炬紅此身醒復醉不擬哭途窮

臺上得涼字

前首借酒自遣此首仍不免傷老

起四疏老

旼席臺能迴，畱門月復光。〔朱注〕畱門謂畱城門使不閉也 雲霄遺忘也暑溼，山谷進風涼。上句臺之高此句亭之曠 老去一杯足，誰憐屢舞長。〔詩〕屢舞傞傞 何須把官燭，似惱鬢毛蒼。

章梓州橘亭餞成都竇少尹得涼字

秋日野亭千橘香，玉杯錦席高雲涼。高雲涼是言秋爽之氣 主人送客何所作音佐，行酒賦詩殊未央。衰老應爲難離去聲別，賢聲此去有輝光。預傳籍籍新京尹一作兆，青史無勞數趙張。〔漢書〕趙廣漢張敞相繼爲京兆尹吏民語曰前有趙張後有三王

章梓州水亭〔原注〕時漢中王兼道士席謙在會同用荷字韻〔吳郡志〕席謙郡人梓州肅明觀道士善棊公絕句席

清雅以韻勝頗似錢劉

王右仲云後半並列賓主四人卻流利不板

謙不見近彈碁是也

城晚通雲霧亭深到芰荷謂亭在芰荷中也吏人橋外少謂簡去儀從

秋水席邊多近屬淮王至世說梁王趙王國之近屬淮南王安傳武帝以安屬爲諸父辨博善爲文辭甚尊重

高門薊子過神仙傳薊子訓至京師諸貴人各絕客灑掃凡二十三家並時各有一子訓到其家至朝相問所見皆同惟所言話隨主人意答乃不同也

荊州愛山簡此章留後吾醉亦長歌晉書山簡出遊習氏池置酒輒醉兒童歌之云云亦長歌言欲效兒童之歌山簡也

隨章留後新亭會送諸君集外詩見郭知達黃鶴本

新亭有高會行子得良時承一日動映江幕風鳴排檻旗承二

絕葷終不改勸酒一作酢欲無辭補注公自入梓來頻遊諸寺實有學佛之想終不改者謂此志已決茲乃

不辭痛醉者爲感於知交之惜別耳 已墮峴山淚。晉書羊祜嘗登峴山置酒祜沒百姓建碑其上見者莫不流涕因名爲墮淚碑

時諸客中當有仕梓而去者故用峴山碑以誌去思 因題零雨詩。孫楚陟陽候送別詩晨風飄岐路零雨被秋草

戲作寄上漢中王二首 原注王新誕明珠

此首憐其遠謫

雲裏不聞雙雁過。范雲詩寄書雲間雁爲我西北飛 掌中貪看一珠新。三輔決錄孔融見韋元將仲將與其父書[illegible]不意雙珠生於老蚌 庾信傷心賦掌中珠碎 秋風嫋嫋吹江漢。九歌嫋嫋兮秋風 只在他鄉何處人。言已飄泊而王亦謫居只在他鄉究當爲何處人耶

、李、、云、、無、、一、、義、、不○穩貼

謝安舟楫風還起。謝安傳安嘗與孫綽等泛海風起浪涌諸人並懼安吟嘯自若句言王在蓬州 梁苑池、、、

、、、、。

此首祝其還朝

臺雪欲飛。漢書梁孝王築東苑自宮屬於平臺三十餘里 謝惠連雪賦梁王不悅遊於兔園俄而微霰零密雪下句言京中舊第 杳、

、承、、、、、、、、、。 、承、二、、、、、、、。

杳東山攜妓去。謝安傳安居東山每遊賞必以妓女從 洽洽脩竹待王歸。西京雜記梁孝

李云厚道格言與班姬團扇篇各有至理

王苑中奇果佳樹瓌禽異獸靡不畢備世人言梁王竹園也枚乘兔園賦脩竹檀欒夾池水

椶拂子

椶拂且薄陋。豈知身效能。不堪代白羽。扇也有足除蒼蠅。熒熒金錯刀。仇注金錯刀有錢與刀二者之分漢食貨志王莽更造錯刀以黃金錯其文一刀直五千又張衡四愁詩美人贈我金錯刀此言錢也杜詩金錯囊垂聲用之續漢書輿服志佩刀乘輿通身雕錯諸侯黃金錯東觀漢記賜鄧通金錯刀此言刀也詩當用之 擢擢朱絲繩。鮑照詩直如朱絲繩朱注錯刀絲繩皆椶拂之飾 非獨顏色好。亦由顧盼稱。吾老抱疾病。家貧臥炎蒸。唖膚倦撲滅。唖與嚙同齧也莊子蚊虻嚙膚則通昔不寐矣 賴爾甘服膺。物微世競棄。義在誰肯徵。三歲清秋至。未敢闕緘縢。莊子惟恐緘縢扃鐍之不固言三歲緘藏不忍以過時而棄之用物之義當然也從班婕好團扇詩翻出

邵云杜此等詩不必盡有警語要是深渾難到

客舊館 集外詩員氏所收浦注舊編梓州時或周流近邑復歸於此

陳跡隨人事初秋別此亭重來梨葉赤依舊竹林青風幔前一作何時捲寒砧昨夜聽無由出江漢愁緒日冥冥

送陵州路使君之任 唐書陵州仁壽郡屬劍南東道浦注在今成都府仁壽縣境

王室比多難高官皆武臣朱注按史時諸州久屯軍旅多以武將兼領刺史法度隳廢侵奪百姓人甚弊之 此亦詩史之言慨然 幽燕通使者時河北已平故云 寫得氣色 岳牧用詞人國待賢良急君當拔擢新佩刀成氣象晉書呂虔爲刺史有佩刀相者以爲必三公可服乃贈別駕王祥曰卿有公輔之望故相與也行蓋出風塵戰伐乾坤破瘡痍府庫貧眾寮宜潔白

此正文臣撫綏弭亂之道語不嫌質

邵云十字具三四層曲折作起句尤警

萬役但平均霄漢瞻佳士泥塗任此身秋天正搖落結到自己回首大江濱

送元二適江左（宋注）王右丞集有送元二適安西詩疑即此人也

亂後今相見秋深復遠行風塵爲客日江海送君情二句有無窮之悲晉室丹陽尹（宋書）漢丹陽郡治宛陵晉太康年分爲宣城郡而丹陽移治建業元帝改爲尹（梁元帝丹陽尹傳序）自二京板蕩五馬南渡乃變淮海爲神州亦即丹陽爲京尹公孫白帝城（元和郡縣志）白帝城與赤甲山相接初公孫述至魚復有白龍出井中因號魚復爲白帝城丹陽元所適白帝元所經（胡孝轅曰）丹陽尹不必指定晉何人南渡初如溫嶠劉隗尹京多在王敦俶擾際而子陽負劒稱白帝大似肅代朝節鎭分據景象故用以引起論兵自非泛設經過自愛惜取次莫論兵結意深厚（原注）元嘗應孫吳科舉時藩鎭多跋扈覬望者故戒其毋談兵以貫禍（黄生注）取次亦當時方言猶從容之意

王嗣奭曰起得突兀轉亦頓挫如尺水興波

李云古色蔚然結尤見忠愛

送竇九赴成都 集外詩見郭知達黃鶴本

文章亦不盡竇子才縱橫非爾更苦節何人符大名 竇蓋有文名而又能砥節也 讀書雲閣觀 浦注未詳所在當指現在寓處 問絹錦官城 魏志胡質爲荊州刺史子威往省自驅驢不止傳舍告歸父賜絹一疋威跪問曰大人清貧何以得此質曰此吾俸餘聊助汝糧耳 仇注竇九想是成都竇少尹之子故用問絹事時蓋以省覲歸成都也 我有浣花竹題詩須一行

九日

去年登高郪縣北今日重在涪江濱苦遭白髮不相放羞見黃花無數新（悲甚直欲自厭其餘生）世亂鬱鬱久爲客路難悠悠常傍人酒闌卻憶十年事腸斷驪山清路塵（追維亂本結語黯然） 杜臆天寶十四年冬公自京師

邵云淸景如見一結感慨

赴奉先路經驪山玄宗方幸華淸宮祿山反然後回京至此十年矣所以憶之而腸斷也

倦夜

竹涼侵臥內野月滿庭隅重露成涓滴稀星乍有無仇注竹上露重積成涓滴月中星稀乍覺有無二句分承暗飛螢自照水宿鳥相呼萬事干戈裏空悲淸夜徂前三句上半夜下三句下半夜結以徂字正見得徹夜無眠所以爲倦夜也

李子德云寫夜易寫倦夜難卻俱只在景上說不着一倦字字面故渾然無迹○王直方詩話東坡云司空表聖自論其詩以爲得味外味綠樹迷村暗黃花入麥稀此句最善又云棊聲花院閉幡影石壇高吾嘗獨遊五老峯入白鶴觀松陰滿地不見一人惟聞棊聲然後知此句之工但恨其寒儉有僧態若子美暗飛螢自照水宿鳥相呼四更山吐月殘夜水明樓才力富健去表聖之流遠矣

薄暮

江水最深地山雲薄暮時寒花隱亂草宿鳥擇深枝二句自寓晦跡意故國見何日高秋心苦悲人生不再好鬢髮自成絲

閬州奉送二十四舅使自京赴任青城集外詩見郭知達黃鶴本顧注此舅氏使蜀隨有青城之命也

聞道王喬舃名因太史傳太史候王喬雙舃者注詳見三卷見外吏有藉於朝臣如何碧雞使王襃傳益州有金馬碧雞之神使襃往祀焉把詔紫微天言京官反除縣令也狂聽青城為第五大洞寶仙九室之天故云紫微天秦嶺愁回首涪江醉泛船青城漫污雜青城時或備藩故下復有王命崩奔之慨吾舅意淒然

起語聳絕已覺黯然神傷

用比結情景雙融入化

王閬州筵奉酬十一舅惜別之作（盧注二十四舅赴任青城十一舅想與之同往也此章是奉酬作下章乃奉送作）

萬壑樹聲滿千崖秋氣高浮舟出郡郭別酒寄江濤（四句一句一句一轉）良會不復久此生何太勞窮愁但有骨羣盜尙如毛（賈誼新書反者如蝟毛而起）吾舅惜分手使君寒贈袍（史記范雎見須賈賈曰范叔一寒至此乃取一綈袍以贈之當指贈舅此句帶表主誼）沙頭暮黃鵠失侶亦哀號（二句自況酬別）

李子德云發端陡健如謝宣城餘亦老氣橫披

閬州東樓筵奉送十一舅往青城得昏字（一統志東樓在保寧府治南嘉陵江上杜甫有詩）

二句寫舟行迅速應接不暇光

曾城有高樓制古丹雘存迢迢百餘尺豁達開四門
雖有車馬客而無人世喧遊目俯大江列筵慰別魂（翻陶句）
是時秋冬交節往顏色昏天寒鳥獸伏霜露在草根（張云寫出慘景）
今我送舅氏萬感集清罇豈伊山川間回首盜賊繁
高賢意不暇王命久崩奔（末又兼懷二十四舅謝靈運詩圻岸屢崩奔此比行役之匆遽）臨風
欲慟哭聲出已復吞

放船

送客蒼溪縣（縣屬閬州在州北）山寒雨不開直愁騎馬滑故作
放船迴青惜峰巒過黃知橘柚來江流大自在坐穩

景入神

李云工於體物感興極淡○李商隱屬疾詩秋蝶無端豔寒花只暫香全用杜語

偶然率筆憤邊鎮之不好士而欲與逸人偕隱也

興悠哉○對三四句看正見路滑怕人

薄遊俞瑒曰玩詩意宜作薄暮

○承○二○ ○滅○長○字○都○有○意○

淅淅風生砌團團日隱牆遙空秋雁滅半嶺暮雲長

承一

病葉多先墜寒花只暫香二句比巴城添淚眼閬州漢巴郡地今夕復清一作秋中光謂見月而悲也

嚴氏溪放歌行華陽國志閬中有三狐五馬蒲趙任黃嚴爲大姓溪蓋以其族名也

天下兵馬未盡銷豈免溝壑常漂漂劍南歲月不可度謂成都遭亂邊頭公卿仍獨驕仇注謂指章彝近是費心姑息是一役言無愛敬眞情直以一役夫相待耳肥肉大酒徒相要呂氏春秋肥肉厚酒務以相强命曰爛腸之食嗚呼

古人已糞土。古人謂古之好士者獨覺志士甘漁樵。況我飄蓬無定所。終日慼慼忍羈旅。秋宿霜溪素月高。喜得與子長夜語。東遊西還力實倦。朱注閬在梓東此言東遊閬州又欲西還梓州也從此將身更何許。知子松根長茯苓。遲暮有意來同煮。本草茯苓千歲松脂也作丸散服能斷穀不饑

與嚴二郎奉禮別下二首皆集外詩見郭知達黃鶴本唐書太常寺奉禮郎二人掌君臣班位以奉朝會祭祀之禮時嚴必入京赴職

劉須溪云反冷眼爲暖亦新

別君誰暖眼。將老病纏身。出涕同斜日。臨風看去塵。張云送別慘景商歌還入夜。淮南子甯戚飯牛車下扣牛角而疾商歌巴俗自爲鄰。尚愧微軀在

因其官觴○沿

遙聞盛禮新（是年春史朝義死其將李懷仙田承嗣各以州降盛禮言告廟獻俘等事）山東羣盜散闕下受降頻諸將歸應盡題書報遠人

贈裴南部（原注聞袁判官自來欲有按問 唐書南部縣屬閬州）

塵滿萊蕪甑（後漢書范冉字史雲爲萊蕪長清貧人歌曰甑中生塵范史雲）堂橫單父琴（呂氏春秋子賤爲單父宰彈琴不下堂而治）人皆知飲水（晉書鄧攸爲吳郡守載米之官俸祿無所受飲吳水而已）公輩不偷金（漢書直不疑爲郎有告歸者持同舍郎金去意不疑不疑買金償之後告歸者來而歸金金主大慙）梁獄書應上（時裴必有訴理之詞）秦臺鏡欲臨（西京雜記高祖入咸陽宮有方鏡廣四尺高五尺九寸表裏洞明人照之見腸胃五臟又女子有邪心則膽張心動）獨醒時所嫉（沈）（痛）羣小謗能深即出黃沙在（晉書武帝紀太康五年六月初置黃沙獄）何（一作應）須白髮侵使君傳舊德已見直繩心（鮑照詩直

如朱絲繩

浦二田云裴以清節蒙獄公爲此詩一紙辨誣狀也先表之次原之終慰之秦鏡直繩兼論判官得體

對雨

莽莽天涯雨。江邊獨立時。不愁巴道路。恐溼漢旌旗。○起○句○蒼○涼○雄○渾○（朱注）言不憂巴道難行特戍兵此時沐雨深可念耳 雪嶺防秋急。（顧注）廣德元年七月吐蕃盡取河隴邊備正嚴 繩橋戰勝遲。繩橋注見八卷 西戎甥舅禮。未敢背恩私。反詞也

愁坐 集外詩員氏所收

高齋常見野。愁坐更臨門。十月山寒重。孤城水氣昏。葭萌氐種迥。（華陽國志）蜀王封其弟葭萌於漢中號曰苴侯因命其地曰葭萌唐書葭萌縣屬利州 氐種指羌人 左擔

規諷處立言甚渾

犬戎存李充蜀記自綿谷葭萌道徑險窄北來負擔者不容易肩謂之左擔道犬戎謂吐蕃仇注恐其內外相結爲亂故憂當避去也終日憂奔走歸期未敢論

警急原注高公適領西川節度蔡夢弼曰按史代宗即位吐蕃陷隴右漸逼京師適練兵於蜀臨吐蕃南境以牽制之師出無功尋失松維等州此詩乃松州未陷時作

才名舊楚將朱注高適傳至德初適陳永王璘必敗以適爲揚州左都督府長史淮南節度使淮南本楚地妙略擁兵機玉壘雖傳檄玉壘山在灌縣西去成都不遠傳檄應指調兵舊注非松州會解圍松州即今松潘最偪蕃境會解圍正見圍猶未解也和親知計拙公主漫無歸青海今誰得青海注見一卷時陷吐蕃西戎實飽飛

楊守陳曰此下三章皆僞高適作譏其不能禦虜也首冠以才名楚將妙略兵機而下皆敗北之事則機略概可見矣

邵云警痛

王命

漢北豺狼滿。（唐書寶應元年吐蕃陷臨洮取秦成渭等州明年又取蘭河等州隴右盡亡按其地俱在漢源西北）巴西道路難。血埋諸將甲。骨斷使臣鞍。（宋注廣德元年李之芳崔倫往聘吐蕃留不遣）牢落新燒棧。（注見前）蒼茫舊築壇。（浦注如子儀罷閒廢嚴武罷鎮皆是）深懷喻蜀意。慟哭望王官。（望王命之申以司馬相如傳唐蒙通夜郎發巴蜀吏卒用軍興法誅其渠帥巴蜀民大驚恐上使相如喻告）

救警急也不必專有所指

征夫

十室幾人在。千山空自多。（謂有險莫守）路衢惟見哭。城市不聞歌。漂梗無安地。銜枚有荷戈。（漢書注銜枚止言語讙譁其狀如箸橫銜之言所到之處皆用）

仍歸到自憂轉徙

邵云少陵詩及時事往往氣格高絕

三首章法相銜而下

兵也 官軍未通蜀 謂援師不至 吾道竟如何

西山三首 鶴注此亦松州被圍時作

夷界荒山頂 元和郡國志雪山當吐蕃之界所以隔中外也 蕃州積雪邊 李宗諤圖經維州南界岷山連嶺而西不知其極北望高山積雪如玉東望成都若井底是西蜀控吐蕃之要衝二句先述西山形勢 築城依白帝 黃希曰白帝西方之帝也舊引夔州白帝城非是句亦極言其高 轉粟上青天 二句言戍守之難 蜀將分旗鼓 羌兵助鎧鋋 羌兵屬夷也 公東西兩川說仍使羌兵各繫其部落 西南背和好 殺氣日相纏

辛苦三城戍 浦注當在松維保三州界今爲松潘威州保縣等處 長防萬里秋 烟塵侵火井 唐書邛州有火井縣 按邛在維保之東 雨雪閉松州 此上句謂彼深入此句謂此被圍 風動將

軍幕天寒使者衰（二句言戰既不勝和又無成與王命詩血埋二句同意）漫（平聲）山賊營壘

冷句

迴首得無憂

子弟猶深入（公兩川說有邛雅子弟羌子弟皆以備蕃者）關城未解圍蠶崖鐵馬瘦（唐書導江縣有蠶崖關）灌口米船稀（一統志唐初於灌口置盤龍縣尋改導江縣浦注按蠶崖灌口在成都西五十里為備蕃饋運之出口上句言兵疲此句言糧盡）辨士安邊策元戎決勝威（言或和或戰兩者必有一得庶可望卻敵凱旋耳上半危甚下半用翻轉說特強作自寬之詞）今朝烏鵲喜欲報凱歌歸

仇滄柱云公抱憂國之懷籌時之略而又洊逢亂離故在梓閬間有感於朝事邊防凡見諸詩者多悲涼激壯之語而各篇精神煥發氣骨風神並臻其極熟復長吟知為千古絕唱也

遣憂（集外詩下三首俱見郭知達黃鶴本）

李云情深詞婉國風之遺張云知甚難眞是在遠遙測之情非身歷不知

亂離知又甚（通鑑廣德元年十月吐蕃入寇邊將告急程元振皆不以聞至奉天武功京師震駭上方治兵而吐蕃已渡便橋倉卒出幸陝州吐蕃入長安焚掠一空）消息苦難眞受諫無今日臨危憶古人（邵云語味深渾）（劇談錄明皇幸蜀妃子旣死一日登高山望秦川謂高力士曰吾用張九齡言不至於此遣使祭之盧注先是郭子儀數爲上言吐蕃黨項不可忽宜早爲之備上狃於和好而不納代宗之於子儀猶明皇之思九齡也公不忍明言故託之古人）紛紛乘白馬（用侯景事）攘攘著黃巾（用張角事仇注是時高暉以城降吐蕃王獻忠脅豐王以迎吐蕃故云）隋氏留宮室焚燒何太頻（長安前陷於祿山今陷於吐蕃借隋言唐亦諱詞也）

巴山

（浦注前首初聞京陷作此續得幸陝之信而作）

巴山遇中使云自陝城來盜賊還奔突乘（義從去聲讀從平聲）輿恐未迴（二句述中使之言）天寒邵伯樹（九域志邵伯甘棠樹在陝州府署）地闊望仙

臺（三輔黃圖望仙臺漢武帝所建在華州華陰縣）狼狽風塵裏羣臣安在哉（仇注時吐蕃入寇徵兵不應官吏奔散曰羣臣安在譏文官不能扈從武將不能禦敵也）

直下格亦自清空一氣

早花

西京安穩未不見一人來臘月巴江曲山花已自開盈盈當雪杏豔豔待春梅直苦風塵暗誰憂客鬢催

折進一層應首二句

江陵望幸

（朱注唐書上元初呂諲建請荊州置南都於是更號江陵府以諲為尹置永平軍萬人以遏吳蜀之衝廣德元年冬乘輿幸陝以衛伯玉有幹略拜江陵尹充荊南節度觀察等使時公在巴閬傳聞代宗欲巡幸江陵故有此作）

邵云五排正宗○宋張戒謂氣象廓然可與三都兩京並驅

雄都元壯麗望幸欻威神（魯靈光殿賦又似乎帝室之威神注威神言尊嚴也）地利西通蜀天文北照秦（浦注云晉天文志柳七星張周三輔翼軫楚荊州按秦分楚分諸宿相聯皆南方朱鳥之宿故云）風

○先○指○

○陳○江○陵○建○都○大○略

蔣云發閬中爲
女病知女病緣

烟含越鳥(謝朓詩)風烟有鳥路(古詩)越鳥巢南枝舟楫控吳人(仇注)西蜀北秦南越東吳言江陵四至之地

再合到望○幸

未枉周王駕(左傳)昔周穆王周行天下必將皆有車轍馬迹焉終期漢武巡(漢書)武帝南巡至於盛唐(注)在南郡甲兵分聖旨謂置永平軍居守付宗臣郎指衛伯玉仇注牽扯子儀無謂早發雲臺仗注見六卷恩波起涸鱗謂窮氏待澤也

補二田云前敘形勢極簡要後述望幸極委悉○公作建都十二韻大以江陵之舉爲非茲顧若爲勸駕者蓋以初聞幸陝之信懸揣蕃寇狡猾深懼乘輿播越姑結爲遠避其鋒之想亦忠愛之心所迫耳豈自背其初論哉

發閬中

冬末自閬還梓(九域志)閬州西至梓州二百二十里

前有毒蛇後猛虎溪行盡日無村塢江風蕭蕭雲拂地山木慘慘天欲雨女病妻憂歸意速秋花錦石誰

得書節節倒出

復（一作能）數。（歸在冬而日秋花者蓋追憶來時所見）別家三月一得書。（時公家在梓州）避地何時免愁苦。

天邊行（浦注此詩亦當是秦蜀蕃警時作）

天邊老人歸未得（叶都木切）。日暮東臨大江哭。（江指嘉陵涪江之屬）隴右河源不種田。胡騎羌兵入巴蜀。（通鑑廣德元年吐蕃盡取河西隴右之地十二月復陷松維保三州）

二句帶興

洪濤滔天風拔木。前飛禿鶖後黃（一作鴻）鵠。九度附書向洛陽。十年骨肉無消息（叶蘇六切）。

王阮亭云一題便是春秋書法

冬狩行（原注時梓州刺史章彝兼侍御史留後東川）

三字便含〇末意

君不見東川節度兵馬雄。校獵亦似觀成功。夜發猛

王嗣奭云百里山空已無剩語忽入鸜鵒法奇而意足

士三千人清晨合圍步驟同（見兵法訓練）禽獸已斃十七八

殺聲落日廻蒼穹（暗用魯陽揮戈返日意）幕前生致九青兕馲駝（卽駱駝）

𡾊（落猥切）峞（五毁切）垂玄熊（𡾊峞高貌）東西南北百里間髣髴蹴踏寒

山空有鳥名鸜鵒（禽經 鸜鵒剔舌而語）力不能高飛逐走蓬肉味

不足登鼎俎何爲見覊虞羅中（亦是借言取此無益之物不如乘時以建大功也）春

蒐秋狩侯得同（重韻）（補注 蒐狩本天子事而諸侯得行之）（贊語分寸）使君五馬一馬驄（謂兼侍御）（接入突兀）況

今攝行大將權（謂爲留後）號令頗有前賢風飄然時危一老

翁十年厭見旌旗紅喜君士卒甚整肅爲我廻轡擒

西戎草中狐兎盡何益天子不在咸陽宮（時吐蕃陷京車駕出幸陝州）

結語有大聲疾呼涕淚俱下之致

張云信者哀便非引人侫佛語妙有斟酌

仇云大官豪侈

朝廷雖無幽王禍〔史記〕申侯與犬戎攻殺幽王於驪山之下得不哀痛塵再蒙前玄宗幸蜀今代宗幸陝

嗚呼得不哀痛塵再蒙○複○句○尤○痛○切○〔王洙曰〕是時詔徵天下兵程元振用事無一人應者故章末感激言之

張上若云以流寓一老正詞督强鎮爲敵愾勤王之舉眞過人膽力眞有用文章

山寺〔原注〕章留後同遊得開字

野寺根石壁諸龕遍崔嵬前佛不復辨百身一莓苔

雖有古殿存世尊亦塵埃〔仇注〕前佛露石龕者世尊坐殿中者如聞龍象泣〔維摩經〕菩薩勢力譬如龍象蹴踏〔翻譯名義集〕水行中龍力最大陸行中象力最大足令信者哀使君騎紫

馬捧擁從西來樹羽靜千里臨江久徘徊山僧衣藍

之狀僧家乞憐之態摹寫逼眞

蔣云借佛說法亦卽現身說法

縷告訴棟梁摧公爲顧賓徒一作從咄嗟檀施開僧肇曰天竺言檀此言布施〔大乘論〕檀越者檀施也謂比人行檀能越貧窮海故吾知多羅樹〔西域記〕南印建那補羅國北有多羅樹林三十餘里其葉長廣其色光潤諸國書寫莫不採用卻倚蓮花臺〔文殊傳〕世尊之座高七尺名七寶蓮花臺諸天必歡喜語亦帶諧朱注佛書有三界諸天自欲界以上皆曰諸天鬼物無嫌猜以茲撫士卒孰曰非周才〔晉書傳咸傳〕顧榮與親故書曰傳長虞爲司隸勁直忠果劾按驚人雖非周才偏亮可貴也此注向所未引窮子失淨處法華經譬如有人年既幼稚捨父逃逝長大復加困窮父求不得窮子傭賃遇到父舍受雇除糞汚穢不淨其父宣言爾是我子今我財物皆是子有窮子聞言卽大歡喜高人憂禍胎歲宴風破肉荒林寒可迴言將入春也思量入道苦猶難字意自哂同嬰孩

朱鶴齡曰章彝事二史無考但附見嚴武傳云武再鎭劍南杖殺之公在東川與往來最數然桃竹杖冬狩行語皆含刺他詩又以指揮能事訓練

强兵稱之大抵彝之爲人將略似優乃心不在王室是冬天子在陝彝從容校獵未必無擁兵觀望坐制一方之意公竊其微而不敢頌言因遊寺以諷諭之世尊塵埃咄嗟檀施豈天子蒙塵獨能宴然罔聞乎以玆撫士卒孰曰非周才欲其用此道以治兵敵愾無但廣求福田也窮子失淨處高人憂禍胎諷其不脩臣節妄覬非分猶窮子之離淨處而甘糞穢也淨處失矣能無禍胎之憂乎隱言段子璋徐知道之戮當爲前鑒也末四句又傷已之入道無期其詞若不爲彝而發者此公之善爲忠告也

桃竹杖引贈章留後

[蜀都賦]靈壽桃枝[注]桃枝竹屬出墊江縣可以爲杖[東坡跋桃竹杖引後]桃竹葉如椶身如竹密節而實中犀理瘦骨蓋天成拄杖也出巴渝間子美有桃竹歌

江心蟠石生桃竹。蒼波噴浸尺度足。斬根削皮如紫玉。江妃水仙惜不得。叶都木切[列仙傳]江妃二女出遊漢江湄逢鄭交甫解佩與之[王逸楚詞注]馮夷水仙人也

梓潼使君開一束。[鶴注]梓州梓潼郡西倚梓林東枕潼水 滿堂賓客皆歎息。叶蘇六切

沈云淩空設想筆力橫絶

憐我老病贈兩莖出入爪甲鏗有聲（言其堅勁）老夫復欲東南征乘濤鼓枻白帝城（時有下峽之志）路幽必爲鬼神奪拔劒（一杖說得如此珍重）或與蛟龍爭（用澹臺子羽拔劒碎璧事）重爲告曰杖兮杖兮爾之生也甚正直愼勿見水踴躍學變化爲龍（神仙傳 壺公遣費長房歸以一竹杖與之長房騎杖忽然如眠便到家以杖投葛陂中視之乃青龍耳）使我不得爾之扶持滅跡於君山江上之青峰（君山乃洞庭湖山也 水經注 是山湘君所遊處故曰君山）噫風塵澒洞兮豺虎咬人忽失雙杖兮吾將曷從

長短句公集中僅見字字騰擲跳躍亦是有意出奇○朱鶴齡曰此詩蓋借竹杖規章留後也以踴躍爲龍戒之又以忽失雙杖危之其微旨可見

將適吳楚留別章使君留後兼幕府諸公得柳

申鳧盟云方是豪傑歸落處非一味使酒罵座者可比

字 公此行自梓往閬本欲東下尋因嚴武復鎭遂還成都

我來入蜀門歲月亦已久豈惟長兒童自覺成老醜常恐性坦率失身爲杯酒近辭痛飲徒折節萬夫後 杜臆觀失身折節等語公亦殊有戒心其告別以此但未明言耳 昔如縱壑魚今如喪家狗 史記孔子纍纍若喪家之狗 ○眞○情○只○是○ 既無遊方戀 用遊必有方意 行止亦何有相逢半新故 ○說○得○出○ 取別隨薄厚 謂贐贈之貧 不意靑草湖 元和郡國志巴邱湖又名靑草湖在巴陵縣 扁舟落吾手 言久思下峽而今始得遂也 眷眷章梓州開筵俯高柳樓前出騎馬帳下羅賓友健兒簸紅旗 後有揚旗詩當卽此 此樂幾難朽日車隱崑崙 謂日色西落 鳥雀噪戶牖波濤未足畏三峽徒

李云絮絮家常話入公便成絕妙文章

雷吼（復打動章所謂一飯不忘也）所憂盜賊多重見衣冠走（祿山吐蕃兩陷京師）中原消息斷黃屋今安否（時帝在陝州）終作適荆蠻（王粲詩復棄中國去委身適荆蠻）安排用莊叟（注見六卷仇注以長安經亂不能北歸故但思南適也）隨雲拜東皇（楚詞有東皇太乙章文選注太乙天之尊神祠在楚東以配東帝故曰東皇）掛席上南斗（春秋說題詞南斗吳地也晉書天文志南斗在雲漢之流當淮海之間爲吳分句亦暗用乘槎意）有使（去聲）即寄書無使長迴首

王嗣奭曰章彝後所爲多不法而待杜特厚公詩屢諫不悛不久遂辭去蓋保身之哲不欲以數取疏也亦見公識見過人處

舍弟占歸草堂檢校聊示此詩

久客應吾道相隨獨爾來熟（一作孰）知江路近頻爲草堂迴鵝鴨宜長數（杜臆公迎家至梓後草堂當仍有代爲看守者）柴荆莫浪開東林竹

影薄臘月更須栽

鍾伯敬云家務瑣悉有一片友愛在內故只見其眞不見其俚○黃白山云杜善鍊字竹稀而曰影薄樹多而曰陰雜皆能涉筆成趣

歲暮

歲暮遠爲客邊隅還用兵烟塵犯雪嶺鼓角動江城

時松維保三州新陷

天地日流血朝廷誰請纓

終軍傳請受長纓必羈南粵王致之闕下見當時將帥無能奮身以殉國難者

濟時敢愛死寂寞壯心驚

仇注言當寂寞之中而壯心忽覺驚起以世變方亟故也

邵云言外荒涼自見

杜詩鏡銓卷十一

廣德中公往來梓閬歸成都草堂嚴武表授節度參謀作

城上 下復至閬州作

草滿巴西綠 此巴西指閬州 空城白日長風吹花片片春動 一作蕩 水 一作送雨 茫茫八駿隨天子 用周穆王事 羣臣從武皇 趙注漢武帝初幸汾陰至洛陽侵尋於太山其所巡幸周萬八千里 本春秋書法 遙聞出巡狩早晚遍遐荒 十二月帝已還京公尚未聞也

王右仲云此詩敘景言情真堪痛哭詩之不愧風人者

送李卿曄 世系表曄太鄭王房淮南忠公琇之子

王子思歸日 哀江南賦咸陽布衣非獨思歸王子 長安已亂兵霑衣問行在走馬向承明 漢書嚴助傳君厭承明之廬 暮景巴蜀僻 句言老在遠方 春風江漢

結語無限低徊想見溫柔敦厚之致

清〔杜臆〕嘉陵水在閬亦名漢江　晉山雖自棄〔蔡曰〕地理志閬州有晉安縣本晉城〔仇注〕兼用介之推入綿上山中事　魏闕尚含情〔呂氏春秋〕中山公子牟謂詹子曰身在江海之上心居魏闕之下

朱鶴齡曰公嘗扈從肅宗故自比之推曰自棄者不敢以華州之貶懟其君也壯游詩之推避賞從亦此意

雙燕

旅食驚雙燕銜泥入此〔一作北〕堂應同避燥溼且復過炎涼〔見甘苦相共意〕二句雙關　養子風塵際〔古樂府蛺蝶行〕逢三月養子燕　來時道路長今秋天地在吾亦離〔去聲〕殊方〔朱注〕時公欲出峽故託燕寓意張云天地在見雖禍亂而天地不改吾亦必歸不敢望平靜也

百舌〔王十朋曰〕百舌反舌也能反覆其舌隨百鳥之音春囀夏止

一首感世而帶及感身

百舌來何處重重祇報春。喻善取媚意 知音兼衆語整翮豈多身 異其一身而兼衆音也 花密藏難見枝高聽轉新過時如發口 張儀傳陳軫曰軫可發口言乎 君側有讒人 汲冢周書芒種之日螳螂生又五日鵙始鳴又五日反舌無聲反舌有聲佞人在側

仇注時程元振巳貶斥公初春猶未知故借百舌以寄慨

傷春五首 原注巴閬僻遠傷春罷始知春前已收宮闕 琵琶辭目極千里兮傷春心題取此

便○稱○傷○心○開○手○揭○明○大○旨

天下兵雖滿春光日自濃西京疲百戰北闕任羣兇。通鑑廣德元年十月吐蕃陷京畿渭北行營兵馬使呂月將與戰於盩厔爲所擒涇州刺史高暉射生將王獻忠等迎吐蕃入長安立邠王守禮孫承宏爲帝 關塞三千里烟花一萬重 言巴閬去長安之遠 蒙塵淸露急 通鑑吐蕃度渭橋上倉卒幸陝淸露 言暴露於外意 御宿且 一作有 誰供。漢書御宿苑在長安城南羞宿聲相近故或云御羞或云御宿

二首感身而仍歸感世

張云此首治亂始末具見此豈尋常韻語○以朝廷事不便指

羞者珍羞所出宿者止宿之義殷復前王道謂武丁中興取舊伐荊楚意（二句借古○形今）亦周遷舊國容史記平王東遷於洛邑避戎寇時傳有王在洛之說故云蓬萊足雲氣卽五陵佳氣無時無意應合總從龍言群臣皆當扈從而歎已之不能從也

鶯入新年語花開滿故枝天清風卷幔草碧水通池（、蔣、云、卽、前○春、光、日、自、濃○句、又、細、寫、一○番）牢落官軍遠蕭條萬事危仇注巴地春光依然無恙但恨長安被兵而援軍不赴則萬事俱危矣鬢毛原自白淚點向來垂不是無兄弟其如有別離（○仍點本旨○）巴山春色靜北望轉逶迤（○邵○云○極○傷○心事極驚人語）

日月還相鬭晉天文志數日俱出若鬭天下起兵大戰元帝太興四年二月癸亥日鬭星辰屢合圍漢天文志高祖七年月暈圍參畢七重是年上至平城爲單于所圍（○二○句○追○原○禍本不滅痛哭流涕）不成誅執法星經執法四星主刑獄之人又爲刑政之官助宣王命中常侍

斥故假天象言之乃變雅詩人之義

此結有望於君

官也[杜詩博議]漢志哀帝元年十一月歲星入大微逆行干右執法占曰大臣有憂執法者誅若有罪二年十月高安侯董賢免歸自殺詩兼借引此事以董賢況程元振也

焉得變危機 言天變須仍總由不能早除蠥倖以至於此 收京消息未聞恐尚不當實指柳伉一疏也 至

大角纏兵氣 [史記天官書]大角者天王帝庭其兩旁各有二星曰攝提 鉤陳出帝畿 [星經]鉤陳六星主天子六軍

烟塵昏御道 耆舊把天衣 行在諸軍闕 來朝大將稀

[唐書]代宗幸陝諸鎮畏程元振讒構莫至朝廷所恃者惟郭子儀一人

賢多隱屠釣 [韓詩外傳]太公望屠牛朝歌釣於磻溪

王肯載同歸 去奸當急思進賢則將士羣知効命而天心亦從此悔禍矣

再有朝廷亂 祿山之亂於斯爲再 難知消息眞 近傳王在洛 幸陝後程元振曾有勸都洛陽之議

復道使歸秦 奪馬悲公主 [通鑑]魏高歡出滏口道逢北鄉長公主有馬三百匹盡奪而易之

登車泣貴嬪 [晉書]成帝延和年蘇峻逼遷天子於石頭城帝哀泣升車宮中慟哭 蕭關迷北上

此結有望於臣

寫播遷事由主上而妃主而軍士自有次第

末首君臣雙綰

漢武帝紀元封四年行幸雍祠五時通回中道遂北出蕭關一統志在平涼府鎮原縣西北

滄海欲東巡秦始皇紀二十八年並勃海以東過黃腄窮成山登之罘立石頌秦德東巡北上皆無定之詞正見消息難眞意 ○劉○須○溪○云○感諷不○迫○得○詩○人○之○意

敢料安危體言國家事非草野所知

猶多老大臣。豈無嵇紹血。霑灑屬車塵。言國有老臣尚當以死衛君也晉書惠帝北征敗績於蕩陰嵇紹以身捍衛兵交御輦紹被害血濺帝服

聞說初東幸。陝在京師東 孤兒卻走多。漢紀注取從軍死事者之子養羽林官教以五兵號羽林孤兒

難分太倉粟。競棄魯陽戈。淮南子魯陽公與韓搆戰酣日暮援戈而麾之日返三舍通鑑帝幸陝官吏六軍奔散扈從將士不免饑餒

胡虜登前殿。王公出御河。得毋中夜舞晉書祖逖與劉琨共寢中夜聞雞鳴因起舞曰此非惡聲也

誰憶大風歌。高帝歌大風起兮雲飛揚安得猛士兮守四方二句言豈無英雄思奮志在報讐雪恥者恐朝廷信讒不復記憶耳時郭子儀閒廢李光弼亦懼讒不至故云 ○總○結○傷○春○應○轉○前○

春色生烽燧 幽人泣

高呼震天正復淚痕滿紙

邵云老成憂國結意更深

其十首

薛蘿謂自君臣重修德猶足見時和 激昂慷慨亦復悱惻纏綿與有感五首並見才識忠悃此皆杜詩根本之大者學者所宜著眼。朱鶴齡曰代宗致亂皆因信任非人老臣不見用故一曰賢多隱屠釣一曰猶多老大臣一曰誰憶大風歌篇中每三致意焉

收京 下三首皆集外詩見郭知達黃鶴本唐書廣德元年十月癸巳郭子儀復京師十二月車駕至自陝州此聞信後作

復道收京邑兼聞殺犬戎 通鑑吐蕃退圍鳳翔鎮西節度使馬璘赴難單騎奮擊俘斬千計 衣冠卻扈從 杜臆卻字有不滿諸臣意蓋平日依阿坐視無益於成敗之數者也 車駕已還宮尅復誠如此安危在數公莫令回首地慟哭起悲風 言當信任以圖治安無使京華地再傷寇亂也

巴西聞收京闕送班司馬入京二首 舊本下章另有送司馬入京題

上首送班赴闕

聞道收京邑，鳴鑾自陝歸。單復依黃鶴本合爲一傾都看黃屋，正殿引朱衣。指侍從之臣劍外春天遠，巴西勅使稀。念君經世亂，匹馬向王畿。

鄭繼之曰詩之妙處正在不必寫到眞說到盡而其欲寫欲說者自宛然可想斯得風人之義杜詩每有失之太眞太盡者如此詩末二句則有不眞不盡之興矣餘可類推

邵云起二了不相蒙徹妙

下首自述已懷

羣盜至今日，先朝忝從臣。公肅宗朝曾任拾遺歎君能戀主，久客羨歸秦。照應首句黃閣長司諫，丹墀有故人。謂舊日同爲諫官者向來論社稷，爲話涕霑巾。二句言爲我傳語故人向來共論社稷不免涕下霑巾今盜賊猶然未息我則已矣諸君其何以答昇平耶無

限期勉自在言外

釋悶

四海十年不解兵。自天寶十四載祿山始亂至廣德初爲十年 犬戎也復臨咸京。失道非關出襄野。〔莊子〕黃帝將見大隗於具茨之山至於襄城之野七聖皆迷無所問途 揚鞭忽是過湖城。〔世說〕王大將軍敦軍姑孰明帝乘巴賓馬齎一金鞭陰察軍形敦晝寢夢日遶城命騎追之不及〔宋注〕晉書王敦傳帝至蕪湖察敦營壘〔又〕蕪湖縣有王敦城卽詩所謂湖城二句言出巡非訪道乃避賊也 豺狼塞路人斷絕。冷句 烽火照夜屍縱橫。天子亦應厭奔走。羣公固合思昇平。但恐誅求不改轍。聞道嬖孽能全生。〔通鑑〕程元振專權自恣諸將有大功者元振皆忌嫉欲害之吐蕃入寇元振不以時奏致上狼狽出幸太常博士柳伉上疏請斬元振上猶以元振嘗有保護功削官爵放歸田里 江邊老翁錯料

事眼暗不見風塵淸

王嗣奭曰此爲代宗不誅程元振而作也吐蕃入寇禍皆起於元振今孽孽不除則兵不得解兵不得解則誅求仍不得息其事之舛謬眞有出於意料之外者然則風塵何由淸而太平將何時見乎通篇一氣轉下皆作怪歎之詞

贈別賀蘭銛

黃雀飽野粟〔劉楨詩羞與黃雀羣注黃雀喻小人〕羣飛動荊榛今君抱何恨〔一問〕寂寞向時人〔一答〕老驥倦驤首蒼鷹愁易馴高賢世未識固合嬰饑貧〔仇注黃雀比趨勢附利者驥鷹比抱才不遇者寧爲驥倦鷹馴不爲雀飽羣飛此可見其志節〕〔五字悲甚〕國步初反正〔時代宗幸陝初還〕乾坤尚風塵悲歌鬢髮白遠赴湘吳春〔指銛〕我戀岷下芋〔貨殖傳岷山之下沃野千里下有蹲鴟至死不饑注蹲鴟芋也〕君思千里蓴〔陸機

張云著震蕩於歡娛之後寓意甚深正見當時朝内以安樂釀禍也

邵云五詩皆紀時事氣格深渾

稱千里蓴羹注見十卷〔一統志〕千里湖在溧陽縣東南至今產美蓴 生離與死別。自古鼻酸辛。

寄賀蘭銛 此別後再寄

朝野歡娛後。乾坤震蕩中。相隨萬里日。總作白頭翁。賀蘭當以天寶亂後同客蜀 歲晚仍分袂。江邊更轉蓬。自言往來梓閬 勿云俱異域。飲啄幾回同。末二句反言以慰之亦見別後毋遽相忘也

有感五首 此詩或編在廣德元年之春事跡既多不合或編在是年冬方當蕃寇猖獗乘輿播越豈宜有愼勿呑青海語且此時而欲議封建則亦迂矣詳其語意當是收京後廣德二年春作蓋吐蕃雖退而諸鎭多跋扈不臣公復憂其致亂作此懲前毖後之詞未幾僕固懷恩遂引吐蕃回紇入寇亦已有先見所謂編次得則詩意自明者也

長歎起早十分警動

將帥蒙恩澤。兵戈有歲年。至今勞聖主。何以報皇天。

是大家數○此因吐蕃入寇憤諸鎮不赴援而作爲五詩之緣起

此首歎鎮將擁兵天子懦弱不能致討是正旨

言無以答君恩也 白骨新交戰謂吐蕃之亂 雲臺舊拓邊雲臺謂唐初功臣（宋注）按史唐自武德以來開拓邊境地連西域皆置都督府州縣開元中置朔方等處節度使以統之祿山反後數年間相繼淪沒自鳳翔以西邠州以北皆爲左衽公故發此歎也 乘槎斷消息無處覓張騫（漢張騫傳）騫以郎應募使月支經匈奴匈奴留騫十餘載後亡歸漢時御史大夫李之芳等使吐蕃未歸故云（按）唐書吐蕃傳廣德元年使散騎常侍李之芳太子左庶子崔倫往聘吐蕃留不遣明年還使人李之芳等則之芳之歸本在廣德二年舊書亦云之芳使吐蕃被留二年乃得歸顧宸年譜誤以之芳歸自吐蕃編在廣德元年以致詩與事蹟全然錯誤

劉須溪云五字有日蹙百里之悲

幽薊餘蛇豕（左傳）吳爲封豕長蛇薦食上國諸鎮皆安史餘孽 乾坤尚虎狼諸侯春不貢使者日相望（浦注）河北諸鎮凡拜節度及封爵等皆命使持節就鎮授之 愼勿吞青海指吐蕃 無勞問越裳指南詔天寶以後南詔叛唐歸吐蕃屢爲邊患非謂西南可置度外以朝政惟何姑息近在內地不修貢職何況能勤遠略乎 大君先息戰歸馬華山陽隱謂朝廷不復能用兵也而措詞甚婉

二句乃所以有感作詩之主 觀筆

下二首皆追論前事此欲其行儉德以消逆亂

此欲其建宗藩以懾叛臣

按史廣德元年史朝義既誅僕固懷恩恐賊平寵衰請以降將薛嵩田承嗣李懷仙等爲河北諸鎭節度使朝廷亦厭苦兵革苟冀無事因而授之唐世藩鎭之禍實自此始詩蓋以是作

洛下舟車入天中貢賦均（史記成王使召公復營洛邑曰此天下之中四方入貢道里均焉）日聞紅粟腐（朱注唐江海之粟皆輸洛陽轉運京師）寒待翠華春（去冬有遷都洛陽之議）莫取金湯固長令宇宙新（言立國不在乎地利但能修德自强節儉愛民宇內自有更新氣象也）不過行儉德盜賊本王臣（顧注代宗天興聖節諸道獻金飾器用珍玩駿馬爲壽常袞請卻之不聽知其漸有奢侈之志故以儉德規之）

仁人之言

蓋儉德行則下無暴斂而强藩亦不敢輕爲窺伺矣

先程元振勸帝遷都洛陽郭子儀附章論奏有曰明明天子躬儉節用則黎元自理寇盜自息太平之功旬日可冀詩意正與之合

丹桂風霜急（漢五行志成帝時童謠曰桂樹華不實黃雀巢其顚注桂赤色漢家象）青梧日夜凋（王官儀冊

末首復極言藩鎭之弊應轉起處欲朝廷重司牧以蘇民困乃

殷王文慶表戭梧德成觀梓州桂陰王室青梧陰宗藩言王室不安由於宗藩削弱也由來強幹地西都賦蓋以強幹弱枝隆上都而觀萬國未有不臣朝授鉞親賢往卑宮制詔遙二句言威權不至下移聲教故能遠訖也卑宮取傳子意亦承前儉德來皆指玄宗傳位肅宗似覺太遠按肅宗收兩京以廣平王爲元帥代宗即位十月以雍王适爲天下兵馬元帥皆所謂授鉞親賢也終依古封建豈獨聽簫韶言不可徒修禮樂文具也亦見強藩當有制馭之策非如苗民逆命可以干羽格之耳

初房琯建分鎭討賊之議肅宗入賀蘭進明之譖貶之至廣德初河北諸鎭跋扈不臣公故追歎當時不行琯議有失強幹弱枝之道也○公爲王閬州進論巴蜀安危表屢申親賢磐石之義與此相表裏

胡滅人還亂兵殘餘也將自疑安史既平懷恩懼誅謀叛又諸鎭各斂斯聚兵爲負固計登壇名絕假時諸道節度使並加實封故云亦用淮陰假王事報主爾何遲領郡輒無色

示以本計也

之官皆有詞因諸將專制致刺史縣令失其職士大夫皆不樂外任爲吏者類多隱忍苟祿不恤民瘼可知故欲下詔而問瘡痍也

願聞哀痛詔端拱問瘡痍

所言皆當時大事要皆足補國史所未逮公生平自許稷契良非虛語諸詩多爲藩鎭作藩鎭之禍始於僕固懷恩而唐遂失河北下逮五季兵火相尋五詩見其端矣

憶昔二首浦注舊編嚴武幕中頗不類當屬吐蕃陷京後代宗復國時作特以尚書郎三字誤入耳

憶昔先帝巡朔方謂肅宗靈武之立千乘萬騎入咸陽謂肅宗還京陰山驕子汗血馬秦本紀西北斥逐匈奴自榆中並河以東屬之陰山通典陰山唐安北都護府也此謂借兵回紇長驅東胡胡走藏回紇助討安慶緒收復兩京慶緒奔河北保鄴郡鄴城反覆不足怪史思明旣降復叛救慶緒於鄴城九節度師潰東京尋復陷關中小兒壞紀綱謂李輔國舊唐書宦官傳李輔國閑

蔣云子儀留京事如此措詞與誅褒妲語並妙

廄馬家小兒少爲閹貌陋粗知書記爲僕事高力士通鑑注凡廄牧五坊禁苑給使者皆謂之小兒 張后不樂上爲忙。張云三字寫出作爲淫巧以悅婦人之狀 謂良娣舊唐書后妃傳張后寵遇專房與輔國持權禁中干預政事帝無如之何 至令今上猶撥亂勞心。插入自家作襯○渡亦見用法變化。 一作身 焦思補四方我昔近侍叨奉引出兵整肅不可當 肅宗初公爲拾遺時代宗以廣平王爲太子拜天下兵馬元帥 爲留猛士守未央 猛士謂郭子儀也括地志漢未央宮在長安故城中 致使岐雍防西羌 唐書寶應元年八月子儀自河南入朝程元振數譖之子儀請解副元帥節度使留京師明年十月吐蕃大入寇 犬戎直來坐御牀。南史侯景傳齊文宣夢獼猴坐御牀又天同中太醫令朱耽夢犬羊各一在御坐既而天子蒙塵景登正殿焉 百官跣足隨天王 謂代宗幸陝 願見北地傳介子 漢書傅介子北地人也持節使樓蘭斬其王首歸懸之北闕詔封義陽侯 老儒不用尚書郎。木蘭木蘭行欲與木蘭賞不用尚書郎此句特用成語言國恥得雪即窮老亦無所恨也

前首傷亂此首思治

可見朋友亦關係世道

肅宗朝之禍亂成於張后輔國以致貽憂繼世代宗在東朝身履其難又少屬亂離長於軍旅乃不知鑒復任用程元振以召西戎之禍公歷敘前後事不諱其陳戒之旨切矣

憶昔開元全盛日小邑猶藏萬家室稻米流脂粟米白公私倉廩俱豐實九州道路無豺虎遠行不勞吉妙語日出舊唐書開元末年頻歲豐稔京師米價斛不盈三百天下乂安雖行萬里不持寸刃齊紈魯縞車班班後漢書桓帝時童謠日車班班入河間男耕女桑不相失宮中聖人奏雲門謂世際太和周禮大司樂歌大呂舞雲門以祀天神天下朋友皆膠漆謂人無詐僞百餘年間轉筆健疾未災變叔孫禮樂蕭何律豈聞一絹直萬錢有田種穀今流血洛陽宮殿燒焚盡宗廟新除狐兔穴唐書吐蕃陷京

（師十五日乃走）傷心不忍問耆舊（沈痛）復恐初從亂離說小臣魯鈍無所能朝廷記識蒙祿秩（按年譜公去年曾召補京兆功曹不赴）周宣中興望（二首總結）我皇灑淚（一作血）江漢身衰疾

閬山歌

閬州城東靈（一作雪非）山白（唐書閬州閬中縣有靈山輿地圖云昔蜀王鼈靈登此因名）閬州城北玉臺碧（輿地紀勝玉臺山在閬州城北七里後有玉臺觀）松浮欲盡不盡雲江動將崩未崩石（邵云奇何）那知根無鬼神會（村隨閬中山多仙聖遊跡）已覺氣與嵩華敵（仇注石根下蟠乃鬼神所護雲氣上際與嵩華並高）中元格鬬且未歸應結茅齋著青壁

閬水歌

嘉陵江色何所似。(寰宇記)嘉陵水一名西漢水(地圖云)源出秦州嘉陵谷因名經閬中郎爲閬中水亦曰閬江 石黛碧玉相因依(六書故)黛青黑色用爲畫眉墨(說文)碧石之靑美者言水淺處如碧深處如黛也 正憐日破浪花出更復春從沙際歸巴童蕩槳欹側過水雞銜魚來去飛(宋注)水雞閬蜀士云狀如雉雞而短尾好宿水田中今川人呼爲水雞公 閬中勝事可腸斷(杜臆)猶云惱殺人意 閬州城南天下稀(樓鑰曰)嘉陵江至閬州西北折而南而東而北州城三面皆水故謂之閬中城南正當佳處對面卽錦屛山(又馮忠恕記云)閬之爲郡當梁洋梓益之衝有五城十二樓之勝槩

陳後山謂二詩詞致峭麗語脈新奇句淸而體好在集中似又另爲一格

南池(後漢書)巴郡閬中縣南有彭池(益州記)南池在閬中縣東南八里

結句咏歎無限曲折

崢嶸巴閬間所向盡山谷安知有蒼池萬頃浸坤軸呀然閬城南（字林）呀大空貌（西都賦）呀周池而成淵枕帶巴江腹（三巴記）閬白二水東南流至漢中至始寧城下入涪陵曲折三回有如巴字曰巴江經峻峽中謂之巴峽芰荷入巽縣見池之大秔稻共比屋（一統志）南池自漢以來堰大斗之水灌田里人賴之皇天不無意美利戒止足高田失西成此物頗豐熟清源多衆魚遠岸富喬木獨歎楓香林（楚詞注）楓似白楊有脂而香霜後葉丹可愛春時好顏色叶速南有漢王祠（宋注）項羽立高祖爲漢中王漢中鄰閬故有漢王祠在今保寧府城南方輿勝覽南池在高祖廟旁終朝走巫祝歌舞散靈衣（楚詞）靈衣兮披披荒哉舊風俗高皇亦明主魂魄猶正直叶濁不應空陂上縹緲親酒肉一作食淫祀自古昔非惟一川

敍事中插議論

帶敍

李云前四有黯然魂消之致

蔣云首二是從蜀中萬山攢接

瀆干戈浩茫茫地僻傷極目平生江海興遭亂身局促駐馬問漁舟躊躇慰愁羇束（收處仍合到南池）

江亭王閬州筵餞蕭遂州

離亭非舊國（長安東有霸橋古送別處）春色是他鄉老畏歌聲斷愁隨舞曲長（杜臆歌既畏其斷舞又愁其長總因漂泊他鄉寫出侘傺無聊之狀）二天開寵錫（指王後漢書蘇章遷冀州刺史有故人爲清河太守喜曰人皆有一天我獨有二天）五馬爛生光（指蕭）川路風烟接俱宜下鳳凰（漢書黃霸爲潁川太守是時鳳凰神雀數集郡國潁川尤多）（合結）

陪王使君晦日泛江就黃家亭子二首（唐以正月晦日爲中和節）

山豁何時斷江平不肯流（惟山豁故江平）稍知花改岸始驗鳥

江勢險急忽見空天平流之象不覺若驚若喜

上首陪使君泛江此首就黃家亭子○妍麗亦開溫李

隨舟（二句串看言其流穩舟行如不動見花改方知岸改乃覺鳥亦隨行也）結束多紅粉歡娛恨白頭非君愛人客晦日更添愁（○補點）

李子德云江平不肯流與秋天不肯明用兩不肯字皆有妙理○張上若云前靑惜峯巒二句寫泛舟疾行入妙此稍知二句寫泛舟徐行入妙

有徑金沙軟（蜀都賦金沙銀礫注永昌有水出金如糠在沙中一統志保寧府劍州廣元汀曲巴縣出麩金）無人碧草芳（沙草乃上亭之路）野畦連蛺蝶江檻俯鴛鴦日晚烟花亂風生錦繡香（錦繡謂舞衣）不須吹急管衰老易悲傷（結語申歡娛恨白頭意）

泛江

（補注想亦地主相邀故有妓樂）

方舟不用楫（方舟並舟也）極目總無波長日容盃酒深江淨綺羅（綺羅亦指妓衣杜臆江澄無波綺羅映水可想淨字之妙）亂離還奏樂飄泊且聽歌故

寫景又別

國流淸渭如今花正多（收句神遠）

渡江

春江不可渡二月已風濤舟楫欹斜疾魚龍偃臥高（仇注江風急故舟楫欹斜而迅疾江濤湧故魚龍偃臥而高浮以方起蟄故猶有偃臥之容乃二月之風濤然也）渚花張素錦汀草亂靑袍（古詩靑袍似春草）戲問垂綸客悠悠見汝曹（歎己不能如其安閑自適也）

暮寒

霧隱平郊樹風含廣岸波（承一）沈沈春色靜慘慘暮寒多（承二）戍鼓猶長擊（時吐蕃新陷松維保三州）林鶯遂不歌忽思高宴會朱袖（轉筆不測）

拂雲和〔周禮〕大司樂奏雲和之琴瑟

浦二田云此當去陪泛之時不遠而陰晴喧寂頓爾改觀妙寫得凄然不盡

遊子

巴蜀愁誰語吳門興杳然時欲下峽而不遂九江春草外三峽暮帆前九江三峽皆赴吳所經二句有神與俱往意厭就成都卜〔高士傳〕嚴君平賣卜成都市中日得百錢則閉肆下簾而授老子休爲吏部眠〔晉書〕畢卓爲吏部郎比舍郎釀熟卓因醉夜至其甕間盜飲爲掌酒者所縛言愁懷非酒可解

一說到遊仙一片無賴

蓬萊如可到衰白問羣仙一說田藝蘅云蓬萊可到謂公戀戀不忘朝廷冀衰白爾猶得見君也

滕王亭子二首

〔原注〕在玉臺觀内王調露中任閬州刺史〔舊唐書〕滕王元嬰傳元嬰高祖第二十二子都督洪州數犯憲章於滁州安置後起授壽州刺史轉隆州〔地理志〕先天二年避玄宗名改隆州爲閬州

毛西河云江石有傷心之麗花藥成滿目之斑此深於艷情之言

君王臺榭枕巴山萬丈丹梯尚可攀（顧注）丹梯山之磴道 春日鶯啼修竹裏（蘭亭詩）鸎語吟修竹 下句兼切觀以虛對實用事入化 仙家犬吠白雲間（神仙傳）八公與淮南王白日升天餘藥器置在中庭雞犬舐啄之盡得升天故雞鳴天上犬吠雲中也（仇注）臺榭當春故聽鶯啼修竹丹梯極峻故想犬吠雲間 清江錦石傷心麗嫩蘂濃花滿目斑人到於今歌出牧來遊此地不知還

李子德云極具鋪揚卻自疏樸初唐名手得意之篇

寂寞春山路君王不復行 一句亭外 古牆猶竹色 亦用梁王事 虛閣自 一句 松聲 亭中 鳥雀荒村暮雲霞過客情 雲霞亦寓變滅無常意 尚思歌吹入千騎擁 一作把 霓旌

黃白山云前六句淒涼已甚結處若再用衰颯語意便索然末二句忽翻身作結振起文勢用筆最爲奇變

玉臺觀二首

原注滕王造 方輿勝覽玉臺觀在閬州城北七里唐滕王嘗遊有亭及墓 通志曰觀在高處其中有臺號曰玉臺

邵云通首奇警

中天積翠玉臺遙。列子西極化人見周穆王爲改築宮室其高千仞臨終南之上名曰中天之臺 顏延之詩積翠亦葱芊 注松柏重布曰積翠 上帝高居絳節朝。漢郊祀歌遊閶闔觀玉臺 應劭曰玉臺上帝之所居 梁邵陵王祀魯山神文絳節陳竿滿堂繁會 此言羣仙皆來朝集 ○承○二○ 遂有馮夷來擊鼓注見二卷 始知嬴女善吹簫○承 仙傳拾遺蕭史善吹簫秦穆公女弄玉好之公妻焉日教弄玉吹簫似鳳聲鳳凰來止其屋公爲作鳳臺令下蕭史句觀中或有公主遺跡 江光隱見黿鼉窟石勢參差烏鵲橋四句總形容仙境恍惚因黿鼉想出馮夷又因嬴女想出烏鵲橋然江光之遠石勢之高都是觀外所見眞景 更肯一作有紅顏生羽翼一作翰便應黃髮

老漁樵。言世果有駐顏飛昇之術吾便當留此以終老耳

黃白山云此詩首尾皆對能化排偶之痕而其寫景靈活寓意深長觸事必見本懷故雖閒題雜詠不爲徒作也

浩劫因王造。(宋注)(度人經)惟有元始浩劫之家部制我界(廣異記)儒謂之世釋謂之劫道謂之塵孩浩劫無窮之劫猶言萬古也(廣韻)浩劫宮殿大階級也杜田云俗謂塔級爲劫故嶽麓行曰塔劫宮牆壯麗敵平臺訪古遊。(漢書)梁孝王大治宮室自宮連屬於平臺

彩雲蕭史駐。文字魯恭留(漢書)魯共王壞孔子舊宅以廣其居聞鐘磬琴瑟之聲於壁中得古文尚書論語

宮闕通羣帝(仇注)道書天有羣帝而大帝最尊羣帝五方之帝也乾坤到十洲(十洲記)四方巨海之中有祖洲瀛洲玄洲炎洲長洲元洲鳳麟洲聚窟洲流洲生洲言觀之高上通羣帝是乾坤內之十洲也十洲爲神仙所聚故云

○流○走○對

○收○處○仍○關○台○勝○王

人傳有笙鶴時過此一作北山頭(神仙傳)王子喬周靈王太子晉也好吹笙作鳳鳴後乘白鶴駐緱氏山頂舉手謝時人而去

李子德云實寫處胸無滯迹虛寫處筆有遠神

何義門云此及滕王五律俱有王楊氣味

奉寄章十侍御

原注時初罷梓州刺史東川留後將赴朝廷 舊唐書嚴武傳武再鎭蜀恣行猛政梓州刺史章彝初爲武判官及是少不副意赴成都杖殺之 按此事或當在入覲回來之後彝起身時武尚未至蜀也至彝爲武判官當屬前事朱注謂或及其未行而殺之 浦注又謂彝爲留後武不應降爲判官者俱屬非是

淮海維揚一俊人 彝爲揚產也 江淹詩長纓多俊人 金章紫綬照青春 漢公卿表三公徹侯並金印紫綬 舊唐書輿服志二品三品並服紫綬三綵 指揮能事迴天地訓練强兵動鬼神 湘西不得歸關羽 蜀志先主收江南諸郡拜羽襄陽太守盪寇將軍西定益州拜羽董督荆州事 陸機辨亡論漢主報關羽之敗圖收湘西之地 注湘西荆州地也 此句比其任留後下句比其任刺史 河內猶宜借寇恂 後漢書光武收河內拜寇恂爲太守後移潁川又移汝南潁川盜賊羣起百姓請復借寇君一年 借寇本潁川事河內屬借用言侍御之才東川倚重不當罷

毛西河云如題敍起具龍跳虎臥之致今人無此矣

之歸朝也朝覲從容問幽仄(通側)勿云江漢有垂綸(仇注江漢垂綸隱然以磻溪釣叟自況也章必素有薦引之意故結語反言以諷之)

將赴荊南寄別李劍州

(唐書劍州普安郡屬劍南道)

使君高義驅今古(言其意氣足以淩駕今古)寥落三年坐劍州但見文翁能化俗(漢循吏傳文翁爲蜀郡守修起學宮吏民大化蜀地學於京師者比齊魯焉)焉知李廣未封侯(李廣傳廣從弟蔡封安樂侯廣不得爵邑官不過九卿言李之才不當以刺史老也)○寫○得○景○色○蒼○茫○路經灩澦雙蓬鬢(灩澦堆在瞿塘峽口)天入滄浪一釣舟(禹貢又東爲滄浪之水鄭樵曰漢水東過南漳荊山爲滄浪水)戎馬相逢更何日春風回首仲宣樓(荊州記當陽縣城樓王仲宣登之而作賦)

前半寄李劍州先代爲傷慰五六將赴荊南並訴出衰老無家之況末句帶出惜別意其情自深

只用淡淡語結自甘遠引祝彼登朝含情無限

奉寄別馬巴州

原注時甫除京兆功曹在東川浦注巴州在閬東北今屬保寧府朱注蔡興宗年譜廣德元年補功曹與此詩自注語正合以詩語及下奉待嚴大夫詩證之可見除功曹正在東川將爲荆南之遊也本傳以召補京兆府功曹不至在上元二年王原叔集序因之皆誤

二句賓主並提○

勳業終歸馬伏波以同姓比巴州功曹非復漢蕭何○漢高帝紀蕭何爲沛主吏孟康

中四承次句

注主吏功曹也吳志孫策謂虞翻曰孤未得還府卿復以功曹爲吾蕭何守會稽耳

扁舟繫纜沙邊久南國浮雲水上多句亦況己之漂泊無定獨把漁竿終遠去難隨鳥翼一相過知君未愛春湖色興在驪駒白玉珂沈約詩高門列騶駕廣路從驪駒時馬必將赴京師玉珂乃早朝事

末二應首句

李子德云用意甚曲而筆無不到寫寄別遂無遺憾

仇云身老則思故人時危則望濟世仍與首聯相應

李云文之古者必樸淡此詩當之

奉待嚴大夫

(時公將赴荊南聞嚴公將至故留以待之)

殊方又喜故人來重鎭還須濟世才常怪偏裨終日待不知旌節隔年回(言果如所望也嚴以寶應元年秋入朝以廣德二年春再鎭)欲辭巴徼啼鶯合(謂仲春時)遠下荊門去鷁催(見停舟久淮南子龍舟鷁首方言鷁鳥名今江東貴人船前作青雀是其像)身老時危思會面一生襟(一作懷)抱向誰開(四句謂本欲去蜀之楚但以欲待武至一會故尚未去耳)

自閬州領妻子卻赴蜀山行三首

(從趙敘起)

汨汨避羣盜悠悠經十年(自天寶十五載避亂至今十年)不成向南國復(蔣)作遊西川(卽題中卻字意)物役水虛照(趙曰言身爲物所役水亦徒相照不得優游觀賞之也)魂傷

邵云秀潤

云鬼語亦自騷出

山寂然我生無倚著盡室畏途邊

長林偃風色迴復一作首意猶迷（仇注）疾風偃林行人怯阻故往復而意迷也衫裛翠微潤翠微謂山色輕縹馬銜青草嘶棧懸斜避石（朱注）閬至成都無棧道只言架木爲路耳

感歎情緒宛然

橋斷卻尋溪言石橋斷處再尋溪路以行也何日干戈盡飄飄愧老妻

行色遞隱見人烟時有無此正迴復中景

可諳

僕夫穿竹語稚子入雲呼轉石驚魑魅抨音烹弓落狖鼯抨彈也（爾雅注）鼯鼠狀似蝙蝠眞供一笑樂似欲慰窮途

始而傷繼而愧至三首復欲破涕爲笑曲盡山行之景

別房太尉墓（舊唐書房琯傳）寶應二年四月拜特進刑部尚書在路遇疾廣德元年八月四日卒於閬州僧舍贈太尉

張云此首是所以復歸成都之由

他鄉復行役。時將自閬赴成都 駐馬別孤墳。近淚無乾土。低空 ○生○死○交○情○今○人○

有斷雲。心○惻○ 句正見哭墓之哀雲亦爲之愁慘而不去也 對碁陪謝傅。句謂生前[謝安傳]謝玄等破苻堅檄書至安方對客圍碁了無喜色安薨贈太傅[舊注]琯爲宰相聽董庭蘭彈琴以招物議此詩以謝傅圍碁爲比蓋爲房公解嘲也圍碁無損於謝傅則聽琴何損於太尉乎雖非正意亦見苦心搜索 把劍覓徐君。句謂歿後[說苑]季札聘晉過徐心知徐君愛其寶劍及還徐君已歿遂解劍繫其冢樹而去 惟見林花落。鶯啼送客聞。帶記時。

將赴成都草堂途中有作先寄嚴鄭公五首、唐書

[嚴武傳]寶應元年自成都召還拜京兆尹明年爲二聖山陵橋道使封鄭國公遷黃門侍郎廣德二年復節度劍南

得歸茅屋赴成都。直一作眞 爲文翁再剖符。[漢文帝紀]初與太守爲銅虎符竹使符[杜臆]成都尹本刺史故比之文翁 ○○善頌○○○○ 但使閭閻還揖讓。自嚴公去後蜀有徐知道之亂 敢論松竹

此首預計歸時

此首又追言草堂去後荒涼之

久荒蕪魚知丙穴由來美〔蜀都賦〕嘉魚出於丙穴〔御覽周地圖記〕曰順政郡丙穴以其口向丙因名每春三月上旬後有魚聯綿從穴出躍相傳名爲嘉魚 酒憶郫筒不用酤〔成都記〕成都府西五十里因水標名曰郫縣以竹筒盛美酒號爲郫筒〔一統志〕相傳山濤治郫用筠管釀酴醿作酒兼旬方開香聞百步 五馬舊曾諳小徑武初鎮蜀時曾再至草堂 幾回書札待潛夫知公此次赴蜀嚴當先有書見招 處處清江帶白蘋故園猶得見殘春雪山斥候無兵馬〔賈誼傳〕斥候望烽燧 錦里逢迎有主人休怪兒童延俗客不教鵝鴨惱比鄰是初歸情景妙說得瑣悉入情 習池未覺風流盡況復荊州賞更新〔仇注〕山簡以征南將軍都督荊湘交廣四州故可稱荊州習池自比草堂荊州借比嚴公也賞更新乃指再鎮說 竹寒沙碧浣花溪竹映水故見沙碧 橘刺藤梢咫尺迷過客徑

此首言再葺草堂得依嚴公暫爾休息之樂

痛定思痛語極沈著

須愁出入居人不自解東西書籤藥裹封蛛網野店山橋送馬蹄（言主人不在好景徒送過客馬蹄耳）肯藉荒庭春草色（世說過江諸人每至暇日輒出新亭藉草飲宴）先判（同拚）一飲醉如泥（後漢周澤傳一歲三百六十日三百五十九日齋注漢官儀此下云一日不齋醉如泥預擬初至草堂不暇芟薙蕪穢而嚴公必來先當與之一醉也）

○歡○情○亦○見○疏○放○處

常苦沙崩損藥欄也從江檻落風湍（江檻即水檻張晉注落殺也言設爲江檻所以減殺風湍則沙岸不至崩頹矣）新松恨不高千尺惡竹應須斬萬竿（仇注藥欄江檻昔所結構者新松惡竹今欲栽薙者）

○二○句○兼○寓○扶○善○疾○惡○意

生理祇憑黃閣老（浦注嚴以黃門侍郎來鎭故曰黃閣老）衰顏欲付紫金丹（抱朴子金丹燒之愈久變化愈妙令人不老不死雲笈七籤合丹法火至七十日藥成五色飛華紫雲亂映名曰紫金其蓋上紫霜名曰神丹）三年奔走空皮骨（謂往來梓閬間）信有人間行路難

此首又約略今昔去回而欲與嚴公時時過從也

仇云前以剖符起後以總戎結文治武功皆有望於嚴公也

到此又不免觸出無聊心事

錦官城西生事微烏皮几在還思歸[補注]謝朓有烏皮隱几詩即今髹漆器　昔去爲憂亂兵入公以避徐知道亂入梓州　今來已恐鄰人非公有南鄰北鄰詩又走覓南鄰愛酒伴　側身天地更懷古回首風塵甘息機共說總戎雲鳥陣[握奇經]陣天地風雲爲四正飛龍翼虎鳥翔蛇蟠爲四奇[梁簡文七勵]迴雲鳥之密陣[又太公六韜]凡當敵臨戰以車騎分爲雲鳥之陣所謂鳥雲者鳥散而雲合變化無窮者也　不妨遊子芰荷衣[離騷]製芰荷以爲衣兮集芙蓉以爲裳有嚴公將略則遊子可優游託跡芰荷衣謂以野服晤語也

劉須溪云歷鍊慷慨無限言外

賀子湘云五詩不作奇語高調而情致圓足景趣幽新遂開玉局劍南門戶

春歸

先作感歎起

苔徑臨江竹茅簷覆地花別來頻甲子歸到忽春華

末四自傷自解不堪多讀亦有隨遇而安之意

申云久客入門荒涼在目

再細細追尋識認

倚杖看孤石傾壺就淺沙遠鷗浮水靜輕燕受風斜 寫景入微

世路雖多梗吾生亦有涯此身醒復醉乘興卽爲家

黃白山云輕燕句宋人所極稱上句之工秀人未見賞鷗去人遠故久浮不動也

歸來

客裏有所適 (仇注)卽指往梓閬 歸來知路難 蔣云客久已忘路難至此一去一歸更深覺其難也最是 想見歸

眞情

開門野鼠走散帙壁魚乾 (爾雅)蟫白魚注衣書中蟲一名蛃魚 洗杓開新

○後適意之狀

醞低頭著小冠 (漢書)杜欽杜鄴並字子夏而欽盲人呼盲子夏欽因製小冠冠之由是更謂欽爲小冠子夏鄴爲大冠子夏

憑誰給麴蘖細酌老江干 投老之計不無望於嚴公也

草堂

四句一篇之綱

此段言知道倡亂而自敗

昔我去草堂蠻夷塞成都[盧注]徐知道糾集蠻夷爲亂 今我歸草堂成都適無虞張云可見重臣不可輕動 請陳初亂時反覆乃須臾大將赴朝廷羣小起異圖寫出草草鳥合光景嚴武內召知道遂反 中宵斬白馬盟歃氣已麤[蘇秦傳]曾於洹水之上通質刳白馬而盟 西取邛南兵[華陽國志]臨邛縣在郡西南二百里卽下西卒蓋此本內附羌夷知道引之爲亂者 北斷劍閣隅劍閣在成都北時知道以兵守要害 布衣數十人亦擁專城居謂從逆授僞職者 其勢不兩大[左傳]物莫能兩大 始聞蕃漢殊西卒卻倒戈賊臣互相誅焉知肘腋禍[晉書]江統曰寇發心腹禍起肘腋 自及梟獍徒[漢書注]梟鳥名食母破鏡獸名食父黃帝欲絕其類令百吏祠皆用之[按]獍通作鏡[朱注]知道乃兵馬使漢兵是其統領又脅誘羌夷共反繼而賊徒爭長羌兵不附其下李忠厚因而殺之 義士皆痛憤紀綱亂相踰一國實三公[左傳]一國

摹寫特至

此段言賊徒乘亂而殘民

蔣云拉雜寫來亂離之感故舊之感依倚之情慰勞之意一一

三公吾誰適從謂與李忠厚同輩者萬人欲爲魚。史項羽紀今人方爲刀俎我爲魚肉唱和作威福。孰肯辨無辜眼前列杻械爾雅杻謂之梏械謂之桎背後吹笙竽談笑行殺戮濺一作流血滿長衢到今用鉞地左傳至於用鉞風雨聞號呼鬼妾與鬼馬色悲充爾娛趙曰已殺其主而奪之故謂之鬼妾鬼馬如何奴以亡者之妻爲鬼妻也

造句色悲兼馬說妙

上申首二句以下申次二句

國家法令在此又足驚吁賤子且奔走三年望東吳公去成都往來梓閬凡三年時欲東下不果弧矢暗江海難爲遊五湖史記正義五湖者菱湖游湖莫湖貢湖胥湖皆太湖東岸五灣虞翻曰太湖東通松江南通霅溪西通荊溪北通滆溪東南通韭溪凡五道別謂之五湖不忍竟舍去復來薙榛蕪入門四松在步屧萬竹疏舊犬喜我歸低徊入衣裾鄰里喜我歸沽酒攜胡盧一作提榼壺世說陸士衡初入洛詣

俱見自是古樂府神境非止襲其調而已

又云一片悲憫牢騷化作和平溫厚之言大家合掌

劉道眞劉性嗜酒禮畢初無他言惟問東吳有長柄壺盧卿得種來否胡古與壺通胡盧以貯酒 大官喜我來指嚴武遣騎問所須邵云插入城郭故爾作奇城郭喜我來賓客隘一作溢村墟後村詩話子美草堂詩大官喜我來四韻其體蓋用木蘭詩爺娘聞女來出郭相扶將阿姊聞妹來當戸理紅妝小弟聞姊來磨刀霍霍向猪羊又人感慨天下尚未寧健兒勝腐儒飄颻風塵際何地置老夫於時見疣音尤贅骨髓幸未枯飮啄愧殘生食薇不願餘疣瘤也莊子彼以生爲附贅懸疣言己之不爲世用也

以草堂去來爲主而敘西川一時寇亂情形并帶入天下鋪陳終始暢極淋漓豈非詩史

題桃樹

吳瞻泰云此詩乃借桃樹以起興非詠桃樹也下半全屬推開說粘定解便難通

小徑升堂舊不斜今爲桃樹所蔽致徑之斜必有議去此桃者五株桃樹亦從遮。

高秋總餽貧人實來歲還舒滿眼花(歸在晚春花期已過言所以不忍輕去者以其舊物我之所均賴也)簾戸每宜通乳燕兒童莫信(任也)打慈鴉(燕鴉皆堂前所見二句言當廣其愛物之仁非獨桃樹也)寡妻羣盜非今日(言非今日乎)天下車書正一家(一物尚必加愛惜如此又況世變方亟天下一家皆吾同體又孰可以漠視乎哉)

此詩於小中見大直具民胞物與之懷可作張子西銘讀然卻無理學氣此老杜一生大本領尋常詩人未許問津

四松

四松初移時大抵三尺強別來忽三歲離立如人長(禮記離坐離立注兩相麗之謂離)會看根不拔莫計枝凋傷幽色幸秀發疏柯亦昂藏所插小藩籬本亦有隄防終然振撥損

結處寄託深遠

（謝惠連祭古塚文以物振撥之注南人以觸物爲振）
（入句趨拔）

得愧千葉黃。（謂人觸損藩籬有傷松枝致其葉萎黃得愧言得不愧也）敢爲故林主。黎庶猶未康。避賊今始歸。春草滿空堂。覽物歎衰謝。（如水檻破船之類）及茲慰淒涼。清風爲我起。灑面若微霜。足爲送老資。（謂欲藉此游息以娛老）聊待偃蓋張。我生無根蒂。

（劉須溪云語極悲痛）

配爾亦茫茫。有情且賦詩。事跡可兩忘。勿矜千載後。慘澹蟠穹蒼。（仇注言自恐行蹤無定不能長伴此松惟有賦詩寄情聊以遣興耳至於千載摩蒼亦何容預爲矜羨乎寓意於物而弗留意於物可見公之曠懷矣）

水檻

（入句言檻壞）

蒼江多風飆。雲雨晝夜飛。茅軒駕巨浪。焉得不低垂。

張云臨川二句意甚豁達人生凡事皆作此觀省多少心計省多少繁費

遊子久在外門戶無人持高岸尚爲谷何傷浮柱欹八句言脩檻〔西京賦〕蹈遊極於浮柱〔注〕三輔名梁爲極作遊梁置浮柱上扶顚有勸誡恐貽識者嗤旣殊大厦傾可以一木支〔文中子〕大厦之傾非一木所支臨川視萬里何必欄檻爲人生感故物慷慨有餘悲

蔣弱六云日焉得又日何傷又日何必卻到底不免有餘悲無限沉吟一結慨然盡露

破船

起超

平生江海心宿昔具扁舟豈惟淸溪上日傍柴門遊蒼皇避亂兵緬邈懷舊邱〔謝靈運詩〕緬邈區中緣鄰人亦已非野竹獨脩脩船舷不重叩〔江賦〕詠采菱以扣舷〔注〕船舷也埋沒已經秋仰看

西飛翼下愧東逝流言欲西還長安東下吳楚俱未遂也故者或可掘上有埋沒已經秋句故須用掘舊引掘頭船事無謂新者亦易求所悲數奔竄白屋難久畱轉進一層反將題撤去用意又別言船非難辦但恐居仍未定耳

過南鄰朱山人水亭

朱注公南鄰詩錦里先生烏角巾疑即此山人又絕句詩梅熟許同朱老喫

相近竹參差相過人不知不知從竹參差來起二寫景甚幽幽花欹滿樹細水曲通池歸客村非遠殘樽席更移張云惟村近故可杯酒流連二句合看方妙看君多道氣從此數追隨前半寫地後半寫人想見幽居素心之樂字字有餘味

登樓

沈云氣象雄渾籠蓋宇宙乃集中最上之作申云北極二語可抵一篇王命論

花近高樓傷客心萬方多難此登臨錦江春色來天地玉壘浮雲變古今言治亂相尋不已也北極朝廷終不改鶴注去冬吐蕃陷京郭子儀復京師乘輿反正西山寇盜莫相侵可憐後主還祠廟吳曾漫錄蜀先主廟在成都錦官門外西挾即武侯祠東挾即後主祠此句隱況代宗幸未失國也舊注代宗任用程元振魚朝恩致蒙塵之禍故以後主之用黃皓諷之 威 日暮聊爲梁甫吟傷時無諸葛之才以致三朝鼎沸寇盜頻仍是以吟想徘徊至於日暮而不能自已耳并自傷不用意亦在其中其興寄微婉若此

○首○二○句○倒○裝○突○兀○承○高○樓○句○承○多○難○句○結○意○深○亦○是○登○樓○所

李子德云造意尖命格高眞可度越諸家○吳東巖云可憐字還字聊爲字傷心之故只在吞吐中流出

奉寄高常侍

唐書百官志門下省左散騎常侍二人掌規諷過失侍從顧問高適傳爲西川節度亡松維等州以嚴武代還爲刑部侍郎散騎常侍

汶上相逢年頗多。沈注開元間相遇於齊魯飛騰無那一作奈故人何。謂己不能及總戎楚蜀猶全未朱注未盡其才也方駕曹劉不啻過。讚絕交論遒文麗藻方駕曹王今日朝廷須汲黯指常侍之職中原將帥憶廉頗上二言文武才兼此二言朝野仰望天涯春色催遲暮別淚遙添錦水波。時高赴召而公在成都故有末句

李子德云語語沈實咀之有餘味今人門面雄詞一覽輒盡者徒浮響耳

寄邛州崔錄事邛州在成都西

邛州崔錄事聞在果園坊坊在成都久待無消息終朝有底忙。應愁江樹遠怯見野亭荒浩蕩風塵外誰知酒熟香。以酒招之

亦代簡戲作

王錄事許脩草堂貲不到聊小詰

爲嗔王錄事不寄草堂貲昨屬愁春雨能忘欲漏時恃、愛、語、使○人、心、動、

歸雁

東來萬里客亂定幾年歸腸斷江城雁高高向一作正北飛懷長安也

絕句二首

遲日江山麗春風花草香泥融飛燕子沙暖睡鴛鴦佳○句○

江碧鳥逾白山青花欲然庾信詩山花𦦨欲然今春看又過何日是歸年

四句總領大意

此段敘山人承談笑偶然同句

此段自敘承馳驅不可說句

寄司馬山人十二韻

關內昔分袂(謂長安)天邊今轉蓬(謂蜀地)(承二)馳驅不可說談笑偶(承一)然同道術曾留意先生早擊蒙家家迎薊子處處識壺公(後漢方伎傳費長房爲市吏有賣藥老翁懸一壺於肆市罷輒跳入壺中長房異之因往再拜同入此壺 水經注作玉壺公)長嘯峨嵋北潛行玉壘東有時騎猛虎(洞冥記東方朔出遇蒼虎息於道朔便騎而還打捶過痛虎嚙之足傷)虛室使仙童(雲笈七籤守元丹十八年詣上清宮受青佩符役使玉童玉女各十八人)髮少何勞白顏衰肯更紅望雲悲轗軻畢景羨沖融(言以年暮故羨山人顏色沖和)喪亂形仍役淒涼信不通懸旌要路口(句指成人守隘者言)倚劍短亭中(因亂世而有戒心也 仇注上四哀老之歎下四飄流之感)永作殊方客殘生一老

末望其指授也

起四句總領來蜀相逢大意

翁相哀骨可換［漢武內傳］一年易氣二年易血三年易精四年易脈五年易髓六年易骨七年易筋八年易髮九年易形亦遭馭清風［莊子］列子御風而行泠然善也

贈王二十四侍御契四十韻

［朱注］元結別王佐卿序癸卯歲京兆王契佐卿年四十六頃去西蜀對酒欲別［按］癸卯為廣德元年王侍御前想因奉使來蜀得與公相遇於成都後愛道江山水之勝遂卜居於此及公還草堂適王亦解紱來歸時相過從此詩曲敘其事

起得飄忽又見別致

往往雖相見飄飄愧此身不關輕紱冕但是避風塵言已特以避亂來蜀不如王之謝職高尚亦暗用賓主並提一別星橋夜［漢書］秦李冰造七星橋上應七星三移斗柄春言別侍御於成都已經三年敗亡非赤壁［荊州記］蒲圻縣沿江一百里南岸名赤壁昔周瑜破魏武處［仇注］時徐知道為部下所殺與赤壁戰敗者不同奔走為黃巾［後漢書］鉅鹿人張角所部有三十六方皆著黃巾同日反叛子

此自敍別後之事

此自敍初歸之事

此侍御還蜀而重敍交情

去何蕭灑余藏異隱淪公以避徐知道亂入梓時王已還京書成無過雁衣故有懸鶉荀子子夏家貧衣若懸鶉朱注按說文鶉鶴屬其羽斑而散貧士衣象之恐懼行裝數謂往來梓閬伶俜臥疾貧曉鬻工迸淚秋月解傷神會面嗟黧黑鍊句極淒婉含悽話苦辛接輿還入楚喻同蜀王粲不歸秦憶長安錦里殘丹竈花溪得釣綸花溪即浣花溪消中秖自惜後漢李通傳素有消疾素問多食數洩曰消中即消渴也晚起索誰親句跌入王絕交書臥喜晚起伏柱聞周史王康琚詩老聃伏柱史乘槎有承上二漢臣鵷鴻不易狎龍虎未宜馴五君詠能性誰能馴客即掛冠至起下二後漢逢萌傳王莽居攝萌解冠掛東都門而去交非傾蓋新家語孔子之剡遭程子於途傾蓋而語終日由來意慘語氣合直取性情眞浪跡同生死史記讀鵩鳥賦同生死輕去就無心恥賤

此王過草堂而面述已況

貧偶然存蕉芋（蜀都賦瓜疇芋區甘蔗辛薑）幸各對松筠麤飯依他日（謂欲與王相依以老）窮愁怪此辰女長裁褐穩男大卷書勻（言婚嫁之志未畢也）湔（當作堋逋鄧切）口江如練（朱注水經注李冰於都安縣堰江作堋堋有左右口謂之湔堋江入郫江檢江以行舟寰宇記導江縣有都安堰蜀人謂堰為堋）蠶崖雪似銀（蜀山類多雪寰宇記蠶崖在導江縣西北）名園當翠巘野棹沒青蘋屢喜王侯宅（蒲注時王或當賃故侯廢宅為居）時邀江海人追隨不覺晚款曲動彌旬但使芝蘭秀（家語與善人居如入芝蘭之室）何須棟宇鄰山陽無俗物（向秀與嵇康為竹林之遊作思舊賦云濟黃河以泛舟兮經山陽之舊居俗物注見八卷）鄭驛正留賓（漢書曰鄭當時字莊常置驛馬於長安諸郊請謝賓客夜以繼日二句言其不濫交而又好客也）出入並

皆說王園此八句挋入　前後

鞍馬光輝參席珍重遊先主廟（在成都城南）更歷少城闉（在成

以上言過訪王圓侍御留飲并及同遊之事

此有感身世而

(都西門外說文闉城內重門也)石鏡通幽魄琴臺隱絳脣(石鏡琴臺注俱見八卷)送終惟糞土結愛獨荊榛(二句亦便見當及時行樂意起下)置酒高林下觀碁積水濱區區甘累趼(古典切莊子百舍重趼而不息)稍稍息勞筋網聚粘圓鯽絲繁煮細蓴長歌敲柳癭(曹植詩我有柳癭瓠癭頸瘤也柳癭可爲樽)小睡凭藤輪(藤輪蒲團也以藤爲之如隱囊之類)農月須知課田家敢忘(去聲)勤浮生難去食良會惜清晨(言碁酒之樂如此特以農事方迫不能久留耳)列國兵戈暗今王德教淳要聞除猰(烏八切)貐(勇主切山海經作窫窳爾雅猰貐類貙虎牙食人迅走淮南子堯之時猰貐爲民害)休作畫麒麟(宋注朝野僉載楊炯每目朝官爲麒麟楦言如弄假麒麟刻畫頭角修飾皮毛覆之驢上巡場而走及脫皮還是驢耳舊引圖形麟閣事與此無涉上句望其立功此句戒其尸位)洗眼看輕薄虛懷任屈伸莫

石鏡○蒙　王今臺○

顧前奔○走意

雅○興○逸○事○

勉以丐出

仍○給○歸○友○詛

以古道交情望之侍御也

此首言吐蕃之橫

此首言蜀民之窮故急望太平以紓民困

令膠漆地萬古重雷陳 注見九卷

張上若云排律至此收放卷舒一一如意具有仙靈之氣

黃河二首 此亦爲吐蕃不靖民苦饋餉而作蓋代蜀人爲蜀謠以告哀也

黃河北岸海西軍 朱注按水經河水自于闐疏勒而東逕金城允吾縣北闞駰曰縣西有卑禾羌海世謂之青海浦注海西軍唐盛時所置時已陷於吐蕃 椎鼓鳴鐘天下聞鐵馬長鳴不知數胡人高鼻動成羣 晉中興書冉閔殺石鑒及諸胡於時高鼻多鬚者無不濫死言海西軍盛自昔有聞而今鐵馬成羣盡爲彼用是可慨也

黃河西一作南岸是吾蜀欲須供給家無粟 杜詩博議唐運道俱仰黃河獨蜀僻在西南河漕不通西山三城糧運屢絕故有供給無粟之歎 願驅衆庶戴君王混一車書棄

八句形容盡致足與長楊羽獵爭奇

金玉。

揚旗【原注二年夏六月成都尹嚴公置酒公堂觀騎士試新旗幟】

江風颯長夏。府中有餘清。我公會賓客。肅肅有異聲。【首段】

初筵閱軍裝。羅列照廣庭。庭空六【一作四】馬入。駊【布可切】騀【五可切】

【敘事】揚旗旌。【說文駊騀馬搖頭也】迴迴偃飛蓋。【曹植詩飛蓋相追隨】熠熠迸流星。來

纏風颷急。去擘山嶽傾。材歸俯身盡。妙取略地平。【略即掠字】

【意謂馬上俯身而旗尾略地】虹蜺就掌握。舒卷隨人輕。【次段摹寫】三州陷犬戎。【去冬吐蕃陷松維保三州】

但見西嶺青。【謂日日烽烟起也】公來練猛士。欲奪天邊城。

此堂不易升。【見任大責重】庸蜀日已寧。【牧誓及庸蜀羌髳干道志夔州古庸國又公孫述傳注王莽改】

益州爲庸部吾徒且加餐休適蠻與荆（亦用王粲詩公先有東下意）

寄李十四員外布十二韻（原注新除司議郎兼萬州別駕雖尙伏枕已聞理裝萬州今爲縣屬夔州府杜臆員外必布之兼官按詩言渚柳村花當屬成都草堂作編從仇本）

名參漢望苑（漢書戾太子冠武帝爲立博望苑以通賓客唐制司議郎爲東宮官屬故云）職述景題輿（謝承後漢書周景爲豫州刺史辟陳蕃爲別駕蕃不就景題別駕輿曰陳仲舉座也不更辟蕃惶恐起視職）巫峽將之郡荆門好附書（巫峽與荆門相近）遠行無自苦內熱比何如（莊子我其內熱與）正是炎天闊那堪野館疏（闊謂途長疏謂館少）黃牛平駕浪（黃牛灘在峽口）畫鷁上凌虛（炎天野館病熱所忌駕浪凌虛兼値水漲難行也）試待盤渦歇方期解纜初（謂當俟涼秋水落然後啟行）悶能過小徑自爲摘嘉蔬渚柳元幽

全對內熱炎天極誇所居之樂以招之

首記家世及書畫能事沈云割據不與以正統也此爲

僻村花不掃除宿陰繁素柰（蜀都賦朱櫻春熟素柰夏成）過雨亂紅蕖寂寂夏先晚（以宿陰言）泠泠風有餘江淸心可瑩（去聲）竹冷髮堪梳直作移巾几秋帆發敝廬

李子德云以詩代簡能暢所欲言在詩則波折瀠洄於文則抑揚盡致矣前半戒其觸暑之官後半欲其過家度夏通首招邀眷戀之至公之篤於友誼如此

丹靑引贈曹將軍霸（名畫記曹霸魏曹髦之後髦畫稱於魏代霸在開元中已得名天寶末每詔寫御馬及功臣官至左武衛將軍）

起得蒼莽大家

將軍魏武之子孫於今爲庶爲淸門（左傳三后之姓於今爲庶）英雄割據雖已矣文采風流今尚存

以書陪畫

學書初學衛夫人（法書要錄衛夫入

史筆

此記其善於寫眞○此詩每八句一轉韻亦屬創見之格

此記其畫馬神駿

人名鑠字茂猗廷尉展之女弟恆之從女汝陰太守李矩之妻也隸書尤善規矩鍾公右軍少嘗師之 但恨無(一作未)過王右軍(張懷瓘書斷篆籀八分隸書章草飛白行書草書通謂之八體惟王右軍兼工)○用○經○入○化○佚

丹青不知老將至富貴於我如浮雲○下○途○窮 開元之中嘗引見承恩數上南薰殿(長安志南內興慶宮內有南薰殿)

淩烟功臣少顏色將軍下筆開生面(唐書貞觀十七年二月圖功臣於麒麟閣)

良相頭上進賢冠(唐書百官朝服皆進賢冠舊書武德中制有爵弁遠遊進賢武弁獬豸諸冠)

猛將腰間大羽箭(酉陽雜俎太宗好用四羽大笴長常箭一扶射洞門闔) 褒公鄂公毛髮動○寫○得○爽○奕○有○神(舊書淩烟功臣二十四人開府儀同三司鄂國公尉遲敬德第七故輔國大將軍揚州都督褒國忠壯公段志元第十)

英姿颯爽來酣戰(黃生注功臣獨言褒鄂舉二公以見其餘想畫此尤生動耳)

先帝御馬玉花驄(明皇雜錄上所乘馬有玉花驄照夜白) 畫功如山貌(莫角切下同)不同(謂傳寫不肖也) 是日牽來赤墀

申云與堂上不合生楓樹同一落想而出語更奇

此又言隨地寫眞慨將軍之不遇

劉須溪云首尾極悲壯動盪

下迥立閶闔生長風詔謂將軍拂絹素意匠慘澹經

神來之筆

營中所謂良工心苦須臾九重眞龍出一洗萬古凡馬空玉花

卻在御榻上榻上庭前屹相向至尊含笑催賜金圉

人太僕皆惆悵宋注畫馬奪眞故圉人太僕爲之惆悵太僕馬官圉人馬養也弟子韓幹早入

邵云縱筆所

如無非神境

室亦能畫馬窮殊相名畫記韓幹大梁人官至太府寺丞善寫貌人物尤工鞍馬初師曹霸後獨自擅玄宗好大馬

反襯霸之盡善非

西域大宛歲有來獻命幹悉圖其駿時岐薛申寧王廐中皆有善馬幹並圖之遂爲古今獨步幹惟畫肉不畫骨忍

必貶幹也

使驊騮氣凋喪將軍善畫一作盡善蓋有神偶逢佳士亦寫

與凌煙功臣對

眞謂向日即今飄泊干戈際屢貌尋常行路人途窮反遭

隱爲自家嗚咽

俗眼白世上未有如公貧但看古來盛名下終日坎

壈纏其身〔楚辭〕志坎壈而不遑

張惕菴云此太史公列傳也多少事實多少議論多少頓挫俱在尺幅中章法跌宕縱橫如神龍在霄變化不可方物。邵滄來云寫畫人卻狀其畫功臣寫畫馬卻狀其畫玉花驄難貌者已有神而常人凡馬更不待言乃前畫功臣御馬能令至尊含笑後畫行路常人反遭俗子白眼有無限感慨然曹惟浮雲富貴則雖貧賤終身亦足以自慰耳。許彥周詩話讀老杜丹青引一洗萬古凡馬空東坡題吳道子畫壁詩筆所未到氣已吞二公之詩足以當之

韋諷錄事宅觀曹將軍畫馬圖歌

一本無歌字〔朱注〕曹將軍九馬圖後藏長安薛紹彭家蘇子瞻作贊

○直○起○大○筆○如○椽○

國初已來畫鞍馬神妙獨數江都王〔名畫記〕江都王緒太宗皇帝猶子也善書畫鞍馬擅名官至金州刺史 將軍得名三一作四十載人間又見眞乘黃〔山海經〕白民之

九馬敘得錯綜

國有乘黃其狀如狐背上有兩角乘之壽二千歲注云卽飛黃也 曾貌先帝照夜白 先帝謂玄宗畫鑒曹霸人馬圖紅衣美髯奚官牽玉面騂綠衣閹官牽照夜白 龍池十日飛霹靂 唐六典注興慶宮今上潛龍舊宅也宅東有舊井忽涌爲小池常有雲氣或黃龍出其中景雲中其沼浸廣遂瀰洞爲龍池 宋注言霸畫逼眞龍馬故能感動龍池之龍隨風雷而至也

此處是伏末段意 奇句

內府殷 烏閒切 紅瑪瑙盤 唐書裴行儉傳平都支遮匐獲瑪瑙盤廣二尺文采粲然 婕妤 音接余 傳詔才人索 所革切 唐百官志內官有婕妤九人正三品才人七人正四品 盤賜將軍拜舞歸輕紈細綺相追飛 一作隨指麾戚求書者 貴戚權門得筆跡始覺屏障生光輝

接筆陡健

昔日太宗拳毛騧 長安志太宗六駿刻石於昭陵北闕之下五曰拳毛騧平劉黑闥時所乘 近時郭家獅子花 杜陽雜編代宗自陝還命以御馬九花虬并紫玉鞭轡賜郭子儀九花虬額高九寸拳毛如麟亦有獅子驄皆其類 宋天中記載杜詩獅子花卽九花虬 今之新畫 一作圖 有二馬復令識者久歎嗟此皆戰

沈云因畫馬說到眞馬因眞馬說到天子巡幸故君之思惓惓不忘此題後拓開一步法筆墨尤極飛舞淋漓

騎（一作騎戰）一敵萬縞素漠漠開風沙（言縞素一開如見戰地風沙也）其餘七匹亦殊絕迥若寒空動烟（一作雜霞）雪霜蹏蹴踏長楸間（曹植詩走馬長楸間〔注〕古人種楸於道故曰長楸）馬官廝養森成列可憐九馬爭神駿顧（精句入耆年只一語劉須溪云以主人對）視淸高氣深穩借問苦心愛者誰後有韋諷前支遁（支遁豪氣橫出）（世說支道林常養數匹馬或言道人畜馬不韻支曰貧道重其神駿耳）

憶昔巡幸新豐宮（唐書京兆府昭應縣本新豐有宮在驪山下）翠華拂天來向東騰驤磊落三萬匹皆與此圖筋骨同（王洙注明皇幸驪山王毛仲以廄馬數萬從每色爲一隊相間若錦繡）自從獻寶朝河宗（謂河宗朝而獻寶〔穆天子傳〕天子西征至陽紆之山河伯馮夷之所都居是惟河宗氏天子沈璧禮焉河伯乃按圖視典用觀天子之珤器〔玉海〕引〔水經注〕云玉果璿璣燭銀金膏等物皆河圖所載河伯所獻穆王視圖乃導以西邁矣〔舊注〕周穆王自此歸而上昇蓋以比玄宗之升遐也）無復射蛟

江水中(漢武帝紀元封五年自潯陽浮江親射蛟江中獲之張溍云用周穆漢武事亦見明皇好大喜功意)君不見金粟堆前松柏裏(唐書明皇泰陵在奉先縣東北二十里金粟山廣德元年三月葬泰陵)龍媒去盡鳥呼風

李子德云如太史公寫鉅鹿之戰楚兵無不一以當百呼聲震天當使古今詩人膝行匍匐而見○此與前篇俱極沈鬱頓挫尤須玩其結構之妙將江都王襯出曹霸又將支遁襯出韋諷便增兩人多少身分本畫九馬先從照夜白說來詳其寵賜之出本結九馬卻想到三萬匹去不勝龍媒之悲前後波瀾亦闊中敘九馬先將拳毛獅子二馬拈出另敘次及七馬然後將九馬併說妙在一氣渾雄了不着跡眞屬化工之筆○張上若云杜詩咏一物必及時事故能淋漓盡致今人不過就事塡寫宜其興會索然耳

送韋諷上閬州錄事參軍(浦注韋成都人公贈應中先有送韋攝閬詩此當是卽眞後再送)

國步猶艱難兵革未衰息萬方哀嗷嗷十載供軍食

是救時切務語無文飾

此詩於小中見大全是樂府意

自天寶十四載至此爲十載。庶官務割剝。不暇憂反側。誅求何多門。賢者貴爲德(漢書)韓信傳)公小人爲德不卒韋生富春秋。洞徹有清識。操持綱紀地(白帖)錄事參軍謂之綱紀掾○至○言喜見朱絲直。當令豪奪吏。自此無顏色。必若救瘡痍。先應去蟊賊。揮淚臨大江。高天意悽惻。行行樹佳政。慰我深相憶。

太子張舍人遺織成褥段(杜臆)張係太子舍人題加太子於張之上製題謹慎如此(朱注)北堂書鈔)異物志云大秦國以野蠶絲織成氍毹以羣獸五色毛雜之爲鳥獸人物草木雲氣千奇萬變惟意所作(廣志)氍毹白氍毛織之近出南海織毛褥也織成褥段殆即此類

客從西北來。遺我翠(一作細)織成。○點○染○處○已○令○人○目○眩○開緘風濤湧。中有掉尾

鯨逶迤羅水族瑣細不足名客云充君禱承君終宴（先言題面下發論）
榮（曹植詩終宴不知疲）空堂魑魅走高枕形神淸領客珍重意顧
我非公卿畱之懼不祥施之混柴荆服飾定尊卑大
哉萬古程（言於分不宜）今我一賤老短褐更無營（言於己不稱）煌煌（再推極言之）
珠宮物（楚辭紫貝闕兮珠宮 趙曰珠宮指言龍宮）寢處禍所嬰歎息當路子干戈
尙縱橫掌握有權柄衣馬自肥輕李鼎死岐陽（舊唐書上元二
年以羽林大將軍李鼎爲鳳翔尹典鳳隴等州節度使鼎之死史不載）實以驕貴盈來瑱賜自盡（
舊書寶應元年來瑱爲山南東道節度使裴茙表瑱倔强難制帝令茙圖之瑱擒茙入朝謝罪廣德元年賜死）氣豪直阻兵（左傳阻兵
安忍）皆聞黃金多坐見悔吝生奈何田舍翁受此厚貺

空中落筆亦見本家無人

情錦鯨卷還客始覺心和平振我麤席塵愧客茹藜結二句亦與承君句應羹莊子孔子窮於陳蔡之間七日不食藜羹不糝說文糝以米和羹也

兪犀月云諷諭之篇有關世道○按此詩當是嚴武幕中作史稱武累年在蜀肆志逞欲恣行猛政窮極奢靡賞賜無度公在武幕下作此諷諫至舉李鼎來瑱以深戒之朋友責善之道也不然辭一織成之遺而侈談殺身自盡之禍無疾而呻豈詩人之意乎

過故斛斯校書莊二首

原注老儒艱難病於庸蜀歎其沒後方授一官按校書名融

此老已云沒鄰人嗟未休竟無宣室召漢書賈誼自長沙徵見文帝方受釐坐宣室問以鬼神之本蘇林曰宣室未央前正室徒有茂陵求司馬相如傳相如家居茂陵病甚武帝使往求其書至則相如已死問其妻得遺札書言封禪事妻子寄他食浦注公前詩云本賣文爲活翻令室倒懸蓋其家貧甚至此竟成空莊矣園林非昔遊空餘繐帷在淅淅野風秋

邵云氣勢渾壯

○寫○廢○莊○宛○然○

燕入非旁舍，鷗歸祇故池。二句見再二識認意 斷橋無復板，臥柳自生枝。遂有山陽作【晉書】向秀經嵇康山陽舊居作思舊賦 多慚鮑叔知。素交零落盡【廣絕交論】素交盡利交興 白首淚雙垂。

李子德云過其莊思其人不獨比鄰相依愴然見身世之感矣○前首先言人後言莊次首先言莊後言人一倒轉寫杜公多用此法

寄董卿嘉榮十韻

【浦注】董卿爲防秋邊將公寄詩以相勖也

聞道君牙帳【朱注】元帥建牙旗於帳前謂之牙帳 防秋近赤霄言西山三城之高 下臨千仞雪，卻背五繩橋【仇注】【元和郡國志】繩橋在茂州西北架大江上【按】繩橋以笮索五條布板其上防秋處更在橋外故曰卻背 海內久戎服，京師今晏朝。犬羊曾爛漫，宮闕尚蕭條廣德元年冬吐蕃陷京師 猛將宜嘗膽【吳越春秋】越王欲報吳怨懸膽於戶出入嘗之 龍泉必在

十分鼓動一片苦心

李云高人入幕落落難堪觸事寫之自有其致

腰 越絕書楚王使歐冶子爲鐵劒一曰龍泉 黃圖遭汚辱 唐藝文志有三輔黃圖一卷黃圖圖地形以黃繪之如今之地理圖 月窟可焚燒 月窟注見二卷欲其覆巢穴以雪國恥也 會取干戈利 無令斥候驕 西域傳斥候百人五分之擊刁斗自衛 居然雙捕虜 後漢馬武傳武與虎牙將軍蓋延等討劉永拜捕虜將軍 自是一嫖姚 以古名將望之也 落日思輕騎 高一作秋天憶射鵰 北齊書斛律光嘗射一大鳥形如車輪旋轉而下乃鵰也時號爲落鵰都督 雲臺畫形像 皆爲掃氛妖

立秋雨院中有作

山雲行絕塞 大火復西流 詩七月流火注大火心星也七月則此星西流 飛雨動華屋 蕭蕭梁棟秋 選句 窮途愧知己 暮齒借前籌 留侯世家臣請借前箸爲大王籌之謂爲節度參謀 已費淸晨謁 那成長者謀 言無老謀以佐嚴公也 解衣開北

蔣云嚴詩一味英武此更寫得精細有多少方略在而頌處仍不溢美

張云何等氣槩

戶高枕對南樓樹溼風涼進江喧水氣浮禮寬心有適節爽病微瘳主將歸調鼎吾還訪舊邱

奉和嚴鄭公軍城早秋

秋風嫋嫋動高旌玉帳分弓射虜營已收滴博雲間戍滴博他處作的博困學紀聞的博嶺在維州韋皐傳出西山靈關破峨和通鶴定廉城踰的博嶺遂圍維州嚴武傳廣德二年九月破吐蕃七萬餘衆拔當狗城遂收鹽川城欲奪蓬婆雪外城元和郡國志柘州地四面險阻易於固守有安戎江蓬婆水在州南三十里大雪山一名蓬婆山在柘縣西北一百里朱泚其地在雪山外

附 軍城早秋 嚴武

昨夜秋風入漢關朔雲邊月滿西山更催飛將追

驕虜莫遣（一作放）沙場匹馬還（通鑑）武以崔旰爲漢州刺史使將兵擊吐蕃於西山連拔其城攘地數百里

院中晚晴懷西郭茅舍（卽浣花草堂）

幕府秋風日夜清澹雲疏雨過高城葉心朱實看時落階面青苔先自生復有樓臺銜暮景（同影言日出也）不勞鐘鼓報新晴（舊注俗以鐘鼓聲亮爲晴之占）浣花溪裏花饒笑肯信吾兼吏隱名（汝南先賢傳）鄭欽吏隱於蟻陂之陽 ○感○慨○蘊○藉

張璁曰詳此詩見公不樂居幕府明年正月遂歸草堂

到村

碧澗雖多雨秋沙亦少泥蛟龍引子過（西京雜記）瓠子河決有蛟龍從九子

蔣云五句閱盡世情語一敢字孤忠凜然

自決巾逆上入河荷芰逐花低仇注雨多水寬故蛟龍引子而過泥少根脫故荷芰逐花而低二句分承老去參戎幕歸來散馬蹄稻粱須就列榛草卽相迷是久不到光景二句亦帶寓意殆指幕中人言蓄積思江漢思由江漢而去也公久有下峽之志不遂疏頑惑町畦音挺町畦田畔界也莊子彼且為無町畦亦與之為無町畦卽下出處遂何心意蓋此時既不願久留又不便辭去不知何適而可頗費躊躇耳舊解俱非暫酬知己分還入故林棲末向村訂歸期也

村雨

雨聲傳兩夜寒事颯高秋挈帶看朱紱年譜是年六月武表為工部員外郎賜緋魚袋開箱覩黑裘仇注看朱紱謂君恩未報覩黑裘謂久客未歸承四世情只益睡盜賊敢承三忘憂松菊新霑洗茅齋慰遠遊

邵云渾壯

叫總挈大意是致悶之由

宿府

清秋幕府井梧寒(魏明帝詩雙梧生空井)獨宿江城蠟炬殘永夜角聲悲自語中天月色好誰看(二句言獨宿凄凉之況)風塵荏苒音書絕關塞蕭條行路難已忍伶俜十年事强移棲息一枝安

遣悶奉呈嚴公二十韻

白水漁竿客清秋鶴髮翁胡爲來幕下祇合在舟中黃卷眞如律(唐會要天寶四載勅御史依舊置黃卷書闕失句謂簿書督責之嚴)青袍也自公(謂幕府之禮亦同於朝廷也唐志尚書員外郎從六品上上元元年制五品服淺緋六品服深綠浦注公時已賜緋而此云青袍者蓋供事之便服)老妻

此段從幕府說到思草堂

憂坐痹音庇嵇康絶交書危坐一時痹不得搖說文痹溼病也一作側謂病體支離不能久坐幼女問頭風平地專欹倒分曹失異同失於有異同也二句言公在幕中既患老病復與同僚多意見不伴禮甘衰力就義忝上官通衰力如此而甘就職者以與嚴公通好也○喻○情○語○可○憐疇昔論詩早公至德中屢有贈嚴詩光輝仗鉞雄寬容存性拙翦拂念途窮廣絶交論翦拂使其長鳴露裛思藤架烟霏想桂叢信然龜觸網史龜筴傳龜使抵網而遭漁者得之直作鳥窺籠四句言思草堂而不得去也○句○法○新西嶺紆村北南江繞舍東西嶺即西山元和郡國志大江一名汶江一名流江經成都縣南七里竹皮寒舊翠椒實雨新紅四句言草堂之勝上二遠景下二近景浪簸船應坼杯乾甕即空謂無人醸酒○張○云○二○句○情○事○百○種藩籬生野徑斤斧任樵童四句言入幕後草堂不免荒廢束縛酬知己蹉跎效小忠周

此段從草堂環轉居幕府章法一順一逆以下段申足上段

結出奉呈之意

防期稍稍。杜預左傳序聖人包周身之防注謂防慮必周於身也太簡遂忽忽。言在己持身之道不敢有一毫苟且藉以上答所知惟性過疏略遇事恐未免有草率處耳二句亦帶有自爲表白意

曉入朱扉啓昏歸畫角終。周益公詩話韓退之上張僕射書云使院故事晨入夜歸非有疾病事故輒不許出抑而行之必發狂疾乃知唐藩鎭之屬皆晨入昏歸亦已少暇如牛僧孺待杜牧固不以常禮也

不成尋別業未敢息微躬烏鵲愁銀漢宋注愁無塡河之力也駑駘怕錦幪言畏羈束徐陵詩金鞍覆錦幪幪鞍帕也會希全物色張溍注物色物之本色謂得全其閒曠之本色也時放倚梧桐莊子倚樹而吟據槁梧而瞑

黃白山云公與嚴武始終睽合之故具見此詩公在蜀兩依嚴武其於故舊之情不可謂不厚及居幕中未免以禮數相拘又爲同輩所譖此公所以不堪其束縛往往寄之篇詠也

送舍弟穎赴齊州三首

穎想以省公來蜀茲送其歸耳

邵云老人絮絮眞情苦語○公寄弟憶弟諸詩無不佳以其從眞性情流出也

李云老筆瘦硬眞乃慨惻動人

張云傍字看字多少斟酌是亂離眞景

岷嶺南蠻北己所在南蠻南詔蠻也徐關東海西弟所赴徐關在齊地左傳徐侯自齊關入此行何日到送汝萬行嘷絕域惟高枕淸風獨杖藜二句言後凄凉時危暫相見衰白意都迷言暫見卽別故使心緒憒亂風塵暗不開汝去幾時來兄弟分離苦形容老病催上二承時危此二承衰白江通一柱觀日落望鄉臺注俱見七卷客意長東北結○語○眞○覺○黯然○魂○消○以飄泊西南故齊州安在哉蔣云明明在東北卻忽忽如不知卽所謂衰白意都迷也不覺一一○想到諸姑今海畔公范陽太君盧氏墓誌太君二女一適京兆王佑一適會稽賀撝兩弟亦山東謂觀與豐去傍干戈覓來看道路通短衣防戰地匹馬逐秋風二句又囑其路上小心莫作俱流落長瞻碣石鴻廣絕交論鞅歸鴻於碣石碣石山在齊州東北海中

欲其到後先寄書相慰也

嚴鄭公階下新松得霑字

弱質豈自負○移根方爾瞻○細聲聞玉帳○疏翠近珠簾○未見紫烟集松高則雲烟集虛蒙清露霑○何當一百丈○欹蓋擁高簷○

嚴鄭公宅同詠竹得香字

綠竹半含籜○新梢纔出牆○色侵書帙晚○陰過酒樽涼○雨洗娟娟淨○風吹細細香○但令無翦伐○會見拂雲長○

李子德云二詩秀色藹然俱切時地言之非漫作者○張上若云松竹皆公自喻幕中效職之意不能無望於鄭公之培植也

晚秋陪嚴鄭公摩訶池泛舟得溪字 成都記隋蜀王秀取土築廣子城因爲池有胡僧見之曰摩訶宮毗羅蓋摩訶爲大宮毗羅爲龍謂此池廣大有龍因名摩訶池在成都縣東南十二里

湍駛風醒酒承風船回霧起隄承霧高城秋自落雜樹晚相迷坐觸鴛鴦起坐字卽黃鶯並坐之坐巢傾翡翠低莫須驚白鷺爲伴宿青一作清溪

陪鄭公秋晚北池臨眺 集外詩見郭知達黃鶴本

北池雲水闊華館闢秋風獨鶴元依渚衰荷且映空首敘秋池景物採菱寒刺上踏藕野泥中素檝分曹往金盤小徑通次敘臨眺景事素檝金盤採取菱藕以獻也萋萋露草碧片片晚旗紅盃酒霑津吏衣

邵云通首穩秀

王右仲云素檝杯酒兩聯寫出大官遊宴氣象

邵云刻劃秀淨巧不傷雅

裳與釣翁異方初豔菊故里亦高桐搖落關山思自謂
（末寫陪字○意）（一云）（帶有節○意得體）
淹畱戰伐功（指嚴）嚴城殊未掩淸宴已知終何補參軍
事（一作卿）（晉書孫楚爲石苞將軍初至長揖曰天子命我參卿軍事）歡娛到薄躬

奉觀嚴鄭公廳事岷山沱江畫圖十韻得忘字

沱水流中座岷山到（一作對）北堂白波吹粉壁青嶂插雕
（○沈○云○卽○堂○上○不○合○生○楓○樹○起○法）（逐聯山水○分貼）
梁直訝松杉冷兼疑菱荇香雪雲虛點綴沙草得微
茫嶺雁隨毫末川蜺飲練光（朱注毫末謂筆毫之末練光謂素練之光兼用澄江淨如練意）霏
紅洲蘂亂拂黛石蘿長暗谷非關雨丹楓不爲霜秋
（二句用○比）（結上○自寫觀字○收）
城玄圃外景物洞庭旁繪事功殊絕幽襟興激昂從

四句有無數層折俯仰具足眞一字一頓挫

首敘惜別之情

○到○嚴○公○鄭○重○得○體○ ○

來謝太傅邱壑道難忘（晉書）謝安放情邱壑雖受朝寄東山之志始末不渝

王阮亭云格律精細點眼只在一二虛字學者宜潛心玩之○此詩誠齋所極賞然在杜排律中卻另爲一體格調似諸唐人必謂公他作皆不及則非也

送唐十五誡因寄禮部賈侍郎（舊唐書）賈至傳寶應二年爲尚書左丞廣德二年轉禮部侍郎（朱注舊唐書）是年九月尚書左丞楊綰知東京選禮部侍郎賈至知東京舉兩都分舉選自至始時唐十五必往東都赴舉公故寄此詩爲之先容也

九載一相逢百年能幾何復爲萬里別送子山之阿白鶴久同林潛魚本同河未知棲息期衰老强高歌歌罷兩悽惻六龍忽蹉跎相視髮皓白況難駐羲和

憤世疾俗之言寫得十分警動語亦可泣鬼神

次言行路之難並慨時事

末段乃因唐寄賈正文末句帶及自家不漏

六龍羲和注俱見五卷胡星墜燕地謂史朝義唐書廣德元年正月史朝義縊死於幽州醫巫閭祠下傳首京師漢將仍橫戈謂僕固懷恩通鑑廣德二年七月僕固懷恩引回紇吐蕃入寇冬十月逼奉天蕭條九州內人少豺虎多少人慎莫投多虎信所過饑有易子食獸猶畏虞羅四句更轉進一層即苛政猛於虎意以下二句申上二句子負經濟才天門鬱嵯峨即君門萬里意飄颻適東周國策注周今洛陽東來往若崩波鮑照詩客行惜日月崩波不可留南宮吾故人白馬金盤陀金盤陀馬鞍飾也注見二卷句言其爲貴官雄筆映千古見賢心靡他念子善師事歲寒守舊柯謂其勿輕馳騖亦取久要之意爲我謝賈公病肺臥江沱

初冬

黃白山云漁獵亦常事拈急字著字便有意致

王右仲云自己有愁忽想到羣仙之不愁眞得味外之味

此首虛擬下首實寫

垂老戎衣窄（幕官亦著戎服以時方用兵故）歸休寒色深漁舟上急水獵火著高林日有習池醉愁來梁甫吟干戈未偃息出處遂何心（遂得遂也）

觀李固請司馬弟山水圖三首（詳詩意所畫當是海上仙山圖）

上半敘事作題前襯筆已覺灑落異人

易簡高人意匡牀竹火爐寒天畱遠客碧海掛新圖雖對連山好貪看絕島孤羣仙不愁思冉冉下蓬壺

方丈渾連水天台總映雲人間常見畫老去恨空聞

兪云一結沉鬱

范蠡舟偏小王喬鶴不羣此生隨萬物何路（一作處）出塵氛

收處同一厭濁世而慕仙遊卻前用反筆此用正筆

邵云疏老

八句皆畫中景

高浪垂翻屋崩崖欲壓牀野橋分子細沙岸繞微茫紅浸珊瑚短青懸薜荔長浮查並坐得仙老暫相將（拾遺記堯時有巨查浮於西海其上有光若星月常繞四海十二年一周名貫月查又名掛星查羽人棲息其上）

冬至至後日初長遠在劍南思洛陽（公舊居）青袍白馬有何意（謂爲幕職）金谷銅駝非故鄉（石崇金谷詩序余別廬在河南縣界金谷澗華延儁洛陽記兩銅駝在宮之南街東西相向高九尺洛陽謂之銅駝陌按銅駝本漢所鑄）梅花欲開不自覺棣萼一別永相望愁極本憑詩遣興詩成吟詠轉淒涼

結語願嫌直致

懷舊（仇注此悼蘇之亡而自傷失侶也）

眞切

地下蘇司業（源明先爲國子司業後爲祕書少監）情親獨有君那因喪亂後便作死生分老罷知明鏡（謂覽鏡知其衰老也）悲來望白雲（用淵明停雲思友意即所謂哭友白雲長也）自從失詞伯不復更論文

哭台州鄭司戶蘇少監（集外詩見郭知達黃鶴本）

直入慘然

故舊誰憐我平生鄭與蘇存亡不重見喪亂獨前途

先爲一身哭　次爲天下哭

豪俊何人在文章掃地無羈遊萬里闊（自謂）凶問一年俱（鄭蘇同卒於廣德二年）

起下二句

白日中原上清秋大海隅夜臺當北斗（公詩秦城北斗邊）泉路窅東吳（唐書云台州屬淮南東道採訪使張遠注北斗蓬閣承中原指蘇東吳台州承海隅指鄭）得罪台州去時危棄碩儒移官蓬閣後（謂爲祕書少監）穀貴歿潛夫

鶴注廣德二年斗米千錢苕溪漁隱叢話律詩有扇對格如少陵哭鄭司戶蘇少監詩得罪台州去四句是也東坡和鬱孤臺詩云邂逅陪車馬尋芳謝朓洲淒凉望鄉國得句仲宣樓用此體

流慟嗟何及。銜寃有是夫。道消詩發興。心息酒爲徒。言以不爲世用始放情於詩酒也 許與才雖薄。追隨跡未拘。班揚名甚盛。嵇阮逸相須。會取君臣合。寧詮也論品命殊。賢良不必展。廊廟偶然趨。仇注四句言天寶之際鄭蘇俱仕而未久 勝決風塵際。功安造化鑪。從容詢舊學。慘澹閟陰符。四句言肅宗復國後蘇得官而鄭貶斥說命台小子舊學於甘盤唐書兵書類有周書陰符九卷蘇昔爲太子論德後又除祕書少監故曰詢舊學鄭嘗著天寶軍防錄未能見用於世故曰閟陰符

擺落嫌疑久。哀傷志力輸。二句言公與二子爲忘形之交今以哀傷而志力灰頹也 俗依縣谷異。客對雪山孤。童稚思諸子。言幼時便慕諸子才名二公年蓋少長 交朋

列友于情乖清酒送望絕撫墳呼〔謝靈運詩〕撫墳徒自傷瘧痢一作病餐巴水瘡痍老蜀都〔鶴注〕此與俗依綿谷異二句公自敘展轉歷縣閬間而復來成都也飄零迷哭處東吳西秦皆公所欲至而不能遂者天地日榛蕪

盧德水云此詩泣下最多緣二公與子美莫逆故也豪俊何人在四句抵一篇大祭文結云飄零迷哭處天地日榛蕪蒼蒼茫茫有何地置老夫之意想詩成時熱淚一湧而出不復論行點矣是以謂之哭也

送王侍御往東川放生池祖席

東川詩友合此贈怯輕爲況復傳宗近仇本作匠與下不複公八哀詩宗匠空然惜別離集精選言王素傳能詩故尤不敢作惜別常語惟望早歸以慰衰疾耳梅花交近野草色向平池倘憶江邊臥歸期願早知

 永泰中居成都草堂去蜀至雲安居夔州作

正月三日歸溪上有作簡院內諸公

野外堂依竹，籬邊水向城。蟻浮仍臘味（謂酒釀於臘月），鷗泛已春聲。藥許鄰人劚，書從稚子擎（謂任之不嚴督也）。白頭趨幕府，深覺負平生。

敝廬遣興奉寄嚴公

（只二句寫得春興勃然）

野水平橋路，春沙映竹村。風輕粉蝶喜，花暖蜜蜂喧。把酒宜深酌，題詩好細論。府中瞻暇日，江上憶詞源（詞源謂嚴公）。跡忝朝廷舊，情依節制尊。還思長者轍，恐避席

爲門【陳平傳】家貧以席爲門然門外多長者車轍

蔣弱六云上四句敝廬遣興若傲以所無撥動他詩興招之使不得不來也下四句奉寄嚴公末更以相與之素相依之情坐實他必不棄貧賤之誼而特用反跌以速之絕妙招飲小簡

營屋

我有陰江竹能令朱夏寒陰通積水內高入浮雲端張云陰沈可駭實有此景甚疑鬼物憑不顧翦伐殘東偏若順也面勢戶牖永可安愛惜已六載公自上元元年營草堂至永泰元年爲六載茲晨去千竿言欲於竹間營屋故必以去之爲事是芟除後快景蕭蕭見白日洶洶開奔湍度堂匪華麗養拙異考槃言居之暫草茅雖薙葺言茸之陋衰疾方少寬洗音洒然順所適此

足代加餐寂無斧斤響庶遂憩息歡

除草〔原注〕去蕁草也蕁音潛〔益部方物贊〕㷰麻自劍以南處處皆有之或觸其葉如蜂螫人以溺灌之卽解莖有刺葉或青或紫善治風瘇考杜詩當作蕁

草有害於人曾何生阻修其毒甚蜂蠆其多彌道周清晨步前林江色未散憂芒刺在我眼〔霍光傳〕光驂乘上內嚴憚之若有芒刺在背焉能待高秋霜露一霑凝蕁葉亦難畱〔趙曰〕若待秋去之則蕁葉與蕁草美惡無辨矣二句正言不可不除之爲急荷鋤先童稚日入仍討求轉致水中央豈無雙釣舟頑根易滋蔓敢使依舊丘自茲藩籬曠更覺松竹幽芟夷不可闕疾惡信如讐

蔣云首一江村春日分點從江村便想到萬里從春日便感及百年何等胸次

申鳧盟云有爲調停之說者賢奸並用而國事已去不可不三復此詩芒刺在我眼二句丰裁凜然頑根易滋蔓敢使依舊邱於去惡盡三致意焉末只一語點破正意多則反淺

春日江村五首

農務村村急春流岸岸深乾坤萬里眼謂從蜀江望去家國俱遠時序百年心天涯孤身百年過客語壯而悲亦便含末首意茅屋還堪賦言故鄉所居桃源自可尋艱難昧生理飄泊到如今

迢遞來三蜀蹉跎又六年客身逢故舊發興自林泉幸逢故舊謂可建立功名發興林泉誰知仍歸落拓後四句遂一意隱居無復他望矣過懶從衣結頻遊任履穿藩籬頗無限謂無拘束意一作無限景便淺恣意向江天

此首追憶重歸草堂所見

此首方及今謝職來歸

種竹交加翠，栽桃爛漫紅。經心石鏡月，到面雪山風。

赤管隨王命（漢官儀尚書令僕丞郎日給赤管大筆一雙篆題曰北宮著作）銀章付老翁（漢百官表凡吏秩比二千石以上皆銀印青綬）豈知牙齒落名玷薦賢中（蒲注結聯有自顧失笑意所以決辭無悔）

排病垂朱紱歸休步紫苔（沈約詩客位紫苔生）郊扉存晚計（言將終老於此）

結網○思○雋○句

幕府愧羣材。燕外晴絲卷，鷗邊水葉開。鄰家送魚鼈，問我數能來（問謂問遺）

羣盜哀王粲（王粲七哀詩西京亂無象豺虎方遘患注豺虎謂羣盜也）中年召賈生。登樓初有作（王粲避亂客荊州思歸作登樓賦）前席竟爲榮（漢書賈誼爲長沙王太傅歲餘帝思誼徵之宣室問鬼神之事至夜半文帝前席蔣云初字是何願望賦中冀王道之一平兮假高衢而騁力是也竟字不料僅然舊評謂千秋萬歲稱杜工部則自今日始也）

宅

入先賢傳（郡國志）長沙寺南有賈誼宅（沔襄記）王粲宅在襄陽并臺尚存（又）古書有楚國先賢傳才高處士名西征賦賈生洛陽之才子（魏志）蔡邕見王粲謂坐客曰此王公孫有異才言王賈之才不遇於時猶之處士而已異時懷二子○仍○結○歸○春○日○章○法○最○密春日復含情朱鶴齡云公依幕府似王粲荊州官幕僚似賈生王傳故此詩以二子自況因以自悲也宅空載於先賢名實同於處士二語正爲卜居草堂吏隱使府發歎寄感甚深

五詩前首總起末首總結中三首逐章承遞從前心事向後行藏備悉此中可作公一篇自述小傳讀

長吟集外詩見卞圜吳若黃鶴本

江渚翻鷗戲官橋帶柳陰花飛競渡日（仇注）荊楚歲時記屈原以五日死於汨羅人以舟拯之競渡是其遺俗唐人以中和節爲戲草見踏青心（壺中贅錄）蜀中風俗舊以二月二日爲踏青節言覩物情之向榮而覺人心之間曠也競渡在江渚踏青在柳陰二句用分承說已撥形骸累前在幕時未免束縛眞爲爛

邵云足見詩句至穩大非易境

前半善寫虛景

公好截中四語作絕句

漫深賦詩新句穩不覺(一作兒)自長吟

春遠(顧注猶言春深也)

肅肅花絮晚菲菲紅素輕(本草柳花一名絮紅言花素言絮也) 日長惟鳥雀(見過客之稀) 春遠獨柴荆(見村居之僻) 數有關中亂(唐書廣德二年十月僕固懷恩誘回紇吐蕃入寇永泰元年二月黨項羌寇富平富平屬京兆府) 何曾劍外清(時蜀邊仍未撤戍) 故鄉歸不得 地入亞夫營(注見三卷時郭子儀屯兵涇原)

絕句五首

寫積雨新晴景色曲盡

日出籬東水 雲生舍北泥(言蒸溼未散) 竹高鳴翡翠 沙僻舞鵾雞(俱以喜晴故)

張云閉戶久實有此景

藹藹花蕊亂飛飛蜂蝶多幽棲身懶動客至欲如何鑿井交椶葉（趙曰蜀有鹽井雨露之水落其中則壞新鑿井時即交椶葉以覆之）開渠斷竹根扁舟輕裊纜小徑曲通村急雨捎溪足（謂雨勢掠過）斜暉轉樹腰（承樹）隔巢黃鳥並（承溪）翻藻白魚跳舍下筍穿壁庭中藤刺（七亦切）簷地晴絲冉冉江白草纖纖（取嫩綠相映亦自雨後見出）江動月移石溪虛雲傍花（黃生注石在江邊月浮江上波既動則月亦隨波移於石之前後左右矣花在溪旁雲行天上映於水中故見其虛而相傍二句體物甚精）鳥棲知故道帆過宿誰家

李云樸甚然自雅

寫所居景物當在春夏之交禽魚花草種種幽適字堪入畫惟稍嫌太板實耳

絕句四首（此皆就所見掇拾成詩亦漫興之類）

堂西長筍別開門塹北行椒卻背村（行椒椒之成行者仇注別開門恐踏筍也卻背村爲塹隔也）梅熟許同朱老喫松高擬對阮生論（原注朱阮劍外相知）

欲作魚梁雲覆湍因經四月雨聲寒青溪先有蛟龍窟竹石如山不敢安（趙曰魚梁乃劈竹積石橫截中流以取魚者因溪下有蛟龍時興雲雨故未敢安也）

兩箇黃鸝鳴翠柳一行白鷺上青天窗含西嶺千秋雪門泊東吳萬里船（范成大吳船錄蜀人入吳者皆從合江亭登舟其西則萬里橋句亦寓下峽意）

藥條藥（一作萊）甲潤青青色過椶亭入草亭苗滿空山慙

取譽根居隙地怯成形。猶成材也蒲注下二就藥寓意空山隙地得遂其性將反畏人之見知矣公所以辭幕而居此歟

絕句三首 集外詩見吳若黃鶴本

聞道巴山裏春船正好行。都將百年興一望九江城。九江城謂江陵時蓋已有出峽之志

水檻溫江口（唐書溫江縣屬成都府）茅堂石筍西。移船先主廟洗藥浣花溪。

漫道春來好狂風太放顛吹花隨水去翻卻釣魚船

三首一氣轉下

此首神韻絕似太白

喜雨

追昔撫今無限悲慨於結尾露意

南國旱無雨今朝江出雲入空纔漠漠(雲言)灑迴已紛紛(雨言)巢燕高飛盡林花潤色分曉來聲不絕應得夜深聞

莫相疑行

男兒生無所成頭皓白牙齒欲落眞可惜憶獻三賦蓬萊宮自怪一日聲輝(一作烜)赫集賢學士如堵牆(禮記孔子射於矍相之圃觀者如堵牆)觀我落筆中書堂(本傳甫獻三大禮賦帝奇之使待制集賢院命宰相試文章)往時文采動人主此(一作今)日饑寒趨路旁晚將末契託年少(指同輩者)當面輸心背面笑寄謝悠悠世上兒不爭好惡莫

自怪妙

一句寫盡世情

仇云孔雀被觸一事四句飛燕見嚇一事兩句皇孫鮑莊一事一句文法錯綜入古

相疑。前詩有分曹失異同句知辭幕之故大半因同輩不合蓋一則老不入少一則主人相待獨優未免見忌然公實無心與競彼亦何用相疑哉末二句蓋開誠以示之也

赤霄行（楚辭）載赤霄而凌太清

奇語似謠似諺

孔雀未知牛有角（叶谷）渴飲寒泉逢牴觸赤霄玄圃任往來翠尾金花不辭辱言所志者大不以爲意也（博物志）孔雀尾多變色如雲霞無定人採其尾有金翠初春乃生四月後凋與花蕊俱榮衰江中淘河嚇飛燕（爾雅）鵜鴮鸅（注）今之鵜鶘也好羣飛沈水食魚故名洿澤俗呼爲淘河（莊子）鴟得腐鼠鵷雛過之仰而視之曰嚇（注）嚇怒而拒物聲言燕從江上來淘河疑爭其魚而嚇之銜泥卻落羞華屋羞羞向也皇孫猶曾蓮音輦勺困（漢宣帝紀）帝初爲皇曾孫喜遊俠嘗困於蓮勺鹵中（如淳曰）爲人所困辱也蓮勺縣有鹽池縱廣十餘里鄉人名爲鹵中衛朱云當作鮑莊見貶傷其足（左傳）齊國子相靈公高鮑處守及還孟子愬之曰高鮑將不納

中云三韻三篇甚古悍

君欣刖鮑牽而逐高無咎仲尼曰鮑莊子之智不如葵葵猶能衛其足注葵傾葉向日以蔽其根 老翁愼莫怪少年葛

○更○置○身○百

亮貴和書有篇諸葛亮傳陳壽所上諸葛亮集目錄凡二十四篇貴和篇第十一 丈夫垂名動

○尺○樓○上

萬年記憶細故非高賢

公以白頭趨幕不免爲同列少年所侮二詩蓋於辭歸後追歎之也

三韻三首黃鶴注此詩刺廣德永泰間朝士之趨附元載魚朝恩者

高馬勿唾一作捶面戰國策趙太后謂左右有復言令長安君爲質者老婦必唾其面長魚無損鱗辱馬馬毛焦困魚魚有神君看磊落士不肯易其身

蕩蕩萬斛船影若揚白虹起檣必椎牛掛席集衆功自非風動天莫置大水中言大才不可小用

有篇無句至此方是老境結又得體

烈士惡多門（左傳晉政多門）小人自同調名利苟可取殺身傍權要何當官曹清爾輩堪一笑（痛快不嫌其直）

張上若云此公自喻一生立身行己不苟處而古今君子自待之道不能越此

去蜀（集外詩見郭知達黃鶴本）

五載客蜀郡一年居梓州如何關塞阻轉作瀟湘遊（時將往荊楚）世事已黃髮殘生隨白鷗安危大臣在何（一作不）必淚長流（結用反言見意語似自寬正隱諷大臣也）

宿青溪驛奉懷張員外十五兄之緒（輿地紀勝青溪驛在嘉州犍爲縣高力士外傳李輔國弄權但經推按不死則流黔中道尤多員外則張謂張之緒李宜）

邵云眼前景語自然入妙

明宗臣報劉一丈書所本

漾舟千山內日入泊枉一作荒渚我生本飄飄今復在何許石根青楓林猿鳥聚儔侶月明遊子靜畏虎不得語中夜懷友朋乾坤此深阻浩蕩前後間仇注時張在荊楚公將往與相會故曰前後間佳期赴荊楚

五字淒絕

狂歌行贈四兄

集外詩見陳浩然本又見文苑英華胡夏客曰公諸弟見於詩者不一此兄又其諸從也蔣云胸中無限牢騷借乃兄發泄題曰狂歌行傷我羨人一片鬱勃所出都是狂態也

與兄行年校一歲謂差少一年也賢者是兄愚者弟兄將富貴等浮雲弟竊一作切功名好權勢長安秋雨十日泥我曹鞴音備馬聽晨雞說文鞴車鞁也一曰加鞍於馬曰鞴公卿朱門未開鎖我曹

故自貶作一笑四句承好權勢

可承等浮雲

已到肩相齊吾兄穩睡方舒膝不襪不巾踏曉日（見雨即不出也）男啼女哭莫我知身上須繒腹中實（上皆追述前事）今年思我來嘉州嘉州酒香（一作重）花滿（一作繞）樓樓頭喫酒樓下臥長歌短詠迭（一作還）相酬四時八節還拘禮女拜弟妻男拜弟幅巾鞶帶不掛身（只須繒）頭脂足垢何曾洗（只須腹實）吾兄吾兄巢許倫一生喜怒常任眞（正自傷其不得任眞也）日斜枕肘寢已熟啾啾唧唧爲何人（廣韻啾唧小聲也）

妙語正對自家心事寫出

可見仍不遠乎人情

邵云受用在此

邵子湘云眞率別是一種閑中晚多少法門元白張王都領此派然亦爲宋人濫觴

宴戎州楊使君東樓

（唐書戎州南溪郡屬劒南道（補注）戎州即今之敘州在成都府東南）

起語斗絕二句更以回曲見致

勝絕驚身老情忘發興奇（言勝地高會不覺忘老也）承次句 座從歌妓密樂任主人爲（張云坐雖與妓密而樂則仍任主人爲二句自有微意）重碧拈春酒（趙曰元微之元日詩羞看稚子先拈酒白樂天歲假詩歲酒先拈辭不得則拈酒乃唐人語）應轉首句 輕紅擘荔枝（唐書戎州土貢荔枝）樓高欲愁思橫笛未休吹

渝州候嚴六侍御不到先下峽（唐書渝州南平郡屬劍南道卽今重慶府）

聞道乘驄發沙邊待至今不知雲雨散（王粲詩風流雲散一別如雨）虛費短長吟山帶烏蠻闊（二句言渝州之勝梁益記巂州巂山其地接諸蠻部有烏蠻白蠻）江連白帝深（白帝城在夔州）船經一柱觀（在荊州）留眼共登臨（公此行本欲出峽因不果而留止於夔耳）

亦屬戲筆○何云言酒能解憂即三峽驚濤可以不計無窮拙鬱卻寫得興會飛騰公詩作用所以微也

撥悶

聞道雲安麴米春 雲安注見下東坡志林退之詩且可勤買拋青春國史補酒有滎陽之土窟春富平之石凍春劍南之燒春子美亦云雲安麴米春乃知唐人名酒多以春也 纔傾一盞卽醺人乘舟取醉非難事下峽銷愁定幾巡長年三老遙憐汝 蔡注峽中以篙師爲長年柁工爲三老 捩柁開頭捷有神 邵注三老捩柁者長年開頭者 已辦青錢防雇直當令美味入吾脣

聞高常侍亡 原注忠州作唐書適召還轉左散騎常侍永泰元年正月卒

歸朝不相見蜀使忽傳亡虛歷金華省 後漢班固傳班伯拜中常侍時上方鄉學鄭寬中張禹朝夕入說尚書論語於金華殿中詔伯受焉漢宮闕記金華殿在未央宮白虎殿右祕府圖書皆在 何殊地下郎 王隱

觀下題忠州院壁詩知此詩有深意

〔晉書〕蘇韶仕中牟令卒韶伯父子節夢見韶言顏回卜商今現在爲修文郎　致君丹檻折用朱雲事注見後　哭友白雲長獨步詩名在祇令故舊傷

杜詩博議盧歷金華省何殊地下郎惜其有才不展雖官華要何異地下修文痛之深也史稱適負氣敢言權貴側目又常侍主諷諫過失故有致君丹檻折之句

宴忠州使君姪宅

〔唐書〕忠州南賓郡屬山南東道

出守吾家姪殊方此日歡自須遊阮舍比姪居也自須二字亦便有强意　不是怕湖灘言非因險而住〔峽程記〕四百五十灘有清水重峯湖灘漢灘〔一統志〕湖灘在夔州府萬縣西六十里其水甚險春夏水汎江面如湖　樂助長歌送杯饒旅思寬昔曾如意舞〔世說〕王戎好作如意舞　牽率强爲看〔左傳〕牽率老夫以至於此

王阮亭云寫得神靈颯然筆墨之妙。

禹廟 方輿勝覽禹祠在忠州陵江縣南過岷江二里

禹廟空山裏秋風落日斜荒庭垂橘柚古屋畫龍蛇 二句廟中 招魂仰觀刻桷畫龍蛇些孫莘老曰橘柚錫貢驅龍蛇皆禹事公因見此有感也 雲氣生虛一作噓青壁江聲走白 二句廟外 沙早知乘四載 書傳四載謂水乘舟陸乘車泥乘楯山乘樏 疏鑿控三巴 譙周巴記劉璋分巴以永寧為巴東郡墊江為巴郡閬中為巴西郡是為三巴 仇注 禹乘四載以治水向時早已知之今親至三巴而見其疏鑿遺跡也

仇滄柱云四十字中風景形勝廟貌功德無所不包局法謹嚴氣象宏壯是大手筆○胡元瑞曰此詩荒庭垂橘柚二句與錫飛常近鶴杯渡不驚鷗皆用事入化處然不作用事看則古廟之荒涼畫壁之飛動亦更無人可着語此老杜千古絕技未易追也

題忠州龍興寺所居院壁 陸務觀有龍興寺弔少陵先生寓居詩屬蹕老臣身萬里天寒來此聽江聲 卽此注 寺門聞江聲甚壯

忠州三峽內（趙曰三峽以明月峽爲首巴峽巫峽之類爲中東突峽爲盡 補注明月峽在渝州巫峽等在夔外忠州在夔渝之間故曰三峽內）井邑聚雲根 小市常爭米（以石多土少故）孤城早閉門 空看過客淚 莫覓主人恩 淹泊仍愁虎 深居賴獨園（金剛經有祇樹給孤獨園）

○張○云○山○縣○眞景

哭嚴僕射歸櫬（嚴武傳永泰元年四月薨年四十贈尚書左僕射）

素幔隨流水 歸舟返舊京（朱注武本華陰人故櫬歸京師）老親如宿昔（武母甚賢及卒時母尚在）部曲異平生 風送蛟龍匣（西京雜記帝及諸王送死皆珠襦玉匣匣形如鎧甲連以金縷爲蛟龍鸞鳳之狀世謂蛟龍玉匣 按霍光傳賜璧珠璣玉衣梓宮則人臣亦可稱蛟龍匣也 公哀李光弼詩亦云零落蛟龍匣）天長驃騎營（漢書元狩六年霍去病以驃騎將軍薨其年略與武同故以相比 上句謂靈櫬遠去 此句謂故府遙瞻）一哀三峽暮（見哭之久）

○邵○云○語○有○氣勢 是節度歸櫬

邵云警聯不易得

遺後見君情 遺後猶云身後公在幕時與嚴頗不甚合及至忠渝間人情涼薄益念及昔日相依語最眞摯

劉後村曰老親二句極其悽愴李義山有過舊府寄諸掾詩云莫憑無鬼論終負託孤心猶有門生故吏之情可以矯薄俗

旅夜書懷

上四旅夜 雄渾

細草微風岸危檣獨夜舟星垂平野闊月湧大江流

下四書懷 末句應舟中

名豈文章著官應老病休飄飄何所似天地一沙鷗

沈確士云胷懷經濟故云名豈以文章而著官以論事罷而云老病應休立言含蓄之妙如此

放船 集外詩見郭知達黃鶴本

收帆下急水卷幔逐回灘 張云帆至水勢迅急則收之防過疾也幔至回灘曲折則卷之恐遮蔽也二句是川江中景

江市戎戎暗 詩何彼襛矣注襛襛猶戎戎張衡冢賦乃樹靈木戎戎繁霜此指市中晚烟之盛 山雲淰淰 音審 淰

邵云情致楚楚

寒（禮運龍以爲畜故魚鮪不淰[注]淰之言閃也淰淰大約言薇掩日光合散不定之狀）荒林無徑入獨鳥怪人看已泊城樓底何曾夜色闌（上寫峽暗林昏幾於夜色矣及至泊舟始知日尚未闌也）妙語

雲安九日鄭十八攜酒陪諸公宴（舊唐書雲安縣屬夔州浦注今爲雲陽縣在夔州北百七十里）

寒花開已盡菊蘂獨盈枝舊摘人頻異輕香酒暫隨（陶開虞曰着一頻字上下數十年存沒離合之感具見暫字見樽酒匆匆過此行蹤飄泊不知又作何狀也）地偏初衣裌（袷同說文裌無絮衣[徐曰]夾衣也句亦見地氣之暖）山擁更登危萬國皆戎馬（鶴注是年九月僕固懷恩誘回紇吐蕃入寇）酣歌淚欲垂

答鄭十七郎一絕（此當是鄭十八之兄乃訪鄭後鄭賦詩而公答之也）

詩開郊島派○李云亦東坡所謂絢爛之極歸於平淡者

雨後過畦潤花殘步履遲把文驚小陸（陸雲也比鄭十八）好客見當時（鄭莊也比鄭十七）

別常徵君

兒扶猶杖策臥病一秋强（餘也）白髮少（三字一讀）新洗寒衣寬（○句○法○別　畫○出○老○人○病）（○起○樣　子）總長故人憂見及（言徵君憂已之病而見訪）此別淚相忘（言不覺下淚也）各逐萍流轉來書細作行

此首江之源

長江二首

衆水會涪萬（涪注涪州在岷江之南萬州在岷江之北俱在夔之上流）瞿塘爭一門（寰宇記瞿塘在夔州東一里古西陵峽也連崖千丈奔流電激方輿勝覽瞿唐峽乃三峽之門兩崖相對中貫江望之如門焉）（○筆○力○高○古○直　是水經）朝宗人共挹（取也）盜賊

蔣云借波浪點出歸心卽借歸心寫出波浪兩面都出

此首江之尾

爾誰尊。言水猶知朝宗盜賊乃爾犯順爾將含天子而誰尊乎 孤石隱如馬。寰宇記灩澦堆在蜀江中心瞿唐峽口水經注江中有孤石爲淫預石冬出水二十餘丈夏則沒樂府淫豫大如馬瞿塘不可下 高蘿垂飲猿水經注瞿唐峽多猿不生北岸謝靈運遊名山志觀掛猿下飲百丈相連二句係虛實借對 歸心異波浪何事卽飛翻 ○前○次○聯○罵○賊○此○更○論○以大義天下○

浩浩終不息乃知東極臨東極指東海 衆流歸海意萬國奉君心解出終屬○不佳 色借瀟湘闊聲驅灩澦深未辭添霧雨接上過衣襟。王道俊曰江流上接霧雨而過人衣襟之間所謂波浪兼天者如此四句亦寓出峽北歸之意言使歸心得遂卽冒險有所不辭也

浦二田云時崔旰殺郭英乂公在雲安聞蜀亂思下峽以避之故借長江寫意非咏江也

作二首

承聞故房相公靈櫬自閬州啟殯歸葬東都有

蔣云孔明功業未就安石忠勳死後方明非獨是兩名相用事十分精切

遠聞房太尉。一作守非 二句多少惋惜 歸葬陸渾山。[十道志]陸渾山在洛陽[唐書]琯河南人少好學與東平呂向偕隱陸渾山 十年 一德興王後 琯相肅宗中興故以一德興王許之 孤魂久客間。孔明多故事 [蜀志]陳壽與荀勖等定故蜀丞相諸葛亮故事二十四篇以進句言琯言行皆可垂後 安石竟崇班。[王獻之傳]謝安薨贈禮有異同之議惟獻之與徐邈共明安之忠勳孝武帝遂加安殊禮贈太傅句比房贈太尉所以慰之 他日嘉陵淚 嘉陵江在閬州 仍霑楚水還 江北流至夔州爲楚水公在閬州曾哭琯墓故言此淚仍隨江水而來也

丹旐飛飛日 丹旐銘旌也[周王褒送葬詩]丹旐書空位 初傳發閬州 風塵終不解 江漢忽同流 嘉陵江一名漢水房公之櫬自西漢而下夔江故云何云房相一生志在興復今旅櫬所經但見江漢之朝宗未解風塵之澒洞目其不瞑乎深悼之也 劍動親身匣 [朱注][左傳]不識屬辟[疏]云屬名大棺辟親身棺也劍動言其靈爽所憑旣沒猶思討賊 書歸故國樓 見其別無長物 盡哀知有處 爲客恐長休 公舊莊亦在陸渾末

句盡不但悲房而且自悲矣

李子德云目擊時艱心傷國是其詩至眞至老視黃鳥爲哀矣○前首倒從歸葬東都說到閬州次首從自閬州啟殯說到歸葬亦用首尾迴環三四前合汚隆作歎後合身世作歎五六前述國典後思故物中四句又各暗用分承意到而情更切摯

上四將曉景物
下四將曉心事

將曉二首 觀第二首此行當屬鄰近應酬往返之事

石城除停也擊柝〔巴漢志〕朐䏰縣山有大小石城漢朐䏰唐雲安也鐵鎖欲開關鼓角愁荒塞星河落曙一作曉山巴人常小梗蜀使動無還統指段子璋徐知道崔旰之亂垂老孤帆色飄飄犯百蠻〔浦注〕雲安夔州之南皆蠻地今爲平茶酉陽諸土官處 ○犯○字○妙 ○寫○曉○景○如○畫

軍吏回官燭當是縣邑主人遣役相送舟人自楚歌寒沙蒙薄霧落月去清波三四前寫岸上之景此寫舟前之景壯惜身名晚衰慙應接多歸朝日

（結亦從將曉解發）

衰筋力定如何（公初離蜀時本欲北歸觀後客堂詩尚想趨朝廷毫髮裨社稷亦此意）

懷錦水居止二首（此因蜀亂而懷思草堂也）

（此首從成都想到草堂）

軍旅西征僻（謂王師未到）風塵戰伐多（唐書永泰元年冬十月劍南節度使郭英乂爲兵馬使崔旰所殺邛州牙將柏茂琳瀘州牙將楊子琳劍州牙將李昌巙等共起兵討之）猶聞蜀父老不忘舜謳歌（去聲）（只此足寒畔臣之膽）（謂玄宗曾幸蜀也）天險終難立（言盜賊不能恃天險以自固）柴門豈重過（結處景近情遙）朝朝巫峽水遠逗錦江波（言巫峽之水遠通錦江而歎已之不能重至草堂也）（四句承柴門）

（此首從草堂慨到成都曲盡懷字之意）

萬里橋西宅百花潭北莊層軒皆面水老樹飽經霜（四句承天險）雪嶺界天白錦城曛日黃（句兼見風塵意）惜哉形勝地回首一茫茫

浦二田云前去成都有寄題江外草堂詩此去成都復有懷錦水居止詩公生平流寓之跡惟草堂最費經營宜其流連不置

青絲

青絲白馬誰家子。用侯景事以比僕固懷恩 麤豪且逐風塵起。謂乘吐蕃入犯之後(唐書)廣德二年十月懷恩與回紇吐蕃進逼奉天永泰元年九月又誘回紇吐蕃吐谷渾黨項奴剌俱入寇 不聞漢主放妃嬪。不聞言豈不聞也(舊唐書)永泰元年二月內出宮女千人(漢書)文帝十二年出惠帝後宮美人令得嫁此盛德事故借漢主爲言也 近靜潼關掃蜂蟻。(唐書)吐蕃陷長安涇州刺史高暉爲鄉導吐蕃遁率驍騎三百東走潼關守將李日越擒而殺之 殿前兵馬破汝時。殿前兵馬謂神策軍也兵志云廣德元年代宗幸陝魚朝恩舉神策軍迎扈從以軍歸禁中自將之永泰元年又以神策軍屯苑中自是寖盛分爲左右廂數出征伐有功 十月卽爲虀粉期。(莊子)使宋王而寤子爲虀粉矣 不如面縛歸金闕。萬一皇恩下玉墀。(仇注)上初遣裴遵慶諭懷恩諷令入朝又下詔稱其勳勞許以但當詣闕更勿有疑而懷恩皆不從

郡云有古絕有律絕此及黃河二首皆古絕也

故特以此曉諭之也〔朱注〕是年九月懷恩死於鳴沙虀粉之言果驗

三絕句 詩史

前年渝州殺刺史。今年開州殺刺史。〔唐書〕開州盛山郡屬山南西道〔舊注〕大寶亂後蜀中山賊塞路渝開之事史不及書而杜詩載之師氏曲爲之說皆僞撰耳 羣盜相隨劇甚也虎狼食人更肯留妻子。

二十一家同入蜀。〔唐書〕永泰元年九月懷恩誘黨項渾奴刺寇同州及鳳翔盩厔此入蜀蓋因避羌渾之亂也 惟殘餘也一人出駱谷〔朱注〕駱谷關在京兆府盩厔縣西南一百二十里南通蜀漢〔寰宇記〕百鄠縣界西南經盩厔縣又西南入駱谷出駱谷入洋州興勢縣界 偏留得一人情事更慘 自說二女嚙臂時。〔史記〕吳起出衛國門與母訣嚙臂而盟〔杜臆〕二女嚙臂恐不兩全故棄之而走也 迴頭卻向秦雲哭。

浦云注意尤在此章禁軍之害等於山賊羌渾可以鑒矣○筆力横絶此等絶句亦非他人所有

可賞奏章結句幾於痛哭流涕

殿前兵馬雖驍雄縱暴略與羌渾同羌謂吐蕃黨項之屬渾吐谷渾也聞道殺人漢水上婦女多在官軍中朱注代宗任用中人專倚禁軍以平禍亂而不知其縱暴乃如此此詩故深刺之也

遣憤鶴注回紇既助順收河北以賊平恣行暴掠代宗冊命可汗復論功封左右殺都督以下尋爲僕固懷恩所誘與吐蕃合兵入寇此詩故深憂之

聞道花門將論功未盡歸通鑑永泰元年十月郭子儀使白光元帥精騎與回紇將藥葛羅追吐蕃於靈臺西原大破之又破之於涇州東於是回紇胡祿都督等二百餘人入見前後贈賚繒帛十萬疋府藏空竭稅百官俸以給之所謂論功未盡歸也自從收帝里誰復總戎機四句言回紇方恃功邀賞而總戎又不得其人此皆時事之可憤者也朱注吐蕃取去京師解嚴時魚朝恩統神策軍勢寖盛誰復總戎機蓋諷中人典兵而任子儀之不專也蜂蠆終懷毒雷霆可震威言當自強以定難

劉須溪云子美七言律每每放蕩此又參差竹枝之比

莫令鞭血地再溼漢臣衣左傳齊侯誅屨於徒人費弗得鞭之見血于慎行曰初雍王見回紇可汗於黃河北責雍王不於帳前舞蹈車鼻遂引藥子昂李進章少華魏琚各搒捶一百少華琚一夕而死漢臣鞭血正記此事也

十二月一日三首浦注三詩總是思歸不歸之感題是臘月而注意則在春也

首句記時

今朝臘月春意動蔣云三詩之根全在此三字生出夔地方冬而暖故臘初春意已動雲安縣前

次句記地

江可憐

承次句

一聲何處送書雁百丈誰家上瀨一作水船王周峽船具詩序岸石如齒非麻枲紉縴之爲前牽取竹之筋者破而用枲爲靭以績之以備其牽者謂之百丈入蜀記上峽惟用艣及百丈不用張帆百丈以巨竹四破爲之大如人臂聞雁則想家書見船則思出峽二句亦景中寓情

承首句

未將梅蘂驚愁眼要一作更取椒花媚遠天朱注以十二月一日去元日已近故用椒花獻頌事楊用修謂當作椒未然媚言其可愛公詩梔子紅椒豔復殊是也明光起草人所羨詳見四卷肺病幾時朝日邊因春近而念朝廷也顧注漢制尚書郎內直起草公辟嚴幕名爲檢

校員外郎實未拜官於蘄故及之

寒輕市上山烟碧日滿樓前江霧黃（亦以冬蒸地暖故有烟霧）負鹽出井此溪女（周書夔州奉節雲安皆有鹽官其俗以女當門戶多販鹽自給）打鼓發船何郡郎（張遠注峽中多曲江有峭石兩舟相觸急不及避故發船多打鼓鼓聲既遠後船方發恐相値觸損也）新亭舉目風景切（淒切也何謂中原未平王導傳中州士人避亂江左每至暇日邀飲新亭周顗中座嘆曰風景不殊舉目有江山之異通鑑注新亭去江寧縣十里近臨江渚）茂陵著書消渴長（句指肺病留蜀）春花不愁不爛漫楚客惟聽棹相將（夔爲南楚故公自稱楚客棹相將謂相將以舉棹也二句言春光即到惟恐倘不能出峽也）

（承上來試說他爛漫光景）

即看燕子入山扉豈有黃鸝歷翠微（豈有言豈不有也）短短桃花臨水岸輕輕柳絮點人衣（活對）春來準擬開懷久老去親

盧德水云末章尤空奇變化其虛實實虛有無無有之間妙極

歷亂而懷人歎老抱映盤紆此老杜七律之神境

知見面稀言年老作客正恐怕見春光也下二句申上更進一層他日一杯難強盡朱注詩作於十二月一日而云燕鸝桃柳者蓋逆道其事即所謂他日也重嗟筋力故山違筋力即老去故山違即親知見面稀一杯難進將春來亦無開懷之日耳

仇滄柱云杜詩凡數章承接必有相連章法此首章結出還朝次章結出下峽三章又恐終老峽中乃其布置次第也

又雪

南雪不到地以氣暖故青崖霑未消○承○霑○未○消○寫○南○雪○如○書微微向日薄脈脈去人遙言似有如無也冬熱鴛鴦病峽深豺虎驕文禽偏病猛獸偏驕見地惡不可久居也二句中亦帶寓意愁邊有江水焉得北之朝

雨入大歷元年此亦苦春陰蒸鬱而作

李云賦雨至此能事無遺矣

自然佳句亦從王胄詩脫出

冥冥甲子雨（朝野僉載俚諺云春雨甲子赤地千里特註出爲憂旱也）已度立春時輕箑須相向纖絺恐自疑（秋興賦於時乃屏輕箑釋纖絺以服不以時故疑也）烟添纔有色風引更如絲（二句正言陰淫連綿之狀）直覺巫山暮（高唐賦妾在巫山之陽暮爲行雨）兼催宋玉悲（仇注巫山暮謂雨後昏翳宋玉悲謂客況淒凉若謂雨過如秋便與輕箑纖絺句背）

南楚（戰國時夔亦楚地 顧注雲安在楚之西南故曰南楚）

南楚青春異寒暄早早分無名江上草隨意嶺頭雲（倒句）正月蜂相見非時鳥共聞杖藜妨躍馬不是故離羣

時當有招不赴

水閣朝霽奉簡雲安嚴明府

邵云清穠另是一格宋元人多效之

東城抱春岑江閣鄰石面崔嵬晨雲白朝旭射芳甸雨檻臥花叢風牀展書卷（謂書爲風展開也）鉤簾宿鷺起丸藥流鶯囀（晉陳壽傳父喪有疾使婢丸藥）呼婢取酒壺續兒讀文選晚交嚴明府矧此數相見

石林詩話蔡天啟云荆公每稱老杜鉤簾宿鷺起一聯以爲用意高妙五字之模楷他日公作詩得靑山捫蝨坐黃鳥挾書眠自謂不減杜語按此乃情與境會初不因思索而得荆公詩終稍近刻削矣

邵云古拙樂府有此法不害其爲大家○本將西川杜鵑陪起

杜鵑

西川有杜鵑東川無杜鵑涪萬無杜鵑（涪州今屬重慶府萬州今爲縣屬夔州府）雲安有杜鵑（起四鄭重杜鵑而誌其有無之地○吳曾漫錄樂府江南詞魚戲蓮葉東魚戲蓮葉西魚戲蓮葉南魚戲蓮葉北）

雲安杜鵑卻用兩無杜鵑處搭說便雖奇不可捉摸

本義先在客段中說透入正文只一找足此亦虛實互用之法在拙手必多寫雲安杜鵑矣

子美正用此格我昔遊錦城結廬錦水邊有竹一頃餘喬木上參天杜鵑暮春至哀哀叫其間我見常再拜重是古帝魂生子百鳥巢百鳥不敢嗔仍爲餧其子有若奉至尊鴻雁及羔羊有禮太古前推類言之行飛與乳跪識序如知恩一作又春秋繁露雁有行列羔飲其母必跪皆類知禮者故以爲贄聖賢古法則付與後世傳君看禽鳥情猶解事杜鵑今忽暮春間値我病經年身病不能拜淚下如迸泉

言外慨然雲安中云拜杜鵑語奇不能拜而泣更奇

趙次公曰此詩譏世之不修臣節者曾禽鳥之不若也舊說謂指段子璋徐知道崔旰之徒今玩語意似感當時藩鎭而發○章法不過雙提雙應而特變化其跡

張云眞景老筆寫蜀中如畫

子規 杜臆一說子規非杜鵑乃叫不如歸去者

峽裏雲安縣江樓翼瓦齊 蔡注翼瓦謂簷宇飛揚如鳥之張翼 兩邊山木合 俊爽似太

白語

終日子規嗁眇眇春風見蕭蕭夜色淒 仇注眇眇指子規蕭蕭指山木 客愁那聽此故作傍人低

近聞 唐書永泰元年十月郭子儀與回紇定約共擊退吐蕃時僕固名臣及黨項帥皆來降大歷元年二月命楊濟修好吐蕃吐蕃遣首領論泣陵來朝此詩蓋記其事

近聞犬戎遠遁逃牧馬不敢侵臨洮渭水逶迤白日靜隴山蕭瑟秋雲高 渭水出渭州隴山在隴州言無烽烟之警 崆峒五原亦無事 唐書鹽州五原郡屬關內道宋注崆峒有三此與五原並舉當指在平凉者五原今榆林北直長安西北與靈州接壤先是僕固懷恩自靈州合吐蕃回紇入寇今

杜詩晚年五言多率意之作如此種誠不免頹唐

借人虎相半與起順逆雜處下遂及蜀中近事

吐蕃敗走故崆峒五原皆無事也北庭數有關中使通鑑北庭節度統瀚海天山伊吾三軍關中之使來自北庭謂吐蕃遣請和者似聞贊普更求親舅甥和好應難棄唐初有文成金城公主兩降吐蕃

客居

客居所居堂前江後山根下塹萬尋岸蒼濤鬱飛翻承江葱青衆木梢邪豎雜石痕承山杜臆濤色白今云蒼濤以岸高掩映故也所處地高故見木梢雜石之根或邪或豎寫客居訖子規晝夜嗁壯士斂精魂恨賦拱木斂魂峽開四千里舊注梁簡文蜀道難詩峽山七百里巴水三回曲惟三峽七百里中兩岸連山略無闕處公所謂峽開四千里蓋統論江山之大勢非專指峽山也水合數百源宋祁三峽堂記峽江綿跨西南諸夷合牂牁越巂夜郎烏蠻之水縈紆曲折掀騰洶湧咸歸納於峽口貫衆水之會也甲云人虎相半居相傷終兩存蜀麻久不來吳鹽擁荊門西南失

大道理他人說不出

此感客居而思故鄉因望復見太平以作歸計也

大將[謂郭英乂爲崔旰所殺]商旅自星奔今又降元戎已聞動行軒舟子候利涉亦憑節制尊[通鑑大歷元年二月以杜鴻漸爲山南西道劍南東西川副元帥劍南西川節度使以平蜀亂]我在路中央[言雲安路在荆蜀之間]生理不得論臥愁病腳廢徐步視小園[恐久臥不能行故徐步以試之也]短畦帶碧草悵望思王孫[劉安招隱士王孫遊兮不歸春草生兮萋萋]鳳隨其凰去籬雀暮喧繁[通曰見碧草則思王孫見雀喧則思鳳擧皆因小園感興亦與前大將云云關映]覽物想故國十年別鄉村日暮歸幾翼北林空自昏[二句譬亂世幾人得歸也]安得覆八溟爲君洗乾坤稷契易爲力犬戎安足吞儒生老無成臣子憂四藩[魯直刊作思翻]篋中有舊筆情至時復援[曹植詩援筆從此辭仇注言朝廷果用稷契卽外寇]

○邵云及此章○洪頗雜

浦云客居歎世之亂客堂歎身之衰

首述居此之由

次言客堂景物

何難掃除今年老無成而猶憂及邊境惟有賦詩寄慨而已

客堂

起處便伏臺郎一段之根

憶昨離少城而今異楚蜀捨舟復深山窅窕一林麓（慘然）棲泊雲安縣消中內相毒舊疾廿載來衰年得無足（一作弱無足張云言抱病更歷多年似乎年數已足不敢奢望壽考也　轉意直貫結末）死爲殊方鬼頭白免短促（言年已衰非爲不壽）老馬終望雲南雁意在北別家長兒女欲起慙筋力（起謂起去）客堂序節改具物對羈束（具謂供用之物郎下芽筍等）石暄蕨芽紫（陸璣詩疏蕨山菜初生似蒜莖紫墨色可食如葵）渚秀蘆笋綠巴鶯紛未稀徼麥早向熟悠悠日動江漠漠春辭木臺郎選才俊（漢官

解如此平心可
無歎老嗟卑之
感

此追憶成都往
事而歎其以病
故留滯也

儀尚書郎初從三署郎選詣尚書臺試(孔融薦禰衡表)路粹嚴象以異才擢拜臺郎自顧亦已極前輩聲名人埋沒何所得居然綰章紱受性本幽獨言雖身被章服而性愛山林

名士風流

平生憩息地必種數竿竹事業只濁醪營葺但草屋上公有記者謂嚴鄭公累奏資薄祿主憂豈濟時身遠彌曠職言已隱居草堂特以嚴薦得官而自愧曾無報稱也

應轉起處

循文廟算正獻可天衢直尚想趨朝廷毫髮裨社稷形骸今若是進退委行色

古人屋職二韻多通用公此詩及三川觀水漲別贊上人戲贈友天邊行桃竹杖引南池久雨期王將軍不至虎牙行多以屋沃與職字同用蓋亦用古韻也

石硯平侍御者

亦善形容

退四總攝六意

平公今詩伯。秀發吾所羨。奉使三峽中。長嘯得石硯。巨璞禹鑿餘。異狀君獨見。其滑乃波濤。其光或雷電。聯坳各盡墨。（朱注）聯坳謂硯穴相並盡墨謂盡墨力猶今云發墨也 多水遞隱見。多水謂硯潤出水 揮灑容數人。十手可對面。比公頭上冠。貞質未爲賤。（唐書）法冠者御史大夫中丞御史之服也一名獬豸冠 當公賦佳句。況得終清宴。謂宴閑臨書 公含起草姿。不遠明光殿。（三秦記）未央宮漸臺西有桂宮內有明光殿皆金玉珠璣爲簾箔金陛玉階晝夜光明 致於丹青地。知汝隨顧眄。言此硯致於明光禁中丹墀青瑣之地亦得蒙天子之眄睞也

結到物。以人重得體。

贈鄭十八賁

溫溫士君子。令我懷抱盡。靈芝冠衆芳。言其有文采而又氣味相投也 安

此段表鄭才品應上溫溫士君子

此段述與鄭往來遊處之跡應上安得闕親近

末用自歎作結

得闕親近。遭亂意不歸。竄身跡非隱。二句當指鄭鄭想亦以避亂流寓在蜀爲卑官故云 細人尚姑息。謂憐其窮而勸以屈身求進 吾子色愈謹。高懷見物理。

○寫○得○意○思○深○

徵是眞○知○己○語○

謂知窮達有命不可妄干 識者安肯哂。卑飛欲何待。捷徑應未忍。(張衡應閒)捷徑邪至吾不忍以投步二句言鄭十八甘心下位不失足於邪徑也 示我百篇文。詩家一標凖。羇離交屈宋。牢落値顏閔。羇離以下皆自述 水陸迷畏途。藥餌駐修軫。(江淹賦)駐修軫乎平原此言以病暫駐行蹤也 古人日已遠。青史字不泯。步趾詠唐虞。追隨飯葵菫。音謹(唐本草)菫菜野生花紫色 數杯資好事。(楊雄傳贊)家貧人希至其門時有好事者載酒肴從遊學 異味煩縣尹。當指雲安嚴明府趙謂縣令即指鄭十八者非 心雖在朝謁。力與願矛盾。(尸子)楚人有鬻矛與盾者曰吾盾之堅莫能陷也又曰吾矛之利於物無不陷也或曰以子之矛刺子之盾何如其人弗

應上懷抱盡中駐修軫

起得磊落

首敘蔡平時忠義

次記雲安重遇之由

能應也抱病排金門（揚雄解嘲歷金門上玉堂）衰容豈爲敏（左傳魯人以爲敏言非衰老所優爲鄭想必以用世推公故答之以此）

別蔡十四著作

賈生慟哭後寥落無其人安知蔡夫子高義邁等倫

獻書謁皇帝志已清風塵流涕灑丹極萬乘爲酸辛（朱注肅宗在鳳翔時著作必嘗上書言事）天地則瘡痍朝廷多正臣異才復間

出周道日維新使蜀見知已別顏始一伸主人薨城

府（主人謂郭英乂按舊史英乂奔簡州普州刺史韓澄斬其首送崔旰英乂必殯於成都此云薨城府蓋隱之也）扶櫬歸咸秦

巴道此相逢會我病江濱憶念鳳翔都聚散俄十春

公別蔡後一晤於成都今扶櫬而歸又逢於夔江回憶鳳翔相聚自至德二載至大歷元年已十春也 我衰不足道但願

子章一作意陳時蔡必將有入奏之事稍令社稷安自契魚水親謂其君臣契合我

萬死一心耿耿不滅

雖消渴甚敢忘帝力勤尚思未朽骨復覩耕桑民積

水駕三峽浮龍倚長津揚舲洪濤間楚辭注舲船有窗牖者仗子濟

物身鞍馬下秦塞王城通北辰王城在河南二句言著作出峽後復從陸道歸京師也玄

甲聚不散班固燕然山銘玄甲燿日注玄甲鐵甲也兵久食恐貧唐書崔盱反柏茂琳等舉兵討之大歷元年三

月山南西道節度使張獻誠與盱戰於梓州大敗窮谷無粟帛使者來相因言蜀民困苦如此而徵餉

之使尚往來不絕故公欲其以兵食匱之歸奏天子計安蜀人也若逢南轅吏夔州在長安之南故自長安來者爲南轅書札

到天垠囑其寄書以相慰也

寄常徵君 [鶴注]徵君去秋曾訪公雲安

白水青山空復春。徵君晚節傍風塵。楚妃堂上色殊衆。[古今樂錄]張永元嘉技錄有吟歎四曲一曰楚妃歎楚妃楚莊王夫人樊姬也事見列女傳 海鶴階前鳴向人。萬事糾紛猶絕粒。一官羈絆實藏身。開州入夏知涼冷。開州今漢中府開縣 不似雲安毒熱新。

朱鶴齡曰味此詩晚節傍風塵語蓋深爲常徵君惜也徵君未出如楚妃之色處於堂上所謂靜女其姝也徵君旣出如海鶴之性鳴向階前不免牢籠之苦矣糾紛二句又若爲徵君解者明其雖仕而非風塵俗吏也末二句言開州涼冷不若雲安之不可居不猶勝我之旅食乎時常必官於開故復慰之如此

寄岑嘉州 [杜確岑參集序]參自庫部正郎出爲嘉州杜鴻漸表爲職方郎中兼侍御史列於幕府嘉州漢犍爲郡今爲嘉

拗體七排亦見風韻

定州在成都府南

不見故人十年餘不道故人無素書願逢顏色關塞遠豈意出守江城居外江三峽此相接〔補注〕外江一名汶江即大江之經流也由成都而經嘉州北轉而東行出三峽雲安在三峽之間斗酒新詩終自疏謝朓每篇堪諷誦比岑馮唐已老聽吹噓自謂泊船秋夜經春草伏枕青楓限玉除言不得至京闕也眼前所寄選何物贈子雲安雙鯉魚

何中對　應素書

移居夔州作

〔唐書〕夔州雲安郡屬山南東道〔寰宇記〕夔州雲安縣上水去夔州奉節縣二百四十三里

伏枕雲安縣遷居白帝城〔王彥輔曰〕周魚復國秦置巴郡漢公孫述更曰白帝唐改夔州春知

常建破山寺詩爲歐公所極賞不知出於杜句

寫別況只用覺汝賢三字無限含蓄

催柳別（折柳所以贈別謂春知我之別意故催柳成條）江與放船淸（與是付與之與二句從無情處看出有情）農事聞人說山光見鳥情（言鳥亦樂爲棲止正見可居意）禹功饒斷石且就土微平（〔舊注〕沿峽皆因開鑿而成故少平土惟夔州稍平耳）

船下夔州郭宿、（謂宿於雲安郭外）雨溼不得上岸別王十二判官、

依沙宿舸船（〔方言〕南楚荊湖凡船大者謂之舸）石瀨月娟娟風起春燈亂江鳴夜雨懸（蔣云江聲與雨聲響應終夜不絕故但覺其空際如懸耳形容入神）晨鐘雲岸溼勝地石堂烟（〔趙曰〕石堂夔州勝處）柔艣（同櫓）輕鷗外含悽覺汝賢

從薄暮至天曉從泊舟至開船情景一一寫出而寓意仍復雋永此亦杜五律之勝者惟複一石字

浦云寫泊船景畫不能到

李云眼前語妙能拈出

漫成一首(鶴注此亦雲安下夔州時作)

江月去人只數尺(卽江淸月近人意)風燈照夜欲三更(燈颭風而漸昏故知夜久)沙頭宿鷺聯拳靜船尾跳魚撥(方割切一作潑)剌(切)鳴

引水(魯訔曰夔俗無井皆以竹引山泉而飮蟠窟山腹間有至數百丈者)

月峽瞿唐雲作頂(月峽卽明月峽雲作頂言山高接雲)亂石崢嶸俗無井雲安沽水奴僕悲魚復移居心力省(舊唐書奉節縣屬夔州本漢巴郡魚腹縣)白帝城西萬竹蟠接筒引水喉不乾人生留滯生理難斗水何値百憂寛

示獠奴阿段(所言亦引水事(困學紀聞北史獠者南蠻別種無名字以長幼次第呼之丈夫稱阿謩阿段婦人稱

此詩尋源句別有解悟可當讀南華一則

公詩無物非詩料

阿夷阿等之類皆語之次第稱謂也

山木蒼蒼落日曛竹竿裊裊細泉分郡人入夜爭餘瀝豎一作稚子尋源獨不聞謂人不能知句寫泉之自高下注甚妙病渴三更迴白首傳聲張云一注溼青雲曾驚陶侃胡奴異舊注陶侃家僮千餘人常得胡奴不喜言侃一日出郊奴執鞭以隨胡僧見而驚禮曰此海山使者也侃異之至夜失奴所在此事見今本劉敬叔異苑或以僞撰疑之更引陶峴甘澤謠事謂侃字或當作峴亦恐未合姑存疑怪爾常穿虎豹羣

寄韋有夏郎中

省郎憂病士書信有柴胡飲子頻通汗仇注古人稱湯藥爲飲子孫眞人有甘露飲子懷君想報珠四愁詩何以報之明月珠東坡志林沈佺期回波詞云姓名雖蒙齒錄袍笏未復牙緋子美以飲子對懷君亦齒錄

牙緋之比也親知天畔少藥餌峽中無舟楫生衣臥衣謂水衣春鷗洗翅呼〔浦注〕楫臥生衣出峽無期也鷗呼洗翅招朋引興也故下思韋郎之來會猶聞上急水時韋必有事入蜀早作取平塗謂取道夔州萬里皇華使爲寮記腐儒〔左傳〕荀林父曰同官爲寮

末更致感激之意

上白帝城

〔劉禹錫夔州刺史廳壁記〕夔初城於瀼西後周大總管龍門王述登白帝歎曰此奇勢可居遂移府於今治所隋初楊素以越公領總管又張大之〔全蜀總志〕白帝城在夔州府治東五里下即西陵峽口大江洶騰澎湃信楚蜀咽喉

城峻隨天壁謂壁高插天〔水經注〕百帝城周迴二百八十步北緣馬嶺接赤岬山又東傍瀼溪即以爲隍西南臨大江瞰之眩目惟馬嶺小差逶迤猶斬山爲路羊腸數轉然後得上樓高望女牆〔釋名〕城上垣謂之女牆言其卑小比之於城如女子之於丈夫也江流思夏后風至憶襄王〔風賦〕楚襄王遊於蘭臺之宮有風颯然而至王乃披襟當之曰快哉此風〔按〕襄王遊處即在夔東

盧德水云此詩起四句見天地之心知雨暘之性窮新舊之變領山水之神俱能朗朗寫出所謂登高而開道眼者此也

老去聞悲角人扶報夕陽扶字見老病意又遠眺情移不覺忘返故人報夕陽也公孫初恃險〔後漢書〕公孫述更始時起兵有蜀士僭立爲帝色尚白築城於魚復號白帝城立十二年爲光武所滅躍馬意何長〔蜀都賦〕公孫躍馬而稱帝意何長謂雖負雄心而不能久據意中亦隱爲崔旰言之語更有含蓄

上白帝城二首

江城含變態一上一回新唐子西極賞此二句天欲今朝雨山歸萬古春〔浦注〕今朝雨變而新也萬古春新仍舊也英雄餘事業衰邁久風塵取醉他鄉客相逢故國人時必有京師算賦之使在夔同登兵戈猶擁蜀謂崔旰之亂賦斂强輸秦不是煩厭也形勝深愁畏損神言形勝非不可喜特以蜀民之困正恐觸目生愁耳白帝空祠廟〔方輿勝覽〕白帝廟在奉節縣東八里舊州城內〔按〕奉節乃夔州首縣舊城卽白帝城孤雲自往

蔣云子瞻於此脫出問一世之雄也而今安在哉畢竟此二句倒裝尤有味

來江山城宛轉棟宇客徘徊勇略今何在當年亦壯哉後人將酒肉虛殿日塵埃谷鳥鳴還過林花落又開多懇病無力騎馬入青苔

○邁、意、御、正、託○出、此、地、淒、壯○ 、應、前、衰、

陪諸公上白帝城頭（一作樓）宴越公堂之作（原注）越公楊素也有堂在城上畫像尚存李貽孫夔州都督府記白帝城東南斗上二百七十步得白帝廟又有越公堂在廟南而少西隋越公素所建奇構隆敞內無撐柱負視中脊邈不可度信其人之瓌傑也

此堂存古制城上俯江郊落構垂雲雨荒階蔓草茅柱穿蜂溜蜜棧缺燕添巢（閣木曰棧）坐接春盃氣心傷艷蘂梢英靈如過隙（英靈謂越公）燕衎願投膠莫問東流水生涯

○古○堂○在○目○

未即拋。言不能舍夔州而東下也

白帝城最高樓

三字便含末二句意

城尖徑仄旌旆愁（顧注）時必城守戒嚴以風高易仆故旌旆亦欲愁也獨立縹緲之飛

二句近景

樓峽坼雲霾龍虎睡一作臥江清日抱黿鼉遊（蔣云）三四身在雲霄目前一片

雲氣蒼茫平低望去峽中多少怪怪奇奇之狀隱約其際惟下視江流不受雲迷

却受日光遂覺如日抱之而波光日光兩相湧閃亦怪奇難狀以一語該萬態妙

二句遠景出力寫最高二字

絕千古扶桑西枝對斷石弱水東影隨長流（朱注）峽之高可望扶桑西向江之遠可望

應獨立

弱水東來與朱崖著毫髮碧海火衣裳同義杖藜歎世者誰子泣血迸空回白頭

邵子湘云奇氣奡兀此種七律少陵獨步○邵二泉云扶桑西枝以西言

東弱水東影以東言西謝靈運詩早聞夕飆急晚見朝日暾略同此句法

而此尤奇橫絕人

張云兩絕句足盡武侯心事

武侯廟 〔張震武侯祠堂記〕唐夔州治白帝武侯廟在西郊

遺廟丹青古一作落空山草木長猶聞辭後主〔蜀志〕後主建興五年亮率諸軍北駐漢中臨發上表不復臥南陽〔蜀志注〕漢晉春秋云亮家於南陽之鄧縣在襄陽城西二十里號曰隆中

朱鶴齡曰武侯爲昭烈驅馳未見其忠惟當後主昏庸而盡瘁出師不復有歸臥南陽之意此則雲霄萬古者耳曰猶聞者空山精爽如或聞之

八陣圖 〔寰宇記〕八陣圖在奉節縣西南七里荆州圖副云永安宮南一里渚下平磧上有孔明八陣圖聚細石爲之各高五尺廣十圍歷然棊布縱橫相當中間相去九尺正中開南北巷悉廣五尺凡六十四聚或爲人散亂及爲夏水所沒冬時水退復依然如故成都圖〔經〕武侯八陣有三在夔者六十有四方陣法也在瀰牟鎮者二十有八當頭陣法也在棊盤市者二百五十有六下營陣法也

功蓋三分國名成八陣圖江流石不轉遺恨失吞吳

先主征吳敗績還至魚復孔明歎曰法孝直若在必能制主上東行不至傾危矣詩意謂吳蜀脣齒之國本不應相圖乃孔明不能諫止征吳之舉致秭歸挫

邵云全首渾壯是大家數

託孤是先主一生大著盡瘁而死又是孔明一生大志兩人俱創末以該全復漢又其本也四句絕頂識議

首敘先主始末

夅爲生平遺恨亦以先主崩於夔州故感及之一說劉逴曰孔明以蓋世之才創爲江上陣圖至今不磨使先主能用其陣法何至連營七百里敗績於猇亭哉惜欲吞吳而不知陣法致此石徒留千古遺恨耳如此說兩句似較融洽

謁先主廟

（方輿勝覽）先主廟在奉節縣東六里

慘澹風雲會乘時各有人力侔分社稷志屈偃經綸 ○風○雲○本○壯○語○着○慘○澹○二○字○使○使○下○意○俱○含

力侔謂主臣才力相敵分在社稷之事志屈言不能一統也君臣魚水三分割據只此兩句該括

復漢留長策中原 ○承○力○侔

杖老臣（仇注）二句卽先主臨終時所謂君才十倍曹丕必能定大事也 ○承○志○屈

雜耕心未已（蜀志）亮與司馬宣王對於渭南每患糧不繼分兵屯田爲久駐之基耕者雜於渭濱居民之間百姓安堵軍無私焉

歐血事酸辛（魏志）亮糧盡勢窮憂恚歐血一夕燒營走入谷道發病卒（注）臣松之曰蓋因孔明亡而自誇大也夫以孔明之略豈爲仲達歐血乎 歐同嘔

霸氣西南歇雄圖歷數屯錦江原過楚劒閣復通秦（舊注）錦江劒閣蜀地也過楚通秦傷其未久而

次寫廟中景事

末段乃謁廟而有感也

復合於晉

舊俗存祠廟，空山立（立字如生。一作泣）鬼神。虛簷交鳥道（謂廟在山中），枯木半龍鱗。竹送清溪月，苔移玉座春（謝朓詩：玉座猶寂寞）。閭閻兒女換，歌舞歲時新（此見人心思漢，歷數百年如一日也）。絕域歸舟遠，荒城繫馬頻。如何對搖落，況乃久風塵。孰與關張竝，功臨耿鄧親（耿弇、鄧禹也）。應天才不小（蜀志：譙周等上言：聖王應際而生，與神合契，願大王應天順民），得士契無鄰（武侯本傳：先主曰：孤之有孔明，猶魚之有水也。契無鄰，言其委心一德，莫與相竝）。遲暮堪帷幄，飄零且釣緡。向來憂國淚，寂寞灑衣巾。

絕域歸舟下，純是借古傷今語。言今風塵未靖，孰與關張竝其忠勇，而其功可與耿鄧相親者乎？必有真主應天之才，方成君臣契合之盛。以吾年齒雖衰，未嘗無心用世，無如飄零不偶，老抑漁翁，惟憂國念深，不禁淚灑衣巾耳。

公於先主武侯每惓惓不置蓋君臣相遇自古爲難

李子德云其意則悽惋纏綿其氣則縱橫排宕其詞則沈鬱頓挫其音則激壯鏗鏘懷古感時溯洄不盡大小雅之篇章太史公之敘次可以兼之矣○純以議論成章他人無此深厚力量

諸葛廟 數詩非一時作今從朱本類編

久遊巴子國（元和郡國志武王伐殷巴人助焉後封爲巴子三巴記其地東至魚復西至僰道北接漢中南極牂牁）屢入武侯祠竹日斜虛寢溪風滿薄帷君臣當共濟賢聖亦同時翊戴歸先主并吞更出師蟲蛇穿畫壁巫覡醉（杜臆作殺）蛛絲歘憶吟梁父躬耕也（一作起）未遲（黃生注諸葛隱南陽時年尚少雖躬耕以待際會何遲之有二句正傷已之垂暮無成也與前詩遲暮堪帷幄皆以武侯自況）

○廟○中○景○分○作○兩○層

○寫○見○斷○續○沈○吟○之○妙

古柏行

趙曰成都武侯祠堂附於先主廟夔州則先主武侯廟各別此詩專咏夔州廟柏夔州十絕所謂武侯祠堂不可忘

首咏夔州廟柏

次借成都柏作襯

此從咏柏寄慨

而以才大難用

中有松柏參天長是也

孔明廟前有古柏柯如青銅根如石霜一作蒼皮溜雨四十圍黛色參天二千尺此特形容柏之高大不必泥（補腦）君臣已與時際會樹木猶爲人愛惜雲來氣接巫峽長月出寒通雪山白雪山在成都西此更言其聳峙陰森之象（此句恰引起下）○段

憶昨路繞錦亭一作城東即成都錦江亭先主武侯同閟宮崔嵬枝榦郊原古窈窕丹青戶牖空成都記先主廟西院即武侯廟廟前有雙大柏人云諸葛手植即所謂錦官城外柏森森者（恰是孔明廟柏增多少斤兩）落落盤踞雖得地冥冥孤高多烈風扶持自是神明力正直原因造化功宋注言成都廟柏在郊原平地故可久存若此之盤踞高山而烈風莫撼者誠有得於神明造化之力耳

大厦如傾要梁棟萬牛

結之

邵云風土詩須如此朴老

迴首邱山重（言木重不能載也）不露文章世已驚未辭翦伐誰能送苦心豈免容螻蟻香葉終經宿鸞鳳（謝承後漢書方儲遭母憂種松柏鸞棲其上）志士幽人莫怨嗟古來材大難爲用

以後寄託遙深極沈鬱頓挫之致

王右仲云公生平極贊孔明蓋竊比之意孔明才大而不盡其用公嘗自比稷契而人莫之用故篇中結出材大難用此作詩本旨發興於古柏者也。浦二田云不露文章寫得身分高未辭翦伐寫得意思曲容螻蟻何傷宿鸞鳳德輝交映俱爲志士幽人寫照

負薪行（傷勞婦也）

夔州處女髮半華四十五十無夫家更遭喪亂嫁不售一生抱恨長咨嗟土風坐男使女立應當門戶女出入十猶八九負薪歸賣薪得錢應供給（浦注四句屬統說下四乃復承）

至老雙鬟只垂頸（無夫者言）野花山葉銀釵並（陸游入蜀記峽中負物賣鬻多婦人未嫁者爲同心髻高二尺插銀釵至六隻後插象牙梳如手大）筋力登危集市門死生射利兼鹽井面妝首飾雜啼痕地褊衣寒困石根若道巫山女麤醜何得此有昭君村（方輿勝覽歸州東北四十里有昭君村琴操云昭君死胡中鄉人思之爲立廟廟有大柏又有搗練石在廟側溪中今香溪也）

最能行（刺丈夫也）

峽中丈夫絕輕死少在公門多在水富豪有錢駕大舸貧窮取給行艓（音葉）子（艓小舟名言輕如葉也）小兒學問止論語大兒結束隨商旅欹帆側柁入波濤撇漩（旋去聲）捎濆無險

（張云寫出楚人習慣操舟之態）

阻。〔江賦〕漩澴滎瀯渨溫濆瀑〔善曰〕皆波浪回旋濆涌而起之貌〔左覗曰〕蜀諺云濆起如屋漩下如井蓋濆高湧而中虛漩急轉而深沒濆可避漩不可避行舟者遇漩則繳開遇濆則稍過也 朝發白帝暮江陵。頃來目擊信有徵。〔盛弘之荊州記〕朝發白帝暮到江陵其間千二百里雖乘奔御風不以疾也 瞿唐漫天虎鬚怒。〔水經注〕江水又逕虎鬚灘灘水廣大夏斷行旅〔全蜀總志〕虎鬚灘在夔州府治西 歸州長年行最能。〔朱注〕長年謂梢公最能言行瞿唐虎鬚甚易也劉須溪以最能爲水手之稱未是 此鄉之人器量窄。〔水經注〕袁山松曰歸鄉地險流絕故其性亦隘 誤競南風疏北客。若道士（一作土）無英俊才。何得山有屈原宅。〔水經注〕秭歸縣北有屈原故宅累石爲屋基今曰樂平里宅東有女媭廟搗衣石猶存

同元使君春陵行 有序〔朱注〕按次山春陵行序其詩作於廣德二年間公詩乃大歷初年作

覽道州元使君結春陵行兼賊退後示官吏作二首、

序亦古勁

首末俱說自家脫盡應酬套數

唐書道州江華郡屬江南西道顏魯公表元次山墓碑家於武昌之樊口上以君居貧起家爲道州刺史州爲西原賊所陷人十無一戶纔滿千君下車行古人之政二年間歸者萬餘家賊亦懷畏不敢來犯志之曰當天子分憂之地效漢朝良吏之目今盜賊未息知民疾苦得結輩十數公落落然參錯天下爲邦伯萬物吐氣天下少一作小安可待矣不意復見此興體制微婉頓挫之詞感而有詩增諸卷軸簡知我者不必寄元此意尤高

遺亂髮盡白轉衰病相嬰沈綿盜賊際狼狽江漢行歎時藥力薄言無救世之方爲客羸瘵成吾人詩家流一作秀博采世上名粲粲元道州前聖畏後生觀乎舂陵作欻見

俊哲情復覽賊退篇結也實國楨賈誼昔流慟匡衡嘗引經道州憂黎庶詞氣浩縱橫兩章對秋月一字偕華星[魏文帝詩]華星出雲間 致君唐虞際淳樸憶大庭[莊子]昔容成氏大庭氏結繩而用之若此時則至治也[古史]考大庭氏姜姓以火德王號曰炎帝 何時降璽書用爾爲丹青[鹽鐵論]公卿者神化之丹青 獄訟永衰息豈惟偃甲兵悽惻念誅求薄斂近休明[杜臆]按道州本傳結以人困甚不忍加賦嘗奏免租稅及和市雜物十三萬緡又奏免租庸十餘萬緡因之流亡盡歸

婉詞令人汗下

乃知正人意不苟飛長纓[陸機詩]長纓麗且光謂纓組也 凉飆振南嶽[南嶽]衡山也在道州南 之子寵若驚色沮金印大[晉周顗傳]取金印如斗大懸肘後 興含滄

應轉起處

浪清[朱注]因元詩有歸老江湖之志故美及之 我多長卿病日夕思朝廷肺枯渴

張云今之長吏誰昔作此語

太甚漂泊公孫城呼兒具紙筆隱几臨軒楹作詩呻吟內墨淡字欹傾感彼危苦詞庶幾知者聽所謂簡知我者

附 春陵行有序 元結

癸卯歲漫叟授道州刺史道州舊四萬餘戶經賊已來不滿四千大半不勝賦稅到官未五十日承諸使徵求符牒二百餘封皆曰失其限者罪至貶削嗚呼若悉應其命則州縣破亂刺史欲焉逃罪若不應命又卽獲罪戾必不免也吾將守官靜以安人待罪而已此州是春陵故地故作春陵行以

次山詩樸直另是一格

達下情。（水經注春陵縣本冷道縣之春陵鄉蓋因春溪爲名漢長沙定王分以爲縣武帝元朔五年封王仲子買爲春陵節侯）
軍國多所需切責在有司有司臨郡縣刑法竟欲
施供給豈不憂徵斂又可悲州小經亂亡遺人實
困疲大鄉無十家大族命單羸朝飱是草根暮食
乃樹皮出言氣欲絕意速行步遲追呼尚不忍況（仁人之言）
乃鞭扑之郵亭傳急符來往跡相追更無寬大恩
但有迫促期欲令鬻兒女言發恐亂隨悉使索其
家而又無生資聽彼道路言怨傷誰復知去冬山
賊來殺奪幾無遺所願見王官撫養以惠慈奈何

重驅逐不使存活爲安人天子命符節我所持州縣忽亂亡得罪復是誰逋緩違詔令蒙責固所宜前賢重守分惡以禍福移亦云貴守官不愛能適時顧惟孱弱者正直當不虧何人采國風吾欲獻此辭

賊退示官吏 有序　　元結

癸卯歲西原賊入道州焚掠幾盡而去明年賊又攻永破邵不犯此州邊鄙而退豈力能制敵與盖蒙其傷憐而已諸使何爲忍苦徵斂故作詩一篇

以示官吏

昔歲逢太平山林二十年泉源在庭戶洞壑當門前井稅有常期日晏猶得眠忽然遭世變數歲親戎旃今來典斯郡山夷又紛然城小賊不屠人貧傷可憐是以陷鄰境此州獨見全（痛切）使臣將王命豈不如賊焉今彼徵斂者迫之如火煎誰能絕人命以作時世賢思欲委符節引竿自刺（郎達切）船將家就魚麥歸老江湖邊